KB220699

MN
TC

The MacArthur New Testament Commentary: James

Copyright © 1998 by John Macarthur

This translation is published by arrangement
with Moody Publishers.
This Korean Edition Copyright © 2020 by Abba Book House,
Seoul, Republic of Korea.

All rights reserved.

맥아더 신약주석

야고보서

The Macarthur

New Testament

Commentary

아바서원

‘그레이스 투 유’(Grace to You) 사역을
신실하게 이끌어 준 일과
하나님 말씀을 정확하게 이해하고 선포하는데
진정으로 헌신해 준 일에 감사하면서
이 책을 톰 페닝턴에게 헌정합니다.

목차

신약 성경 전체를 강해하면서 설교해 나가는 것은 내게 늘 값지고 거룩한 교제의 경험이 되어 왔다. 나는 그분의 말씀을 연구하면서 주님과 깊은 교제를 누리고, 그 경험을 토대로 삼아 그분의 백성들에게 각 본문의 의미를 설명하는 것을 목표로 삼았다. 느헤미야 8장 8절의 표현을 빌려 말하자면, 나는 각 본문의 '뜻을 해석하여' 신자들로 하여금 하나님의 말씀에 담긴 메시지를 온전히 듣고 그분께 응답하게 하는 일에 힘을 쏟곤 한다.

하나님께 속한 백성들은 그분을 이해할 필요가 있으며, 이는 그분이 주신 진리의 말씀을 아는 일(딤후 2:15)과 그 말씀이 그들의 마음속에 풍성히 거하게끔 하는 일(골 3:16)이 요구된다. 이 때문에 나는 하나님의 살아있는 말씀을 그분의 백성들이 생생하게 받아들일 수 있도록 돕는 일에 사역의 초점을 두어 왔다. 이것은 실로 신선한 모험이다.

이 신약 주석 시리즈에는 이같이 성경을 설명하고 적용하려는 목표가 담겨 있다. 어떤 주석들은 주로 언어학적인 성격을 지니며, 또 다른 주석들은 주로 신학적이거나 설교의 성격을 띠기도 한다. 그러나 이 주석은 기본적으로 본문에 대한 설명 혹은 강해의 성격을 지닌다. 이 책은 전문적으로 언어학적 성격을 띤 것이 아니지만, 본문의 올바른 해석을 위해 유익하다고 여겨질 때는 그런 내용을 다룬다. 그리고 이 책은 신학적인 논의를 포괄적으로 다루는 것이 아니지만, 각 본문에 담긴 주요 교리들에 초점을 맞추면서 그런 교리들이 성경 전체의 가르침과 어떻게 연관되는지를 살폈다. 또 이 책은 주로 설교의 성격을 띤 것이 아니지만, 전반적으로 장마다 하나의 생각을 다루면서 그 논의의 명확한 개요와 논리적인 사고의 흐름을 제시하려 했다. 그리고 대부분의 경우, 나는 다른 성경 본문들을 예로 들면서 각각의 진리들을 설명하고 적용했다. 이 책에서 나는 각 본문의 맥락을 파악한 뒤, 야고보서의 저자가 제시하는 생각의 흐름과 추론 방식을 긴밀하게 따라가려고 노력했다.

나는 성령님이 그분의 말씀 가운데 속한 이 서신을 통해 주시는 메시지를 이 책의 독자들이 온전히 깨닫게 되기를 기도한다. 그리하여 계시로써 주신 그분의 진리들이 신자들의 마음속에 머물게 되기를, 이를 통해 그들이 더 깊은 순종과 신실한 믿음으로 나아가며 우리의 크신 하나님께서 영광을 받게 되시기를 구하는 것이 나의 기도이다.

서론

자신이 번역한 독일어 신약 성경 초판(1522)의 서문에서, 마르틴 루터는 야고
보서에 관해 자주 인용되는 다음의 논평을 남긴 바 있다.

> 간단히 말해, 성 요한의 복음서와 그의 첫 서신이나 성 바울의 서신들, 특히 로마
> 와 갈라디아, 에베소 사람들에게 보낸 편지들과 성 베드로의 첫 번째 서신은 우
> 리에게 그리스도를 보여주는 책들이다. 우리가 다른 어떤 책이나 교리를 접하
> 거나 듣지 않을지라도, 이 책들은 우리가 알아야 할 모든 복된 내용을 충분히 가
> 르쳐 준다. 그리고 이런 책들에 견주어 볼 때, 성 야고보가 남긴 서신은 지푸라
> 기 같은 편지에 불과하다. 이는 그 속에 복음적인 성격이 담겨 있지 않기 때문
> 이다. (James H. Ropes, *The Epistle of St. James*, The International Critical Commentary
> [Edinburgh: T&T. Clark, 1978], 106)

여기서 이 위대한 개혁자는 야고보서가 영감이 되었음을 전혀 부인하지 않
았다(이는 "이런 책들에 견주어 볼 때"라는 문구에서도 드러난다). 하지만 그가 야고보
서에 관해 남긴 이 비판적인 논평은 이후 기독교회의 역사 가운데 수많은 이들
에 의해 반복되어왔다. 실제로 야고보서는 신약의 정경에 가장 늦게 추가된 책
중 하나인데, 그 내용의 간결함이나 유대인 그리스도인들이 주된 수신자였던
점, 교리적인 가르침이 부족한 점, 또 저자가 열두 사도 또는 바울이 아니었다

는 점 등의 이유 때문이다.

하지만 야고보서의 가치를 이같이 낮추어 보는 것은 너무 근시안적인 견해
이다. 루터의 경우에 야고보서가 별 쓸모가 없었던 것은, 당시 그가 열정적으
로 옹호하던 기독교 신앙의 위대한 교리들에 관한 가르침이 그 속에 거의 담
겨 있지 않았기 때문이다. (실제로 루터가 야고보서에 관해 품었던 적개심의 일부는 로
마 가톨릭에 속한 그의 대적들이 '행위에 의한 칭의'를 옹호하기 위해 야고보서 2장을 오용
했던 일에 기인한다.) 물론 야고보서는 교리적인 논문이 아니며 오히려 기독교적
인 삶을 위한 하나의 지극히 실천적인 지침서이다. 하지만 그렇다고 해서 야고
보서의 가치가 떨어지는 것은 아니니, 거룩한 삶과 건전한 교리는 따로 분리될
수 없기 때문이다. D. 에드먼드 히버트(Edmond Hiebert)는 야고보서의 중요성
에 관해 이렇게 말한다.

> 야고보서의 저자는 독자들에게 그들의 기독교적인 신념에 부합하는 행실을 실
> 천할 것을 단호하게 권면한다. 또 그 저자는 모든 공허한 신앙고백에 대해 거침
> 없는 경멸을 드러내며 독자들의 세속적인 모습에 대해서도 날카로운 책망을 가
> 하고 있다. 그리고 이 서신에서는 복음의 윤리적인 요구를 강조하며, 이에 따라
> 야고보서는 기록 당시뿐 아니라 오늘날의 삶에도 밀접한 연관성을 지니게 된다.
> 신약의 정경 가운데 이처럼 실천적인 서신이 포함되어 있는 것은 기독교회의 도
> 덕적인 감수성과 깊은 관심사를 보여주는 하나의 탁월한 기념비와도 같다. (*The
> Epistle of James* [Chicago: Moody, 1979], 11)

야고보서는 구약의 지혜 문헌, 특히 잠언의 내용에 비교되어왔다. 이는 그
책 속에 지혜로운 삶에 관한 직접적이고 예리한 진술들이 담겨 있기 때문이다.
야고보는 사회적인 불의를 강력히 정죄하는데(약 2, 5장 참조), 이 때문에 어떤
이들은 그를 '신약의 아모스'로 부르기도 했다. 그러나 다른 한편, 야고보서에
서는 우리 주님의 산상설교에 깊이 영향을 받은 모습이 나타난다. 이 책의 1장
에서 말하겠지만, 실로 야고보의 서신은 그 설교에 대한 실제적인 주석으로 간
주 될 수 있다. 산상설교가 야고보서에 끼친 영향력의 정도는 그가 그 내용을

직접 말하거나 암시하는 여러 구절에서 살펴볼 수 있다(아래의 표를 보라).

	야고보서	산상설교		야고보서	산상설교
1.	1:2	5:10-12	12.	3:6	5:22
2.	1:4	5:48	13.	3:10-12	7:15-20
3.	1:5	7:7-12	14.	3:17-18	5:9
4.	1:9	5:3	15.	4:4	6:24
5.	1:12	7:14	16.	4:10	5:3-5
6.	1:20	5:22	17.	4:11-12	7:1-5
7.	1:22	7:21-27	18.	5:2-3	6:19-20
8.	2:5	5:3	19.	5:10	5:12
9.	2:13	5:7	20.	5:11	5:10
10.	2:13	6:14-15	21.	5:12	5:33-37
11.	2:14-16	7:21-23			

저자

'야고보'라는 이름을 지닌 신약의 여러 인물 중에 이같이 권위 있는 편지를 쓸 정도로 주목받는 위치에 있는 이는 오직 둘뿐이었다. 세베대의 아들이며 요한의 형제인 야고보와 주님의 의붓동생인 야고보가 바로 그들이다. 하지만 세베대의 아들인 야고보는 이른 시기에 순교했으므로(행 12:2) 후보군에서 제외되며, 따라서 주님의 의붓동생인 야고보가 그 저자이다. 처음에 야고보는 예수님의 다른 형제들과 함께 그분을 거부한 사람이었다(요 7:5). 하지만 이후에 그는 예수님이 이스라엘의 메시아이심을 믿게 되었다. 야고보는 깊은 경건과 열심을 품고 있어서 곧 예루살렘 교회의 공인된 지도자가 되었다(행 12:17; 갈 2:9 참조). 그는 주후 62년경에 순교하기까지 그 직책을 유지했다. (야고보의 생애를 더 자세히 살펴려면 1장을 보라.)

야고보가 이 서신을 썼다는 추가적인 증거는 야고보서와 사도행전 15장에 기록된 그의 연설과 편지 사이의 강력한 언어적 유사성에서 찾아볼 수 있다. 신약에서 '문안하다'를 뜻하는 헬라어 동사의 부정사형인 '카이레인'(*chairein*)이 쓰인 구절은 야고보서 1장 1절과 사도행전 15장 23절뿐이다(다만 로마 사람인 클라우디우스 리시아스가 그 단어를 사용한 행 23:26은 예외이다). 다른 유사한 경우들로는 "사랑하는"(약 1:16, 19; 2:5; 행 15:25), "너희 영혼"(약 1:21; 행 15:24), "돌보고"(약 1:27; 행 15:14에서는 그 동사가 "관심을 쏟고"로 번역된다), 그리고 죄에서 하나님께로 돌이킨다는 의미의 "돌아서게"(약 5:19~20; 행 15:19) 등이 있다.

이 서신의 뚜렷한 유대인적 성격은 사도행전 15장과 21장에 묘사되는 야고보의 모습과 조화를 이룬다. 야고보서에는 구약에서 직접 인용한 네 개의 구절과 구약의 내용을 암시하는 마흔 개 이상의 구절이 담겨 있다. 그뿐 아니라, 야고보는 뚜렷한 구약의 표현들을 써서 자신의 메시지를 전달하고 있다. 그러므로 그가 쓴 편지의 첫 구절은 "흩어져 있는 열두 지파"에 관한 언급으로 시작된다. 그리고 야고보는 복음을 "자유의 율법"으로 묘사한다(2:12). 그는 '시나고그'(*synagogue*)로 음역되는 헬라어 단어를 써서 자신의 편지를 읽는 독자들의 모임 장소를 묘사하고 있다(2:2). 또 4장 4절에서 야고보는 구약의 보편적인 비유인 '간음'의 이미지로 독자들의 영적인 변절을 지적한다. 그리고 5장 12절에서는 당시의 유대인들이 맹세를 남용하던 관습을 정죄하고 있다. 또한, 구약의 탁월한 인물인 엘리야를 의로운 기도의 능력을 드러내는 본보기로 제시한다(5:17~18). 그리고 이 서신에서는 구약의 중요한 인물들인 아브라함(2:21)과 라합(2:25), 욥(5:11)의 이름 역시 언급되고 있다. 이와 더불어 야고보는 하나님을 가리키는 구약의 독특한 호칭인 "만군의 주"(Lord of Sabaoth [Hosts])를 사용한 신약의 유일한 저자이기도 하다. (바울의 경우에는 오직 롬 9:29에서 이사야의 글을 인용할 때에만 그 호칭을 언급한다.)

영감된 정경의 본문인 1장 1절에서는 그 저자가 야고보임을 구체적으로 언급하며, 주님의 의붓동생인 그가 이 서신을 기록했다는 설득력 있는 증거가 존재한다. 그럼에도 믿음이 없는 소위 '학자'들은 야고보가 이 편지의 저자임을 부정해왔다. 그들은 이런 의심스러운 결론을 옹호하기 위해 그다지 설득력이 없는 일련의 증거들을 제시하곤 한다. 보통은 그런 증거들을 숙고하는 일이 별로 유익하지 않다. 다만 그런 증거들은 그 저자와 연관해서 이 서신의 특징들을 추가로 살필 수 있는 배경을 우리에게 제공한다.

야고보같이 단순한 갈릴리 출신의 촌사람은 이 서신에 나타나는 탁월한 헬라어를 구사할 수 없었으리라는 것이 그들의 주장이다. 그러나 실제의 연구 결과에 따르면, 1세기 당시 팔레스타인 지역의 많은 유대인은 히브리어와 아람어뿐 아니라 헬라어도 구사할 수 있었을 것이라고 한다. 그리고 이방인들이 우세한 숫자를 차지했던 갈릴리 지역의 경우에는 특히 그러했을 것이다(참조. 마 4:15). 게다가 상인들이 자주 오가는 무역로 상에 위치했던 나사렛에서는 더욱더 그러했을 것이 틀림없다. 그러므로 야고보는 어린 시절부터 헬라어를 알았을 가능성이 높다. 또 예루살렘 교회의 지도자로서 그는 (헬라어를 사용하는) 헬라파 유대인 신자들을 매일 대면했을 것이다. 이는 예루살렘 교회의 탄생 초기부터 그런 신자들이 그 공동체 안에 속해 있었기 때문이다(행 6:1). 당시 야고보는 이들과의 대면을 통해 자신의 헬라어를 가다듬을 풍성한 기회를 얻었을 것이다.

또 다른 이들은 이 서신에서 주님의 동생이자 예루살렘 교회의 지도자인 야고보의 우월한 지위가 강조되지 않고 있음을 지적하면서, 이 점을 그가 이 서신의 저자가 아니라는 증거로 삼는다. 그러나 야고보는 바울과 마찬가지로 이제는 "육신을 따라" 예수님을 아는 일이 더는 중요하지 않음을 알고 있는 사람이었다(고후 5:16; 참조. 마 12:47~50). 아이러니하게도, 이같이 주장하는 많은 학자가 베드로후서를 '위경'(곧 '경건한 위작')으로 여기는 이유는 바로 그 책 안에 베드로 자신의 체험에 관한 언급이 **담겨 있기** 때문이다. 이런 해석상의 문제 때문에 R. V. G. 타스커(Tasker)는 자신의 주석에서 이렇게 말하고 있다.

이처럼 위경의 기준이 불분명하므로 우리는 다음과 같은 전제를 따르는 것이 더 확실해 보인다. 이는 곧 비교적 늦은 시기에 신약의 정경 가운데로 받아들여진 책들의 경우에도, 그 책들의 본문에서 저자로 언급되는 이들이 실제로 그 저자였음에 관해 전반적인 의견의 일치가 있었다는 것이다. (*The General Epistle of James*, The Tyndale New Testament Commentaries [Grand Rapids: Eerdmans, 1975], 20)

실제로 야고보서의 저자가 자신의 개인적인 권위를 강조하지 않는 사실은 그가 이미 잘 알려진 인물로서 신자들의 존경을 받고 있었기 때문에 그런 주장을 굳이 할 필요가 없었다는 설득력 있는 근거이다.

그럼에도 또 다른 이들은 이 서신에서 기독교 신앙의 위대한 교리적 주제들을 강조하지 않는다는 점, 특히 예수 그리스도의 삶과 사역, 그분의 죽으심과 부활에 관한 언급이 나타나지 않는다는 점을 지적한다. 이런 일들은 야고보가 이 서신의 저자가 아님을 보여주는 증거가 된다는 것이다. 주님의 동생인 야고보는 이같이 중대한 사건들을 잘 알고 있었으며, 그가 이 서신의 저자였다면 그 일들을 분명히 말했으리라는 것이 그들의 주장이다. 하지만 그들은 야고보가 이 서신을 기록한 목적을 간과하고 있다. 위에서 말했듯이, 그의 목적은 교리적인 것이 아니라 실천적인 측면에 있었기 때문이다. 그리고 이같이 교리적인 내용이 담겨 있지 않으므로, 어떤 이가 굳이 이 편지를 야고보의 작품인 것처럼 위조했을 동기를 찾기가 쉽지 않다.

끝으로, 어떤 이들은 이 서신에서 핍박이 언급되고 있기 때문에(1:2 이하; 2:6~7; 5:1~6) 그 기록 시기는 야고보가 세상을 떠난 이후였을 것이라고 주장한다. "하지만 당시 이 유대인 그리스도인들이 겪었던 고난은 국가의 박해 때문이었다는 증거가 없다. 오히려 그들의 고난은 부자들이 가난한 이들에게 행한 강압이나 고용주들이 피고용인들에게 행한 불의의 결과로서 임했을 것이다."(D. Edmond Hiebert, *An Introduction to the Non-Pauline Epistles* [Chicago: Moody, 1962], 42)

그러므로 위의 주장들 중 그 어떤 것도 예수님의 의붓동생이며 예루살렘 교회의 지도자였던 야고보가 자신의 이름이 담긴 그 서신을 기록했다는 전통적인 견해를 뒤엎을 정도로 충분한 설득력을 지니지 못한다.

저작 연대와 장소

야고보서에서는 사도행전 15장의 예루살렘 회의(주후 49년경)에 관한 내용을 전혀 말하지 않는다. 따라서 이 서신의 기록 연대는 그 회의가 열리기 전이었을 것으로 보인다. 이 편지는 여러 지역에 흩어져 있는 유대인 신자들에게 보낸 것이므로 예루살렘 회의가 이미 소집된 후였다면 야고보는 그 사실을 분명히 말했을 것이다. 이같이 이른 시기의 저작 연대는 이 서신에서 이방인들이나 그 교회들, 또는 그 이방인들에 연관된 문제들이 전혀 언급되지 않는 점을 통해서도 지지를 받는다. (예를 들면, 할례나 우상에게 바친 고기를 먹는 일 등이다.) 야고보서의 저작 연대로 가능성이 가장 높은 시기는 주후 44~49년경이며, 이 경우이 서신은 신약의 책들 가운데 최초로 기록된 것이 된다.

야고보서는 예루살렘에서 기록된 것이 분명하다. 이곳은 저자가 거주하면서 사역했던 도시였기 때문이다. 이 서신의 수신자들에 관해 살피려면 1장을 보라.

이 주석에서 계속 말하겠지만, 이 서신을 기록한 야고보의 목적은 독자들이 각자의 신앙을 점검하여 과연 자신의 믿음이 참된 구원의 신앙인지를 헤아리게끔 촉구하려는 데 있었다. 이에 따라 이 서신의 개요 역시 그 점검을 위한 일련의 시험들을 중심으로 구성되어 있다.

개 요

서론 (1:1)
1. 환난을 참고 견디는 일에 관한 시험 (1:2~12)
2. 유혹을 받는 가운데 하나님을 탓하지 않는 일에 관한 시험 (1:13~18)
3. 하나님의 말씀에 응답하는 일에 관한 시험 (1:19~27)
4. 치우침 없는 사랑에 관한 시험 (2:1~13)
5. 의로운 행실에 관한 시험 (2:14~26)
6. 말에 관한 시험 (3:1~12)
7. 겸손한 지혜에 관한 시험 (3:13~18)
8. 세상의 것들을 절제하는 일에 관한 시험 (4:1~12)
9. 주님께 의존하는 일에 관한 시험 (4:13~17)
10. 끈기 있게 인내하는 일에 관한 시험 (5:1~11)

11. 진실을 말하는 일에 관한 시험 (5:12)

12. 기도하는 자세에 관한 시험 (5:13~18)

13. 참된 신앙에 관한 시험 (5:19~20)

1

야고보와 그의 메시지
(약 1:1)

**"하나님과 주 예수 그리스도의 종 야고보는 흩어져 있는 열두 지파에게 문안하
노라"(1:1)**

오늘날 우리 사회에서 위조는 주된 문젯거리이다. 위조된 지폐와 신용카드, 보
석류와 예술품을 비롯해 값비싼 거의 모든 물품이 진품으로 둔갑해서 부주의
한 사람들을 속이곤 한다. 그 결과, 모든 값진 물건들은 그 진품 여부를 헤아리
기 위해 주의 깊은 감정을 거쳐야만 하는 상황에 놓였다.

이는 우리가 얻을 수 있는 것들 가운데도 가장 귀한 자산인 구원의 신앙에
관해서도 마찬가지이다. 살아계시며 거룩하신 하나님, 이 우주를 주관하시며
우리에게 영원한 하늘을 약속하시는 그분과의 올바른 관계는 비할 데 없이 귀
중한 가치를 지닌다. 그렇기 때문에, 자신이 그 신앙을 소유하고 있다고 믿는
이들은 주의 깊은 시험과 감정을 통해 그 유효성을 검증해야만 한다. 우리가
위조된 지폐나 예술품에 현혹될 때에는 그저 일시적인 손해를 입을 뿐이지만
거짓 신앙에 기만당할 경우에는 영원한 비극으로 끝나게 되기 때문이다.

구원의 신앙을 거짓으로 조작하는 장본인은 바로 사탄이다. 그와 그 수하들
은 자신들을 "광명의 천사"(고후 11:14~15)로 위장하면서 거짓된 신앙의 체계
들을 이용해 부주의한 사람들을 현혹하곤 한다. 그리고 그 체계들 가운데는 그
릇된 형태의 기독교 역시 포함되어 있다. 이같이 위조된 신앙의 덫에 걸리거나

스스로 꾸며낸 구원의 개념을 신봉하는 이들은 자신이 하늘을 향해 나아가는 좁은 길 위에 있다고 믿지만, 실상은 영원한 저주로 치닫는 길 위에 놓여 있게 된다.

그리고 성경적인 기독교 안에 머물면서 자신이 구원받았다고 착각하는 이들 역시 그렇게 미혹된 사람들 중에 포함된다.

자신과 하나님 사이의 관계에 대해 잘못된 생각을 품는 일은 우리가 빠질 수 있는 속임수 가운데 가장 위험하고 두려운 것에 속한다. 우리 주님은 산상 설교의 끝부분에서 이 비극적인 상태를 이렇게 생생하게 묘사하신다.

> 나더러 "주여, 주여" 하는 자마다 다 천국에 들어갈 것이 아니요 다만 하늘에 계신 내 아버지의 뜻대로 행하는 자라야 들어가리라. 그 날에 많은 사람이 나더러 이르되 "주여, 주여, 우리가 주의 이름으로 선지자 노릇 하며 주의 이름으로 귀신을 쫓아내며 주의 이름으로 많은 권능을 행하지 아니하였나이까?" 하리니 그 때에 내가 그들에게 밝히 말하되 "내가 너희를 도무지 알지 못하니 불법을 행하는 자들아 내게서 떠나가라" 하리라. (마 7:21~23)

이처럼 거짓 신앙에 빠질 위험이 항상 있기 때문에 하나님의 말씀은 자신이 구원받았다고 믿는 이들에게 그 유효성을 시험해 볼 것을 늘 촉구한다. 시편 17편 3절에서 다윗은 하나님이 자신의 신앙을 시험하신 결과를 이렇게 고백하고 있다. "주께서 내 마음을 시험하시고 밤에 내게 오시어서 나를 감찰하셨으나 흠을 찾지 못하셨사오니." 그리고 시편 26편 1~2절에서 다윗은 이렇게 탄원한다. "내가 나의 완전함에 행하였사오며 흔들리지 아니하고 여호와를 의지하였사오니 여호와여 나를 판단하소서. 여호와여 나를 살피시고 시험하사 내 뜻과 내 양심을 단련하소서." 이런 탄원은 우리에게 친숙한 시편 139편의 본문 속에서도 울려 퍼지고 있다. "하나님이여 나를 살피사 내 마음을 아시며 나를 시험하사 내 뜻을 아옵소서. 내게 무슨 악한 행위가 있나 보시고 나를 영원한 길로 인도하소서"(23~24절). 또한 예루살렘이 훼파된 후에 찾아온 혼란과 황폐함 한가운데, 예레미야는 자신의 동족인 이스라엘 백성들에게 이렇게 부르짖었다. "우리가 스스로 우리의 행위들을 조사하고 여호와께로 돌아가자"(애 3:40).

주님은 선지자 에스겔을 통해 진정으로 회개하는 사람에 관해 이같이 말씀하셨다. "그가 스스로 헤아리고 그 행한 모든 죄악에서 돌이켜 떠났으니 반드시 살고 죽지 아니하리라"(겔 18:28; 참조. 시 119:59). 그리고 학개를 통해 주님은 그분의 백성들에게 이렇게 권고하셨다. "너희는 자기의 행위를 살필지니라"(학 1:5, 7).

신약 성경에서도 우리의 신앙을 시험할 필요성을 계속 강조하고 있다. 세례 요한은 당시의 종교 지도자들을 향해 "회개에 합당한 열매를 맺을" 것을 촉구했다(마 3:8). 바울은 아그립바 왕 앞에서 그동안 자신이 감당해 온 사역을 말하면서 "먼저 다메섹과 예루살렘에 있는 사람과 유대 온 땅과 이방인에게까지 회개하고 하나님께로 돌아와서 회개에 합당한 일을 하라 전했던" 일을 회고한다(행 26:20). 또 바울은 갈라디아 교회의 신자들을 향해 이렇게 권고했다. "각각 자기의 일을 살피라"(갈 6:4). 그리고 고린도의 신자들에게는 이렇게 훈계했던 것이다. "너희는 믿음 안에 있는가 너희 자신을 시험하고 너희 자신을 확증하라. 예수 그리스도께서 너희 안에 계신 줄을 너희가 스스로 알지 못하느냐? 그렇지 않으면 너희는 버림받은 자니라"(고후 13:5).

구원의 신앙이 가져오는 의도적이고 필연적인 결과는 선한 행실을 드러내는 삶에 있다. 그리스도께서 교회를 속량하신 목적 또한 바로 이 일을 위함이었다. 바울은 우리가 오직 은혜로 구원을 받는다는 것을 선언한 후 신자들을 향해 다음의 진리를 일깨운다. "우리는 그가 만드신 바라. 그리스도 예수 안에서 선한 일을 위하여 지으심을 받은 자니 이 일은 하나님이 전에 예비하사 우리로 그 가운데 행하게 하려 하심이니라"(엡 2:8~10). 그리고 바울은 디도에게 보내는 편지에서 이렇게 기록했다. "모든 사람에게 구원을 주시는 하나님의 은혜가 나타나 우리를 양육하시되 경건하지 않은 것과 이 세상 정욕을 다 버리고 신중함과 의로움과 경건함으로 이 세상에 살게 하셨느니라"(딛 2:11~12; 참조. 14절). 또 히브리서의 저자는 독자들에게 이렇게 경고하고 있다. "그러므로 우리는 두려워할지니 그의 안식에 들어갈 약속이 남아 있을지라도 너희 중에는 혹 이르지 못할 자가 있을까 함이라"(히 4:1; 참조. 12:15). 이처럼 구원의 길에서 벗어나게 될 두려운 위험성이 있기에 우리에게는 엄중한 자기 검토가 요구된다. 히브리서의 저자는 구원 얻는 신앙의 본질을 서술하면서 구약의 신자들이 보여 준 용기 있는 순종의 모습을 열거하고 있다(11:1~39). 이들은 곧 하나님께 충성하며 그분을 신실하게 섬기는 삶을 통해 자신이 구원받았음을 입증한 사람들이었다.

요한일서에서는 참된 신앙의 표지들을 말하고 있다. 그 신앙은 단순한 말의 고백보다 더 깊은 수준으로 이어져야 하며(1:6~10; 2:4, 9), 그 속에는 하나님을 향한 순종의 자세가 담겨 있어야만 한다(2:3, 5~6; 3:24; 5:2~3). 주님께 구속받은 이들의 표지는 이 세상을 사랑하지 않는 것(2:15)과 의로운 삶을 살아가는 것(2:29), 죄를 버리고 피하는 것(3:6, 9), 그리고 동료 신자들을 사랑하는 것(3:14; 4:7, 11)에 있다.

그런데 어떤 성경 본문도 주님의 산상설교만큼 참되고 살아있는 신앙의 기준을 명확히 보여주는 것은 없다. 이 본문에서 예수님은 일련의 광범위한 기준들을 제시하시며, 이를 통해 스스로를 의롭게 여기는 유대인들로 하여금(그 전형은 교만한 자기 과시와 자만심에 빠진 서기관과 바리새인들이다. 마 5:20을 보라) 그들 자신이 참된 구원의 길에서 얼마나 멀리 벗어나 있는지를 깨닫게 하려 하신다. 곧 주님은 이런 기준들을 제시하심으로써 그들의 거짓 신앙과 위선, 그리고 그들이 받은 구원이 가짜임을 뚜렷이 드러내셨던 것이다.

주님의 산상설교는 팔복의 말씀으로 시작되는데(마 5:3~12), 이는 참된 구원의 신앙에 수반되는 마음의 태도들을 묘사하는 본문이다. 이 태도들에는 온유함과 자비, 핍박 가운데 기뻐하는 것, 겸손한 마음과 자신의 죄를 깨닫는 일, 그리고 의를 깊이 갈망하는 자세 등이 포함된다.

산상설교의 그다음 단락(5:13~16)에서는 진정으로 구속받은 이들의 삶 속에서 이 팔복의 미덕들이 드러날 때 어떻게 되는지를 보여준다. 이 본문에 따르면, 이때 그들은 어둡고 악한 세상, 타락한 이 세상의 한가운데에서 "소금과 빛"으로 나타나게 된다. 곧 이 세상 속에서 악한 영향력을 퍼뜨리는 자로 존재하는 대신에 하나님이 주신 의로써 주위에 유익한 감화를 끼치는 이들이 되는 것이다.

참된 구원의 표지는 하나님의 말씀에 순전히 헌신하는 자세(5:17~20), 마음의 내적인 의에서 흘러나오는 외적인 의의 행실(5:21~48), 하나님 앞에 합당한 예배(6:1~18), 재물과 물질적인 소유에 대한 바른 태도(6:19~34), 그리고 온전한 인간관계(7:1~12)를 통해 드러난다.

이어서 예수님은 각 사람을 그 영원한 종착지로 인도하는 두 가지 길을 언급함으로써 자신의 설교를 마무리하신다. 하나는 인간을 멸망으로 이끄는 넓은 길이며, 다른 하나는 그를 생명으로 인도하는 좁은 길이다. 여기서 주님은 청중을 향해 좁은 길로 나아갈 것을 권고하신다(7:13). 주님은 그들을 향해 거짓 선지자들을 피할 것을 경고하시는데, 이 선지자들은 곧 그들을 멸망에 이르는 넓은 길로 이끌어가려는 자들이다(15~20절). 그리고 주님은 장차 임할 심판의 빛에서 살필 때, 공허한 신앙고백이 얼마나 두려운 결과를 가져오는지를 보여주신다(21~27절).

야고보는 주님의 산상설교에 깊은 영향을 받았던 것이 분명하다. 틀림없이 그는 특정한 시기에 이 진리들을 예수님에게서 직접 들었을 것이다. 그리고 산상설교의 많은 주제가 야고보의 서신에서도 유사한 형태로 나타나고 있다. 사실 야고보서는 주님의 산상설교에 대한 실제적인 주석으로 간주될 수 있다. 앞서 주님이 그렇게 하셨듯이, 야고보 역시 이 서신에서 우리가 얻은 구원의 진정성을 분별할 수 있는 일련의 기준들을 제시하고 있기 때문이다.

야고보의 생애

야고보서의 첫 구절에서 저자는 자신을 이렇게 소개한다. "하나님과 주 예수 그리스도의 종." 앞서 서론에서 설명했듯이, 이 서신을 기록한 이는 주님의 의붓동생인 야고보였다. 로마 가톨릭의 가르침과 달리, 요셉과 마리아는 예수님이 태어난 후에 또 다른 자녀들을 낳았다. 이 점은 예수를 **낳기까지** 요셉이 마리아와 동침하지 않았다는 마태의 진술(마 1:25, 이 진술은 예수의 출생 이후에는 부부관계가 이루어졌음을 함축한다.—역주) 속에 암시되어 있으며, 예수를 마리아의

"**첫** 아들"로 언급한 누가의 기록(눅 2:7, 강조점은 나의 것)에서도 뚜렷이 드러난다. 이 요셉과 마리아의 자녀들은 예수의 의붓형제들과 누이들이었다(참조. 마 12:46~47; 막 3:31~35; 눅 8:19~21; 요 2:12). 마태복음 13장 55절과 마가복음 6장 3절에서는 그 의붓형제들의 이름을 야고보와 요셉(요세), 시몬과 유다로 언급하고 있다. 또 바울은 야고보를 "주의 형제"로 뚜렷이 지칭하며(갈 1:19), 마가 역시 예수에게 의붓누이들이 있었음을 밝힌다(다만 그 이름들을 언급하지는 않는다). 그리고 마태복음과 마가복음 모두 예수의 의붓동생 중에서 야고보를 가장 먼저 언급하는 점은 그가 그 동생들 가운데 맏형이었음을 시사한다.

예수님의 형제들은 그분과 함께 성장하면서 그 죄 없고 완전한 삶의 모습을 곁에서 직접 지켜보았지만 놀랍게도 처음에는 그분에 대한 믿음을 고백하지 않는 모습을 보였다. 요한은 그 동생들이 예수님에게 그분 자신을 대중 앞에 드러낼 것을 촉구했던 일에 나타난 그들의 불신앙을 이렇게 기록하고 있다.

> 유대인의 명절인 초막절이 가까운지라. 그 형제들이 예수께 이르되 "당신이 행하는 일을 제자들도 보게 여기를 떠나 유대로 가소서. 스스로 나타나기를 구하면서 묻혀서 일하는 사람이 없나니 이 일을 행하려 하거든 자신을 세상에 나타내소서" 하니 이는 그 형제들까지도 예수를 믿지 아니함이러라. (요 7:2~5)

그들의 불신앙은 슬프게도 예수님이 선언하신 다음의 말씀이 진리임을 증언하는 것이었다. "선지자가 자기 고향과 자기 친척과 자기 집 외에서는 존경을 받지 못함이 없느니라"(막 6:4). 그 형제들의 불신앙은 참으로 완고했기에, 그들은 심지어 예수님이 제 정신이 아니라고 여길 정도였다(막 3:21). (이런 그들의 불신앙은 예수님이 자신의 어린 시절부터 이적들을 행하셨다고 주장하는 외경의 기록들이 거짓임을 보여준다. 이 점은 예수님이 가나에서 물을 포도주로 만드신 사건이 그분의 "**첫** 표적"이었다는 요한복음 2장 11절[강조점은 나의 것]의 직접적인 진술을 통해서도 드러나고 있다.) 이런 그들의 불신앙은 예수님의 지상적인 삶과 사역 내내 지속되었던 것으로 보인다.

그러나 예수님이 부활하신 후 그분을 믿는 신자들이 예루살렘에 모였을 때 무언가 놀라운 일이 일어났다. 사도행전 1장 13절에서는 사도들이 그곳에 있었다고 말하며 14절에서는 이렇게 덧붙이고 있다. "[이 사도들은] 여자들과 예수의 어머니 마리아와 **예수의 아우들과 더불어** 마음을 같이하여 오로지 기도에 힘쓰더라"(강조점은 나의 것). 대체 어떤 일이 벌어졌기에 주님을 의심하며 불신하던 그 동생들이 이처럼 헌신적인 추종자들로 변화된 것일까? 고린도전서 15장 7절에서 바울은 이 질문에 답을 주고 있다. 그에 따르면, 예수님은 부활하신 후 자신의 모습을 "야고보에게 보이셨던" 것이다. 이처럼 부활하신 그분을 직접 대면하게 된 결과로 야고보는 마침내 주 예수 그리스도를 향한 구원의 신앙에 이르렀던 것이 분명하다.

그리하여 오순절에 교회가 탄생했으며 야고보는 사도가 아니었음에도 곧 그 교회의 핵심 지도자 중 한 사람이 되었다. 그러므로 이후에 바울이 예루살렘을 방문했을 때 베드로와 요한뿐 아니라 야고보 역시 그 교회의 기둥 같은 인물임을 발견하게 되었던 것이다(갈 2:9~12). 사도들은 복음을 전하기 위해 자주 예루살렘 교회 바깥으로 여행을 다니곤 했으므로 야고보는 마침내 그 교회의 으뜸가는 지도자가 되었다. 오늘날의 방식대로 말하면 그는 그 교회의 담임 목사였던 것이다. 베드로가 헤롯 왕의 감옥에서 기적적으로 풀려난 후 자신을 보고 놀라던 신자들에게 이렇게 당부했다. "야고보와 형제들에게 이 [일들]을 전하라"(행 12:17). 이는 야고보가 중요한 소식들을 가장 먼저 알아야 할 인물이 되었음을 보여주는 것이다.

이후 야고보는 예루살렘에서 열린 중대한 회의를 주관했다(행 15장). 이것은 신자들이 구원을 받기 위해서는 모세의 율법에 대한 순종이 요구되는지, 아니면 그 일은 오직 믿음을 통해 역사하는 은혜로만 이루어지는 것인지에 관한 중요한 문제를 판단하기 위해 소집된 회의였다. 이 회의에서 많은 토론이 있은 후, 베드로와 바울, 바나바는 하나님이 자신들의 사역을 통해 이방인들에게 은혜로운 구원을 베푸신 일을 보고했다(6~12절). 그런 다음에 야고보는 베드로의 주장을 지지하고 이 회의의 결정을 주도했다(12~21절). 그리고 그 결과를 이방인들에게 알리는 편지를 작성한 것 역시 야고보였을 가능성이 크다(23~29절). 여러 해가 지난 후 바울이 그의 세 번째 선교 여행 끝 무렵에 예루살렘으로 돌아왔을 때, 야고보는 여전히 지도자의 역할을 맡고 있었다. 누가는 이때의 일을 이렇게 기록한다. "예루살렘에 이르니 형제들이 우리를 기꺼이 영접하거늘 그 이튿날 바울이 우리와 함께 야고보에게로 들어가니 장로들도 다 있더라"(행 21:17~18). 이때 장로들이 여럿 있었기 때문에 야고보가 지닌 으뜸가는 지도자의 역할이 무시된 것은 아니었다. 이는 사도직의 동등성 때문에 베드로가 열두 사도들 중에서 지닌 지도자의 위치가 무시되지 않았던 것과 마찬가지이다.

야고보는 또한 그의 의로운 생애 때문에 '의인 야고보'로도 알려져 있었다. 요세푸스에 따르면, 그는 주후 62년경에 순교했다.

야고보의 성품

"하나님과 주 예수 그리스도의 종"(1:1a)

당시 야고보는 주목 받는 위치에 있는 인물이었지만 이 서신의 첫 구절에서는 그의 겸손한 성품이 두드러지게 나타난다. 여기서 야고보는 자신을 '마리아의 아들이자 주님의 형제인 이'로 소개하거나 예루살렘 교회의 지도자인 자신의 지위를 언급하는 일을 피한다. 야고보는 부활하신 그리스도께서 친히 자신에게 나타나셨던 일을 거론하지도 않는다. 그는 자신을 그저 "하나님과 주 예수 그리스도의 종"으로 소개할 뿐이다. 여기서 "종"(doulos)이라는 단어는 한 사람의 노예, 즉 자신의 모든 자유를 빼앗기고 온전히 자기 주인의 통제 아래 있는 이를 나타낸다. 이런 '종'들에게 요구되는 일은 다만 (그에게 음식과 옷, 거주할 집을 마련해 주는) 주인을 향한 절대적인 순종과 충성뿐이었다. 자유민으로 태어났으나 이후 노예가 된 이들을 가리키는 '안드라포돈'(andrapodon)과 달리, 이 '둘로스'(doulos)들은 처음부터 노예로 태어난 이들이었다. 곧 야고보는 예수 그리스도를 믿는 믿음 안에서 새롭게 태어났고 이를 통해 그분을 섬기는 '종'(doulos)이 되었던 것이다.

유대 문화권에서 하나님의 종(doulos)이 되는 것은 큰 영예로 간주되었다. 구약의 경우, 아브라함(창 26:24), 이삭(창 24:14), 야곱(겔 28:25), 욥(욥 1:8), 모세

(출 14:31), 여호수아(수 24:29), 갈렙(민 14:24), 다윗(삼하 3:18), 이사야(사 20:3), 그리고 다니엘(단 6:20)같이 빛나는 인물들이 모두 '하나님을 섬기는 종'으로 지칭되었다. 또 신약에서는 에바브라(골 4:12), 디모데(빌 1:1), 바울(롬 1:1), 베드로(벧후 1:1), 유다(유 1), 요한(계 1:1), 그리고 우리 주님(행 3:13) 역시 모두 '종'이라는 호칭으로 불리고 있다. 또한 야고보도 이런 호칭을 취함으로써 그들 자신의 정체성 때문이 아니라 오직 그들이 살아계신 하나님을 섬기는 이들이었기 때문에 높임을 받았던 인물 중 하나가 되었다.

야고보의 사역

"[국외에] 흩어져 있는 열두 지파에게 문안하노라"(1:1b)

당시 야고보는 예루살렘 교회에서 중요한 지도자의 역할을 감당할 뿐 아니라 더욱 광범위한 사역을 수행하고 있었다. "열두 지파"라는 표현은 신약에서 이스라엘 백성을 나타내는 데 흔히 쓰인 호칭이다(참조. 마 19:28; 행 26:7; 계 21:12). 이 열두 지파는 두 개의 나라(북왕국 이스라엘과 남왕국 유다)로 분열되었지만, 택함 받은 하나님의 백성은 늘 이 열두 지파에 속한 모든 유대인들로 이루어져 있었다. 그리고 하나님은 언젠가 이 지파들을 주권적으로 다시 결합시키실 것이다(겔 37:15~22). 솔로몬의 통치 이후에 이스라엘 왕국이 둘로 나뉘었을 때, 그중 열 지파는 북왕국 이스라엘을, 베냐민과 유다 지파는 남왕국 유다를 형성하게 되었다. 북왕국 이스라엘이 앗수르의 손에 멸망하고 그 백성들이 강제로 이주되었을 때(주전 722년), 그 열 지파 가운데 일부 남은 자들은 남쪽 지역으로 옮겨왔다. 이를 통해 유다 왕국 내에 열두 지파가 보존되었던 것이다. 하지만 이후 유다 왕국이 바벨론에게 정복되고 예루살렘과 그 성전의 기록들이 파괴됨으로써(주전 586년) 열두 지파는 더이상 자신들의 고유한 정체성을 유지할 수 없게 되었다. 그러나 하나님은 장차 그 이스라엘 백성을 회복시키시고 그 백성에 속한 각 사람의 지파적인 정체성을 알려주실 것이다(사 11:12~13; 렘 3:18; 50:19; 겔 37장; 계 7:5~8).

그러므로 이 구절에서 야고보는 "[국외에] 흩어져 있는" **모든** 유대인들에게 인사를 건네고 있다. (곧 여기서 그는 각 유대인들이 어느 지파에 속했는지를 염두에 두지 않는다.) 이 문맥에서, "국외"(abroad)는 팔레스타인 지역의 바깥에 있는 세상의 모든 부분을 가리킨다(이는 NASB의 약 1:1에 담겨 있는 표현이다.—역주). 그 이전의 수백 년 동안, 여러 정복자들(그 중에는 주전 63년에 이스라엘을 점령했던 로마 제국도 포함된다)이 유대인들을 그들의 본토 바깥으로 이주시켰다. 곧 당시의 알려진 세상 전역에 그들을 흩어 놓았던 것이다. 이뿐 아니라, 다른 많은 유대인 역시 장사 등의 목적을 위해 타국으로 자발적인 이주를 떠났다(참조. 행 2:5~11). 그러므로 신약 당시에는 많은 유대인들이 "국외에" 거주하고 있었던 것이다. 이에 따라 '흩어진'을 의미하는 헬라어 '디아스포라'(*diaspora*)는 팔레스타인 지역의 바깥에 거주하는 유대인들을 가리키는 전문 용어가 되었다(참조. 벧전 1:1).

야고보서의 메시지나 그 독자들이 자주 '형제들'로 지칭되는 점을 고려할 때, 이 편지의 수신자는 당시의 유대인 그리스도인들이었음이 분명하다. 아마 이 신자 중 대부분은 예루살렘이나 그 인근에서 기독교로 회심했고 얼마간 야고보의 목회적인 돌봄 아래 머물렀던 적이 있는 이들이었을 것이다. 야고보의 주된 청중인 그 유대인들은 핍박을 피해 몸을 숨겼으며 자신들의 신앙 때문에 여전히 시련을 겪고 있었다(1:2). 그들에게 그런 고난을 견뎌낼 힘과 소망, 확신을 심어 주기 위해 야고보는 이 서신에서 일련의 잣대들을 제시하고 있다(서론을 보라). 그리고 그들은 그 잣대들을 통해 자신들이 지닌 신앙의 진정성을 헤아려 볼 수 있었을 것이다.

야고보의 인사

"문안하노라"(1:1c).

"문안하노라"로 번역된 헬라어 '카이레인'(*chairein*)은 '기뻐하다', '즐거워하다'를 뜻하는 단어이다. 당시 이 단어는 세속 사회에서 일상적인 인사말로 사용되었다. 하지만 야고보에게 이 단어는 그저 형식적인 인사말이 아니었다. 그는 자신의 편지에서 독자들이 얻은 구원의 진정성을 그들 스스로 확증할 방편을 제시해서 그 독자들이 마음의 기쁨을 얻게 되기를 바랐다. 이를 통해 그 독자들이 여러 시험 가운데도 큰 위로를 누리게 될 것임을 알고 있었던 것이다. 사탄은 그리스도인들로 하여금 그들 자신이 정말 하나님의 자녀이며 예수 그리스도의 기업에 동참할 이들이 맞는지를 의심하도록 만들기 위해 지금도 그런 시험들을 끈질기게 이용하고 있다.

2

고난에서 승리로 1부
(약 1:2~3)

"내 형제들아 너희가 여러 가지 시험을 당하거든 온전히 기쁘게 여기라. 이는 너희 믿음의 시련이 인내를 만들어 내는 줄 너희가 앎이라."(1:2~3)

보석상들이 다이아몬드의 진품 여부를 시험할 때 종종 그 보석을 맑은 물속에 넣어 보곤 한다. 진짜 다이아몬드는 밝은 빛을 내면서 반짝거리기 때문이다. 이에 반해 가짜 보석은 거의 아무런 광채도 내지 않는다. 이 두 보석을 나란히 놓고 살피면 훈련받지 않은 이들도 쉽게 그 차이점을 식별할 수 있다.

이와 유사하게, 불신자인 세상 사람들도 참된 그리스도인들과 그저 입술로만 신앙을 고백하는 이들 사이의 차이점을 쉽게 알아차릴 수 있다. 이는 보석의 경우처럼 이 둘 사이에서도 그 광채의 측면에서 눈에 띄는 차이점이 드러나기 때문이다. 특히 그들이 어려운 시기를 겪고 있을 때 그러하다. 많은 이들은 고난과 좌절을 통해 혹독한 시험을 겪기 전까지 자신의 신앙에 관해 큰 자신감을 품곤 한다. 그러나 그의 신앙이 살아있는지 죽었는지, 참된지 가짜인지, 구원에 이르는 것인지 아닌지는 그가 역경을 감당하는 자세를 통해 드러나게 될 것이다.

씨 뿌리는 자의 비유에서 예수님은 이렇게 설명하셨다. "바위 위에 있다는 것은 말씀을 들을 때에 기쁨으로 받으나 뿌리가 없어 잠깐 믿다가 시련[시험]을 당할 때에 배반하는 자요 … 좋은 땅에 있다는 것은 착하고 좋은 마음으로 말씀을 듣고 지키어 인내로 결실하는 자니라"(눅 8:13, 15).

이 세상을 살아가는 이들은 누구나 어느 정도 어려움을 감내하게 된다. 이것은 타락의 결과, 곧 죄에 물든 인간 본성이나 불의로 오염된 세상과 사회가 가져오는 불가피한 영향 때문이다. 욥의 친구인 엘리바스는 그 진리를 잘 이해하고 있었기에 이렇게 말했다. "사람은 고생을 위하여 났으니 불꽃이 위로 날아가는 것 같으니라"(욥 5:7). 욥 역시 다른 친구의 말에 답하면서 이렇게 고백한 바 있다. "여인에게서 태어난 사람은 생애가 짧고 걱정이 가득하며"(14:1). 다윗은 주님께 이렇게 부르짖었다. "나를 멀리 하지 마옵소서. 환난이 가까우나 도울 자 없나이다"(시 22:11). 그리고 이사야는 이렇게 선포했다. "땅을 굽어보아도 환난과 흑암과 고통의 흑암뿐이리니"(사 8:22). 솔로몬은 절망적인 어조로 이렇게 기록했다. "이러므로 내가 사는 것을 미워하였노니 이는 해 아래에서 하는 일이 내게 괴로움이요 모두 다 헛되어 바람을 잡으려는 것이기 때문이로다. … [사람이] 일평생에 근심하며 수고하는 것이 슬픔뿐이라. 그의 마음이 밤에도 쉬지 못하나니"(전 2:17, 23).

하나님의 자녀들 역시 이런 고난에서 면제되지 않는다. 오히려 하나님이 우리에게 베푸시는 최상의 일들 속에서도 어쩔 수 없는 문제들을 직면하게 되기 마련이다. 하나님이 이 땅의 행복한 삶을 위해 주신 최상의 선물인 결혼과 가정생활 가운데도 시련은 불가피하게 찾아온다(고전 7:28). 예수님은 "세상에서는 너희가 환난을 당할" 것임을 제자들에게 분명히 말씀하셨다(요 16:33). 예수님 자신은 죄가 없는 분이었다. 하지만 마리아와 그 오빠인 나사로의 벗들이 나사로의 죽음 앞에서 슬피 우는 것을 보면서 예수님 역시 마음의 깊은 아픔을 느끼고 눈물을 흘리셨던 것이다(요 11:33). 예수님은 유다의 배신 앞에서 깊은 괴로움을 겪으셨으며(요 13:21), 온 세상의 죄를 자신이 짊어져야 하는 시간이 왔을 때 "마음이 매우 고민하여 죽게 될" 정도의 고통을 당하셨다(마 26:38; 참조. 요 12:27). 바울은 자신이 "사방으로 우겨 쌈을 당하였다"고 증언한다(고후 4:8). 그리고 이는 다양한 방식과 정도에 따라 모든 사람이 겪게 되는 일들이다. 우리는 직장이나 학교, 사회뿐 아니라 가정과 교회에서도 때때로 어려움을 겪게 된다. 이 땅의 삶에서 비난과 좌절, 실망과 신체적이고 정신적인 고통, 질병과 손상, 마침내는 죽음을 피할 수 없음을 우리는 잘 알고 있다.

그리스도인들은 또한 자신의 신앙 **때문에** 고난을 겪을 수 있다. 예수님은 이렇게 말씀하셨다. "사람들이 나를 박해하였은즉 너희도 박해할 것이요"(요 15:20). 바울 역시 디모데에게 이 점을 일깨웠다. "무릇 그리스도 예수 안에서 경건하게 살고자 하는 자는 박해를 받으리라"(딤후 3:12).

서론에서 말했듯이, 야고보는 이 본문뿐 아니라 서신 전체에서 다음의 내용을 주로 강조하고 있다. '어떤 이의 신앙이 참된 것인지 여부는 고난의 시기에 분명히 입증될 것이다. 이는 그 고난이 어떤 것이든, 어디에서 유래했든지 마찬가지이다.' 이런 이유로 이 서신은 신자들뿐 아니라 불신자들에게도 귀중한 가치를 지니게 된다. 이는 특히 스스로 그리스도인으로 여기는 불신자들의 경우에 그러하다. 그들은 일이 잘 풀릴 때만 주님을 신뢰하는 신앙은 참된 구원의 신앙이 아니며 실로 아무 가치가 없다는 점을 알 필요가 있기 때문이다. 그런 신앙은 전혀 무가치한 데 그치지 않고 **해롭기까지** 하다. 그런 신앙에 의존하는 이들이 스스로 기만하게 되기 때문이다. 그 신앙은 그들에게 가장 절실히 도움이 필요할 때 그 기대를 저버리고 만다. 그리고 더욱 무한히 비참한 결과로서, 그런 신앙을 품은 이들은 실제로는 지옥을 향해 미끄러지고 있을 때도 자신이 하늘로 나아가는 길 위에 있다고 착각하게 되는 것이다.

우리의 신앙이 공허한 입술만의 고백이거나 하나님의 진리에 대한 확고하고 지적인 깨달음에 근거하지 않은 일종의 감정에 불과할 때, 불같은 시련 앞에서 그 신앙은 결국 소멸하고 만다는 점을 야고보는 드러낸다. 그러나 참된 신앙이 있을 때, 우리는 환난을 겪을 때 자신의 진정한 상태를 더 깊이 성찰하게 된다. 이를 통해 우리의 마음이 자기기만과 스스로 의롭게 여기는 상태에서 벗어나게 되는 것이다. 이때 우리는 자신의 연약함을 살피면서 기도로 하나님과 씨름하게 된다. 그리고 마침내 우리를 붙드시는 은혜를 체험하면 우리는 더욱 담대한 소망과 기쁨을 누리게 된다.

성경에 따르면, 주님이 그분께 속한 백성들의 삶에 시련이 닥쳐오도록 허용하시는 데에는 적어도 여덟 가지 목적이 있다.

첫째는 우리가 지닌 신앙의 견고함을 시험하시려는 데 있다. 주님은 여러 방식으로 우리의 영적인 자기 점검을 도우신다. 곧 주님은 우리의 삶에 시련을 허락하심으로써 우리가 자기 신앙의 강점 또는 약점을 깨닫게 하시는 것이다. 어려움이 닥칠 때 원망하고 좌절하며 자기 연민에 빠지는 사람은 자신의 연약한 신앙을 드러내는 것이 된다. 이와 반대로, 고난이 심해질수록 주님께 더욱 의존하면서 그분의 도우심을 구하는 이는 자신의 견고한 신앙을 입증하는 것이다.

하나님은 모세에게 이렇게 말씀하셨다. "보라 내가 너희를 위하여 하늘에서 양식을 비같이 내리리니 백성이 나가서 일용할 것을 날마다 거둘 것이라. 이같이 하여 그들이 내 율법을 준행하나 아니하나 내가 시험하리라"(출 16:4; 참조. 신 13:3~4). 우리는 히스기야 왕에 관해 다음의 말씀을 읽게 된다. "하나님이 그를 떠나시고 그의 심중에 있는 것을 다 알고자 하사 시험하셨더라"(대하 32:31). 모든 것을 다 아시는 하나님은 히스기야의 마음이 어떠한지를 이미 알고 계셨다. 하지만 하나님은 그 왕이 자신의 참모습을 스스로 깨닫기를 원하셨던 것이다. 예수님은 우리가 참된 신자인지를 분별할 수 있는 여러 잣대를 말씀하셨고 그 가운데는 그분의 제자가 되려 하는 이들에게 주시는 경고의 말씀도 포함되어 있었다. "무릇 내게 오는 자가 자기 부모와 처자와 형제와 자매와 더욱이 자기 목숨까지 미워하지 아니하면 능히 내 제자가 되지 못하고"(눅 14:26).

하박국은 갈대아인들을 보내어 그분의 백성인 이스라엘을 정복하며 말살하게 하시겠다는 하나님의 무서운 경고를 묵상하면서 이렇게 고백했다. "비록 무화과나무가 무성하지 못하며 포도나무에 열매가 없으며 감람나무에 소출이 없으며 밭에 먹을 것이 없으며 우리에 양이 없으며 외양간에 소가 없을지라도 나는 여호와로 말미암아 즐거워하며 나의 구원의 하나님으로 말미암아 기뻐하리로다"(합 3:17~18). 그리고 욥의 경우에는 자신에게 혹독한 고난을 허용하신 하나님의 지혜와 공의를 따져 묻다가 마침내 이렇게 고백했다. "내가 주께 대하여 귀로 듣기만 하였사오나 이제는 눈으로 주를 뵈옵나이다. 그러므로 내가 스스로 거두어들이고 티끌과 재 가운데에서 회개하나이다"(욥 42:5~6).

둘째 목적은 우리를 겸손하게 만드시려는 데 있다. 이는 주님을 향한 우리의 신뢰가 교만과 영적인 자기만족으로 변질해서는 안 된다는 점을 일깨우시는 것이다. 우리가 받은 복이 클수록, 사탄은 그 복을 주님이 베푸신 것이 아니라 우리 자신이 성취해낸 일로 간주하도록 유혹할 것이다. 그 복을 우리의 마땅한 몫으로 여기고 겸손한 마음을 품기보다는 스스로를 높이도록 기만하는 것이 사탄의 전략이다. 그러므로 바울은 이렇게 증언한 바 있다. "여러 계시를 받은 것이 지극히 크므로 너무 자만하지 않게 하시려고 내 육체에 가시 곧 사탄의 사자를 주셨으니 이는 나를 쳐서 너무 자만하지 않게 하려 하심이라"(고후 12:7).

셋째, 하나님이 우리에게 고난을 허락하시는 목적은 세상의 것들에 의존하는 태도를 버리게 하기 위함이다. 우리가 물질적인 소유나 세상의 지식과 경험, 인정을 많이 얻을수록 주님 대신 그런 것들에 의존하려는 유혹이 더욱 강해진다. 이런 일들 가운데는 우리가 받은 교육이나 직업적인 성공, 우리의 인맥이나 영예를 비롯한 여러 형태의 세상적인 유익들이 포함된다. 이런 유익들 자체는 그릇된 것이 아닐 경우가 많지만, 문제는 우리가 이런 유익들을 관심과 신뢰의 초점으로 삼기가 쉽다는 데 있다.

한번은 많은 무리가 예수님과 제자들을 좇아 산속으로 나아왔다. 이때 예수님은 빌립에게 이렇게 물으셨다. "우리가 어디서 떡을 사서 이 사람들을 먹이겠느냐?" 이는 "친히 어떻게 하실지를 아시고 빌립을 시험하고자 하심"이었다 (요 6:5~6). 그러나 빌립은 그 시험을 미처 헤아리지 못하고 이렇게 응답했다. "각 사람으로 조금씩 받게 할지라도 이백 데나리온의 떡이 부족하리이다"(요 6:7). 빌립은 주님이 공급해주실 것을 신뢰하는 대신에 자신들의 물질적인 자원만을 바라보았으며, 그 자원은 당시의 필요를 채우기에 매우 부족한 양이었다.

모세는 바로의 집에서 양육을 받으면서 애굽의 왕자로 키워졌다. 그는 그곳에서 최상의 학문적인 훈련을 받았으며, 사회에서나 개인적인 성공의 측면에서 그 정점에 오른 인물이었다. 그런 다음에 모세는 미디안 광야에서 사십 년간 목자로 생활했으며(출 2:11~25), 그 후에 주님이 그를 불러 그분의 백성을 애굽 밖으로 이끌고 나갈 과업을 맡기셨다. 처음에 모세는 그 부르심에 저항하고 반발했으나, 마침내 주님께 순종하여 그분이 택하신 백성의 곤경을 돌아보는 일에 헌신하게 되었다. 이 일에 관해 히브리서의 저자는 이렇게 기록하고 있다. "믿음으로 모세는 장성하여 바로의 공주의 아들이라 칭함받기를 거절하고 도리어 하나님의 백성과 함께 고난받기를 잠시 죄악의 낙을 누리는 것보다 더 좋아하고 그리스도를 위하여 받는 수모를 애굽의 모든 보화보다 더 큰 재물로 여겼으니 이는 상 주심을 바라봄이라"(히 11:24~26).

하나님이 시련을 허락하시는 네 번째 목적은 우리를 영원한 하늘의 소망 가운데로 부르시려는 데 있다. 우리의 고난이 힘겹게 오래 지속될수록 우리는 주님과 함께 거하기를 더 고대하게 된다. 바울의 경우, 그는 아직 자신의 사역이 끝나지 않았으며 그리스도와 그분의 교회를 위해 이 땅에서 그 사역을 지속하는 일이 자신의 중요한 임무임을 알고 있었다. 하지만 개인적으로는 "세상을 떠나서 그리스도와 함께 있는 것이 훨씬 더 좋은 일"이라고 여겼으며 속히 그렇게 되기를 고대했던 것이다(빌 1:23~25). 당시 로마 교회에 보낸 편지에서 바울은 이렇게 증언하고 있다.

> 생각하건대 현재의 고난은 장차 우리에게 나타날 영광과 비교할 수 없도다. 피조물이 고대하는 바는 하나님의 아들들이 나타나는 것이니 피조물이 허무한 데 굴복하는 것은 자기 뜻이 아니요 오직 굴복하게 하시는 이로 말미암음이라. 그 바라는 것은 피조물도 썩어짐의 종 노릇 한 데서 해방되어 하나님의 자녀들의 영광의 자유에 이르는 것이니라. 피조물이 다 이제까지 함께 탄식하며 함께 고통을 겪고 있는 것을 우리가 아느니라. 그뿐 아니라 또한 우리 곧 성령의 처음 익은 열매를 받은 우리까지도 속으로 탄식하여 양자 될 것 곧 우리 몸의 속량을 기다리느니라. 우리가 소망으로 구원을 얻었으매 보이는 소망이 소망이 아니니 보는 것을 누가 바라리요? 만일 우리가 보지 못하는 것을 바라면 참음으로 기다릴지니라. (롬 8:18~25; 참조. 5:3~4)

바울은 미숙한 고린도 교회의 신자들에게 자신이 겪었던 수많은 고난과 핍박, 위험과 배신을 상기시킨 후 이렇게 격려의 말을 전한다. "주 예수를 다시 살리신 이가 예수와 함께 우리도 다시 살리사 너희와 함께 그 앞에 서게 하실 줄을 아노라. … 그러므로 우리가 낙심하지 아니하노니 우리의 겉사람은 낡아지나 우리의 속사람은 날로 새로워지도다. 우리가 잠시 받는 환난의 경한 것이 지극히 크고 영원한 영광의 중한 것을 우리에게 이루게 함이니 우리가 주목하는 것은 보이는 것이 아니요 보이지 않는 것이니 보이는 것은 잠깐이요 보이지 않는 것은 영원함이라"(고후 4:14, 16~18; 참조. 8~12절).

하나님이 고난을 허락하시는 다섯 번째 목적은 우리가 진정으로 사랑하는 대상이 무엇인지를 드러내려는 데 있다. 아브라함은 아들인 이삭을 제물로 드리기를 주저하지 않았던 사람이다. 이는 그의 신앙을 입증할 뿐 아니라(이 점은 이 장의 뒷부분에서 다시 다루려 한다) 주님을 향한 그의 지극한 사랑을 보여주는 일이기도 했다. 이는 곧 그 어떤 일이나 사람도 우리에게 주님보다 더 소중한 존재가 되어서는 안 된다는 것이다.

신명기에서 주님은 그분의 백성에게 이같이 말씀하셨다. "이스라엘아 네 하나님 여호와께서 네게 요구하시는 것이 무엇이냐? 곧 네 하나님 여호와를 경외하여 그의 모든 도를 행하고 그를 사랑하며 마음을 다하고 뜻을 다하여 네 하나님 여호와를 섬기고"(10:12; 참조. 13:3). 예수님의 말씀에 따르면 이것이 바로 크고 첫째 되는 계명이다(마 22:38). 또 예수님은 이렇게 말씀하셨다. "무릇 내게 오는 자가 자기 부모와 처자와 형제와 자매와 더욱이 자기 목숨까지 미워하지 아니하면 능히 내 제자가 되지 못하고"(눅 14:26). 물론 예수님은 우리에게 정말로 다른 사람들을 미워하도록 명령하셨던 것이 아니다. 그런 명령은 성경의 수많은 가르침과 뚜렷이 충돌했을 것이며, 그 가르침들 가운데는 두 번째로 큰 계명인 "네 이웃을 네 자신 같이 사랑하라" 역시 포함된다(마 22:39). 다만 여기서 예수님은 비유적인 표현을 써서, 우리가 심지어 자신의 가족들을 포함한 그 누구보다도 하나님을 더욱 사랑해야 한다는 점을 가르치셨던 것이다.

여섯째, 하나님이 우리에게 시련을 허락하시는 목적은 그분이 베푸시는 은총의 소중함을 깨우치려는 데 있다. 우리의 이성은 이 세상과 그 안에 속한 것들을 가치 있게 여기도록 우리를 설득하며, 우리의 감각들은 편안함과 쾌락을 중요시하도록 유혹한다. 하지만 고난이 찾아올 때, 신앙은 하나님께 속한 영적인 일들을 소중하게 여기도록 우리를 인도한다. 하나님은 이 영적인 은혜들을

통해 우리에게 풍성한 복을 베푸셨으며, 그중에는 하나님의 말씀, 그분의 돌봄
과 공급하심, 그분의 능력과 그분의 구원 역시 포함된다.

다윗은 이렇게 찬미한 바 있다.

> 주의 인자하심이 생명보다 나으므로 내 입술이 주를 찬양할 것이라. 이러므로 나
> 의 평생에 주를 송축하며 주의 이름으로 말미암아 나의 손을 들리이다. 골수와
> 기름진 것을 먹음과 같이 나의 영혼이 만족할 것이라. 나의 입이 기쁜 입술로 주
> 를 찬송하되 내가 나의 침상에서 주를 기억하며 새벽에 주의 말씀을 작은 소리
> 로 읊조릴 때에 하오리니 주는 나의 도움이 되셨음이라. 내가 주의 날개 그늘에
> 서 즐겁게 부르리이다. (시 63:3~7)

히브리서 11장에서 열거되는 믿음의 영웅들은 모두 이 세상을 거부하고 하
나님이 베푸시는 유익들을 택했다. 이처럼 우리 역시 "믿음의 주요 또 온전하
게 하시는 이인 예수를 바라보아야" 한다. 이는 그분이 "그 앞에 있는 기쁨을
위하여 십자가를 참으사 부끄러움을 개의치 아니하시더니 하나님 보좌 우편
에 앉으셨기" 때문이다(히 12:2).

일곱째, 주님은 시련을 사용하셔서 성도들이 그분의 일에 크게 쓰임 받도록
지속적인 능력을 키워가게 하신다. 청교도 토머스 맨턴(Thomas Manton)은 이
점에 관해 이렇게 분별력 있게 말했다. "모든 일이 고요하고 평온할 때, 우리는
신앙보다 자신의 감각에 의존해서 살아가게 된다. 이렇게 평화로운 시기에는
한 군인의 진가를 제대로 파악할 수가 없다." 바울은 이렇게 고백했다. "그러므
로 내가 그리스도를 위하여 약한 것들과 능욕과 궁핍과 박해와 곤고를 기뻐하
노니 이는 내가 약한 그 때에 강함이라"(고후 12:10). 히브리서의 저자는 과거에
경건한 남녀들이 행한 일을 이같이 열거하고 있다. "그들은 믿음으로 나라들
을 이기기도 하며 의를 행하기도 하며 약속을 받기도 하며 사자들의 입을 막기
도 하며 불의 세력을 멸하기도 하며 칼날을 피하기도 하며 연약한 가운데 강하
게 되기도 하였느니라"(히 11:33~34; 참조. 사 41:10).

여덟째이자 마지막으로, 주님은 시련을 사용하셔서 우리로 하여금 어려움

을 겪는 이들을 도울 힘을 얻게 하신다. 예수님은 베드로에게 이렇게 말씀하셨다. "시몬아, 시몬아, 보라 사탄이 너희를 밀 까부르듯 하려고 요구하였으나 그러나 내가 너를 위하여 네 믿음이 떨어지지 않기를 기도하였노니 너는 돌이킨 후에 네 형제를 굳게 하라"(눅 22:31~32). 이처럼 베드로에게 고난을 주신 목적은 더 큰 일을 감당할 능력을 주실 뿐 아니라 다른 이들을 잘 돕도록 그를 준비시키기 위함이기도 했다. 모든 신자가 겪는 환난과 시험 역시 이런 성격을 지니며, 주님이 그분의 인성 가운데 겪으신 일 역시 그러했다. "그가 시험을 받아 고난을 당하셨은즉 시험 받는 자들을 능히 도우실 수 있느니라"(히 2:18; 참조. 4:15).

바울은 고린도 교회에 보낸 편지에서 이 원리를 이렇게 요약한다.

> 찬송하리로다. 그는 우리 주 예수 그리스도의 하나님이시요 자비의 아버지시요 모든 위로의 하나님이시며 우리의 모든 환난 중에서 우리를 위로하사 우리로 하여금 하나님께 받는 위로로써 모든 환난 중에 있는 자들을 능히 위로하게 하시는 이시로다. 그리스도의 고난이 우리에게 넘친 것 같이 우리가 받는 위로도 그리스도로 말미암아 넘치는도다. 우리가 환난 당하는 것도 너희가 위로와 구원을 받게 하려는 것이요 우리가 위로를 받는 것도 너희가 위로를 받게 하려는 것이니 이 위로가 너희 속에 역사하여 우리가 받는 것 같은 고난을 너희도 견디게 하느니라. (고후 1:3~6)

이처럼 시련은 다양한 유익을 지니며, 우리는 그런 시련들에 합당한 방식으로 반응해야만 한다. 야고보서 1장 2~12절에서는 시련을 인내하는 다섯 가지 방편을 제시함으로써 이 일에 큰 도움을 준다. 온전히 기뻐하는 자세(2절)와 분별력 있는 태도(3절), 하나님께 순복하는 의지(4절), 그분을 신뢰하는 마음(5~8절)과 겸손한 심령(9~11절)이 바로 그것이다. 그 후에 야고보는 우리가 인내할 때 얻게 될 상급을 말하고 있다(12절).

인내의 방편들

온전히 기뻐하는 자세

"내 형제들아 너희가 여러 가지 시험을 당하거든 온전히 기쁘게 여기라"(1:2)

이 절에서는 헬라어 동사 '헤게오마이'(hēgeomai, '여기다')가 명령형으로 쓰였다. 이는 기쁨이 어려움에 대한 인간의 자연스러운 반응이 아니기 때문이다. 하지만 고난을 만났을 때 그저 즐거워하는 듯한 모습을 보이는 데 그치지 않고 그 일을 "온전히 기쁘게" 여기라는 것이 그리스도인을 향한 하나님의 명령이다. 주석가들은 이 어구의 의미를 '순수한 기쁨'이나 '때 묻지 않은 기쁨', '완전하고 총체적인 기쁨', '순전한 기쁨' 등 여러 가지로 해석해왔다. 문맥을 살펴보면 이 의미들 모두가 적합해 보인다. 여기서 야고보는 주님의 자녀들이 그분을 신뢰하면서 불평 없이 고난을 감수할 때 주님이 은혜롭게 베풀어 주시는 독특하고 충만한 기쁨을 언급하고 있다. 이는 그 괴로움의 원인이나 종류, 그 정도에 상관없이 주어지는 기쁨이다. 주님은 늘 우리의 유익과 그분 자신의 영광을 위해 이런 고난들을 사용하신다. 따라서 우리는 자기 앞에 닥쳐오는 시련을 반가운 친구처럼 맞이할 수 있다. 이는 우리가 일종의 종교적인 자기 학대에 빠져 있기 때문이 아니라 우리 주님의 약속과 그분의 선하심을 온전히 신뢰하기 때문이다. 요셉이 그랬듯이, 우리는 사람들이 악한 뜻을 품고 우리에게 행한 일들을 하나님이 선한 것으로 바꿔 놓으실 수 있음을 안다(창 50:20; 참조롬 8:28).

이때 우리는 그저 억지로 기뻐하는 척 꾸밀 필요가 없다. 오히려 우리는 진심으로 기뻐할 수 있다. 이 기쁨은 감정이 아닌 의지의 문제이기 때문이다. 모든 신실한 신자들은 이같이 기뻐하기로 결단하며 헌신해야 한다. 이 일을 명령하신 분은 하나님이시므로 참된 그리스도인들은 누구나 성령의 돌보심 가운데 이렇게 행할 수 있다. 야고보가 확증하는 바에 따르면, 예수 그리스도를 향한 우리의 신앙이 참될 때 가장 극심한 고난까지도 기쁨과 감사의 근원이 될 수 있으며 또한 그러해야만 한다.

이렇게 시련 중에 기뻐하는 가운데 우리는 그런 어려움들이 의무가 아닌 특권임을 점점 더 깨닫게 된다. 곧 그런 고난들은 궁극적으로 우리에게 해가 아닌 유익을 가져다주는 것이다. 그런 고난들을 직접 겪을 때 그 일이 실로 고통스럽고 파괴적인 것으로 다가올지라도 그러하다. 야고보의 권고를 좇아 고난을 대면할 때, 우리는 주님께 가까이 나아가는 일에 가장 큰 기쁨이 있음을 발견하게 된다. 그분이 모든 기쁨의 원천이시기 때문이다. 이때 우리는 주님의 임재와 그분의 선하심, 그분의 사랑과 은혜를 깊이 의식하게 된다. 또 우리의 기도 생활이 점점 더 깊어지며 하나님의 말씀을 향한 우리의 관심과 연구의 자세 역시 성숙하게 된다. 이 모든 일을 통해 우리의 기쁨이 더욱 자라나게 되는 것이다.

앞서 말했듯이, 우리 주님께서도 "그 앞에 있는 기쁨을 위하여 십자가를 참으사 부끄러움을 개의치 아니하셨다"(히 12:2). 주님은 자신이 겪는 시련 너머에 있는 기쁨을 바라보셨던 것이다. 그분은 자신의 시련이 끝나고 하나님이 정하신 영광스러운 결실이 성취될 때 마침내 그 기쁨을 누리게 될 것임을 알고 계셨다. 이어서 히브리서의 저자는 이렇게 말한다. "너희가 피곤하여 낙심하지 않기 위하여 죄인들이 이같이 자기에게 거역한 일을 참으신 이를 생각하라. 너희가 죄와 싸우되 아직 피 흘리기까지는 대항하지 아니하고."(3~4절) 조금 후에, 그는 우리가 겪는 시련을 하나님의 아버지 같은 징계에 연관 지어 이렇게 설명한다. "무릇 징계가 당시에는 즐거워 보이지 않고 슬퍼 보이나 후에 그로 말미암아 연단 받은 자들은 의와 평강의 열매를 맺느니라"(11절). 만일 온전히 거룩하신 주님이 온 세상의 죄를 대신 짊어지기 위해 이처럼 상상하기 힘든 고통을 감내하셨다면, 때때로 우리에게 찾아오는 고난, 주님이 겪으신 것과는 비할 수 없이 가벼우며 우리가 받아 마땅한 그 고난을 어떻게 감사하는 마음으로 받아들이지 않을 수 있겠는가?

바울은 감옥에 갇혀 심한 곤란과 좌절, 괴로움을 겪는 동안에도 진심으로 이렇게 고백할 수 있었다. "어떠한 형편에든지 나는 자족하기를 배웠노니 나는 비천에 처할 줄도 알고 풍부에 처할 줄도 알아 모든 일 곧 배부름과 배고픔과 풍부와 궁핍에도 처할 줄 아는 일체의 비결을 배웠노라"(빌 4:11~12). 당시 바울과 실라는 고통스러운 차꼬에 매인 채로 빌립보의 지하 감옥에 갇힌 상태였다. 하지만 그들은 "한밤중에 … 기도하고 하나님을 찬송했던" 것이다(행 16:24~25). 바울은 "육체의 가시, 곧 사탄의 사자" 때문에 고통을 받았다(고후 12:7). 이때 그는 "이것이 내게서 떠나가게 하기 위하여 … 세 번 주께 간구했으므로"(8절), 우리는 그가 받은 고통이 지극히 심한 것이었음을 알 수 있다. 이전까지 바울은 온갖 힘겨운 상황을 겪으면서도 그에 관해 불평하거나 자신의 괴로움을 덜어 주시기를 구하지 않았었기 때문이다. 그러나 주님은 그에게 이같이 말씀하셨다. "내 은혜가 네게 족하도다. 이는 내 능력이 약한 데서 온전하여짐이라." 이에 바울은 자신의 간구를 그치고, 그에게 깊은 아픔의 원인이 되어 왔으며 앞으로도 그러할 그 시련 때문에 오히려 기뻐하기 시작했던 것이다(9절). 이제 그 시련들은 바울이 누리는 기쁨과 복의 원천이 되었다. 이는 그런 시련들을 통해 그 자신이 주님께 더 가까이 나아가게 된다는 것을 알았기 때문이다. 바울은 그런 시련들을 통해 주님의 고난에 동참하는 특권을 누리게 되었으며(빌 3:10), 그 시련들은 바울을 겸손하게 만들기 위해 하나님이 정하신 방편이었다(고후 12:7).

베드로는 이렇게 수사적인 질문을 던진다. "죄가 있어 매를 맞고 참으면 무슨 칭찬이 있으리요? 그러나 선을 행함으로 고난을 받고 참으면 이는 하나님 앞에 아름다우니라"(벧전 2:20). 예수님은 제자들에게 이렇게 일깨우셨다. "내가 너희에게 종이 주인보다 더 크지 못하다 한 말을 기억하라. 사람들이 나를 박해하였은즉 너희도 박해할 것이요"(요 15:20; 참조. 마 5:10~11; 눅 6:22). 만약 주님이 겟세마네 동산에서 잡히시기 전에 제자들에게 주셨던 다음의 말씀을 언젠가 우리도 듣게 된다면 이 얼마나 멋진 일이겠는가? "너희는 나의 모든 시험 중에 항상 나와 함께 한 자들인즉 내 아버지께서 나라를 내게 맡기신 것 같이 나도 너희에게 맡겨 너희로 내 나라에 있어 내 상에서 먹고 마시게 … 하려 하노라"(눅 22:28~30). 주님은 제자들에게 주셨던 다음의 약속을 전심으로 그분을 따르는 모든 이들에게 내려 주신다. "내가 진실로 진실로 너희에게 이르노니 너희는 곡하고 애통하겠으나 세상은 기뻐하리라. 너희는 근심하겠으나 너희 근심이 도리어 기쁨이 되리라"(요 16:20). 그리고 이 말씀의 의미를 더욱 구체적으로 드러내기 위해 예수님은 출산의 경우를 예로 드셨다. "여자가 해산하게 되면 그 때가 이르렀으므로 근심하나 아기를 낳으면 세상에 사람 난 기쁨으로 말미암아 그 고통을 다시 기억하지 아니하느니라"(21절).

앞서 말했듯이, 모든 고난이 물리적인 성격을 지닌 것은 아니다. 가장 힘겨운 고난 중 일부는 정신적이거나 정서적인 성격을 지닌 것들이다. 바울이 가이사랴와 로마의 감옥에 갇혀 있었을 때, 그는 빌립보의 일부 설교자들이 "나의 매임에 괴로움을 더하게 할 줄로 생각하여 순수하지 못하게 다툼으로 그리스도를 전파하는" 것을 두고 탄식했다(빌 1:17). 바울은 몇몇 동료 사역자들, 그중 일부는 자신이 직접 훈련하고 벗으로 삼았던 그 사역자들이 사악한 질투와 시기심을 품고 그를 비방하는 것을 보면서 깊은 상처를 받았다. 그럼에도 바울은 그들을 통해 참된 복음이 전파되고 있다는 사실과 궁극적으로 자신의 옳음이 입증되리라는 점을 생각하면서 여전히 기뻐했다(18~19절). 또한, 그는 "형제 중 다수가 나의 매임으로 말미암아 주 안에서 신뢰함으로 겁 없이 하나님의 말씀을 더욱 담대히 전하게" 되었다는 것을 알고서 깊은 만족감을 누렸다(14절). 나아가 바울은 이렇게 고백하고 있다.

> 만일 너희 믿음의 제물과 섬김 위에 내가 나를 전제로 드릴지라도 나는 기뻐하고 너희 무리와 함께 기뻐하리니 … 그러나 무엇이든지 내게 유익하던 것을 내가 그리스도를 위하여 다 해로 여길뿐더러 또한 모든 것을 해로 여김은 내 주 그리스도 예수를 아는 지식이 가장 고상하기 때문이라. 내가 그를 위하여 모든 것을 잃어버리고 배설물로 여김은 그리스도를 얻고. (빌 2:17; 3:7~8)

이 편지의 끝 부분에서 바울은 다시 이렇게 선포한다. "주 안에서 항상 기뻐하라. 내가 다시 말하노니 기뻐하라"(4:4). 이처럼 바울은 늘 큰 기쁨을 누린 사람이었다.

워런 위어스비(Warren Wiersbe)는 자신의 야고보서 주석에서 이렇게 기록하고 있다. "우리의 가치관이 우리의 안목을 결정한다. 우리가 성숙한 성품보다 안락한 삶을 더 귀히 여긴다면 시련이 닥쳐올 때 몹시 동요하게 될 것이다. 또 영적인 일들보다 물질적이며 물리적인 일들을 더 높이 평가한다면, 우리는 시련을 '온전히 기쁘게 여길' 수 없을 것이다! 오직 현재만을 위해 살고 장래를 내다보지 않는다면, 우리는 시련을 통해 성장하는 대신에 쓰라린 원망에 사로잡히게 될 것이다."

그러므로 한 그리스도인이 시련 중에 기뻐할 수 없다면 그의 가치관은 경건하고 성경적인 것이라고 할 수 없다.

에이미 카마이클(Amy Carmichael)은 인도 남부에서 오랫동안 사역한 선교사로서 온갖 고난을 겪은 이였다. 그녀는 다음의 시를 썼다.

그대에게는 흉터가 없나요?
발이나 옆구리, 손에 은밀한 흉터가 없습니까?
나는 그대가 땅 위에서 힘차게 노래하는 것을 듣습니다.
다른 이들이 마치 빛나는 별처럼
그대를 높이며 환호하는 소리를 들었습니다.
하지만 그대에게는 흉터가 없나요?

당신에게는 상처가 없습니까?
나는 사냥꾼들의 화살에 맞아 상처를 입었습니다.
지친 몸을 나무 곁에 누이고 죽기를 기다렸지요.
먹이를 찾아다니는 짐승들이 나를 둘러싸고
살을 뜯는 동안에 나는 기절했습니다.
그런데 당신에게는 상처가 없습니까?

상처도, 흉터도 없습니까?
좋은 주인과 같으며,
그분을 따르는 이의 발에는 못 박힌 상처가 있습니다.
하지만 당신의 발은 멀쩡하네요.
그렇게 상처도, 흉터도 없는 사람이

주님을 온전히 따를 수 있었을까요?

(*Gold Cord* [Fort Washington, Pa.: Christian Literature Crusade, 1996], 80).

욥이 하나님의 계시에 관해 알았던 내용은 바울의 경우보다 훨씬 적었다. 하지만 그는 마음속으로 주님을 신뢰했으며 자신을 책망하는 친구들 앞에서 뚜렷한 확신을 품고 이렇게 증언했다. "그분이 나를 죽이실지라도 나는 그분께 소망을 두리라"(욥 13:15)(이는 저자가 인용한 NASB의 표현이며, 개역개정판에는 "그가 나를 죽이시리니 내가 희망이 없노라"로 번역되어 있다.—역주), "내가 가는 길을 그가 아시나니 그가 나를 단련하신 후에는 내가 순금 같이 되어 나오리라"(23:10). 이처럼 그 먼 고대에도 욥은 바울이 그랬듯이 다음의 말씀이 진리임을 깨닫고 있었던 것이다. "생각하건대 현재의 고난은 장차 우리에게 나타날 영광과 비교할 수 없도다"(롬 8:18).

야고보는 자신의 독자들을 "내 형제들"로 지칭하고 있다. 이는 그가 주로 유대인 신자들을 향해 권고하고 있음을 보여주며, 이런 호칭은 이 서신 전체에 걸쳐 계속 언급된다(1:16, 19; 2:1, 5, 14; 3:1, 10, 12; 4:11; 5:7, 9, 10, 12, 19). 이 책의 서론과 이 장의 앞부분에서 이미 말했듯이, 참된 신앙을 분별하는 잣대들은 불신자들(비그리스도인 또는 자신을 그리스도인으로 착각하는 이들)에게도 분명한 가치를 지닌다. 하지만 야고보의 주된 청중은 참된 신자, 곧 그리스도 안에서 그의 "형제"가 된 이들이다. 이들을 "내 형제"로 부름으로써 그는 개인적인 친분과 애정의 어조를 덧붙이고 있다. 이 편지에서 야고보는 세 차례에 걸쳐 "사랑하는 형제들"이라는 표현을 사용한다(1:16, 19; 2:5).

이 구절에서 '호탄'(*botan*, '~하거든')은 가정법으로 쓰였으며, 이는 그저 있을 법한 일이 아닌 어떤 불가피한 일의 개념을 나타낸다. 달리 말해, 이 땅을 살아가는 동안에 "여러 가지 시험"이 반드시 우리를 찾아오게 되리라는 것이다. 우리는 그 일을 자연스러운 삶의 일부로 예상하고 받아들여야 한다. 그리고 '페리핍토'(*peripiptō*, '만나다')는 문자적으로 '~에 빠지다'를 의미하며 대개는 그 일이 갑작스럽게 일어났음을 가리킨다. 선한 사마리아인의 비유에서는 어떤 사람이 "강도를 만난" 일을 언급할 때 그 단어를 사용했으며(눅 10:30), 사도행전에서는 바울이 탄 배가 "두 물이 합하여 흐르는 곳을 만났다"는 구절에서 쓰이고 있다(27:41).

그리고 "시험"은 헬라어 '페이라스모스'(peirasmos)를 번역한 단어이다. 이 '페이라스모스'는 기본적으로 시도나 시험, 분석 또는 검증의 의미를 나타낸다. 이 단어 자체는 중립적인 의미를 지니며 문맥에 따라 긍정 또는 부정의 뜻을 모두 나타낼 수 있다. 이 단어는 때로 "유혹"(temptation)으로 번역되기도 한다(예. 마 6:13; 26:41; 벧후 2:9). 실제로 야고보서 1장 13절에서 이 단어의 동사형은 '유혹을 받다' 또는 '유혹하다'로 번역되고 있다. 그 구절에서 이 단어가 명백히 '악을 행하도록 이끌다'의 개념을 나타내고 있기 때문이다. 하지만 지금 이 본문의 경우, 야고보는 '어떤 종류의 고난이나 시련 또는 문젯거리들 때문에 닥쳐온 시험'을 염두에 두고 있는 것이 분명하다.

"여러 가지"는 헬라어 '포이킬로스'(poikilos)를 번역한 단어이다. 이 '포이킬로스'는 문자적으로 '다채로운'이나 '여러 색깔의'를 의미하며, 이후 다양하고 가지각색의 일들을 나타내는 데 비유적으로 쓰이게 되었다. 이 구절에서 야고보가 이 표현을 통해 나타내는 요점은 다양한 형태와 성격, 강도를 지닌 시험들이 우리의 삶에 찾아오게 된다는 것이다. 물론 각 그리스도인이 온갖 다양한 시련을 전부 겪게 된다는 뜻은 아니다. 하지만 전반적인 면에서 살필 때, 그리스도인들은 모든 가능한 원인 때문에 생겨나는 온갖 종류의 고난을 받을 수 있다는 것이다. 그리고 그 성격이나 강도가 어떤 것이든 간에, 이 "여러 가지 시험"의 의도는 각 신자가 지닌 신앙의 진정성을 살피는 데 있다.

야고보는 이 본문에서 내적인 시련과 외적인 시련을 구분 짓지 않는다. 이는 대개의 경우 이 둘이 서로 잘 구별되지 않기 때문일 것이다. 처음에는 순전히 외적인 문제였던 일도 시간이 지남에 따라 내적인 문제와 시험거리로 다가오게 된다. 그리고 우리의 신앙은 이 시련의 내적인 결과, 곧 우리가 그런 시련들에 반응하는 방식의 문제에 밀접히 연관되어 있다. 처음에 그 시련이 재정적인 문제나 신체적인 질병 때문에 찾아왔든, 다른 이들의 비판과 핍박이나 자신의 실망과 두려움 때문에 생겨났든 간에, 그 일에 대한 우리의 태도와 반응은 지금 우리가 처한 영적인 상태를 드러낸다.

분별력 있는 태도

"이는 너희 믿음의 시련이 인내를 만들어 내는 줄 너희가 앎이라."(1:3)

우리가 시련들을 겪을 때 인내로써 승리하는 두 번째 방편은 분별력 있는 태도를 취하는 데 있다. 이 구절에서 헬라어 '기노스코'(*ginōskō*, '앎이라')는 단순한 사실 파악의 수준을 넘어서서 '어떤 일을 온전히 분별한다'는 개념을 나타낸다. 예수님은 무화과나무의 비유에서 이 단어를 써서 이렇게 말씀하셨다. "그 가지가 연하여지고 잎사귀를 내면 여름이 가까운 줄 **아나니**"(막 13:28, 강조점은 나의 것). 로마서 1장에서 바울은 이 단어의 변화형을 두 차례에 걸쳐 사용했으며("알 만한", 19절; "알되", 21절), 이를 통해 불경건한 이교도들까지도 하나님이 그분의 창조 세계 가운데 나타내신 일들에 관해 분명하고 객관적인 지식을 지닌다는 것을 선포했다(롬 1:19~21).

그리스도인들은 하나님의 말씀과 자신의 체험을 통해 "믿음의 시련이 인내를 만들어낸다"는 것을 안다. 우리는 살아가면서 하나님의 약속이 참되다는 것을 실제로 배우게 된다. 때때로 닥쳐오는 고난과 시련 혹은 연단을 견뎌낸 후 우리는 자신이 주님을 여전히 신뢰할 뿐 아니라 이 일을 통해 그 신뢰가 더욱 견고해진 것을 알게 되기 때문이다.

이 구절의 "시련"은 헬라어 '도키미온'(*dokimion*)을 번역한 것이다. 이 '도키미온'은 앞 절에 쓰인 '페이라스모스'(*peirasmos*, '시험')과 전혀 다른 단어이지만 동일한 의미를 전달한다. 둘 모두 그것의 진정성 혹은 유효성을 입증하거나 반박하기 위해 어떤 일을 시험해 본다는 기본 개념을 지니기 때문이다.

"인내"(endurance)는 헬라어 '후포모네'(*hupomonē*)를 번역한 것이다. 이 헬라어 단어는 자주 "끈기"(patience)로도 번역되지만 여기서는 그 끈기의 산물 혹은 결과물을 나타내는 의미가 더 강하며, 이는 곧 "인내"로 표현될 수 있다. 우리가 주님을 신뢰하면서 어려운 시련을 끈기 있게 견뎌낼 때에는 인내심이 형성되며, 이 성품은 지속적으로 유지되는 성격을 지닌다. 끈기는 어떤 환난이나 문제가 실제로 존재할 때에만 요구된다. 그 어려운 일들이 지나가고 나면 더이상 끈기를 발휘할 목적이 없어지기 때문이다. 하지만 "인내"는 꾸준히 유지되는 내적인 능력이며, 우리가 주님을 신뢰하면서 어떤 시련을 끈기 있게 감당할 때마다 더욱 견고해지게 된다.

다윗은 이렇게 증언했다. "내가 여호와를 기다리고 기다렸더니 귀를 기울이사 나의 부르짖음을 들으셨도다. 나를 기가 막힐 웅덩이와 수렁에서 끌어올리시고 내 발을 반석 위에 두사 내 걸음을 견고하게 하셨도다"(시 40:1~2). 바울은 우리에게 다음의 내용을 확증하고 있다. "사람이 감당할 시험 밖에는 너희가 당한 것이 없나니 오직 하나님은 미쁘사 너희가 감당하지 못할 시험 당함을 허락하지 아니하시고 시험 당할 즈음에 또한 피할 길을 내사 너희로 능히 감당하게 하시느니라"(고전 10:13). 주님은 자신의 자녀들이 그분의 힘과 돌보심 가운데 이겨낼 수 없는 일들에 직면하도록 놓아두지 않으실 것이다. 갓 신자가 된 이들을 포함해서 대부분의 신자는 사도 바울이 겪었던 그 많은 시련을 감당할 힘이 없다. 하지만 바울이 그런 환난들을 감당할 준비가 되었던 것처럼 우리 역시 그 준비가 되기 전까지는 주님이 우리로 하여금 그런 시련들을 겪게 하지 않으실 것이다.

예수님이 겟세마네 동산에서 잡히셨을 때, 군인들은 그 제자들도 함께 끌고 가려 했다. 이에 예수님은 이렇게 말씀하셨다. "다시 누구를 찾느냐고 물으신대 그들이 말하되 나사렛 예수라 하거늘 예수께서 대답하시되 너희에게 내가 그니라 하였으니 나를 찾거든 이 사람들이 가는 것은 용납하라 하시니"(요 18:7~8). 요한은 예수님이 이같이 말씀하신 이유를 이렇게 설명하고 있다. "이는 아버지께서 내게 주신 자 중에서 하나도 잃지 아니하셨사옵나이다 하신 말씀을 응하게 하려 함이러라"(9절; 참조. 17:12). 주님은 그 제자들이 아직 그 혹독한 시련을 이겨낼 정도로 굳건하지 못함을 알고 계셨다. 그렇기에 그분의 자비로써 제자들을 위험 가운데 지켜 주셨다.

비록 우리가 그 자세한 내용을 다 알지는 못하지만, 바울은 데살로니가 교회에 첫 편지를 썼을 때 그곳에 있는 신자들의 믿음에 관해 깊이 염려하고 있었다(살전 3:5, 10). 하지만 그 후 일 년이 채 지나지 않았을 때, 바울은 그 신자들에게 이렇게 편지할 수 있었다.

형제들아 우리가 너희를 위하여 항상 하나님께 감사할지니 이것이 당연함은 너
희의 믿음이 더욱 자라고 … 그러므로 너희가 견디고 있는 모든 박해와 환난 중
에서 너희 인내와 믿음으로 말미암아 하나님의 여러 교회에서 우리가 친히 자랑
하노라. … 주께서 너희 마음을 인도하여 하나님의 사랑과 그리스도의 인내에 들
어가게 하시기를 원하노라. (살후 1:3~4; 3:5)

이는 그 시련을 통해 데살로니가 교회 신자들의 인내심이 더욱 성장하고
견고해졌으며 하나님을 향한 그들의 믿음과 사랑 역시 그렇게 되었기 때문이
었다.

히브리서 11장에는 하나님께 속한 남녀들이 행했던 일에 관한 일련의 긴 증
언이 담겨 있다. 그들은 믿음 안에서 주님을 위한 고난을 감내할 수 있었고 그
과정에서 그 믿음이 더욱 성장하며 견고하게 된 사람들이었다. "돌로 치는 것
과 톱으로 켜는 것과 시험과 칼로 죽임을 당하고 양과 염소의 가죽을 입고 유
리하여 궁핍과 환난과 학대를 받았으니 (이런 사람은 세상이 감당하지 못하느니라)
그들이 광야와 산과 동굴과 토굴에 유리하였느니라. 이 사람들은 다 믿음으로
말미암아 증거를 받았으니"(37~39절). 그런 다음에 히브리서의 저자는 이렇게
권면하고 있다. "이러므로 우리에게 구름 같이 둘러싼 허다한 증인들이 있으
니 모든 무거운 것과 얽매이기 쉬운 죄를 벗어 버리고 인내로써 우리 앞에 당
한 경주를 하자"(12:1).

이 경건한 남녀들은 참된 구원의 신앙을 생생히 드러냈으며, 이는 흔히 '성
도의 견인'(the perseverance of the saints)이라 불리는 일을 통해 이루어졌다. 그
리고 다른 관점에서 살피면 이 일은 '신자들의 보증'(the security of believers)으
로 불리기도 한다. 이 중 전자는 인간의 관점에서, 후자는 하나님의 관점에서
표현한 용어이다. 이 놀라운 구원의 과정에서 하나님이 행하시는 일은 늘 우
리가 행하는 일보다 우선한다. 하나님께 속한 백성들이 끝까지 인내할 수 있는
것은 오직 그분이 베푸시는 구원의 보증 덕분이기 때문이다.

성경은 구원의 신앙을 품고 하나님께 나아오는 이들 중에 그 누구도 결국
구주이신 그분에게서 떨어져 나가게 되는 일은 없으리라는 점을 분명히 한다.

우선 첫 번째로, 우리의 구원은 하나님의 능력을 통해 보증을 받는다. 예수님은 자신의 양떼에 관해 이같이 말씀하셨다. "내가 그들에게 영생을 주노니 영원히 멸망하지 아니할 것이요 또 그들을 내 손에서 빼앗을 자가 없느니라"(요 10:28; 참조. 6:39). 그리고 마치 자신의 신적인 보증만으로는 충분치 않은 듯이, 예수님은 이렇게 덧붙이셨다. "그들을 주신 내 아버지는 만물보다 크시매 아무도 아버지 손에서 빼앗을 수 없느니라"(10:29).

둘째로 우리가 보증을 받는 것은 그리스도의 약속과 그분의 기도 덕분이다. 군인들에게 잡히기 전에 드리셨던 대제사장적인 기도에서 주님은 성부 하나님께 이같이 아뢰셨다. "내가 그들과 함께 있을 때에 내게 주신 아버지의 이름으로 그들을 보전하고 지키었나이다. 그 중의 하나도 멸망하지 않고 다만 멸망의 자식뿐이오니 이는 성경을 응하게 함이니이다"(요 17:12; 참조. 18:9). 그리고 주님은 베드로에게 이같이 말씀하셨다. "시몬아, 시몬아, 보라 사탄이 너희를 밀 까부르듯 하려고 요구하였으나 그러나 내가 너를 위하여 네 믿음이 떨어지지 않기를 기도하였노니"(눅 22:31~32). 지금도 예수님이 하늘에서 우리를 위해 중보하고 계시므로 신자들에게는 "아버지 앞에서 … 대언자"가 있다. 그분은 바로 "의로우신 예수 그리스도"이시다(요일 2:1). 예수님은 우리의 대제사장이시며, "자기를 힘입어 하나님께 나아가는 자들을 온전히 구원하실" 수 있다. 이는 그분이 "항상 살아 계셔서 그들을 위하여 간구하시기" 때문이다(히 7:25).

셋째, 우리의 구원은 성령님의 임재를 통해 보증된다. 그분은 "약속의 성령"이며, "우리 기업의 보증이 되사 그 얻으신 것을 속량하시고 그의 영광을 찬송하게" 하시는 분이기 때문이다. 우리는 "그 안에서 … 구원의 날까지 인치심을" 받았다(엡 1:13~14; 4:30). 성령님은 그리스도께서 말씀하신 "또 다른 보혜사"이시며, 주님은 자신이 성부 하나님의 곁으로 승천하신 후에 성령을 보내셔서 "영원토록 [우리]와 함께 있게" 하신다(요 14:16).

이처럼 성 삼위 하나님이 신자들을 온전히 돌보시므로 주님을 믿고 따르는 이들 중 그 누구도 결국 잃어버린 자가 될 일은 없다. 하나님은 자신의 백성들을 배교에서 지키시며, 그들이 믿음의 길에서 벗어나지 않도록 보호하신다. 그러므로 그 백성들이 아무리 심각한 죄에 빠질지라도 그들 자신의 죄 때문에 하나님 나라에서 버림받게 되는 일은 없다는 것이다. 구약의 성도들 역시 이 점을 확신하고 있었다. 다윗은 이렇게 기록한다. "여호와께서 정의를 사랑하시고 그의 성도를 버리지 아니하심이로다. 그들은 영원히 보호를 받으리니"(시 37:28). 또 그는 이렇게 고백했다. "여호와께서 그를 지키사 살게 하시리니"(41:2). 다른 시편의 기자는 이렇게 선포하고 있다. "여호와를 사랑하는 너희여 악을 미워하라. 그가 그의 성도의 영혼을 보전하사"(97:10; 참조. 116:6).

바울은 주님을 위해 기쁜 마음으로 부끄러움 없이 큰 고난을 감수했다. 그에 따르면, 이는 "내가 믿는 자를 내가 알고 또한 내가 의탁한 것을 그 날까지 그가 능히 지키실 줄을 확신했기" 때문이었다(딤후 1:12). 이 편지의 말미에서 바울은 이렇게 증언하고 있다. "주께서 나를 모든 악한 일에서 건져내시고 또 그의 천국에 들어가도록 구원하시리니"(4:18; 참조. 벧전 1:5; 유 1, 24).

앞서 말했듯이, 하나님이 베푸시는 영원한 보증 덕분에 신자들이 고난을 견디고 마침내 결실하는 일이 가능하게 된다. 예수님은 이같이 말씀하셨다. "끝까지 견디는 자는 구원을 얻으리라"(마 24:13). 그리고 다른 정황에서는 이렇게 말씀하신 바 있다. "너희가 내 말에 거하면 참으로 내 제자가 되고"(요 8:31). 바울은 고린도 교회의 신자들에게 이렇게 설명했다. "형제들아 내가 너희에게 전한 복음을 너희에게 알게 하노니 이는 너희가 받은 것이요 또 그 가운데 선 것이라. 너희가 만일 내가 전한 그 말을 굳게 지키고 헛되이 믿지 아니하였으면 그로 말미암아 구원을 받으리라"(고전 15:1~2). 달리 말해, 이는 만약 그들의 신앙이 참되고 진실한 것이라면 그 사실은 주님을 굳게 붙드는 그들의 모습을 통해 입증될 것이라는 의미이다. 그 본성적인 면에서나 하나님이 베푸신 신적인 보증의 측면에서, 구원의 신앙은 영속적인 성격을 지닌다. 그리고 신자들의 인내 또는 견인은 구원의 보증이 실행되는 방편이자 그 확실한 증거가 된다.

다른 한편, 어떤 사람이 그리스도를 향한 신앙을 버리고 떠난다면 이는 처음부터 그에게 구원의 신앙이 없었음을 보여줄 뿐이다. 요한은 거짓 그리스도인들, 곧 그가 '적그리스도'로 부르는 자들로서 하나님 백성의 교제에서 떠난 이들에 관해 언급하면서 이렇게 설명한다. "그들이 우리에게서 나갔으나 우리에게 속하지 아니하였나니 만일 우리에게 속하였더라면 우리와 함께 거하였으려니와 그들이 나간 것은 다 우리에게 속하지 아니함을 나타내려 함이니라"(요일 2:19). 또 히브리서의 저자는 이같이 설명하고 있다. "우리가 시작할 때에 확신한 것을 끝까지 견고히 잡고 있으면 그리스도와 함께 참여한 자가 되리라"(히 3:14).

성도의 견인은 거룩함과 뗄 수 없는 관계에 있다. 부도덕하며 영적이지 않은 삶을 계속 살아가는 사람은 구원의 은혜 가운데 끝까지 머물 수가 없다. 결국 그는 하나님께 속한 백성이 아니며 그에게는 보호하시는 하나님의 손길이 함께 하지 않기 때문이다. 그런 이들에게서는 신앙 안에서 끝까지 결실하고자 하는 진정한 갈망이 나타나지 않는다. 그런 이유로, 히브리서의 저자는 (앞에서 인용했듯이) 그리스도께 진정으로 참여한 이들은 그 믿음을 끝까지 붙들 것이라고 확언하는 동시에 신자들을 향해 이렇게 권면하고 있다. "모든 사람과 더불어 화평함과 거룩함을 따르라. 이것이 없이는 아무도 주를 보지 못하리라"(12:14). 경건한 욥은 이 진리를 이해하고 있었다. "의인은 그 길을 꾸준히 가고 손이 깨끗한 자는 점점 힘을 얻느니라"(욥 17:9). 이처럼 '거룩함의 추구'는 '성도의 견인'과 거의 동일한 의미를 지닌다.

웨스트민스터 신앙고백서에는 다음의 심오한 표현들이 담겨 있다.

하나님이 그분의 사랑하시는 아들 안에서 받아 주신 이들, 곧 그분의 영이신 성령님이 효과적으로 부르시고 거룩하게 하신 이들은 은혜의 상태에서 총체적, 또는 최종적으로 떨어져 나갈 수가 없다. 오히려 그들은 그 상태 안에 끝까지 머물면서 영원한 구원을 얻게 될 것이 분명하다.

이런 '성도의 견인'은 신자들 자신의 자유 의지에 의존하는 것이 아니다. 오히려 이 일은 하나님이 그들을 선택하신 작정의 불변성에 근거하며, 이는 곧 성부 하나님의 자유롭고 변함이 없는 사랑에서 흘러나오는 작정이다. 또한 '성도의 견인'은 예수 그리스도께서 이루신 공로와 그분이 행하시는 중보, 신자들 안에 거하시는 성령의 내주, 그들 안에 있는 하나님의 씨와 은혜 언약의 본성에 근거하고 있다. 그리고 이 모든 일들로부터 그 '견인'의 확실성과 무오류성이 생겨난다. 하지만 그 신자들은 사탄과 세상의 유혹이나 그들 안에 남아 있는 부패한 본성의 영향, 또는 신앙의 보존을 위한 방편들을 소홀히 여기는 일로 인해 중대한 죄에 빠질 수 있다. 그리고 얼마 동안 그런 상태로 계속 머무는 일도 가능하다. 이를 통해 그들은 하나님을 노엽게 하고 그분의 영이신 성령님을 근심시키며, 자신들이 누리던 은혜와 위로를 얼마간 빼앗길 수 있다. 또한, 그들의 마음이 강퍅해지고 그 양심이 상처를 입으며, 다른 이들을 실족시키고 해를 끼칠 뿐 아니라 현세적인 심판 아래 놓이게 될 수 있다는 것이다. (12장 1, 2, 3단락)

3

고난에서 승리로 2부
(약 1:4~12)

"인내를 온전히 이루라. 이는 너희로 온전하고 구비하여 조금도 부족함이 없게
하려 함이라. 너희 중에 누구든지 지혜가 부족하거든 모든 사람에게 후히 주시
고 꾸짖지 아니하시는 하나님께 구하라. 그리하면 주시리라. 오직 믿음으로 구
하고 조금도 의심하지 말라. 의심하는 자는 마치 바람에 밀려 요동하는 바다 물
결 같으니 이런 사람은 무엇이든지 주께 얻기를 생각하지 말라. 두 마음을 품어
모든 일에 정함이 없는 자로다. 낮은 형제는 자기의 높음을 자랑하고 부한 자는
자기의 낮아짐을 자랑할지니 이는 그가 풀의 꽃과 같이 지나감이라. 해가 돋고
뜨거운 바람이 불어 풀을 말리면 꽃이 떨어져 그 모양의 아름다움이 없어지나
니 부한 자도 그 행하는 일에 이와 같이 쇠잔하리라. 시험을 참는 자는 복이 있
나니 이는 시련을 견디어 낸 자가 주께서 자기를 사랑하는 자들에게 약속하신
생명의 면류관을 얻을 것이기 때문이라." (1:4~12)

야고보는 하나님이 그리스도인들의 성품을 온전하게 만들기 위해 시련을 필
수적인 방편으로 사용하신다는 점을 이해하고 있다. 이에 따라, 그는 우리가
그런 시련들을 잘 참고 견디는 데 필요한 다섯 가지 열쇠를 제시한다. 앞 장에
서는 그중 두 가지인 온전히 기뻐하는 자세와 분별력 있는 태도를 다루었다.
이제 여기서는 나머지 세 가지를 살피려 한다.

하나님께 순복하는 의지

"인내를 온전히 이루라. 이는 너희로 온전하고 구비하여 조금도 부족함이 없게 하려 함이라."(약 1:4)

우리가 시련 가운데 인내하는 세 번째 방편은 하나님의 뜻에 순복하는 의지를 품는 데 있다. 우리가 어떤 시련을 벗어나는 유일한 길은 그 시련을 온전히 감당하는 것뿐이다. 주님은 어떤 우회로를 제시하지 않으시고 다만 그분의 백성들이 영적인 해를 입는 일 없이 그 시련을 감당할 수 있도록 끝까지 돌보아 주실 것을 약속하신다. 그런데 우리가 하나님께 기꺼이 순복하지 않는다면, 하나님이 우리를 "온전하고 구비하게" 하시는 그 사역을 우리 안에서 행하실 수 없다. 우리는 시련 중에 기뻐하는 법을 배워야 한다. 자비하신 하늘 아버지께서 그 시련을 통해 우리에게 해를 끼치는 것이 아니라 우리를 견고하고 온전하게 만들어 가심을 헤아릴 때, 우리는 그 시련을 유익한 것으로 받아들일 마음의 힘을 얻게 된다.

욥의 친구 중 하나였던 엘리바스는 이렇게 지혜롭게 선포했다. "나라면 하나님을 찾겠고 내 일을 하나님께 의탁하리라. 하나님은 헤아릴 수 없이 큰 일을 행하시며 기이한 일을 셀 수 없이 행하시나니 비를 땅에 내리시고 물을 밭에 보내시며 낮은 자를 높이 드시고 애곡하는 자를 일으키사 구원에 이르게 하시느니라"(욥 5:8~11).

다윗은 자신의 기도에서 이렇게 고백했다. "여호와여 내 마음이 교만하지 아니하고 내 눈이 오만하지 아니하오며 내가 큰 일과 감당하지 못할 놀라운 일을 하려고 힘쓰지 아니하나이다. 실로 내가 내 영혼으로 고요하고 평온하게 하기를 젖 뗀 아이가 그의 어머니 품에 있음 같게 하였나니 내 영혼이 젖 뗀 아이와 같도다"(시 131:1~2). 다윗은 자신이 이미 겪은 고난과 시련들을 통해, 이를테면 젖을 먹는 갓난아기에서 막 젖을 뗀 아이의 수준으로 자라난 상태였다. 하지만 젖을 뗀 아이가 계속 그 어머니 품에 머물듯이 다윗 역시 주님과 친밀한 관계를 유지했다.

이 구절에서 "온전하고"(perfect)는 헬라어 '텔레이오스'(teleios)를 번역한 단어이다. 이 '텔레이오스'는 도덕적이며 영적인 완전함 또는 무죄함을 나타내기보다 온전히 성숙한 상태를 가리키는 쪽에 가깝다. 야고보는 이 서신의 뒷부분에서 다음의 사실을 분명히 시인하고 있다. "우리가 다 실수가 많으니"(3:2; 참조. 요일 1:10). 따라서 이 단어는 "성숙하고"로 옮기는 편이 낫다. 이는 그리스도를 닮은 모습으로 구현되는 영적인 성숙을 가리키며, 우리가 고난을 감수하고 견뎌내는 목적은 바로 여기에 있다. 바울은 이 일에 관해 이렇게 말한다. "그러므로 누구든지 우리 온전히 이룬 자들은 이렇게 생각할지니"(빌 3:15). 그에 따르면, 우리 신자들은 "푯대를 향하여 그리스도 예수 안에서 하나님이 위에서 부르신 부름의 상을 위하여" 나아가야 한다는 것이다(14절). 갈라디아 교회의 신자들에게 보낸 편지에서 바울은 영적인 성숙의 개념을 이렇게 아름답게 표현하고 있다. "나의 자녀들아 **너희 속에 그리스도의 형상을 이루기까지** 다시 너희를 위하여 해산하는 수고를 하노니"(갈 4:19, 강조점은 나의 것).

"구비하여"(complete)는 헬라어 '홀로클레로스'(holoklēros)의 변화형을 번역한 단어로서 '온전함', '전체'의 개념을 함축하고 있다. 영어의 'holograph'는 '어떤 사물을 360도에 걸쳐 삼차원적으로 그려낸 영상'을 가리키는데, 이는 바로 이 헬라어 단어의 접두사 '홀로'(holo)에서 유래한 것이다. 야고보는 오해의 여지를 없애기 위해 곧이어 "조금도 부족함이 없게"라는 어구를 덧붙이고 있다. 이를 통해 자신의 요점이 지닌 총체적인 성격을 강화하는 것이다. 그러므로 우리가 겪는 시련의 최종적인 결과는 다음의 일들 가운데 나타난다. 성숙함과 온전함, 그리고 영적인 중요성과 가치를 지닌 그 어떤 특질도 부족하지 않은 상태가 그것이다. 이 점에서 베드로는 우리에게 다음의 진리를 확증하고 있다. "모든 은혜의 하나님 곧 그리스도 안에서 너희를 부르사 자기의 영원한 영광에 들어가게 하신 이가 잠깐 고난을 당한 너희를 친히 온전하게 하시며 굳건하게 하시며 강하게 하시며 터를 견고하게 하시리라"(벧전 5:10).

모압 족속은 이스라엘의 남동쪽 지방에 거주했던 이방 민족으로, 이들에 관해 예레미야는 이렇게 기록했다. "모압은 젊은 시절부터 평안하고 포로도 되지 아니하였으므로 마치 술이 그 찌끼 위에 있고 이 그릇에서 저 그릇으로 옮기지 않음 같아서 그 맛이 남아 있고 냄새가 변하지 아니하였도다"(렘 48:11).
우리가 좋은 포도주를 빚기 위해서는 그 술을 계속 "이 그릇에서 저 그릇으로
옮겨" 담아야만 한다. 그래야 그 술이 향긋하고 마실 만한 것이 되기 때문이다.
이렇게 옮겨 담는 과정에서 그 술 속에 있는 앙금 또는 찌꺼기가 각 그릇의 밑
바닥으로 가라앉게 되며, 몇 번에 걸쳐 술을 옮겨 붓고 가라앉힌 뒤에 마침내
그 포도주는 맑고 깨끗한 것이 된다. 여기서 예레미야의 요점은 모압 족속의
안일하고 시련이 없는 삶 때문에 그들이 여전히 정화되지 않은 상태에 있다는
것이었다. 이것은 곧 에서의 문제이기도 했다. 그는 자신의 신체적인 욕구들을
채우는 데에만 마음을 쏟으면서 하나님께 속한 일들에는 전혀 관심을 보이지
않았다. 그는 부도덕하고 불경건한 자였기에 "한 그릇 음식을 위하여 장자의
명분을 팔아" 버렸다(히 12:16).

그러나 다윗은 확신에 찬 어조로 이렇게 선포한다.

> 여호와 앞에 잠잠하고 참고 기다리라. 자기 길이 형통하며 악한 꾀를 이루는 자
> 때문에 불평하지 말지어다. 분을 그치고 노를 버리며 불평하지 말라. 오히려 악
> 을 만들 뿐이라. 진실로 악을 행하는 자들은 끊어질 것이나 여호와를 소망하는
> 자들은 땅을 차지하리로다. 잠시 후에는 악인이 없어지리니 네가 그 곳을 자세히
> 살필지라도 없으리로다. 그러나 온유한 자들은 땅을 차지하며 풍성한 화평으로
> 즐거워하리로다. (시 37:7~11)

예수님이 십자가에서 감당하신 독특한 고난을 제쳐 두면, 지금껏 인간이 직
면했던 가장 혹독한 시련은 하나님이 그 아들 이삭을 제물로 바치라고 요구하
셨을 때 아브라함이 겪었던 일일 것이다. 당시 주님은 이렇게 명령하셨다. "네
아들, 네 사랑하는 독자 이삭을 데리고 모리아 땅으로 가서 내가 네게 일러 준
한 산 거기서 그를 번제로 드리라"(창 22:2). 이때 아브라함에게는 그 말씀을 듣
고 깊은 충격을 받을 여러 이유가 있었다. 이삭은 그가 매우 아끼는 자녀일 뿐
아니라 사라가 낳은 유일한 아들이었기 때문이다. 이삭은 하나님이 주신 약속
의 아들이었으며, "땅의 모든 족속이 [그]로 말미암아 복을 얻을" 바로 그 후손

이었다(창 12:3; 참조, 17:1~8, 19~21; 18:10~14).

　인간적인 관점에서 보면, 이삭의 죽음은 하나님의 약속이 성취되는 것을 막고 그분의 언약을 무효로 만들 것이 분명했다. 그뿐 아니라 인신 제사는 지극히 이교적인 풍습으로, 자신이 섬기는 거룩하고 의로우신 하나님에 관해 아브라함이 그동안 알아 왔던 모든 것에 대립되는 일이었다. 그리고 그 일을 더욱 잔인하고 처절하게 만드는 것은 아브라함이 자신의 손으로 이삭을 죽여야만 한다는 점이었다. 비록 그분의 율법에서는 그 일을 금했음에도 불구하고 하나님은 바로 그 일을 명령하셨다. 이처럼 그 일은 모든 면에서 상상하기 힘든 것이었다. 만일 주님이 성도 중 누군가에게 이제껏 주신 명령 가운데 우리가 이의를 제기하거나 적어도 자세한 설명을 요구할 만한 것이 있었다면 아브라함의 이 경우였을 것이다. 하지만 아브라함은 이의를 제기하지도, 어떤 설명을 요구하지도 않았다. 이미 말했듯이, 예수님이 성부 하나님께 기꺼이 복종하셨던 그 사례를 제외하고는 누구도 이때 아브라함이 행한 것만큼 하나님께 지극히 순종했던 일이 없다.

　이때 아브라함은 어떤 망설임이나 원망, 의문도 없이 그 일에 필요한 준비를 마쳤다. 그러고는 다음 날 새벽에 길을 나섰다. 그는 주님의 명령을 차분히 수행해 나갔으며, 마침내 마지막 순간에 주님이 그에게 임하셔서 이렇게 말씀하셨다. "그 아이에게 네 손을 대지 말라. 그에게 아무 일도 하지 말라. 네가 네 아들 네 독자까지도 내게 아끼지 아니하였으니 내가 이제야 네가 하나님을 경외하는 줄을 아노라"(창 22:12). 앞서 아브라함은 이삭에게 이렇게 말한 바 있었다. "내 아들아, 번제할 어린 양은 하나님이 자기를 위하여 친히 준비하시리라"(8절). 하지만 아무 동물도 눈앞에 보이지 않자, 그때 아브라함은 막 이삭의 심장에 칼을 꽂으려던 참이었다. 이 일에 관해, 히브리서의 저자는 이렇게 해설하고 있다. "그가 하나님이 능히 이삭을 죽은 자 가운데 다시 살리실 줄로 생각한지라. 비유컨대 그를 죽은 자 가운데 도로 받은 것이니라"(히 11:19).

　그리고 아브라함이 이 일을 인간적으로 어떻게 이해했든지 간에 하나님은 이렇게 증언하셨다. "아브라함은 시험을 받을 때에 믿음으로 **이삭을 드렸으니** 그는 약속들을 받은 자로되 그 외아들을 드렸느니라"(17절, 강조점은 나의 것). 당시 아브라함은 어떻게든 빠져나갈 길이 있으리라고 기대하지 않았다. 그는 오직 하나님의 의와 신실하심, 그리고 죽은 자를 살리시는 그분의 능력에만 의지했다. 이는 하나님이 그분의 언약을 지키기 위해 이같이 행하실 것을 믿었기 때문이다(히 11:17~19). 이처럼 그가 주저함 없이 무조건 하나님을 신뢰했으므로, 하나님은 그를 의롭게 여기셨다(창 15:6; 롬 4:3; 갈 3:6). 그렇기에 아브라함이 "믿는 모든 자의 조상"이 된 것(롬 4:11; 참조. 16절; 갈 3:7)과 "믿음으로 말미암은 자는 믿음이 있는 아브라함과 함께 복을 받는" 것(갈 3:9) 역시 놀라운 일이 아니다.

비록 아브라함이 겪었던 방식대로나 그 정도까지 시험을 받지는 않더라도 우리 역시 시험을 겪게 될 것은 분명하다. 우리 주님은 "세상에서는 너희가 환난을 당하게" 될 것임을 분명히 말씀하셨다(요 16:33). 더 나아가 주님은 다음의 내용을 뚜렷이 일깨워 주셨다. "종이 주인보다 크지 못하다 한 말을 기억하라. 사람들이 나를 박해하였은즉 너희도 박해할 것이요"(15:20). 이 진리를 숙고하면서 청교도 신학자 존 트랩(John Trapp)은 이같이 기록했다. "하나님께는 죄가 없는 아들이 한 분 계시지만, 슬픔이 없는 아들은 하나도 없다"(I. D. E. Thomas, *A Puritan Golden Treasury* [Edinburgh: Banner of Truth, 1977], 11).

주님을 신뢰하는 마음

"너희 중에 누구든지 지혜가 부족하거든 모든 사람에게 후히 주시고 꾸짖지 아니하시는 하나님께 구하라. 그리하면 주시리라. 오직 믿음으로 구하고 조금도 의심하지 말라. 의심하는 자는 마치 바람에 밀려 요동하는 바다 물결 같으니 이런 사람은 무엇이든지 주께 얻기를 생각하지 말라. 두 마음을 품어 모든 일에 정함이 없는 자로다."(약 1:5~8)

우리가 시련 가운데 인내하는 네 번째 방편은 '주님을 신뢰하는 마음'을 품는 데 있다. 이는 앞의 네 구절을 요약하는 포괄적인 어구이다.

우리가 이런 마음을 품기 위해 요구되는 첫 번째 조건은 경건한 분별력을 얻는 일에 있다. 신자들이 고난 중에 있을 때, 그들이 그 어려움을 헤쳐나가기 위해서는 예외적인 분별력이 필요하다. 그런 필요 앞에서 신자들은 마땅히 그 분별력과 "지혜"를 공급해 주시기를 "하나님께 구해야" 할 것이다. 바르고 굳센 신앙은 우리의 감정에 기반을 두지 않는다. 그 신앙은 하나님이 주신 진리의 약속들에 대한 지식과 이해에 그 토대를 두며, 이런 지식과 이해가 바로 그 영적인 "지혜"이다.

신자들은 시련을 만날 때 하나님이 주시는 "지혜"가 특별히 필요하다. (이는 그 시련이 신체적이거나 정서적이든, 도덕적이거나 영적이든 마찬가지다.) 그럴 때 우리는 솔로몬이 남긴 다음의 잠언을 기억해야 한다. "너는 마음을 다하여 여호와를 신뢰하고 네 명철을 의지하지 말라. 너는 범사에 그를 인정하라. 그리하면 네 길을 지도하시리라. 스스로 지혜롭게 여기지 말지어다. 여호와를 경외하며 악을 떠날지어다"(잠 3:5~7). 더 나아가 그는 경건한 지혜에 관해 이렇게 말하고 있다. "그 길은 즐거운 길이요 그의 지름길은 다 평강이니라"(17절). 야고보서의 후반부에서는 하나님께 속한 하늘의 지혜를 이런 식으로 묘사한다. "오직 위로부터 난 지혜는 첫째 성결하고 다음에 화평하고 관용하고 양순하며 긍휼과 선한 열매가 가득하고 편견과 거짓이 없나니"(3:17).

욥은 그의 '상담자'가 되려 했던 세 친구들, 그에게 여러 어리석은 조언을 제시했던 그들을 향한 마지막 응답으로 이렇게 말했다.

그러나 지혜는 어디서 얻으며 명철이 있는 곳은 어디인고? 그 길을 사람이 알지 못하나니 사람 사는 땅에서는 찾을 수 없구나. 깊은 물이 이르기를 내 속에 있지 아니하다 하며 바다가 이르기를 나와 함께 있지 아니하다 하느니라. 순금으로도 바꿀 수 없고 은을 달아도 그 값을 당하지 못하리니 오빌의 금이나 귀한 청옥수나 남보석으로도 그 값을 당하지 못하겠고 황금이나 수정이라도 비교할 수 없고 정금 장식품으로도 바꿀 수 없으며 진주와 벽옥으로도 비길 수 없나니 지혜의 값은 산호보다 귀하구나. 구스의 황옥으로도 비교할 수 없고 순금으로도 그 값을 헤아리지 못하리라. 그런즉 지혜는 어디서 오며 명철이 머무는 곳은 어디인고? 모든 생물의 눈에 숨겨졌고 공중의 새에게 가려졌으며 멸망과 사망도 이르기를

우리가 귀로 그 소문은 들었다 하느니라. (욥 28:12~22)

욥은 이처럼 그릇되고 무익한 지혜의 출처들을 모두 거부한 후 이렇게 단순하게 고백하고 있다. "하나님이 그 길을 아시며 있는 곳을 아시나니"(23절). 하나님, 오직 하나님만이 지혜의 근원이 되신다는 것이다. 바울은 이 진리를 생각하면서 하나님이 신자들에게 지식과 지혜, 깨달음(엡 1:17~18)과 분별력(빌 1:9; 참조. 골 1:9~10)을 주시기를 기도했다. 그리고 이 본문에서 야고보의 요점 역시 여기에 있다.

시련을 통해 우리의 기도 생활이 성숙해진다는 점은 당연하다. 그때 우리는 주님께 나아가서 그분의 인도와 능력, 인내와 "지혜"를 구하게 되기 때문이다. 그 "지혜"를 우리의 하늘 아버지이신 "하나님께 구하는" 일에 관해, 야고보는 다음의 진리를 확증하고 있다. 이는 곧 하나님이 그 은혜의 선물을 자신의 자녀들에게 베푸는 데 인색하시기는커녕 "모든 사람에게 후히 주시고 꾸짖지 아니하신다"는 것이다. 주님은 그분의 신실한 성도들에게 신적인 분별력을 풍성히 나누어 주고픈 자애로운 열망을 품고 계시기 때문이다. 이것은 성경의 모든 약속 가운데도 가장 아름답고 우리에게 힘을 주는 약속 중 하나이다.

이 본문의 "구하라"는 헬라어 동사의 명령형을 번역한 단어이다. 야고보는 그저 개인적인 조언을 제시하는 것이 아니라 하나님의 명령을 전달하는 것이다. 이처럼 우리가 주님께 지혜를 구하는 것은 하나의 선택 사항이 아니라 명확한 의무이다. 어떤 신자가 시련 가운데도 주님 앞에 나아가 더 깊은 기도 생활에 힘쓰지 않는다고 하자. 이 경우, 주님은 마침내 그 자녀가 은혜의 보좌 앞으로 나아오기까지 그 시험을 지속시킬 뿐 아니라 그 강도를 더 높이기까지 하실 것이다. 이는 곧 그가 자신의 "귀를 지혜에 기울이며 … 마음을 명철에" 둘 때까지다(잠 2:2). 이어서 솔로몬은 이렇게 말한다. "[네가] 지식을 불러 구하며 … 은을 구하는 것 같이 그것을 구하며 감추어진 보배를 찾는 것 같이 그것을 찾으면 여호와 경외하기를 깨달으며 하나님을 알게 되리니"(잠 2:3~5; 참조. 욥 28:12~23; 마 13:44~46).

하나님은 풍성한 지혜를 소유하고 계시며(롬 11:33), 우리가 구하는 것보다도 무한히 더 간절한 마음으로 그 지혜를 우리에게 나누어 주기 원하신다. 하지만 그럼에도, 하나님은 여전히 우리가 그분께 구하기를 기대하시는 것이다. 이는 주님의 지혜를 원하지 않는 이의 마음과 생각 속에 억지로 심어 주실 수는 없기 때문이다. 주님은 이렇게 선포하신다. "너희를 향한 나의 생각을 내가 아나니 평안이요 재앙이 아니니라. 너희에게 미래와 희망을 주는 것이니라. 너희가 내게 부르짖으며 내게 와서 기도하면 내가 너희들의 기도를 들을 것이요 너희가 온 마음으로 나를 구하면 나를 찾을 것이요 나를 만나리라"(렘 29:11~13). 예수님은 그분께 나아와 구할 것을 명령하시면서 이렇게 약속하셨다. "너희가 내 이름으로 무엇을 구하든지 내가 행하리니 이는 아버지로 하여금 아들로 말미암아 영광을 받으시게 하려 함이라"(요 14:13). 이 약속을 확증하기 위해 그분은 다시금 이같이 말씀하셨다. "내 이름으로 무엇이든지 내게 구하면 내가 행하리라"(14절).

"후히"는 헬라어 '하플로스'(haplōs)를 번역한 단어이다. 이 '하플로스'에는 어떤 일을 아무런 조건이나 흥정 없이 전심으로 행한다는 개념이 담겨 있다. 여기서 요구되는 조건은 오직 우리가 하나님께 구하는 것뿐이다. 우리가 고난 가운데 그분의 지혜와 도우심을 구하면서 나아올 때, 하나님은 그런 은혜들을 즉시, 그리고 전심으로 "후히" 베풀어 주신다는 것이다. 이처럼 관대하신 하나님의 성품은 다음과 같은 예수님의 아름다운 약속 가운데 잘 표현되어 있다.

> 구하라 그리하면 너희에게 주실 것이요 찾으라 그리하면 찾아낼 것이요 문을 두드리라 그리하면 너희에게 열릴 것이니 구하는 이마다 받을 것이요 찾는 이는 찾아낼 것이요 두드리는 이에게는 열릴 것이니라. 너희 중에 누가 아들이 떡을 달라 하는데 돌을 주며 생선을 달라 하는데 뱀을 줄 사람이 있겠느냐? 너희가 악한 자라도 좋은 것으로 자식에게 줄 줄 알거든 하물며 하늘에 계신 너희 아버지께서 구하는 자에게 좋은 것으로 주시지 않겠느냐. (마 7:7~11)

"꾸짖지"는 '나무라다, 심하게 질책하다'를 뜻하는 헬라어 동사의 분사형을 번역한 것이다. 마태복음 5장 11절에서 이 동사는 "욕하고"(KJV의 경우에는 "헐뜯고"[revile])로 표현되고 있다. 마태복음 11장 20절에서는 주님이 고라신과 벳세다의 도시들을 책망하신 일을 나타내는 데 사용된다. 이 본문에서 예수님은 그 도시들을 향해 이렇게 선포하셨다. "심판 날에 두로와 시돈이 너희보다 견디기 쉬우리라"(22절). 그리고 가버나움을 향해서는 이렇게 경고하셨다. "[네가] 음부에까지 낮아지리라. 네게 행한 모든 권능을 소돔에서 행하였더라면 그 성이 오늘까지 있었으리라"(23절).

그러나 주님의 자녀들이 시련과 환난의 시기에 지혜를 구하면서 그분 앞에 나아올 때, 그분은 그들을 조금도 "꾸짖지 아니하실" 것이다. 이때 주님은 우리가 아무리 무가치하고 자격 없는 존재일지라도 결코 그 점을 염두에 두지 않으신다. 주님은 우리가 그분 앞에 더 일찍 나아오지 않은 일을 책망하지도 않으실 것이다. 이는 우리가 "마음에는 원이로되 육신이 약한" 자들임을 잘 아시기 때문이다(막 14:38). 그러므로 하나님은 전혀 주저하거나 꺼리는 일이 없이 그분의 지혜를 풍성하고 관대하게 우리에게 내려 "주실" 것이다. 그때에 주님은 시편 기자를 통해 자신의 백성인 이스라엘에게 선포하셨던 말씀을 다시금 우리에게 들려주실 것이다. "나는 너를 애굽 땅에서 인도하여 낸 여호와 네 하나님이니 네 입을 크게 열라. 내가 채우리라"(시 81:10).

그런 다음에 야고보는 지혜를 베풀기 원하시는 아버지 하나님에게서 그분의 자녀로서 그 지혜를 받고자 하는 우리에게로 시선을 돌린다. 그는 주님이 올바른 종류의 간구를 요구하신다는 것을 분명히 밝히고 있다. 우리는 "오직 믿음으로 구하고 조금도 의심하지 말아야" 한다(참조. 8절). 달리 말해, 우리의 간구는 하나님의 성품과 그분의 목적, 그분의 약속들에 대한 온전한 신뢰에 그 바탕을 두어야만 한다.

어떤 그리스도인들은 하나님이 그들에게 필요한 것들을 베풀어 주시리라는 점을 의심하며 그 의심을 여러 방식으로 합리화한다. 그들은 자신이 하나님께 그런 은혜를 입을 자격이 없는 존재라고 여기는데, 이는 옳은 말이다. 하지만 이미 말했듯이, 이는 그 일과 아무 상관이 없다는 것이다. 아니면 그들은 자신들의 필요가 하나님께서 신경 쓰실 만한 것이 아니라고 생각할 수도 있는데, 이것 역시 옳은 말이지만 이 문제와 상관이 있는 것은 아니다. 이는 하나님이 한없는 은혜와 사랑 가운데, 사물의 거대한 구도에서 살피면 지극히 사소해 보이는 일들에 깊은 관심을 쏟기로 주권적인 선택을 내리셨기 때문이다. 또 다른 그리스도인들은 하나님을 상대로 논쟁을 벌이는 성향이 있다. 하나님이 애초에 그들에게 이런 재앙이 닥치도록 허락하신 이유를 의문시하거나 왜 그 재앙을 벗어날 길을 마련해 주시지 않는지를 따져 묻는 것이다.

우리가 하나님의 말씀을 있는 그대로 받아들이지 않고 그분의 능력이나 신실하심을 의심할 때, 우리의 간구는 주제넘고 무가치하며 모욕적인 것이 된다. 그러므로 히브리서의 저자는 우리에게 다음의 내용을 일깨우고 있다. "믿음이 없이는 하나님을 기쁘시게 하지 못하나니 하나님께 나아가는 자는 반드시 그가 계신 것과 또한 그가 자기를 찾는 자들에게 상 주시는 이심을 믿어야 할지니라"(히 11:6). 바울이 권면하듯, 우리는 "분노와 다툼이 없이 거룩한 손을 들어 기도해야" 한다(딤전 2:8). 그리고 우리는 예수님이 주신 이 약속을 기억해야 한다. "내가 진실로 너희에게 이르노니 만일 너희가 믿음이 있고 의심하지 아니하면 이 무화과나무에게 된 이런 일만 할 뿐 아니라 이 산더러 들려 바다에 던져지라 하여도 될 것이요 너희가 기도할 때에 무엇이든지 믿고 구하는 것은 다 받으리라"(마 21:21~22). 바울은 예수님의 이 말씀을 옹호하면서 우리에게 이렇게 확증하고 있다. "나의 하나님이 그리스도 예수 안에서 영광 가운데 그 풍성한 대로 너희 모든 쓸 것을 채우시리라"(빌 4:19).

한편 의심하는 신자는 마치 "바람에 밀려 요동하는 바다 물결"과 같다. 그의 기도는 전혀 참된 것이 아니니, 이는 그가 어리석고 오만하게도 하나님이 그 기도를 들어주시리라는 것을 신뢰하지 않기 때문이다. 무엇보다 그런 사람은 대단히 미성숙한 자로 어린아이처럼 '물결이 치는 대로 이리저리 떠밀려 다니게' 된다. 그리고 안타깝게도, 이처럼 미숙한 자들은 "사람의 속임수와 간사한 유혹에 빠져 온갖 교훈의 풍조에 밀려다니는" 더 큰 위험에 처하게 되는 것이다(엡 4:14). 우리가 하나님을 신뢰하지 않을 때, 우리 앞에 놓인 유일한 가능성은 모든 일이 점점 더 악화되어 가는 것뿐이다.

그런 사람은 "무엇이든지 주께 얻기를" 기대할 수 없다. 그는 마치 엘리야가 꾸짖었던 고대의 이스라엘 백성과 같은 사람이다. 당시에 엘리야는 이렇게 부르짖었다. "너희가 어느 때까지 둘 사이에서 머뭇머뭇하려느냐? 여호와가 만일 하나님이면 그를 따르고 바알이 만일 하나님이면 그를 따를지니라"(왕상 18:21). 또 그런 이들은 주님이 책망하셨던 라오디게아 사람과 같다. 곧 그들은 "뜨겁지도 아니하고 차지도 아니한" 거짓 그리스도인들이다. 주님은 이런 신자들에 관해 "내 입에서 … 토하여 버리리라"고 선언하셨다(계 3:16).

간단히 말해, 그런 신자는 "두 마음을 품어 모든 일에 정함이 없는" 사람이다. 비록 그 자신은 신자라고 주장하지만, 그의 실제 행동은 그가 불신자임을 보여준다. 자신의 삶에 혹독한 시련이 닥쳐올 때 그런 사람은 전심으로 주님을 신뢰하면서 그분의 응답과 도우심을 바라보는 대신에 인간적인 방편을 찾아다니곤 한다. 아니면 이와 반대로 아무런 도움도 구하지 않으면서 하나님을 향한 원망과 불평 속에 갇히게 된다. 그런 사람들이 하나님을 믿는 신앙을 아예 부정하는 것은 아니다. 하지만 그들은 마치 하나님이 계시지 않는 것처럼, 또는 그분이 자신의 일에 신경을 쓰지 않거나 그 어려움에서 자신을 건져줄 능력이 없으신 것처럼 행동한다. 그는 하나님의 말씀이나 그분의 사랑과 은혜, 그분의 섭리에 관해 어느 정도 아는 바가 있다. 하지만 그는 그 거룩한 자원들을 직접 활용하기를 거부하는 것이다. 이 서신의 후반부에서 말하듯이, 그의 이런 문제점은 물론 그의 죄에서 기인한다. 야고보는 그런 이들에게 이같이 권고하고 있다. "하나님을 가까이하라. 그리하면 너희를 가까이 하시리라. 죄인들아 손을 깨끗이 하라. 두 마음을 품은 자들아 마음을 성결하게 하라"(약 4:8). 여기서는 "두 마음을 품은 자들"이 "죄인들"로 불리는데, 야고보는 곧 불신자들을 가리키는 데에 이 용어를 사용하고 있다(4:8에 대한 내 주석을 보라).

이같이 "두 마음을 품은" 자들의 경우, 그들이 스스로를 어떻게 여기든지 간에 실제로는 두 신을 섬기려고 애쓰는 꼴이 된다. 하지만 주님이 다음의 말씀에서 선포하셨듯이 이는 불가능한 일이다. "한 사람이 두 주인을 섬기지 못할 것이니 혹 이를 미워하고 저를 사랑하거나 혹 이를 중히 여기고 저를 경히 여김이라"(마 6:24). 존 버니언은 고전적인 우화 『천로역정』에서 그런 사람을 '두 길 보기 씨'(Mister Facing Both Ways)로 부르고 있다. 하지만 이런 상태는 신체적으로뿐 아니라 영적으로도 불가능하다. "누구든지 세상과 벗이 되고자 하는 자는 스스로 하나님과 원수 되는 것이니라"(약 4:4). 이와 반대로, 진실로 하나님의 벗이 된 이들은 자연히 세상과 원수가 된다. "너는 마음을 **다하고** 뜻을 **다하고** 힘을 **다하여** 네 하나님 여호와를 사랑하라"(신 6:5, 강조점은 나의 것). 우리가 진정으로 하나님을 사랑하고 신뢰하며 그분을 섬기기 위해서는 이 밖에 다른 길이 없다.

겸손한 심령

> **"낮은 형제는 자기의 높음을 자랑하고 부한 자는 자기의 낮아짐을 자랑할지니 이는 그가 풀의 꽃과 같이 지나감이라. 해가 돋고 뜨거운 바람이 불어 풀을 말리면 꽃이 떨어져 그 모양의 아름다움이 없어지나니 부한 자도 그 행하는 일에 이와 같이 쇠잔하리라."(1:9~11)**

우리가 시련 가운데 인내하는 다섯 번째 방편은 겸손한 심령을 품는 데 있다.

이 구절에서 야고보는 먼저 "낮은 형제들"을 상대로 권면하고 있다. 이들은 경제적으로 가난한 성도들이었으며, 이 서신의 수신자인 유대인 신자들, 핍박을 받고 사방으로 흩어져 있던 그 신자 중 대다수가 여기에 속했다. 이들 중 다수는 과거에 적어도 한때는 어느 정도 유복하게 생활했던 사람들이었지만 신앙에 대한 핍박 때문에 자신의 집과 재산을 빼앗겼거나 그 모든 소유를 뒤에 남겨 두고 떠나와야만 했던 것이 분명하다. 야고보가 편지를 썼던 이 시기에 그들은 대부분 가난한 처지에 놓여 있었다.

야고보에 따르면, 그런 상황에 처한 신자들일지라도 "자기의 높음을 영광스럽게 여기는" 것이 마땅했다(저자가 인용하는 NASB의 표현이다. ―역주). 이 구절에서 '영광스럽게 여기다'로 번역된 헬라어 '카우카오마이'(*kauchaomai*)는 종종 '기뻐하다', '자랑하다'로 번역되곤 한다. 여기서 야고보는 가장 궁핍한 그리스도인들도 정당한 자부심을 품을 수 있다고 말한다. 이는 그들이 하나님의 자녀로서 "높은" 지위에 있으며, 그 지위가 가져다주는 풍성한 복을 누리고 있기 때문이다. 세상의 눈에는 그런 신자들이 "세상의 더러운 것과 만물의 찌꺼기 같이" 보일지라도(고전 4:13), 하나님이 보시기에 그들은 존귀한 이들이다. 비록 그들이 세상에서 굶주릴지라도 그들에게는 생명의 떡이신 분이 있으며, 그들이 목마를지라도 그들 곁에는 생명의 물이신 그분이 계신다. 또 그들은 가난할지 모르지만, 이와 동시에 영원한 부를 누리는 것이다. 사람들은 그들을 외면할지라도 하나님은 영원히 그들을 맞아들여 주신다. 그리고 이 땅에서는 그들의 집이 없을지라도, 하늘에서는 영광스러운 거주지가 그들을 기다리는 것이다. 하나님은 그분의 지혜와 주권 가운데 때로는 자신의 자녀들이 지닌 물질적인 소유를 거두어 가기도 하신다. 하지만 이는 그들을 영적으로 성숙하게 만드시기 위함이며, 여기에는 그들이 잃어버렸거나 간절히 원했지만 누리지 못했던 어떤 것보다도 무한히 값진 유익이 있다. 이 땅의 삶에서 무언가를 빼앗긴 신자들이 그 일시적이고 사소한 손실을 기꺼이 받아들일 수 있는 것은 그 앞에 하나님이 베푸시는 영원하고 확실한 기업이 기다리고 있음을 알기 때문이다.

그러므로 베드로는 이렇게 찬미한다.

> 우리 주 예수 그리스도의 아버지 하나님을 찬송하리로다. 그의 많으신 긍휼대로 예수 그리스도를 죽은 자 가운데 부활하게 하심으로 말미암아 우리를 거듭나게 하사 산 소망이 있게 하시며 썩지 않고 더럽지 않고 쇠하지 아니하는 유업을 잇게 하시나니 곧 너희를 위하여 하늘에 간직하신 것이라. 너희는 말세에 나타내기로 예비하신 구원을 얻기 위하여 믿음으로 말미암아 하나님의 능력으로 보호하심을 받았느니라. 그러므로 너희가 이제 여러 가지 시험으로 말미암아 잠깐 근심하게 되지 않을 수 없으나 오히려 크게 기뻐하는 도다. (벧전 1:3~6)

요한 역시 우리가 기뻐할 이유를 제시하면서 격려하고 있다. "보라, 아버지께서 어떠한 사랑을 우리에게 베푸사 하나님의 자녀라 일컬음을 받게 하셨는가! 우리가 그러하도다." 그러고는 말을 이렇게 이어간다.

그러므로 세상이 우리를 알지 못함은 그를 알지 못함이라. 사랑하는 자들아 우리가 지금은 하나님의 자녀라 장래에 어떻게 될지는 아직 나타나지 아니하였으나 그가 나타나시면 우리가 그와 같을 줄을 아는 것은 그의 참모습 그대로 볼 것이기 때문이니 주를 향하여 이 소망을 가진 자마다 그의 깨끗하심과 같이 자기를 깨끗하게 하느니라. (요일 3:1하~3)

그리고 우리 주님은 이 땅에 계실 때 이렇게 약속하신 바 있다. "심령이 가난한 자는 복이 있나니 천국이 그들의 것임이요 … 온유한 자는 복이 있나니 그들이 땅을 기업으로 받을 것임이요"(마 5:3, 5).

이 모든 이유로 바울은 이렇게 증언할 수 있었다. "성령이 친히 우리의 영과 더불어 우리가 하나님의 자녀인 것을 증언하시나니 자녀이면 또한 상속자 곧 하나님의 상속자요 그리스도와 함께 한 상속자니 우리가 그와 함께 영광을 받기 위하여 고난도 함께 받아야 할 것이니라. 생각하건대 현재의 고난은 장차 우리에게 나타날 영광과 비교할 수 없도다"(롬 8:16~18).

그런 다음에 야고보는 신앙의 원리가 지닌 또 다른 측면을 제시한다. 이는 물질적인 면에서 빈곤한 신자들이 자신의 영적인 풍요를 자랑하듯이, 물질적으로 "부한 자는 자기의 낮아짐을 자랑해야" 한다는 것이다. 이 구절의 개념은 부유하고 건강하며 여러 물질적인 복을 누리는 신자들이 때때로 닥쳐오는 시련 앞에서도 마땅히 기뻐해야 한다는 데 있다. 이는 그런 시련을 통해 그 물질적인 유익들이 지닌 일시적인 성격을 배울 수 있기 때문이다. 그들은 그런 유익들이 영속적인 내면의 만족이나 도움을 주지 못하며, 특히 영적인 측면에서 그러함을 깨닫게 된다. 그들의 삶과 재산은 "풀의 꽃"과 같으며 결국에는 "지나가" 버리는 것이다. 베드로 역시 이사야의 글을 인용하면서 이 점을 일깨우고 있다. "모든 육체는 풀과 같고 그 모든 영광은 풀의 꽃과 같으니 풀은 마르고 꽃은 떨어지되"(벧전 1:24; 참조. 사 40:6~7).

사람들에게는 물질적인 것들에 의존하려는 본성이 있으며 신자들도 마찬가지다. 이 때문에 야고보는 부의 위험성에 특히 주의를 기울이고 있다. 그러므로 그는 물질적인 소유의 일시적인 성격을 자세히 말하면서 그것에 의존하는 일의 위험성을 강조하기 위해 다음의 내용을 추가로 제시한다. "해가 돋고 뜨거운 바람이 불어 풀을 말리면 꽃이 떨어져 그 모양의 아름다움이 없어지나니 부한 자도 그 행하는 일에 이와 같이 쇠잔하리라." 이는 이스라엘 지역에서 자라는 풀과 꽃들의 모습을 묘사한 것으로 이 꽃들은 매년 2월에 피었다가 5월 즈음에 시들곤 한다. 야고보는 이사야서 40장 6~8절에서 이 심상을 가져왔다 (참조. 시 102:4, 11; 103:15).

주님이 부유한 신자들에게서 물질적인 소유를 거두어 가시는 이유는 그들을 그분 자신에게로 더 가까이 이끄시려는 데 있다. 그럼으로써 그들이 영적으로 성숙하며 더 큰 복과 만족을 누리게끔 하시려는 것이다. 이런 측면에서는 부유한 신자와 가난한 신자들 모두 동일한 위치에 있다. 이는 그 물질적인 소유를 누리는 것도, 누리지 못하는 것도 궁극적으로는 어떤 중요성을 지니지 않기 때문이다. 오히려 중요한 일은 주님을 신뢰하면서 그분과의 **교제**를 누리는 데 있다. 주님은 그분의 모든 자녀에게 영적인 유익을 풍성히 내려 주시며, 그 유익은 결코 소멸되거나 우리를 실망시키지 않는다.

그리스도께서 자신의 필요를 채워주신다는 믿음을 품을 때, 궁핍한 신자들은 현재 겪는 시련을 넘어서 그분의 영원한 나라에서 자신의 고귀한 지위를 누리게 된다. 그는 하나님의 자녀로서 이 나라 안에서 자신의 풍성함을 기뻐하고 자랑할 수 있기 때문이다. 그리스도를 향한 믿음은 부유한 신자에게도 이와 동일하게 복된 일이 된다. 그의 재산은 일시적일 뿐이며, 이 믿음을 통해 그는 가난한 심령과 참된 겸손을 얻게 되기 때문이다. 그러므로 가난한 형제가 자신의 모든 현세적인 궁핍을 잊어버리듯, 부유한 형제도 자신의 모든 부를 잊게 된다. 이 둘은 그리스도를 믿는 신앙 안에서 서로 동등한 것이다.

우리의 자녀나 배우자를 비롯한 사랑하는 이들을 잃을 때 재산은 아무 위로가 되지 않는다. 우리가 건강을 잃거나 친구에게 배신을 당할 때, 부당한 비방을 당할 때도 돈으로는 마음의 평화를 얻거나 고통을 가라앉힐 수 없다. 이처럼 우리가 겪는 시련은 우리 모두를 동등하게 만들며, 하나님의 자녀들은 이를 통해 그분께 더욱 의존하게 된다. 그러므로 우리의 재산 덕분에 하나님 앞에 더 가까이 나아가는 일도, 우리의 가난 때문에 그분에게서 더욱 멀어지게 되는 일도 없다는 것이다. 이 본문의 진리에 비추어 볼 때, 아름답고 유명한 다음의 히브리서 본문은 이렇게 변형될 수 있다. "그러므로 우리는 [동등하게] 긍휼하심을 받고 [동등하게] 때를 따라 돕는 은혜를 얻기 위하여 은혜의 보좌 앞에 [동등한 마음으로] 담대히 나아갈 것이니라"(히 4:16; 참조. 빌 4:19).

인내에 대한 보상

"시험을 참는 자는 복이 있나니 이는 시련을 견디어 낸 자가 주께서 자기를 사랑하는 자들에게 약속하신 생명의 면류관을 얻을 것이기 때문이라."(1:12)

이 구절에서 "복이 있다"로 번역된 헬라어 '마카리오스'는 마태복음 5장에서 팔복에 속한 각각의 복을 제시할 때 제일 먼저 언급되는 단어이다. 그러므로 이 구절 역시 그 팔복에 속한다. 여기서 제시되는 "복"은 단순히 근심이 없는 삶, 아무 갈등이나 문제가 없는 삶에서 얻는 행복보다 훨씬 더 많은 것을 의미한다. 그 '복'은 깊은 내적인 기쁨과 만족감의 개념을 지니는 것이다. 오직 주님만이 그 기쁨을 내려 주실 수 있으며, 주님은 그분의 능력에 의지해서 그 이름을 위해 고난을 받는 이들, 신실한 인내로써 그 시련을 감내하고 극복하는 이들에게 그 기쁨을 베푸신다. 그러므로 베드로는 이렇게 증언하고 있다. "너희가 이제 여러 가지 시험으로 말미암아 잠깐 근심하게 되지 않을 수 없으나 오히려 크게 기뻐하는도다. 너희 믿음의 확실함은 불로 연단하여도 없어질 금보다 더 귀하여 예수 그리스도께서 나타나실 때에 칭찬과 영광과 존귀를 얻게 할 것이니라"(벧전 1:6~7).

　"시험을 참는 자"는 하나님을 향한 신뢰와 확신을 단념하지 않는 사람이다. 참된 신자는 오래 참고 견디며, (자신의 신앙을 간직한 채 그 시험을 통과함으로써) "옳다 인정하심을 받은 자"(개역개정판에는 "시련을 견디어 낸 자"로 번역되어 있다.—역주)가 된다. 이 구절 속에는 단순하고 명확할 뿐 아니라 놀랄 만큼 은혜로운 원리가 담겨 있다. '신자들은 인내함으로써 하나님께 옳다 인정하심을 받고 생명의 면류관을 얻게 된다.' 여기서 '면류관'을 나타내는 헬라어 단어는 왕의 궁정보다는 운동 경기에서 유래한 용어이다. 이는 경기에서 우승한 사람의 머리 위에 씌워 주는 월계관을 가리키며, 이 월계관은 인내 끝에 얻은 승리를 상징하는 것이었다. 이 어구를 문자적으로 번역하면 '생명 그 자체인 면류관'(the crown which is life)으로 옮길 수 있으며, 이는 곧 영생을 가리킨다. 그러므로 위의 원리를 더 정확히 표현하면 다음과 같다. '신자들의 인내는 하나님이 그들을 옳다고 인정하셨음을 입증한다. 이는 그 인내를 통해 그들에게 영생(구원)이 있음이 드러나기 때문이다.' 달리 말하면, 우리의 인내가 구원과 영생을 **가져다 주는** 것이 아니라 인내 자체가 이미 얻은 구원과 영생의 **결과물**이자 증거인 것이다.

바울은 하나님의 권위에 근거해서 다음의 내용을 확증하고 있다. "이제 후로는 나를 위하여 의의 면류관이 예비되었으므로 주 곧 의로우신 재판장이 그날에 내게 주실 것이며 내게만 아니라 주의 나타나심을 사모하는 모든 자에게도니라"(딤후 4:8; 참조. 계 2:10). 앞서 쓴 편지에서 사도는 신앙 안에서 사랑하는 아들인 디모데에게 이렇게 훈계한 바 있다. "믿음의 선한 싸움을 싸우라. 영생을 취하라. 이를 위하여 네가 부르심을 받았고 …"(딤전 6:12). 또 한 사람의 위대한 사도는 신자들에게 다음의 내용을 확증하고 있다. "그리하면 목자장이 나타나실 때에 시들지 아니하는 영광의 관을 얻으리라"(벧전 5:4). 여기서 이 "생명의 면류관"과 "의의 면류관", "영광의 관"은 모두 동일한 면류관을 가리키는 것으로, 이는 모든 신자들에게 주어지게 될 것이다. 이 면류관은 신자들이 각자의 충성도에 근거해서 얻게 될 여러 상급 중 하나가 아니다. (이런 상급들에 관해서는 고린도전서 3장 12~15절을 보라.) 오히려 이 면류관은 예수 그리스도를 향한 구원의 신앙에 근거해서 모든 신자에게 주어질 구원의 공통된 '상급'이다.

야고보는 신실하게 "시험을 참는" 태도를 하나님을 향한 참사랑과 뚜렷이 결부시키고 있다. 이같이 인내하는 자세는 우리가 "[그분을] 사랑하는 자들"임을 드러내는 가장 확실한 증거 중 하나라는 것이다. 후자의 어구는 참된 신자가 누구인지를 보여주는 성경의 정의 중 하나이다. 곧 참된 신자는 '하나님을 진실로 사랑하는 이'인 것이다. 요한 역시 하나님을 향한 사랑을 참된 신앙과 연관 짓고 있다. "사랑하지 아니하는 자는 하나님을 알지 못하나니 이는 하나님은 사랑이심이라"(요일 4:8), "하나님은 사랑이시라. 사랑 안에 거하는 자는 하나님 안에 거하고 하나님도 그의 안에 거하시느니라"(16절), 그리고 "하나님을 사랑하는 것은 이것이니 우리가 그의 계명들을 지키는 것이라"(5:3). 베드로는 이렇게 기록하고 있다. "예수를 너희가 보지 못하였으나 사랑하는도다. 이제도 보지 못하나 믿고 말할 수 없는 영광스러운 즐거움으로 기뻐하니"(벧전 1:8). 바울은 누구든지 주님을 사랑하지 않는 자는 저주를 받을 것이라고 말했다(고전 16:22).

참된 그리스도인은 그저 언젠가 그리스도를 향한 신앙을 고백한 적이 있는 사람을 가리키는 것이 아니다. 오히려 그는 하나님을 지속적으로 **사랑함**으로써 진실한 신앙을 드러내는 사람이다. 그 사랑은 시련과 환난 속에서도 손상되거나 소멸되지 않는 모습으로 나타나며, 이는 그 어려움이 아무리 혹독하거나 오래 끄는 것일지라도 마찬가지다. 하나님의 뜻에 순종하는 것과 마찬가지로 (요 14:15; 15:9~10; 요일 2:5~6; 4:16; 5:1~3) "[그분을] 사랑하는" 일은 우리에게 참된 신앙이 있음을 보여주는 확고한 증거가 된다.

가디너 스프링(Gardiner Spring)은 19세기 초반에 뉴욕에서 사역했던 유명한 복음주의 목회자인데, 주님을 향한 참 사랑이 지닌 인내의 능력에 관해 이렇게 말했다.

그런 사랑의 정서와 하나님을 향한 이기적이며 거룩하지 않은 애착 사이에는 큰 차이가 있다. 후자의 경우, 오직 자신의 행복을 최상의 동기와 목표로 삼기 때문이다. 어떤 사람이 하나님을 사랑한다고 말하면서도 궁극적으로는 그저 자신의 행복에만 관심을 쏟는다고 하자. 또 그가 하나님을 즐거워하되, 그분 자신을 인해서가 아니라 다만 그분이 자기에게 베풀어 주시는 유익들 때문에 그리한다고 하자. 이런 경우, 그의 마음속에 도덕적인 미덕이 담겨 있다고 할 수 없다. 그는 실로 자신을 몹시 사랑하지만 그 속에 하나님을 향한 참사랑은 존재하지 않는다. 그러나 육적인 자아의 적대감이 꺾일 때, 그의 영혼은 하나님의 온전하신 성품과 화목하게 된다. 이제는 충만하게 드러난 자신의 영광 가운데 계시는 하나님이 경건하고 복된 묵상의 대상이 되는 것이다. 은혜로 충만할 때, 선량한 이들은 자기 자신에게서 마음의 눈을 멀리 돌리게 된다. 그리고 그의 생각이 하나님의 여러 탁월하신 성품에 미침에 따라 과연 그분이 자신에게도 자비의 손길을 베푸실지를 숙고하게 되는 것이다. 이때에는 그런 그분의 성품들이 그의 마음을 가득 채우며, 그분의 위엄과 아름다우심에 비하면 만물은 헛된 티끌 같은 것이 된다. … 그의 영혼은 하나님께 밀착하며, 그는 경건한 애착과 열심 가운데 다음의 말씀을 종종 고백하게 된다. "하늘에서는 주 외에 누가 내게 있으리요? 땅에서는 주밖에 내가 사모할 이 없나이다. 사슴이 시냇물을 찾기에 갈급함 같이 내 영혼이 주를 찾기에 갈급하니이다"(시 73:25; 42:1). (*The Distinguishing Traits of Christian Character* [Phillipsburg, N. J.: Presbyterian and Reformed, n. d.], 25~26).

4

유혹의 책임
(약 1:13~17)

"사람이 시험을 받을 때에 내가 하나님께 시험을 받는다 하지 말지니 하나님은
악에게 시험을 받지도 아니하시고 친히 아무도 시험하지 아니하시느니라. 오직
각 사람이 시험을 받는 것은 자기 욕심에 끌려 미혹됨이니 욕심이 잉태한즉 죄
를 낳고 죄가 장성한즉 사망을 낳느니라. 내 사랑하는 형제들아 속지 말라. 온
갖 좋은 은사와 온전한 선물이 다 위로부터 빛들의 아버지께로부터 내려오나니
그는 변함도 없으시고 회전하는 그림자도 없으시니라."(1:13~17)

앞서 2장에서 설명했듯이, (여기서 "시험을 받다"로 번역된 동사의 명사형인) '페이라
스모스'는 기본적으로 시도나 시험, 분석 또는 검증의 의미를 지닌다. 이 단어
는 문맥에 따라 긍정적이거나 부정적인 의미를 모두 지닐 수 있다. 1장 12절
에서 이 단어는 시험 혹은 연단의 의미로 쓰였다. 하지만 지금 이 본문의 경우
(13~14절)에는 분명히 유혹 또는 악을 향한 미혹의 의미를 지닌다. 여기서 야고
보는 전혀 다른 개념을 논하고 있다.

이 단어는 (명사형 또는 동사형으로) 시험과 유혹의 두 가지 개념을 나타내는
데 모두 쓰인다. 둘 사이의 주된 차이점이 '페이라스모스'로 언급되는 일 자체
에 있는 것이 아니라 다만 그 일에 대한 우리의 반응에 달려 있기 때문이다. 신
자가 하나님의 말씀에 신실하게 순종하는 방식으로 응답할 경우에는 시련을
성공적으로 극복하게 된다. 하지만 그가 하나님을 의심하고 불순종하면서 육

신적인 태도로 그 시련에 굴복할 때에는 죄를 짓도록 "시험을 받게" 되는 것이다. 이처럼 올바른 반응은 영적인 인내와 의, 지혜를 비롯한 하나님의 은총들로 이어지는 반면에(2~12절), 그릇된 반응은 죄와 사망을 가져오게 된다(15절).

고린도 교회에 보낸 첫 편지에서 바울은 시험이 "모든 사람에게 있는"(common to man) 것임을 분명히 한다(고전 10:13, 개역개정판에는 "사람이 감당할 시험 밖에는"으로 번역되어 있다.—역주). 가장 영적인 그리스도인들을 비롯해 어느 누구도 시험을 만나는 일을 피할 수 없다. 심지어 인성을 취하신 주님 역시, 육신의 죄가 전혀 없으셨지만 "마귀에게 시험을 받으셨던" 것이다(마 4:1). 고대의 한 저술가는 그리스도인들이 세례를 받았음에도 그들의 육신적인 죄는 소멸하지 않는 것에 관해 조롱했다.

시험받는 것이 모든 사람에게 있는 일이듯, 이 시험에 대해 다른 사람이나 사물을 탓하는 것 역시 흔히 있는 일이다. 그리고 자신이 "시험을 받게" 된 일뿐 아니라 그 시험에 굴복한 일에 대해서도 다른 누군가를 원망하는 이들이 있다. 인류 역사의 시초부터 죄가 지닌 주된 특징 중 하나는 그 책임을 다른 이에게 떠넘기려는 성향에 있었다. 모든 부모는 아이들이 그런 성향을 지니고 태어난다는 것을 잘 알고 있다.

에덴동산에서 하나님이 아담의 죄를 지적하셨을 때 그는 이렇게 대답했다. "하나님이 주셔서 나와 함께 있게 하신 여자 그가 그 나무 열매를 내게 주므로 내가 먹었나이다"(창 3:12). 다시 주님이 하와에게 "네가 어찌하여 이렇게 하였느냐?" 하고 물으시자 그녀는 이렇게 대답했다. "뱀이 나를 꾀므로 내가 먹었나이다"(13절). 이처럼 하와는 사탄을 탓했으며, 아담은 더욱 심각하게도 하나님께 그 책임을 돌렸다.

여기서 야고보는 어리석은 운명론을 용납하지 않는 것이 분명하다. 이를테면 곤궁한 이들이 자신의 가난 때문에 물건을 훔쳤다고 변명하며 그 행동을 정당화한다든지, 음주 운전자가 가정이나 직장의 압박과 문젯거리들 때문에 술을 마셨으며 부주의한 운전으로 누군가에게 중상을 입히거나 목숨을 잃게 만든 것도 그 때문이라고 책임을 회피하는 경우가 그것이다. 그리고 야고보는 '마귀가 나에게 그 일을 하도록 시켰다'는 식의 개념 역시 허용하지 않는다.

더욱이 야고보는 하나님께 책임을 돌리는 그 용납하기 힘든 개념에 대해서는 더 강하게 반박하는 태도를 보인다. 그는 이렇게 선포하고 있다. "아무도 자신이 시험을 받을 때에 '내가 하나님께 시험을 받는다'고 말해서는 안 된다"(개역개정판에는 "사람이 … 하지 말지니"로 번역되어 있다.—역주). 여기서 "말해서는 …"은 헬라어 동사 '레고'(legō, '말하다')의 현재 명령법 능동태를 번역한 표현이며, 이는 부정 명령법으로 쓰인 '메데이스'(mēdeis, '아무도')에 결부되어 있다. 이 구절의 개념은 곧 아무도 자신이 "시험을 받을" 때에 "내가 하나님께 시험을 받는다"고 여기며 그 일을 스스로 합리화해서는 안 된다는 것이다. 야고보는 이런 개념 자체를 악한 것으로 여기고 정죄한다.

이 구절에서 "[하나님]에 의해"(by [God])는 헬라어 전치사 '아포'(apo)를 번역한 단어이다(개역개정판에는 "하나님께"로 번역되어 있다.—역주). '아포'는 때로 "~의"나 "~로부터"로도 번역되며, '거리가 멂' 또는 '간격', '간접성'의 의미를 함축한다. 또 다른 전치사 '휘포'(hupo) 역시 "~에 의해"나 "~의", "~로부터"로 종종 번역되지만, 이 '휘포'의 경우에는 '직접적인 행위의 주체'를 가리킨다.

스코틀랜드의 유명한 시인 로버트 번즈(Robert Burns)는 이런 글을 썼다. "당신이 나를 거칠고 강한 열정을 지닌 존재로 빚으셨음을 당신께서도 아십니다. 나는 그 열정의 유혹적인 목소리를 좇다가 종종 그릇된 길로 가곤 했습니다." 그는 이렇게 주장했다. "물론 나는 열정이 이끄는 대로 끌려갔습니다. 하지만 나를 잘못된 길로 이끈 그 빛은 바로 하늘에서 주어진 것이었습니다." 고대의 어떤 랍비들은 '예쩌 하라'(yetzber ha'ra)에 관해 가르쳤는데, 이는 '악한 충동'을 의미했다. 당시 그들은 이 '예쩌 하라'를 원래 지음 받은 인간 본성의 일부분으로 여겼다. 한 랍비 문헌에서는 이렇게 말하고 있다. "하나님은 이렇게 말씀하셨다. '내가 인간 속에 악한 성향을 창조했던 일을 후회한다. 만일 그리하지 않았더라면, 인간은 나를 거슬러 반역하지 않았을 것이기 때문이다. 하지만 그 악한 성향을 창조한 것은 바로 나다. 그리고 그 치유의 방편으로 나는 율법을 창조했다.' 그러므로 그대가 율법에 전념한다면 악의 권세에 사로잡히지 않게 될 것이다. 하나님은 인간의 오른편에 선한 성향을, 그의 왼편에는 악한 성향을 놓아두셨다." 그러나 다른 유대교 저술가는 이보다 훨씬 나은 분별력을 지니고 있었다. 그는 그리스도의 동시대인이었던 알렉산드리아의 철학자 필론이었다. 그는 통찰력 있는 태도로 다음의 글을 기록했다. "인간의 마음이 죄를 범하고 참된 미덕에서 멀리 벗어날 때, 그는 신적인 원인에 그 책임을 돌리게 된다." 여기서 그는 솔로몬이 다음의 말씀에서 제시했던 진리를 성찰하고 있다. "사람이 미련하므로 자기 길을 굽게 하고 마음으로 여호와를 원망하느니라"(잠 19:3).

야고보는 하나님이 악을 향한 유혹거리를 보내셨다고 책임을 전가하면서 자신의 허물을 불경건하게 합리화하는 이들을 맹렬히 논박하고 자신의 입장에 관해 네 가지의 강력한 논증을 제시한다. 이는 곧 우리가 당하는 시험의 책임이 하나님께 있지 않으며, 설령 그렇더라도 우리가 그 시험에 굴복해 죄를 짓는 일에 관해서는 더더욱 그 책임이 그분께 있지 않음을 입증하는 논증들이다. 여기서 야고보는 악의 본질(1:13b)과 사람의 본성(14절), 욕심의 본질(15~16절)과 하나님의 본성(17절)을 논하고 있다. 18절에서 그는 다섯 번째 논증으로 거듭남의 본질을 제시하는데, 이에 관해서는 5장에서 따로 다루려고 한다.

악의 본질

"하나님은 악에게 시험을 받지도 아니하시고 친히 아무도 시험하지 아니하시느니라."(1:13b)

이 구절에서 "시험을 받지도 아니하시고"는 헬라어 형용사 '아페이라스토스'(*apeirastos*)를 번역한 단어이다. 신약에서 이 형용사가 쓰인 곳은 이 구절뿐이며, 이는 '유혹할 수 없음', '유혹에 넘어갈 수 없음'이란 개념을 전달한다. 이는 곧 '악의 공격에 전혀 영향을 받지 않는다'는 의미이다. 달리 말해, 악은 그 본질상 하나님과 이질적인 특성을 지닌다(17절에 대한 논의를 보라). 하나님과 악은 가장 완전하고 심오한 의미에서 서로 배타적인 실재이다. 이 둘은 서로 마주칠 수 없는 별개의 영역 속에 존재하는 것이다. 하나님은 악에 취약하지 않고 그 공격에 의해서도 전혀 해를 입지 않는 분이다. 그분은 악의 존재를 알고 계시되 그로부터 어떤 영향도 받지 않는다. 이는 마치 쓰레기더미 위에 내리쬐는 햇빛이 그 악취로부터 아무 영향도 받지 않는 것과 같다.

성경에서는 유일하게 참되시며 살아계신 하나님에 관해 이 진리를 자주 제시하고 있다. 하지만 다른 종교들에서는 이 진리를 찾아보기 어렵다. 이교의 신들은 사람이 만들어낸 존재이자 마귀의 영향 아래 생겨난 존재들이므로, 그들의 모습 속에는 늘 그들을 만들어낸 이들의 연약함과 결함이 드러난다. 예를 들어 그리스 로마 신화에 속한 신들의 경우, 지나칠 정도로 미숙하고 변덕스럽고 속이 좁을 뿐 아니라 사악하기까지 한 모습을 보인다. 그들은 초자연적인 힘을 지녔지만, 그 힘에 걸맞은 초자연적인 지혜와 미덕을 소유하지 못한 존재들로 묘사된다. 그 신들 자신이 중대한 죄악을 범할 뿐 아니라 그 아래 속한 유한한 인간들까지 온갖 죄와 악덕에 빠지도록 유혹하곤 한다. 이 가상의 신들은 서로 악을 행할 뿐 아니라 인간들을 향해서도 죄를 범하며, 자의적이고 부당하며 부도덕한 방식으로 세상을 지배한다. 그들 자신이 인간의 타락하고 부패한 마음속에서 생겨난 존재들이므로 그 신들은 죄 많은 창조자들이 지닌 타락하고 부패한 속성을 그대로 드러낼 수밖에 없다. 냇물이 그 근원보다 더 높은 곳으로 흘러갈 수 없기 때문이다.

이사야가 주님 앞에 두려움에 사로잡힌 채 서 있었을 때 그분을 모시던 스랍 중 하나가 이렇게 선포했다. "거룩하다 거룩하다 거룩하다 만군의 여호와여, 그의 영광이 온 땅에 충만하도다"(사 6:3). 그리고 주님은 시내 산에서 언약을 제정하신 후 이스라엘 백성에게 다음의 내용을 일깨울 것을 모세에게 명령하셨다. "너희는 거룩하라. 이는 나 여호와 너희 하나님이 거룩함이니라"(레 19:2). 하나님은 신약 시대의 교회를 향해서도 거듭 이렇게 명령하셨다. "내가 거룩하니 너희도 거룩할지어다"(벧전 1:16). 거룩하신 하나님은 순수함과 완전한 의에 미치지 못하는 어떤 것과도 영원히 섞이지 않은 상태로 머무신다. 하박국 선지자는 하나님이 절대로 어떤 악에도 취약하지 않고 악을 향한 어떤 유혹에도 영향을 받지 않으신다는 점을 헤아리고 이렇게 선포했다. "주께서는 눈이 정결하시므로 악을 차마 보지 못하시며 패역을 차마 보지 못하시거늘"(합 1:13). 그리고 주 예수님은 사람의 몸을 취하신 하나님으로서 "거룩하고 악이 없고 더러움이 없고 죄인에게서 떠나 계신" 분으로 묘사되고 있다(히 7:26).

사무엘하에서 우리는 다음의 말씀을 읽게 된다. "여호와께서 다시 이스라엘을 향하여 진노하사 그들을 치시려고 다윗을 격동시키사 가서 이스라엘과 유다의 인구를 조사하라 하신지라"(삼하 24:1). 다윗의 인구조사는 하나님이 베푸시는 신적인 도움의 손길보다 이스라엘 자체의 군사력을 더 신뢰하고 있음을 드러내는 죄악 된 행위였다. 하나님은 과연 어떤 의미에서 "그분의 마음에 맞는" 다윗을 격동하셔서 죄를 범하게끔 이끄셨던 것일까? 역대기에 있는 이 구절의 병행 본문에서는 다음의 내용을 분명히 밝힌다. "사탄이 일어나 이스라엘을 대적하고 다윗을 충동하여 이스라엘을 계수하게 하니라"(대상 21:1). 하나님은 이전에 사탄이 욥을 괴롭게 하며 시험하는 일을 허용하셨듯이 여기서는 다윗을 시험하는 일을 허락하셨던 것이다.

예수님이 광야에서 사십 일간 밤낮으로 금식하신 뒤에 시험을 받으셨던 일을 보면 이 '페이라스모스'가 각각 시험과 유혹의 의미로 쓰일 때의 차이점이 뚜렷이 드러난다. 이는 이 야고보서 1장에서 드러나는 차이점과 동일하다(2~3, 12절과 13~14절 사이의 차이점을 보라). 마태는 이렇게 기록하고 있다. "예수께서 성령에게 이끌리어 마귀에게 시험을 받으러 광야로 가사"(마 4:1). 그런데 그 나머지 부분(2~11절)을 살펴보면 다음의 내용이 분명히 드러난다. 이는 곧 사탄의 관점에서는 그 일이 (죄에 빠뜨리려는) 유혹의 의도를 지닌 것이었지만, 예수님이 보기에는 그것이 하나의 시험이었다는 것이다. 그리고 주님은 조금의 흔들림도 없이 그 시험을 통과하셨다. 당시 사탄은 하나님의 말씀을 교묘하게 이용했지만 죄의 유혹 앞에서도 동요하지 않는 예수님의 태도를 허물어뜨리는 데에는 성공을 거두지 못했다.

어떤 그리스도인들은 기도에 관한 예수님의 가르침, 흔히 '주기도'로 불리는 그 가르침을 두고 하나님이 원하기만 하면 "우리를 시험에 들게" 할 수 있으므로 그분이 우리를 "악에서 구하기를" 간곡히 요청해야 함을 시사하는 것으로 여긴다(마 6:13). 하지만 실제로 그 가르침 속에 담긴 교훈은 하늘 아버지께서 우리가 감당할 수 없는 신앙의 시험 가운데로 우리를 인도하지 않기를 구해야 한다는 데 있다. 우리 자신의 미숙함과 연약함 때문에 그런 시험은 견디기 힘든 악에 대한 유혹이 될 수 있기 때문이다. 바울은 야고보서 1장 13절의 가르침("하나님은 … 친히 아무도 시험하지 아니하시느니라")을 옹호하면서 우리 신자들에게 다음의 내용을 확증해준다. "사람이 감당할 시험 밖에는 너희가 당한 것이 없나니 오직 하나님은 미쁘사 너희가 감당하지 못할 시험 당함을 허락하지 아니하시고 시험당할 즈음에 또한 피할 길을 내사 너희로 능히 감당하게 하시느니라"(고전 10:13). 하나님은 신자들에게 유혹을 초래할 수 있는 시험을 허용하시는데, 이는 우리를 죄에 빠뜨리려는 것이 아니라 더욱 큰 인내 가운데로 인도하시기 위함이다(참조. 약 1:2~4).

사람의 본성

"오직 각 사람이 시험을 받는 것은 자기 욕심에 끌려 미혹됨이니"(1:14).

우리가 죄를 짓도록 유혹받는 일에 하나님께는 아무 책임이 없다는 점에 대한 두 번째 논증은 우리 자신의 본성에서 찾아볼 수 있다. 이는 곧 우리 자신이 타락한 영적 본성 때문에 유혹에 넘어가기 쉬운 존재들이라는 것이다.

이 구절에서 "각 사람"은 유혹의 보편성을 강조하는 표현이다. 이 유혹에서 아무도 자유롭지 못하다는 것이다. 모든 사람은 "시험" 아래 있고 이 점에서 예외는 없다. 이 구절에 현재 시제가 쓰인 것은 유혹의 지속적이고 반복적이며 누구도 피할 수 없는 성격을 강조하는 역할을 한다. 이런 유혹은 각 사람이 "자기 욕심에 끌려 미혹될" 때 생겨나는 것이다.

여기서 "끌려"와 "미혹됨"은 모두 헬라어 분사를 번역한 단어로써 그 과정에서 나타나는, 서로 밀접히 연관되면서도 구분되는 측면들을 묘사하고 있다. 이 중 첫 번째 것은 동사 '엑셀코'(exelkō)에서 유래한 단어로서 '질질 끌려감'이란 의미이다. 곧 자신의 내적인 욕망에 의해 불가피하게 이끌려 가는 모습을 나타내는 것이다. 이 단어는 조심성 없는 동물을 유인하기 위한 미끼가 놓인 덫을 나타내는 사냥 용어로 자주 쓰인다. 그리고 두 번째 것("미혹됨")은 헬라어 동사 '델레아조'(deleazo)에서 유래한 단어이며, 이 역시 미끼를 가리키는 낚시 용어로 흔히 사용된다. 이 미끼의 목적은 희생물을 유혹해서 낚시 바늘에 걸리게 하고 마침내 죽음에 이르게끔 만드는 데 있었다.

베드로후서에서는 '델레아조'가 두 번에 걸쳐 사용되고 있다. 그 중 첫 번째 구절은 이러하다. "음심이 가득한 눈을 가지고 범죄 하기를 그치지 아니하고 굳세지 못한 영혼들을 유혹하며 탐욕에 연단된 마음을 가진 자들이니 저주의 자식이라"(벧후 2:14). 그다음 구절은 이와 같다. "그들이 허탄한 자랑의 말을 토하여 그릇되게 행하는 사람들에게서 겨우 피한 자들을 음란으로써 육체의 정욕 중에서 유혹하는도다"(2:18).

이처럼 동물이나 물고기들이 함정과 낚싯바늘에 쉽게 걸려드는 이유는 그 미끼가 너무 매혹적이어서 도저히 저항할 수 없기 때문이다. 그 미끼는 맛있어 보이고 냄새도 향긋해서 그들의 감각을 강하게 자극하곤 한다. 그 동물과 물고기들은 그 미끼를 취하려는 강한 욕구를 품으며, 이 때문에 주의력을 잃고 함정과 낚싯바늘을 간과하다가 마침내 덫에 걸려들고 만다.

이와 마찬가지로, 우리가 유혹에 굴복하는 것은 육신의 욕망을 자극하는 악한 일들 앞에서 우리 "자신의 욕심"에 이끌리기 때문이다. 현대적인 용법에 따르면, "정욕"(lust, 개역개정판에는 "욕심"으로 번역되어 있다.—역주)은 주로 부정한 성적 욕망에 결부되는 단어로 사용되어 왔다. 하지만 그 단어의 원래 표현인 '에피투미아'(epithumia)는 모든 종류의 깊고 강력한 갈망이나 바람을 가리키며, 그 대상 가운데는 선한 일과 악한 일이 모두 포함된다.

우리에게 죄는 매력적이고 즐거운 모습으로 다가올 수 있는데 적어도 얼마 동안은 실제로 그러한 경우가 많다. 그렇지 않다면 죄는 우리에게 아무 영향력을 발휘하지 못하게 될 것이다. 사탄은 죄를 가능한 한 매력적인 것으로 만들려고 애쓰며, 위에서 베드로가 언급한 그 사악한 유혹자들 역시 마찬가지다. 하지만 인간 자신에게 죄악 된 "욕심"이 없었더라면, 죄는 결코 매력적인 성격을 지니지 못했을 것이다. 바로 이 욕심 때문에 악하고 거짓된 일들이 의롭고 참된 일들보다 더 매혹적인 것이 된다. 이 때문에 부도덕한 일이 도덕적인 순결보다 더 매력적으로 다가오며, 세상의 일들이 하나님께 속한 일들보다 더 매력 있게 여겨지는 것이다. 이처럼 "자신의 욕심"에 이끌리는 것에 대해, 우리는 사탄과 그 휘하의 마귀들이나 불경건한 사람들 또는 이 세상 전체를 탓할 수 없다. 그리고 우리가 하나님께 책임을 돌릴 수 없다는 점은 더욱 분명하다. 여기서 문제의 원인은 외부의 유혹자가 아니라 우리 자신의 내면에 존재하는 반역자에게 있다.

이 구절에서 "~에"로 번역된 단어는 헬라어 전치사 '휘포'(hupo)를 옮긴 것으로, 이는 직접적인 행위자를 나타낸다. 우리는 간접적으로라도 "하나님[에의해]('아포')" 시험을 당하지 않지만 "자기 욕심에('휘포') 끌려 미혹되는" 일은 **직접적인 방식으로** 이루어진다. 이런 범죄의 책임은 전적으로 우리, 곧 우리 자신의 구속받지 못한 육신 속에 있다.

바울은 한 사람의 그리스도인이자 사도로서 다음의 고백에서 모든 신자의 입장을 대변하고 있다.

> 내 속 곧 내 육신에 선한 것이 거하지 아니하는 줄을 아노니 원함은 내게 있으나 선을 행하는 것은 없노라. 내가 원하는 바 선은 행하지 아니하고 도리어 원하지 아니하는 바 악을 행하는도다. 만일 내가 원하지 아니하는 그것을 하면 이를 행하는 자는 내가 아니요 내 속에 거하는 죄니라. 그러므로 내가 한 법을 깨달았노니 곧 선을 행하기 원하는 나에게 악이 함께 있는 것이로다. 내 속사람으로는 하나님의 법을 즐거워하되 내 지체 속에서 한 다른 법이 내 마음의 법과 싸워 내 지체 속에 있는 죄의 법으로 나를 사로잡는 것을 보는도다. 오호라, 나는 곤고한 사람이로다! 이 사망의 몸에서 누가 나를 건져내랴? 우리 주 예수 그리스도로 말미암아 하나님께 감사하리로다. 그런즉 내 자신이 마음으로는 하나님의 법을 육신으로는 죄의 법을 섬기노라. (롬 7:18~25)

이 점에 관해 예레미야는 이렇게 증언했다. "만물보다 거짓되고 심히 부패한 것은 마음이라 누가 능히 이를 알리요마는"(렘 17:9). 예수님은 이렇게 말씀하셨다. "입에서 나오는 것들은 마음에서 나오나니 이것이야말로 사람을 더럽게 하느니라. 마음에서 나오는 것은 악한 생각과 살인과 간음과 음란과 도둑질과 거짓 증언과 비방이니"(마 15:18~19). 예수님은 그분의 사도들이 구속받지 못한 육신의 잔재 때문에 악을 향한 유혹에 굴복할 수 있음을 아시고 이렇게 훈계하셨다. "시험에 들지 않게 깨어 기도하라. 마음에는 원이로되 육신이 약하도다"(마 26:41).

지금 우리는 영광스러운 구원을 얻어 "신성한 성품에 참여하는 자"들이 되었으며(벧후 1:4), 우리 안에는 성령님이 내주하고 계신다. 하지만 우리의 내면에는 여전히 우리를 거스르는 대적이 자리 잡고 있다. 그 대적은 지금도 악하고 부패한 갈망과 열정, 욕구의 형태로 우리 안에 존재하고 있다. 우리는 그 자체로는 선하며 바람직한 일들까지도 죄악 된 동기에서 추구할 수 있다. 음식과 잠은 주님이 베푸신 놀라운 선물이며 이런 것들이 없이는 사람이 살아갈 수 없다. 하지만 그것들을 극단적인 방식으로 추구하며 탐닉할 때 우리는 폭식과 게으름의 죄를 범하게 된다. 성적인 사랑 역시 서로 간의 신체적인 즐거움을 나누도록 하나님이 남자와 여자에게 주신 탁월한 선물이다. 하지만 이 선물은 어떤 경우에도 혼인 관계 안에서만 누리도록 그 한계가 정해져 있다. 하나님의 말씀에서 혼인 관계를 벗어난 성적인 사랑보다 더 엄격하게 정죄 받는 죄악은 거의 없다.

우리는 모두 성경에서 금하는 죄들에 취약하지만, 사람마다 유독 매이기 쉬운 유형의 정욕 또는 갈망이 있다. 따라서 한 사람에게 그리 매력 있게 여겨지지 않는 행동이 다른 이에게는 강한 유혹으로 다가온다. 예를 들어 종교적인 율법주의자들과 불경하고 방탕한 자들은 서로 다른 욕망을 지니고 있다. 전자는 은밀한 죄와 위선에 이끌리는 반면, 후자는 노골적이고 과도한 악행에 휘둘리는 모습을 보인다. 이는 마치 한 종류의 미끼나 함정이 어떤 물고기들에게는 효력을 발휘하지만 다른 물고기들에게는 그렇지 못한 것과 마찬가지다. 이에 따라 한 사람이 열렬히 추구하는 일이 다른 사람에게는 혐오스러운 것이 된다. 그러므로 각 신자는 무엇보다도 "자기 욕심"을 경계하는 데 주의를 쏟아야 한다. 바로 그 부분에서 우리 각 사람이 유혹에 취약한 모습을 드러내기 때문이다. 이처럼 우리의 공통점은 각 사람이 저마다 품은 개인적인 욕망에 있는 것이 아니다. 오히려 그 공통점은 우리 중 누구나 그런 욕망을 지니는 동시에 그 욕망에 매이기 쉽다는 점, 그리고 그 욕망에 어떤 식으로 반응할 것인지에 대해 우리 자신이 전적인 책임을 진다는 점에 있다.

욕심의 본질

"욕심이 잉태한즉 죄를 낳고 죄가 장성한즉 사망을 낳느니라. 내 사랑하는 형제들아 속지 말라."(1:15~16)

하나님이 유혹의 근원이 아니라는 점에 관한 세 번째 근거는 욕심의 본질에서 찾아볼 수 있다. 앞서 인간의 본성 속에 "욕심"이 자리 잡고 있음을 밝힌 야고보는 이제 그 실제적인 측면에서 이 문제를 다루어 나간다. 이 구절에는 유혹에 관한 그의 핵심적인 가르침이 담겨 있다.

이제 야고보는 사냥과 낚시의 비유들을 제쳐두고 출산의 과정에 견주면서 자신의 요점을 전개한다. 여기서 "욕심"은 한 아이를 잉태하고 출산하는 어머니로 묘사되고 있다. 그 아이는 바로 "죄"이며, 그 "죄"의 궁극적인 운명은 "사망"으로 이어진다. 주님은 이 야고보의 서술을 통해 죄는 그저 하나의 고립된 행위 혹은 그런 일련의 행위들이 아니라는 점을 보여주신다. 오히려 죄는 어떤 과정의 구체적인 결과로서 나타나는 것이다. 이 구절에서 야고보는 이 점을 간명하게 해설하고 있다.

우리는 이런 죄의 진행 과정을 잘 기억하기 위해 알파벳 'd'로 시작하는 네 개의 단어를 써서 그 기본 단계들을 파악할 수 있다. 그 중 첫 번째 단계는 **갈망**(desire)으로, 이는 "욕심"과 같은 뜻을 지닌 번역어이다. 각 사람이 구원받기 전에는 누구나 "욕심"의 노예인 채로 머물게 된다(엡 2:1~3; 4:17~19; 살전 4:5). 위에서 말했듯이, '에피투미아'("욕심") 자체는 도덕적으로나 영적으로 중립적인 성격을 지닌다. 곧 그 옳고 그름이 부분적으로는 그 욕구의 대상에 의해, 부분적으로는 그 욕구의 방식이나 동기에 의해 결정된다. 그 욕구는 주로 하나의 감정 또는 느낌의 형태로 나타나기 시작한다. 이는 처음에 무의식의 수준에서 생겨나는 갈망일 수 있다. 이 갈망은 우리의 마음속 깊은 곳에서 조금씩 자라나며 우리에게 없는 무언가를 획득하거나 소유하고 쟁취하겠다는 욕망으로 드러나게 된다. 이런 욕망은 온갖 다양한 일들을 통해 점화될 수 있다. 보석상의 진열장을 들여다보는 동안 우리는 어떤 반지나 시계, 팔찌 또는 크리스털 꽃병을 갖고 싶다는 충동에 사로잡힐 수 있다. 멋진 모델하우스 앞을 지나치면서 갑작스레 '나도 저런 집에 살고 싶다'는 강한 열망을 느끼게 될지 모른다. 자동차 판매점 앞을 걷다가 새 차, 어쩌면 이전에는 별로 생각한 적도 없었던 자동차 회사의 낯선 모델을 구매하고 싶다는 욕구가 느닷없이 생겨날 수 있다. 그리고 이런 욕망은 서서히 자라나서 마침내 우리의 모든 관심을 사로잡게 된다. "욕심"이 자라나서 죄가 되는 과정 역시 이와 똑같은 방식으로 이루어진다. 우리가 보거나 듣는 무언가가 갑자기 우리의 주의를 사로잡고, 이에 따라 그것을 행하거나 소유하고자 하는 강렬한 욕망 또는 "욕심"이 생겨나는 것이다.

그다음 단계는 **기만**(deception)으로, 이는 우리의 감정보다 지성에 더 밀접히 결부되어 있다. 우리가 갈망하는 대상에 관해 생각할 때, 우리의 지성은 그 대상을 획득하기 위한 이유를 합리화해서 꾸며내기 시작한다. 이것은 유혹이 진행되는 과정의 거의 본능적인 한 부분이다. 우리는 자신의 지성을 향해 그 정욕들을 합리화할 것을 억지로 명령할 필요가 없다. 우리의 타락한 본성 때문에 우리의 지성이 이미 그런 성향을 지니고 있기 때문이다. 미끼를 좇아가는 동물이나 물고기의 경우처럼, 우리가 원하는 대상을 소유하려는 갈망이 너무나 강력하기 때문에 우리는 그 잠재적인 위험성이나 해독을 낮추어 보려는 성향을 품게 된다. 그저 그 대상을 갈망하기 때문에 그것을 얻기 위해 필요한 노력이 모두 정당화되는 것이다. 야고보는 바로 이 지점에서 "욕심이 [자녀를] 잉태하게" 된다고 말한다. 곧 이때에 '죄악 된 삶'이 형성되며 자라가기 시작하는 것이다.

세 번째로 오는 것은 **구상**(design)의 단계이며, 이는 우리의 지성으로 정당화하며 합리화한 그 감정적인 욕망을 실행에 옮기기 위해 계획을 꾸미는 단계이다. 이 단계에는 우리의 의지가 개입하며, 이를 통해 우리는 마침내 만족을 얻기까지 자신의 "욕심"을 추구하려는 의도적인 결정을 내리게 된다. 이 일에는 우리의 의지가 관여하므로, 이 단계에서 우리는 대부분의 죄책을 짊어지게 된다. 이는 바로 이 단계에서 우리가 이제껏 갈망하고 합리화해 왔던 일을 의지적으로 선택하고 추구하게 되기 때문이다.

마지막에 찾아오는 네 번째 단계는 **불순종**(disobedience)이다. 위와 같은 유혹의 전개 과정을 방치할 경우 의지적인 구상은 반드시 하나님의 법에 대한 불순종으로 이어진다. 이를 통해 우리의 욕심은 "죄를 낳게" 되는 것이다. 이 단계에서 우리는 자신이 갈망하고 합리화하며 의지적으로 선택한 일들을 실행함으로써 그 열매를 맺게 된다. 이처럼 갈망은 기만으로 이어지며, 기만은 구상으로, 구상은 불순종으로 진전된다. 그리고 불순종은 "죄"가 되는 것이다.

이런 유혹의 전개 과정에서 우리가 일찍 그 일에 저항할수록 "죄" 짓는 일을 피할 가능성이 더 높아진다는 점은 말할 필요가 없다. 이와 마찬가지로, 우리가 유혹에 저항하는 일을 뒤로 미룰수록 그 "죄"를 범하게 될 가능성은 더 높아진다. 삶 속에서 죄의 문제에 잘 대처할 수 있는 이는 오직 처음에 유혹이 찾아올 때 자신의 감정적인 반응을 적절히 통제할 수 있는 그리스도인들뿐이다. '애초에 싹을 잘라버린다'는 원칙이 이 문제만큼 잘 적용되는 경우는 없다. 그리고 우리는 "죄"가 "잉태되는" 장소인 지성의 영역에서도 전투를 벌여야 한다. 하나님의 진리는 영혼의 경보 체계인 우리의 양심을 깨어나게 하므로 우리는 그 진리를 주의 깊게 경청해야 한다. 이 지성 혹은 상상력의 전투를 펼쳐나갈 수 있는 것은 우리 신자들 자신이다. 이 전투에서 패배할 경우에는 유혹이 구상의 단계로 옮겨가며, 그럼으로써 죄를 실행할 계획이 생겨나게 된다. (신약성경에서는 지성의 중요성에 관해 많은 가르침을 제시한다.)

우리 가운데 그릇된 갈망이 생길 때마다 즉시 거부하고 모든 유혹을 아예 차단할 수 있는 사람은 없으므로, 우리는 단계별로 죄의 유혹에 대처하는 방법을 파악할 필요가 있다. 사실 우리는 유혹이 찾아올 법한 장소나 상황을 피하는 것만으로도 많은 유혹을 피해갈 수 있다. 곧 어떻든 우리의 감정을 유혹하여 죄로 몰고 갈 수 있는 책이나 잡지, 영화나 TV 프로그램, 그런 친구나 장소를 피하는 것이다. 그 대신에 자신의 정서에 경건한 감화를 주는 일들을 주로 접하도록 노력해야 한다. 우리는 이런 일들을 통해 긍정적이고 직접적인 방식으로 영적인 유익을 얻으며, 그럼으로써 경건한 즐거움을 누릴 때 불경건한 일들은 덜 매력적일 뿐 아니라 혐오스럽기까지 한 것이 된다. 예를 들어, 건전하고 아름다우며 하나님을 영화롭게 하는 음악들은 주님이 우리에게 베푸시는 가장 큰 정서적인 은총 중 하나이다. 그리고 이런 은총을 통해 주님은 우리의 영혼을 보호하신다.

우리는 지성의 수준에서도 늘 깨어 있어야 한다. 감정적인 욕구들을 신중히 경계하도록 자신의 지성을 훈련할 필요가 있다. 우리에게 찾아오는 유혹들을 합리화하는 대신에 하나님의 말씀으로 그 유혹들에 맞설 수 있도록 미리 대비해야 한다. 이는 예수님이 광야에서 시험을 받을 때 행하셨던 바와 같은 일이다. 그러므로 바울은 이렇게 권면한다. "너희는 이 세대를 본받지 말고 오직 마음을 새롭게 함으로 변화를 받아 하나님의 선하시고 기뻐하시고 온전하신 뜻이 무엇인지 분별하도록 하라"(롬 12:2). 이 점에서 특히 유익한 것은 그 사도가 빌립보 교회의 신자들에게 주었던 다음의 권고이다. "무엇에든지 참되며 무엇에든지 경건하며 무엇에든지 옳으며 무엇에든지 정결하며 무엇에든지 사랑받을 만하며 무엇에든지 칭찬 받을 만하며 무슨 덕이 있든지 무슨 기림이 있든지 이것들을 생각하라"(빌 4:8; 참조. 골 3:2). 주님이 주신 크고 첫째 되는 계명 가운데 우리의 마음과 영혼뿐 아니라 우리의 지성을 다해서도 하나님을 사랑하라는 말씀이 담긴 것은 우연이 아니다(마 22:37, 개역개정판에는 "마음"과 "목숨", "뜻"으로 번역되어 있다.—역주). 시편 119편의 기자는 유혹에 맞서 자신의 지성을 견고히 하기 위해 성경의 진리들을 암송했다(9~11절).

마침내 유혹의 과정이 완료되면 "죄가 장성하여 사망을 낳게" 된다. 곧 욕심이 잉태한 '자녀'가 세상에 태어나서 살인자 또는 죽음을 가져오는 자가 되는 것이다. 다른 비유를 들자면, "죄의 삯은 사망이다"(롬 6:23). "죄"는 신체적인 "사망을 낳으며", 이는 우리의 몸과 영혼을 분리하는 결과를 낳는다. 또 그것은 영적인 "사망을 낳는데", 이는 우리의 영혼을 하나님에게서 분리하기 때문이다. 그리고 마침내 죄는 영원한 "사망을" 가져오며, 이를 통해 우리의 몸과 영혼이 하나님에게서 영원히 분리된다.

그리스도인들은 예수 그리스도를 믿는 신앙을 통해 영원한 영적 사망에서 구원을 받는다. 하지만 그들이 죄악 된 삶을 계속 고집할 경우에는 신체적인 "사망"의 형벌을 겪게 될 수 있다. 바울 당시의 고린도 교회에서는 일부 신자들이 합당하지 않은 태도로 성찬에 참여하고 있었다. 그러므로 이들은 심판 아래 있었으며, 바울에 따르면 이 때문에 "그들 중에 약한 자와 병든 자가 많고 잠자는 자도 적지 아니했던" 것이다(고전 11:30). 여기서 '잠들었다'는 것은 곧 세상을 떠났음을 의미한다. 또 요한은 신자들까지도 "사망에 이르는 죄"를 범할 수 있음을 일깨워 준다(요일 5:16).

야고보는 이같이 두려운 진리들을 염두에 두고 이렇게 탄원한다. "내 사랑하는 형제들아 속지 말라." 곧 자신이 겪는 유혹과 죄들에 관해 다른 사람이나 주변의 환경, 또는 사탄을 탓하는 일을 그치라는 것이다. 무엇보다도 우리는 하나님께 그 책임을 떠넘겨서는 안 된다. 그 실족의 책임은 우리 자신에게 있으며, 우리가 그 모든 비난의 짐을 짊어지는 것이 마땅하다. 우리는 자신의 대적들이 바로 우리의 마음속에 존재함을 깨달아야 한다. 우리의 타락한 본성과 정욕, 연약함과 잘못을 합리화하는 태도, 우리 자신의 죄가 그런 대적들이며, 우리의 마음속에서 그런 대적들에 맞서 나가야만 한다. 우리가 이 내적인 전투에서 승리할 때 바울과 함께 다음의 내용을 고백할 수 있다. "우리가 세상에서 특별히 너희에 대하여 하나님의 거룩함과 진실함으로 행하되 육체의 지혜로 하지 아니하고 하나님의 은혜로 행함은 우리 양심이 증언하는 바니 이것이 우리의 자랑이라"(고후 1:12).

하나님의 본성

"온갖 좋은 은사와 온전한 선물이 다 위로부터 빛들의 아버지께로부터 내려오나니 그는 변함도 없으시고 회전하는 그림자도 없으시니라"(1:17).

끝으로, 야고보는 우리가 죄의 유혹을 받는 일에 관해 하나님께는 아무 책임이 없음을 선언한다. 그가 이미 밝혔듯이(13절), 하나님 자신의 본성은 죄의 본성과 공존할 수가 없기 때문이다. 하나님은 온전히 옳고 의로우신 분이므로, 본질적으로 그분은 어떤 식으로든 죄에 전혀 관여하실 수 없다.

하나님이 우리에게 베푸시는 것은 죄악 된 일들이 아니라 "온갖 좋은 은사와 온전한 선물"들뿐이다. 하나님은 완전하고 아무 흠이 없으며 거룩하고 선하신 분이다. 따라서 그분이 행하시는 일들과 베푸시는 은사들은 오직 그분의 온전한 거룩함과 진리만을 드러내게 된다. 곧 하나님의 사역들 가운데는 그분의 성품이 반영되어 있는 것이다. 부정적인 측면에서 야고보의 말에는 이런 의미가 담겨 있다. '하나님은 인간의 죄에 대해 절대적으로 **아무 책임이 없으시다.**' 그리고 긍정적인 측면에서 그의 말은 이런 의미를 지닌다. '온갖 좋은 은사들은 **온전히 하나님이 베푸신** 것들이다. 우리에게 있는 온전한 선물들은 모두 위로부터 임했다.'

"빛들의 아버지"는 하나님을 가리키는 고대 유대인들의 호칭이다. 이 표현은 그분의 창조주 되심에 관해 말하는 것으로서, 하나님은 태양과 달, 별의 형태로 나타나는 빛들을 우리에게 베푸시는 위대한 수여자가 되신다(참조. 창 1:14~19). 이런 빛의 원천들은 장엄하기는 하지만 그 상태가 계속 변화하며 마침내는 소멸하고 말 것들이다. 그러나 하나님의 성품과 능력, 그분의 지혜와 사랑은 "변함도 없으며 회전하는 그림자도 없다"는 것이다. 주님은 말라기 선지자를 통해 이같이 선포하셨다. "나 여호와는 변하지 아니하나니"(말 3:6). 그리고 요한도 이렇게 말한다. "하나님은 빛이시라. 그에게는 어둠이 조금도 없으시니라"(요일 1:5). 히브리서의 저자는 우리에게 이렇게 확증하고 있다. "예수 그리스도는 어제나 오늘이나 영원토록 동일하시니라"(히 13:8). 하나님이 창조하신 천체들은 다양한 국면에 걸쳐 회전하면서 움직이고 있다. 그 천체들은 빛의 강도나 그림자의 측면에서 시시각각으로 변화하는 모습을 보인다. 그러나 우리가 섬기는 하나님은 조금도 변함이 없으시다.

주님은 이렇게 약속하셨다.

구하라 그리하면 너희에게 주실 것이요 찾으라 그리하면 찾아낼 것이요 문을 두드리라 그리하면 너희에게 열릴 것이니 구하는 이마다 받을 것이요 찾는 이는 찾아낼 것이요 두드리는 이에게는 열릴 것이니라. 너희 중에 누가 아들이 떡을 달라 하는데 돌을 주며 생선을 달라 하는데 뱀을 줄 사람이 있겠느냐? 너희가 악한 자라도 좋은 것으로 자식에게 줄 줄 알거든 하물며 하늘에 계신 너희 아버지

께서 구하는 자에게 좋은 것으로 주시지 않겠느냐. (마 7:7~11)

그러나 주님의 약속은 여기서 그치지 않는다. 그분은 우리에게 무한히 더 좋은 것을 약속하셨기 때문이다. 주님은 하늘 아버지께서 구하는 자들에게 그분의 성령을 보내 주실 것임을 약속하셨다(눅 11:13).

지금까지 우리가 살펴본 이 본문의 함의는 이러하다. '우리는 하나님의 자녀로서, 그 하늘 아버지께서 내려 주시는 지극히 은혜롭고 고귀하며 만족스러운 은총들을 늘 풍성히 누리고 있다. 그렇다면 우리가 악한 일들에 조금이라도 매력을 느낄 이유가 있겠는가?'

5

거룩한 백성으로 거듭남
(약 1:18)

"그가 그 피조물 중에 우리로 한 첫 열매가 되게 하시려고 자기의 뜻을 따라 진리의 말씀으로 우리를 낳으셨느니라."(1:18)

이 구절에서 야고보는 우리가 받는 유혹에 대해, 그리고 죄에 대해서는 더욱 하나님께 직간접적으로 아무 책임이 없다는 점을 입증하기 위해 (13~17절에서 언급된 것들 외에) 또 하나의 논증을 덧붙이고 있다. 이는 곧 거듭남 자체의 본질에 근거한 논증이다. 예수 그리스도를 믿는 이들에게 주님이 주시는 새 생명은 경건하고 거룩하며 그리스도의 모습을 닮은 특징을 지닌다. 그것은 사람의 영혼 안에 있는 하나님의 생명이다. 이 새로운 출생을 통해 우리 신자들은 다시금 새롭게 창조된다. 곧 죄나 악과는 무관한 온전히 새로운 본성을 부여받는 것이다. 우리 자신의 정욕은 사망을 낳지만(15절), 그리스도 안에 있는 하나님의 선물은 우리에게 생명을 가져다준다.

바울은 로마 교회에 보낸 편지에서 시편 14편을 인용하면서 이렇게 선언했다. "기록된 바 의인은 없나니 하나도 없으며 깨닫는 자도 없고 하나님을 찾는 자도 없고 다 치우쳐 함께 무익하게 되고 선을 행하는 자는 없나니 하나도 없도다"(롬 3:10~12; 참조. 시 14:1~3). 아담의 타락 이후, 예수 그리스도 외에 그 누구도 의롭게 태어나거나 스스로의 노력으로 의롭게 된 이가 없다. 그런 노력을 통해 도덕적으로 순전하며 하나님과 올바른 관계를 유지하는 상태에 들어간 이들이 없었다는 것이다. 인류의 역사에서 지금까지 그런 사람이 하나도 없었으며 현세대에서도 그런 사람이 나타나지 않을 것이다. 바울은 이렇게 자신의 말을 이어간다. "그들의 목구멍은 열린 무덤이요 그 혀로는 속임을 일삼으며 그 입술에는 독사의 독이 있고 그 입에는 저주와 악독이 가득하고 그 발은 피 흘리는 데 빠른지라. 파멸과 고생이 그 길에 있어 평강의 길을 알지 못하였고 그들의 눈앞에 하나님을 두려워함이 없느니라 함과 같으니라"(롬 3:13~18). 이것이 바로 구속받지 못한 죄인들, 곧 하나님에게서 분리된 모든 이들의 상태이다. 사람들이 이런 상태에 처한 것은 그들의 본성뿐 아니라 그들 자신의 선택에 따른 결과이기도 하다. 요한은 이렇게 설명한다. "빛이 세상에 왔으되 사람들이 자기 행위가 악하므로 빛보다 어둠을 더 사랑한 것이니라. 악을 행하는 자마다 빛을 미워하여 빛으로 오지 아니하나니 이는 그 행위가 드러날까 함이요"(요 3:19~20).

바울은 그리스도인들에게 이렇게 편지했다. "그는 허물과 죄로 죽었던 너희를 살리셨도다. 그 때에 너희는 그 가운데 행하여 이 세상 풍조를 따르고 공중의 권세 잡은 자를 따랐으니 곧 지금 불순종의 아들들 가운데 역사하는 영이라. 전에는 우리도 다 그 가운데 우리 육체의 욕심을 따라 지내며 육체와 마음의 원하는 것을 하여 다른 이들과 같이 본질상 진노의 자녀이었더니"(엡 2:1~3; 참조. 4:17~19). 구원받기 전에, 우리의 행실은 우리를 다스렸던 악한 체제의 지배 아래 있었다. 이는 우리의 악한 본성이 기꺼이 그 지배에 반응했기 때문이다. 우리는 자기도 모르게 사탄의 자발적인 신민이 되어 살던 사람들이었다. 그는 곧 "공중의 권세 잡은 자이며 … 지금 불순종의 아들들 가운데 역사하는 영"이다(2:2). 이를테면, 그는 우리의 영적인 아버지였던 것이다(요 8:44).

타락한 인간이 지닌 문제가 내적인 것이므로 그에 대한 해결책 역시 내적인 것이라야만 한다. 어떤 외적인 의례나 예식, 전례 또는 고백이나 행위도 근본적으로 악한 우리의 본성을 변화시킬 수 없다. 의롭게 말하거나 행동하려고 애쓰는 것으로는 의롭게 될 수 없다. 우리에게는 전혀 새로운 마음과 존재, 본성이 필요하다. 우리는 새롭게 지음 받아야 한다. 죄와 사망에 속한 옛 본성에서 거룩함과 생명에 속한 새로운 본성으로 변화되어야 한다. 이는 거룩함이나 성화가 없이는 "아무도 주를 보지 못하기" 때문이다(히 12:14).

1장 18절에서 야고보는 중생 혹은 새로운 출생에 관한 네 가지 질문에 답하고 있다. 그의 논의들은 우리가 받는 유혹이나 그 결과로 짓는 죄에 대해 하나님께는 아무 책임이 없다는 논증을 뒷받침하는 것이다. 오히려 하나님은 우리가 얻는 의의 원인이 되신다.

누가 중생을 일으키는가?

"자기의 뜻을 따라"(in the exercise of His will, 1:18b)

중생은 "빛들의 아버지"이신 하나님이 행하시는 일이며(17절) 온전히 그분께 속한 사역이다. 이 일은 "그분의 뜻을 따라" 성취되는 것이다. 하나님은 그분의 주권적인 뜻에 따라 우리의 죄를 씻고 용서를 베푸시며 우리 안에 새 생명을 심어 주신다. 이 생명은 곧 예수 그리스도를 자신의 주와 구주로 신뢰하는 각 사람이 얻게 되는 완전히 새로운 본성이다. 그리고 하나님은 우리 속에 내주하시는 성령을 통해 그 생명 안에 친히 거하시는 것이다(요 14:17; 롬 8:9). 이는 주님이 선지자 에스겔을 통해 약속하신 바와 같다. "너희 모든 더러운 것에서와 모든 우상 숭배에서 너희를 정결하게 할 것이며 또 새 영을 너희 속에 두고 새 마음을 너희에게 주되 너희 육신에서 굳은 마음을 제거하고 부드러운 마음을 줄 것이며"(겔 36:25~26).

"그분의 의지를 행사하셔서"(in the exercise of His will, 이는 저자가 인용한 NASB의 표현이다.—역주)라는 어구를 가장 단순하게 옮기면, "그분 자신의 의지로써"(by His own will)가 된다. 그런데 이는 '불로마이'(boulomai)라는 동사의 과거 수동태 분사형을 번역한 어구이며, 이 동사에는 어떤 이가 자신의 의지를 구체적이며 의도적인 방식으로 행사한다는 개념이 담겨 있다. NASB 역본에서 "[의지]를 행사하셔서"(in the exercise of)라는 어구를 덧붙인 것은 바로 이 점을 시사하기 위함이다. 그리고 헬라어 원문에서 이 어구는 강조를 나타내는 위치에 놓여 있다. 이런 본문의 특징은 하나님의 주권적이며 아무에게도 영향을 받지 않는 **의지**가 신자들이 누리는 새 생명의 원천과 토대가 된다는 진리를 강화한다.

신학적인 측면뿐 아니라 논리적인 측면에서도 중생은 이미 죽은 상태에 있는 우리가 생명을 얻을 수 있는 유일한 길이 된다. 죽은 상태에 있는 이들은 자신의 죄를 자각하거나 헤아리지 못하며 그 죄에서 돌이키려는 갈망도 품지 못한다(요 3:19~20). 그리고 변화를 원해도 그들 자신에게는 그 일을 이끌 아무 능력이나 자원이 없다. 그들은 심지어 자신이 죽은 상태에 있다는 점조차 깨닫지 못한다. 중생은 오직 하나님의 전능하신 **의지**와 능력으로만 일어날 수 있다. 이는 그분이 영적인 생명의 근원이자 수여자가 되시기 때문이다. 요한은 이렇게 말한다. "[예수 그리스도를] 영접하는 자 곧 그 이름을 믿는 자들에게는 [성부께서] 하나님의 자녀가 되는 권세를 주셨으니 이는 혈통으로나 육정으로나 사람의 뜻으로 나지 아니하고 **오직 하나님께로부터** 난 자들이니라"(요 1:12~13, 강조점은 나의 것).

어떤 자녀도 자신의 의지나 계획에 의해 이 세상에 태어나는 경우는 없다. 모든 자녀가 잉태되고 태중에서 자라며 마침내 출생하는 과정은 완전히 그들 자신의 의식적인 통제 너머에 속한 일이다. 자녀들은 그저 자신의 부모들이 품은 뜻과 그에 따른 행동을 수동적으로 받아들일 뿐이다. 이와 마찬가지로 어떤 사람도 자신 안에 새로운 영적 본성이 생겨나기를 의도할 수 없으며, 실제로 그 본성을 창조하는 일은 더욱 불가능하다. 이 점에 관해 예레미야는 다음의 수사적인 질문을 던졌다. "구스인이 그의 피부를, 표범이 그의 반점을 변하게 할 수 있느냐? 할 수 있을진대 악에 익숙한 너희도 선을 행할 수 있으리라"(렘 13:23). 그리고 같은 선지자를 통해 주님은 우리에게 필요한 그 변화가 이루어질 수 있는 유일한 방식을 이렇게 제시하셨다.

여호와의 말씀이니라. 보라 날이 이르리니 내가 이스라엘 집과 유다 집에 새 언약을 맺으리라. 이 언약은 내가 그들의 조상들의 손을 잡고 애굽 땅에서 인도하여 내던 날에 맺은 것과 같지 아니할 것은 내가 그들의 남편이 되었어도 그들이 내 언약을 깨뜨렸음이라. 여호와의 말씀이니라. 그러나 그 날 후에 내가 이스라엘 집과 맺을 언약은 이러하니 곧 내가 나의 법을 그들의 속에 두며 그들의 마음에 기록하여 나는 그들의 하나님이 되고 그들은 내 백성이 될 것이라. 여호와의 말씀이니라. 그들이 다시는 각기 이웃과 형제를 가리켜 이르기를 너는 여호와를 알라 하지 아니하리니 이는 작은 자로부터 큰 자까지 다 나를 알기 때문이라. 내가 그들의 악행을 사하고 다시는 그 죄를 기억하지 아니하리라. 여호와의 말씀이니라. (렘 31:31~34)

본성적인 상태의 인간은 자신의 내면에서 그런 변화를 만들어낼 수 없으며, 하나님의 계시가 없이는 자신에게 그런 변화가 필요하다는 점조차 헤아리지 못한다. 이와 반대로, 자신에게 어떤 변화가 필요하다고 여길 경우에도 그는 자신의 진정한 필요를 낮춰보고 스스로의 힘으로 그 필요를 충족시킬 수 있다고 착각하곤 한다. 바울은 이 점을 이렇게 설명하고 있다. "육에 속한 사람은 하나님의 성령의 일들을 받지 아니하나니 이는 그것들이 그에게는 어리석게 보임이요, 또 그는 그것들을 알 수도 없나니 그러한 일들은 영적으로 분별되기 때문이라"(고전 2:14).

또한 바울은 다음의 진리를 확증한다. "긍휼이 풍성하신 하나님이 우리를 사랑하신 그 큰 사랑을 인하여 허물로 죽은 우리를 그리스도와 함께 살리셨고"(엡 2:4~5). 영적으로 죽은 상태에 있는 이들(모든 불신자들)이 그 생명을 얻을 수 있는 유일한 길은 예수 그리스도를 믿는 신앙을 통해 하나님의 선물인 영적인 생명을 받는 것뿐이다. 그러므로 그리스도인들은 바울과 함께 이같이 고백할 수 있다. "우리가 그의 죽으심과 합하여 세례를 받음으로 그와 함께 장사되었나니 이는 아버지의 영광으로 말미암아 그리스도를 죽은 자 가운데 살리심과 같이 우리로 또한 새 생명 가운데 행하게 하려 함이라"(롬 6:4). 예수님은 이같이 말씀하신다. "나를 보내신 아버지께서 이끌지 아니하시면 아무도 내게 올 수 없으니"(요 6:44). 그리고 이후에는 이렇게 말씀하셨다. "너희가 나를 택한 것이 아니요 내가 너희를 택하여 세웠나니"(요 15:16).

중생에 관한 가장 아름답고 생생한 설명은 예수님이 니고데모를 만났을 때 하신 말씀에서 찾아볼 수 있다. 그는 독실하고 존경받는 바리새인이자 교사로서 밤에 예수님을 찾아와서 이렇게 고백했다. "랍비여 우리가 당신은 하나님께로부터 오신 선생인 줄 아나이다. 하나님이 함께 하시지 아니하시면 당신이 행하시는 이 표적을 아무도 할 수 없음이니이다"(요 3:2). 이때 그 유대교의 지도자는 예수님에 관해서만 이렇게 말했을 뿐 자신에 관해 무언가를 밝히거나 어떤 질문을 내놓지도 않은 상태였다. 하지만 주님은 그가 마음속에 품은 생각을 이미 아시고 이렇게 말씀하셨다. "진실로 진실로 네게 이르노니 사람이 물과 성령으로 나지 아니하면 하나님의 나라에 들어갈 수 없느니라"(3절). 이에 당황한 니고데모는 이렇게 반문했다. "사람이 늙으면 어떻게 날 수 있사옵나이까? 두 번째 모태에 들어갔다가 날 수 있사옵나이까?"(4절). 이때 니고데모는 육신적인 거듭남에 관해 말한 것이 아니었다. 그는 지금 예수님이 육신적인 것이 아닌 영적인 생명에 관해 말씀하신다는 것을 알고 있었기 때문이다. 그는 예수님이 막 사용하신 비유를 그대로 받아서 이야기했을 뿐이었다. 하지만 그는 자신이 들은 말씀 때문에 혼란을 느끼고 있었다. 모세의 율법을 전수 받은 교사로서 대다수의 유대인들과 마찬가지로 니고데모는 인간이 그 율법에 순종함으로써 하나님을 기쁘시게 하며 그분과 올바른 관계를 맺게 된다고 여겼다. 그리고 다른 길은 없다고 믿었다. 니고데모는 또한 하나님과 바른 관계에 들어가는 데 필요한 일은 무엇이든 인간 자신이 해내야 한다고 믿었다. 곧 인간 자신의 노력과 성취, 선함을 통해 그 일이 이루어져야만 한다고 여겼다. 그러므로 니고데모의 이 질문은 사실상 이런 의미를 지닌 것이었다. '내가 어떻게 스스로를 거듭나게 하며 자신의 힘으로 새로운 생명을 획득할 수 있습니까?'

이에 주님은 설명을 이어가셨다. "진실로 진실로 네게 이르노니 사람이 물과 성령으로 나지 아니하면 하나님의 나라에 들어갈 수 없느니라. 육으로 난 것은 육이요 영으로 난 것은 영이니 내가 네게 거듭나야 하겠다 하는 말을 놀랍게 여기지 말라. 바람이 임의로 불매 네가 그 소리는 들어도 어디서 와서 어디로 가는지 알지 못하나니 성령으로 난 사람도 다 그러하니라"(5~8절). 하나님의 영인 성령님은 그분이 뜻하는 곳에서 주권적으로 역사하시고 구원을 얻도록 예정하신 이들에게 새로운 생명을 베풀어 주신다. "창세 전에 그리스도 안에서 우리를 택하사 우리로 사랑 안에서 그 앞에 거룩하고 흠이 없게 하시려고 그 기쁘신 뜻대로 우리를 예정하사 예수 그리스도로 말미암아 자기의 아들들이 되게 하셨으니"(엡 1:4~5). 이 서신의 뒷부분에서 바울은 이렇게 말한다. "너희는 그 은혜에 의하여 믿음으로 말미암아 구원을 받았으니 이것은 너희에게서 난 것이 아니요 하나님의 선물이라"(2:8; 참조. 빌 1:29).

이 새로운 생명은 니고데모 자신의 힘으로 성취하거나 획득할 수 있는 것이 아니었으며, 이는 다른 어떤 사람의 경우에도 마찬가지다. 그 생명은 하나님께로부터 오는 것으로서 새로운 영적 생명의 유일한 수여자이신 성령님의 사역을 통해 우리에게 주어진다. 주님은 오래전에 예레미야를 통해 이 진리를 약속하신 바 있다. "내가 여호와인 줄 아는 마음을 그들에게 주어서 그들이 전심으로 내게 돌아오게 하리니 그들은 내 백성이 되겠고 나는 그들의 하나님이 되리라"(렘 24:7). 이처럼 새로운 출생은 하나님이 베푸시는 주권적인 선물이다. 하나님은 그분의 아들을 믿는 신앙 안에서 그분께 나아오는 이들의 마음속에 성령의 사역으로 새 생명을 심어주신다. "그런즉 누구든지 그리스도 안에 있으면 새로운 피조물이라 이전 것은 지나갔으니 보라 새것이 되었도다"(고후 5:17).

새로운 출생은 하나님이 한 죄인에게 주권적으로 임하셔서 그분의 은혜로써 그를 정결하게 만드시고, 그의 안에 성령님을 보내심으로써 온전히 새로운 영적 본성을 심어 주실 때 이루어진다. 그때 그 죄인은 "하나님을 따라 의와 진리의 거룩함으로 지으심을 받은 새 사람을 입게" 되는 것이다(엡 4:24).

한번은 회심한 어거스틴이 길을 걷고 있을 때였다. 예전에 그와 함께 살았던 여인이 그를 보고 소리쳐 불렀다. 하지만 어거스틴은 아무 대답도 하지 않았다. 이에 여인은 끈질기게 소리쳐 불렀으며 마침내 그에게 달려와서 이렇게 탄원했다. "어거스틴, 나예요." 이에 어거스틴은 이렇게 대답했다고 한다. "나도 알아요. 하지만 나는 더이상 이전의 내가 아닙니다."

우리가 겪는 의식적인 회심의 체험, 곧 예수 그리스도를 믿고 그분이 우리를 위해 죽고 부활하셨음을 신뢰하며 우리의 삶을 그분께 헌신하는 일은 모두 하나님이 품으신 주권적인 의지의 결과로서 나타난다. 요한은 이렇게 말한다. "사랑은 여기 있으니 우리가 하나님을 사랑한 것이 아니요 하나님이 우리를 사랑하사 우리 죄를 속하기 위하여 화목 제물로 그 아들을 보내셨음이라"(요일

4:10). 실로 "그가 먼저 우리를 사랑하지" 않으셨다면(19절), 우리는 참된 사랑을 품지 못하며 하나님과 다른 신자들을 사랑하지 못했을 것이다. "하나님이 미리 아신 자들을 또한 그 아들의 형상을 본받게 하기 위하여 미리 정하셨으니 이는 그로 많은 형제 중에서 맏아들이 되게 하려 하심이니라. 또 미리 정하신 그들을 또한 부르시고 부르신 그들을 또한 의롭다 하시고 의롭다 하신 그들을 또한 영화롭게 하셨느니라"(롬 8:29~30).

중생이란 무엇인가?

"그가 … 우리를 낳으셨느니라." (1:18c)

이 구절의 "낳으셨느니라"와 15절의 "낳고"는 모두 동일한 헬라어 동사를 번역한 것이다. 하나님은 중생의 사역을 통해 우리 안에 새로운 영적 생명이 생겨나게 하신다. 곧 중생은 우리 안에 새 생명의 원리를 심으며 우리 영혼의 지배적인 성향을 거룩하게 만드시는 그분의 기적이다. 이것이 바로 신생, 곧 거듭남이다(참조. 요 3:3~8; 엡 2:5~6; 벧전 1:23; 참조. 겔 36:25~27).

신자들은 그리스도 안에서 실제로 "신성한 성품에 참여하는 자"들이 된다(벧후 1:4). 어떤 사람도 새로 태어남의 과정을 눈으로 볼 수는 없지만, 그리스도를 믿는 신앙 안에서 하나님께로 나아오는 이들은 누구든지 마음속에서 그 일을 체험하게 된다. 그리고 이 사실은 우리의 변화된 삶을 통해 드러난다. 예수님은 이렇게 말씀하셨다. "내가 온 것은 양으로 생명을 얻게 하고 더 풍성히 얻게 하려는 것이라 … 내가 그들에게 영생을 주노니 영원히 멸망하지 아니할 것이요 또 그들을 내 손에서 빼앗을 자가 없느니라"(요 10:10, 28).

중생은 어떻게 일어나는가?

"진리의 말씀으로" (1:18b)

"진리의 말씀으로"(by the word of truth)는 하나님의 말씀인 성경을 가리킨다. 즉 신자들은 하나님 말씀의 능력으로 거듭나며 중생하게 되는 것이다.

바울 역시 '로고 알레테이아스'(*logō aletheias*, "진리의 말씀")라는 어구를 여러 번 사용하고 있다. 고린도 교회에 보낸 두 번째 편지에서 바울은 자신이 "진리의 말씀과 하나님의 능력으로" 하나님을 섬기는 그분의 종임을 말하고 있다(고후 6:7). 그는 골로새 교회의 신자들에게 "너희를 위하여 하늘에 쌓인 소망"을 말하면서, 앞서 자신이 "복음 진리의 말씀"을 통해 그들에게 이 소망을 전했음을 일깨운다(골 1:5). 그리고 바울은 사랑하는 제자 디모데에게 이렇게 훈계했다. "너는 진리의 말씀을 옳게 분별하며 부끄러움이 없는 일꾼으로 인정된 자로 자신을 하나님 앞에 드리기를 힘쓰라"(딤후 2:15). 그러므로 "진리의 말씀"은 가장 넓은 의미에서 하나님의 말씀 전체를, 더 제한적인 의미에서는 복음을 가리킨다. 바울은 에베소서에서 이 점을 이렇게 분명히 말하고 있다. "그 안에서 너희도 진리의 말씀 곧 너희의 구원의 복음을 듣고 그 안에서 또한 믿어 약속의 성령으로 인치심을 받았으니"(엡 1:13).

바울은 데살로니가 교회에 이렇게 편지했다. "이러므로 우리가 하나님께 끊임없이 감사함은 너희가 우리에게 들은 바 하나님의 말씀을 받을 때에 사람의 말로 받지 아니하고 하나님의 말씀으로 받음이니 진실로 그러하도다. 이 말씀이 또한 너희 믿는 자 가운데에서 역사하느니라"(살전 2:13). 그리고 디도에게 보낸 편지에서 바울은 동일한 진리를 이렇게 표현하고 있다. "[하나님이] 우리를 구원하시되 우리가 행한 바 의로운 행위로 말미암지 아니하고 오직 그의 긍휼하심을 따라 중생의 씻음과 성령의 새롭게 하심으로 하셨나니"(딛 3:5). 그리고 모든 교회에 관해 말하면서, 바울은 에베소 교회의 신자들에게 그리스도께서 "교회를 위하여 자신을 주셨으며 … 물로 씻어 말씀으로 깨끗하게 하사 거룩하게 하셨다"고 설명했다(엡 5:25~26).

또 바울은 이렇게 수사적인 질문을 던진다. "그런즉 그들이 믿지 아니하는 이를 어찌 부르리요? 듣지도 못한 이를 어찌 믿으리요? … 그러므로 믿음은 들음에서 나며 들음은 그리스도의 말씀으로 말미암았느니라"(롬 10:14, 17). 중생은 복음을 향한 어떤 이의 신앙, 곧 예수 그리스도의 주와 구주 되심에 대한 믿음을 하나님이 주권적으로 인정하시고 그 아들의 온전한 의를 그에게 덧입히실 때 이루어진다(고후 5:21). 이 일에 관해 베드로는 이렇게 설명하고 있다. "너희가 거듭난 것은 썩어질 씨로 된 것이 아니요 썩지 아니할 씨로 된 것이니 살아있고 항상 있는 하나님의 말씀으로 되었느니라. 그러므로 모든 육체는 풀과 같고 그 모든 영광은 풀의 꽃과 같으니 풀은 마르고 꽃은 떨어지되 오직 주의 말씀은 세세토록 있도다 하였으니 너희에게 전한 복음이 곧 이 말씀이니라"(벧전 1:23~25; 참조. 사 40:6~8).

중생의 이유는 무엇인가?

"그 피조물 중에 우리로 한 첫 열매가 되게 하시려고"(1:18a)

끝으로, 야고보는 하나님이 예수 그리스도를 신뢰하는 이들을 중생하게 하시는 이유를 설명한다. 그에 따르면, 구원은 인간이 얻을 수 있는 가장 큰 복이다. 하지만 그 주된 목적은 사람에게 유익을 주는 게 아니라 신자들로 하여금 "그 피조물 중에 … 첫 열매가 되게 하시려는" 하나님의 주권적인 목적을 성취하는 데 있다.

주님은 모세에게 이렇게 명령하셨다. "이스라엘 자손에게 말하여 이르라. 너희는 내가 너희에게 주는 땅에 들어가서 너희의 곡물을 거둘 때에 너희의 곡물의 첫 이삭 한 단을 제사장에게로 가져갈 것이요 제사장은 너희를 위하여 그 단을 여호와 앞에 기쁘게 받으심이 되도록 흔들되 안식일 이튿날에 흔들 것이며"(레 23:10~11; 참조. 출 23:19; 신 18:4). 여기서 "첫 이삭"(NASB에는 "the first fruits", 곧 '첫 열매'로 번역되어 있다.—역주)은 농부가 맨 처음 수확한 것으로서 가장 상태가 좋은 곡식을 가리킨다. 이 '첫 이삭'은 대개 이후에 수확할 곡식들이 어떤 상태일지를 알려 주는 하나의 지표 역할을 했다. 농부들은 나머지 곡식들이 가뭄이나 병충해를 비롯한 재해로 못 쓰게 될 경우를 대비해서, 처음에 수확한 곡식을 창고에 비축해 둘 수도 있었다. 하지만 주님은 처음에 거둔 최상의 곡식을 그분께 드릴 것을 요구하셨다.

이 구절에서 야고보가 말하는 "우리"는 당시의 신자들에게 적용되는 표현이다. 이는 특히 당시에 예수 그리스도의 복음을 믿고 받아들인 '첫 열매'가 되었던 유대인 신자들을 가리키는 것일 수 있다. 그들은 하나님이 시작하신 영적인 추수의 결과로서 결실하게 될 수많은 신자 가운데 첫 열매가 된 이들이었다. 바울은 스데바나의 집 사람들에 관해 말하면서 "아가야의 첫 열매"로 지칭하고 있다(고전 16:15).

"그 피조물들"이 사람들을 가리킬 때는 구원받게 될 모든 이들을 의미한다(참조. 행 15:14~15). 신약에서 이 표현은 물질적인 창조를 가리키는 데 몇 차례 쓰였으므로, 야고보는 이런 의미 역시 염두에 두었을 가능성이 있다. 지금의 하늘과 땅이 소멸되고 새 하늘과 새 땅이 궁극적으로 재창조될 때, 현세대에 그리스도를 통해 거듭났던 이들은 무한히 더 위대한 방식으로 "그 피조물 중에 … 첫 열매"가 될 것이다(계 21:1; 벧후 3:10). "이 사람들은 … 사람 가운데에서 속량함을 받아 처음 익은 열매로 하나님과 어린 양에게 속한 자들이니"(계 14:4). 예수님은 사도들에게 이렇게 말씀하셨다. "내가 진실로 너희에게 이르노니 세상이 새롭게 되어 인자가 자기 영광의 보좌에 앉을 때에 나를 따르는 너희도 열두 보좌에 앉아 이스라엘 열두 지파를 심판하리라"(마 19:28). 그리고 바울은 이렇게 말한다.

> 피조물이 고대하는 바는 하나님의 아들들이 나타나는 것이니 피조물이 허무한 데 굴복하는 것은 자기 뜻이 아니요 오직 굴복하게 하시는 이로 말미암음이라. 그 바라는 것은 피조물도 썩어짐의 종노릇 한 데서 해방되어 하나님의 자녀들의 영광의 자유에 이르는 것이니라. 피조물이 다 이제까지 함께 탄식하며 함께 고통을 겪고 있는 것을 우리가 아느니라. (롬 8:19~22)

우리 신자들은 하나님이 장차 이루실 새로운 창조 세계의 첫 보증이 된다(참조. 벧후 3:10~13).

6

행동하는 믿음 1부
말씀의 올바른 수용

(약 1:19~21)

"내 사랑하는 형제들아 너희가 알지니 사람마다 듣기는 속히 하고 말하기는 더 디 하며 성내기도 더디 하라. 사람의 성내는 것이 하나님의 의를 이루지 못함이 라. 그러므로 모든 더러운 것과 넘치는 악을 내버리고 너희 영혼을 능히 구원할 바 마음에 심어진 말씀을 온유함으로 받으라."(1:19~21)

여기서 야고보는 어떤 이가 참된 신자인지를 시험하는 세 번째 잣대를 제시한 다. 첫 번째 잣대는 그가 시련을 만났을 때 보이는 반응이었으며(1:2~12), 두 번 째 잣대는 유혹에 대한 반응이었다(1:13~18). 그리고 세 번째 잣대는 하나님의 말씀 안에 계시된 진리에 대한 반응이다(1:19~27).

참된 제자가 하나님의 말씀을 들을 때 그의 마음속에는 그 진리에 대한 애 정과 그 가르침에 순종하려는 열망이 생겨난다. 진정한 구원의 신뢰할 만한 증거 중 하나는 바로 하나님의 말씀을 향한 그런 갈망이다(참조. 시 42:1). 1장 19~27절에서 야고보는 그 증거에 연관된 두 개의 주요 진리에 초점을 맞춘다. 첫째, 구원의 신앙은 성경을 하나님의 말씀으로 바르게 수용하는 태도를 통해 드러난다(19~21절). 둘째로 구원의 신앙은 그 말씀에 대한 올바른 반응을 통해 드러나며, 이는 그 말씀에 순종하는 삶으로 이어진다. 이 장에서는 이 중 첫 번 째 요소를, 7장에서는 두 번째 요소를 살펴보려 한다.

신생아에게 어머니의 젖을 찾고 보채는 법을 가르칠 필요가 없듯, 새로 태어난 하나님의 자녀에게도 하나님의 말씀을 갈망하는 법을 애써 가르칠 필요가 없다. 그 말씀은 그의 영적인 양식이자 음료이기 때문이다. 하나님의 말씀을 찾고 구하는 것은 그의 안에 심긴 영적인 생명, 그 새롭게 지음 받은 본성에 속한 자연스러운 충동이다. 다른 비유를 써서 표현하자면, 이제는 그의 영적인 다이얼이 성경의 주파수에 맞추어진 것이다.

우리 주님은 이렇게 선언하셨다. "너희가 내 말에 거하면 참으로 내 제자가 되고"(요 8:31). 참된 제자의 모습은 성경에 대한 지속적인 순종을 통해 드러난다.

예수님은 이렇게 경고하셨다. "너희가 무엇을 듣는가 스스로 삼가라. 너희의 헤아리는 그 헤아림으로 너희가 헤아림을 받을 것이며"(막 4:24). 예수님의 참 제자들은 자신들이 읽고 듣는 내용에 깊은 관심을 쏟아야 한다. 곧 모든 개념과 원리, 표준들을 무오하고 주권적인 하나님 말씀의 권위에 비추어 헤아려봐야 한다. 이때 신자들은 그들 자신의 제한적인 이해력과 근면성에만 의존해 모든 일을 판단하도록 방치되는 것이 아니다. 오히려 그들 안에 내주하시는 성령님이 힘을 주심으로써 그들이 듣는 내용을 말씀의 빛에 비추어 정확히 해석할 수 있게 된다. 주님은 이렇게 보증하신다. "천국의 비밀을 아는 것이 너희에게는 허락되었으니 … 너희 눈은 봄으로, 너희 귀는 들음으로 복이 있도다"(마 13:11, 16; 참조. 19:11). 바울 역시 다음의 내용을 확증하고 있다. "우리가 세상의 영을 받지 아니하고 오직 하나님으로부터 온 영을 받았으니 이는 우리로 하여금 하나님께서 우리에게 은혜로 주신 것들을 알게 하려 하심이라 … 신령한 자는 모든 것을 판단하며"(고전 2:12, 15; 참조. 9~10절). 우리의 신앙이 참될 때 우리는 살아계신 하나님께 연합된 자들이 된다. 그리고 초자연적인 생명과 능력이 그분에게서 흘러나옴에 따라 우리는 그분의 말씀을 받아들이고 그 내용에 응답하게 되는 것이다.

시편 기자는 이렇게 선포했다. "행위가 온전하여 여호와의 율법을 따라 행하는 자들은 복이 있음이여 … 내가 전심으로 주를 찾았사오니 주의 계명에서 떠나지 말게 하소서 … 내가 모든 재물을 즐거워함 같이 주의 증거들의 도를 즐거워하였나이다"(시 119:1, 10, 14). 참 신자들은 하나님의 말씀을 사랑한다. 그들의 가장 큰 즐거움은 그 말씀을 분별하고 지킴으로써 주님을 기쁘시게 하는 일에 있다.

예수님은 또한 이렇게 말씀하셨다.

> 나의 계명을 지키는 자라야 나를 사랑하는 자니 나를 사랑하는 자는 내 아버지
> 께 사랑을 받을 것이요 나도 그를 사랑하여 그에게 나를 나타내리라. 가룟인 아
> 닌 유다가 이르되 주여 어찌하여 자기를 우리에게는 나타내시고 세상에는 아니
> 하려 하시나이까? 예수께서 대답하여 이르시되 사람이 나를 사랑하면 내 말을
> 지키리니 내 아버지께서 그를 사랑하실 것이요 우리가 그에게 가서 거처를 그와
> 함께 하리라. 나를 사랑하지 아니하는 자는 내 말을 지키지 아니하나니 너희가
> 듣는 말은 내 말이 아니요 나를 보내신 아버지의 말씀이니라. (요 14:21~24; 참조.
> 15:7; 17:6, 17)

구원의 신앙 안에서 그리스도께 진실로 연합된 이들은 그분의 말씀에 기쁨
으로 응답하게 된다. 이와 반대로 하나님의 말씀을 듣고 순종하는 데 전혀 관
심이 없는 이들은 자신이 그분께 속하지 않았음을 입증하게 된다.

예수님은 다음의 약속을 우리에게 주셨다. "너희가 내 안에 거하고 내 말이
너희 안에 거하면 무엇이든지 원하는 대로 구하라. 그리하면 이루리라. 너희가
열매를 많이 맺으면 내 아버지께서 영광을 받으실 것이요 너희는 내 제자가 되
리라"(요 15:7~8). 요한은 자신의 첫 편지에서 이렇게 기록하고 있다. "이러므로
하나님의 자녀들과 마귀의 자녀들이 드러나나니 무릇 의를 행하지 아니하는
자나 또는 그 형제를 사랑하지 아니하는 자는 하나님께 속하지 아니하니라"(요
일 3:10; 참조. 2:24; 요삼 11절).

신자들이 하나님의 말씀을 알아가며 순종하려는 내적인 갈망을 품듯이, 불
신자들은 본성적으로 그 말씀을 무시하고 불순종하려는 성향을 보인다. 때로
는 불신자들도 자신들의 신념과 표준, 목표를 뒷받침하기 위해 성경의 본문들
을 인용하지만, 그들은 성경을 소중히 여기지 않으며, 하나님의 말씀인 성경
의 권위에 복종하지도 않는다. 그들에게 성경은 기껏해야 그 내용에 동의하거
나 이의를 제기할 수 있는 여러 인간적인 자료 중 하나이다. 다만 그 내용이 고

상해 보이거나 도움이 될 것처럼 여겨질 때만 자기 이익을 위해 가져다 쓸 뿐이다. 성경에는 심오하고 생생한 진리들이 담겨 있으며, 불신자들은 본성적으로 그 내용에 저항한다. 이는 그들이 하나님 앞에서 악하고 길을 잃은 존재로서 정죄 받은 상태에 있음을 성경이 드러내기 때문이다. "얀네와 얌브레가 모세를 대적한 것 같이 [불신자들도 늘] 진리를 대적하니 [이는 그들이] 그 마음이 부패한 자요 믿음에 관하여는 버림받은 자들이기" 때문이다(딤후 3:8). 불신자들은 바울의 에베소 사역을 맹렬히 훼방했던 구리 세공업자 알렉산더와 같은 이들이다(참조. 딤후 4:14~15). 예수님은 비유에서 여러 나쁜 토양을 언급하셨으며, 그 가운데 길가와 돌밭, 가시떨기가 있었다(마 13:18~23). 이런 토양들의 경우처럼, 불신자들은 궁극적으로 복음을 비롯한 하나님의 말씀을 거부한다. 그들의 지성과 마음으로 그분의 진리를 배척하는 것이다. 그러므로 "구원이 악인들에게서 멀어짐은 그들이 주의 율례들을 구하지 아니하기" 때문이다(시 119:155).

당시 유대인들이 메시아이신 예수님을 배척했던 이유는 그들이 하나님의 영감으로 주어진 성경을 믿지 않으려 했기 때문이었다. 예수님은 그들에게 다음의 진리를 명확히 제시하셨다.

> 또한 나를 보내신 아버지께서 친히 나를 위하여 증언하셨느니라. [그러나] 너희는 아무 때에도 그 음성을 듣지 못하였고 그 형상을 보지 못하였으며 그 말씀이 너희 속에 거하지 아니하니 이는 그가 보내신 이를 믿지 아니함이라. 너희가 성경에서 영생을 얻는 줄 생각하고 성경을 연구하거니와 이 성경이 곧 내게 대하여 증언하는 것이니라. 그러나 너희가 영생을 얻기 위하여 내게 오기를 원하지 아니하는도다. (요 5:37~40)

그리고 얼마 후 예수님은 이렇게 말씀하셨다. "선지자의 글에 그들이 다 하나님의 가르치심을 받으리라 기록되었은즉 아버지께 듣고 배운 사람마다 내게로 오느니라"(요 6:45). 그 이후 예수님은 그분의 대적들을 꾸짖으면서 다음의 진리들을 뚜렷이 확언하셨다. "내 말이 너희 안에 있을 곳이 없으므로 나를 죽이려 하는도다 … 어찌하여 내 말을 깨닫지 못하느냐? 이는 내 말을 들을 줄 알지 못함이로다 … 하나님께 속한 자는 하나님의 말씀을 듣나니 너희가 듣지 아니함은 하나님께 속하지 아니하였음이로다"(요 8:37, 43, 47; 참조, 10:26~27). 이처럼 하나님의 말씀에 대한 신앙과 예수 그리스도를 향한 신앙은 서로 뗄 수 없는 관계에 있다. 이 중 하나를 믿는 일은 곧 다른 하나도 믿고 따르는 것이 되며, 반대로 이 중 하나를 불신하는 일은 나머지 하나 역시 불신하고 배척하는 것이 된다.

그러므로 신자는 자신의 지성과 마음으로 하나님의 진리를 받아들이고 그 진리에 순복하게 된다. 그런데 신자들이 진실한 결심을 품고 노력하지 않고 그저 느긋하고 수동적인 태도로 그분의 진리를 이해하고 음미하며 적용할 수 있는 것은 아니다. 처음에 주님이 우리를 구원하신 일이 그분을 향한 우리의 신뢰가 없이 이루어지지 않았듯이, 주님이 우리 신자들의 삶에 복을 베풀며 영적으로 자라가게 하시는 일도 그분을 향한 우리의 지속적인 신뢰가 없이는 이루어지지 않는다. 그리고 하나님의 말씀은 우리를 새롭게 태어나게 하는 능력이 되었듯이, 또한 우리로 하여금 그 새로운 삶을 살아가게 하는 능력이 되는 것이다. 야고보는 신자들이 하나님의 말씀을 바르게 받아들이는 데 필요한 세 가지 태도를 제시하고 있다. 그 말씀을 기꺼이 순복하는 마음으로 받아들이는 태도(약 1:19~20)와 순전한 태도(21절a), 겸손한 태도(21절b)가 그것이다.

말씀을 순복하는 마음으로 받아들이는 태도

"내 사랑하는 형제들아 너희가 알지니 사람마다 듣기는 속히 하고 말하기는 더디 하며 성내기도 더디 하라. 사람이 성내는 것이 하나님의 의를 이루지 못함이라."(1:19~20)

"너희가 [이것을] 알지니"는 위에서 제시한 진리들을 가리키는 표현이다. 이 중 첫째는 초대 교회의 신자들을 거듭나게 하며 온전히 새로운 피조물로 만들었던 말씀의 능력에 관한 보편적인 진리를 들 수 있다. 그리고 두 번째는 그 진리에 수반되는 것으로서, 이 신자들이 "그 피조물 중에 … 첫 열매"가 되었다는 놀라운 진리가 있다(18절). 사도의 가르침과 그들 자신의 경험을 통해, 그 신자들은 하나님 말씀의 썩지 않는 씨에 의해 변화되는 일이 무엇인지, 그리고 하나님의 자녀가 되어 영생을 선물 받고 그분의 가족에 속하게 되는 일이 무엇인지를 알고 있었다(참조. 벧전 1:23~25).

그리고 이 단락에서 야고보의 강조점은 뚜렷이 달라지고 있다. 우리가 변화를 일으키시는 하나님의 능력을 체험하고 새로운 피조물이 되었으므로, 이제는 그분의 말씀에 늘 복종함으로써 그 말씀의 신적 사역이 우리 안에서 우리를 통해 계속 이루어지게 해야 한다는 것이 그의 요점이다. 야고보서 1장 18절에서 성경은 "진리의 말씀"으로 지칭되며, 21절에서는 "마음에 심어진 말씀"으로, 22절에서는 단순하게 "말씀"으로 언급되어 있다. 또 23절에서는 "거울"이라는 표현을 통해 비유적으로 제시되며, 25절에서는 "자유롭게 하는 온전한 율법"으로 표현된다.

성경의 목적은 단지 우리를 구원으로 인도하는 데에만 있는 것이 아니다. 성경은 또한 "교훈과 책망과 바르게 함과 의로 교육하기에 유익함"과 동시에 "하나님의 사람으로 온전하게 하며 모든 선한 일을 행할 능력을 갖추게" 한다(딤후 3:16~17). 이처럼 생명을 공급하며 유지하는 하나님의 말씀을 신실하게 경청할 때, 우리는 우리 안에 내주하시는 성령의 자극을 받아 그 말씀에 순복하며 그 가르침과 진리들에 기꺼이 복종하게 된다. 그리하여 우리는 다윗과 함께 이같이 찬미하게 되는 것이다. "여호와의 율법은 완전하여 영혼을 소성시키며 여호와의 증거는 확실하여 우둔한 자를 지혜롭게 하며 여호와의 교훈은 정직하여 마음을 기쁘게 하고 여호와의 계명은 순결하여 눈을 밝게 하시도다"(시 19:7~8). 시편의 다른 기자는 이렇게 기록했다. "주의 증거들로 내가 영원히 나의 기업을 삼았사오니 이는 내 마음의 즐거움이 됨이니이다"(시 119:111).

야고보가 독자들을 "내 사랑하는 형제들"로 지칭하는 것은 그들을 향한 그의 깊은 관심과 연민을 보여준다. 모든 지혜로운 기독교의 교사들이 그리하듯이, 야고보는 단지 독자들의 지성을 설득하는 데 그치지 않고 그들의 마음에도 메시지를 전달하려 한다. 자신의 독자들을 향한 야고보의 애정은 그의 의무감만큼이나 강렬하다. 가르침을 받는 이들에게 순전한 애정을 품는 것만큼 한 교사의 사역을 효력 있게 만드는 일은 없다. 온갖 사실과 추론으로도 무너뜨릴 수 없는 영적인 장벽이 있을지라도 사랑은 그 담을 허물 수 있다. 또 우리가 어떤 진리를 아무리 잘 이해하고 파악할지라도 그 진리를 인격적으로 수용하고 복종하게 되지 않는다면, 그 진리는 우리 자신에게나 하나님 나라를 위해 아무 영적인 유익이 되지 못한다.

19절의 후반부에서 야고보는 하나님의 말씀을 받아들이고 복종하기 원하는 신자들에게 중요한 명령 세 가지를 제시한다. 이 명령들은 모두 믿기 어려울 정도로 단순한 것들이다. 첫째, 우리는 "듣기를 속히 하는" 이들이 되어야 한다. 곧 그 말씀을 주의 깊게 경청해야 한다는 것이다. 우리는 그 메시지를 제대로 파악할 수 있도록 관심을 쏟아야 한다. 잠언의 저자는 이렇게 말한다. "미련한 자라도 잠잠하면 지혜로운 자로 여겨지고 그의 입술을 닫으면 슬기로운 자로 여겨지느니라"(잠 17:28). 그리고 잠언의 다른 부분에서는 이렇게 수사적인 질문을 던진다. "네가 말이 조급한 사람을 보느냐? 그보다 미련한 자에게 오히려 희망이 있느니라"(잠 29:20). 어떤 분야에서든 우리는 말함이 아닌 들음을 통해 새로운 것을 배우고 습득하게 된다(참조, 시 119:11; 딤후 2:15).

신자들을 향해 야고보는 성경을 접할 기회를 늘리는 일에 힘쓸 것을 호소한다. 곧 하나님의 말씀을 읽거나 그에 대한 신실한 설교와 가르침을 들을 수 있는 모든 환경을 적절히 활용하라는 것이다. 이같이 성경을 배우려는 순전하고 간절한 열망을 품는 것은 진실로 하나님의 자녀임을 보여주는 분명한 표지 중 하나이다. 그는 특별한 은총을 입었을 때 하나님의 말씀으로 눈을 돌려 그분을 향한 감사와 찬미가 담긴 본문들을 살피게 된다. 그리고 곤경에 처했을 때는 그 성경에서 위로와 격려, 힘을 주는 말씀을 찾게 된다. 그리고 혼란을 겪는 시기에는 지혜와 인도를 베풀어 주는 말씀들에 의지한다. 또한, 유혹을 받을 때는 그에 맞설 힘을 얻기 위해 순결과 의에 관한 하나님의 기준들을 살피게 되며, 이때 하나님의 말씀은 그를 그 유혹과 시험에서 건져주는 힘의 원천이 된다. 그러므로 성경은 우리에게 가장 반가운 벗이 되는데, 이는 그 말씀이 우리를 죄와 유혹에서 건져낼 뿐 아니라 하늘에 계신 주님과의 영광스럽고 친밀하며 사랑이 넘치는 교제 가운데로 인도하기 때문이다.

그리스도인은 누구나 자신이 하나님의 말씀을 향해 느끼는 목마름과 갈망에 관해 정기적으로 점검해 보아야 한다. 이때에는 이렇게 정직하게 자문할 필요가 있다. '나는 시편 기자가 그랬듯이 주님의 율법을 진심으로 즐거워하며 그 말씀을 밤낮으로 묵상하고 있는가?'(참조. 시 1:2); '하루를 시작하기 전에 성경 읽는 일을 건너뛸 경우, 나는 과연 그날의 일과에서나 자신의 마음속에서 무언가 차이점이 생기는 것을 자각하게 되는가?' 여러분은 과연 찰스 웨슬리와 함께 다음의 노래를 부를 수 있겠는가?

> 고요히 내 방에 앉아 있을 때도
> 당신이 주신 책은 저의 벗이 됩니다.
> 내 기쁨은 당신의 말씀을 거듭 음미하며
> 당신의 뜻이 담긴 구절들을 살피는 데 있습니다.
> 나는 당신의 신적인 계시들을 탐구하되,
> 마침내 그 모든 말씀을 마음으로 깨닫기까지 그리하렵니다.

J. A. 모티어는 통찰력 있게 이렇게 썼다.

어떤 이들은 늘 실천적인 관점을 취하는 야고보가 매일 성경 읽기 계획표와 같은 것을 개략적으로 제시하는 일에 나서지 않는지 의아히 여길지도 모른다. 우리는 이런 방법들을 통해 하나님의 음성에 귀를 기울이게 되는 것이 분명하기 때문이다. 하지만 야고보는 이런 식의 도움을 제공하지 않는다. 오히려 그는 더 깊은 수준의 문제를 들여다보고 있다. 이는 우리에게 하나님의 말씀을 경청하는 심령이 없다면 성경 읽기의 계획이나 시간에 관해 논하는 것은 무의미하기 때문이다. 성경을 날마다 꾸준히 읽어가면서도 실제로는 그저 책갈피의 위치를 옮겨 놓는 일 외의 다른 성과를 거두지 못하는 일이 얼마든지 가능하다. 이는 그 말씀을 경청하는 심령과는 무관하게 진행되는 성경 읽기인 것이다. 이때에는 그 말씀을 읽어가면서도 그 내용에 귀 기울이지 않게 된다. 이와 반대로, 우리 안에서 하나님의 말씀을 경청하는 심령이 자라날 경우는 올바른 독서 방법이나 시간 분배의 훈련 등을 통해 성경 읽기의 적절한 환경을 조성해 가는 일에 더욱 격려를 받게 된다. 그리고 이렇게 행하는 가운데, 우리의 영혼은 하나님의 말씀 안에서 깊은 만족을 누리게 된다. (J. A. Motyer, *The Message of James* [Downers Grove, Ill.: InterVarsity, 1985], 64~65)

참된 신자의 표지는 이처럼 하나님의 말씀을 경청하는 심령 가운데 드러난다. 그런 신자들은 어떻게든 성경을 꾸준히 들여다볼 것이며, 이때 그 목적은 단순히 정해진 경건의 시간을 채우는 것이 아니라 진리에 대한 지식과 이해, 사랑 안에서 더욱 성장해 가려는 데 있게 될 것이다. 그리고 이같이 자라가는 가운데, 주님에 대한 그들의 지식과 이해, 사랑이 더욱 깊어질 것이다. 그런 신자들은 설교를 들으며 성경을 공부하는 일에 더욱 열심을 내며, 이를 통해 그의 지성과 마음이 다시금 하나님의 진리를 접하게 될 것이다. 그리고 그런 신자들은 주일이 되면 그리스도 안에서 형제자매인 이들과 교제하는 동시에 주님께 예배하는 일에도 열심히 참여하게 될 것이다.

둘째로, 하나님의 말씀을 순복하는 마음으로 받아들이는 신자는 "말하기를 더디 하는" 이여야 한다. 이것은 첫 번째 것에 수반되는 특성이다. 이는 우리가 말하거나 자신의 할 말을 생각하는 동안에는 다른 이의 말을 경청할 수 없기 때문이다. 많은 토론이 결실을 거두지 못하는 데에는 간단한 이유가 있다. 이는 모든 참가자가 다른 이들의 이야기보다는 자신들이 말하려는 내용에 더 관심을 쏟기 때문이다.

이런 맥락에서 살필 때, "말하기를 더디 하는" 일 가운데는 다른 이가 하나님의 뜻과 생각을 전하려 할 때 우리 자신만의 생각과 개념 속에 빠져 있지 않도록 주의해야 한다는 의미가 포함되는 듯하다. 우리가 자신만의 생각에 몰두할 경우에는 하나님의 말씀을 제대로 듣지 못하게 된다. 그렇기에 우리는 외적으로뿐 아니라 내적으로도 조용히 침묵을 지켜야 한다.

하지만 이 구절의 주된 의미는 바로 "말하기에" 적합한 시간이 오기까지 우리의 할 말을 주의 깊게 준비해 두어야 한다는 데 있다. 주님의 뜻을 전할 때, 우리는 옳은 내용을 전달할 뿐 아니라 청중에게 덕을 끼치며 주님을 영화롭게 하는 방식으로 그것을 나누는 일에 깊은 관심을 쏟아야 한다. 우리는 직접 말씀을 읽거나, 그에 관한 설교와 가르침을 듣거나, 그 말씀을 사랑하고 소중히 여기며 그 가르침에 순종하고자 하는 다른 신자들과 함께 그 내용을 나눌 기회를 찾는 일에 최선을 다해야 한다. 이와 동시에, 우리가 그 말씀을 설교하고 가르치거나 다른 이들에게 설명할 기회를 얻었을 경우에는 주의 깊고 세심하며 끈기 있는 태도로 그 일을 준비해야 한다. 야고보가 이후에 다음의 경고를 제시하는 것은 바로 이 때문이다. "내 형제들아 너희는 선생 된 우리가 더 큰 심판을 받을 줄 알고 선생이 많이 되지 말라"(약 3:1).

나는 오랜 세월 동안 하나님의 말씀을 설교하고 가르쳐왔다. 그런데 이런 설교를 통해 내가 받은 영적인 은사를 발휘하고 깊은 만족을 얻는 것은 분명하지만, 솔직히 설교와 가르침의 사역을 즐기거나 편안히 누리는 것은 아니라는 점을 고백해야겠다. 내 경우, 일종의 개인적인 기쁨이나 환희에 차서 강단으로 뛰어 올라가지는 않는다. 오히려 나는 늘 마음속에 어떤 거부감을 느낀다. 이는 내가 받은 소명을 감당하기를 꺼리는 데서 오는 부담감이 아니다. 다만 이것은 하나님의 진리를 정확히 전달하고 선포해야 한다는 막중한 책임감에서 나오는 느낌이다(딤후 2:15).

스코틀랜드의 위대한 종교개혁자이자 신학자였던 존 녹스에 관해 한 전기 작가는 이렇게 말한 바 있다. 녹스가 처음 설교하도록 부름을 받았을 때 "그는 왈칵 눈물을 쏟으면서 자신의 방으로 물러갔다. 그리고 이날로부터 실제로 공적인 설교단 앞에 서게 된 그 날까지 녹스의 얼굴과 몸가짐 속에서는 그의 심적인 고통이 뚜렷이 드러났다"(William Barclay, *The Letters to Timothy, Titus, and Philemon* [Philadelphia: Westminster, 1975], 50).

한 번은 어떤 젊은이가 로마의 유명한 웅변가를 찾아와서 연설의 기술을 가르쳐 달라고 청한 적이 있었다. 그런데 이때 그 젊은이는 자신의 말을 장황하게 늘어놓는 바람에 그 위대한 교사는 한 마디도 끼어들 기회를 얻지 못했다. 마침내 수업료 문제를 논의하게 되었을 때 그 웅변가는 이렇게 말했다. "젊은 이, 만일 연설법을 배우고 싶다면 자네는 수업료를 두 배로 내야만 하겠네." 이에 젊은이가 그 이유를 묻자 그 웅변가는 이같이 대답했다. "이는 자네에게 두 가지 기술을 가르쳐야만 하기 때문이지. 첫째로는 입을 다무는 법, 둘째로는 입을 적절히 놀리는 법에 관한 것이라네."

기독교로 갓 회심한 이들, 특히 유명 인사들이 공식 석상에서 자신의 견해를 밝히도록 격려를 받을 때가 있다. 그런데 이때 자신이 받은 구원을 간증하는 데 그치지 않고 성경적인 면이나 체험적인 면에서 충분히 접해 보지 않은 기독교 교리와 실천의 영역에 관해 섣불리 조언과 권고를 주려는 이들이 있다. 이는 실로 안타까운 일이다. 이때에는 그 회심자의 마음속에 그릇된 확신과 교만이 생겨날 뿐 아니라 청중 역시 편협한 동시에 종종 그릇되고 영적으로도 위험한 개념들을 전달받게 된다. 바울은 이런 위험성을 잘 인식하고서 감독 또는 장로의 자격에 관해 디모데에게 이렇게 주의를 주었다. "새로 입교한 자도 말지니 교만하여져서 마귀를 정죄하는 그 정죄에 빠질까 함이요"(딤전 3:6). 이 편지의 후반부에서 바울은 이렇게 덧붙인다. "아무에게나 경솔히 안수하지 말고 다른 사람의 죄에 간섭하지 말라"(5:22; 참조. 겔 3:17~18; 행 20:26~28; 히 13:17).

야고보서 1장 26절과 3장 1절로 판단할 때, 야고보의 편지를 받은 교회들 가운데는 무엇이든 자기 마음속에 떠오르는 내용을 그대로 말하거나 가르치는 일부 신자들이 있었던 것으로 보인다. 그들은 자신이 말하는 내용을 주의 깊게 생각하거나 성경에 비추어 점검해 보지 않았다. 많은 경우, 그 이른바 '교사'들은 진실하긴 하지만 제대로 가르침을 받거나 준비되지 못한 이들이었을 것이다. 또 어떤 이들은 교만하고 거만했으며(참조. 4:6) 타인을 가르치는 자신의 목소리를 듣는 것과 교사와 지도자로 인정받는 것을 즐겼다. 그리고 어떤 이들은 불만에 차서 서로를 비방하며 다툼을 벌이곤 했다(참조. 3:14; 4:1~2, 11; 5:9). 야고보가 구체적으로 말하지는 않았지만, 그 교회들 가운데는 신앙이 전혀 없는 거짓 교사들 역시 있었던 것이 분명하다. 이들은 거짓말로 교회의 지체들이 따르는 신앙과 교리를 손상시켰으며 교회 안에 거대한 혼란과 피해를 가져왔다.

하나님의 말씀을 가르치며 전하도록 기름 부음을 받은 그분의 종들은 자원하는 마음과 기쁨으로 그 일을 감당하게 된다. 그리고 이와 동시에, 그들은 두려운 마음으로 그 일을 수행해야 한다. 그들은 주의 깊고 꾸준한 연구와 준비, 기도를 통해, 자신이 그분의 이름으로 전하는 모든 내용 가운데 그분의 말씀이 정확히 제시되게끔 하는 일에 늘 마음을 쏟아야 한다.

셋째, 하나님의 말씀을 순복하는 마음으로 받아들이는 신자는 "성내기도 더디" 해야 한다. 분노는 매우 자연스러운 감정으로, 사람들은 자신에게 해를 끼치거나 불편하게 만드는 사람이나 사물에게 거의 반사적으로 이런 반응을 보이게 된다. 이는 아직 영적으로 준비되지 않은 신자들의 경우도 마찬가지다. 이 구절에서 '오르게'(Orgē, "성냄")는 우리의 노여움이 갑작스레 폭발하는 것을 가리키지 않는다. 오히려 이것은 마음 깊은 곳에서 분노가 조용히 끓는 상태를 가리키며, 다른 이들은 그런 상태를 알아차리지 못할 때가 자주 있다. 그러므로 이것은 주님과 신자 자신만이 알고 있는 "성냄"의 상태이다. 이런 분노에는 특별한 위험이 존재하는데, 이는 우리가 마음속으로 은밀하게 그런 감정을 품을 수 있기 때문이다.

이 본문의 맥락에서, 야고보는 특히 어떤 이가 자신에게 불쾌감을 주는 하나님 말씀의 진리에 대해 "성내는" 일을 말하는 것으로 보인다. 이는 곧 그 사람의 죄를 지적하거나, 그가 소중히 여겨 온 신념이나 행동 기준에 관해 이의를 제기하는 진리이다. 이런 분노는 곧 자신의 신념에 들어맞지 않는 성경의 진리에 대해 적대적인 태도를 취하는 것이며, (설령 그 일이 내적으로만 이루어질지라도) 그는 하나님 말씀의 신실한 교사들을 향해 이 분노를 드러내게 된다.

이미 말했듯이, 이같이 "성내는" 일은 또한 야고보가 편지를 보낸 그 일부 회중들 속에 있던 전반적인 불만과 갈등 속에서도 드러났다. 이에 관해 야고보는 이렇게 묻고 있다. "너희 중에 싸움이 어디로부터 다툼이 어디로부터 나느냐? 너희 지체 중에서 싸우는 정욕으로부터 나는 것이 아니냐? 너희는 욕심을 내어도 얻지 못하여 살인하며 시기하여도 능히 취하지 못하므로 다투고 싸우는도다"(4:1~2). 당시 그 사람들은 자신들의 의견과 일 처리 방식이 인정을 받고, 그들 자신의 취향을 다른 이들 역시 받아들여 주기를 바랐다. 그들의 고집은 완고했고 개인적인 적대감은 극심했으며, 이로 인해 그들이 서로에게 끼친 영적인 해악은 엄청났다. 그들은 서로를 위하고 사랑 안에서 협력하는 대신에 각자의 뜻을 관철하려고 다투었으며, 그런 자신들의 갈등이 그리스도께 속한 교회나 그들 자신의 영적인 유익에 가져오는 결과에 관해서는 전혀 신경 쓰지 않았다.

여기서 야고보는 말씀의 진리 때문에 그들 자신의 그릇된 생각이나 불경건한 방식이 밝히 드러나는 것을 두고 분개했던 이들에게 강조점을 두었던 듯하다. 바울은 갈라디아 교회의 신자들에게 이렇게 질문했다. "그런즉 내가 너희에게 참된 말을 하므로 원수가 되었느냐?"(갈 4:16). 그리고 이 질문에 대해 당시 일부 신자들은 마음속으로 분명히 '그렇다'고 대답했던 것이다. 물론 실제로는 바울이 그들에게 끈질기게 하나님의 진리를 전해 준 일, 어떤 타협이나 생략도 없이 그렇게 한 일은 바울이 그들에게 행할 수 있었던 가장 친절하고 유익한 섬김이었다. 이는 어떤 이가 다른 이들을 위해 베풀 수 있는 최선의 행위였다.

그러나 교회의 역사와 타락한 인류의 역사 전체 가운데, 자신을 신자로 여기는 이들까지도 하나님의 진리 앞에서 분개하는 동시에 그 진리를 전해 준 설교자들을 배척해 왔다. 그렇기에 때때로 목회자들은 신자들의 그런 태도를 엄중히 책망하고 그들의 잘못을 일깨워야만 한다. 바울은 당시의 고린도 교회를 이렇게 나무랐다. "어떤 이들은 내가 너희에게 나아가지 아니할 것 같이 스스로 교만하여졌으나 주께서 허락하시면 내가 너희에게 속히 나아가서 교만한 자들의 말이 아니라 오직 그 능력을 알아보겠으니 하나님의 나라는 말에 있지 아니하고 오직 능력에 있음이라. 너희가 무엇을 원하느냐? 내가 매를 가지고 너희에게 나아가랴, 사랑과 온유한 마음으로 나아가랴?"(고전 4:18~21).

야고보는 이와 유사하되 덜 구체적인 방식으로 자기 서신을 받아보게 될 교회 중 일부 혹은 전체에 퍼져 있었던 사적인 분노와 적개심을 제지하고 가라앉히려 했다. 이 교회들에 속한 여러 신자는 아마 예루살렘 교회가 스데반의 순교 이후 사방으로 흩어지기 전에 그곳에서 그의 목회적인 돌봄을 받았던 이들이었을 것이다(참조. 행 8:1; 11:19).

물론 분노 가운데는 정당한 성격을 지닌 것도 있다. 이는 죄와 사탄을 향한 거룩한 노여움이며, 주님을 모독하거나 그분의 영광을 해치는 일들에 대해 분개하는 태도이다. 예수님은 자기 아버지의 집인 예루살렘 성전이 "장사하는 집"이 되어 버린 것을 보고 몹시 분노하셨다. 그리고 그분은 두 차례에 걸쳐 그 성전을 더럽힌 이들을 쫓아내심으로써 자신의 분노를 드러내셨던 것이다(요 2:14~16; 참조. 마 21:12~13).

그러나 그저 인간적인 수준의 "성냄"과 분노, 적개심의 경우에는 그리스도의 대의를 받드는 것이 될 수 없다. 이는 "사람이 성내는 것이 하나님의 의를 이루지 못하기" 때문이다. 곧 우리의 인간적인 분노를 가지고는 하나님이 보시기에 옳은 일을 성취할 수가 없다는 뜻이다. 이는 특히 우리가 하나님 말씀의 진리에 관해 적대감을 품을 때 그러하다. 그 적대감은 사실상 하나님 자신을 향한 것이기 때문이다.

말씀을 순전한 마음으로 받아들이는 태도

"그러므로 모든 더러운 것과 넘치는 악을 내버리고"(1:21a)

다음 단락에서 더 자세히 논의하겠지만, 이 구절의 본동사는 "받으라"이다. 그리고 이 본동사('데코마이', dechomai)와 그것에 연관된 분사('아포티떼미'[apotithēmi]에서 온 단어로서 "내버리고") 모두 과거형으로 쓰였으므로, 이 분사가 나타내는 행위는 본동사의 행위보다 먼저 이루어진 것으로 이해될 수 있다. 달리 말해, "모든 더러운 것과 넘치는 악을 내버리는 것"(문자적으로는 "이미 내버린 상태에 있는 것")은 "마음에 심어진 말씀"을 받기 위한 전제 조건이 된다. 하나님의 말씀을 통해 우리 안에서 그분의 의가 열매를 맺게 되기 전에 먼저 우리와 그분의 의(義) 사이를 가로막는 자신의 죄를 부인하고 내버려야만 하는 것이다.

바울 역시 자신의 편지들에서 이와 동일한 비유법을 몇 차례에 걸쳐 사용하고 있다. 그는 에베소 교회의 신자들에게 이렇게 훈계한다. "너희는 유혹의 욕심을 따라 썩어져 가는 구습을 따르는 옛사람을 벗어 버리고 오직 너희의 심령이 새롭게 되어 하나님을 따라 의와 진리의 거룩함으로 지으심을 받은 새 사람을 입으라"(엡 4:22~24). 그리고 골로새 교회의 신자들에게는 이렇게 권고한다. "이제는 너희가 이 모든 것을 벗어 버리라. 곧 분함과 노여움과 악의와 비방과 너희 입의 부끄러운 말이라. 너희가 서로 거짓말을 하지 말라. 옛사람과 그 행위를 벗어 버리고 새 사람을 입었으니 이는 자기를 창조하신 이의 형상을 따라 지식에까지 새롭게 하심을 입은 자니라"(골 3:8~10). 또 히브리서의 저자는 이렇게 선포한다. "이러므로 우리에게 구름 같이 둘러싼 허다한 증인들이 있으니 모든 무거운 것과 얽매이기 쉬운 죄를 벗어 버리고 인내로써 우리 앞에 당한 경주를 하자"(히 12:1). 이와 유사하게, 베드로 역시 이렇게 기록하고 있다. "그러므로 모든 악독과 모든 기만과 외식과 시기와 모든 비방하는 말을 버리고 갓난아기들 같이 순전하고 신령한 젖을 사모하라. 이는 그로 말미암아 너희로 구원에 이르도록 자라게 하려 함이라"(벧전 2:1~2).

이 구절에서 "더러운 것"은 '류파리아'(rhuparia)를 번역한 단어이며, 이 '류파리아'는 모든 종류의 도덕적인 오염 또는 부정을 가리킨다. 이 헬라어 단어는 '귀지'를 나타내는 용어와 밀접히 연관되는데, 이 귀지는 다른 이의 말을 듣는 데 걸림돌이 되는 것이므로 이 구절의 맥락에서 이 단어가 쓰인 것은 매우 적합하다. 도덕적인 "더러움"은 우리가 하나님의 말씀을 뚜렷이 듣고 이해하는 데 심각한 장애 요소가 된다.

이 구절의 "악"은 헬라어 '카키아'(kakia)에서 온 것이다. 이 '카키아'는 도덕적인 악과 부패를 전반적으로 지칭하는 단어로서, 특히 그 사람이 품은 의도와 연관된다. 이는 곧 어떤 이가 마음을 굳히고 의도적으로 범하는 죄들을 나타내는 것이다. 그런 죄는 외적으로 드러나기 전에 오랫동안 그 사람의 마음속에 머물 수 있으며, 어쩌면 외적으로는 끝까지 표현되지 않을 수도 있다. 그러므로 이런 죄들 가운데는 주님과 그 사람 자신만이 알고 있는 여러 '숨겨진' 죄들도 포함된다.

이 구절의 원문에 쓰인 '페리세이아'(perisseia, 개역개정판에 "넘치는"으로 번역된 단어—역주)는 '남아 있음' 또는 '넘침'의 개념을 지닐 수 있지만, 여기서는 "뚜렷한 악" 또는 "과도한 악", "팽배한 악"으로 옮기는 편이 더 적절해 보인다. 이 구절에서 야고보가 의미하는 바는 모든 악의 흔적과 자국들을 고백하고 뉘우치며 제거하려는 데 있다. 그런 악은 우리의 삶을 더럽히고 말씀을 사모하는 마음을 약화시키며, 그 말씀에 대한 우리의 이해를 모호하게 만들기 때문이다. 이렇게 행할 때, 우리는 "하나님의 말씀을 받을 때에 사람의 말로 받지 아니하고 하나님의 말씀으로 받아들일" 수 있게 된다. 그리고 이 말씀은 진실로 "[우리] 믿는 자 가운데에서 역사한다"(살전 2:13).

말씀을 겸손히 받아들이는 태도

"너희 영혼을 능히 구원할 바 마음에 심겨진 말씀을 겸손함으로 받으라"(1:21b,
개역개정판에는 "온유함으로"로 번역되어 있다.—역주)

끝으로 야고보는 참된 신자들이 하나님의 말씀을 "겸손함으로" 받아들인다는 점을 선포한다. 이 구절의 "겸손함"은 헬라어 '프라우테스'(prautēs)를 옮긴 단어이며, 이는 종종 "온유함" 혹은 "부드러움"으로 번역된다. 그리고 그 형용사형 역시 "온유한" 또는 "부드러운"으로 표현되는 것이 일반적이며, 이는 팔복 중의 세 번째 복에서 나타나는 바와 같다(마 5:5). 하지만 여기서는 "겸손함"으로 옮기는 것이 가장 적합해 보이는데, 이 구절에서 사심 없는 수용, 곧 자신의 자아와 죄들을 벗어 버리고 그 말씀을 받아들인다는 개념을 제시하고 있기 때문이다. 저명한 헬라어 학자인 W. E. 바인은 이 '프라우테스'에 관해 이렇게 설명했다. "그것은 우리의 영혼에 새겨진 은혜의 결과이다. 이 성품은 주로 하나님을 향한 우리의 태도에서 드러난다. 이는 하나의 영적인 기질로서, 이를 통해 우리는 자신을 향한 그분의 손길을 선한 것으로 받아들임과 동시에 그분과 논쟁하거나 맞서려는 생각을 버리게 된다."(*An Expository Dictionary of New Testament Words* [New York: Revell, 1940], 3:55)

무엇보다도, 여기서 말하는 "겸손"은 '배우려는 자세'라는 매우 중요한 소양을 포함한다. 이는 하나님 말씀을 듣고 이해하는 일의 측면에서 지극히 중요한 소양임이 분명하다. 신실한 그리스도인들은 복종하는 태도와 온유한 심령, 그리고 배우려는 자세로써 그들의 "마음에 심어진 말씀"을 "받아들여야" 한다. 이때 그들은 교만과 분노, 적개심을 비롯한 모든 도덕적 부패로부터 깨끗하게 된 상태에 있어야 한다.

"마음에 심어진"은 헬라어 '엠퓨토스'(emphutos)를 번역한 단어이다. 이 '엠퓨토스'는 문자적으로 '땅에 씨앗을 심는 일'을 의미하며, 여기서는 구원받은 신자들의 마음속에 하나님 말씀이 "심기고" 뿌리를 내리는 일을 나타내는 데 비유적으로 쓰였다(마 13:8, 23의 "좋은 땅"). 그 내용을 해석해 주시고 우리에게 능력을 베푸시는 성령님의 사역 안에서, 말씀의 진리는 하나님의 자녀들이 새롭게 누리는 영적인 생명의 중요한 핵심 요소가 된다. 이는 곧 "하나님의 말씀은 살아있고 활력이 있어 좌우에 날선 어떤 검보다도 예리하여 혼과 영과 및 관절과 골수를 찔러 쪼개기까지 하며 또 마음의 생각과 뜻을 판단하기" 때문이다(히 4:12). 하나님의 말씀은 가장 온전한 의미의 복음이며 "모든 믿는 자에게 구원을 주시는 하나님의 능력"이다(롬 1:16).

이처럼 하나님의 말씀이 우리 안에 이미 심겨 있지만, 이와 동시에 우리는 그 말씀을 계속 "받아야만" 한다. 이는 곧 우리의 삶이 그 말씀에 의해 지속적인 인도와 다스림을 받아야 한다는 의미에서 그러하다. 이런 측면에서, 베뢰아의 고결한 유대인들은 "간절한 마음으로 말씀을 받고 [바울과 실라가 전한] 이것이 [정말] 그러한가 하여 날마다 성경을 상고했던" 것이다(행 17:11).

하나님의 말씀이 "[우리의] 영혼을 능히 구원한다"는 이 구절의 가르침은 첫째로 우리가 처음에 받은 구원을 가리킨다. 이때에는 하나님 말씀을 통해 복음의 진리가 아직 구원받지 못한 이의 마음속에 전달되며, 이를 통해 그가 구원의 길을 깨닫고 죄의 **형벌**에서 건짐을 받게 된다(참조. 벧전 1:23). 그리고 둘째로 하나님의 말씀은 그분이 베푸시는 진리의 지속적인 원천이 됨으로써 우리의 영혼을 "능히 구원하게" 된다. 성령님은 그 말씀의 진리를 사용하셔서 우리를 죄의 **권세**와 **지배**로부터 보호하시며, 이를 통해 신자들의 "영혼"이 하나님의 가족 바깥으로 떨어져 나가는 일이 없도록 지키신다. 그리고 마지막으로, 하나님의 말씀은 우리를 완전하고 궁극적인 구원으로 인도해 갈 수 있다. 이때 우리는 하늘에서 그리스도와 함께 영광을 누리며, 죄의 **존재**로부터 영원히 벗어난 상태로 살아가게 된다. 바울이 다음의 내용을 확증하면서 선포한 것은 바로 이 진리였다. "이제 우리의 구원이 처음 믿을 때보다 가까이 왔느니라"(롬 13:11). 이처럼 성경의 진리 배후에 있는 하나님의 능력은 우리의 구원을 불러일으키는 동시에 그 구원이 계속 더 성장하며 번성하게 하고, 마침내 우리를 온전하고 충만한 영광의 최종적인 상태 가운데로 이끌어 간다. 우리는 이미 하나님 말씀의 능력을 통해 구원을 받았다(칭의). 우리는 지금 그 말씀의 능력으로 구원을 받고 있다(성화). 그리고 우리는 그 말씀의 능력으로 마침내 영원히 구원받은 상태, 궁극적이며 완전한 구원에 이른 상태에 들어가게 될 것이다(영화).

7

행동하는 믿음 2부
말씀에 대한 올바른 응답
(약 1:22~27)

"너희는 말씀을 행하는 자가 되고 듣기만 하여 자신을 속이는 자가 되지 말라. 누구든지 말씀을 듣고 행하지 아니하면 그는 거울로 자기의 생긴 얼굴을 보는 사람과 같아서 제 자신을 보고 가서 그 모습이 어떠한 것을 곧 잊어버리거니와 자유롭게 하는 온전한 율법을 들여다보고 있는 자는 듣고 잊어버리는 자가 아니요 실천하는 자니 이 사람은 그 행하는 일에 복을 받으리라. 누구든지 스스로 경건하다 생각하며 자기 혀를 재갈 물리지 아니하고 자기 마음을 속이면 이 사람의 경건은 헛것이라. 하나님 아버지 앞에서 정결하고 더러움이 없는 경건은 곧 고아와 과부를 그 환난 중에 돌보고 또 자기를 지켜 세속에 물들지 아니하는 그것이니라."(1:22~27)

하나님의 말씀을 바르게 수용하는 일은 중요하지만, 우리가 그 진리에 순종하지 않는다면 아무 유익이 없다. 오히려 그 말씀을 접한 이들에게 이 일은 추가적인 심판의 원인이 될 뿐이다. 복종하는 태도로 하나님의 말씀을 듣는 것은 꼭 필요하지만, 그것만으로는 충분하지 않다. 하나님 말씀에 순종하는 것은 모든 참된 신자들에게 기본적으로 요구되는 영적인 조건이며 신자 됨을 드러내는 공통적인 표지이다. 참된 영적인 생명의 요체는 순간적으로 동의나 헌신의 감정을 느끼는 데 있지 않다. 오히려 그것은 성경에 꾸준히 순종하는 삶에 있다(참조. 요 8:31).

유대인들은 칠십 년에 걸친 바벨론 포로 생활을 마치고 집으로 돌아왔을 때 소중한 도성 예루살렘과 그 성전이 훼파된 것을 발견했다. 이에 그들은 먼저 성전을 재건하려는 열망을 품게 되었으며, 그 일은 스룹바벨의 지휘 아래 시작되었다. 하지만 그 도성의 성벽 역시 심각하게 손상된 상태였으며, 이로 인해 그 백성은 대적의 공격에 취약한 상황 속에 있었다. 이에 바벨론 왕 아닥사스다의 술 따르는 관리였던 유대인 느헤미야가 그 왕의 허락을 얻고 예루살렘에 와서 자신의 백성들이 그 성벽을 재건하는 일을 돕게 되었다. 그리고 느헤미야의 비범한 지도력과 성령님의 능력과 인도하심을 통해 유대 백성은 불과 오십이 일 만에 그 거대한 과업을 달성했다(참조. 느 1:1~6:15).

마침내 이 일이 끝났을 때, 유대 백성은 하나님의 손길이 그들을 인도하여 고국과 그 거룩한 도성으로 돌아오게 하셨음을 분명히 인정했다. 그리고 그분의 능력으로 그곳의 성전과 성벽을 재건하게 되었다는 것이 그들의 고백이었다. 느헤미야는 이렇게 기록하고 있다.

> 모든 백성이 일제히 수문 앞 광장에 모여 학사 에스라에게 여호와께서 이스라엘에게 명령하신 모세의 율법 책을 가져오기를 청하매 일곱째 달 초하루에 제사장 에스라가 율법 책을 가지고 회중 앞 곧 남자나 여자나 알아들을 만한 모든 사람 앞에 이르러 수문 앞 광장에서 새벽부터 정오까지 … 읽으매 뭇 백성이 그 율법 책에 귀를 기울였는데 … 에스라가 모든 백성 위에 서서 그들 목전에 책을 펴니 책을 펼 때에 모든 백성이 일어서니라. 에스라가 위대하신 하나님 여호와를 송축하매 모든 백성이 손을 들고 아멘 아멘 하고 응답하고 몸을 굽혀 얼굴을 땅에 대고 여호와께 경배하니라 … 하나님의 율법 책을 낭독하고 그 뜻을 해석하여 백성에게 그 낭독하는 것을 다 깨닫게 하니. (느 8:1~3, 5~6, 8)

에스라와 다른 이들은 번갈아 가면서 그 율법을 유대 백성 앞에서 낭독하고 해석해 주었다. 때로 그들은 그 백성을 위해 히브리어 원문을 번역해 주어야 했는데, 이는 그 백성 가운데 많은 이들이 바벨론의 포로로 있으면서 그 언어를 배우지 못했기 때문이었다. 이렇게 하나님 말씀을 낭독하고 또 들었던 일은 당시 이스라엘에서 일어난 영적인 부흥의 토대가 되었다. 부흥은 언제나 하나님의 말씀과 함께 시작된다. "그 책을 가져다주옵소서."

유대 백성들은 처음부터 자신들의 영적인 갈망을 드러냈다. 그들은 에스라가 율법을 낭독하기 시작하자 경외감에 차서 일어섰으며, 그 낭독을 마쳤을 때는 얼굴을 땅에 대고 겸손히 절하면서 하나님께 경배했다. 또한, 그들은 마음속으로 자신들의 죄를 깨달으면서 "율법의 말씀을 듣고 다 울기" 시작했다(9절). 하지만 율법의 낭독이 끝났을 때, 느헤미야는 그날을 거룩한 날로 공표하고 그 백성에게 울기를 그칠 것을 권고했다. 그러고는 이렇게 당부했다. "너희는 가서 살진 것을 먹고 단것을 마시되 준비하지 못한 자에게는 나누어 주라. 이날은 우리 주의 성일이니 근심하지 말라. 여호와로 인하여 기뻐하는 것이 너희의 힘이니라"(10절).

참된 부흥에는 죄의 고백 역시 포함되며 당시 유대 백성이 보여준 반응이 바로 이것이었다. 느헤미야는 그로부터 삼 주 뒤에 일어난 일을 이렇게 기록하고 있다.

> 그 달 스무나흘 날에 이스라엘 자손이 다 모여 금식하며 굵은 베옷을 입고 티끌을 무릅쓰며 모든 이방 사람들과 절교하고 서서 자기의 죄와 조상들의 허물을 자복하고 이날에 낮 사분의 일은 그 제자리에 서서 그들의 하나님 여호와의 율법 책을 낭독하고 낮 사분의 일은 죄를 자복하며 그들의 하나님 여호와께 경배하였다. (9:1~3)

유대 백성은 자신들의 죄에 관해 슬퍼했으며 이는 그 죄에 대한 고백으로 이어졌다. 하지만 이 백성은 주님이 자신들의 죄를 용서해 주신다는 것 역시 알게 되었고, 이는 기쁨과 감사의 원인이 되었다.

이처럼 자신들의 죄를 고백하고 그 죄가 용서받은 것을 기뻐한 후에는 주님과 언약을 맺는 일이 뒤 따랐다. 레위인과 다른 지도자들은 이 백성을 대표하여 주님 앞에서 다음의 내용을 공표했다.

우리가 이 모든 일로 말미암아 이제 견고한 언약을 세워 기록하고 우리의 방백들과 레위 사람들과 제사장들이 다 인봉하나이다 … 그 남은 백성과 제사장들과 레위 사람들과 문지기들과 노래하는 자들과 느디님 사람들과 및 이방 사람과 절교하고 하나님의 율법을 준행하는 모든 … 자들은 다 그들의 형제 귀족들을 따라 저주로 맹세하기를 우리가 하나님의 종 모세를 통하여 주신 하나님의 율법을 따라 우리 주 여호와의 모든 계명과 규례와 율례를 지켜 행하기로 하였다. (9:38; 10:28~29)

경건한 에스라와 느헤미야의 지도 아래, 유대 백성은 이처럼 하나님의 말씀 앞에 합당한 방식으로 응답했다. 그들은 자신들의 죄를 고백하고 그 죄가 용서받은 것을 기뻐했으며, 그 말씀에 순종하겠다는 언약을 맺었다.

하나님의 말씀에 지속적으로 불순종하는 이들은 곧 그분의 생명이 자기 안에 존재하지 않음을 드러내는 것이다. 이에 반해 그 말씀에 지속적으로 순종하는 이들의 경우, 자신의 영혼 속에 하나님의 생명이 자리 잡고 있음을 입증하게 된다. 앞선 장들에서 몇 차례 지적했듯이, 바로 이것이 야고보서의 중심 주제이다. 지금 이 본문의 첫 구절에서는 이 주제를 이렇게 간결하게 반복하고 있다. "너희는 말씀을 행하는 자가 되고 듣기만 하여 자신을 속이는 자가 되지 말라."

헬라어 '기노마이'(ginomai, "되고")를 문자적으로 번역하면 '지속적으로 ~한 상태를 유지하다', '계속 ~한 사람이 되려고 애쓰다'가 된다. 그러므로 여기서는 "말씀을 행하는 자"가 되는 일에 계속 힘쓴다는 의미로 이해될 수 있다. 사람들은 성경에 대한 깊이 있는 설교와 가르침을 꾸준히 접할 때 하나님의 말씀에 대한 지식에 깊이 매료되어 그 지식에 스스로 만족한 나머지 자신이 깨달은 그 심오한 진리를 삶 속에서 실천하려는 노력을 소홀히 할 수 있다. 하지만 참된 신자들의 경우에는 그저 하나님 말씀을 아는 것만으로 만족할 수 없다. 오히려 그들 자신의 양심과 그들 안에 내주하시는 성령님의 자극 때문에 계속 자신의 실패를 자각하게 되고 마침내 그 진리에 순종하게 될 것이다.

이 구절에는 헬라어 '포이에테'(poiētē)의 실명사형("행하는 자")이 쓰였는데,

이 표현은 어떤 이의 인격이 지닌 전체적인 특성을 나타낸다. 곧 그의 내면에 있는 지성과 영혼, 정신과 감정이 그 영역 안에 모두 포함되는 것이다. 우리가 며칠 또는 몇 주간에 걸쳐 전투에 참여하는 것과 직업 군인이 되는 것은 다르다. 후자의 경우에는 평생에 걸쳐 그런 전쟁에 관여하게 되기 때문이다. 이처럼 자신의 집을 가끔 수리하는 것과 직업적인 건축가가 되는 것 역시 다른 일이며, 교회의 주일학교에서 때때로 아이들을 가르치는 것과 하나님의 은사와 부르심을 좇아 전문적인 말씀의 교사가 되는 것 역시 마찬가지다. 이 구절에서 야고보는 그리스도인들을 두고 "말씀을 행하는 자"로 지칭한다. 이를 통해 그들이 가끔 행하는 일이 아닌 그들의 정체성 자체를 강조하는 것이다. 그리스도 인들은 하나님 말씀을 배울 뿐 아니라 그 말씀의 가르침을 신실하게 따르고 지속적으로 순종하는 일에 자신의 삶을 드려 헌신하는 이들이다. 한 주석가에 따르면, 여기서 야고보는 "그들의 생애 자체가 거룩한 에너지로 특징 지워지는 이들"을 염두에 두고 있다.

이 구절에 쓰인 헬라어 '아크로아테스'(akroatēs, '듣는 자')는 관중석에 앉아서 가수나 연설가의 목소리를 수동적으로 듣기만 하는 사람을 가리키는 단어였다. 오늘날 이 단어는 대학의 수업을 청강하는 학생들을 지칭하는 데 쓰일 수 있다. 이들은 강의실에 앉아서 수업을 듣지만, 집에서 숙제하고 리포트를 쓰거나 시험을 치르도록 요구되지는 않는 학생들이다. 달리 말해, 그들은 자신들이 배운 내용에 대한 책임을 지지 않는 것이다. 안타깝게도 지금 대다수의 교회 가운데는 이 같은 '청강생'이 많다. 이들은 하나님 말씀의 설교와 가르침을 듣는 일에 기꺼이 참여하지만, 이를 통해 얻은 지식으로 자신의 일상생활을 변화시키려는 마음은 없는 이들이다. 그들은 하나님 말씀을 듣는 특권을 기꺼이 누리지만 그 말씀에 순종하겠다는 생각은 전혀 없다. 그들이 이런 태도를 계속 유지할 때, 우리는 그들이 실제로는 그리스도인이 아니라 그런 척하는 이들일 뿐임을 알게 된다. 그들은 말씀을 그저 "듣기만 하고" 행하지 않으면서 자신이 하나님께 속했다고 믿지만 실제로는 그렇지 않은 것이다. 우리의 목적이 하나님 말씀을 선포하고 해석하는 일 그 자체에 있는 것은 아니다. 오히려 그 일은 또 다른 목적을 이루기 위한 하나의 방편이다. 그 목적은 곧 신자들이 하나님의 진리를 순전하게 받아들이며 그 내용을 자신의 삶에 신실한 태도로 적용하게 하는 데 있다.

성도와 죄인을 구분 짓는 성경의 기준은 분명하다. "이러므로 하나님의 자녀들과 마귀의 자녀들이 드러나나니 무릇 의를 행하지 아니하는 자나 또는 그 형제를 사랑하지 아니하는 자는 하나님께 속하지 아니하니라"(요일 3:10). 베드로는 신자들에게 이렇게 권면한다. "더욱 힘써 너희 부르심과 택하심을 굳게 하라. 너희가 이것을 **행한즉** 언제든지 실족하지 아니하리라"(벧후 1:10, 강조점은 나의 것). 중요한 점은 어떤 이가 스스로 무엇을 체험했다고 주장하는지에 있는 것이 아니라, 오직 그가 하나님 말씀의 빛 아래서 실제로 어떻게 살아가고 있는지에 있다.

바울은 그리스도 안에서 그에게 주어진 새 본성에 비추어 자기 마음의 움직임을 살피면서 이렇게 말하고 있다.

> 내가 행하는 것을 내가 알지 못하노니 곧 내가 원하는 것은 행하지 아니하고 도리어 미워하는 것을 행함이라. 만일 내가 원하지 아니하는 그것을 행하면 내가 이로써 율법이 선한 것을 시인하노니 이제는 그것을 행하는 자가 내가 아니요 내 속에 거하는 죄니라. 내 속 곧 내 육신에 선한 것이 거하지 아니하는 줄을 아노니 원함은 내게 있으나 선을 행하는 것은 없노라. 내가 원하는 바 선은 행하지 아니하고 도리어 원하지 아니하는 바 악을 행하는도다. (롬 7:15~19)

여기서 사도의 요점은 자신이 죄에 빠진 일이 그 자신의 영적인 갈망을 통해 드러나는 새로운 본성과는 상반된다는 것이다. 그렇기에 사도는 자신이 죄에 빠진 그 일을 미워했다. 이런 사도의 모습은 그의 삶이 그리스도 안에서 변화되고 구속받았음을 보여주는 확실한 표지였다. 참된 신자들은 기본적으로 하나님의 말씀을 통해 드러난 그분의 뜻을 행하고자 갈망하게 된다. 이 서신의 후반부에서 바울은 이렇게 말한다. "육신을 따르지 않고 그 영을 따라 행하는 우리에게 율법의 요구가 이루어지게 되느니라"(8:4). 달리 표현하면, 새롭게 지음을 받았으며 중생하고 구원을 얻은 이의 삶은 하나님의 말씀에 담긴 그분의 표준에 합당하게 행하려는 갈망을 통해 그 모습을 드러낸다는 것이다. 그리스도 안에서 의롭다 여기심을 받은 이의 삶은 의로운 행실을 통해 자신을 입증한다. 요한은 동일한 진리를 다음의 방식으로 표현하고 있다. "우리가 그의 계명을 지키면 이로써 우리가 그를 아는 줄로 알 것이요 그를 아노라 하고 그의 계명을 지키지 아니하는 자는 거짓말하는 자요 진리가 그 속에 있지 아니하니라"(요일 2:3~4).

장기적인 관점에서, 우리의 행실은 우리가 구원을 받았거나 버림을 받았음을 보여주는 증거가 된다. 이 진리에 비추어 볼 때, 오늘날 수많은 어른과 아이들이 규칙적으로 예배에 참석하고 자신이 그리스도인임을 고백하지만 그들의 실제 삶은 이와 정반대의 모습을 드러낸다고 여길 충분한 이유가 있다. 그런 신자들은 설교를 정기적으로 듣고 자신이 그 가르침을 믿는다고 주장하며, 동료 교인들과 함께 그 내용을 우호적으로 나누기도 한다. 하지만 그들의 마음속에서는 우리를 구원하고 변화시키는 하나님의 은혜를 찾아볼 수가 없다. 예수님은 이런 이들에 관해 이렇게 분명하게 선포하셨다.

> 나더러 주여 주여 하는 자마다 다 천국에 들어갈 것이 아니요 다만 하늘에 계신 내 아버지의 뜻대로 행하는 자라야 들어가리라. 그 날에 많은 사람이 나더러 이르되 주여 주여 우리가 주의 이름으로 선지자 노릇 하며 주의 이름으로 귀신을 쫓아내며 주의 이름으로 많은 권능을 행하지 아니하였나이까 하리니 그 때에 내가 그들에게 밝히 말하되 내가 너희를 도무지 알지 못하니 불법을 행하는 자들아 내게서 떠나가라 하리라. (마 7:21~23)

청교도 설교자이자 작가였던 존 버니언은 그의 고전적인 우화 『천로역정』에서 기쁨의 산에 있는 목자들이 크리스티아나와 자비 씨에게 보여준 웅장한 거울의 모습을 이렇게 묘사하고 있다.

> 이제 그 거울은 천 개 중의 하나였다. 그 거울 속에는 한 사람이 있었다. 그 거울을 한 방향으로 돌리면 그 자신의 모습이 정확히 보였으며, 그 거울을 반대쪽으

로 돌리면 순례자들의 왕이신 분의 얼굴과 형상이 또렷이 드러났다. 나는 그 두 모습을 식별할 수 있는 이들과 함께 이야기를 나누었으며, 그들이 이 거울을 통해 바라본 것이 곧 머리에 가시 면류관을 쓰신 그분의 모습임을 말해 주었다. 그들은 그 안에서 또한 그분의 손과 발, 옆구리에 난 자국들을 볼 수 있었다. 누구든지 하나님 말씀의 거울을 계속 들여다보는 이는 그 안에서 그저 자신의 얼굴을 보는 것보다 훨씬 더 놀라운 일들을 목도하게 된다. 곧 그는 그 안에서 단순히 자신의 더러운 의복이나 자기 삶의 여러 흠과 얼룩들을 발견하는 데 그치지 않는다. 오히려 그는 그 안에서 그리스도의 모습을 보게 된다. 이는 이마가 가시 면류관에 찢기신 그리스도이자 십자가에 달리신 구주이시며, 자신의 피로써 그의 모든 죄를 씻으신 그분이시다.

여기서 버니언의 요점은, 어떤 이가 정직하고 겸손한 태도로 하나님의 말씀을 들여다볼 때 다음의 두 가지 일을 깨닫게 된다는 데 있다. 그 자신이 죄인임과 아무 죄가 없으신 구주이며 주님이신 분이 계신다는 점이다. 그리고 이 사람이 그리스도를 바라보고 그분께 응답하며 하나님 말씀을 실천하는 삶을 살아갈 때, 그는 그 행함을 통해 복을 얻게 된다. 주님은 여호수아를 통해 이같이 선포하셨다. "이 율법 책을 네 입에서 떠나지 말게 하며 주야로 그것을 묵상하여 그 안에 기록된 대로 다 지켜 행하라. 그리하면 네 길이 평탄하게 될 것이며 네가 형통하리라"(수 1:8). "행하는 자"는 곧 자신의 삶 속에서 하나님 말씀을 실천하는 사람이다. 우리가 그 말씀을 즐거워하는 일은 그저 순간적인 체험에 그치는 것이 아니다. 오히려 그 일은 평생에 걸쳐 그 진리를 적용하는 것을 의미한다. 하나님 말씀에 무조건적으로 순종하는 것 외의 다른 반응은 우리 자신을 속이는 일이다.

어떤 이의 성품은 주로 그의 행실을 통해 드러난다. 오랜 시간에 걸쳐 드러나는 어떤 이의 행실은 늘 그의 내면이 어떠한지를 보여주는 신뢰할 만한 잣대가 된다. 이는 그의 참된 본성이 결국 자신의 외적인 삶을 통해 모습을 드러내게 되기 때문이다. 예수님은 이렇게 말씀하셨다. "그들의 열매로 그들을 알지니 가시나무에서 포도를, 또는 엉겅퀴에서 무화과를 따겠느냐? 이와 같이 좋은 나무마다 아름다운 열매를 맺고 못된 나무가 나쁜 열매를 맺느니라"(마 7:16~17). 그리고 이렇게 말씀하셨다. "이는 마음에 가득한 것을 입으로 말함이라. 선한 사람은 그 쌓은 선에서 선한 것을 내고 악한 사람은 그 쌓은 악에서 악한 것을 내느니라"(마 12:34하~35; 참조. 잠 4:23). 동일한 원리로, 야고보는 서신 후반부에서 하나의 샘이 동시에 맑은 물과 더러운 물을 내지는 못한다는 점을 지적하고 있다(3:11).

어떤 이의 행실은 그가 참된 제자임을 보여주는 가시적인 척도가 된다. 예수님은 이렇게 말씀하셨다.

> 너희는 나를 불러 주여 주여 하면서도 어찌하여 내가 말하는 것을 행하지 아니하느냐? 내게 나아와 내 말을 듣고 행하는 자마다 누구와 같은 것을 너희에게 보이리라. 집을 짓되 깊이 파고 주추를 반석 위에 놓은 사람과 같으니 큰 물이 나서 탁류가 그 집에 부딪치되 잘 지었기 때문에 능히 요동하지 못하게 하였거니와 듣고 행하지 아니하는 자는 주추 없이 흙 위에 집 지은 사람과 같으니 탁류가 부딪치매 집이 곧 무너져 파괴됨이 심하니라 하시니라. (눅 6:46~49)

한편 예수님은 다음의 내용들을 명확히 선포하셨다. "너희는 내가 명하는 대로 행하면 곧 나의 친구라"(요 15:14). "사람이 나를 사랑하면 내 말을 지키리니 내 아버지께서 그를 사랑하실 것이요 우리가 그에게 가서 거처를 그와 함께 하리라"(14:23). 사도 요한은 이런 근본 진리들을 반영하면서 이렇게 기록했다. "우리가 그의 계명을 지키면 이로써 우리가 그를 아는 줄로 알 것이요"(요일 2:3). 그리고 다른 한편, 예수님은 이렇게 말씀하셨다. "나를 사랑하지 아니하는 자는 내 말을 지키지 아니하나니"(요 14:24; 참조. 눅 6:46). 요한은 이렇게 말했다. "그를 아노라 하고 그의 계명을 지키지 아니하는 자는 거짓말하는 자요 진리가 그 속에 있지 아니하니라"(요일 2:4).

야고보서의 수신자인 유대인들, 곧 "흩어져 있는 열두 지파"(약 1:1) 역시 이런 원리들을 모르는 것은 아니었다. 고대의 한 랍비는 이렇게 가르친 바 있다. "여러분은 모세의 율법을 읽을 뿐 아니라 그 안에서 명령하는 내용을 직접 실

천해야 합니다." 또 다른 랍비는 이렇게 기록했다. "가장 중요한 점은 율법을
해설하는 것이 아니라 그 내용대로 행하는 일에 있다." 예수님이 사역하시던
당시의 유대인들은 대부분 회당에서 율법과 선지자의 글을 낭독하고 해설하
는 것을 규칙적으로 찾아가서 듣곤 했다. 하지만 그들은 그 내용을 듣고 피상
적으로 동의하는 데 만족했을 뿐 그 말씀대로 온전히 순복할 마음은 전혀 품지
않았다.

　말씀을 듣고 받아들이는 일에 세 가지 요소(복종하는 마음과 순전한 마음, 겸손
한 마음)가 있듯이, 그 말씀에 순종하는 일에도 세 가지 요소가 있다. 참된 신자,
곧 하나님 말씀을 듣고 행하는 이들은 자신의 신앙을 다음의 세 가지 방식으로
입증하게 된다. 먼저 자기 자신과의 관계에서 그들은 자신을 속이는 일이 없이
그 말씀을 적용하려 한다(1:22b~26). 그리고 다른 이들과의 관계에서 그들은
이기심이 없이 그 말씀을 적용하게 된다(27절a). 그리고 세상과의 관계에서 그
들은 타협이 없이 그 말씀을 적용한다(27절b).

자기를 속이는 일이 없이 하나님 말씀을 적용하려는 태도

**"자신을 속이는 자가 되지 말라. 누구든지 말씀을 듣고 행하지 아니하면 그는
거울로 자기의 생긴 얼굴을 보는 사람과 같아서 제 자신을 보고 가서 그 모습이
어떠한 것을 곧 잊어버리거니와 자유롭게 하는 온전한 율법을 들여다보고 있는
자는 듣고 잊어버리는 자가 아니요 실천하는 자니 이 사람은 그 행하는 일에 복
을 받으리라. 누구든지 스스로 경건하다 생각하며 자기 혀를 재갈 물리지 아니
하고 자기 마음을 속이면 이 사람의 경건은 헛것이라."(1:22b~26)**

하나님의 말씀에 신실하고 무조건적인 순종 외의 다른 방식으로 응답하는 것
은 자신을 속이는 일이 된다. 이 구절에 쓰인 '파랄로기조마이'(*paralogizomai*,
"속이는")는 문자적으로 '~의 옆에서 추론하다' 또는 '~와 나란히 추론하다'를
의미하며, 그릇된 인식 또는 추론을 가리킨다. 이 가운데는 종종 다른 이를 속
이기 위해 의도적으로 거짓된 추론을 펼친다는 개념도 포함되어 있다. 수학의

경우, 이 단어는 '잘못된 계산'을 의미한다. 그러므로 하나님 말씀을 듣고도 그 가르침에 순종하지 않는 그리스도인들은 영적으로 심각한 계산 착오를 범한 것이 된다. 이로 인해 그들은 "자신을 속이는" 자들이 된 것이다. 그들은 스스로를 기만하는 상태에 놓였다. 스코틀랜드의 한 오래된 어구에서는 이같이 거짓된 그리스도인들을 두고 "하나님의 은혜를 맛본 적이 없이 설교만 음미하는 이들"로 지적한다. 그 가르침에 순종하는 일이 없이 복음에 반응하는 것은 모두 자신을 속이는 일이 된다. 만일 그리스도를 향한 신앙 고백이 우리의 변화된 삶, 하나님 말씀을 간절히 사모하며 그 가르침에 순종하기를 갈망하는 삶으로 이어지지 않는다면 그 고백은 그저 말뿐인 것이 된다. 그리고 사탄은 그런 고백을 기뻐한다. 이는 교회의 신자들이 그런 고백을 통해 실제로는 자신이 구원받지 않았음에도 불구하고 마치 그러한 것처럼 착각하게 되기 때문이다. 그러나 이 경우, 그들은 하나님께 속한 것이 아니라 여전히 사탄의 지배 아래 있다.

야고보는 이렇게 자신을 속이는 이들의 모습을 설명하기 위해 단순한 비유를 들고 있다. "누구든지 말씀을 듣고 행하지 아니하면 그는 거울로 자기의 생긴 얼굴을 보는 사람과 같아서 제 자신을 보고 가서 그 모습이 어떠한 것을 곧 잊어버리느니라."

이 구절에 쓰인 '카타노에오'(katanoeō, "보는")는 동사 '노에오'(noeō)의 강화형이며, '노에오'는 곧 무언가를 단순히 바라보거나 인지하는 일을 의미한다. 그러나 여기서 야고보가 사용한 그 복합 동사('카타노에오')에는 자신이 바라보는 그 대상을 주의 깊고 세심하게 숙고한다는 개념이 덧붙여져 있다. "말씀을 듣고 행하지 아니하는" 자는 마치 "거울로 자기의 생긴 얼굴을" 주의 깊게 들여다보는 사람과 같다. 그리고 이같이 들여다보는 일을 마친 뒤에는 자신이 살핀 "그 모습이 어떠한 것을 곧 잊어버리는" 것이다.

신약 시대 당시에 거울은 대개 잘 다듬어진 청동이나 놋으로 만들어졌으며, 부자들의 경우에는 금이나 은으로 된 거울을 살 수도 있었다. 하지만 이처럼 가장 비싼 거울까지도 유리로 만든 거울에 비하면 원시적인 수준이었고, 유리 거울은 이후 14세기에 가서야 비로소 생겨났다. 따라서 그 이른 시기에 만들어진 거울들의 경우, 그 앞에 선 사람의 모습이 흐릿하고 왜곡된 형태로 비추어졌다. 하지만 거울의 방향을 주의 깊게 돌리면서 최상의 각도를 찾아낼 때, 그 앞에 선 사람은 마침내 어느 정도 정확한 자신의 모습을 볼 수 있었다. 이 구절에서 야고보가 염두에 둔 것도 바로 이런 거울의 특징이다. '카타노에오'라는 단어에서 드러나듯이, 거울 앞에 선 사람은 끈기 있고 세심한 관찰을 통해 자신의 실제 모습을 발견할 수 있다. 그런데 어떤 이유에서든 그가 "자신을 보기"를 그치고 떠나갈 때, 그는 "곧" 거울 속에서 본 그 모습을 잊게 되는 것이다. 여기서 야고보가 사용한 비유의 초점은 이같이 자신의 모습을 잊어버리는 일에 있다. 이때에는 그 이유가 산만한 정신에 있든, 자신의 모습을 마음에 들어 하지 않거나 그저 기억력이 나쁘기 때문이든 간에, 그가 자신을 살피는 데 쏟은 그 노력이 다 헛수고가 되고 만다. 그가 거울 속을 살핀 원래의 목적이 어디에 있었든지 간에, 자신이 본 그 모습을 금세 잊고 마는 것이다.

하나님의 말씀을 들여다보고서도 그 속에서 발견한 진리를 자신의 삶 속에 적용하지 않는 사람은 마치 거울 속에 비친 자신의 모습을 금세 잊어버리는 이와 같다. (그 말씀을 주의 깊고 정확하게 살폈을지라도 마찬가지다.) 그리고 이 경우에 그 결과는 훨씬 더 나쁘다. 그는 그 말씀 안에서 자신의 죄가 얼마나 무서운 악행인지를 헤아리며, 또한 하나님이 그리스도 안에서 은혜를 베푸셔서 그 죄악에 대한 해결책을 마련해 주신 일을 깨닫게 된다. 그런데도 그는 마치 자신이 이런 진실을 접해 보지 못한 듯이 계속 자신의 방식을 고집해 나가는 것이다.

이와 반대로 "자유롭게 하는 온전한 율법을 들여다보고 있는 자는 듣고 잊어버리는 자가 아니요 실천하는 자이며, 이 사람은 그 행하는 일에 복을 받게" 될 것이다. 여기서 야고보는 무언가를 살피는 일을 나타내기 위해 23절에 쓰인 것보다 더욱 강한 의미의 동사를 사용하고 있다. 이 구절에 쓰인 '파라쿱토'(parakuptō, "들여다보고")는 몸을 굽혀 어떤 사물을 가장 알맞은 각도에서 주의 깊게 살피고 헤아리는 일을 가리킨다. 누가복음에서는 예수님이 부활하신 후에 베드로가 그분의 빈 무덤을 살폈던 일을 나타낼 때 이 동사가 쓰였으며(눅 24:12), 요한복음에서도 베드로와 마리아가 그 빈 무덤을 살폈던 일을 나타낼 때 이 동사가 사용되었다(요 20:5, 11). 하나님의 말씀, 곧 "자유롭게 하는 온전한 율법을 들여다보는" 사람은 그 말씀을 주의 깊게 살피면서 그 속에 담긴 가장 깊고 온전한 의미를 파악해낸다. 그는 앞서 언급한 사람의 경우처럼 그저 인간적인 호기심 때문에 그 말씀을 살피는 것이 아니다. 오히려 그는 자신이 깨달은 진리를 "실천하니", 이는 주님이 그 진리를 사람들에게 계시하신 목적이 바로 여기에 있음을 알기 때문이다. 하나님이 자신의 말씀을 계시해 주신 목적은 그저 우리로 하여금 그 내용을 배우고 익히게 하려는 것이 아니라, 우리가 그 가르침에 순종하며 그 내용을 자신의 삶 속에 적용하게 하시려는 데 있다. 이 구절에서 야고보가 제시한 비유의 요점은 다음과 같다. '하나님 말씀을 듣고 신실하게 행하는 이들은 단순히 그 거울 자체를 연구하는 자들이 아니다. 오히려 그들은 그 거울 속에 담긴 내용, 곧 하나님이 계시하신 그분의 뜻과 진리들을 자세히 살펴 나간다.'

여기서 하나님 말씀이 "온전한 율법"으로 불리는 이유는 성경의 무오하고 완전하며 포괄적인 성격 때문이다(참조. 19:7~9). 이 "온전한 율법" 가운데는 하나님이 계시하신 모든 말씀이 포함된다. 그런데 야고보는 그 말씀을 "율법"으로 부름으로써 주님이 우리에게 주신 명령들을 특히 강조하고 있다. 곧 하나님은 우리가 그분의 명령에 순전하고 긍정적인 자세로 순종하는 응답을 보일 것을 요구하시는 것이다. 그리고 하나님 말씀을 "자유롭게 하는 … 율법"으로 지칭함으로써 야고보는 그 말씀에 담긴 구속의 능력에 초점을 맞추고 있다. 그 말씀의 능력은 신자들을 죄의 속박에서 **풀어주며** 의로운 순종을 향해 **인도하는** 데에서 드러나는 것이다(요 8:34~36). 이 말씀의 능력을 통해, 우리는 그저 두려움이나 의무감 때문이 아니라 감사와 사랑의 마음으로 하나님을 섬길 수 있게 된다. 장차 그 능력을 통해 우리는 이 부패한 세상을 벗어나 자유하게 될 것이며, 우리 자신의 타락한 본성이나 육신의 유혹, 죄와 죽음, 지옥의 저주로부터도 온전히 벗어나게 될 것이다.

어떤 이들은 하나님의 "율법"이 우리에게 속박을 가져온다고 생각한다. 하지만 실제로 그분의 말씀이 가져다주는 것은 놀라운 "자유"이다. 바울은 로마교회에 보낸 자신의 편지에서 이 진리를 명쾌하고 간결하게 제시하고 있다.

너희 자신을 종으로 내주어 누구에게 순종하든지 그 순종함을 받는 자의 종이 되는 줄을 너희가 알지 못하느냐? 혹은 죄의 종으로 사망에 이르고 혹은 순종의 종으로 의에 이르느니라. 하나님께 감사하리로다. 너희가 본래 죄의 종이더니 너희에게 전하여 준 바 교훈의 본을 마음으로 순종하여 죄로부터 해방되어 의에게 종이 되었느니라. (롬 6:16~18)

바울 사도는 이 서신의 후반부에서 이렇게 선포한다. "무릇 하나님의 영으로 인도함을 받는 사람은 곧 하나님의 아들이라. 너희는 다시 무서워하는 종의 영을 받지 아니하고 양자[와 자유]의 영을 받았으므로 우리가 아빠 아버지라고 부르짖느니라"(8:14~15).

우리가 구원의 신앙을 통해 오직 하나님의 은혜로 구원받았다고 해서 그분의 "율법"에서 요구하는 내용이 조금이라도 폐지되거나 약화되는 것은 아니다. 우리가 이전에 그 "율법"을 어긴 일들이 용서받았다고 해서, 지금 그 말씀에 순종해야 할 의무가 제거되지는 않는다. 예수님은 이렇게 선포하셨다.

내가 율법이나 선지자를 폐하러 온 줄로 생각하지 말라. 폐하러 온 것이 아니요 완전하게 하려 함이라. 진실로 너희에게 이르노니 천지가 없어지기 전에는 율법의 일점 일획도 결코 없어지지 아니하고 다 이루리라. 그러므로 누구든지 이 계명 중의 지극히 작은 것 하나라도 버리고 또 그같이 사람을 가르치는 자는 천국에서 지극히 작다 일컬음을 받을 것이요 누구든지 이를 행하며 가르치는 자는 천국에서 크다 일컬음을 받으리라. 내가 너희에게 이르노니 너희 의가 서기관과 바리새인보다 더 낫지 못하면 결코 천국에 들어가지 못하리라. (마 5:17~20)

하나님의 율법은 여전히 그분의 거룩한 뜻을 드러내며 사람의 행실에 대한 그분의 표준이 된다. 그 율법은 우리가 경건한 삶을 살아가기 위해 필요한 모든 진리와 지침들을 제시한다. 하나님의 율법은 아무 흠이 없고 완전하며 어떤 오류나 불충분한 점도 없다. 그러므로 이 율법은 우리의 모든 필요를 채우고 우리 삶의 모든 부분에 연관되며, 하나님의 자녀인 참된 신자들이 지닌 모든 경건한 열망을 만족시켜 주는 것이다. 그 율법에 의지할 때, 우리는 자유롭게 되어 자신의 죄를 버리고 의를 추구할 수 있게 된다. 참된 신자가 "자유롭게 하는 온전한 율법"을 "실천하는" 이유는 그가 섬기는 하늘 아버지의 뜻이 바로 그 일에 있기 때문이다. 그런 신자들은 무엇보다도 하나님을 높이고 기쁘시게 하기를 추구하게 된다. 그렇기에 그 신자들은 그분의 신적이고 거룩한 "율법"을 간절한 마음으로 기꺼이 "실천하며", 이때 그들은 성령님의 능력으로 그 일을 행하게 된다(롬 8:4).

야고보서 1장 23~25절에서 암시하는 것은, 어떤 이가 하나님 말씀을 공부하는 동기와 자세는 결국 자신이 배운 내용에 응답하는 방식을 통해 드러난다는 개념이다. 어떤 이가 성경에서 배운 내용에 전혀 주의를 기울이지 않는다면 성경을 공부하는 자신의 동기가 경건하지 않음을 입증하는 셈이 된다. 그는 기껏해야 사실적인 지식을 얻는 데 관심을 둘 뿐이며 자신이 얻은 그런 지식마저도 곧 잊어버리고 만다. 그리함으로써 그는 하나님 말씀을 전혀 접해 보지 못한 사람이 받게 될 것보다 더 엄중한 심판을 자초하게 된다. 이때 그는 자신이 그리스도에 대한 신앙을 고백하지만 실제로는 구원받지 못했다는 증거를 뚜렷이 드러내게 되는 것이다.

구원에 대한 가장 심각하고 보편적인 장애물 중 하나는 타락한 인간이 진지한 영적 숙고를 본성적으로 싫어한다는 데 있다. 그런 이들은 아마 철학이나 인간이 만든 종교와 신학을 연구하기를 즐길지도 모른다. 하지만 그들은 하나님의 진리를 진지하게 찾는 일을 그리 내켜 하지 않는다. 이는 그들이 무의식 중에라도 자신의 삶이 신적인 표준에 미치지 못한다는 사실, 자신이 드리려는 것보다 더 많은 일을 하나님이 요구하실 것이라는 사실을 깨닫고 있기 때문이다. 사람들은 그들 자신의 모습을 정직하게 살피는 일, 하나님 말씀의 밝고 온전한 빛 아래서 스스로를 돌아보는 일을 본성적으로 꺼림칙하게 여긴다. 이는 그들 자신의 교만과 자기주장, 죄를 향한 애착이 주님의 의로운 표준 앞에서 그대로 드러나게 될 것을 본능적으로 알고 있기 때문이다.

다른 한편, 겸손히 자신을 낮추는 사람, 하나님 말씀을 잘 들여다보기 위해 비유적으로 '몸을 숙이는' 사람은 자신의 올바른 영적 동기와 태도를 입증하게 된다. 그런 사람은 단순한 사실에 관심을 두는 것이 아니라 하나님의 진리에 마음을 쏟으며, 자신이 배운 진리에 곧바로 순종한다. 이런 순종을 통해 하나님이 영광을 받으시고 그 자신은 복을 누리게 되는 것이다. 그는 또한 말씀의 거울을 통해 보게 되는 그 자신의 모습을 미워하며, 자신의 모든 죄와 영적이며 도덕적인 결함들이 제거되고 그 자리에 하나님의 의가 자리 잡게 되기를 그 무엇보다 갈망하게 된다. 그 사람은 자신의 참모습을 바라보면서 실질적으로 이렇게 고백하는 것이다. "주님, 저의 추함과 당신을 떠나서는 아무 가망이 없는 저 자신의 상태를 계속 드러내 주십시오. 저를 당신께로 가까이 이끄시고 저의 죄들을 깨끗이 씻어 주옵소서. 당신의 진리와 사랑, 당신의 순결로써 제 영혼을 채워 주시기를 원합니다." 그런 사람은 말씀을 "듣고 잊어버리는 자가 아니라 실천하는 자"이며 "그 행하는 일에 복을 받게" 될 것이다. 참된 신자는 사물의 실제 모습을 파악하며, 그의 뜻은 하나님의 뜻과 하나로 연합하게 된다. 그는 성경에서 명령하는 대로 행하기를 기뻐하니, 그것이 바로 그가 섬기는 하늘 아버지의 뜻이기 때문이다.

하나님이 내리시는 복은 신자들이 그분께 순종한 결과로서 주어지게 된다. 주님은 여호수아를 통해 다음의 내용을 명령하고 또 약속하셨다. "이 율법 책을 네 입에서 떠나지 말게 하며 주야로 그것을 묵상하여 **그 안에 기록된 대로 다 지켜 행하라**. 그리하면 네 길이 평탄하게 될 것이며 네가 형통하리라"(수 1:8, 강조점은 나의 것). 우리가 영적으로 복되고 번성하는 삶을 살아가는 유일한 길은 하나님 말씀을 신실하게 배우고 적용하는 데 있다. 곧 그 말씀을 "주야로 … 묵상하며", "그 안에 기록된 대로 다 지켜 행하는" 것이다. 이같이 하나님 말씀을 듣고 또 행하는 이들은 그 요구가 예수님이 말씀하셨던 것과 같은 성격을 지님을 발견하게 된다. 곧 그 "멍에는 쉽고" 그 "짐은 가벼운" 것이다(마 11:30).

하나님과 그분의 말씀을 향한 응답과 태도의 옳고 그름이 항상 명확히 구분되는 것은 아니다. 이는 적어도 우리의 인간적인 시각과 이해력의 수준에서 살필 때 그러하다. 어떤 불신자들은 신자처럼 행동하려고 대단히 노력한다. 그들은 성경이 참되고 영감받은 책임을 인정하고 교회에 정기적으로 출석하며 그 입술로는 하나님께 경배하기도 한다. 그리고 외적인 측면에서는 도덕적인 행실을 유지한다. 이와 유사하면서도 상반되는 사실로 참된 신자들이 항상 자신들이 이해하는 성경의 가르침에 걸맞은 방식으로 살아가는 것은 아니다. 때로는 심각한 죄에 빠지기도 한다. 하지만 야고보는 여기서 과연 우리가 진심 어린 마음으로 하나님 말씀에 헌신하고 있는지에 초점을 두고 있다. 이는 불신자들이 영적인 겉모습을 무한정 유지할 수는 없고 참된 신자들 역시 언제까지나 죄 가운데 만족스럽게 머물 수는 없기 때문이다.

이제 야고보는 거울의 비유를 벗어나서 '말씀을 행하는 이'들은 단순히 종교적인 활동에 관여하는 사람들을 가리키는 것이 아님을 분명히 밝힌다. "누구든지 스스로 경건하다 생각하며 자기 혀를 재갈 물리지 아니하고 자기 마음을 속이면 이 사람의 경건은 헛것이라."

이 구절의 "경건하다"는 헬라어 '뜨레스코스'(thrēskos)를 번역한 것으로, 이는 외적인 종교 예식과 전례, 절차와 의식들을 가리킨다. 유명한 유대인 역사가 요세푸스는 예루살렘 성전의 예배를 지칭하는 데 이 단어를 사용했다. 그리고 바울 역시 이전에 열성적인 바리새인이었던 자신의 삶을 묘사하면서 이 단어를 썼다(행 26:5). 이와 대조적으로, 신약에서 순전한 예배, 하나님을 기쁘시게 하며 그분께 영광을 돌리는 예배를 나타내는 데 가장 많이 쓰인 단어는 '유세베이아'(eusebeia)이다. 이 '유세베이아'는 기본적으로 경건과 거룩함을 의미한다.

참된 구원의 신앙과 주님께 영광을 돌리려는 동기가 없다면, 교회의 예배와 활동에 참여하거나 자원 봉사를 하는 일, 온갖 예식과 의식을 행하거나 기도를 드리는 일, 심지어 바른 신학을 품는 일조차도 그 자체로는 아무 영적인 가치를 지니지 못한다. 이런 외적인 일들만을 신뢰하는 사람은 머지않아 입술의 말을 통해 자신의 믿음 없음을 드러내게 될 것이다. 이는 그가 "자기 혀를 재갈 물릴" 내적인 능력을 지니지 못했기 때문이다. 이런 일들만으로 하나님을 기쁘시게 하며 그분이 내리시는 복을 얻을 수 있다고 믿는 사람은 스스로를 속이는 것이며, 그의 수고는 "헛된" 것이 된다. 만일 어떤 예식이나 전례가 성경적인 용어들에 근거해서 진행된다 해도, 그 일에 참여하는 이들의 마음이 주님과의 바른 관계 속에 있지 않다면 그것은 이교의 우상 숭배만큼이나 무익한 일이 되는 것이다. 이런 경우에는 그 사람들의 부패하고 불경건한 말을 통해 마침내 그들 자신의 마음이 그런 상태에 있음이 드러나게 될 것이다.

물론 우리의 말이 참된 영성을 드러내는 유일한 표지는 아니다. 하지만 적어도 가장 신뢰할 만한 표지 중 하나인 것은 분명하다. 통계에 따르면, 사람들은 평균적으로 하루에 만팔천 단어 정도를 말로 표현한다고 한다. 이는 오십사 쪽 정도의 책을 만들기에 충분한 분량이다. 또한, 일 년 단위로 계산할 때에는 팔백 페이지로 된 책 예순여섯 권을 만들기에 충분한 양이 된다! 그리고 많은 사람은 그보다 훨씬 더 많은 양의 말을 한다. 평균적인 사람의 경우, 말을 하는 데 자기 생애의 오분의 일 정도까지 할애한다고 한다.

우리의 말이 하나님의 다스리심 아래 있지 않다면, 이는 우리의 마음 역시 그런 상태에 있음을 보여주는 확실한 표지가 된다. 예수님은 스스로 의롭게 여기는 바리새인들에게 이렇게 말씀하셨다. "이는 마음에 가득한 것을 입으로 말함이라 … 네 말로 의롭다 함을 받고 네 말로 정죄함을 받으리라"(마 12:34, 37). 우리의 마음을 변화시키지 않는 신앙, 따라서 우리의 말을 바꾸어 놓지 않는 신앙은 하나님 보시기에 완전히 "헛된" 것이다.

이기심 없이 하나님 말씀을 적용하려는 태도

> **"하나님 아버지 앞에서 정결하고 더러움이 없는 경건은 곧 고아와 과부를 그 환
> 난 중에 돌보고,"** (1:27a)

우리가 하나님 말씀에 바르게 응답하는 두 번째 태도는 그 말씀을 어떤 이기심도 없이 자신의 삶에 적용하는 데 있다. 이때 우리는 다른 이들의 유익, 특히 심한 어려움에 부닥친 이들의 필요에 대해 순전한 관심을 품고 그 일을 행해야 한다. "하나님 아버지 앞에서 정결하고 더러움이 없는 경건"은 사랑과 긍휼로써 그런 이들을 섬기는 일에 있다. 예수님은 이렇게 말씀하셨다. "너희가 서로 사랑하면 이로써 모든 사람이 너희가 내 제자인 줄 알리라"(요 13:35).

이 구절에 쓰인 '카타로스'(katharos, "정결하고")와 '아미안토스'(amiantos, "더

러움이 없는")는 서로 비슷한 뜻을 지닌 단어로써, 전자는 깨끗함을 강조하며 후자는 오염에서 자유로운 상태를 가리킨다. 이 구절에서 야고보는 우리가 보기에 최상인 길, 또는 세상 사람들이나 동료 신자들의 관점에서 그렇게 보이는 길에 관해 논하는 것이 아니다. 오히려 그는 우리가 섬기는 "하나님 아버지 앞에서" 가장 합당한 경건의 길이 무엇인지에 관해 논하고 있다. 어떤 이가 지닌 "경건"의 순전성은 그 사람 자신의 조건이나 잣대에 의해 결정되지 않는다. 오히려 그 순전성은 하나님의 기준에 근거해 판단되어야만 한다. 서기관과 바리새인들을 비롯해서 예수님을 반대한 유대의 지도자들이 범한 가장 큰 영적인 잘못은 바로 이런 측면에 연관된 것이었다. 그들은 율법 안에 있는 하나님의 표준을 그들 자신의 인간적인 전통으로 대체했다. 그들에 관해 예수님은 이렇게 말씀하셨다. "너희의 전통으로 하나님의 말씀을 폐하는도다. 외식하는 자들아, 이사야가 너희에 관해 잘 예언하였도다. 일렀으되 '이 백성이 입술로는 나를 공경하되 마음은 내게서 멀도다 …' 하였느니라"(마 15:6b~8).

'에피스켑토마이'(episkeptomai, "돌보고")는 그저 잠시 들러서 수다를 떠는 일보다 훨씬 더 많은 것을 의미한다. 이 단어 가운데는 다른 이의 형편을 돌아보고 주관하며 필요한 모든 방식으로 그들을 돕는다는 개념이 포함되어 있다. 이 '에피스켑토마이'는 '에피스코포스'(episkopos)와 같은 어원을 지닌 단어이며, '에피스코포스'는 '주관하는 자'를 의미하는 단어로서 때로 "감독"으로도 번역된다(행 20:28; 빌 1:1; 딤전 3:2; 딛 1:7; 벧전 2:25의 NASB와 KJV 본문들을 보라). 신약에서 '에피스켑토마이'는 하나님이 자기 백성을 돕고 격려하며 힘을 북돋우기 위해 그들을 찾아오시는 일을 가리키는 데 자주 사용된다. (예를 들어 눅 1:68, 78; 7:16; 행 15:14 KJV과 히 2:6 KJV를 보라. 행 15:14과 히 2:6의 경우, NASB에서는 "하나님이 그 일에 관여하셨다", "하나님이 관심을 품으셨다"로 표현하고 있다.)

예수님은 심판의 날에 양과 염소를 분리하는 일에 관해 말씀하시면서, 진실로 그분을 사랑하며 그분께 속한 이들의 모습을 묘사하는 데 이 '에피스켑토마이'라는 단어를 사용하셨다. "내가 주릴 때에 너희가 먹을 것을 주었고 목마를 때에 마시게 하였고 나그네 되었을 때에 영접하였고 헐벗었을 때에 옷을 입혔고 병들었을 때에 **돌보았고** 옥에 갇혔을 때에 와서 보았느니라"(마 25:35~36, 강조점은 나의 것). 그리고 넓은 의미에서는, 이 모든 섬김의 방식들이 '에피스켑토마이'의 개념 속에 포함될 수 있다. 우리가 "하나님 아버지"를 기쁘시게 하는 방식으로 다른 이들을 "돌보는" 일은 곧 "고아와 과부"들을 비롯하여 "그 환난 중에" 있는 이들의 모든 필요를 최대한 채워 주는 것이다.

일반적으로 초대 교회에서 가장 궁핍했던 이들은 바로 "고아와 과부"들이 었다. 당시에는 그들에게 도움이 될 만한 생명 보험이나 복지 제도가 없었으며, 이 두 집단 모두 일자리를 구하기가 극히 어려웠다. 그러므로 가까운 친족이나 도움을 줄 사람이 없으면 그들은 절망적인 처지에 놓이게 되었다. 그리고 이 말씀의 원리 자체는 어려움에 부닥친 모든 이들에게 적용된다. 이 고아와 과부는 어떤 식으로든 은혜를 보답하기가 불가능한 상황에 있었으므로, 이들을 돌보는 일은 진정으로 희생적인 사랑을 드러내는 행위였다.

하나님은 늘 "고아와 과부"에게 특별히 관심을 쏟으셨으며 그분의 백성들에게도 동일한 관심을 품을 것을 명령하셨다. 다윗은 이렇게 확증한다. "그의 거룩한 처소에 계신 하나님은 고아의 아버지시며 과부의 재판장이시라"(시 68:5). 그리고 모세의 율법에는 이런 가르침이 포함되어 있다. "너는 과부나 고아를 해롭게 하지 말라"(출 22:22). 또한, 그 율법에서는 이렇게 명령하고 있다.

> 매 삼 년 끝에 그 해 소산의 십분의 일을 다 내어 네 성읍에 저축하여 너희 중에 분깃이나 기업이 없는 레위인과 네 성중에 거류하는 객과 및 고아와 과부들이 와서 먹고 배부르게 하라. 그리하면 네 하나님 여호와께서 네 손으로 하는 범사에 네게 복을 주시리라 … 객이나 고아나 과부의 송사를 억울하게 하는 자는 저주를 받을 것이라 할 것이요 모든 백성은 아멘 할지니라. (신 14:28~29; 27:19)

주님은 예레미야를 통해 이스라엘 백성에게 이렇게 선포하셨다. "너희가 만일 길과 행위를 참으로 바르게 하여 이웃들 사이에 정의를 행하며 이방인과 고아와 과부를 압제하지 아니하며 무죄한 자의 피를 이 곳에서 흘리지 아니하며 다른 신들 뒤를 따라 화를 자초하지 아니하면 내가 너희를 이곳에 살게 하리니 곧 너희 조상에게 영원무궁토록 준 땅에니라"(렘 7:5~7).

다른 이들, 특히 동료 신자들을 사랑과 사심 없는 마음으로 섬기라는 것은 신약에서 자주 언급되는 주제이기도 하다. 바울은 디모데에게 "참 과부인 과부를 존대할" 것을 명령했으며(딤전 5:3), 그 가운데 재정적인 지원을 비롯해 그런 이들에게 필요한 여러 도움을 베푸는 것이 포함된다. 이 일에 관해 요한은 이렇게 선포하고 있다.

> 그의 형제를 사랑하는 자는 빛 가운데 거하여 자기 속에 거리낌이 없으나 그의 형제를 미워하는 자는 어둠에 있고 또 어둠에 행하며 갈 곳을 알지 못하나니 이는 그 어둠이 그의 눈을 멀게 하였음이라. ⋯ 이러므로 하나님의 자녀들과 마귀의 자녀들이 드러나나니 무릇 의를 행하지 아니하는 자나 또는 그 형제를 사랑하지 아니하는 자는 하나님께 속하지 아니하니라. 우리는 서로 사랑할지니 이는 너희가 처음부터 들은 소식이라 ⋯ 우리는 형제를 사랑함으로 사망에서 옮겨 생명으로 들어간 줄을 알거니와 사랑하지 아니하는 자는 사망에 머물러 있느니라 ⋯ 그가 우리를 위하여 목숨을 버리셨으니 우리가 이로써 사랑을 알고 우리도 형제들을 위하여 목숨을 버리는 것이 마땅하니라. (요일 2:10~11; 3:10~11, 14, 16)

같은 서신의 후반부에서 요한은 이렇게 권면한다.

> 사랑하는 자들아, 우리가 서로 사랑하자. 사랑은 하나님께 속한 것이니 사랑하는 자마다 하나님으로부터 나서 하나님을 알고 사랑하지 아니하는 자는 하나님을 알지 못하나니 이는 하나님은 사랑이심이라. 하나님의 사랑이 우리에게 이렇게 나타난 바 되었으니 하나님이 자기의 독생자를 세상에 보내심은 그로 말미암아 우리를 살리려 하심이라. 사랑은 여기 있으니 우리가 하나님을 사랑한 것이 아니요 하나님이 우리를 사랑하사 우리 죄를 속하기 위하여 화목 제물로 그 아들을 보내셨음이라. 사랑하는 자들아, 하나님이 이같이 우리를 사랑하셨은즉 우리도 서로 사랑하는 것이 마땅하도다. 어느 때나 하나님을 본 사람이 없으되 만일 우리가 서로 사랑하면 하나님이 우리 안에 거하시고 그의 사랑이 우리 안에 온전히 이루어지느니라. (요일 4:7~12)

참된 기독교는 신자들의 순전하고 사랑스런 마음을 통해 드러나며, 그들의 마음씨는 그들이 말하고 행동하는 방식을 통해 표현된다. 곧 참된 기독교는 신자들이 어려움에 처한 이들을 사랑으로 돌보는 일을 통해 나타나는 것이다. 그들 자신이 좋아하는 이들이나 가까운 지인, 또는 그들 자신의 관심사나 특징을 공유하는 이들을 사랑하고 돌아보는 일들은 이 문제와 관계가 없다. 사랑은 우리가 받은 구원의 핵심적이며 가장 두드러지는 표현이 되어야만 한다. 요한이 분명히 밝혔듯이, 하나님을 향한 사랑은 다른 이들을 향한 사랑, 특히 동료 신자들뿐 아니라 무엇보다도 "환난 중에" 있는 이들을 향한 사랑과 분리될 수 없다. 신앙을 고백하면서도 그런 긍휼을 베풀지 않는 그리스도인들은 자신이 정말 거듭났는지를 의심해 볼 필요가 있다. 진정으로 구속받은 이들은 다른 이들의 삶에 애정 어린 관심을 쏟게 되어 있기 때문이다(참조. 마 5:43~48; 요 13:34~35).

타협 없이 하나님 말씀을 적용하려는 태도

"또 자기를 지켜 세속에 물들지 아니하는 그것이니라." (1:27b)

우리가 하나님 말씀에 바르게 응답하는 세 번째 태도는 어떠한 도덕적이거나 영적인 타협 없이 그 말씀을 자신의 삶 속에 적용하는 데 있다.

이 구절의 "지켜"는 헬라어 동사 '테레오'(*tēreō*)의 변화형을 번역한 표현이며, 이는 규칙적이고 지속적인 행동을 나타낸다. 달리 말해, "자기를 지켜 세속에 물들지 아니하는" 일은 그리스도인들의 영속적인 의무인 것이다. 여기에는 어떤 예외나 조건도 허용되지 않는다. 하나님께 속한 이들은 도덕적이며 영적인 순수성, 곧 흠이 없고 세상에 "물들지 아니하는" 거룩함의 특성을 지녀야만 한다. 베드로는 신자들에게 이렇게 권면하고 있다. "너희가 나그네로 있을 때를 두려움으로 지내라. 너희가 알거니와 너희 조상이 물려 준 헛된 행실에서 대속함을 받은 것은 은이나 금 같이 없어질 것으로 된 것이 아니요 오직 흠 없고 점 없는 어린 양 같은 그리스도의 보배로운 피로 된 것이니라"(벧전

1:17b~19).

여기서 야고보나 베드로는 죄가 없는 완전한 상태를 말하는 것이 아니다. 이는 오직 성육신하신 예수님만이 드러낼 수 있는 영적인 상태이기 때문이다. 전도서의 저자는 우리에게 이렇게 확증한다. "선을 행하고 전혀 죄를 범하지 아니하는 의인은 세상에 없기 때문이로다"(전 7:20). 물론 바울은 정직한 마음으로 이렇게 진술할 수 있었던 것이 사실이다. "오늘까지 나는 범사에 양심을 따라 하나님을 섬겼노라"(행 23:1; 참조. 24:16). 하지만 그는 또한 이렇게 고백했다. "내가 자책할 아무것도 깨닫지 못하나 이로 말미암아 의롭다 함을 얻지 못하노라. 다만 나를 심판하실 이는 주시니라"(고전 4:4). 그리고 그는 이렇게 탄식했다. "내 속 곧 내 육신에 선한 것이 거하지 아니하는 줄을 아노니 원함은 내게 있으나 선을 행하는 것은 없노라. 내가 원하는 바 선은 행하지 아니하고 도리어 원하지 아니하는 바 악을 행하는도다"(롬 7:18~19).

모든 그리스도인은 주님이 세우신 표준에 미치지 못한다. 바울이 그랬듯이, 우리는 자신이 그릇된 줄 아는 일은 행하면서도 오히려 옳은 줄로 아는 일은 행하지 않는 모습을 발견하게 된다(참조. 롬 7:14~25). 심지어 가장 신실하고 사랑이 많은 신자들까지도 늘 자신이 베풀어야 할 만큼의 긍휼을 보이지 못하며, 하나님과 동료 신자들을 향해서도 마땅한 정도의 사랑을 드러내지 못한다. 여기서 야고보는 우리 삶의 기본적인 방향, 곧 우리의 핵심적인 헌신과 충성의 대상에 관해 말하고 있다. 만약 그 방향이 올바르다면, 우리의 가장 깊은 갈망은 다른 이들을 사랑하고 돌아보며 그렇게 하지 못할 때는 자신의 이기적인 죄를 주님께 고백하는 데 있게 될 것이다. 우리가 참된 그리스도인이라면 다른 이들에게 긍휼을 베풀지 못할 때 행복감을 느끼거나 만족할 수가 없다. 물론 우리의 구원은 우리 자신의 완전함을 통해 입증되는 것이 아니다. 오히려 그 구원은 우리 자신의 불완전함을 미워하고 하나님의 도우심과 능력을 힘입어 그 문제들을 고쳐 나가려는 일을 통해 입증된다. 그들의 가장 깊은 마음속에서, 참된 그리스도인들은 오직 거룩하고 순전하며 사랑이 담긴 일들, 정직하고 진실하며 올바른 일들만을 말하고 행하기를 갈망하게 된다. 그들은 곧 부패하지 않고 "세속에 물들지 않은" 일들을 사모하는 것이다.

다른 한편, 다른 사람들을 긍휼히 여기지 않는 이들, 의로운 삶에 관심이 없고 자신의 죄 가운데 만족을 찾는 이들은 진정한 그리스도의 제자나 하나님의 자녀가 될 수 없다.

'코스모스'(kosmos, "세속")는 기본적으로 '질서'나 '배열'을 의미하며, 때로는 '치장'(adornment)의 의미를 지니기도 한다. 신약에서 이 단어는 '땅'(참조. 마 13:35; 요 21:25)과 '우주'(참조. 딤전 6:7; 히 4:3; 9:26)를 나타내는 데 비유적으로 쓰였다. 하지만 그 단어가 가장 자주 쓰인 것은 곧 타락한 인류 전반과 그 인류가 지닌 불경건한 철학과 도덕, 가치 체계를 나타낼 경우이다(요 7:7; 8:23; 14:30; 고전 2:12; 갈 4:3; 골 2:8). 이 본문에서 야고보는 그런 의미로 이 단어를 사용하고 있다(4장 4절에 관한 논의를 보라).

요한은 바로 이런 의미의 "세속"을 염두에 두고 이렇게 경고하고 있다. "이 세상이나 세상에 있는 것들을 사랑하지 말라. 누구든지 세상을 사랑하면 아버지의 사랑이 그 안에 있지 아니하니 이는 세상에 있는 모든 것이 육신의 정욕과 안목의 정욕과 이생의 자랑이니 다 아버지께로부터 온 것이 아니요 세상으로부터 온 것이라"(요일 2:15~16). 하나님을 향한 사랑과 이 세상 및 그 안에 속한 것들을 향한 사랑은 서로 양립할 수 없으며 배타적인 관계에 있다. 여기서 "세상에 있는 것들"이라는 어구는 기업 활동이나 사회 참여, 또는 생필품을 구입하고 사용하는 일들을 가리키는 것이 아니다. 오히려 그 어구는 불경건하며 인간과 하나님 사이를 가로막는 성격을 지닌 일들을 과도하게 사랑하고 마음을 쏟는 행위를 지칭한다.

참된 "경건", 곧 성경적 기독교는 하나님 말씀을 향한 거룩한 순종의 문제에 연관된다. 그리고 그런 순종은 무엇보다도 우리 자신을 향한 정직한 태도, 다른 이들의 필요를 위한 사심 없는 헌신과 더불어 이 세상의 일들에 관해 도덕적으로나 영적으로 단호한 태도를 취함으로써 드러나게 된다.

8

교회 안에서 사람을 차별하는 죄악 1부
(약 2:1~4)

"내 형제들아 영광의 주 곧 우리 주 예수 그리스도에 대한 믿음을 너희가 가졌
으니 사람을 차별하여 대하지 말라. 만일 너희 회당에 금가락지를 끼고 아름다
운 옷을 입은 사람이 들어오고 또 남루한 옷을 입은 가난한 사람이 들어올 때에
너희가 아름다운 옷을 입은 자를 눈여겨보고 말하되 여기 좋은 자리에 앉으소
서 하고 또 가난한 자에게 말하되 너는 거기 서 있든지 내 발등상 아래에 앉으라
하면 너희끼리 서로 차별하며 악한 생각으로 판단하는 자가 되는 것이 아니냐?"

(2:1~4)

하나님의 속성, 곧 그분의 신적인 본성과 성품들에 관해 생각할 때, 우리는 대
개 그분의 거룩하심과 의, 그분의 전능성과 전지성, 편재성 등을 떠올리곤 한
다. 이때 우리는 그분의 불변하심과 영원하심, 그분의 주권과 공의, 그분의 온
전하신 은혜와 사랑, 자비와 신실하심, 그리고 그분의 선하심에 관해 생각하게
된다. 하지만 우리가 자주 생각하거나 말하지 않는 하나님의 속성이 있는데,
그것은 바로 그분의 공평하심이다. 사실 이 속성은 성경 전체에 반복적으로 진
지하게 다루어지는 주제이다. 하나님은 사람들을 대하실 때 절대적으로 공평
한 태도를 취하신다. 그리고 그분의 다른 속성들과 마찬가지로, 하나님은 이
측면에서도 우리 인간들과는 다른 모습을 보이신다. 우리 인간들의 경우, 심지
어 그리스도인들조차도 본성적으로 어느 한 편에 치우치는 성향을 보인다. 우

리는 사람들을 미리 정해진 범주와 계층에 따라 분류하며, 그들의 외모와 옷차림, 그들이 속한 인종이나 국적, 사회적인 지위와 됨됨이, 그들의 지식과 재산, 그들의 영향력에 따라 등급을 매기는 성향을 드러낸다. 그리고 그들이 소유한 차종이나 집의 형태, 거주지 역시 고려의 대상이 된다.

그러나 이 모든 것들이 하나님께는 아무 문제가 되지 않는다. 그분은 이런 것들에 어떠한 의미나 의의도 부여하지 않기 때문이다. 모세는 이렇게 선포했다. "너희의 하나님 여호와는 신 가운데 신이시며 주 가운데 주시요 크고 능하시며 두려우신 하나님이시라." 그런 다음에 이 크고 두려우신 하나님, 스스로 원하는 존재가 될 권리를 지니신 그분이 "사람을 외모로 보지 아니하시며 뇌물을 받지 아니하신다"고 진술했다(신 10:17). 그리고 그분께 속한 백성도 이같이 공평한 태도를 취하기를 바라신다는 것이 모세의 가르침이었다. 이스라엘 백성에게 하나님의 율법을 전해준 이 위대한 인물은 이렇게 경고했다. "재판은 하나님께 속한 것인즉 너희는 재판할 때에 외모를 보지 말고 귀천을 차별 없이 듣고 사람의 낯을 두려워하지 말 것이며 스스로 결단하기 어려운 일이 있거든 내게로 돌리라. 내가 들으리라."(신 1:17) 그리고 모세는 또 이렇게 명령했다.

네 하나님 여호와께서 네게 주신 땅 어느 성읍에서든지 가난한 형제가 너와 함께 거주하거든 그 가난한 형제에게 네 마음을 완악하게 하지 말며 네 손을 움켜쥐지 말고 반드시 네 손을 그에게 펴서 그에게 필요한 대로 쓸 것을 넉넉히 꾸어주라. 삼가 너는 마음에 악한 생각을 품지 말라. 곧 이르기를 일곱째 해 면제년이 가까이 왔다 하고 네 궁핍한 형제를 악한 눈으로 바라보며 아무것도 주지 아니하면 그가 너를 여호와께 호소하리니 그것이 네게 죄가 되리라. 너는 반드시 그에게 줄 것이요, 줄 때에는 아끼는 마음을 품지 말 것이니라. 이로 말미암아 네 하나님 여호와께서 네가 하는 모든 일과 네 손이 닿는 모든 일에 네게 복을 주시리라. 땅에는 언제든지 가난한 자가 그치지 아니하겠으므로 내가 네게 명령하여 이르노니 너는 반드시 네 땅 안에 네 형제 중 곤란한 자와 궁핍한 자에게 네 손을 펼지니라. (신 15:7~11; 참조, 16:19; 레 19:15)

유다의 여호사밧 왕은 자신이 막 임명한 재판관들에게 이렇게 훈계했다. "그런즉 너희는 여호와를 두려워하는 마음으로 삼가 행하라. 우리의 하나님 여호와께서는 사람들 앞에서 불의함도 없으시고 치우침도 없으시고 뇌물을 받는 일도 없으시니라"(대하 19:7). 이런 훈계의 분명한 함의는 그 재판관들이 주님의 거룩하심과 공평하심을 주의 깊게 생각하고 그분을 경외하는 마음으로 이런 태도를 드러내야 한다는 것이었다.

잠언의 저자는 이렇게 말한다. "이것도 지혜로운 자들의 말씀이라. 재판할 때에 낯을 보아 주는 것이 옳지 못하니라"(잠 24:23). 그리고 이런 말씀도 있다. "사람의 낯을 보아 주는 것이 좋지 못하고 한 조각 떡으로 말미암아 사람이 범법하는 것도 그러하니라"(28:21). 주님은 선지자 말라기를 통해 신실하지 않은 이스라엘 백성을 책망하면서 이렇게 말씀하셨다. "너희가 내 길을 지키지 아니하고 율법을 행할 때에 사람에게 치우치게 하였으므로 나도 너희로 하여금 모든 백성 앞에서 멸시와 천대를 당하게 하였느니라"(말 2:9).

신약 역시 공평하지 못한 것이 죄임을 분명히 지적하고 있다. 베드로는 새로 회심한 이방인 고넬료와 그 집안사람들에게 자신이 마침내 이방인들을 향한 유대적인 적개심을 떨쳐 버렸음을 밝혔다. 이는 그가 "각 나라 중 하나님을 경외하며 의를 행하는 사람은 다 받으시는 줄 깨달았기" 때문이었다(행 10:35). 바울은 하나님의 공평하신 성품이 그분의 심판 가운데도 드러난다는 점을 분명히 한다. "악을 행하는 각 사람의 영에는 환난과 곤고가 있으리니 먼저는 유대인에게요 그리고 헬라인에게며 선을 행하는 각 사람에게는 영광과 존귀와 평강이 있으리니 먼저는 유대인에게요 그리고 헬라인에게라. 이는 하나님께서 외모로 사람을 취하지 아니하심이라"(롬 2:9~11). 모든 사람은 오직 그 영혼의 상태에 따라 심판을 받게 될 것이다.

예수님은 성전에 모여든 불신자들의 무리에게 이같이 말씀하셨다. "외모로 판단하지 말고 공의롭게 판단하라"(요 7:24). 바울은 구체적으로 하나님이 사람의 사회적인 지위나 직업, 또는 노예와 자유인의 구분에 매이지 않으신다는 점을 강조한다. 그는 에베소 교회의 신자들에게 이렇게 권면했다.

종들아 두려워하고 떨며 성실한 마음으로 육체의 상전에게 순종하기를 그리스도께 하듯 하라. 눈가림만 하여 사람을 기쁘게 하는 자처럼 하지 말고 그리스도의 종들처럼 마음으로 하나님의 뜻을 행하고 기쁜 마음으로 섬기기를 주께 하듯 하고 사람들에게 하듯 하지 말라. 이는 각 사람이 무슨 선을 행하든지 종이나 자유인이나 주께로부터 그대로 받을 줄을 앎이라. 상전들아 너희도 그들에게 이와 같이 하고 위협을 그치라. 이는 그들과 너희의 상전이 하늘에 계시고 그에게는 사람을 외모로 취하는 일이 없는 줄 너희가 앎이라. (엡 6:5~9; 참조. 골 3:25; 4:1)

신자들은 이런 주님의 마음을 본받아 가장 낮은 임금을 받는 근로자들에게도 은행의 총재나 사회적 엘리트를 대할 때와 동일한 존경심을 드러내야 한다. 그리고 부하 직원들을 대할 때도 자신의 상사를 대할 때와 똑같이 공평하고 예의 바른 태도를 취해야 한다.

또한 우리는 다른 이들, 특히 동료 신자들을 돕는 일에서도 치우침이 없는 태도를 보여야 한다. 사도 요한은 이렇게 말한다.

그가 우리를 위하여 목숨을 버리셨으니 우리가 이로써 사랑을 알고 우리도 형제들을 위하여 목숨을 버리는 것이 마땅하니라. 누가 이 세상의 재물을 가지고 형제의 궁핍함을 보고도 도와 줄 마음을 닫으면 하나님의 사랑이 어찌 그 속에 거하겠느냐? 자녀들아, 우리가 말과 혀로만 사랑하지 말고 행함과 진실함으로 하자. 이로써 우리가 진리에 속한 줄을 알고 또 우리 마음을 주 앞에서 굳세게 하리니. (요일 3:16~19)

이는 만일 우리가 어려움에 부닥친 이들을 하나님의 방식대로 돕지 않는다면, 그분의 사랑이 우리 안에 거하지 않음이 드러난다는 것이다. 이 서신의 후반부에서 요한은 이렇게 선포한다. "사랑은 여기 있으니 우리가 하나님을 사랑한 것이 아니요 하나님이 우리를 사랑하사 우리 죄를 속하기 위하여 화목 제물로 그 아들을 보내셨음이라. 사랑하는 자들아, 하나님이 이같이 우리를 사랑하셨은즉 우리도 서로 사랑하는 것이 마땅하도다. 어느 때나 하나님을 본 사람이 없으되 만일 우리가 서로 사랑하면 하나님이 우리 안에 거하시고 그의 사랑이 우리 안에 온전히 이루어지느니라"(4:10~12). 이어서 요한은 이렇게 말한다. "누구든지 하나님을 사랑하노라 하고 그 형제를 미워하면 이는 거짓말하는 자니 보는 바 그 형제를 사랑하지 아니하는 자는 보지 못하는 바 하나님을 사랑할 수 없느니라. 우리가 이 계명을 주께 받았나니 하나님을 사랑하는 자는 또한 그 형제를 사랑할지니라"(20~21절).

그러므로 교회의 지도자들과 지체들 모두 마태복음 18장에 기록된 예수님의 명령에 따라 징계를 받아야 한다. 어떤 신자가 한 사람에게 사적인 경고를 받고, 그다음에는 두세 사람 이상의 경고를 듣고도 뉘우치기를 거부한다고 하자. 이 경우에 예수님은 그 문제를 "교회에 말할" 것을 명령하신다. 그리고 그가 "교회의 말도 듣지 않거든 이방인과 세리와 같이 여기라"는 것이 그분의 지침이다(마 18:15~17).

교회의 권징은 철저히 공평하게 시행되어야 한다. 바울은 어떤 교회의 지도자를 고발하는 일에 특별히 주의할 것을 그리스도인들에게 훈계하면서 이렇게 말했다. "장로에 대한 고발은 두세 증인이 없으면 받지 말 것이요"(딤전 5:19). 하지만 그런 다음에 바울은 어떤 지도자의 죄가 드러났고 그가 그 죄를 계속 범할 경우에는 그를 "모든 사람 앞에서 꾸짖어 나머지 사람들로 두려워하게" 할 것을 명령했다. 이어서 바울은 디모데에게 이같이 지시하고 있다. "하나님과 그리스도 예수와 택하심을 받은 천사들 앞에서 내가 엄히 명하노니 너는 편견이 없이 이것들을 지켜 아무 일도 불공평하게 하지 말라"(20~21절).

그러므로 구원과 심판에 관한 일이든, 또는 교회의 지도자나 평신도들을 징계하는 일이든 간에 하나님의 표준은 동일하다. 그분은 오직 우리의 영혼과 속사람을 살피시며 전적으로 공평한 태도를 취하신다. 베드로는 하나님이 이처럼 공평하신 분임을 확증하면서 신자들에게 다음의 내용을 일깨우고 있다. "기록되었으되 내가 거룩하니 너희도 거룩할지어다 하셨느니라. 외모로 보시지 않고 각 사람의 행위대로 심판하시는 이를 너희가 아버지라 부른즉 너희가 나그네로 있을 때를 두려움으로 지내라"(벧전 1:16~17). 달리 말해, 하나님이 우리를 공평하고 치우침이 없이 대해 주시기를 원한다면, 우리 역시 다른 이들을 향해 그런 태도를 취해야 한다는 것이다. 이는 하나님이 우리를 용서해주기를 바란다면 우리 역시 다른 이들을 용서해야 하는 것과 마찬가지다(마 6:14).

지금 이 본문에서 야고보는 우리가 사람을 차별하는 여부가 살아있는 신앙의 또 다른 시험임을 강조한다. 그 신앙의 첫 번째 시험은 우리가 시련에 반응하는 방식에 연관되어 있으며(1:3~12), 두 번째 시험은 우리가 유혹에 반응하는 방식과 연관이 있다(1:13~18). 그리고 세 번째 시험은 우리가 하나님 말씀에 응답하는 방식에(1:19~27), 이 네 번째 시험은 차별 또는 치우침의 문제에 연관되어 있다(2:1~13). 지금 이 시험에서, 야고보는 주로 사회적이며 경제적인 지위에 따른 차별에 초점을 맞춘다. 이는 초대 교회에서 그런 차별이 특히 문제가 되었기 때문이며, "흩어져 있던" 당시의 일부 유대인 신자들에게도 이 일은 분명히 문제가 되었다(1:1).

2장 1~13절에서 야고보는 순전하고 경건한 성격을 지닌 공평함의 특징을 다섯 가지 측면에서 제시한다. 원리(1절)와 예시(2~4절), 비일관성(5~7절), 위반(8~11절)과 호소(12~13절) 등이다.

원 리

"내 형제들아, 영광의 주 곧 우리 주 예수 그리스도에 대한 믿음을 너희가 가졌으니 사람을 차별하여 대하지 말라."(2:1)

야고보는 이 명령을 제시하기 전에 먼저 이 서신의 수신자들을 "내 형제들"로 부른다. 이는 그가 사랑의 마음을 품고 그리스도 안에서 같은 신자이자 형제로서 이렇게 당부하고 있음을 나타내는 것이다. 야고보는 이 서신에서 열다섯 번 정도에 걸쳐 이 어구 또는 더 확대된 어구인 "내 사랑하는 형제들"을 언급하며, 이 중 대부분은 훈계 또는 경고의 서두에 쓰였다(예. 1:2, 16, 19; 2:5, 14; 4:11; 5:7).

이 명령의 기본 원리는 1절에서 간결하게 제시된다. 여기서 야고보는 "영광의 주 곧 우리 주 예수 그리스도"의 복음에 대한 "믿음"을 지녔으면서도 "사람을 차별하여 대하는" 것은 모순적이며 서로 양립할 수 없는 태도임을 지적하고 있다.

"영광의 주 곧 우리 주 예수 그리스도"라는 어구를 더 문자적으로 옮기면 "영광 가운데 계신 우리 주 예수 그리스도"가 된다. 이는 아마 하나님의 임재(Shechinah)를 통해 드러나는 영광을 가리키는 표현일 것이다(출 40:34; 왕상 8:11). 당시 이 서신을 읽는 유대인 독자들은 이 영광에 연관된 역사적인 이야기들에 매우 친숙했을 것이 분명하다. 이제 이 구절의 요점은, 우리가 하나님의 임재와 영광 그 자체이신 예수 그리스도를 믿으면서도 다른 이들을 차별하는 태도를 취할 수는 없다는 데 있다. 예수님 자신이 사람을 차별하지 않는 태도를 보이셨으며(마 22:16), 이 점은 그분의 겸손한 출생과 가족 관계, 나사렛에서 자라고 사마리아와 갈릴리에서 사역하기를 원하셨던 일들을 통해 잘 드러난다. 당시 나사렛과 사마리아, 갈릴리 등은 유대교 지도자들이 멸시했던 지역들이었다.

헬라어 원문에서 "사람을 차별하여 대하지 말라"는 어구는 강조를 나타내는 위치에 쓰였다. 곧 이 어구는 "영광의 주 곧 우리 주 예수 그리스도에 대한 믿음을 너희가 가졌으니"보다 먼저 제시되며, 이를 통해 그 명령과 권면에 특별한 의미가 부여된다. 이 어구는 지속의 개념을 나타내며, 이에 따라 "차별"을 **습관화하지 말라**는 의미로 이해될 수 있다. 곧 신실한 그리스도인들의 삶 속에 이런 태도가 자리 잡아서는 안 된다는 것이다. 이보다 몇 구절 아래의 부분에서(2:9), 야고보는 "차별"이 그저 무례하고 예의에 어긋나는 태도에 그치지 않고 하나의 심각한 죄라는 점을 분명히 밝힌다.

사람을 차별하는 것은 우리가 받은 구원의 성격이나 성경의 가르침과 완전히 어긋나는 태도이다(참조. 레 19:15; 잠 24:23; 28:21). 만일 구원을 받았다면, 우리는 하나님의 자녀이다. 그리고 우리가 하나님의 자녀라면 마땅히 그분을 본받아야 한다. 바울은 다음의 말씀을 명백히 선포하고 있다. "이는 하나님께서 외모로 사람을 취하지 아니하심이라"(롬 2:11; 참조. 레 19:15; 욥 34:19; 잠 24:23; 28:21; 엡 6:9; 골 3:25; 벧전 1:17).

물론 우리는 노인과 권세를 지닌 이들에게 특별히 존경과 영예를 돌려야 하며, 이는 교회와 사회 일반에서 모두 마찬가지다. 주님은 모세를 통해 이같이 명령하셨다. "너는 센 머리 앞에서 일어서고 노인의 얼굴을 공경하며 네 하나님을 경외하라. 나는 여호와이니라"(레 19:32). 바울은 데살로니가 교회의 신자들에게 그들을 위해 수고하는 목회자들을 "알고 … 가장 귀히 여길" 것을 당부했다(살전 5:12~13). 그리고 바울은 디모데에게 이렇게 권고하고 있다. "잘 다스리는 장로들은 배나 존경할 자로 알되 말씀과 가르침에 수고하는 이들에게는 더욱 그리할 것이니라"(딤전 5:17). 또 바울은 출애굽기 22장 28절을 인용하면서 자신이 미처 알지 못하고 당시의 대제사장을 "회칠한 담"으로 불렀던 것을 사과했다(행 23:3~5). 그리고 바울은 이 문제에 관해 이렇게 말한다.

> 각 사람은 위에 있는 권세들에게 복종하라. 권세는 하나님으로부터 나지 않음이 없나니 모든 권세는 다 하나님께서 정하신 바라. 그러므로 권세를 거스르는 자는 하나님의 명을 거스름이니 거스르는 자들은 심판을 자취하리라. 다스리는 자들은 선한 일에 대하여 두려움이 되지 않고 악한 일에 대하여 되나니, 네가 권세를 두려워하지 아니하려느냐? 선을 행하라. 그리하면 그에게 칭찬을 받으리라. 그는 하나님의 사역자가 되어 네게 선을 베푸는 자니라. 그러나 네가 악을 행하거든 두려워하라. 그가 공연히 칼을 가지지 아니하였으니 곧 하나님의 사역자가 되어 악을 행하는 자에게 진노하심을 따라 보응하는 자니라. 그러므로 복종하지 아니할 수 없으니 진노 때문에 할 것이 아니라 양심을 따라 할 것이라. (롬 13:1~5)

베드로 역시 이 권고를 이렇게 반복한다. "하나님을 두려워하며 왕을 존대하라"(벧전 2:17).

"사람을 차별하여 대함"은 헬라어 단어 '프로소폴렘프시아'(*prosōpolēmpsia*)를 번역한 표현이다. 이 단어는 문자적으로 '누군가의 얼굴을 들어 올리는 일'을 의미하며, 어떤 이들을 그 외모로 판단해서 이에 따라 특별한 호의와 존중을 베푼다는 개념을 지닌다. 이는 순전히 피상적인 수준에서 어떤 이를 평가하고, 그의 참된 장점이나 능력, 성품을 고려하지 않는 일을 가리킨다. 이 단어나 이에 연관된 명사 프로소폴렘프테스'(*prosōpolēmptēs*, 행 10:34의 "사람의 외모를

봄"을 보라), 동사 '프로소폴렘프테오'(prosōpolēmpteō, 약 2:9의 "차별하여 대하면"을
보라)가 기독교의 문헌들 속에서만 등장하는 것은 흥미롭고도 의미 깊은 사실
이다. 아마도 그 이유는 대부분의 고대 사회에서 차별이 너무나 당연시되었기
때문일 것이다. 곧 그 차별은 자연스러운 것으로 간주되어 특별히 문제로 지목
되지도 않았다. 이는 오늘날 많은 문화권에서도 여전히 나타나는 현상이다.

예수님은 성육신해 이 땅에 사셨던 동안 인간의 형체를 입은 하나님의 형상
과 영광이셨다(고후 3:18; 4:4, 6; 빌 2:6). 그리고 성부 하나님과 마찬가지로 예수
님 역시 사람을 차별하시는 일이 없었으며, 이는 당시 그 대적들까지도 인정했
던 그분의 미덕이다. 예수께는 그분이 말씀을 건네거나 사역하시는 대상이 부
유한 유대의 지도자이거나 흔한 거지이든, 덕스러운 여인이거나 창녀이든, 대
제사장이거나 평범한 예배자이든, 잘 생겼거나 모습이 추하든, 교육을 받았거
나 무지하든, 종교적이거나 그렇지 않은, 법을 지키는 시민이거나 범죄자이든
전혀 상관이 없었다. 예수님이 온전히 관심을 쏟으신 일은 오직 그들의 영혼이
처한 상태였다. 요한은 신자들에게 다음의 진리를 확증한다. "그가 나타나시면
우리가 그와 같을 줄을 아는 것은 그의 참 모습 그대로 볼 것이기 때문이니"(요
일 3:2). 우리는 이 땅을 살아가는 동안, 그분이 이 땅에 계실 때 행하셨던 것과
똑같은 모습으로 사람들을 대하는 것이 마땅하다.

이처럼 공평하신 하나님의 성품은 그의 아들이신 예수 그리스도의 계보에
서도 나타난다. 마태복음과 누가복음의 기록을 살펴보면 예수님의 선조들 가
운데는 아브라함과 다윗, 솔로몬과 히스기야 같은 유명하고 경건한 신자들이
포함되어 있다(마 1:1~2, 5~7, 10; 눅 3:31~32, 34). 그런데 그 외에는 평범하고 이
름 없는 이들 역시 많이 포함되어 있다. 이를테면, 근친상간을 범한 다말이나
이전에 창기였던 라합, 버림받은 모압 족속 출신의 룻이 그런 경우이다(마 1:3,
5). 또 예수님은 위대하고 거룩한 도성 예루살렘이 아닌 베들레헴에서 나셨는
데, 이곳은 다윗의 성읍으로서 유대인들에게 역사적인 중요성을 지녔지만 그
영광의 측면에서 예루살렘과는 비교가 되지 않는 지역이었다. 그리고 유대 바
깥의 세상 속에서는 무의미한 장소였던 것이다. 이후 예수님은 갈릴리의 나사
렛이라는 동네에서 자라나셨으며, 대부분의 유대인들에게 이 동네가 지녔던

하찮은 평판은 나다나엘이 빌립에게 건넸던 다음의 말에서도 드러난다. "나사렛에서 무슨 선한 것이 날 수 있느냐"(요 1:46). 또 다른 정황에서 어떤 이들은 예수님에 관해 이렇게 말했다. "그리스도가 어찌 갈릴리에서 나오겠느냐"(요 7:41). 그리고 다른 이들은 이렇게 주장했다. "찾아보라. 갈릴리에서는 선지자가 나지 못하느니라"(요 7:52). 그리고 오순절 날 예루살렘에 모인 군중들은 "다 놀라 신기하게 여겨" 말하기를, "보라, 이 말하는 사람들이 다 갈릴리 사람이 아니냐?"고 했던 것이다(행 2:7).

예수님의 한 비유에서는 어떤 주인이 어느 날 일꾼들을 고용하고 다양한 시간대에 제각기 일을 시작하도록 내보냈다. 그리고 그날의 작업이 끝났을 때 그 일꾼들은 자신들이 모두 동일한 액수의 품삯을 지급 받은 일을 알게 되었다. 이때 그 가운데 하루 종일 일한 이들은 자신들이 그날의 끝 무렵에 일을 시작한 이들과 동일한 품삯을 받게 된 것을 항의했다. 이에 그 주인은 그중 한 사람에게 이렇게 대답했다. "친구여, 내가 네게 잘못한 것이 없노라. 네가 나와 한 데나리온의 약속을 하지 아니하였느냐? 네 것이나 가지고 가라. 나중 온 이 사람에게 너와 같이 주는 것이 내 뜻이니라. 내 것을 가지고 내 뜻대로 할 것이 아니냐? 내가 선하므로 네가 악하게 보느냐?" 예수님은 이 주인에게 자신의 뜻대로 행할 권리가 있음을 인정하면서 이렇게 덧붙이셨다. "이와 같이 나중 된 자로서 먼저 되고 먼저 된 자로서 나중 되리라"(마 20:13~16). 삶의 마지막 순간에 구원을 받은 이들은 오랫동안 주님을 알고 신실하게 섬겨 왔던 이들과 동일한 영광을 하늘에서 누리게 될 것이다. 그들이 지닌 부와 명성, 지식이나 사회적 지위를 비롯한 세상의 평가 기준들과 마찬가지로, 그들이 구원을 받은 시기 역시 그들이 누리게 될 하늘의 복을 결정하는 데 영향을 미치지 않을 것이기 때문이다. 이 놀라운 이야기는 모든 이들에게 동일한 영생을 베푸시는 하나님의 공평한 성품을 드러낸다.

예수님의 또 다른 비유에서는 한 왕이 자신의 아들을 위해 베푼 결혼 잔치에 초대된 손님 중 일부가 그 자리에 나타나지 않은 일이 언급된다. 그러자 그 왕은 종들에게 "네거리 길에 가서 사람을 만나는 대로 혼인 잔치에 청하여 오라"고 명했으며, 이에 그 종들이 "길에 나가 악한 자나 선한 자나 만나는 대로 모두 데려오니 혼인 잔치에 손님들이 가득하게" 되었다(마 22:9~10). 이처럼 예수님도 아무 차별이 없이 모든 이들을 그분 자신에게로 부르신다. 만약 그들에게 그분을 향한 구원의 신앙이 있기만 하면, 그들이 부자인지 가난한지, 교육을 받았는지 무식한지, 도덕적인지 아니면 매우 부도덕한지, 종교적인지 그렇지 않은지, 유대인인지 이방인인지는 전혀 상관이 없는 것이다(참조. 갈 3:28). 그리고 "평범한 사람들이 그분의 말씀을 기쁘게 들었던" 부분적인 이유는 이점에 있었던 것이 분명하다(막 12:37 KJV). 더 나아가, 예수님은 하나님이 판단의 기준으로 삼으시는 것은 어떤 이가 주님의 일을 위해 드린 헌금의 액수가 아니라 그 사람이 품은 마음속의 동기에 있음을 보여주셨다. 한번은 그분이 제자들과 함께 성전에 있는 헌금함의 맞은편에 앉아 계셨을 때, "한 가난한 과부가 와서 두 렙돈 곧 한 고드란트를 넣었다." 이에 예수님은 제자들을 부르셔서 이렇게 말씀하셨다. "내가 진실로 너희에게 이르노니 이 가난한 과부는 헌금함에 넣는 모든 사람보다 많이 넣었도다. 그들은 다 그 풍족한 중에서 넣었거니와 이 과부는 그 가난한 중에서 자기의 모든 소유 곧 생활비 전부를 넣었느니라"(막 12:42~44).

복음은 모든 이들을 평등하게 만드는 위대한 능력이다. 이는 그 안에서 선포되는 구주를 믿음으로 받아들이는 모든 이들에게 그 능력이 똑같이 주어지기 때문이다. 예수님은 자기를 믿고 따르는 모든 이들에게 이렇게 약속하신다. "나는 마음이 온유하고 겸손하니 나의 멍에를 메고 내게 배우라. 그리하면 너희 마음이 쉼을 얻으리니 이는 내 멍에는 쉽고 내 짐은 가벼움이라"(마 11:29~30).

안타깝게도, 오늘날 많은 교회가 다른 점에서는 성경적이며 신실한 태도를 취하면서도 그 안에 속한 지체들을 모두 동등하게 대하지 않는 모습을 보인다. 곧 이질적인 인종이나 민족적 배경, 경제적인 위치에 처한 이들이 그 교제 안으로 온전히 받아들여지지 않는 것이다. 하지만 그래서는 안 된다. 이는 하나님의 거룩한 법을 위반하는 일일 뿐 아니라 그분의 신적인 성품을 조롱하는 것이기 때문이다.

예시

"만일 너희 회당에 금가락지를 끼고 아름다운 옷을 입은 사람이 들어오고 또 남루한 옷을 입은 가난한 사람이 들어올 때에 너희가 아름다운 옷을 입은 자를 눈여겨보고 말하되 여기 좋은 자리에 앉으소서 하고 또 가난한 자에게 말하되 너는 거기 서 있든지 내 발등상 아래에 앉으라 하면 너희끼리 서로 차별하며 악한 생각으로 판단하는 자가 되는 것이 아니냐?"(2:2~4, 개역개정판에는 "집회" 대신에 "회당"으로 번역되어 있다.—역주)

이 본문에서 야고보가 강조하는 바를 잘 이해하려면 초기 기독교 회심자의 대다수가 가난한 유대인들이었다는 점을 알 필요가 있다. 그 유대인 신자들이 원래 가난하지 않았다 해도, 그들 중 많은 이들이 그 신앙 때문에 가족과 사회로부터 소외되어 갑작스레 그런 상태에 빠지곤 했다. 그리하여 한 가정의 남편이자 아버지가 일자리를 잃거나, 한 가정의 아내이자 어머니가 몸에 걸칠 옷만을 지닌 채 집 밖으로 쫓겨났다. 이처럼 당시의 유대인들은 기독교로 회심한 동료 유대인들을 향해 강렬한 적개심을 품었다. 그리고 바울은 고린도 교회에 보낸 첫 편지에서 신자들에게 다음의 사실을 헤아려 볼 것을 권고한 바 있다. "[너희 중에] 육체를 따라 지혜로운 자가 많지 아니하며 능한 자가 많지 아니하며 문벌 좋은 자가 많지 아니하도다"(고전 1:26).

로마의 철학자 켈수스는 주후 178년에 저술한 그리스도인을 비방하는 글에서 그들을 공격했는데, 그 주된 이유는 단순히 그들 중 대다수가 가난하고 교육 받지 못한 이들이라는 데 있었다. 켈수스는 그 신자들의 평범한 모습을 맹렬히 비판하면서 그들을 비천한 이들로 묘사했다. "그들은 마치 자신들의 둥지 바깥으로 기어 나오는 박쥐나 개미 떼, 혹은 늪지대 한가운데 향연을 여는 개구리 떼나 진흙탕의 한구석에서 회합하는 벌레 떼와도 같다."

이처럼 차별이 없는 교회의 모습은 오순절 직후부터 드러났다. "믿는 사람이 다 함께 있어 모든 물건을 서로 통용하고 또 재산과 소유를 팔아 각 사람의 필요를 따라 나눠 주었다"(행 2:44~45). 이런 필요가 생겨난 것은 예루살렘의 유대인들이 새롭게 그리스도를 믿는 신앙으로 회심하면서 그 사회로부터 소외된 일과 유월절과 오순절을 지키기 위해 그 도성에 왔던 순례자들이 아무 수입원이 없이 그곳에 남았던 일 때문이었다. 그리고 얼마 뒤에 누가는 이렇게 기록했다. "그중에 가난한 사람이 없으니 이는 밭과 집 있는 자는 팔아 그 판것의 값을 가져다가 사도들의 발 앞에 두매 그들이 각 사람의 필요를 따라 나누어 줌이라. 구브로에서 난 레위족 사람이 있으니 이름은 요셉이라. 사도들이 일컬어 바나바라(번역하면 위로의 아들이라) 하니 그가 밭이 있으매 팔아 그 값을 가지고 사도들의 발 앞에 두니라"(행 4:34~37).

이후 박해가 이어지면서 많은 유대인 신자들이 일자리를 잃고 가족과 친구들에게서 소외되었으며, 이에 따라 그들이 겪는 의식주를 비롯한 여러 생활의 필요는 점점 더 커져갔다. 그리고 그 결과 중 하나로 다음의 일이 발생했다. "그 때에 제자가 더 많아졌는데 헬라파 유대인들이 자기의 과부들이 매일의 구제에 빠지므로 히브리파 사람을 원망하였다"(행 6:1). 이런 실제적인 필요 때문에 예루살렘 교회는 경건한 사람들을 택해서 음식의 분배를 관장하게 했다. 그리고 이 덕분에 사도들은 "기도하는 일과 말씀 사역"에 전념할 수 있었다(4절).

물론 초기의 그리스도인 중에는 일부 부유한 이들도 있었다. 그중 하나는 아리마대 사람 요셉이었는데, 그는 유대 민족의 최고 회의인 산헤드린 공회의 회원으로서 예수님의 은밀한 제자였다. 그는 총독 빌라도의 허락을 얻어 예수님을 자신의 새 무덤에 안장했다. 또 다른 은밀한 제자로는 니고데모가 있었는데, 그 역시 산헤드린 공회에 속한 부유하고 잘 알려진 회원이었다. 니고데모는 예수님을 매장할 때 요셉을 도와서 그 몸에 바를 몰약과 침향을 제공했다(요 19:38~40). 에디오피아의 내시는 집사 빌립의 사역을 통해 기독교로 회심했는데, 그는 에디오피아 여왕의 국고를 맡은 관리인으로서 매우 부유한 사람이었다(참조. 행 8:26~38). 로마의 백부장 고넬료는 또 한 사람의 잘 알려진 이방인 회심자였고 분명히 상당한 재산을 소유했던 인물이었다(참조. 행 10장). 그리고 총독이었던 서기오 바울 역시 마찬가지였다(13:7, 12). 또 재정적으로 부유한 이들 가운데는 "자색 옷감 장사"였던 루디아(16:14)나 데살로니가에서 회심한 "경건한 헬라인의 큰 무리와 적지 않은 귀부인들"(17:1, 4), 천막 만드는 일을 했던 유대인 부부 아굴라와 브리스길라(18:1~3), 이방인인 디도 유스도(7절)와 고린도의 회당장 그리스보가 있었다(8절). 에베소에 있던 디모데에게 보낸 편지에서 바울은 이렇게 지시했다. "네가 이 세대에서 부한 자들을 명하여 마음을 높이지 말고 정함이 없는 재물에 소망을 두지 말고 오직 우리에게 모든 것을 후히 주사 누리게 하시는 하나님께 두게 하라"(딤전 6:17).

하지만 이미 말했듯이, 초기의 신자들은 대부분 가난했다. 특히 유대 지역의 신자들이 그러했으며 그들의 형편은 당시에 찾아온 기근 때문에 훨씬 더 악화되었다. 그러므로 누가의 기록에 따르면, 당시 "제자들이 각각 그 힘대로 유대에 사는 형제들에게 부조를 보내기로 작정하고 이를 실행하여 바나바와 사울의 손으로 장로들에게 보냈다"(행 11:29~30). 그리고 당시에는 가난한 신자들까지도 자신들보다 더 형편이 어려웠던 형제자매들을 돕기 위해 자신의 소유를 아낌없이 내놓았다. 이 일에 관해 바울은 이렇게 말한다. "하나님께서 마게도냐 교회들에게 주신 은혜를 … 알리노니 환난의 많은 시련 가운데 그들의 넘치는 기쁨과 극심한 가난이 그들의 풍성한 연보를 넘치도록 하게 하였느니라"(고후 8:1~2). 성경 전체에 걸쳐 가난한 이들은 하나님이 특별한 관심을 쏟으시는 대상이 되었다(레 25:25, 35~37, 39; 시 41:1; 68:10; 72:4, 12; 잠 17:5; 21:13; 28:27; 29:7; 31:9, 20; 사 3:14~15; 10:1~2; 25:4; 갈 2:10).

이 본문을 살펴보면 야고보의 편지를 받은 교회들 가운데 적어도 일부에는 부유한 교인들 혹은 가끔 교회를 찾아오는 부유한 방문객이 있었던 것이 분명하다. 그렇지 않다면, "너희 집회에 금가락지를 끼고 아름다운 옷을 입은 사람이 들어올" 때 그에게만 호의를 보여서는 안 된다고 경고하는 일이 무의미했을 것이다.

이 본문의 "집회"(개역개정판에는 "회당"으로 번역되어 있다.―역주)는 헬라어 '수나고게'(*sunagōgē*)를 번역한 단어이다. 이 '수나고게'는 기본적으로 '한데 모이는 일'을 의미하며 대개는 "회당"으로 번역된다. 이 책의 서론에서 말했듯이, 이 구절에서 야고보가 '에클레시아' 대신에 '수나고게'라는 표현을 쓴 것은 편지를 받는 교회들이 주로 유대인들로 구성되어 있었다는 점과 이 편지가 신약 교회의 초창기에 작성되었다는 점을 보여주는 추가적인 증거가 된다. ('에클레시아'는 '수나고게'와 같은 의미를 지니며, 5장 14절에서와 같이 대개는 "교회"로 번역된다.) 또한 '에클레시아'와 마찬가지로 '수나고게' 역시 고유 명사가 아니며, 이는 이 단어들에 각기 상응하는 영어의 "교회"(church)와 "회당"(synagogue) 역시 그러하다. 신약에서는 이 두 표현 모두 어떤 종류의 모임이나 장소를 나타내는데 쓰이고 있다. 야고보는 이 구절에서 '수나고게'를 이런 의미로 사용했으며, 누가 역시 사도행전 19장 32, 39, 41절에서 '에클레시아'를 그런 의미로 쓰고 있다.

'크루소닥툴리오스'(chrusodaktulios, "금가락지를 끼고")는 문자적으로 '금으로 된 손가락의'(gold-fingered)를 의미하며, 이는 그 사람이 여러 개의 반지를 끼고 있었음을 가리킬 수 있다. 당시의 부자들 가운데는 손가락에 여러 개의 반지를 끼는 일이 흔했으며, 이는 유대인과 이방인들 사이에서 모두 마찬가지였다. 그것은 그들의 부유함과 사회적 지위를 드러내는 징표였다. 로마의 정치가이며 철학자였던 세네카는 이렇게 기록했다. "우리는 여러 개의 반지로써 자신의 손가락을 치장하며, 그 마디마다 빛나는 보석을 끼워 둔다"(William Barclay, *The Letters of James and Peter* [Philadelphia: Westminster, 1960], 75). 이런 관습이 당시의 일부 교회들 가운데 널리 퍼져 있었기에 2세기의 교부였던 알렉산드리아의 클레멘트는 그리스도인들에게 한 개의 반지만을 낄 것과 그것도 비둘기나 물고기, 배의 닻을 비롯한 기독교적 상징이 새겨진 반지만을 택하라고 훈계했던 것으로 보인다(Barclay, 75).

이 구절의 "아름다운"은 헬라어 '람프로스'(lampros)를 번역한 것이며, 이는 문자적으로 '밝은', '빛나는'을 의미한다. 이 단어는 헤롯과 그의 군인들이 예수님을 총독 빌라도에게 보내기 전에 희롱의 뜻으로 그분께 입혔던 "빛난 옷"이나(눅 23:11), 고넬료가 기도할 때 그 앞에 나타났던 천사의 "빛난 옷"을 묘사하는 데 쓰였다(행 10:30).

이 본문의 맥락을 보면 야고보의 예화에서 언급되는 그 가상의 "사람"은 교회를 방문한 불신자였을 것으로 보인다. 어떤 경우든 간에 그 사람이 "금가락지"를 끼고 "아름다운 옷"을 입은 것이나 "좋은 자리"에 앉은 것 자체가 죄는 아니었다. 그리고 역시 방문자였을 그 "가난한 사람"이 "남루한 옷", 곧 초라하고 더러운 냄새가 나는 옷을 입고 온 것 역시 죄가 아니었다. 물론 몸을 깨끗이 씻고 단정한 옷을 입고 왔다면 더 좋았겠지만, 그 사람은 가장 값싼 옷 또는 누가 내버린 옷만을 구할 수 있었을 것이다. 그리고 특히 그 시대에는 자신의 몸이나 옷을 씻을 기회를 얻기 어려웠을 것이 분명하다.

당시 대다수의 회당에는 몇 개의 좌석만 있었으며 맨 앞쪽에는 그중 한두 개의 의자만 배치되어 있었다. (마태복음 23장 6절에서 서기관과 바리새인들이 탐낸 것은 바로 이 "회당의 높은 자리"였을 것이다.) 이에 더해 몇 개의 다른 좌석들이 회당의 벽 주위에 놓여 있었을 것이다. 대부분의 사람은 서 있거나 바닥에 책상다리를 한 채로 앉곤 했다. 그리고 가끔은 그렇게 의자에 앉은 이들에게 "발등상"(발을 올려놓는 작은 받침대를 가리킨다.—역주)까지 주어지는 경우가 있었다. 그렇기에 다른 누군가, 특히 교회당을 찾은 방문자나 손님에게 "내 발등상 아래에 앉으라"고 지시하는 것은 이중의 무례를 드러내는 태도였다. 이는 곧 어떤 좌석이나 의자에 앉은 이가 그 자리를 방문자에게 양보하기는커녕 자신의 "발등상"조차도 내어 주지 않는 일이었다.

이 두 경우 모두 그 신자들의 죄는 바로 공평하지 않은 태도에 있었다. 잘 차려입은 사람에게는 특별한 호의를 보이는 반면 가난한 사람에게는 무례 또는 경멸을 드러냄으로써 "서로 차별하는" 것이 그들의 허물이었다. 이런 식으로 사람을 대하는 것은 심각한 죄였으며, 그런 허물을 범하는 이들은 곧 "악한 생각으로 판단하는 자가 되는" 것이었다. 이 두 경우 모두, 그 신자들이 방문객을 대하는 태도는 피상적이며 자기중심적이고 세속적인 "생각"에 근거해 있었다. 그리스도인들 가운데 이런 차별이 나타나는 일은 그저 불친절한 태도에 그치지 않는다. 오히려 그것은 명백히 "악한" 행동인 것이다. 야고보는 "악"을 표현하는데 세 개의 단어를 사용하는데(1장 21절의 '카키아'[kakia, "악"]와 3장 16절의 '파울로스'[phaulos, "악한"]를 보라), 그 중에서 이 구절과 4장 16절에 쓰인 단어 ('포네로스'[ponēros])가 가장 심각한 의미를 지닌다. 이 단어에는 파괴적이고 유해한 결과를 낳는 사악한 의도의 개념이 담겨 있기 때문이다.

바울은 로마의 교회에 보낸 편지에서 이렇게 말했다. "이제 인내와 위로의 하나님이 너희로 그리스도 예수를 본받아 서로 뜻이 같게 하여 주사 한마음과 한 입으로 하나님 곧 우리 주 예수 그리스도의 아버지께 영광을 돌리게 하려 하노라. 그러므로 그리스도께서 우리를 받아 하나님께 영광을 돌리심과 같이 너희도 서로 받으라"(롬 15:5~7). 이 편지의 앞부분에서 바울은 신자들에게 다음의 진리를 일깨운 바 있다. **"우리가 아직 죄인 되었을 때에** 그리스도께서 우리를 위하여 죽으심으로 하나님께서 우리에 대한 자기의 사랑을 확증하셨느니라"(5:8, 강조점은 나의 것). 만일 하나님이 이같이 행하셨다면, 여전히 죄 가운데 있고 불완전한 우리들은 다른 사람들을 더욱 사랑해야 할 것이다. 그 사랑의 대상에는 동료 신자와 불신자들이 모두 포함된다. 주님이 인정하시는 유일한 '차별'은 우리가 "겸손한 마음으로 … 자기보다 남을 낫게 여기는" 일뿐이다(빌 2:3). 이같이 이타적인 '차별'은 다른 이들의 필요를 우리 자신의 것보다 더 존중하고, 우리 자신보다는 그들의 유익과 번영을 구하는 데에서 드러나게 된다.

여기서 강조할 점이 있다. 비록 부유한 이들이 특수한 유혹과 성향에 매이게 되지만(참조. 약 2:6~7) 그들의 부 자체가 죄악 된 것은 아니라는 점이다. 그들이 그 재물을 정당한 방식으로 모았으며 주님의 신실한 청지기로서 그것을 현명하고 관대하게 사용하는 한에는 그러하다. 이와 마찬가지로 어떤 사람의 가난 자체가 죄가 되지 않는다. 그 사람이 한때 소유했던 재산을 어리석게 탕진했거나 죄에 대한 하나님의 징벌의 결과가 아닌 경우 그러한 것이다. 오히려 하나님이 보시기에는 부자와 가난한 자 모두 동등한 위치를 지니며, 우리는 그 중 어느 쪽에게도 차별적인 태도를 보여서는 안 된다.

9

교회 안에서 사람을 차별하는 죄악 2부

(약 2:5~13)

"내 사랑하는 형제들아, 들을지어다. 하나님이 세상에서 가난한 자를 택하사 믿음에 부요하게 하시고 또 자기를 사랑하는 자들에게 약속하신 나라를 상속으로 받게 하지 아니하셨느냐? 너희는 도리어 가난한 자를 업신여겼도다. 부자는 너희를 억압하며 법정으로 끌고 가지 아니하느냐? 그들은 너희에게 대하여 일컫는 바 그 아름다운 이름을 비방하지 아니하느냐? 너희가 만일 성경에 기록된 대로 네 이웃 사랑하기를 네 몸과 같이 하라 하신 최고의 법을 지키면 잘하는 것이거니와 만일 너희가 사람을 차별하여 대하면 죄를 짓는 것이니 율법이 너희를 범법자로 정죄하리라. 누구든지 온 율법을 지키다가 그 하나를 범하면 모두 범한 자가 되나니 간음하지 말라 하신 이가 또한 살인하지 말라 하셨은즉 네가 비록 간음하지 아니하여도 살인하면 율법을 범한 자가 되느니라. 너희는 자유의 율법대로 심판 받을 자처럼 말도 하고 행하기도 하라. 긍휼을 행하지 아니하는 자에게는 긍휼 없는 심판이 있으리라. 긍휼은 심판을 이기고 자랑하느니라."(2:5~13)

하나님은 차별하지 않는 분이며, 그분의 백성인 우리 역시 그런 특성을 드러내야만 한다. 신자들이 이같이 공평한 성품을 키워 가는 것을 돕기 위해, 야고보는 하나님이 지니신 공평한 성품의 다섯 가지 특징을 제시하고 있다. 앞 장에서는 그 특성의 원리와 사례를 살펴보았다. 이제 이 장에서는 그 성품에 관련된 비일관성과 위반, 호소의 측면을 다루어 보려 한다.

비일관성

> "내 사랑하는 형제들아, 들을지어다. 하나님이 세상에서 가난한 자를 택하사 믿음에 부요하게 하시고 또 자기를 사랑하는 자들에게 약속하신 나라를 상속으로 받게 하지 아니하셨느냐? 너희는 도리어 가난한 자를 업신여겼도다. 부자는 너희를 억압하며 법정으로 끌고 가지 아니하느냐? 그들은 너희에게 대하여 일컫는 바 그 아름다운 이름을 비방하지 아니하느냐?"(2:5~7)

야고보는 이 본문에서 하나님의 공평하신 성품과 가난한 이들을 무시하는 신자들의 태도 사이의 비일관성을 지적하고 있다.

야고보가 독자들인 그 "사랑하는 형제들"에게 제일 먼저 제시하는 권면은 단순히 "들으라"는 것이다. 이것은 따스한 권면으로 그들의 지성뿐 아니라 그들의 마음을 향한 것이기도 하다. 이 권면 속에는 진리뿐 아니라 깊은 사랑의 관점 역시 담겨 있다. 이 서신은 직접적이고 실제적이며 예리한 어조로 기록되었지만, 그는 그저 냉담하거나 무관심한 태도로 하나님의 진리를 전달하기만 하지 않는다. 야고보는 목회자의 마음을 지닌 이로서 동료 신자들을 바로잡을 뿐 아니라 사랑 안에서 세워주는 일에도 깊은 열정을 품고 있다.

여기서 야고보는 실질적으로 이렇게 말하는 셈이다. "잘 생각해 보라. 부자들에게만 친절하게 대하고 가난한 이들에게 등을 돌리는 일은 하나님의 성품이나 그분의 말씀과 뜻에 부합하는 것이 될 수 없다." 첫째로, 이같이 차별하는 태도는 하나님이 "가난한 자"들을 친히 선택하신 사실과 조화를 이루지 않는다. 그리고 둘째로, 그 독자들이 더 호의적인 태도를 보였던 "부자"들은 대개 그들을 존중하지 않을 뿐 아니라 그들의 신앙을 "비방하는" 성향까지 보였다. 이처럼 "가난한 자"들과 소외된 이들을 무시할 때, 우리는 주님이 특별히 선택하신 이들을 무시하는 것이 된다. 그리고 "부자"들을 더 우대하는 태도를 보일 때, 우리는 종종 신앙을 모독하는 이들의 편에 서게 된다.

가난한 이들을 선택하신 하나님

"내 사랑하는 형제들아, 들을지어다. 하나님이 세상에서 가난한 자를 택하사 믿음에 부요하게 하시고 또 자기를 사랑하는 자들에게 약속하신 나라를 상속으로 받게 하지 아니하셨느냐? 너희는 도리어 가난한 자를 업신여겼도다."(2:5~6a)

여기서 야고보는 겸손한 이들, 곧 "심령이 가난한" 자들(마 5:3)에 관해 말하는 것이 아니다. 그는 경제적으로 "가난한 자"들, 곧 재정적으로 궁핍하며 세상에서 열등하게 여겨지는 이들에 관해 이야기하고 있다. 구속사 전반에 걸쳐, 하나님은 경제적으로 빈곤하고 억눌리는 이들을 그분 자신에게 불러 모으는 일에 특별히 관심을 쏟으셨다. 하나님은 고대의 이스라엘 백성에게 모세를 통해 이렇게 말씀하셨다.

> 여호와께서 너희를 기뻐하시고 너희를 택하심은 너희가 다른 민족보다 수효가 많기 때문이 아니니라. 너희는 오히려 모든 민족 중에 가장 적으니라. 여호와께서 다만 너희를 사랑하심으로 말미암아, 또는 너희의 조상들에게 하신 맹세를 지키려 하심으로 말미암아 자기의 권능의 손으로 너희를 인도하여 내시되 너희를 그 종 되었던 집에서 애굽 왕 바로의 손에서 속량하셨나니. (신 7:7~8)

앞장에서 말했듯이 그중에는 몇몇 주목할 만한 예외도 있었지만, 하나님이 택하신 백성들은 주로 "세상에서 가난한 자"들로 이루어져 왔다. 다윗은 이렇게 선포한다. "가난한 자를 보살피는 자에게 복이 있음이여. 재앙의 날에 여호와께서 그를 건지시리로다"(시 41:1). 그는 또 이렇게 고백한다. "하나님이여, 주께서 가난한 자를 위하여 주의 은택을 준비하셨나이다"(시 68:10; 참조, 113:7). 달리 표현하면, 우리가 가난한 이들을 돌볼 때 하나님도 우리를 돌보아주신다는 것이다. 이는 우리가 그분의 마음에 담긴 뜻을 드러내는 이들이 되었기 때문이다. 솔로몬은 왕들에게 주님의 마음을 본받아 "가난한 백성의 억울함을 풀어주며 궁핍한 자의 자손을 구원하며 압박하는 자를 꺾고 … 궁핍한 자가 부르짖을 때에 건지며 도움이 없는 가난한 자도 건질" 것을 훈계했다(시 72:4, 12). 그는 또한 이같이 경고하고 있다. "가난한 자를 조롱하는 자는 그를 지으신 주를 멸시하는 자요"(잠 17:5), "귀를 막고 가난한 자가 부르짖는 소리를 듣지 아니하면 자기가 부르짖을 때에도 들을 자가 없으리라"(21:13; 참조. 28:27; 31:9). 만일 가난한 이들을 멸시하고 그들의 필요를 채워주지 않는다면, 우리는 하나님 자신을 멸시하는 것이 된다. 우리의 기도가 응답되지 않는다면 그동안 우리가 재정적인 어려움에 처한 주위의 사람들을 어떻게 대해 왔는지를 한 번 점검할 필요가 있다.

이사야는 당시의 통치자들에게 이렇게 경고했다. "여호와께서 자기 백성의 장로들과 고관들을 심문하러 오시리니 포도원을 삼킨 이는 너희이며 가난한 자에게서 탈취한 물건이 너희의 집에 있도다. 어찌하여 너희가 내 백성을 짓밟으며 가난한 자의 얼굴에 맷돌질하느냐? 주 만군의 여호와 내가 말하였느니라 하시도다"(사 3:14~15; 참조. 10:1~3). 선지자 아모스는 이 경고를 이렇게 반복했다. "여호와께서 이와 같이 말씀하시되 이스라엘의 서너 가지 죄로 말미암아 내가 그 벌을 돌이키지 아니하리니 이는 그들이 은을 받고 의인을 팔며 신 한 켤레를 받고 가난한 자를 팔며 힘없는 자의 머리를 티끌 먼지 속에 발로 밟고 연약한 자의 길을 굽게 하기 때문이니라"(암 2:6~7; 참조. 4:1; 5:11~12).

구약의 제사 제도에서 하나님은 너무 가난해서 율법에 규정된 제물을 바치지 못하는 이들을 위해 특별한 방편을 마련해 두셨다. 곧 소나 염소, 양을 제물로 드리지 못하는 이들의 경우, 그 대신에 산비둘기나 집비둘기를 바칠 수 있었다(레 1:5, 10, 14). 이에 더하여 칠 년째 되는 해마다 모든 빚이 면제되었는데, 이는 어떤 이가 갚을 수 없는 빚을 평생 지는 일을 막기 위함이었다(신 15:1~2). 또 오십 년이 되는 해마다 희년이 선포되었으며, 이때에는 종들이 주인에게서 해방되는 쪽을 선택할 수 있었다(레 25:8~13). 이스라엘 백성들은 자신의 밭에서 나는 곡식이나 포도원에서 자라난 열매들을 전부 수확하지 말고 어느 정도 남겨 두어야 했으며, 이는 가난한 이들이 그 곡식과 열매들을 주워갈 수 있게 하기 위함이었다(19:9~10). 이와 마찬가지로 가난한 이들에게 돈을 빌려줄 때 이자를 받아서는 안 되었다(25:35~37). 가난한 이들이 자신의 모든 소유물을 팔아야 할 경우에는 그들의 친족이 와서 그 소유물을 되사 주게끔 되어 있었다 (25:25). 그들이 동료 히브리인에게 자신을 팔아야만 할 경우에는 그들을 종처럼 취급해서는 안 되었다(25:39). 이처럼 하나님은 그분께 속한 이스라엘 백성들이 가난한 이들을 주의 깊게 보호하고 돌보도록 그 사회 제도를 확립하셨던 것이다.

신자인 우리들은 거듭나서 하나님의 본성에 참여하는 자들이 되었으므로 어려움에 부닥친 이들을 향한 그분의 깊은 사랑과 관심을 본받아야 한다. 우리가 지닌 정체성의 본질은 바로 거기에 있다. 이와 다른 방식으로 행하는 것은 우리 자신의 새로운 본성에 어긋날 뿐 아니라 하나님의 본성과도 상반되는 일이며, 그럴 경우에 우리는 그분의 심판 아래 놓이게 된다. 예수님은 한 젊은 부자에게 이렇게 말씀하셨다. "네가 온전하고자 할진대 가서 네 소유를 팔아 가난한 자들에게 주라. 그리하면 하늘에서 보화가 네게 있으리라. 그리고 와서 나를 따르라"(마 19:21). 예수님이 이같이 말씀하신 주된 목적은 과연 그 청년이 어떤 대가를 치르고라도 기꺼이 그분을 따르고자 하는지를 시험하시려는 데 있었다. 하지만 그 요구사항에는 가난한 이들의 삶을 위한 그분의 지속적인 관심 역시 담겨 있었다. 삭개오가 회심했을 때, 성령님은 곧 그가 재산을 속여 빼앗았던 이들에게 돌려주어야 한다는 것을 일깨워 주셨다. 당시에 많은 사람들이 삭개오의 권력과 탐욕 때문에 궁핍해진 상태에 있었기 때문이다(눅 19:8). 그때에 예수님은 이렇게 말씀하셨다. "오늘 구원이 이 집에 이르렀으니 이 사람도 아브라함의 자손임이로다"(9절). 구속을 받은 삭개오의 새로운 본성은 이같이 어려움에 처한 이들을 향한 경건한 관심을 통해 입증되었다. 하지만 가룟 유다의 경우에는 이와 정반대되는 모습을 드러냈다. 곧 유다는 마리아가 예수님의 발에 값진 향유를 붓는 것에 반대했는데, 이는 그의 심령이 구원받지 못했음을 보여주었다. 당시 유다는 그 향유를 팔아 가난한 사람들을 도울 수 있지 않겠느냐고 주장했지만, 그가 "이렇게 말함은 가난한 자들을 생각함이 아니었다." 오히려 "그는 도둑이었으며", "돈 궤를 맡고 거기 넣는 것을 훔쳐갔던" 것이다(요 12:6).

바울의 기록에 따르면, 그와 바나바가 안디옥에 있을 때 교회의 지도자들인 야고보와 베드로, 요한이 "그들에게 가난한 자들을 기억하도록 부탁하였다." 그런데 이것은 "[바울이] 본래부터 힘써 행하여" 온 일이었다(갈 2:10). 몇 년 후, 그는 마게도냐와 아가야의 교회들이 "예루살렘 성도 중 가난한 자들을 위하여 기쁘게 … 연보한" 일을 칭찬했다(롬 15:26).

야고보에 따르면, 하나님은 그분의 은혜와 사랑 가운데 "가난한 자를 택하사 믿음에 부요하게 하시고 … 약속하신 나라를 상속으로 받게 하셨다." 바울은 이렇게 말한다.

> 형제들아, 너희를 부르심을 보라. 육체를 따라 지혜로운 자가 많지 아니하며 능한 자가 많지 아니하며 문벌 좋은 자가 많지 아니하도다. 그러나 하나님께서 세상의 미련한 것들을 택하사 지혜 있는 자들을 부끄럽게 하려 하시고 세상의 약한 것들을 택하사 강한 것들을 부끄럽게 하려 하시며 하나님께서 세상의 천한 것들과 멸시 받는 것들과 없는 것들을 택하사 있는 것들을 폐하려 하시나니 이는 아무 육체도 하나님 앞에서 자랑하지 못하게 하려 하심이라. (고전 1:26~29)

비록 하나님의 백성 중 대다수는 물질적인 소유의 측면에서 부유하게 되지 않겠지만, "하나님"은 그들이 "믿음에 부요하게" 될 것임을 보증하신다. 곧 그들은 복음을 믿고 구원을 받으며 영생에 이르도록 견디기 위해 필요한 신앙을 풍성히 소유하게 되리라는 것이다. 그리스도께 속한 이들은 누구나 "그리스도 안에서 하늘에 속한 모든 신령한 복"을 받아 누리게 된다(엡 1:3). 그리고 그 이유는 이러하다. "유대인이나 헬라인이나 차별이 없음이라. 한 분이신 주께서 모든 사람의 주가 되사 그를 부르는 모든 사람에게 부요하시도다"(롬 10:12).

이처럼 주님의 영적인 복이 지금 우리 안에 풍성히 흘러넘치고 있다. 로마서의 뒷부분에서 바울은 이렇게 찬미한다. "깊도다 하나님의 지혜와 지식의 풍성함이여, 그의 판단은 헤아리지 못할 것이며 그의 길은 찾지 못할 것이로다!"(11:33). 바울은 고린도 교회의 신자들에게 자신이 물질적으로는 가난하지만 영적인 면에서는 "많은 사람을 부요하게" 할 특권을 받았다고 이야기한다. 그러므로 자신이 "아무 것도 없는" 자 같지만 실상은 모든 것을 소유하고 있다는 것이다(고후 6:10).

둘째로 "하나님은 세상에서 가난한 자를 택하사 … 약속하신 나라를 상속으로 받게" 하신다. 여기서 "나라"는 구원의 모든 영역, 곧 구원이 포함하고 함축하는 모든 것을 묘사한다. 이 구절에서 야고보는 구원의 영역이란 현재적 의미의 그 나라를 묘사하는 동시에, 미래의 천년왕국과 영원한 영광의 상태를 통해 드러날 그 나라에 관해서도 언급하고 있다. 그리고 지금 이 구원의 영역은 그리스도께서 통치하시는 이들 가운데 드러나게 된다. 어떤 이를 그 "나라"로 부르는 것은 곧 구원을 받도록 그를 부르는 것이며 그 반대도 성립한다는 것은 성경의 기본 진리이다. 한 부자 청년이 예수님께 찾아와서 "선생님이여, 내가 무슨 선한 일을 하여야 구원을 얻으리이까?" 하고 물었을 때 예수님은 이렇게 대답하셨다. "어찌하여 선한 일을 내게 묻느냐? 선한 이는 오직 한 분이시니라. 네가 생명에 들어가려면 계명들을 지키라"(마 19:16~17). 그런 다음에 예수님은 제자들에게 이렇게 설명하셨다.

> 내가 진실로 너희에게 이르노니 부자는 **천국**에 들어가기가 어려우니라. 다시 너희에게 말하노니 낙타가 바늘귀로 들어가는 것이 부자가 **하나님의 나라**에 들어가는 것보다 쉬우니라 … 내가 진실로 너희에게 이르노니 세상이 새롭게 되어 인자가 자기 영광의 보좌에 앉을 때에 나를 따르는 너희도 열두 보좌에 앉아 이스라엘 열두 지파를 심판하리라. 또 내 이름을 위하여 집이나 형제나 자매나 부모나 자식이나 전토를 버린 자마다 여러 배를 받고 또 **영생**을 상속하리라. 그러나 먼저 된 자로서 나중 되고 나중 된 자로서 먼저 될 자가 많으니라. (마 19:23~24, 28~30, 강조점은 나의 것)

위의 본문에서 강조된 단어들 가운데 드러나듯이, 예수님은 천국과 하나님 나라, 영생이 서로 하나임을 보여주신다. 이 셋은 기본적으로 동일한 실재를 나타내며, "[하나님을] 사랑하는" 자들은 이 모든 것들을 받아 누리게 된다. 이들은 하나님을 믿고 신뢰하는 이들이며, 이를 통해 구원을 얻고 하나님께 속한 하늘의 영원하고 풍성한 복을 상속받게 될 이들이다.

천국에서는 어떤 의미에서든 가난한 자나 이류 시민들이 없게 될 것이다. 그 안에 속한 모든 이가 영원한 의미를 지닌 복들을 풍성히 누리게 될 것이기 때문이다. 모든 신자는 동일한 영생을 상속받고 하나님 나라에 속한 하늘의 시민권과 그리스도의 온전한 의를 다 함께 누리게 될 것이다. (이 그리스도의 의는 곧 성부 하나님이 그들에게 전가해 주신 것이다.) 모든 하나님의 자녀들은 그분의 집에 거하며 그분의 임재와 사랑을 다 같이 누리게 될 것이다(요 14:1~3).

한편 야고보는 이렇게 지적한다. "너희는 도리어 가난한 자를 업신여겼도다." 곧 그 독자 중 일부가 주님이 특별히 선택하신 그 가난한 자들을 멸시하고 배척했다는 것이다. 이는 하나님의 성품에 전혀 걸맞지 않은 태도였다. 그러므로 여기서 야고보는 이렇게 따져 묻는 셈이다. '너희는 어떻게 하나님의 자녀라고 하면서도 그분과는 전혀 다른 방식으로 생각하고 행할 수 있느냐?'

부자들의 비방

"부자는 너희를 억압하며 법정으로 끌고 가지 아니하느냐? 그들은 너희에게 대하여 일컫는 바 그 아름다운 이름을 비방하지 아니하느냐?"(2:6b~7)

야고보는 계속해서 이렇게 묻는다. '너희를 억압하며 법정으로 끌고 가는 이들이 바로 부자들임을 너희는 깨닫지 못하느냐?' 이 구절의 "억압하며"는 헬라어 동사 '카타두나스테우오'(katadunasteuō)에서 온 것으로 '압제하다', '다른 이들에게 무질서한 힘을 행사하다'를 의미한다. 여기서 야고보는 이렇게 질문하는 것이다. '부자들은 너희를 경제적으로 이용하며, 너희의 모든 소유를 빼앗으려고 법정으로 끌고 가는 자들이 아니냐? 그들은 너희를 업신여기며 너희의 인간적인 가치를 낮추어 보는 것이 아니냐?'

더 나아가 야고보는 이렇게 묻고 있다. '더욱이 그들은 너희에게 대하여 일컫는 바 그 아름다운 이름을 비방하고, 너희의 신앙을 멸시하는 자들이 아니냐?' 여기서 "그 아름다운 이름"은 물론 예수의 이름을 가리킨다. 교회의 대적들은 그분의 이름을 비방하며 모독하고 있었던 것이다. 그러므로 야고보는 이렇게 따져 물었다. '너희는 부자들이 주님의 이름을 더럽히고 교회를 향한 세속적이고 종교적인 적대감을 부추기며, 너희에게 지극한 고난과 비참함을 가져다주는 것을 깨닫지 못하느냐?'

여기서 야고보는 구체적으로 사두개인들을 염두에 두고 있었을지 모른다. 당시 그들은 부유하고 귀족적이며 대단히 세속적인 이들로서 초기 교회를 적극적으로 핍박했기 때문이다. 사두개인들은 자신들이 모세의 율법을 엄격히 준수한다고 주장했지만, 그러면서도 천사를 비롯한 영적인 존재들이나 부활과 영혼의 불멸성을 믿지 않았다. 그러므로 그들은 천국과 지옥, 미래의 심판 역시 받아들이지 않았다. 바리새인들과 마찬가지로, 사두개인들 역시 예수님이 이 땅에 계실 때 그분을 맹렬히 공격했다. 그들은 그분의 이름을 비방했으며(참조. 마 16:1~12; 22:23~32) 초기의 교회를 거세게 핍박하고 비난했다(참조. 행 4:1~3; 5:17~18).

이 구절에서 "너희에게 대하여 일컫는 바"(by which you have been called)라는 어구는 예수 그리스도와 우리 신자들 사이에 있는 인격적인 관계와 연합을 강조한다. 신약의 서신들에서 "일컬음을 받다"(called)라는 표현은 늘 우리에게 구원을 베푸시는 하나님의 유효한 부르심에 연관된다. 하나님은 곧 그 부르심을 통해 죄인들을 구원하시는 것이다(참조. 롬 8:28~30). '그리스도인'이라는 호칭은 '그리스도께 속한 이들'을 의미한다. 그러므로 그들은 그리스도께 속하는 동시에 그분과 연합한 이들이며, 그분의 사랑과 공평하신 성품을 세상에 드러낼 위대한 특권을 지닌 이들이다.

위반

"너희가 만일 성경에 기록된 대로 네 이웃 사랑하기를 네 몸과 같이 하라 하신 최고의 법을 지키면 잘하는 것이거니와 만일 너희가 사람을 차별하여 대하면 죄를 짓는 것이니 율법이 너희를 범법자로 정죄하리라. 누구든지 온 율법을 지키다가 그 하나를 범하면 모두 범한 자가 되나니 간음하지 말라 하신 이가 또한 살인하지 말라 하셨은즉 네가 비록 간음하지 아니하여도 살인하면 율법을 범한

자가 되느니라."(2:8~11)

앞에서 살폈듯이, 차별 또는 편애는 하나님의 성품에 어긋나며 기독교 신앙과
상반될 뿐 아니라 하나님이 가난한 이들을 선택하신다는 사실과도 충돌한다.
(다른 한편, 부자들이 가난한 이들과 의인들을 핍박하는 일에는 잘 들어맞는다.) 이제 야고
보는 그런 차별이 하나님이 세우신 "최고의 법"을 위반하는 것임을 밝힌다. 그
것은 곧 하나의 죄이며 신적인 "법"을 거스르는 일이다.

여기서 8절은 단순한 차별의 문제를 넘어서는 광범위한 의미를 지니고
있다. 헬라어 원문의 경우, 이 구절에서 'if'가 이끄는 절("너희가 만일 … 지키
면"—역주)은 제1형 조건문(first-class conditional)이다. 따라서 그 'if'는 '~하므
로'(since), '~하기 때문에'(because)의 의미로 해석될 수 있으며, 이런 조건절은
곧 자명한 사실로 전제되는 실재를 묘사한다. 그러므로 이 구절은 이런 의미로
이해될 수 있다. '만약 너희가 성경에 기록된 최고의 법을 지키려 한다면(그리
고 실제로 너희는 그리해야 한다), 너희는 율법의 요구대로 네 이웃을 네 몸같이 사
랑해야 한다.'

이 본문에서 "최고의"(NASB에서는 "royal", 곧 '왕에게 속한'으로 번역되었다.—역
주)라는 표현에는 으뜸가는 주권의 개념이 담겨 있으며, 이는 그 "법"이 절대적
인 구속력과 권위를 지닌 것임을 나타낸다. 주권적인 왕이 자신의 칙령을 내릴
때, 그 내용은 그의 모든 백성에게 감히 거스를 수 없는 구속력을 지닌다. 이때
에는 그 칙령에 맞서 항소하거나 중재를 요청할 수 있는 법정이 존재하지 않는
것이다. 그리고 "성경에 기록된 대로"라는 어구는 주권자이신 하나님께 속한
"최고의 법"과 그분이 주신 성경의 명령들이 서로 같은 것임을 보여준다. 여기
서 야고보가 언급하는 "최고의 법"은 본질적으로 완전한 하나님 말씀의 핵심
요점을 나타내며, 마태복음 22장 37~40절에서는 이를 '하나님과 이웃을 온전
히 사랑하는 것'으로 요약한다. 바울에 따르면, "사랑은 율법의 완성이다"(롬
13:10; 참조. 8~9절). 어떤 이가 하나님을 사랑하며 그분께 온전히 헌신할 때는
그분의 명령 가운데 어느 것도 감히 어기지 않게 된다. 또 그가 이웃을 전심으
로 사랑할 때는 결코 다른 이를 해치지 않게 되는 것이다. 이처럼 하나님과 이

웃을 온전히 사랑하는 이는 그분의 모든 계명을 준수하며, 그리하여 온 율법을 지키게 된다.

이에 관해 예수님은 이렇게 말씀하셨다. "새 계명을 너희에게 주노니 서로 사랑하라. 내가 너희를 사랑한 것 같이 너희도 서로 사랑하라"(요 13:34). 이와 동일한 맥락에서 바울은 이렇게 설명한다. "남을 사랑하는 자는 율법을 다 이루었느니라. 간음하지 말라, 살인하지 말라, 도둑질하지 말라, 탐내지 말라 한 것과 그 외에 다른 계명이 있을지라도 네 이웃을 네 자신과 같이 사랑하라 하신 그 말씀 가운데 다 들었느니라. 사랑은 이웃에게 악을 행하지 아니하나니 그러므로 사랑은 율법의 완성이니라"(롬 13:8~10). 그리고 요한은 이같이 권면한다. "사랑하는 자들아, 우리가 서로 사랑하자." 그는 우리를 이렇게 일깨우고 있다. "사랑은 하나님께 속한 것이니 사랑하는 자마다 하나님으로부터 나서 하나님을 알고"(요일 4:7).

여기서 야고보가 초점을 두는 "최고의 법"은 구체적으로 '네 이웃을 네 자신과 같이 사랑해야 한다'는 것이다. 이 명령은 레위기 19장 18절에 제시된 것으로, 예수님은 친히 이것을 두 번째로 큰 계명으로 선포하셨다. 곧 이것은 "네 마음을 다하고 목숨을 다하고 뜻을 다하여 주 너의 하나님을 사랑하라"는 명령 다음으로 큰 계명인 것이다(마 22:37~39; 신 6:5; 레 19:18). 또한 예수님은 누가 우리의 "이웃"인지를 분명히 보여주신다. 우리의 도움을 필요로 하는 이가 바로 "이웃"이다. 이는 어떤 이가 여리고로 가는 길 위에서 강도를 만나 매를 맞고 버려졌을 때, 예기치 않게 그를 발견한 선한 사마리아인이 사심 없고 후한 태도로 그의 어려움을 돌보아주었던 이야기에서 드러난 바와 같다(눅 10:30~37). 그 사마리아인은 그 강도 만난 사람을 직접 돌보아주었을 뿐 아니라 그가 완전히 회복되기까지 다른 이들의 보살핌을 받도록 주선하기까지 했다.

이 "법"의 배후에 있는 목적은 분명하다. 우리는 스스로를 사랑하기 때문에 자신이 죽임을 당하거나 속는 일, 무언가를 도둑맞거나 학대받는 일을 원하지 않는다. 만약 우리가 이와 동일한 관심을 품고 다른 이들을 사랑한다면 그들에게도 이런 일을 행하지 않게 될 것이다. 그리고 이를 통해 하나님이 세우신 "최고의 법"이 성취되는 것이다. 무엇보다도 중요한 점은, 이런 식으로 다른 이들을 사랑할 때 하늘 아버지의 본성과 성품이 우리의 삶을 통해 드러나게 된다는 데 있다. 요한은 이렇게 말한다. "사랑하는 자들아, 우리가 서로 사랑하자. 사랑은 하나님께 속한 것이니 사랑하는 자마다 하나님으로부터 나서 하나님을 알고 사랑하지 아니하는 자는 하나님을 알지 못하나니 이는 하나님은 사랑이심이라"(요일 4:7~8; 참조. 11절).

오늘날 많은 교사가 주장하는 것과는 반대로, 성경은 우리가 다른 이들을 제대로 사랑하려면 먼저 우리 자신을 사랑하는 법을 배워야 한다고 가르치지 않는다. 이와 정반대로, 성경은 우리 자신을 사랑하는 것이 인간의 기본적인 본성임을 당연시한다. 이는 "누구든지 언제나 자기 육체를 미워하지 않고 오직 양육하여 보호하기" 때문이다(엡 5:29). 우리는 본성적으로 자기 자신을 깊이 사랑하며, 이로 인해 자기에게 필요한 음식을 섭취하는 데 주의를 기울인다. 또 자기에게 맞는 옷을 찾아 입고 외모에 신경을 쓰며 자신의 직업과 경력에 관심을 쏟는 것이다. 이처럼 우리는 자신의 삶을 편안하고 행복한 것으로 만들기 위해 노력한다. 그런데 성경에서는 이런 관심을 다른 이들에게도 나타내라는 것이다. 이같이 다른 이들을 사랑하는 일에 몰두하며 힘을 쏟을 때, 하나님의 주권적인 법이 우리의 삶 속에서 이루어진다. 그리고 우리는 차별의 문제에서 벗어나게 되는 것이다(참조. 빌 2:3~4).

오늘날에는 자존감 찾기나 자아도취적인 자기 존중이 높은 인기를 끌면서 '성경적인 기독교'의 이름 아래 권장되고 있다. 하지만 인자하고 경건한 마음으로 공평한 자세를 취하는 것은 이런 일들과 아무 상관이 없다. 성경을 알고 이해하며 온전히 받아들이는 그리스도인들은 그들 자신이 비참하고 악한 죄인이며, 자신이 받아 마땅한 것은 정죄와 지옥의 형벌뿐임을 깨닫는다. 그리고 자신이 구원받고 그 보증을 얻었으며, 이제는 복을 누리면서 주님과 함께 하늘에 영원히 거할 수 있게 된 것은 오직 하나님의 측량할 수 없는 은혜 덕분임을 알게 되는 것이다. 모세와 예수님, 야고보가 말하는 사랑은 하나님이 우리 안에 심어주시며 또 복을 베푸시는 사랑, 곧 다른 이들의 인간적인 필요를 돌보는 데 관심을 쏟는 사랑이다. 이때 우리는 자신의 필요를 돌보는 일에 본성적으로 마음을 쏟을 때와 마찬가지로 다른 이들의 신체적인 필요와 안전, 그리고 그들이 은혜와 거룩함 가운데 그리스도를 닮은 모습으로 자라가게끔 돕는 일에 관심을 기울여야 한다.

여기서 "잘하는 것이거니와"의 더 나은 번역은 "탁월하게 행함이거니와"가 될 수 있다. 다른 이들을 우리 자신처럼 사랑하는 일은 그저 만족스러운 사랑을 드러내는 것 이상의 일을 의미한다. 이는 곧 우리의 하늘 아버지께서 사랑하시듯이 사랑하며, 그분이 자녀인 우리에게 원하시는 방식대로 사랑을 표현하는 일을 가리키는 것이다. 히브리서의 저자는 이렇게 말한다. "… 손님 대접하기를 잊지 말라. 이로써 부지중에 천사들을 대접한 이들이 있었느니라"(히 13:2). 하지만 그들이 천사든 아니든 간에, 우리가 다른 신자들을 차별 없이 도울 때 주님은 이렇게 말씀하실 것이다. "너희가 여기 내 형제 중에 지극히 작은 자 하나에게 한 것이 곧 내게 한 것이니라"(마 25:40). 그리고 장차 주님이 우리에게 "잘하였도다"라고 칭찬하실 때(마 25:21, 23), 그 이유는 우리의 재능이나 지도력, 관대한 구제 등 때문이 아닐 것이다. 오히려 그 이유는 우리가 주님을 사랑하는 동시에 이웃, 특히 다른 신자들을 사랑함으로써 그분의 말씀에 신실하게 순종했기 때문일 것이다.

앞의 구절과 마찬가지로, 야고보서 2장 9절의 헬라어 원문은 제1형 조건문이 담긴 절로 시작한다. "만일 너희가 사람을 차별하여 대하면." 이 절의 의미는 이렇게 해석할 수 있다. '사람을 차별하여 대할 경우, 너희는 죄를 짓는 것이며 율법에 의해 범법자로 정죄될 것이다. 그리고 너희는 **실제로 그리하고 있다.**' 앞서 말했듯이, 야고보의 편지를 받은 교회들의 일부 신자는 그런 "차별"의 죄를 범하고 있었던 것이 분명하다. 하지만 이후에 제시할 바와 같이, 이 본문의 요점은 교회 안의 불신자들, 곧 신자로 가장하고 있는 거짓 그리스도인들을 책망하는 데 있다.

이 구절의 "차별하여 대하다"는 1절에서 "개인적인 차별"(personal favoritism, 개역개정판에는 "차별하여 대하다"로 번역되어 있다.—역주)로 번역된 명사의 동사형이다(신약 성경에서 이 단어는 오직 여기에만 쓰였다). 이 단어는 야고보가 말하는 문제가 그저 우연히 생기는 것이 아니라 습관이고 노골적인 형태의 "차별"임을 보여준다. 이런 차별을 행하는 이들은 심각한 "죄를 짓는" 것이

며, "율법에 의해 … 범법자로 정죄되었다"(참조. 신 1:17; 16:19). 그런 이들의 삶
은 하나님의 법을 **거스르는 성격**을 지니며, 이는 그들의 불신앙을 증언한다. 앞
서 살폈듯이, 우리의 이웃을 우리 자신처럼 사랑하는 일은 "성경에 기록된 …
최고의 법"을 만족시키는 동시에 우리가 하나님의 자녀임을 확증해 주는 것이
된다. 하지만 이와 반대로, 습관적인 "차별"은 하나님이 계시하신 그 "법"을 위
반하는 것이며, 우리가 그분의 자녀가 아님을 확증하는 것이다.

"차별"은 그저 사려 깊지 못한 태도나 무례한 행동 정도의 것이 아니라 하나
의 심각한 "죄"이다. 이 구절에서 야고보는 그 문제의 두 가지 형태 또는 측면
을 말하고 있다. 여기서 "죄"로 번역되는 '하마르티아'(*hamartia*)는 하나님이
세우신 의의 표준에 도달하지 못 하는 일을 가리키며, '파라바테스'(*parabatēs*,
"범법자")는 하나님이 정해주신 한계를 고의로 어기는 자를 가리킨다. 전자의
경우에는 그 기준에 미치지 못하며, 후자의 경우에는 그 기준을 멀리 벗어나는
것이다. 이 둘 다 죄악 된 행동이며, 이는 하나님이 주신 계시의 말씀에 무언가
를 더하거나 빼는 일이 모두 죄인 것과 마찬가지다(계 22:19).

그뿐 아니라, "누구든지 온 율법을 지키다가 그 하나를 범하면 모두 범한 자
가 된다." 어떤 이가 죄인이자 범법자가 되는 일은 그저 한 가지 계명에 불순종
하는 것만으로도 충분하다. 단순히 율법 일부분만이 아니라 하나님의 "온 율
법"을 준수하는 것이 우리의 의무이기 때문이다. 만일 그 율법 중 어느 하나라
도 지키는 데 실패하면(우리는 누구나 그럴 수밖에 없다), 우리는 "온 율법을 … 범
한" 자가 된다. 하나님이 주신 명령 가운데 어느 하나라도 어기는 것은 그분의
뜻과 권위를 거역하는 일이며, 이는 모든 죄의 바탕이 된다. 하나님의 "법"은
하나의 통합된 전체이다. 그 법의 모든 내용은 서로 연결되어 있으며 나뉠 수
없는 관계에 있다. 그러므로 우리의 죄는 마치 유리창을 망치로 내리치는 일
과 같다. 설령 그 유리창을 단 한 번 가볍게 내리칠지라도 그 창문 전체가 산산
조각이 나고 만다. 이처럼 어떤 죄들은 상대적으로 가볍고 다른 죄들은 지극히
사악하지만, 누구든지 "이 계명 중의 지극히 작은 것 하나라도"(마 5:19) 위반하
는 이는 하나님의 거룩한 법 전체를 거스르는 것이며 이로 인해 그는 범법자가
되고 만다.

바울은 갈라디아서 3장 10~13절에서 동일한 진리를 이렇게 진술하고 있다.

무릇 율법 행위에 속한 자들은 저주 아래에 있나니 기록된 바 누구든지 율법 책에 기록된 대로 모든 일을 항상 행하지 아니하는 자는 저주 아래에 있는 자라 하였음이라. 또 하나님 앞에서 아무도 율법으로 말미암아 의롭게 되지 못할 것이 분명하니 이는 의인은 믿음으로 살리라 하였음이라. 율법은 믿음에서 난 것이 아니니 율법을 행하는 자는 그 가운데 살리라 하였느니라. 그리스도께서 우리를 위하여 저주를 받은 바 되사 율법의 저주에서 우리를 속량하셨으니 기록된 바 나무에 달린 자마다 저주 아래에 있는 자라 하였음이라.

야고보는 이런 진리의 예시로서 출애굽기 20장 13~14절과 신명기 5장 17~18절을 인용하고 있다. "간음하지 말라 하신 이가 또한 살인하지 말라 하셨은즉 네가 비록 간음하지 아니하여도 살인하면 율법을 범한 자가 되느니라." 여기서 야고보는 사회적으로 가장 심각한 죄에 속하는 두 가지 일을 말하고 있으며, 이 두 경우 모두 그 계명을 어긴 자에게는 사형이 요구되었다. 아마 야고보가 이 죄들을 택한 이유는 차별이 심각한 죄임을 보여 주기 위함이었을 수도 있다. 다만 그는 하나님의 법에 속한 다른 어떤 계명을 가지고도 동일한 요점을 제시할 수 있었을 것이다. "율법을 범한 자"가 되기 위해서는 그 계명 중 **어느 하나라도** 어기기만 하면 충분했기 때문이다. 이 점에 관해 예수님은 이렇게 말씀하셨다.

진실로 너희에게 이르노니 천지가 없어지기 전에는 율법의 일점 일획도 결코 없어지지 아니하고 다 이루리라. 그러므로 누구든지 이 계명 중의 지극히 작은 것 하나라도 버리고 또 그같이 사람을 가르치는 자는 천국에서 지극히 작다 일컬음을 받을 것이요 누구든지 이를 행하며 가르치는 자는 천국에서 크다 일컬음을 받으리라. (마 5:18~19; 참조. 23:23; 갈 5:3)

유대인들은 율법을 서로 동떨어진 일련의 계명들로 간주하는 경향을 보였다. 이 계명 중 어느 하나를 지키는 것은 공로를 쌓는 일이었으며, 반대로 어느 하나를 위반하는 것은 빚을 지는 일이었다. 그러므로 각 사람은 자신이 지킨 항목들을 더하고 위반한 항목들을 뺌으로써 일종의 도덕적인 공로 또는 채무의 대차대조표를 작성할 수 있었던 것이다.

물론 이런 철학은 행위에 근거한 의를 추구하는 모든 종교의 체계에서 공통적으로 나타난다. 여기에는 우리가 하나님께 용납을 받거나 배척당하는 일이 본질적으로 우리 자신의 도덕적인 지위에 근거한다는 개념이 담겨 있다. 만일 나쁜 일보다 선한 일을 더 많이 행했으면 하나님께 용납을 받지만, 저울의 눈금이 그 반대쪽을 가리킨다면 배척을 당하게 된다는 것이다.

참으로 많은 사람이 이런 완전히 비성경적인 사상을 굳게 믿고 있으며, 그 중에는 그리스도의 이름을 부르는 이들도 많이 포함되어 있다. 하지만 하나님이 세우신 기준은 완전함에 있다. 이 점에 관해 예수님은 이렇게 선포하셨다. "그러므로 하늘에 계신 너희 아버지의 온전하심과 같이 너희도 온전하라"(마 5:48). 하나님은 이 완전함에 이르지 못한 일들을 결코 받아 주시지 않을 것이다. 하지만 죄악 된 우리 인간들은 아무도 그 완전함에 도달할 수 없으므로, 하나님은 죄가 없으신 그분의 아들이 우리의 죄를 대신 속하심으로써 우리에게 그 온전한 의가 전가되도록 은혜롭게 행하셨다.

> 그러므로 우리가 믿음으로 의롭다 하심을 받았으니 우리 주 예수 그리스도로 말미암아 하나님과 화평을 누리자 … 우리가 아직 연약할 때에 기약대로 그리스도께서 경건하지 않은 자를 위하여 죽으셨도다. … 우리가 아직 죄인 되었을 때에 그리스도께서 우리를 위하여 죽으심으로 하나님께서 우리에 대한 자기의 사랑을 확증하셨느니라 … 곧 우리가 원수 되었을 때에 그의 아들의 죽으심으로 말미암아 하나님과 화목하게 되었은즉 화목하게 된 자로서는 더욱 그의 살아나심으로 말미암아 구원을 받을 것이니라. 그뿐 아니라 이제 우리로 화목하게 하신 우리 주 예수 그리스도로 말미암아 하나님 안에서 또한 즐거워하느니라. (롬 5:1, 6, 8, 10~11)

신약 시대의 많은 유대교 지도자들은 하나님이 주신 은혜의 진리를 이용해서 그분의 율법을 약화하려 했다. 그들은 어떤 사람도 자신의 전 생애에 걸쳐 모든 계명을 다 지킬 수 없음을 인식했으며, 하나님이 그분의 은혜로 우리가 범하는 대부분의 불순종을 간과하신다는 식으로 사안을 합리화했다. 어떤 랍비들은 우리가 하나님의 마음을 만족시키기 위해서는 단 하나의 본질적인 계명에 순종하는 것만으로 충분하다고 가르치기까지 했다. 이같이 왜곡되고 불경건한 추론은 죄의 죄악 된 성격을 제거하는 동시에 하나님의 율법뿐 아니라 그분의 은혜까지 변질시키는 결과를 낳았다. 그 유대인들은 스스로를 의롭게 여겼기에 자신들에게 구주가 필요함을 깨닫지 못했다. 유대인의 지도자들이 예수 그리스도와 그분이 선포하고 성취하신 대속의 복음을 격렬히 반대했던 이유는 바로 여기에 있었다.

그러나 구약과 신약 모두 하나님의 율법 속에는 은혜가 없음을 분명히 확언하고 있다. 그분의 율법을 어길 때는 심판과 그에 따른 처벌이 요구되며, 여기에는 어떤 예외도 없다. 이 기준에 따르면, 작고 사소한 죄나 징벌을 받지 않는 죄 같은 것은 없다.

호소

"너희는 자유의 율법대로 심판받을 자처럼 말도 하고 행하기도 하라. 긍휼을 행하지 아니하는 자에게는 긍휼 없는 심판이 있으리라. 긍휼은 심판을 이기고 자랑하느니라."(2:12~13)

차별이 이처럼 심각한 죄라서 야고보는 신적인 심판의 위험성을 충분히 헤아려 볼 것을 호소하면서 이 단락을 끝맺고 있다. 그리고 그 함의는 차별의 죄를 버리고 주님께 용서를 구하며 자신을 정결하게 해주시기를 기도하라는 것이다.

"자유의 율법대로 심판받을 자처럼 말도 하고 행하기도 하라"는 권면은 다음과 같은 의미를 지닌다. '너희는 참된 신자, 곧 하나님의 은혜로 구원받았으며 그리스도의 전가된 의에 기초해 심판 받을 이들로서 행하며 살아가야 한다.' 신자들은 그 의를 통해 자신들을 속박하던 율법에서 풀려나게 되었으며, 이제는 그들을 속량한 "자유의 율법", 곧 하나님이 주신 복음의 말씀과 예수 그리스도 안에 있는 새 언약 아래서 판단을 받게 된다. 그리고 이 언약은 회개하는 죄인들을 죄의 속박 아래에서 해방하는 것이다(참조, 요 8:31~32).

이에 관해 바울은 이렇게 선포한다.

> 하나님께서 각 사람에게 그 행한 대로 보응하시되 참고 선을 행하여 영광과 존귀와 썩지 아니함을 구하는 자에게는 영생으로 하시고 오직 당을 지어 진리를 따르지 아니하고 불의를 따르는 자에게는 진노와 분노로 하시리라. 악을 행하는 각 사람의 영에는 환난과 곤고가 있으리니 먼저는 유대인에게요 그리고 헬라인에게며 선을 행하는 각 사람에게는 영광과 존귀와 평강이 있으리니 먼저는 유대인에게요 그리고 헬라인에게라. 이는 하나님께서 외모로 사람을 취하지 아니하심이라. (롬 2:6~11)

야고보가 논하는 주요 주제 중 하나는 이러하다. '어떤 이가 진정한 신앙을 지녔는지는 그의 행실 안에서, 그의 행실을 통해 드러나게 될 것이다.' 그는 이렇게 말한다. "영혼 없는 몸이 죽은 것 같이 행함이 없는 믿음은 죽은 것이니라"(2:26). 만약 하나님이 우리의 삶을 살피실 때 우리가 경건한 태도로 시련과 유혹에 대처해 온 것과 그분의 말씀을 듣고 순종한 일, 다른 이들을 차별하지 않는 삶을 살아온 것이 드러난다면, 이는 우리가 구원받은 이들임을 나타내는 증거가 될 것이다. 바울은 다음의 진리를 명확히 말하고 있다. "우리는 그가 만드신 바라. 그리스도 예수 안에서 선한 일을 위하여 지으심을 받은 자니 이 일은 하나님이 전에 예비하사 우리로 그 가운데 행하게 하려 하심이니라"(엡 2:10). 물론 우리가 선한 행실을 통해 구속받는 것은 아니다. 하지만 진정으로 구속받을 때, 우리는 선한 행실을 특징으로 하는 거룩한 순종의 삶으로 나아가게 된다. 이처럼 살아있는 신앙은 우리의 거룩한 삶을 통해 입증되는 것이다.

여기서 복음이 "자유의 율법"으로 불리는 이유는 예수 그리스도를 믿고 의지하는 이들이 그 복음을 통해 죄의 속박과 심판, 징벌에서 해방되기 때문이다. 복음은 마침내 그 신자들을 영원한 자유와 영광 가운데로 인도하며 죄인인 우리들을 거짓과 기만, 사망과 지옥의 저주에서 벗어나게 한다. 그리고 더 놀라운 일은, 복음이 우리 안에 내주하시는 성령님의 능력으로 우리가 하나님께 순종하고 그분을 섬기며 그분의 말씀을 좇아 신실하고 의로운 삶을 살도록 이끌어 간다는 것이다. 복음은 우리를 속박에서 해방하여 사랑 안에서 주님을 기꺼이 따르게끔 인도하며, 이때 우리는 그분을 향한 두려움 때문에 마지못해 주님을 따르는 일이 없게 된다. 이처럼 모든 의미에서, 복음은 하나님이 세우신 "최고의 법"이다(8절). 복음은 그분이 베푸신 경이로운 "자유의 율법"이다.

야고보는 추가적인 경고로서 이렇게 말한다. "긍휼을 행하지 아니하는 자에게는 긍휼 없는 심판이 있으리라." 이 본문의 맥락에서 "긍휼을 행하지 아니하는 자"는 불신자들을 가리킨다. 그들의 삶 속에서는 차별과 완고함, 이기심과 타인에 대한 무관심 등의 특징이 나타나기 때문이다. 간단히 말해, 그들은 사랑이 없는 삶의 태도를 보인다. 그들은 다른 이들을 자기 자신같이 사랑하는 일에서 거리가 멀며, 어려움에 처한 이들을 향한 하나님의 사랑과 돌봄을 드러내지 않는다. 그런 이들은 복을 누리거나 긍휼을 얻지 못할 것이니, 이는 그들 자신이 긍휼을 베풀지 않았기 때문이다(마 5:7).

어떤 사람이 하나님께 속한 이 세상에서 다른 이들에게 자비를 베풀지 않는 삶을 살아갈 때, 그는 자신이 하나님의 무한한 자비에 제대로 응답한 적이 없다는 사실을 드러낼 뿐이다. 이와 반대로 어떤 이가 하나님의 구원하시는 자비와 긍휼에 감화를 입은 삶의 열매로서 다른 이들에게 긍휼을 베풀 때, 그 긍휼은 심판을 이기고 자랑하게 될 것이다. 이때 심판받아 마땅한 그의 죄는 이미 그의 삶 속에서 일하시는 하나님의 사역을 통해 제거되었으며, 이로써 엄격한 공의에 근거해 그에게 부과될 책임 역시 소멸된 상태이다. 그러므로 그는 자신의 선행으로 구원을 얻기 위해 개인적인 공로를 쌓으려고 긍휼을 베푸는 것이 아니다. 오히려 그가 베푸는 긍휼 자체가 하나님이 행하신 일의 결과이며, 이에 관해 그 사람은 아무 공로도 내세울 수 없다.

이제 야고보는 우리를 자신이 펼치는 위대한 논증의 절정으로 인도한다. 차별이 기독교 신앙과 조화되지 못하는 이유는 그 신앙이 전혀 차별이 없으신 하나님의 성품과 서로 조화를 이루기 때문이다. 그리고 차별은 이 세상의 가난한 자들을 택하여 영적으로 부요하게 만드시는 하나님의 목적과 계획이나, '네 이웃을 네 몸같이 사랑하라'는 그분의 명령과도 조화를 이루지 못한다. 설령 어떤 이가 지은 죄가 이것 하나뿐일지라도, 차별은 다른 모든 죄처럼 하나님의 온 율법을 깨뜨리는 것이 된다. 이로 인해 그 사람은 범법자가 되며 영원한 지옥의 정죄 아래 놓이는 것이다. 장차 우리가 하나님의 심판대 앞에 설 때 그동안 다른 이들에게 긍휼을 베푸는 삶을 살아온 것이 드러난다면, 그분은 우리에게 긍휼을 베풀어 주실 것이다. 이는 우리가 베푼 자비가 우리에게 구원의 신앙이 있음을 증언해주기 때문이다. 이런 경우에는 진실로 "긍휼이 심판을 이기고 자랑하게" 될 것이다. 그러나 이와 반대로, 어떤 이가 다른 이들에게 자비를 베풀지 않는 삶을 살아왔다면 그에게 구원의 신앙이 없음이 드러나게 된다.

10

죽은 신앙
(약 2:14~20)

"내 형제들아, 만일 사람이 믿음이 있노라 하고 행함이 없으면 무슨 유익이 있
으리요? 그 믿음이 능히 자기를 구원하겠느냐? 만일 형제나 자매가 헐벗고 일
용할 양식이 없는데 너희 중에 누구든지 그에게 이르되 평안히 가라, 덥게 하라,
배부르게 하라 하며 그 몸에 쓸 것을 주지 아니하면 무슨 유익이 있으리요? 이
와 같이 행함이 없는 믿음은 그 자체가 죽은 것이라. 어떤 사람은 말하기를 너
는 믿음이 있고 나는 행함이 있으니 행함이 없는 네 믿음을 내게 보이라 나는 행
함으로 내 믿음을 네게 보이리라 하리라. 네가 하나님은 한 분이신 줄을 믿느
냐? 잘하는도다. 귀신들도 믿고 떠느니라. 아아 허탄한 사람아, 행함이 없는 믿
음이 헛것인 줄을 알고자 하느냐?"(2:14~20)

야고보가 이 본문에서 강조하는 진리, 그리고 하나님 말씀에서 계속 가르치는
진리는 바로 이것이다. '우리가 어떤 사람인지는 우리가 행하는 일을 통해 드
러난다.' 이 진리는 가장 깊고 중요한 수준에서 가능한 것이다. 여기서 야고보
는 단순히 일반적인 신념과 의도들에 관해 논하는 것이 아니라 구원의 신앙에
연관된 근본적인 신념에 관해 말하고 있다. 어떤 이가 예수 그리스도를 자신의
구주와 주님으로 고백하는 일의 진정성은 그 자신의 주장보다도 그의 행실을
통해 뚜렷이 입증된다. 입으로는 그리스도를 고백하면서도 그분을 높이고 순
종하는 삶을 살아가지 않는 이는 속이는 자이다. 야고보서 2장에서는 두 차례

에 걸쳐 그런 이의 신앙을 '죽은 믿음'으로 언급하고 있다(2:17, 26). 죽은 신앙을 지닌 이들은 진정으로 선하고 의로운 일을 행하지 않으며 또 그럴 수도 없다. 그리고 이같이 선한 행실을 나타내지 못하는 것은 그들에게 구원의 신앙이 없음을 보여주는 증거가 된다.

신약에는 이처럼 죽은 신앙을 보여주는 사례들이 많이 있다. 세례 요한은 많은 바리새인과 사두개인들이 그에게 세례를 받으러 나아오는 것을 보고 이렇게 책망했다. "독사의 자식들아, 누가 너희를 가르쳐 임박한 진노를 피하라 하더냐? 그러므로 회개에 합당한 열매를 맺고 속으로 아브라함이 우리 조상이라고 생각하지 말라. 내가 너희에게 이르노니 하나님이 능히 이 돌들로도 아브라함의 자손이 되게 하시리라"(마 3:7~9). 그의 말에 담긴 의미는 이러했다. '너희가 물려받은 전통이 아무리 위대하여도 그 전통에 의존해서 구원을 받을 수는 없다. 너희가 진실로 하나님을 신뢰하며 그분께 속한 이들이라면, 자신의 죄를 회개하고 의로운 삶을 살아가는 모습을 통해 그 증거를 드러내게 될 것이다.' 여기서 세례 요한이 그 바리새인과 사두개인들을 '독사의 자식들'로 부른 것은 그들의 삶이 전혀 의롭지 않았음을 보여준다. 따라서 그들이 고백하는 신앙 역시 죽은 믿음이었던 것이다.

예수님은 산상 수훈에서 이렇게 말씀하셨다. "이같이 너희 빛이 사람 앞에 비치게 하여 그들로 너희 착한 행실을 보고 하늘에 계신 너희 아버지께 영광을 돌리게 하라"(마 5:16). 이처럼 주님이 그분의 백성들에게 주신 내면의 빛은 항상 그들의 선한 행실을 통해 외적으로 환히 드러나게 된다. 이 설교의 뒷부분에서 예수님은 이 진리를 더욱 확대해 이렇게 설명하셨다. "나더러 주여 주여 하는 자마다 다 천국에 들어갈 것이 아니요. 다만 하늘에 계신 내 아버지의 뜻대로 행하는 자라야 들어가리라"(마 7:21).

예수님은 그분의 사역 초기부터 피상적인 신자들을 대면하셨다. "유월절에 예수께서 예루살렘에 계시니 많은 사람이 그의 행하시는 표적을 보고 그의 이름을 믿었으나 예수는 그의 몸을 그들에게 의탁하지 아니하셨으니 이는 친히 모든 사람을 아심이요 또 사람에 대하여 누구의 증언도 받으실 필요가 없었으니 이는 그가 친히 사람의 속에 있는 것을 아셨음이니라"(요 2:23~25). 예수님이 그 신자들을 신뢰하지 않으셨던 이유는 그들이 그분께 속한 이들이 아니었기 때문이다. 그들의 믿음은 예수님에 관한 어떤 진리들을 인정하는 수준에 그쳤으며, 그렇기에 그들은 그분을 구주로 신뢰하거나 그분의 주되심을 시인하고 그 앞에 복종하지 않았다.

한번은 바리새파의 지도자였던 니고데모가 밤중에 예수님을 찾아와서 이렇게 고백했다. "랍비여, 우리가 당신은 하나님께로부터 오신 선생인 줄 아나이다. 하나님이 함께 하시지 아니하시면 당신이 행하시는 이 표적을 아무도 할 수 없음이니이다." 그가 고백한 이 내용은 온전히 참된 것이었다. 하지만 예수님은 이렇게 대답하셨다. "진실로 진실로 네게 이르노니 사람이 거듭나지 아니하면 하나님의 나라를 볼 수 없느니라"(요 3:2~3). 니고데모는 예수님이 하나님께로부터 오신 선지자로서 진리를 전하시며 신적인 능력으로 기적을 행하신다는 것을 믿었다. 그는 심지어 그분이 메시아이심도 믿었을지 모른다. 하지만 주님은 그 태도가 아무리 진실해도 그저 그분에 관한 진리들을 인정하는 것만으로는 영적인 거듭남에 이르지 못한다는 것을 다시금 분명히 하셨다.

이후에 예수님은 다음의 내용을 명백히 선포하셨다. "너희가 만일 내가 그인 줄 믿지 아니하면 너희 죄 가운데 죽으리라." 그러자 "많은 사람이" 그분을 "믿었다"(요 8:24, 30). 하지만 그들이 고백한 믿음은 아직 구원에 이르는 신앙이 아니었기에 예수님은 그들에게 이렇게 말씀하셨다. "너희가 내 말에 거하면 참으로 내 제자가 되고 진리를 알지니 진리가 너희를 자유롭게 하리라"(31~32절). 이처럼 그리스도의 참 제자들은 그분의 말씀에 순종한다. 그러나 그분의 말씀에 지속적으로 불순종하는 이들의 삶은 거짓 제자임과 죽은 신앙을 드러내는 증거가 되는 것이다(참조. 요 14:21, 23; 15:16).

예수님은 다음과 같은 복음의 기본 진리를 거듭 강조하셨다. '하나님의 진리를 지적으로 받아들이는 것만으로는 구원에 이르지 못한다.' 그러므로 예수님은 이렇게 수사적인 질문을 던지셨다. "가시나무에서 포도를, 또는 엉겅퀴에서 무화과를 따겠느냐? 이와 같이 좋은 나무마다 아름다운 열매를 맺고 못된 나무가 나쁜 열매를 맺나니 좋은 나무가 나쁜 열매를 맺을 수 없고 못된 나무가 아름다운 열매를 맺을 수 없느니라. 아름다운 열매를 맺지 아니하는 나무마다 찍혀 불에 던져지느니라. 이러므로 그들의 열매로 그들을 알리라"(마 7:16~20). 이와 유사한 비유법을 써서 예수님은 또 이렇게 말씀하셨다.

나는 포도나무요 너희는 가지라. 그가 내 안에, 내가 그 안에 거하면 사람이 열매를 많이 맺나니 나를 떠나서는 너희가 아무 것도 할 수 없음이라. 사람이 내 안에 거하지 아니하면 가지처럼 밖에 버려져 마르나니 사람들이 그것을 모아다가 불에 던져 사르느니라 … 너희가 열매를 많이 맺으면 내 아버지께서 영광을 받으실 것이요 너희는 내 제자가 되리라. (요 15:5~6, 8)

그리고 예수님은 씨 뿌리는 자의 비유를 끝내면서 이렇게 말씀하셨다. "좋은 땅에 뿌려졌다는 것은 말씀을 듣고 깨닫는 자니 결실하여 어떤 것은 백 배, 어떤 것은 육십 배, 어떤 것은 삼십 배가 되느니라"(마 13:23).

하나님은 히브리서의 저자를 통해 우리에게 이같이 명령하신다. "모든 사람과 더불어 화평함과 거룩함을 따르라. 이것이 없이는 아무도 주를 보지 못하리라"(히 12:14). 거룩한 결과를 낳지 못하는 신앙 고백은 곧 죽은 믿음이다. 바울에 따르면, 참된 신자들은 하나님이 빚으신 작품일 뿐 아니라 "그리스도 예수 안에서 **선한 일을 위해** 지으심을 받은 자"들이다. 그리고 이 일의 목적은 "하나님이 전에 예비하사 우리로 그 가운데 행하게 하려" 하신 데에 있다(엡 2:10, 강조점은 나의 것).

요한은 동일한 진리를 이렇게 기록한다.

자녀들아, 아무도 너희를 미혹하지 못하게 하라. 의를 행하는 자는 그의 의로우심과 같이 의롭고 죄를 짓는 자는 마귀에게 속하나니 마귀는 처음부터 범죄함이라. 하나님의 아들이 나타나신 것은 마귀의 일을 멸하려 하심이라. 하나님께로부터 난 자마다 죄를 짓지 아니하나니 이는 하나님의 씨가 그의 속에 거함이요 그도 범죄하지 못하는 것은 하나님께로부터 났음이라. 이러므로 하나님의 자녀들과 마귀의 자녀들이 드러나나니 무릇 의를 행하지 아니하는 자나 또는 그 형제를 사랑하지 아니하는 자는 하나님께 속하지 아니하니라. (요일 3:7~10)

이전의 여러 시기에 그랬듯이, 오늘날의 교회 역시 그저 복음의 사실들을 참되다고 인정하는 것만으로도 구원을 얻기에 충분하다고 여기는 그 해로운 생각을 제대로 인식하고 대처할 필요가 있다. 우리는 예수 그리스도에 관한 진리를 알고 받아들이는 일을 곧 그분을 향한 구원의 신앙과 동일한 것으로 여기는 그 미혹과 속임수를 분명히 파악하고 논박해야만 한다. 어떤 교회들은 심지어 **하나님을 부정하지 않는 일**만으로도 그분을 신뢰하는 것과 동일한 효력을 지닌다고 주장하는 듯하다.

야고보는 그런 거짓 가르침이 아무런 도전도 받지 않는 상태에 머물도록 방치하지 않았을 것이다. 이 주석의 앞선 장들에서 여러 번 말했듯이, 야고보서에서는 그리스도인들이 자기 신앙의 진정성을 평가할 수 있는 일련의 시험들을 제시하고 있다. 이 시험들은 모두 다음의 근본 진리에 토대를 둔다. '자신의 죄를 내려놓고 주 예수 그리스도께 순종하며 그분을 섬기겠다고 굳게 헌신하지 않은 이들은 아직 그분께 속한 것이 아니다. 그들은 자신이 하나님 앞에서 길을 잃은 상태에 있다는 진실을 직시하고 받아들여야만 한다.' 하나님이 보시기에 우리가 어떤 사람인지(또는 어떤 사람이 아닌지)는 우리가 취하는 삶의 방식을 통해 입증된다. 야고보서 1장에서 선언되듯이, 참된 신자들은 "말씀을 행하는 자"이며 "듣기만 하여 자신을 속이는 자"가 아니다(1:22).

아무도 자신의 행위로써 구원을 얻을 수 없다는 점은 지극히 중요하다. 우리는 오직 "은혜에 의하여 믿음으로 말미암아 구원을 받게" 되며, 이것은 "우리에게서 난 것이 아니요 하나님의 선물"이다. 곧 "우리의 행위에서 난 것이 아니니 이는 누구든지 자랑하지 못하게 함"인 것이다(엡 2:8~9). 우리가 구원을 얻는 데에 조금이라도 행위가 지니는 역할이 있다면, 그것은 더 이상 하나님의 은혜에 의한 일이 될 수 없을 것이다. 하지만 이와 동시에 강조할 점은, 야고보가 지금 이 본문에서 선언하듯이 "행함이 없는 믿음은 그 자체가 죽은 것"이라는 사실이다(약 2:17). 우리의 삶을 변화시키는 참된 신앙은 진실하고 선한 행실로 이어질 뿐 아니라 실제로 그런 결과를 낳게 **되어 있다**. 그리고 그 결과 가운데는 특히 자신의 죄를 회개하며 그리스도의 주되심에 복종하고 순복하는 일들이 포함된다. 우리의 영적인 거듭남을 통해 생긴 새 본성은 이런 식으로 표현되는 것이다(고후 5:17). 물론 우리의 회개와 순종이 아직 완전한 상태에 있는 것은 아니지만 그 가운데도 이처럼 선한 행실이 드러나게 된다.

우리는 이 점을 이렇게도 표현할 수 있다. '그리스도인이 되는 데에는 **아무 것도** 요구되지 않지만, 온전한 그리스도인으로 살아가기 위해서는 **모든 것이** 요구된다.' 그럼으로써 우리는 열매를 맺게 될 것이며 또 많은 열매를 맺어야만 한다. 우리가 소유한 어떤 것을 가지고는 구원의 지극히 작은 일부분조차 얻어낼 수 없다. 하지만 일단 구원을 받은 후에는 우리의 모든 소유가 주님께 속하게 되는 것이다. 그분의 주되심이 의미하는 바는 바로 여기에 있으며, 예수님이 말씀하신 '밭에 감추어진 보물'과 '값진 진주'의 비유에 담긴 요점 역시 이것이다. 예수님은 이 비유들에서 이렇게 말씀하셨다. "천국은 마치 밭에 감추인 보화와 같으니 사람이 이를 발견한 후 숨겨 두고 기뻐하며 돌아가서 자기의 소유를 다 팔아 그 밭을 사느니라. 또 천국은 마치 좋은 진주를 구하는 장사와 같으니 극히 값진 진주 하나를 발견하매 가서 자기의 소유를 다 팔아 그 진주를 사느니라"(마 13:44~46).

그러나 스스로 미혹된 사람들은 우리의 구원이 그저 그리스도에 관한 사실들을 무심한 태도로 인정하고 받아들이는 데 있을 뿐이라고 여긴다. 그들에게는 그리스도께 영속적으로 헌신하며 그분의 말씀과 뜻을 굳게 받들겠다는 생각과 의도가 없다.

이 점에 관해 17세기 잉글랜드의 설교자였던 토머스 브룩스는 이렇게 기록했다.

그리스도는 여러분을 모든 대적에게서 자유하게 하셨습니다. 그분은 여러분을 율법의 저주에서 건져 주셨고 우리를 압도하고 정죄하는 죄의 권세로부터도 벗어나게 하셨습니다. 또 그분은 하나님의 진노와 사망의 독침, 지옥의 고통에서도 여러분을 해방해 주신 것입니다. 그런데 그리스도께서 자신의 백성을 위해 이같이 위대하고 놀라운 일들을 행하신 목적과 의도는 어디에 있겠습니까? 그분의 계획은 우리가 의와 거룩함의 의무를 모두 벗어 던지게 하려는 데 있지 않았습니다. 오히려 우리가 더욱 자유로운 마음으로 모든 거룩한 의무와 천상적인 섬김을 기꺼이 감당하도록 인도하려는 것이 그분의 뜻이었던 것입니다 … 아, 여러분! 그리스도께서 여러분을 위해 행하신 그 위대하고 영광스러운 일들을 한번 생각해 보기 바랍니다. 나는 우리로 하여금 모든 천상적인 섬김을 생동감 있고 꾸준하게 감당할 수 있게끔 이끄는 데 이보다 더 강한 자극제를 알지 못합니다. (*Precious Remedies Against Satan's Devices* [Edinburgh: Banner of Truth Trust, 1984], 123~24)

앞서 1장에서 말했듯이, 야고보의 주된 청중은 유대인, 곧 "흩어져 있는 열두 지파"였다(약 1:1; 참조. 2:21). 이 유대인들은 기독교 신앙을 받아들인 이들이었으며, 그중 많은 이들은 이로 인해 상당한 희생을 감수해야만 했다. 하지만 대다수의 기독교 집단처럼 그들 중 일부는 참된 신자들이었지만 일부는 그렇지 않았다. 그리고 야고보가 자신의 서신에서 여러 신앙의 잣대들을 제시한 이유는 바로 여기에 있었다. 바울이 고린도 교회의 신자들에게 이렇게 권고한 이유도 이와 마찬가지였다. "너희는 믿음 안에 있는가 너희 자신을 시험하고 너희 자신을 확증하라"(고후 13:5).

일부 유대인들은 극도로 율법적인 유대교로부터 그 반대편 극단에 있는 반(反)율법적인 형태의 기독교로 옮겨갔다. 그들은 자신의 행위로 의를 얻는 종교 체제를 버리고서 어떤 행위도 요구하지 않는 종교를 택했던 것이다. 정직한 유대인들은 오래전부터 그들에게 하나님의 모든 계명을 지킬 힘이 없으며 그분이 요구하시는 의의 표준에 부응할 수 없다는 점을 이미 깨닫고 있었다. 율법은 그들이 도저히 지고 갈 수 없을 만큼 벅찬 짐이었다. 그리고 지난 여러 세기 동안 랍비들은 인간적인 전통의 형태로서 더 무거운 짐을 "사람들의 어깨에" 올려놓은 상태였다(마 23:4). 그러므로 오직 은혜와 믿음만으로 얻는 구원의 복음이 전파되었을 때, 많은 유대인이 즉시 그 복음을 받아들였다. 그중 어떤 이들은 이 새로운 종교가 자신들에게 아무것도 요구하는 바가 없이 모든 유익을 베풀어 줄 것이라고 믿었다. 그들은 자신이 그리스도에 관한 일들을 믿는다고 고백했지만, 이와 동시에 우리의 행위에는 구원의 효력이 없으므로 그 행위는 어떤 일에도 전혀 필요하지 않다는 그릇된 개념을 지니고 있었다. 그런 견해의 불가피한 결과로서 그들은 구원에 이르지 못하는 신앙에 머물렀으며, 이전에 살아왔던 것과 별 다를 바가 없는 삶의 방식을 이어가게 되었다.

2장 14~20절에서 야고보는 이같이 거짓되고 무가치한 신앙, 죽은 신앙의 세 가지 특징을 제시한다. 공허한 고백(14절)과 거짓 긍휼(15~17절), 얄팍한 확신(18~20절)이 그것이다.

공허한 고백

"내 형제들아, 만일 사람이 믿음이 있노라 하고 행함이 없으면 무슨 유익이 있으리요? 그 믿음이 능히 자기를 구원하겠느냐?"(2:14)

이 본문에서 "내 형제들"이라는 어구는 특히 야고보의 동료 유대인들을 가리키는 것일 수 있다. 다만 야고보는 여기서 모든 교회 역시 그 청중으로 삼고 있다.

"만일 어떤 사람이 말하기를"(개역개정판에는 "만일 사람이"로 번역되어 있다.—역주)은 이 본문 전체의 해석을 주관하는 어구이다. 여기서 야고보는 이 사람이 실제로 구원의 신앙을 지녔다고 말하지 않는다. 다만 그 사람 스스로 그렇게 주장할 뿐이라는 것이다.

이 구절에서는 어떤 특정한 종류의 "믿음"이 언급되지 않는다. 하지만 그 문맥을 살펴보면 이 "믿음"은 곧 어떤 이가 복음의 기본 진리를 인정하고 받아들이는 일을 가리키는 것임을 알 수 있다. 이런 믿음을 내세우는 이들은 하나님의 존재나 성경이 하나님의 말씀이라는 것, 그리고 어쩌면 그리스도의 메시아 되심과 그분이 우리의 속죄를 위해 죽고 부활하시고 승천하신 일들까지 믿고 받아들일 수 있다. 어떤 경우든, 그런 이가 지닌 "믿음"의 신학적인 정통성 자체는 의문시되지 않는다. 다만 문제는 그에게 "행함이 없다"는 데 있다. 이 어구에 쓰인 동사의 형태는 그 사람이 습관적으로 자신의 신앙을 내세우지만, 그 사실을 입증할 아무 증거가 없음을 보여준다.

이와 마찬가지로, 이 구절에서는 어떤 특정한 형태의 "행위"(works, 개역개정판에는 "행함"으로 번역되어 있다.―역주)가 언급되지 않는다. 하지만 이것은 하나님이 계시해주신 말씀에 순복하는 의로운 행실로써 그분을 기쁘시게 하며 기꺼이 받아 주실 만한 일을 나타내는 것이 분명하다. 여기까지 야고보서에서 이미 언급된 의롭고 경건한 "행위들" 가운데는 인내(1:3)와 시련을 굳게 견디는 일(1:12), 정결한 삶(1:21)과 성경에 순종하는 일(1:22~23), 곤궁한 이들을 긍휼히 여기는 일(1:27)과 차별하지 않는 태도를 보이는 일(2:1~9) 등이 있다. 그리고 야고보서에서는 계속해서 긍휼을 베푸는 행위(2:15)와 자신의 말을 절제하는 일(3:2~12), 겸손한 자세(4:6, 10)와 진실한 태도(4:11), 오래 참는 일(5:8) 등이 언급될 것이다.

여기서 "그 믿음이 능히 자기를 구원하겠느냐?" 라는 질문의 의도는 신앙의 중요성을 논박하려는 데 있지 않다. 오히려 '우리는 어떤 종류의 신앙을 통해서든 구원받을 수 있다'라는 개념을 반박하려는 데 있다(참조. 마 7:16~18). 이 질문의 문법적인 형태는 이렇게 부정적인 대답을 요구한다. "아니오, 그런 믿음은 자신을 구원할 수 없다." 의로운 "행위"가 없는 "믿음"의 고백은 우리를 "구원할" 수 없으며, 이는 우리가 그런 믿음을 아무리 강하게 내세울지라도 그러하다. 이미 말했듯이, 우리는 참된 "믿음"에 얼마간의 선한 "행위"를 덧붙임으로써 "구원"을 받는 것이 아니다. 오히려 참된 구원의 "믿음"은 필연적으로 선한 "행위"를 **낳는다**.

신약의 저자들 가운데 '우리가 오직 사람의 믿음을 통해 역사하시는 하나님의 은혜로 구원받는다'는 사실을 바울만큼 확고하게 주장한 이는 없다. 그리고 바울의 서신들 가운데 로마 교회에 보낸 편지만큼 그 점을 분명히 밝힌 글도 없다. 그런데 이 편지에서 바울은 다음의 내용을 뚜렷이 단언한다.

하나님께서 각 사람에게 그 행한 대로 보응하시되 참고 선을 행하여 영광과 존귀와 썩지 아니함을 구하는 자에게는 영생으로 하시고 오직 당을 지어 진리를 따르지 아니하고 불의를 따르는 자에게는 진노와 분노로 하시리라. 악을 행하는 각 사람의 영에는 환난과 곤고가 있으리니 먼저는 유대인에게요 그리고 헬라인에게며 선을 행하는 각 사람에게는 영광과 존귀와 평강이 있으리니 먼저는 유대인에게요 그리고 헬라인에게라 … 하나님 앞에서는 율법을 듣는 자가 의인이 아니요 오직 율법을 행하는 자라야 의롭다 하심을 얻으리니 (율법 없는 이방인이 본성으로 율법의 일을 행할 때에는 이 사람은 율법이 없어도 자기가 자기에게 율법이 되나니 이런 이들은 그 양심이 증거가 되어 그 생각들이 서로 혹은 고발하며 혹은 변명하여 그 마음에 새긴 율법의 행위를 나타내느니라) 곧 나의 복음에 이른 바와 같이 하나님이 예수 그리스도로 말미암아 사람들의 은밀한 것을 심판하시는 그 날이라. (롬 2:6~10, 13~16)

그러므로 어떤 해석자들의 주장과는 달리, 구원의 토대에 관한 야고보와 바울의 견해는 서로 충돌하지 않는다. 그들은 서로 얼굴을 맞댄 채 대립하고 있는 것이 아니다. 오히려 그 둘은 서로 등을 맞댄 채 공통의 대적인 두 가지 사상에 맞서 싸우고 있다. 곧 바울은 행위에 의한 의를 추구하는 율법주의를, 야고보는 안일한 신앙주의를 논박하는 것이다. 이 두 사람 모두 우리가 실제로 행한 일에 근거해서 심판을 받게 되리라는 점을 분명히 밝히고 있다. 이는 우리의 행실이야말로 우리가 진정으로 구원받았음을 보여주는 확실한 표지가 되기 때문이다. 예수님은 이렇게 말씀하셨다. "이를 놀랍게 여기지 말라. 무덤 속에 있는 자가 다 그의 음성을 들을 때가 오나니 선한 일을 행한 자는 생명의 부활로, 악한 일을 행한 자는 심판의 부활로 나오리라"(요 5:28~29).

앞서 인용했던 에베소서 본문에서 바울은 신앙과 행위의 올바른 관계를 명확히 서술하고 있다. 그는 먼저 이렇게 말한다. "너희는 그 은혜에 의하여 믿음으로 말미암아 구원을 받았으니 이것은 너희에게서 난 것이 아니요 하나님의 선물이라. 행위에서 난 것이 아니니 이는 누구든지 자랑하지 못하게 함이라." 그런데 다음에 곧바로 이렇게 덧붙인다. "우리는 그가 만드신 바라. 그리스도 예수 안에서 선한 일을 위하여 지으심을 받은 자니 이 일은 하나님이 전에 예비하사 우리로 그 가운데 행하게 하려 하심이니라"(엡 2:8~10). 바울은 또 다른 서신에서 신자들이 "범사에 … 선한 일의 본을 보여야" 한다고 말한다(딛 2:7). 그는 이 점을 부정적인 방식으로 제시하면서, "주의 이름을 부르는 자마다 불의에서 떠날지어다"라고 선포한다(딤후 2:19b). 그리고 이렇게 행하지 않는 자들은 곧 "하나님을 시인하나 행위로는 부인하는 이들로서 가증한 자요 복종하지 아니하는 자요 모든 선한 일을 버리는 자들"이다(딛 1:16).

참된 구원이 임하는 곳, 주권적인 하나님의 은혜가 임하여 어떤 이를 거듭나게 하며 그를 죄인에서 성도로 변화되게 하는 곳에서는 하나님이 그 사람의 심령 속에 죄와 자아를 버리고 떠나려는 새로운 갈망을 창조하신다. 이어서 주예수 그리스도를 기쁨으로 섬기며 그분이 세우신 신적인 의의 표준들에 순복하게 하시는 것이다. 삭개오는 예수님을 영접했을 때 이렇게 고백했다. "주여, 보시옵소서. 내 소유의 절반을 가난한 자들에게 주겠사오며 만일 누구의 것을 속여 빼앗은 일이 있으면 네 갑절이나 갚겠나이다"(눅 19:8). 또 에베소의 이교도들은 그리스도를 믿게 되었을 때 "자복하여 행한 일을 알렸다." 그리고 "마술을 행하던 많은 사람이 그 책을 모아 가지고 와서 모든 사람 앞에서 불사르니 그 책값을 계산한즉 은 오만이나 되었던" 것이다(행 19:18~19). 성령님이 그들의 새로운 본성 속에서 역사하실 때, 그들은 본능적으로 심령술이 악한 것이며 구속받은 자신들의 삶 속에 머물 자리가 없음을 깨닫게 되었다. 이와 마찬가지로, 이전에 이교도였던 데살로니가의 많은 신자 역시 "우상을 버리고 하나님께로 돌아와서 살아 계시고 참되신 하나님을 섬겼던" 것이다(살전 1:9).

갓 거듭난 신자들은 복음의 온전한 함의를 곧바로 헤아릴 수 없다. 그리고 자신들이 믿어야 할 것은 무엇인지, 행해야 할 일과 하지 말아야 할 일은 무엇인지를 즉시 다 파악할 수 있는 것도 아니다. 그들은 주님과 교제하는 가운데 말씀을 계속 알아가면서 이런 일들을 조금씩 배워 가게 된다. 그런데 이와 더불어, 주님이 그분의 가족과 나라 안으로 거듭나는 모든 자녀에게 즉시 새롭게 내려 주시는 도덕적이며 영적인 방향성이 **있다**. 아무도 새로운 피조물이 되는 일 없이 구원받는 이는 없다. 그리고 내주하시는 성령님의 능력 안에서, 이처럼 새로운 피조물이 된 이들은 회개와 굴복, 순종과 함께 하나님과 동료 신자들을 사랑하는 일 등의 의로운 행실을 드러내게 된다. 우리가 구원받을 때 곧바로 완전해지는 것은 아니지만 그때부터는 새로운 방향성을 추구하게 되는 것이다. 그리하여 이제는 죄를 미워하고 주님을 사랑하며 그분을 더 알아가고 그 뜻에 순종하려는 새로운 기질이 우리의 행실 가운데 조금씩 나타나게 된다.

거짓 긍휼

"만일 형제나 자매가 헐벗고 일용할 양식이 없는데 너희 중에 누구든지 그에게
이르되 평안히 가라, 덥게 하라, 배부르게 하라 하며 그 몸에 쓸 것을 주지 아니
하면 무슨 유익이 있으리요? 이와 같이 행함이 없는 믿음은 그 자체가 죽은 것
이라."(2:15~17)

둘째, 야고보는 행위 없는 믿음을 행함이 뒤따르지 않는 긍휼의 말에 견줌으로
써 자신의 요점을 제시한다. 죽은 신앙의 특징 중 하나는 거짓된 긍휼에 있으
므로 이것은 적절한 비유가 된다. 이 거짓 긍휼은 어려움에 처한 이들에게 입
으로만 관심을 보이는 일로서 하나의 위선적인 가식일 뿐이다.

　이 본문의 헬라어 구문은 이런 형제자매들의 필요가 일시적인 것이 아니라
지속적인 성격을 띤 것임을 보여준다. 여기서 "헐벗고"라는 표현은 완전히 벌
거벗은 상태를 의미하는 것이 아니라 빈약하고 부족하게 옷 입은 상태를 나타
낸다. 이는 그 형제자매들이 제대로 옷을 갖춰 입지 못했기 때문에 추위에 떨
면서 비참한 상태에 있음을 시사하는 것이다. 이와 마찬가지로, "일용할 양식
이 없는데"라는 어구 역시 반드시 굶주리는 상태를 의미하기보다는 건강하고
정상적인 생활을 영위하는데 필요한 음식 섭취가 불충분함을 나타낸다. 그러
므로 이런 표현들은 삶의 필수 요소들을 빼앗긴 이들을 가리키는 것이다. 요한
은 이와 동일한 진리를 선포하면서 이렇게 수사적인 질문을 던진다. "누가 이
세상의 재물을 가지고 형제의 궁핍함을 보고도 도와줄 마음을 닫으면 하나님
의 사랑이 어찌 그 속에 거하겠느냐?"(요일 3:17).

　"평안히 가라, 덥게 하라, 배부르게 하라"는 표현은 놀라운 정도로 무정하고
어리석은 말들이다. 야고보는 이 표현을 통해 어리석을 정도로 다른 이들의 유
익에 철저히 무관심한 태도를 묘사하고 있다. 물론 사람들이 이런 표현을 실제
로 사용하는 것은 아니다. 하지만 그들은 이기적이고 무관심한 태도를 품고 어
려움에 처한 이들에게 "그 몸에 쓸 것"을 베풀지 않음으로써 종종 그런 정서를
내비치곤 한다. "평안히 가라"는 "하나님이 복 주시길!"(God bless you)과 마찬

가지로 형식적인 인사말이며, "덥게 하라, 배부르게 하라"는 "하나님이 너를 돌보시기를"(God take care of you)이라는 인사말과 동일한 의미를 지닌다. 이때 그들은 자신이 그 돌보심의 통로가 되려는 의도를 전혀 품지 않은 것이다.

"덥게 하라, 배부르게 하라"로 번역된 헬라어 원문의 동사들은 중간/수동태로 쓰였으며, 이는 더욱 무관심하고 잔인하며 조롱이 섞이기까지 한 태도를 시사한다. 이는 곧 '네 스스로를 따뜻하게 하고 배부르게 하라'는 의미인 것이다. 이런 표현 속에는 그 어려움에 빠진 이들이 마치 그렇게 할 수 있었음에도 불구하고 그리하지 않았다는 듯한 어조가 담겨 있다.

그 아래에서는 "무슨 유익이 있으리요?"라는 질문이 이어지는데, 그 속에는 이미 그 대답이 함축되어 있다. 곧 "평안히 가라, 덥게 하라, 배부르게 하라"는 말들은 어리석고 모욕적인 어구로서 아무 "유익"이 없으며 전혀 무가치한 인사말이라는 것이다.

친절과 돌봄을 베푸는 일이 없이 말로만 긍휼을 표현하는 것이 거짓되듯이, 공허한 자기주장에 불과한 신앙 역시 그러하다. 야고보가 이 비유를 선택한 것은 실로 적절하니, 긍휼은 어떤 이가 진정으로 거듭났음을 보여주는 증거 중 하나이기 때문이다.

수 세기 전에 통치했던 유럽의 한 여왕에 관한 이야기가 있다. 그 여왕은 어느 겨울날 극장에 연극을 보러 와서 자신의 마부를 바깥에 대기시키고 안으로 들어갔다. 그 연극은 실로 보는 이의 마음을 찢어놓을 듯한 비극이었으며, 여왕은 연극을 보는 내내 눈물을 쏟았다. 그런데 연극이 끝난 후 그 여왕은 마차로 돌아와서 자신의 마부가 얼어 죽은 것을 발견했지만 조금도 동요하지 않았다! 그녀는 가상의 비극에 깊이 감동했지만 실제로 일어난 비극, 자신과 직접적인 연관이 있으며 마땅히 책임을 져야 할 그 일에 대해서는 전혀 마음을 쓰지 않았다.

오늘날 많은 이들이 영화나 연극, 대중가요나 TV 프로그램의 내용에 마음을 쏟곤 한다. 그들은 그런 매체들에서 묘사되는 비극을 보면서 눈물을 흘리고 그 속에서 접하는 불의나 부당한 일들에 깊이 분개한다. 하지만 놀랍게도, 그들은 **실제**로 곤경에 처한 이웃이나 지인들의 처지에 관해서는 어떤 관심이나 연민도 보여주지 않는다. 이같이 인위적이고 자기중심적인 우리의 세상 속에서 환상은 종종 실재보다 더욱 의미 있는 것이 되곤 한다.

그러나 오순절의 성령 강림 이후 예루살렘 신자들이 동료 성도들의 어려움을 도우면서 보였던 반응은 이런 오늘날의 모습과 완전히 달랐다. 갓 그리스도인이 된 그들은 자발적으로 "재산과 소유를 팔아 각 사람의 필요를 따라 나눠 주었"다(행 2:45). 그리고 얼마 후에는 그들의 사심 없는 태도가 다시금 드러났다.

> 믿는 무리가 한마음과 한 뜻이 되어 모든 물건을 서로 통용하고 자기 재물을 조금이라도 자기 것이라 하는 이가 하나도 없더라. 사도들이 큰 권능으로 주 예수의 부활을 증언하니 무리가 큰 은혜를 받아 그 중에 가난한 사람이 없으니 이는 밭과 집 있는 자는 팔아 그 판 것의 값을 가져다가 사도들의 발 앞에 두매 그들이 각 사람의 필요를 따라 나누어 줌이라. (행 4:32~35)

예수님도 몇 번의 정황에서 결코 오해될 수 없는 말과 이미지를 사용해 이 사안에 관해 말하셨다. 선한 사마리아인의 이야기에서 예수님은 그분께 속한 이들에게 어려움에 처한 **모든 이를** 도와줄 의무가 있음을 분명히 밝히셨다. 이는 그 어려움에 처한 이가 친구이든 낯선 사람이든, 동료 시민이든 외국인이든, 존경받는 사람이든 멸시받는 자이든 모두 마찬가지다. 우리는 가능한 한 그런 사람의 필요를 잘 채워 주기 위해 노력해야 한다(참조. 눅 10:30~35).

그리고 예수님은 더욱 강력한 표현을 써서 그분의 백성에게는 서로를 도울 특별한 의무가 있음을 가르치셨다. 예수님의 말씀에 따르면, 우리가 동료 신자들을 돕는 것은 곧 그분 자신을 섬기는 일이며 그들을 섬기지 않는 것은 그분 자신을 저버리는 일이 된다. 심판의 날에 이같이 서로를 섬겼는지는 양과 염소, 곧 참되고 살아있는 신앙을 지닌 이들과 거짓되고 죽은 믿음을 지닌 이들 사이를 구분 짓는 표지가 될 것이다. 그러므로 그저 입술로만 예수 그리스도의 이름을 고백하는 자들이 아니라 그분을 향한 섬김과 순종의 삶을 통해 자신의 고백이 참됨을 입증한 이들이 그분의 나라에 들어가게 될 것이다.

인자가 자기 영광으로 모든 천사와 함께 올 때에 자기 영광의 보좌에 앉으리니 모든 민족을 그 앞에 모으고 각각 구분하기를 목자가 양과 염소를 구분하는 것 같이 하여 양은 그 오른편에 염소는 왼편에 두리라.

그 때에 임금이 그 오른편에 있는 자들에게 이르시되, 내 아버지께 복 받을 자들 이여, 나아와 창세로부터 너희를 위하여 예비된 나라를 상속받으라. 내가 주릴 때에 너희가 먹을 것을 주었고 목마를 때에 마시게 하였고 나그네 되었을 때에 영접하였고 헐벗었을 때에 옷을 입혔고 병들었을 때에 돌보았고 옥에 갇혔을 때 에 와서 보았느니라. 이에 의인들이 대답하여 이르되 주여, 우리가 어느 때에 주 께서 주리신 것을 보고 음식을 대접하였으며 목마르신 것을 보고 마시게 하였나 이까? 어느 때에 나그네 되신 것을 보고 영접하였으며 헐벗으신 것을 보고 옷 입 혔나이까? 어느 때에 병드신 것이나 옥에 갇히신 것을 보고 가서 뵈었나이까? 하 리니 임금이 대답하여 이르시되 내가 진실로 너희에게 이르노니 너희가 여기 내 형제 중에 지극히 작은 자 하나에게 한 것이 곧 내게 한 것이니라 하시고 또 왼 편에 있는 자들에게 이르시되 저주를 받은 자들아 나를 떠나 마귀와 그 사자들 을 위하여 예비된 영원한 불에 들어가라. … 내가 진실로 너희에게 이르노니 이 지극히 작은 자 하나에게 하지 아니한 것이 곧 내게 하지 아니한 것이니라 하시 리니. (마 25:31~41, 45)

얄팍한 확신

"어떤 사람은 말하기를 너는 믿음이 있고 나는 행함이 있으니 행함이 없는 네 믿음을 내게 보이라 나는 행함으로 내 믿음을 네게 보이리라 하리라. 네가 하나 님은 한 분이신 줄을 믿느냐? 잘하는도다. 귀신들도 믿고 떠느니라. 아아 허탄 한 사람아, 행함이 없는 믿음이 헛것인 줄을 알고자 하느냐?"(2:18~20)

죽은 신앙의 세 번째 특징은 얄팍한 확신에 있다. 이는 하나님과 그분의 말씀 에 관해 어떤 사실들을 알면서도 그분과 그 말씀 앞에 복종하지는 않는 태도 이다.

이 본문의 "어떤 사람"은 야고보 자신을 가리킬 가능성이 크다. 야고보는 겸손한 태도로 삼인칭을 써서 자기 자신을 지칭했던 것이다. 여기서 그는 자신을 과시하면서 자신의 기독교적인 삶이 다른 이들의 삶보다 더 모범적이라는 점을 입증하려 했던 것이 아니다. 이 본문에서 그는 믿음을 신실하게 **유지하는** 태도에 관해 논하는 것이 아니라 "믿음" 그 자체에 관해 말하고 있다. 여기서 야고보는 자신이 참된 구원에 관해 선포하는 진리를 반박하는 이들에게 실질적으로 이렇게 응수하는 것이다. "당신은 자신에게 신앙이 있으므로 그 외에는 아무 것도 필요하지 않다고 주장합니다. 당신의 신앙만으로 하나님 앞에 나아가 설 수 있으며 구원을 획득할 수 있다는 것입니다. 하지만 당신은 나에게 행위가 없는 자신의 믿음만을 보일 수 **없습니다**. 곧 믿음의 어떤 실제적인 증거나 결과가 없이 그 믿음만을 드러낼 수가 없다는 것입니다. 이는 참된 신앙에는 **언제나** 실질적인 증거가 따라오기 때문입니다. 그러나 당신에게는 그 신앙을 드러낼 증거가 없으므로 당신의 신앙을 입증할 방법 역시 없습니다." 야고보가 바로 앞 구절에서 말했듯이, "행함이 없는 믿음은 그 자체가 죽은 것"이다. 그런 신앙은 아예 신앙이 아니며, 따라서 구원의 신앙이 되는 것은 더욱 불가능하다. 앞에서 말했듯이, 살아있는 신앙은 좋은 열매를 맺는다. 이는 그 신앙의 본성과 목적이 바로 이 열매 맺는 일에 있기 때문이다. 그러나 죽은 신앙은 그런 열매를 맺지 못하니, 이는 그 신앙 속에 그렇게 행할 힘이 없기 때문이다.

자신의 삶을 예수 그리스도께 드린 일을 기억하는 것 자체가 구원의 증거일 수 없는 이유는 바로 여기에 있다. 이는 자신이 그렇게 헌신한 구체적인 날짜와 장소를 알고 있을지라도 마찬가지다. 우리의 구원을 확신할 수 있는 유일한 증거는 그런 헌신을 고백한 후에 우리가 실제로 살았던 삶의 모습뿐이기 때문이다.

예수님은 거짓된 구원의 확신을 품는 이들에 관해 계속 경고하셨다.

너희는 나를 불러 주여 주여 하면서도 어찌하여 내가 말하는 것을 행하지 아니하느냐? 내게 나아와 내 말을 듣고 행하는 자마다 누구와 같은 것을 너희에게 보이리라. 집을 짓되 깊이 파고 주추를 반석 위에 놓은 사람과 같으니 큰 물이 나서 탁류가 그 집에 부딪치되 잘 지었기 때문에 능히 요동하지 못하게 하였거니와 듣고 행하지 아니하는 자는 주추 없이 흙 위에 집 지은 사람과 같으니 탁류가 부딪치매 집이 곧 무너져 파괴됨이 심하니라 하시니라. (눅 6:46~49)

예수님은 또 다른 정황에서 이렇게 말씀하셨다. "너희가 나를 선생이라 또는 주라 하니 너희 말이 옳도다. 내가 그러하다. 내가 주와 또는 선생이 되어 너희 발을 씻었으니 너희도 서로 발을 씻어 주는 것이 옳으니라. 내가 너희에게 행한 것 같이 너희도 행하게 하려 하여 본을 보였노라. 내가 진실로 진실로 너희에게 이르노니 종이 주인보다 크지 못하고 보냄을 받은 자가 보낸 자보다 크지 못하니 너희가 이것을 알고 행하면 복이 있으리라"(요 13:13~17).

예수님이 주신 가장 엄격한 경고의 말씀은 아마도 산상 수훈에 있는 다음 구절일 것이다. "나더러 주여 주여 하는 자마다 다 천국에 들어갈 것이 아니요 다만 하늘에 계신 **내 아버지의 뜻대로 행하는 자**라야 들어가리라. 그 날에 많은 사람이 나더러 이르되 주여 주여 우리가 주의 이름으로 선지자 노릇 하며 주의 이름으로 귀신을 쫓아내며 주의 이름으로 많은 권능을 행하지 아니하였나이까 하리니 그 때에 내가 그들에게 밝히 말하되 **내가 너희를 도무지 알지 못하니** 불법을 행하는 자들아 내게서 떠나가라 하리라"(마 7:21~23, 강조점은 나의 것).

그리고 바울은 이렇게 선포한다. "그리스도 예수 안에서는 할례나 무할례나 효력이 없으되 **사랑으로써 역사하는** 믿음뿐이니라"(갈 5:6, 강조점은 나의 것). 또 베드로는 이렇게 말하고 있다.

그의 신기한 능력으로 생명과 경건에 속한 모든 것을 우리에게 주셨으니 이는 자기의 영광과 덕으로써 우리를 부르신 이를 앎으로 말미암음이라. 이로써 그 보배롭고 지극히 큰 약속을 우리에게 주사 이 약속으로 말미암아 너희가 정욕 때문에 세상에서 썩어질 것을 피하여 신성한 성품에 참여하는 자가 되게 하려 하셨느니라. 그러므로 너희가 더욱 힘써 너희 믿음에 덕을, 덕에 지식을, 지식에 절제를, 절제에 인내를, 인내에 경건을, 경건에 형제 우애를, 형제 우애에 사랑을 더

하라. 이런 것이 너희에게 있어 흡족한즉 너희로 우리 주 예수 그리스도를 알기에 게으르지 않고 열매 없는 자가 되지 않게 하려니와 이런 것이 없는 자는 맹인이라 멀리 보지 못하고 그의 옛 죄가 깨끗하게 된 것을 잊었느니라. 그러므로 형제들아 더욱 힘써 너희 부르심과 택하심을 굳게 하라 너희가 이것을 행한즉 언제든지 실족하지 아니하리라. 이같이 하면 우리 주 곧 구주 예수 그리스도의 영원한 나라에 들어감을 넉넉히 너희에게 주시리라. (벧후 1:3~11)

요한은 우리에게 다음의 내용을 확증한다.

그를 아노라 하고 그의 계명을 지키지 아니하는 자는 거짓말하는 자요 진리가 그 속에 있지 아니하되 누구든지 그의 말씀을 지키는 자는 하나님의 사랑이 참으로 그 속에서 온전하게 되었나니 이로써 우리가 그의 안에 있는 줄을 아노라. 그의 안에 산다고 하는 자는 그가 행하시는 대로 자기도 행할지니라. 사랑하는 자들아, 내가 새 계명을 너희에게 쓰는 것이 아니라 너희가 처음부터 가진 옛 계명이니 이 옛 계명은 너희가 들은 바 말씀이거니와 다시 내가 너희에게 새 계명을 쓰노니 그에게와 너희에게도 참된 것이라 이는 어둠이 지나가고 참빛이 벌써 비침이니라. 빛 가운데 있다 하면서 그 형제를 미워하는 자는 지금까지 어둠에 있는 자요, 그의 형제를 사랑하는 자는 빛 가운데 거하여 자기 속에 거리낌이 없으나 그의 형제를 미워하는 자는 어둠에 있고 또 어둠에 행하며 갈 곳을 알지 못하나니 이는 그 어둠이 그의 눈을 멀게 하였음이라. (요일 2:4~11)

여기서 요한은 예수님이 '두 번째로 큰 계명'이라고 부르셨던 다음의 내용에 관해 말하고 있다. "네 이웃을 네 자신 같이 사랑하라"(마 22:39).

참된 그리스도인은 누구나 자신의 불신앙과 죄, 열매 없는 삶의 모습 때문에 고통받는 시기를 겪는다. 그리고 그들은 이런 시기를 겪으면서 구원의 확신을 잃어버릴 위기에 처한다. 그들이 성령님이 주시는 신뢰와 평안의 복을 상실했기 때문이다. 구원의 보증 자체는 영원하고 항구적인 것으로서 그분께 속한 백성들을 지키시는 주님의 주권적인 능력에 기반을 두고 있다. 하지만 구원의 확신은 일시적인 것으로서 요동할 수 있으니, 이는 그것이 주님께 순종하는 이들에게 주어지는 복이기 때문이다.

이어서 야고보는 이렇게 말한다. "네가 하나님은 한 분이신 줄을 믿느냐? 잘하는도다. 귀신들도 믿고 떠느니라." 여기서 "잘하는도다"에는 냉소적인 어조가 담겨 있다. 이 구절은 구원의 신앙이 결핍된 정통을 좇는 이들, 가상의 인물이지만 어디서나 흔히 볼 수 있는 이들에 대한 풍자적 표현이다. 야고보에 따르면, 정통 교리 자체가 구원을 보장해 주는 것은 아니다. 하나님에 관한 진리들을 알고 시인하는 측면에서는 심지어 "귀신들"까지도 정통에 속한다고 할 수 있기 때문이다.

정통 유대교는 늘 유일하고 참되신 하나님에 대한 믿음에 그 중심을 두었으며, 그 믿음은 다음의 '쉐마'를 통해 간결한 형태로 표현되었다. "이스라엘아 들으라. 우리 하나님 여호와는 오직 유일한 여호와이시니"(신 6:4). 하지만 대다수의 유대인은 그다음에 이어지는 아래의 명령에 순종하지 못하는 허물을 범했다. "너는 마음을 다하고 뜻을 다하고 힘을 다하여 네 하나님 여호와를 사랑하라"(5절).

여기서 야고보의 요점은, 신명기 6장 5절의 명령에 순복하지 않는 채로 6장 4절의 진리만을 믿는 것은 이를테면 "귀신들"이 지닌 믿음과 마찬가지로 무가치한 일이라는 데 있다. 그저 교리적인 사실에 관한 한, 귀신들은 유일신론을 따르는 존재들이다. 이는 그들 모두 유일하고 참되신 하나님이 계심을 알며 그분의 존재를 받아들이고 있기 때문이다. 그 귀신들은 또한 성경이 하나님의 말씀이라는 점과 예수 그리스도께서 하나님의 아들이라는 점, 인간의 구원이 믿음을 통해 은혜로 이루어진다는 점과 예수님이 세상의 죄를 속하기 위해 죽고 장사되었다가 다시 살아나셨다는 점을 잘 알고 있었다. 그뿐더러 그들은 예수님이 이제 하늘에 오르셔서 성부 하나님의 우편에 앉아 계신다는 점, 그리고 천국과 지옥이 실제로 존재한다는 점도 잘 알았다. 그 귀신들은 천년왕국과 그에 연관된 진리들에 관해서도 가장 학구적인 성경학자보다도 더욱 명확한 지식을 갖고 있었다. 하지만 이 모든 정통적인 지식, 영원하고 신적인 의미를 지닌 그 지식조차 그 귀신들을 구원해주지는 못했다. 그 귀신들은 하나님과 그리스도, 성령님에 관한 진리를 알면서도 그 진리와 그분들을 증오했다.

물론 정통 교리는 이단 사설보다 무한히 더 나은 가르침이다. 이는 그 가르침이 참되며 우리에게 하나님과 구원의 길을 가리키기 때문이다. 하지만 그저 그 가르침이 참되다는 점에 동의하는 것만으로 우리가 하나님을 알고 구원에 이르게 되는 것은 아니다.

'프리소'(phrissō, "떠느니라")는 머리칼이 곤두설 정도로 두려움에 떠는 것을 의미하며, 깊은 두려움에 빠져 몸을 벌벌 떠는 일을 나타내는 데 흔히 쓰였다. 이처럼 "귀신들"은 적어도 하나님의 진리를 대할 때 두려움에 사로잡혀 벌벌 떨 정도의 분별력을 지니고 있다. 이는 지옥의 영원한 고통이 그들 자신을 기다리고 있음을 알기 때문이다(마 8:29~31; 막 5:7; 눅 4:41; 행 19:15). 이런 측면에서 그 귀신들은 거짓 신앙에 빠진 사람들보다 훨씬 더 현실적이며 분별력이 있는 존재들이다. 그 사람들은 자신들의 협소하고 피상적인 신앙을 가지고도 하나님의 심판을 피할 수 있으리라고 착각하기 때문이다.

청교도 신학자인 토머스 맨턴은 구원에 이르지 못하는 신앙의 모습을 이렇게 힘 있게 묘사했다.

[구원에 이르지 못하는 신앙은] 곧 하나님의 말씀에서 제시되는 내용들에 단순하고 무익하게 동의하는 신앙이다. 그런 신앙을 통해 사람들이 더 많은 지식을 얻을 수 있지만 그들의 인격과 삶이 더 나아지거나 더욱 거룩하고 천상적인 것이 되지는 않는다. 그런 신앙을 지닌 이들은 성경의 약속과 가르침, 명령과 역사적인 기록들을 사실로 믿고 받아들일지도 모른다 … 하지만 그런 신앙은 우리를 구원으로 인도하는 산 믿음이 아니다. 구원의 신앙을 지닌 이는 자신의 마음이 그리스도께로 이끌리는 것을 발견하게 된다. 그리하여 그는 죄 사함과 영생에 관한 복음의 약속을 전심으로 신뢰하며, 자신의 행복이 그 일들 안에 있다고 여기게 되는 것이다. 그는 또한 그리스도께서 우리를 구속하신 일의 신비를 온전히 믿고 신뢰하며, 자신의 모든 소망과 확신, 평안의 근원을 오직 그 일에 두게 된다. 그리고 그는 하나님이 주신 경고의 말씀들, 현세적인 재앙 또는 영원한 정죄의 형태로 주어진 그 말씀들을 실로 두려워한 나머지 그 경고에 비하면 이 세

상의 모든 두려운 일들은 아무것도 아닌 듯이 여기게 된다. (*The Complete Works of Thomas Manton* [London: James Nisbet, 1874], 17:113~14)

맨턴은 계속해서 좀 더 깊이 있는 유형의 신앙에 관한 설명을 이어간다. 그러나 이 신앙은 참되고 온전한 신앙에 좀 더 근접했기 때문에 더 기만적이고 위험한 것이 된다.

[이런 종류의 신앙은] 현세적인 신앙과 구분된다. ('현세적인 신앙'은 곧 성경 또는 복음의 진리에 동의하는 신앙을 가리킨다.) 이 신앙에는 미약하고 불충분한 마음의 감동이 수반되며, 이런 감동은 곧 "하늘의 은사를 맛보고 … 하나님의 선한 말씀과 내세의 능력을 맛본" 일로 지칭된다(히 6:4~6). 이런 신앙을 지닌 이는 지적으로 일깨움을 받을 뿐 아니라 그 마음으로도 얼마간의 기쁨을 느끼고, 그의 삶 역시 어느 정도는 중대한 죄들에서 벗어나게 된다. 이는 곧 "세상의 더러움을 피하는" 일이다(벧후 2:20). 하지만 그가 받은 인상은 그리 깊지 않으며, 그가 느끼는 신앙의 기쁨과 즐거움 역시 모든 악한 유혹을 뿌리치기에 충분할 정도로 깊이 뿌리내린 것은 아니다. 그러므로 그가 품은 신앙의 감각은 세상의 염려나 방탕한 생활, 또는 의를 위해 겪는 크고 중대한 핍박과 환난 때문에 질식하거나 소멸하게 된다. 사람들은 흔히 이런 신앙에 속곤 한다. 많은 이들은 예수께서 그리스도이 며 하나님의 독생자이심을 믿고 그분의 인격을 영접하게 된다. 그들은 어느 정도 그분의 계명에 순종하고 그분의 약속들에 의존하며, 그분이 주시는 경고를 두려 워하는 모습을 보인다. 그 결과로 그들의 마음이 부분적으로 이 세상으로부터 해 방되며, 세상의 일들보다 그리스도와 그분을 향한 자신들의 의무를 더 우선시하 는 듯한 태도를 보이는 것이다. 이는 다만 그들의 결심을 공격하는 시험이 전혀 없을 때나, 감각적인 사물들이 상당한 힘을 발휘하면서 그 앞을 막아서서 유혹하 는 일이 없을 때 그러하다. 그러나 마침내 그분의 법이 너무 엄격하고 영적이라 거나 자신들의 정서적인 성향 또는 세속적인 관심사와 충돌하는 것임을 발견할 때, 그들은 신앙에서 떨어져 나가게 된다. 그러고는 복음의 소망에 대한 자신들 의 기대와 애착을 전부 잃고 마는 것이다. 이를 통해 그들은 자신들이 참된 신앙

과 그 소망 가운데 근거와 기반을 둔 이들이 아니라는 사실을 명확히 드러내게 된다. (같은 책, 114.)

더 나아가 야고보는 이렇게 묻는다. "아아 허탄한 사람아, 행함이 없는 믿음이 헛것인 줄을 알고자 하느냐?" 여기서 "허탄한"은 '텅 빈' 또는 '결함이 있는'의 개념을 지니며, 참된 구원의 신앙이 의로운 행실을 낳는다는 진리를 반대하는 이들의 특성을 나타내는 데 사용되고 있다.

그리고 '아르고스'(argos, "헛것인")는 '열매 없음', '생산하지 못함' 등의 개념을 지닌다. 예수님은 이렇게 말씀하셨다. "아름다운 열매를 맺지 아니하는 나무마다 찍혀 불에 던져지느니라"(마 7:19). 어떤 이의 삶에서 열매가 드러나지 않을 때, 이는 그 삶이 하나님께 속하지 않았으며 그분이 받아 주실 만한 것이 아님을 보여주는 확실한 증거가 된다. 이는 그의 삶 속에 하나님의 거룩한 생명이 자리 잡고 있지 않기 때문이다.

누가는 사마리아에서 시몬이라는 마술사를 비롯한 여러 사람들이 "빌립이 하나님 나라와 및 예수 그리스도의 이름에 관하여 전도함을 … 믿고 남녀가 다 세례를 받았던" 일을 기록하고 있다(행 8:12; 참조. 9, 13절). 그런데 사도들이 행하는 여러 기적을 시몬이 목격한 후 다음의 일이 있었다.

> 시몬이 사도들의 안수로 성령 받는 것을 보고 돈을 드려 이르되 이 권능을 내게도 주어 누구든지 내가 안수하는 사람은 성령을 받게 하여 주소서 하니 베드로가 이르되 네가 하나님의 선물을 돈 주고 살 줄로 생각하였으니 네 은과 네가 함께 망할지어다. 하나님 앞에서 네 마음이 바르지 못하니 이 도에는 네가 관계도 없고 분깃 될 것도 없느니라. 그러므로 너의 이 악함을 회개하고 주께 기도하라. 혹 마음에 품은 것을 사하여 주시리라. (18~22절)

여기서 시몬이 품었던 믿음은 구원의 신앙이 아니었다. 그는 단지 빌립이 전한 말씀이 참됨을 알게 되었을 뿐이다. 하나님에 대한 시몬의 지식은 참된 것이었지만, 베드로는 "하나님 앞에서 그의 마음이 바르지 못하다"는 점을 경고했다. 시몬은 자신이 목격하고 또 경탄했던 성령님의 사역과 아무 연관이 없었던 것이다. 그의 신앙은 죽은 것인 동시에 무가치한 것이었다.

11

살아있는 신앙
(약 2:21~26)

"우리 조상 아브라함이 그 아들 이삭을 제단에 바칠 때에 행함으로 의롭다 하심을 받은 것이 아니냐? 네가 보거니와 믿음이 그의 행함과 함께 일하고 행함으로 믿음이 온전하게 되었느니라. 이에 성경에 이른 바 아브라함이 하나님을 믿으니 이것을 의로 여기셨다는 말씀이 이루어졌고 그는 하나님의 벗이라 칭함을 받았나니 이로 보건대 사람이 행함으로 의롭다 하심을 받고 믿음으로만은 아니니라. 또 이와 같이 기생 라합이 사자들을 접대하여 다른 길로 나가게 할 때에 행함으로 의롭다 하심을 받은 것이 아니냐? 영혼 없는 몸이 죽은 것 같이 행함이 없는 믿음은 죽은 것이니라." (2:21~26)

여기서 야고보는 살아있는 신앙을 자신이 방금 묘사한 죽은 신앙의 내용(14~20절)과 대조하고 있다. 그는 또한 구원의 신앙을 구원에 이르지 못하는 신앙과, 열매 맺는 신앙을 열매 없는 신앙과 대조한다. 그리고 그는 경건한 신앙을 귀신들조차 품고 있는 유형의 헛된 신앙과 대조하고 있다. 이를 위해 야고보는 살아있는 신앙의 생생한 사례들을 제시하는데, 이는 우리가 기대할 법한 일이다. 첫 사례는 존경 받는 족장이며 히브리 민족의 시조였던 아브라함이며(21~24절), 두 번째로는 이방인 창기였던 라합이 소개되고 있다(25절).

아브라함

"우리 조상 아브라함이 그 아들 이삭을 제단에 바칠 때에 행함으로 의롭다 하심을 받은 것이 아니냐? 네가 보거니와 믿음이 그의 행함과 함께 일하고 행함으로 믿음이 온전하게 되었느니라. 이에 성경에 이른 바 아브라함이 하나님을 믿으니 이것을 의로 여기셨다는 말씀이 이루어졌고 그는 하나님의 벗이라 칭함을 받았나니 이로 보건대 사람이 행함으로 의롭다 하심을 받고 믿음으로만은 아니니라."(2:21~24)

이 책의 서론에서 말했듯이, 21절의 첫 번째 어구("행함으로 의롭다 하심을 받은 것이 아니냐?")는 마르틴 루터에게 심각한 걸림돌이 되었다. 그는 행위에 의한 구원을 가르치는 로마 가톨릭의 교리를 확고하게 반대했으며, 이와 동시에 '오직 은혜로 믿음을 통해 구원을 얻는다'는 진리를 강력히 옹호했다. 그렇기 때문에 루터는 야고보가 기록한 이 본문의 요점을 완전히 놓치고 그의 서신 전체를 '지푸라기 같은 서신'으로 여겼던 것이다. 그러나 이 주석의 앞 장에서 설명했듯이, 이 본문에서 야고보는 믿음으로 얻는 구원의 교리를 논박하는 것이 아니었다. 여기서 그는 구원의 **방편**을 다루는 것이 아니라 다만 그 **결과**, 곧 어떤 이의 구원이 실제로 이루어졌음을 보여주는 증거들에 관해 논하고 있기 때문이다. 야고보는 먼저 어떤 이에게 선한 행실이 없을 때, 그가 고백하는 신앙은 참된 구원의 믿음이 아니라 거짓되고 죽은 믿음이라는 점을 밝힌다. 그런 다음에 야고보는 이에 수반되는 다음의 진리를 강조한다. '참된 구원은 언제나 인간의 믿음을 통해 일하시는 하나님의 은혜에 의해서만 이루어지며, 그 구원은 의로운 행실을 통해 외적으로 드러나기 마련이다.'

야고보의 주된 청중은 유대인 신자들이었지만(참조. 1:1), 본문의 맥락을 살펴보면 여기서 그는 "우리 조상 아브라함"을 민족적인 의미로 말하지 않는 듯하다. 오히려 그는 바울이 몇몇 서신에서 그랬듯이 영적인 의미에서 아브라함에 관해 글을 쓰는 것으로 보인다. 바울은 로마 교회에 보낸 편지에서 아브라함을 "믿는 모든 자의 조상"으로 지칭하고 있다(롬 4:11). 그리고 갈라디아 교회에 보낸 편지에서는 "믿음으로 말미암은 자들은 아브라함의 자손인 줄 알지어다"라고 선포했다(갈 3:7). 아브라함은 유대인과 이방인 모두에게 구원에 이르는 신앙의 본보기가 되었던 인물이다. 그가 하나님이 받으실 만한 살아있는 믿음을 지닌 이였기 때문이다.

타락한 인간은 도덕적으로나 영적으로 파산한 상태에 있고 하나님 앞에서 자신의 구속을 이룰 공로를 전혀 지니지 못한다. 그러므로 그는 자신의 능력으로 행할 수 있는 그 어떤 일을 통해서도 주님 앞에서 그분이 받을 만한 올바른 존재가 될 수 없다. 그런 이유로 인간의 구원은 늘 그 은혜에 대한 신실한 응답을 통해 일하시는 하나님의 순전한 은혜에 그 근거를 두어왔다. 구약에서는 사람들이 율법을 통해 구원을 받았으나 신약에 와서는 사람들이 믿음으로 구원을 받게 된 것이 아니다. 하나님이 계속 펼쳐 나가시는 계시와 사역의 경륜 가운데 우리가 어떤 지점에 있든지 간에, 하나님은 구원의 필요조건으로 그분을 향한 참된 신앙 이외의 다른 것을 요구하지 않으신다. 히브리서 11장에서는 시내 산에서 율법이 수여된 일 이전과 이후의 시기 모두에 구원은 오직 믿음에 의해 이루어진다는 것을 분명히 밝히고 있다. 모세는 이렇게 말한다. "아브라함이 여호와를 믿으니 여호와께서 이를 그의 공의로 여기셨다"(창 15:6).

이처럼 아브라함은 우리 믿는 이들의 "조상"이었고 그의 믿음 자체가 하나님의 선물이었다(엡 2:8). 그런데 야고보는 그 아브라함이 "행함으로 의롭다 하심을 받았다"고 단언하는 것이다. 이런 외관상의 모순은 교회사 전체에 걸쳐 신자들에게 혼란과 좌절을 주어 왔다. 하지만 이 문제점은 다음의 내용을 이해할 때 적절히 해결될 수 있다. 이는 곧 '어떤 이가 믿음으로 의롭다 하심을 얻는 일은 하나님 앞에서 그 사람이 지닌 지위에 연관되는 한편, (이 구절에서 야고보가 말하듯이) 행함으로 의롭다 하심을 얻는 일은 그 사람이 다른 이들 앞에서 지니는 지위에 연관된다'는 것이다.

더 나아가, 어떤 이들은 아브라함이 "행함으로 의롭다 하심을 받았다"는 야고보의 단언과 그가 오직 은혜로 믿음을 통해 의롭다 하심을 받았다는 바울의 분명한 가르침(롬 4:1~25; 갈 3:6~9) 사이에 모순이 있다고 생각해왔다. 그러나 실상은 그렇지 않다. 야고보는 이미 구원이 하나님의 은혜로운 선물임을 강조했으며, 23절에서는 하나님이 오직 그의 믿음에 근거해서 아브라함에게 의를 전가해 주셨다고 선언하는 창세기 15장 6절의 내용을 인용하고 있다. 그리고 야고보는 아브라함이 이삭을 제물로 바친 일을 논하면서 이 사건을 통해 아브라함이 "행함으로" 의롭다 하심을 얻었다고 말하는데(21절; 참조. 창 22:9~12), 이는 하나님이 아브라함을 이미 의롭다고 선포하신 때로부터 여러 해가 지난 뒤에 이루어진 일이다(창 12:1~7; 15:6). 그러므로 여기서 야고보는 아브라함이 이삭을 기꺼이 바치려 한 행동을 통해 사람들 앞에서 그의 믿음이 입증되었음을 가르치는 것이다. 이런 가르침은 사도 바울의 입장과도 온전히 일치한다(엡 2:10). 따라서 이 두 영감 받은 저자들 사이에는 아무런 충돌도 존재하지 않는다.

헬라어 동사 '디카이오오'(*dikaioō*, "의롭다[고] 하다")는 일반적으로 두 가지 의미를 지닌다는 점을 이해하는 것이 중요하다. 그 중 첫 번째 의미는 사면, 곧 어떤 이를 의로운 자로 선포하고 또 그렇게 대우하는 일에 연관된다. 이 동사가 인간의 구원에 관해 쓰일 때는 바로 이 의미를 지니며, 바울 역시 거의 늘 이 동사를 이런 의미로 사용하고 있다. 예를 들어 그는 다음과 같이 선포한다. "[우리는] 그리스도 예수 안에 있는 속량으로 말미암아 하나님의 은혜로 값없이 의롭다 하심을 얻었다"(롬 3:24). "사람이 의롭다 하심을 얻는 것은 율법의 행위에 있지 않고 믿음으로 된다"(3:28). "우리가 믿음으로 의롭다 하심을 받았으니 우리 주 예수 그리스도로 말미암아 하나님과 화평을 누리자"(5:1; 참조. 9절). 또 다른 서신에서 바울은 이렇게 말한다. "사람이 의롭게 되는 것은 율법의 행위로 말미암음이 아니요 오직 예수 그리스도를 믿음으로 말미암는 줄 알므로 우리도 그리스도 예수를 믿나니 이는 우리가 율법의 행위로써가 아니고 그리스도를 믿음으로써 의롭다 함을 얻으려 함이라. 율법의 행위로써는 의롭다 함을 얻을 육체가 없느니라"(갈 2:16; 참조. 3:11, 24). 바울은 디도에게 다음의 내용을 일깨우고 있다. "우리는 그의 은혜를 힘입어 의롭다 하심을 얻어 영생의 소망을 따라 상속자가 되었다"(딛 3:7).

'디카이오오'의 두 번째 의미는 자신의 의로움을 입증하거나 확증하는 일에 연관된다. 신약에서 이 동사는 이런 의미로 몇 차례 쓰였고 이때 하나님과 사람들 모두 그 주체가 되었다. 바울은 이렇게 말한다. "사람은 거짓되되 오직 하나님은 참되시다 할지어다. 기록된 바 주께서 주의 말씀에 의롭다 함을 얻으시고 판단 받으실 때에 이기려 하심이라 함과 같으니라"(롬 3:4). 그는 디모데에게 보내는 편지에서 이렇게 말했다. "[예수 그리스도는] 육신으로 나타난 바되시고 영으로 의롭다 하심[이는 '디카이오오'에서 온 표현이다]을 받으시고 천사들에게 보이시고 만국에서 전파되시고 세상에서 믿은 바 되시고 영광 가운데 올려지셨느니라"(딤전 3:16). 또 예수님은 이렇게 말씀하셨다. "지혜는 자기의 모든 자녀로 인하여 옳다 함[의롭다 함]을 얻느니라"(눅 7:35).

2장 21절에서 야고보는 '디카이오오'를 두 번째 의미로 사용하고 있다. 그는 이렇게 수사적인 질문을 던진다. "우리 조상 아브라함이 … 행함으로 의롭다 하심을 받은 것이 아니냐?" 여기서 그는 아브라함 자신이 의롭다 함을 받았음을 명확히 드러낸 일이 바로 "그 아들 이삭을 제단에 바칠" 때에 이루어졌음을 설명하고 있다. 그리고 앞에서 말했듯이, 이 일은 창세기 15장 6절에 기록된 대로 아브라함이 **믿음에 의해** 의롭다 하심을 얻은 지 여러 해 뒤에 이루어진 것이었다. 아브라함이 "이삭을 제단에 바쳤을" 때, 온 세상은 그의 신앙이 진정한 실재임을 보게 되었다. 곧 사람들은 아브라함의 신앙이 거짓되고 기만하는 믿음, 죽은 믿음이 아니라 참되고 순종하는 믿음, 살아있는 믿음임을 알게 되었던 것이다. 물론 "그 아들 이삭을" 제물로 드리라는 하나님의 명령은 그 "이삭을" 통해 세상에 복을 주시겠다는 그분의 약속 자체를 위협하는 것이었으며, 하나님이 인간을 제물로 드리는 일을 금하신다고 알고 있었던 아브라함의 지식(이는 일종의 살인이므로)에도 어긋나는 것이었다. 하지만 그 족장은 하나님을 암묵적으로 신뢰했다. 그렇기에 그는 어떤 질문이나 동요도 없이 "아침에 일찍이 일어나 나귀에 안장을 지우고 두 종과 그의 아들 이삭을 데리고 번제에 쓸 나무를 쪼개 가지고 떠나 하나님이 자기에게 일러 주신 곳으로 갔던" 것이다(창 22:3). 당시 아브라함의 마음속에 어떤 생각들이 오갔는지는 우리가 다 헤아릴 수 없다. 하지만 그때 아브라함은 함께 길을 나선 종들에게 이렇게 지시했다. "너희는 나귀와 함께 여기서 기다리라. **내가 아이와 함께** 저기 가서 **예배하고 우리가 너희에게로 돌아오리라**"(5절, 강조점은 나의 것). 모리아 산에서 무슨 일이 일어나든 간에, 그와 이삭 모두 살아서 돌아오게 되리라는 것을 아브라함은 알고 있었다. 비록 이전에는 그런 일이 일어난 적이 없었지만, 필요하다면 하나님은 이삭을 "죽은 자 가운데" 능히 다시 살리실 수 있다는 사실을 그는 알았던 것이다(히 11:19). 아브라함은 하나님의 의로우신 성품을 확고하게 믿었으며, 그분이 자신의 신적인 언약이나 거룩한 표준을 깨뜨리지 않으실 것임을 신뢰했다.

아브라함은 완벽한 사람이 아니었고, 이는 그 신앙과 행위의 측면 모두에서 그러했다. 사라가 약속의 후손을 잉태하지 못한 채로 여러 해가 지났을 때 아브라함은 직접 그 문제 해결에 나섰다. 곧 자기 아내의 여종인 하갈을 통해 아들 이스마엘을 얻었던 것이다. 그는 주님을 온전히 신뢰하지 못했기에 간음을 범하고 말았다. 그리고 그 결과로 아랍 족속들이 생겨났으며, 이들은 그 이후로 지금까지 이삭을 통해 생겨난 하나님의 택함 받은 백성인 유대 민족에게 괴로운 가시 같은 존재가 되어 왔다. 이 일을 비롯해 사라를 두고 두 번이나 자기 누이라고 거짓말했던 일 등의 경우에서도(창 12:19; 20:2) 아브라함은 분명히 사람들 앞에서 자신의 행위로써 의롭게 되지 **못했다.**

하지만 야고보의 요점은, 그 전반적인 삶의 방식을 살필 때 아브라함이 많은 선한 행실을 통해 자신에게 구원의 신앙이 있음을 확증했다는 데 있다. 이는 무엇보다도 이삭을 제물로 드린 일에서 드러났다. 한 사람이 하나님 앞에서 의롭다 하심을 받을 때, 그는 다른 사람들 앞에서도 자신이 의롭다 하심을 받았음을 입증하게 된다. 의롭다고 선언되고 또 의인이 된 그는 이제 의롭게 살아가기 마련이다. 이처럼 우리에게 전가된 의는 실제적인 의를 드러내게 된다. 장 칼뱅은 이렇게 말했다. "우리를 의롭게 하는 것은 신앙뿐이다. 하지만 우리를 의롭게 하는 그 신앙은 결코 홀로 존재하지 않는다." 그리고 알려지지 않은 한 시인은 이렇게 노래했다. "이 신앙과 소망을 간직한 이들은 누구나 거룩한 행실을 풍성히 드러내야 할 것이다. 그러므로 신앙 위에 능동적인 미덕이 부가될 때 그 신앙의 진정성이 입증된다."

야고보는 계속 이렇게 설명한다. "네가 보거니와 믿음이 그의 행함과 함께 일하고 행함으로 믿음이 온전하게 되었느니라." 이는 우리가 구원을 받으려면 "믿음"과 "행함"이 **모두** 요구된다는 말이 아니다. 다만 우리의 행위는 참된 "믿음"의 결과로서 드러나는 자연스러운 산물이자 완성이라는 것이다. 예수님이 몇몇 정황에서 지적하셨듯이, 나무의 목적은 자라서 열매를 맺는 데 있다. 이 "열매"는 그 나무의 자연적인 산물을 묘사하며, 그 산물은 무화과나 올리브, 견과류나 꽃을 비롯한 온갖 형태로 나타날 수 있다. 예수님은 이렇게 말씀하셨다. "아름다운 열매를 맺지 아니하는 나무마다 찍혀 불에 던져지느니라. 이러므로 그들의 열매로 그들을 알리라"(마 7:19~20). 한 나무가 열매를 맺는 일은 그 나무가 지닌 부가적인 기능이 아니라 그 나무의 계획과 목적에 속하는 본질적인 부분이다. 아직 땅에 심기지 않은 씨앗의 경우에도, 그 속에는 고유의 열매를 맺기 위해 필요한 유전적인 구조가 담겨 있다. 이처럼 어떤 이가 구원의 "믿음"을 통해 거듭나고 하나님이 주시는 새 본성을 부여 받을 때, 그의 마음속에는 도덕적으로나 영적으로 선한 "행실"을 열매로 맺기 위한 '유전적인 구조'가 자리 잡게 된다. 그리고 이런 의미에서 "믿음이 온전하게 되는" 것이다. 이때 우리의 믿음은 그 의도된 산물인 경건한 행실을 열매로 맺게 된다(엡 2:10). 과일나무가 그 열매를 맺기 전까지는 그 목적이 성취된 것이 아니듯이, 우리의 신앙 역시 그 결실로서 의로운 삶이 나타나기 전까지는 아직 그 목표를 달성하지 못한 것이다.

아브라함이 자신의 행위로써 의롭다 하심을 받았다는 것은 바로 이런 의미에서다. 그는 유일한 약속의 자녀인 이삭까지도 망설임 없이 제물로 드리려고 했으며, 이 행실을 통해 *그가 믿음으로 의롭게 되었다*는 사실이 입증되고 사람들 앞에 온전히 드러났다. 앞서 내가 말했던 창세기 15장 6절을 인용하면서, 야고보는 이 일을 통해 "아브라함이 하나님을 믿으니 이것을 의로 여기셨다" 라는 성경의 내용이 성취되었다고 말한다.

이 본문에서 "이루어졌고"는 성경의 예언이 성취되었음을 가리키는 것이 아니다. 그보다도 '믿음에 의한 칭의는 행함에 의한 칭의를 낳는다'라는 원리가 성취되었음을 말한다. 여기서 야고보는 바울이 이신칭의를 옹호할 때 인용했던 것과 동일한 본문을 인용하고 있다.

만일 아브라함이 행위로써 의롭다 하심을 받았으면 자랑할 것이 있으려니와 하나님 앞에서는 없느니라. 성경이 무엇을 말하느냐? 아브라함이 하나님을 믿으매 그것이 그에게 의로 여겨진 바 되었느니라. 일하는 자에게는 그 삯이 은혜로 여겨지지 아니하고 보수로 여겨지거니와 일을 아니할지라도 경건하지 아니한 자를 의롭다 하시는 이를 믿는 자에게는 그의 믿음을 의로 여기시나니. (롬 4:2~5)

아브라함에게는 그가 읽을 수 있도록 기록된 하나님의 계시가 없었으며, 그가 주님에 관해 아는 내용도 매우 적었다. 그러나 아브라함은 하나님이 그에게 주시는 모든 말씀에 적극적으로 응답했으며, 이런 모습을 통해 그의 믿음이 "의로" 여겨지게 되었다.

하지만 우리는 다음과 같은 의문을 품을 수 있다. '하나님은 어떻게 아브라함을 의롭다 하시고 구원할 수 있었을까? 그는 그리스도께서 나시기 이천 년 전쯤에 존재했던 인물이며, 예수 그리스도를 떠나서는 아무도 구원받을 수 없지 않은가?(마 10:32; 요 8:56; 롬 10:9~10; 고전 1:30; 고후 5:21 등)' 그 답은 다음의 성경 구절에서 찾아볼 수 있다. "이를 위하여 그리스도께서 죽었다가 다시 살아나셨으니 곧 죽은 자와 산 자의 주가 되려 하심이라"(롬 14:9). 예수님은 이렇게 말씀하셨다. "너희 조상 아브라함은 나의 때 볼 것을 즐거워하다가 보고 기뻐하였느니라"(요 8:56). 아브라함이 지닌 신학적 지식은 제한되었지만 그는 주님을 충분히 신뢰하고 있었다. 그리고 그 신뢰는 주 예수 그리스도에 대한 신뢰, 장차 이 세상의 구주이자 메시아로 오실 그분을 향한 신뢰와 동일한 것이었다. 그리스도가 오시기 전에 살았던 모든 참된 신자들, "믿음을 따라 죽었으며 약속을 받지 못하였던" 그들과 마찬가지로, 아브라함 역시 하나님의 도우심 아래서 언젠가 한 구원자가 임하여 그분의 모든 약속을 성취하실 것임을 이해할 수 있었다. 그러므로 그는 "그것들을 멀리서 보고 환영했던" 것이다(히 11:13).

아브라함은 그의 믿음과 그 결과로서 행한 순종 덕분에 "하나님의 벗이라 칭함을 받았다." 이 얼마나 존귀하고 영광스러우며 기쁜 일인가! 아브라함은 참된 신앙을 품고 있었으며, 그 신앙은 그 자신의 행실을 통해 입증되었다. 이에 따라 그는 하나님이 자신의 벗이라고 부르셨던 이들의 경이로운 교제 속에 참여할 수 있었던 것이다. 그러므로 역대하의 저자는 이렇게 찬미했다. "우리 하나님이시여, 전에 이 땅 주민을 주의 백성 이스라엘 앞에서 쫓아내시고 그 땅을 당신의 벗인 아브라함의 자손에게 영원히 주지 아니하셨나이까?"(대하 20:7, 개역개정판에는 "당신의 벗인" 대신에 "주께서 사랑하시는"으로 번역되어 있다.—역주). 또 선지자 이사야를 통해 주님은 친히 아브라함을 "나의 벗"으로 언급하셨다(사 41:8). 이 신적인 우정의 토대는 아브라함이 행한 순종, 곧 그가 자신의 행함으로 의롭게 된 일이었다. 아브라함은 모든 믿는 자들의 조상인 것과 마찬가지로(롬 4:11; 갈 3:7) '모든 순종하는 자들의 조상'으로도 불릴 수 있다. 이 두 가지 경건한 특성이 서로 뗄 수 없는 관계에 있기 때문이다. 예수님은 이렇게 말씀하셨다. "너희는 내가 명하는 대로 행하면 곧 나의 친구라"(요 15:14).

라합

"또 이와 같이 기생 라합이 사자들을 접대하여 다른 길로 나가게 할 때에 행함으로 의롭다 하심을 받은 것이 아니냐? 영혼 없는 몸이 죽은 것 같이 행함이 없는 믿음은 죽은 것이니라." (2:25~26)

야고보가 '행함으로 의롭다 함을 받은' 예로써 제시하는 두 번째 인물은 아브라함과 뚜렷이 대조되는 위치에 있다. 그 인물은 여성이자 이방인이며 창기였기 때문이다. 아브라함은 도덕적인 남자였지만 그녀는 부도덕한 여성이었다. 그는 신분이 높은 갈대아 사람이었지만 그녀는 비천한 가나안 사람이었다. 아브라함은 위대한 지도자였지만 그녀는 평범한 백성이었다. 그리고 그는 당대의 사회 경제 질서에서 최상부에 있었지만 그녀는 가장 낮은 밑바닥에 처해 있었다. 하지만 "기생 라합"은 아브라함과 함께 신앙의 위대한 인물 중 하나로 열거되고 있다. 그뿐더러 라합은 예수님의 인간적인 계보에 속한 이로서 다윗의 증조모가 되었다(마 1:5).

여호수아서 2장에서 언급되듯이, "라합"은 여리고의 여관 주인이었다. 여호수아가 그 성읍의 사정을 살피기 위해 두 명의 정탐꾼을 보냈을 때 그들이 라합의 여관을 찾은 것은 자연스러운 일이었다. 그 여관은 성벽 위에 있어서 이곳을 택하면 굳이 성읍 깊숙이 잠입하는 모험을 할 필요가 없었기 때문이다. 여리고의 왕은 그들이 침입했다는 소식을 듣고 관리들을 라합의 집에 보내어 그들을 잡아 오게 했다. 그러나 라합은 그 정탐꾼들이 해가 저물기 직전에 이미 그 성읍을 떠났으니 빨리 군인들을 보내어 그들을 붙잡아 오는 편이 좋을 것이라고 거짓 정보를 제공했다. 사실 그녀는 벌써 그 두 사람을 자기 집 지붕 위의 삼대들 뒤에 숨겨둔 상태였다. 그리고 그 관리들이 자신의 집을 떠나자 라합은 두 정탐꾼에게 이렇게 이야기했다.

여호와께서 이 땅을 너희에게 주신 줄을 내가 아노라. 우리가 너희를 심히 두려워하고 이 땅 주민들이 다 너희 앞에서 간담이 녹나니 이는 너희가 애굽에서 나올 때에 여호와께서 너희 앞에서 홍해 물을 마르게 하신 일과 너희가 요단 저쪽에 있는 아모리 사람의 두 왕 시혼과 옥에게 행한 일 곧 그들을 전멸시킨 일을 우리가 들었음이니라. 우리가 듣자 곧 마음이 녹았고 너희로 말미암아 사람이 정신을 잃었나니 너희의 하나님 여호와는 위로는 하늘에서도 아래로는 땅에서도 하나님이시니라. 그러므로 이제 청하노니 내가 너희를 선대하였은즉 너희도 내 아버지의 집을 선대하도록 여호와로 내게 맹세하고 내게 증표를 내라. (수 2:9~12)

"라합"은 이스라엘의 하나님이 참된 주님이심을 그저 입으로 시인하는 데 그치지 않고 그분을 확고히 신뢰했다. 물론 그녀는 지금 그리스도인들이 이해하는 식의 구원에 관해 전혀 알지 못했으며 당시의 이스라엘 백성들이 이해했던 식의 구원에 관해서도 마찬가지였다. 하지만 그녀는 주님 앞에서 올바른 마음을 간직하고 있었다. 그리고 주님은 그분의 자비로써 그녀의 믿음을 의로운 것으로 여기고 받아주셨다. 주님은 또한 라합이 정탐꾼들을 보호한 일을 곧 그분을 향한 순종의 행위로 여기셨다. 그러므로 그녀가 "사자들을 접대하여 다른 길로 나가게 할 때에 행함으로 의롭다 하심을 받게" 되었다. 아브라함을 비롯해 다른 참된 신자들의 경우와 마찬가지로, 라합의 경우에도 믿음에 근거해 전가된 의는 곧 그녀의 선한 행실을 통해 드러나는 실천적인 의를 낳았다. 라합의 내면에 깃든 신앙의 생명이 그녀의 외적인 삶 속에서 신실한 행실을 통해 나타나게 되었던 것이다.

하지만 아브라함과 마찬가지로 라합 역시 완벽한 사람이 아니었다. 그녀의 직업은 천박했고 그녀의 거짓말은 죄악 된 행동이었다. 주님은 그녀의 두 가지 특질 모두 존귀한 것으로 여기지 않으셨다. 그녀는 방탕한 이교도 사회에서 태어나 양육을 받았으며, 그 사회는 거짓말을 비롯해 온갖 중대한 죄들을 하나의 규범으로 여기는 곳이었다. 그리고 주님은 그 사회를 무너뜨리려 하셨다. 그러나 라합은 주님을 향한 신뢰를 입증할 기회를 얻었을 때 그 일에 자신의 생명을 걸었다. 만약 라합의 행동이 여리고의 왕에게 발각되었다면, 그녀는 가족들과 함께 반역자의 죄목으로 즉시 처형되고 말았을 것이다. 그러나 하나님은 그분의 한없는 은혜로 자신을 향한 라합의 신뢰와 섬김을 온전히 받아주셨다. 하나님은 그녀의 가족들을 구출하셨으며, 그분 자신의 신적인 목적을 위해 그녀의 삶을 사용하셨다. 그리하여 라합은 신앙의 귀감이 되는 동시에 메시아로 오실 이의 조상이 되었다.

아브라함과 라합이 '행함을 통해 의롭다 하심을 얻은' 일은 그들의 신앙고백이나 예배와 의식을 비롯한 종교적인 활동을 통해 입증되지 않았다. 오히려 그 일은 그들이 소중히 여겼던 모든 것을 주님을 위해 기꺼이 내놓음으로써 입증되었다. 그들은 망설이거나 어떤 조건을 달지 않고 주님께 자신의 전부를 의탁했다. 그들은 주님께 온전히 헌신했으며 그 대가가 무엇이든 마다하지 않았다. 참된 신앙은 우리가 중대한 계획과 결정을 내려야 할 삶의 갈림길과 소용돌이 앞에 놓였을 때, 우리의 야심과 소망, 꿈과 운명, 그리고 삶 자체가 달려 있는 상황에서 반드시 그 모습을 드러내게 된다. 예수님이 십자가에 달려 돌아가시기 오래전부터, 아브라함과 라합은 기꺼이 자신의 십자가를 지고 그분을 좇으려 했다(막 8:34). 그들은 이 세상에서 자신의 생명을 미워했으며, 이는 장차 임할 세상에서 얻게 될 생명을 온전히 간직하기 위함이었다(요 12:25).

그리고 이와 동일한 삶의 소용돌이 가운데 그릇되고 거짓된 신앙 역시 그 모습을 드러낸다. 야고보는 이렇게 말한다. "영혼 없는 몸이 죽은 것 같이 행함이 없는 믿음은 죽은 것이니라." 그는 죽은 신앙, 곧 행함이 없이 입술의 고백만 있는 신앙을 '영혼이 없는 몸'에 견주고 있다. 실로 이 두 가지 모두 무익하며 아무런 생명력을 지니지 못한다는 것이다.

주 예수 그리스도에 대한 신앙을 입술로 고백하는 이들이 다 구원을 받지는 못한다는 것은 우리가 진지하게 고민할 만한 문제이다. 이는 예수님이 마태복음 7장 21~23절에서 경고하신 바와 같다.

> 나더러 주여 주여 하는 자마다 다 천국에 들어갈 것이 아니요 다만 하늘에 계신 내 아버지의 뜻대로 행하는 자라야 들어가리라. 그 날에 많은 사람이 나더러 이르되 주여 주여 우리가 주의 이름으로 선지자 노릇 하며 주의 이름으로 귀신을 쫓아 내며 주의 이름으로 많은 권능을 행하지 아니하였나이까 하리니 그 때에 내가 그들에게 밝히 말하되 내가 너희를 도무지 알지 못하니 불법을 행하는 자들아 내게서 떠나가라 하리라.

바울은 이 두려운 진리를 염두에 두고 신자들에게 이렇게 권고했다. "너희는 믿음 안에 있는가 너희 자신을 시험하고 너희 자신을 확증하라"(고후 13:5). 아브라함과 라합은 살아있는 신앙으로 그 시험을 통과한 이들의 사례로서 늘 견고히 서 있다.

12

혀를 길들이기
(약 3:1~12)

"내 형제들아, 너희는 선생 된 우리가 더 큰 심판을 받을 줄 알고 선생이 많이 되지 말라. 우리가 다 실수가 많으니 만일 말에 실수가 없는 자라면 곧 온전한 사람이라 능히 온몸도 굴레 씌우리라. 우리가 말들의 입에 재갈 물리는 것은 우리에게 순종하게 하려고 그 온몸을 제어하는 것이라. 또 배를 보라. 그렇게 크고 광풍에 밀려가는 것들을 지극히 작은 키로써 사공의 뜻대로 운행하나니 이와 같이 혀도 작은 지체로되 큰 것을 자랑하도다. 보라, 얼마나 작은 불이 얼마나 많은 나무를 태우는가! 혀는 곧 불이요 불의의 세계라. 혀는 우리 지체 중에서 온몸을 더럽히고 삶의 수레바퀴를 불사르나니 그 사르는 것이 지옥 불에서 나느니라. 여러 종류의 짐승과 새와 벌레와 바다의 생물은 다 사람이 길들일 수 있고 길들여 왔거니와 혀는 능히 길들일 사람이 없나니 쉬지 아니하는 악이요 죽이는 독이 가득한 것이라. 이것으로 우리가 주 아버지를 찬송하고 또 이것으로 하나님의 형상대로 지음을 받은 사람을 저주하나니 한 입에서 찬송과 저주가 나오는도다. 내 형제들아, 이것이 마땅하지 아니하니라. 샘이 한 구멍으로 어찌 단 물과 쓴 물을 내겠느냐? 내 형제들아 어찌 무화과나무가 감람 열매를, 포도나무가 무화과를 맺겠느냐? 이와 같이 짠 물이 단 물을 내지 못하느니라."(3:1~12)

혀는 고유한 의미에서 **당신**이다. 혀는 마음속에 숨긴 것을 드러내며 우리의 본

모습을 보여주는 수다쟁이다. 그리고 우리의 혀를 오용하는 것은 아마 가장 쉽게 죄를 짓는 길일 것이다. 어떤 죄들은 단순히 그 죄를 범할 기회가 없기 때문에 사람들이 그 죄를 짓지 못하기도 한다. 하지만 우리가 말할 수 있는 내용에는 아무런 한계가 없다. 곧 그 고유의 제약이나 범위가 없는 것이다. 성경은 이렇게 다양한 형용사를 써서 인간의 혀를 묘사하고 있다. '사악한, 거짓된, 불경한, 더러운, 부패한, 아첨하는, 비방하는, 수군대는, 신성을 모독하는, 어리석은, 으스대는, 불평하는, 저주하는, 자만에 찬, 음란한, 악독한' 등이며, 그 목록은 이것으로 그치지 않는다. 그러니 하나님이 우리의 혀를 치아 뒤편의 견고한 틀 안에 가두시고 입술로써 단단히 봉하게 하신 것도 이상한 일이 아니다! 또 다른 비유법을 쓰자면, 누군가는 이렇게 말한 바 있다. "우리의 혀는 늘 젖어 있는 곳에 자리를 잡고 있으므로 쉽게 미끄러질 수 있다."

이처럼 우리의 '혀'(영어의 'tongue'는 '말'과 '혀'를 모두 의미한다.—역주)는 야고보에게 중대한 관심사가 된다. 그는 이 서신의 각 장에서 이 문제를 말하고 있다(참조. 1:19, 26; 2:12; 3:5, 6[두 차례], 8; 4:11; 5:12). 3장 1~12절에서 야고보는 우리의 혀를 살아있는 신앙의 또 다른 시험대로 활용하고 있다. 이는 곧 어떤 이의 신앙이 참된지 여부는 그가 하는 말을 통해 드러날 수밖에 없기 때문이다. 야고보는 우리의 속사람이 지닌 부패와 사악한 성질을 나타내는 존재로서 혀와 입을 의인화해서 표현하고 있다. 사실 우리의 혀는 우리의 마음에서 만들도록 지시한 소리를 그대로 내놓을 뿐이며, 죄의 근원은 곧 우리의 마음에 있다(참조. 1:14~15). 예수님은 이렇게 선포하셨다. "마음에서 나오는 것은 악한 생각과 살인과 간음과 음란과 도둑질과 거짓 증언과 비방이니"(마 15:19).

과학자들은 일단 어떤 소리의 파동이 생겨나면 그 파동은 자신의 여정을 끝없이 지속해 나간다고 주장한다. 그리고 우리에게 충분히 복잡한 도구만 있다면 언제든지 그 음파를 포착해서 재생할 수 있다는 것이다. 이 주장이 옳다면, 이제껏 지구상에 생존했던 누군가가 남긴 모든 말을 복구하는 일 역시 가능할 것이다! 물론 하나님께는 그런 도구가 필요하지 않고, 이에 관해 예수님은 다음의 내용을 명백히 선포하신다. "사람이 무슨 무익한 말을 하든지 심판 날에 이에 대하여 심문을 받으리니 네 말로 의롭다 함을 받고 네 말로 정죄함을 받으리라"(마 12:36~37).

신앙과 행위의 관계는 우리의 말 가운데 가장 분명히 드러난다. 여러분이 어떤 존재인지는 여러분 자신의 말을 통해 알려질 수밖에 없다. 우리의 말은 우리 자신의 영적인 온도를 보여주는 신뢰할 만한 방편이며, 우리의 속사람이 처한 상태를 드러내는 모니터와 같다. 랍비들은 사람의 혀를 단검이나 칼보다는 화살에 견주었다. 이는 우리의 혀가 먼 거리에 있는 사람까지도 상처를 입히고 죽일 수 있기 때문이다. 사람의 혀는 그 희생자에게서 멀리 떨어져 있을 때도 깊은 해악을 끼칠 수 있다.

인간이 타락한 뒤에 제일 먼저 지은 죄는 자신의 혀로써 범한 것이었다. 아담이 금지된 과일을 먹은 일에 관해 하나님이 심문하셨을 때, 아담은 하나님께도 간접적인 책임이 있다고 암시하면서 그분을 비방했다. "하나님이 주셔서 나와 함께 있게 하신 여자 그가 그 나무 열매를 내게 주므로 내가 먹었나이다"(창 3:12). 바울은 전적으로 부패한 인간의 상태를 묘사하면서 이렇게 선언했다. "그들의 목구멍은 열린 무덤이요 그 혀로는 속임을 일삼으며 그 입술에는 독사의 독이 있고 그 입에는 저주와 악독이 가득하고"(롬 3:13~14). 이사야는 하나님의 영광과 거룩하심을 바라보면서 자신의 죄악 됨을 깨달았다. 그러고는 그 죄를 자신의 입에 연관 지으면서 이렇게 부르짖었다. "화로다, 나여! 망하게 되었도다. 나는 입술이 부정한 사람이요 나는 입술이 부정한 백성 중에 거주하면서 만군의 여호와이신 왕을 뵈었음이로다"(사 6:5). 이처럼 성경은 인간의 혀가 악함을 뚜렷이 강조하고 있다(시 34:13; 39:1; 52:4; 잠 6:17; 17:20; 26:28; 28:23; 사 59:3).

다른 한편, 우리의 의로운 말을 통해 의로운 마음이 드러난다는 것을 시편만큼 아름답게 묘사한 글은 없다. 다윗은 이렇게 찬미한다. "여호와 우리 주여, 주의 이름이 온 땅에 어찌 그리 아름다운지요! 주의 영광이 하늘을 덮었나이다"(시 8:1). 또 그는 이렇게 선포하고 있다. "여호와의 율법은 완전하여 영혼을 소성시키며 여호와의 증거는 확실하여 우둔한 자를 지혜롭게 하며"(시 19:7). 그리고 다윗은 이렇게 증언했다. "여호와의 교훈은 정직하여 마음을 기쁘게 하고 여호와의 계명은 순결하여 눈을 밝게 하시도다"(시 19:8). 다윗이 하나님의 마음에 합한 사람이었던 이유(삼상 13:14) 중 하나는 그가 진심으로 이렇게 고백할 수 있었기 때문이다. "나의 혀가 주의 의를 말하며 종일토록 주를 찬송하리이다"(시 35:28).

어떤 이가 예수 그리스도를 주와 구주로 영접하면 새로운 피조물이 된다. 이제는 그의 전 존재가 변화되며 그 안에 성령님이 내주하게 되는 것이다. 그러므로 바울은 신자들에게 이렇게 권면했다.

> 그러므로 너희가 그리스도와 함께 다시 살리심을 받았으면 위의 것을 찾으라. 거기는 그리스도께서 하나님 우편에 앉아 계시느니라. 위의 것을 생각하고 땅의 것을 생각하지 말라 … 그러므로 땅에 있는 지체를 죽이라. 곧 음란과 부정과 사욕과 악한 정욕과 탐심이니 탐심은 우상 숭배니라 … 이제는 너희가 이 모든 것을 벗어 버리라. 곧 분함과 노여움과 악의와 비방과 너희 입의 부끄러운 말이라 … 그리스도의 평강이 너희 마음을 주장하게 하라. 너희는 평강을 위하여 한 몸으로 부르심을 받았나니 너희는 또한 감사하는 자가 되라. 그리스도의 말씀이 너희 속에 풍성히 거하여 모든 지혜로 피차 가르치며 권면하고 시와 찬송과 신령한 노래를 부르며 감사하는 마음으로 하나님을 찬양하고 또 무엇을 하든지 말에나 일에나 다 주 예수의 이름으로 하고 그를 힘입어 하나님 아버지께 감사하라. (골 3:1~2, 5, 8, 15~17)

이처럼 우리의 본성이 변화될 때 우리의 행실 역시 변화된다. 그리고 그 새로운 행실 가운데는 새로운 말 역시 포함된다. 이는 곧 구원받고 거룩하게 된 우리의 삶에 부합하는 말이며, 우리에게 새 생명을 주신 하나님의 거룩한 본성을 드러내는 말이다.

성경 속에는 여러 헤아리기 어려운 진리들이 담겨 있다. 표면적으로 살펴면 그 진리들은 서로 모순되거나 일치하지 않는 듯이 보이며, 인간의 유한한 지성으로는 그 진리들을 조화시키기가 불가능한 것처럼 여겨진다. 예를 들면, 신자들은 이 세상의 기초가 놓이기 전에 이미 하나님의 주권적인 은혜로 구원에 이르도록 선택되었다. 하지만 이와 동시에, 그들이 구원을 받기 위해서는 자신의 믿음을 보여야만 한다. 또 신자인 우리들은 하나님의 주권적인 작정에 의해 그리스도 안에서 구원의 보증을 받지만, 이와 동시에 우리는 신앙 안에서 끈기 있게 인내해야 한다. 그리고 우리는 오직 성령님의 능력을 통해서만 거룩하게 살아갈 수 있지만, 그럼에도 불구하고 순종하도록 명령을 받는 것이다. 야고보서의 첫 장에서 말하듯이, 우리는 여러 시험을 **견디게 될** 것이다. 하지만 이와 더불어 우리는 그 시험들을 **견뎌야만 하는** 것이다(앞 문장은 하나님의 섭리에 의해 그렇게 될 것임을, 이 문장은 우리의 편에서 그 일에 힘써야 함을 가리킨다.—역주). 이와 마찬가지로 우리는 하나님의 말씀을 **받게 될** 것이지만, 다른 한편으로는 그 말씀을 **받아야만 한다**. 또 우리는 곤궁한 이들에게 차별 없이 자비를 **베풀게 되겠지만**, 이와 함께 우리는 그 자비를 **베풀어야만 한다**. 그리고 우리는 선한 일들을 **행하게 되겠지만**, 이와 동시에 그 일들을 **행해야만 하는** 것이다. 어떤 이가 순전하고 살아있는 신앙을 받아들이고 영적인 변화가 이루어지는 곳에서는 그 결과로서 이런 일들을 비롯해 여러 가지 일들이 **나타나게 되며** 또 **그래야만 한다**.

여기서 야고보는 우리가 헤아리기 힘든 또 하나의 진리를 말한다. '참된 신자들의 말은 **거룩해지게 될** 것이지만, 또한 그들은 거룩한 말을 **간직해야만 한다**.' 3장 1~12절에서, 그는 우리의 혀를 제어해야 할 설득력 있는 이유 다섯 가지를 제시한다. 우리를 정죄로 이끌 수 있는 가능성(1~2a), 혀가 지닌 통제력(2b~5a), 혀의 부패한 성향(5b~6), 혀가 지닌 원시적인 투쟁의 특성(7~8절), 그리고 우리의 삶을 손상하는 배신의 특성(9~12절) 등이다.

우리를 정죄로 이끌 수 있는 가능성

"내 형제들아, 너희는 선생 된 우리가 더 큰 심판을 받을 줄 알고 선생이 많이 되지 말라. 우리가 다 실수가 많으니."(3:1~2a)

'디다스칼로이'(didaskaloi, "선생")라는 단어는 랍비들을 비롯해 공적인 가르침 또는 설교의 역할을 수행했던 이들을 나타내는 데 자주 쓰였다(참조. 요 3:10). 여기서 야고보는 교회 안의 가르치는 직분자들에 관해 말하는 것으로 보인다

(참조. 고전 12:28; 엡 4:11). 당시 랍비들은 으뜸가는 선생들이었으며 유대인 동족들 사이에서 큰 영예와 존경의 대상이 되었다. 복음서에 나타나듯이, 많은 랍비는 자신들만의 특권과 권세를 누렸다. 그러므로 예수님은 서기관과 바리새인들에 관해 이렇게 말씀하셨다. (그들 중 많은 이들이 랍비였다.) "서기관과 바리새인들이 모세의 자리에 앉았으니 … 그들의 모든 행위를 사람에게 보이고자 하나니 곧 그 경문 띠를 넓게 하며 옷 술을 길게 하고 잔치의 윗자리와 회당의 높은 자리와 시장에서 문안 받는 것과 사람에게 랍비라 칭함을 받는 것을 좋아하느니라"(마 23:2, 5~7).

어떤 유대교 집단들은 랍비를 너무나 존경한 나머지 자신들이 받드는 랍비에 대한 의무를 자기 부모에 대한 의무보다도 더 중요하게 여겼다. 이는 곧 부모는 우리를 지금 이 세대의 삶 속으로 인도했을 뿐이지만 랍비는 장차 임할 세대의 삶 속으로 우리를 이끌어가기 때문이라는 것이다. 한 기록에 따르면, 어떤 이의 부모와 그가 따르는 랍비가 모두 적에게 붙잡혔을 경우에는 랍비를 먼저 구해내야만 했다. 당시 랍비들은 자신들의 가르침에 대한 사례를 받을 수 없었고 직접 일을 해서 생계를 유지해야 했다. 하지만 랍비를 자기 집으로 모셔 들이고 가능한 모든 방식으로 그를 대접하는 것은 지극히 경건한 행위로 간주했다.

예수님은 많은 랍비가 보였던 자기를 높이는 태도를 정죄하셨으며, 그런 태도는 그분께 속한 백성들의 삶 속에 설 자리가 없었다. 하지만 야고보의 편지를 받은 신자들 가운데는 그런 동기를 지닌 이들, 그릇된 이유에서 "선생"이 되려 하는 이들이 있었다.

공식적인 랍비들 외에도 존경받는 유대인 남자라면 누구나 회당 예배에서 강론할 기회를 얻을 수 있었다. 당시 예수님은 공식적인 랍비가 아니었지만, 안식일에 회당에서 성경을 낭독하고 그 내용을 해석하시는 경우가 많았으며, 그중에서 적어도 한 번은 자신의 고향인 나사렛에서 그렇게 하셨다(눅 4:15~21, 31; 마 4:23; 9:35). 이와 마찬가지로, 바울과 바나바 역시 공인된 랍비가 아니었지만 한 도시를 방문할 때면 종종 회당에서 강론하곤 했던 것이다(예. 행 13:5, 14~15; 14:1). 그리고 초대 교회에서는 성숙한 그리스도인 남성이 예배 시간에 말할 기회를 얻는 일 역시 흔히 있었던 것으로 보인다. 바울은 고린도 교회에 보낸 편지에서 이런 지침을 주고 있다. "너희가 모일 때에 각각 찬송시도 있으며 가르치는 말씀도 있으며 계시도 있으며 방언도 있으며 통역함도 있나니 모든 것을 덕을 세우기 위하여 하라"(고전 14:26). 교회사 전반과 특히 오늘날의 교회를 살필 때, 목회자로 부르심을 받고 임직하지는 않았지만 하나님 말씀을 가르치는 일에 정당하게 기여할 수 있는 사람들이 많이 있다. 이를테면 상담자와 주일학교 교사, 성경공부 인도자 같은 이들이 그 안에 속한다.

여기서 야고보가 "너희는 … 선생이 많이 되지 말라"고 주의를 줄 때, 그의 의도는 물론 그들이 자신의 성경적인 통찰을 전하지 못하게끔 제지하려는 것이 아니다. 그리고 야고보는 진정으로 하나님의 부르심을 받은 이들이 공식적인 말씀의 교사가 되는 일을 어떤 식으로든 막으려는 것도 아니다. 그보다도 그의 말뜻은, 자신이 그렇게 부르심을 받았다고 믿는 이들은 먼저 자신의 신앙을 시험함으로써 구원의 확증을 얻어야 한다는 것이다. 앞서 야고보는 다음의 원리를 분명히 밝혔다. "누구든지 스스로 경건하다 생각하며 자기 혀를 재갈 물리지 아니하고 자기 마음을 속이면 이 사람의 경건은 헛것이라"(1:26). 만약 이 원리가 교회 안의 모든 이들에게 적용된다면, 하나님의 백성 앞에 서서 그분의 말씀을 해석하고 설명하는 교사들에게는 그 원리가 얼마나 더 많이 적용되겠는가?

하나님의 뜻은 그분께 속한 모든 백성이 그분의 진리를 가능한 한 정확하고 온전한 방식으로 표현하게 되는 데 있다. 엘닷과 메닷이 경건하게 예언하는 것을 여호수아가 반대했을 때, 모세는 이렇게 말하면서 그를 부드럽게 책망했다. "여호와께서 그의 영을 그의 모든 백성에게 주사 다 선지자가 되게 하시기를 원하노라"(민 11:29). 그리고 주님의 지상 명령에서는 모든 그리스도인이 이런 부르심을 듣게 된다. "그러므로 너희는 가서 모든 민족을 제자로 삼아 아버지와 아들과 성령의 이름으로 세례를 베풀고 내가 너희에게 분부한 모든 것을 가르쳐 지키게 하라"(마 28:19~20). 또 바울은 이렇게 선포했다. "미쁘다 이 말이여, 곧 사람이 감독의 직분을 얻으려 함은 선한 일을 사모하는 것이라 함이로다"(딤전 3:1). 바울은 자기 자신에 관해서는 이렇게 말했다. "만일 복음을 전하지 아니하면 내게 화가 있을 것이로다"(고전 9:16).

여기서 야고보의 요점은, 어떤 신자도 이 일이 얼마나 막중한 책무인지를 진지하게 생각하지 않은 채로 하나님의 말씀을 가르치는 일에 착수해서는 안 된다는 데 있다. 혼자 있을 때나 한두 사람과 함께 있을 때 자신의 말로써 죄를 범하는 일은 매우 나쁘다. 그런데 무한히 더 악한 것은 공적인 자리에서 이같이 죄를 범하는 일, 특히 하나님의 말씀을 전하는 자로서 그런 죄를 짓는 일이다. 하나님의 말씀을 전하는 일은 중대한 함의를 지니며, 그 함의는 좋은 쪽과 나쁜 쪽 모두의 방향으로 나타날 수 있다.

에스겔서에서는 두 차례에 걸쳐 하나님 말씀을 선포하는 자들이 지닌 막중한 책임을 보여주고 있다. 이 선지자를 통해 주님은 이렇게 말씀하셨다.

> 인자야, 내가 너를 이스라엘 족속의 파수꾼으로 세웠으니 너는 내 입의 말을 듣고 나를 대신하여 그들을 깨우치라. 가령 내가 악인에게 말하기를 너는 꼭 죽으리라 할 때에 네가 깨우치지 아니하거나 말로 악인에게 일러서 그의 악한 길을 떠나 생명을 구원하게 하지 아니하면 그 악인은 그의 죄악 중에서 죽으려니와 내가 그의 피 값을 네 손에서 찾을 것이고, 네가 악인을 깨우치되 그가 그의 악한 마음과 악한 행위에서 돌이키지 아니하면 그는 그의 죄악 중에서 죽으려니와 너는 네 생명을 보존하리라. (겔 3:17~19)

그리고 이 경고는 33장 7~9절에서 반복된다. 또한 히브리서의 저자는 당시의 설교자와 교사를 비롯한 교회의 지도자들이 "너희 영혼을 위하여 경성하기를 자신들이 청산할 자인 것 같이" 했던 일을 말하고 있다(히 13:17). 또 바울은 경건한 만족감을 품고 밀레도에서 만난 에베소 교회의 장로들에게 이렇게 말할 수 있었다. "오늘 여러분에게 증언하거니와 모든 사람의 피에 대하여 내가 깨끗하니 이는 내가 꺼리지 않고 하나님의 뜻을 다 여러분에게 전하였음이라"(행 20:26~27).

디모데가 에베소 교회에서 사역할 때 그곳에는 그릇되고 방향이 어긋난 신학, 듣는 이들을 혼란에 빠뜨리는 신학을 가르치는 이들로 인한 문제가 있었다. 그러므로 바울은 디모데에게 이렇게 일깨웠다.

> 내가 마게도냐로 갈 때에 너를 권하여 에베소에 머물라 한 것은 어떤 사람들을
> 명하여 다른 교훈을 가르치지 말며 신화와 끝없는 족보에 몰두하지 말게 하려
> 함이라. 이런 것은 믿음 안에 있는 하나님의 경륜을 이룸보다 도리어 변론을 내
> 는 것이라. 이 교훈의 목적은 청결한 마음과 선한 양심과 거짓이 없는 믿음에서
> 나오는 사랑이거늘 사람들이 이에서 벗어나 헛된 말에 빠져 율법의 선생이 되
> 려 하나 자기가 말하는 것이나 자기가 확증하는 것도 깨닫지 못하는도다. (딤전
> 1:3~7)

심지어 어떤 이들은 명백한 신성 모독을 가르치고 있었으며, 이들은 "그 믿
음에 관하여는 파선한" 자들이었다(19~20절).

베드로와 유다 역시 이단적인 교사들에 관해 엄격히 경고하고 있다. 그는 이
렇게 말한다.

> 그러나 백성 가운데 또한 거짓 선지자들이 일어났었나니 이와 같이 너희 중에도
> 거짓 선생들이 있으리라. 그들은 멸망하게 할 이단을 가만히 끌어들여 자기들을
> 사신 주를 부인하고 임박한 멸망을 스스로 취하는 자들이라. 여럿이 그들의 호색
> 하는 것을 따르리니 이로 말미암아 진리의 도가 비방을 받을 것이요 그들이 탐
> 심으로써 지어낸 말을 가지고 너희로 이득을 삼으니 그들의 심판은 옛적부터 지
> 체하지 아니하며 그들의 멸망은 잠들지 아니하느니라. (벧후 2:1~3)

유다는 이렇게 기록했다.

> 꿈꾸는 이 사람들도 그와 같이 육체를 더럽히며 권위를 업신여기며 영광을 비방
> 하는도다 … 이 사람들은 무엇이든지 그 알지 못하는 것을 비방하는도다. 또 그
> 들은 이성 없는 짐승 같이 본능으로 아는 그것으로 멸망하느니라. … 이 사람들
> 은 원망하는 자며 불만을 토하는 자며 그 정욕대로 행하는 자라. 그 입으로 자랑

하는 말을 하며 이익을 위하여 아첨하느니라. (유 8, 10, 16절)

바울이 디모데를 통해 에베소 교회에 주었던 경고의 내용은 모든 교회의 교사들에게 적용된다.

누구든지 다른 교훈을 하며 바른 말 곧 우리 주 예수 그리스도의 말씀과 경건에 관한 교훈을 따르지 아니하면 그는 교만하여 아무 것도 알지 못하고 변론과 언쟁을 좋아하는 자니 이로써 투기와 분쟁과 비방과 악한 생각이 나며 마음이 부패하여지고 진리를 잃어 버려 경건을 이익의 방도로 생각하는 자들의 다툼이 일어나느니라. (딤전 6:3~5)

거짓 교사들뿐 아니라 다른 이들에게 자신의 지식과 분별력을 과시하기 위해 무지하고 부주의한 태도로 말씀을 해석하는 이들 역시 교회를 큰 위험에 빠뜨린다. (그리고 그들 자신도 하나님 앞에서 위험에 처하게 된다.) 오늘날 교회의 많은 교사가 성경적인 지식이 빈약하며 그 내용을 가르칠 준비가 제대로 되어 있지 않다. 이같이 하나님 말씀을 잘못 전달하는 교사들은 외부에서 공격하는 수백 명의 무신론자나 세속주의자들보다도 영적으로나 도덕적으로 더 큰 피해를 하나님의 백성들에게 입힐 수 있다. 새로 회심한 유명 인사나 그 밖의 다른 이들, 또는 훈련되지 않은 무책임한 설교자들로 하여금 교회에서 말씀을 전하고 가르치게 하는 일이 어리석고 영적으로 위험한 이유는 바로 이 때문이다. 바울은 "새로 입교한 자"가 감독의 직분을 맡아서는 안 된다고 경고했으며, 이는 "[그가] 교만하여져서 마귀를 정죄하는 그 정죄에 빠질까" 하는 우려 때문이었다(딤전 3:6). 바울 자신이 회심했을 때에도 주님은 그가 사도의 사역을 시작하기 전에 삼 년간 아라비아의 나바테아 사막에서 훈련을 받게 하셨다(갈 1:17~18; 참조. 행 9:19~22).

여기서 야고보의 의도는 하나님이 교사로 부르시고 은사를 주신 이들, 곧 그 일을 위해 순전한 자격과 지식, 준비를 갖춘 이들을 제지하려는 데 있지 않다. 그러나 그는 교회에서 가르칠 기회를 얻은 이들에게 하나님 말씀을 가르치는 일이 지닌 진지한 의미를 한 번 숙고해 볼 것을 권고한다. 그리고 과연 그들 자신이 가르치려는 진리를 제대로 이해하고 있는지 확인해 보라는 것이다. 모세가 그렇게 행했듯이, 교사들은 자신이 전하는 내용이 "여호와의 말씀"에 상응하는지를 확실히 알기 위해 모든 노력을 기울여야 한다(레 10:3). 그리고 말씀을 주의 깊게 연구한 후, 교사들은 간절한 마음을 담아 이렇게 기도해야 한다. "주님, 오직 당신께서 이 본문을 통해 말씀하시는 것만을 전할 수 있게 해 주십시오. 저의 말을 듣는 이들에게 그 진리를 명확히 알리도록 도와주세요."

스코틀랜드의 위대한 종교개혁자였던 존 녹스는 하나님의 말씀을 충실히 선포해야 할 책임 때문에 깊은 두려움과 부담을 느끼는 모습을 보였다. 그리하여 그는 자신의 첫 설교를 전하기 전에 주체할 수 없을 정도로 눈물을 쏟았으며, 그 마음을 가라앉힐 수 있도록 부축을 받아 강단에서 내려왔다. 어떤 목회자가 설교하는 일에 관해 남긴 다음의 논평은 가르치는 일에도 적용될 수 있다. "설교하는 일에는 특별한 영광이 없으며 오직 특별한 고통만 있을 뿐이다. 바다가 뱃사람들을 부르듯이, 강단 역시 그 일을 위해 기름 부음 받은 이들을 부른다. 그리고 바다가 그러하듯이, 강단 역시 끊임없이 그를 강타하고 멍들게 하는 것이다. … 설교하는 일, 진정으로 그 말씀을 전하는 일은 마치 벌거벗은 채로 매번 조금씩 죽어가는 것과 같다. 그리고 매번 그렇게 죽어갈 때마다 자신이 또다시 그렇게 해야 함을 자각하게 되는 것이다."

여기서 "내 형제들아"라는 표현은 야고보가 그리스도의 이름을 부르는 이들에게 말을 건네고 있음을 보여준다. 그리고 그 가운데는 순전하고 확고한 신앙을 지닌 이들 역시 포함되어 있었다. 야고보는 그들이 품은 가르침의 열망이 진실로 주님의 뜻으로 생겨난 것인지, 아니면 그저 자기 뜻에 의한 것인지를 점검하도록 권고하고 있다. 올바른 말은 참된 신앙을 드러내는 결정적인 표지이며, "선생들"은 그 말하는 일의 측면에서 더 높은 기준에 부응해야만 한다. 이는 그들의 말이 다른 이들에게 영적으로 강력한 영향을 미친다는 명백한 이유 때문이다. "선생들"은 잘못된 말을 함으로써 하나님께 "더 큰 심판"을 받는 특별한 위험 아래 놓이게 된다. 야고보가 앞서 주의를 주었듯이, 그들은 "듣기는 속히 하고 말하기는 더디 해야" 한다(1:19). 이 구절의 맥락에서, 그는 특히 하나님의 말씀을 듣고 전하는 일에 관해 말하고 있다.

중요한 점은 야고보가 "더 큰 심판"을 받게 될 이들 가운데 그 자신["우리"]을 포함한다는 것이다. 이는 곧 사도들이나 성경의 저자들 역시 그 심판에서 제외되지 않음을 의미한다. 모든 교사는 "진리의 말씀을 옳게 분별하며 부끄러울 것이 없는 일꾼으로 인정된 자로 자신을 하나님 앞에 드리기를 힘써야" 하며(딤후 2:15; 참조. 딤전 4:6-16), 이 일에서 누구도 예외가 되지 않는다.

이 구절에 쓰인 헬라어 명사 '크리마'(krima, "심판")는 중성이며, 긍정 또는 부정의 의미로 모두 사용될 수 있다. 신약에서는 이 단어가 대부분 경고를 나타내는 부정적인 의미로 쓰이며, 여기서 야고보가 염두에 둔 것 역시 이런 종류의 "심판"임이 분명하다. 불신자들의 경우, 이 구절에서 제시되는 미래 시제("받을", NASB에는 'will incur'로 되어 있다.—역주)의 "심판"은 곧 계시록 20장 11~15절에서 요한이 말하는 '크고 흰 보좌의 심판'을 가리킨다. 이에 반해, 신자들은 현재의 삶에서는 연단의 형태로, 그리스도의 심판대 앞에서는 영원한 상급의 문제에 관해 그 "심판을 받게" 될 것이다. 이 심판대 앞에서는 "우리 각 사람이 자기 일을 하나님께 직고하게" 되며(롬 14:12), 바울은 이렇게 기록하고 있다.

> 각 사람의 공적이 나타날 터인데 그 날이 공적을 밝히리니 이는 불로 나타내고 그 불이 각 사람의 공적이 어떠한 것을 시험할 것임이라. 만일 누구든지 그 위에 세운 공적이 그대로 있으면 상을 받고 누구든지 그 공적이 불타면 해를 받으리니 그러나 자신은 구원을 받되 불 가운데 받은 것 같으리라. (고전 3:13~15)

교사들이 받게 될 영원한 상급의 분량은 그들이 얼마나 신실하게 가르침을 전했는지에 달려 있다(행 20:26~27; 히 13:17).

야고보는 "우리가 다 실수가 많으니"라고 말하는데, 이는 그 누구도 하나님을 거슬러 자신의 혀를 통해서나 다른 형태로 죄를 지을 위험에서 제외되지 않는다는 진리를 뒷받침한다. 여기서 "실수"(stumble)는 모든 형태의 도덕적 타락, 곧 옳은 일을 행하는 데 실패하는 것을 가리키며, "많으니"의 의미는 자명하다. 이 진리에 관해 잠언의 저자는 이렇게 수사적인 질문을 던진다. "내가 내 마음을 정하게 하였다, 내 죄를 깨끗하게 하였다 할 자가 누구냐?"(잠 20:9). 역대기의 저자는 다음의 내용을 강조하고 있다. "주께 범죄하지 아니하는 사람이 없사오니"(대하 6:36). 이는 잘 알려지고 자주 인용되는 바울의 다음 진술을 미리 보여준다. "모든 사람이 죄를 범하였으매 하나님의 영광에 이르지 못하더니"(롬 3:23). 그리고 요한 역시 이렇게 선포하고 있다. "만일 우리가 죄가 없다고 말하면 스스로 속이고 또 진리가 우리 속에 있지 아니할 것이요"(요일 1:8; 참조. 10절).

혀의 통제력

"만일 말에 실수가 없는 자라면 곧 온전한 사람이라. 능히 온몸도 굴레 씌우리라. 우리가 말들의 입에 재갈 물리는 것은 우리에게 순종하게 하려고 그 온몸을 제어하는 것이라. 또 배를 보라. 그렇게 크고 광풍에 밀려가는 것들을 지극히 작은 키로써 사공의 뜻대로 운행하나니 이와 같이 혀도 작은 지체로되 큰 것을 자랑하도다." (3:2b~5a)

우리의 혀는 우리 자신의 행실에 대해 강력한 통제력을 행사한다. 그러므로 "말에 실수가 없는 자라면 곧 온전한 사람이라고" 할 수 있다. 여기서 '텔레이오스'(teleios, "온전한")는 두 가지 의미로 해석될 수 있다. 그중 하나는 절대적인 완전함(absolute perfection), 곧 어떤 흠이나 오류도 없는 상태를 나타내는 개념이다. 만일 이 구절에서 야고보가 의도한 의미가 이것이라면, 그는 분명히 가상의 인물에 관해 논하는 것이 된다. 이는 예수님 외의 어떤 사람도 그렇게 완전한 자격을 갖출 수 없기 때문이다.

하지만 이 용어는 '온전한'(complete) 또는 '성숙한'(mature)의 의미 역시 지닐 수 있다. 만약 야고보가 이 구절에서 의도한 의미가 여기에 있다면, 이는 곧 "말에 실수가 없는" 사람은 자신이 성숙하고 정결한 마음의 소유자임을 입증하게 된다. 그의 성숙한 마음은 그가 들려주는 올바른 말의 원천인 것이다. 여기서 야고보는 이 두 번째 의미를 염두에 두는 듯하다. 우리는 말에서든 다른 어떤 측면에서든 예수님이 완전한 분이신 것과 같은 의미에서 '완전한' 사람이 될 수는 없다. 하지만 성령님의 능력 가운데, 우리는 영적으로 성숙하고 거룩한 마음의 소유자가 될 수 있다. 그리고 이같이 성숙해진 마음은 성숙하고 거룩하며 하나님을 영화롭게 하는 말과 가르침을 통해 표현된다. 이 본문의 요지는 영적으로 성숙한 신자만이 자신의 혀를 적절히 제어할 수 있다는 것이다. 우리는 자신의 성품이 그리스도의 거룩하신 성품을 닮아가는 정도만큼 영적으로 "온전한" 사람 또는 성숙한 사람이 된다. 다른 모든 일처럼, 이 점에서도 그리스도는 우리의 영광스럽고 으뜸가는 본보기가 되신다. 베드로는 이렇게 우리를 일깨우고 있다. "이를 위하여 너희가 부르심을 받았으니 그리스도도 너희를 위하여 고난을 받으사 너희에게 본을 끼쳐 그 자취를 따라오게 하려 하셨느니라. 그는 죄를 범하지 아니하시고 그 입에 거짓도 없으시며 욕을 당하시되 맞대어 욕하지 아니하시고 고난을 당하시되 위협하지 아니하시고 오직 공의로 심판하시는 이에게 부탁하시며"(벧전 2:21~23).

이어서 야고보는 상당히 놀라운 주장을 제시한다. 곧 자신의 혀를 제어할 수 있는 그리스도인은 "능히 온몸도 굴레 씌울" 수 있다는 것이다. 이 본문의 맥락에서, "몸"은 그 사람의 인격 전반, 곧 그의 전 존재를 가리키는 것으로 보인다. 달리 말해, 우리가 죄의 유혹에 재빨리 반응하며 그 길로 무한정 달려가는 자신의 혀를 제어할 수 있다면, 우리 존재의 다른 부분들을 제어하는 일은 자연스레 따라온다는 것이다. 만약 성령님이 우리의 존재 가운데 가장 변덕스럽고 다루기 힘든 이 부분을 주관하신다면, 우리 삶의 나머지 부분들은 얼마나 더 그분의 다스리심에 순응하게 되겠는가? 그리고 이 원리 역시 "온전한"에 대한 두 번째 해석('성숙한', '온전한')을 지지한다. 이 "온전한"이 절대적인 완전함의 개념을 나타낼 경우, 그 개념은 이 구절에서 실제적인 의미를 지니지 못하기 때문이다. 만일 어떤 이가 그리스도를 높이고 하나님을 영화롭게 하며 다른 이들에게 덕을 끼치는 방식으로 말한다면, 우리는 그의 삶의 나머지 부분역시 영적으로 건전한 상태에 있을 것임을 확신할 수 있다. 그리고 이 점은 그 반대의 경우에도 성립한다.

워렌 위어스비는 어느 친구 목회자가 그의 회중 가운데 있는 한 여인에 관한 이야기를 들려주었던 일을 기록하고 있다. 그 여인은 소문을 여기저기 퍼뜨리고 다니는 사람이었는데, 어느 날 그 목회자를 찾아와서 이렇게 고백했다는 것이다. "목사님, 제가 소문을 퍼뜨리고 다니는 것이 죄임을 주님이 깨닫게 하셨어요. 저의 혀 때문에 저 자신과 다른 사람들이 곤경에 처해 있습니다." 이 말을 들은 목회자는 조심스레 이렇게 물었다. "자매님, 그러면 그 혀의 문제를 어떻게 하실 생각인가요?" 그 여인은 이렇게 대답했다. "저의 혀를 제단 위에 드리고 싶습니다." 그런데 그 여인은 이전에도 똑같은 고백을 수없이 해 왔지만, 전혀 달라진 점이 없었기 때문에 그는 그녀에게 이렇게 말했다. "자매님의 혀를 올려놓을 만큼 큰 제단은 없답니다"(*The Bible Exposition commentary* [Wheaton, Ill.: Victor, 1989], 2:358).

물론 우리의 혀를 올려놓을 정도로 충분히 큰 제단이 하나 있다. 주님이 우리에게 이렇게 보증하시기 때문이다. "만일 우리가 우리 죄를 자백하면 그는 미쁘시고 의로우사 우리 죄를 사하시며 우리를 모든 불의에서 깨끗하게 하실 것이요"(요일 1:9). 다만 그 목회자의 마음속에 좌절감이 있었던 것은 이해할 만하다. 문제는 그 여인이 실제로 자신의 혀를 제단 위에 드리기를 꺼렸던 데 있다. 그녀는 자신의 죄가 무엇인지, 그 죄를 속하기 위해서는 어떤 일이 요구되는지를 잘 알고 있었다. 단지 그 대가를 치르기를 원하지 않았을 뿐이다. 그녀는 의로운 일보다도 여기저기 소문내는 일을 더 사랑했던 것이다. 그러므로 그 여인은 다윗처럼 이렇게 결단하기를 회피했다. "나의 행위를 조심하여 내 혀로 범죄하지 아니하리니 악인이 내 앞에 있을 때에 내가 내 입에 재갈을 먹이리라"(시 39:1).

야고보는 두 가지 비유를 써서 혀가 지닌 통제력을 보여주고 있다. 먼저 그는 이렇게 지적한다. "우리가 말들의 입에 재갈 물리는 것은 우리에게 순종하게 하려고 그 온몸을 제어하는 것이라." 이런 묘사가 특히 적합한 이유는 재갈을 말의 혀 윗부분에 물리기 때문이다. 그 재갈을 굴레와 고삐에 연결할 때, 말에 탄 사람은 그 말을 쉽게 복종시킬 수 있다. 우리는 "말의 입"을 제어함으로써 그 머리를 통제하며, 이를 통해 "그 온몸을 제어하게" 된다.

순한 말들, 여러 해 동안 사람이 타서 길들여 온 말들조차도 그 "입에 재갈을 물리지" 않으면 통제하기가 어려워진다. 그 말들이 사람을 태우거나 마차혹은 쟁기를 끄는 일을 감당하게 하려면 그런 식의 통제가 요구되는 것이다. 이는 신자들의 경우에도 마찬가지다. 우리가 하나님께 유용하게 쓰임 받기 위해서는 자신의 혀를 제어할 필요가 있다. 그럼으로써 우리 삶의 다른 부분들역시 그분의 뜻에 순복하게 되기 때문이다.

야고보가 두 번째로 제시하는 것은 배의 비유이다. 그는 이렇게 말을 이어간다. "또 배를 보라. 그렇게 크고 광풍에 밀려가는 것들을 지극히 작은 키로써 사공의 뜻대로 운행하나니." 당시의 가장 큰 "배들"일지라도 현대의 거대한원양 여객선이나 군함에 비하면 작은 것이었다. 바울이 로마로 향할 때 탔던배에는 선원과 군인, 죄수들을 합쳐서 이백칠십육 명이 승선하고 있었는데(행 27:37), 이는 그 배가 상당히 컸음을 보여준다. 여기서 야고보의 요점은 배 한척의 전체 크기에 비하면 그 배의 키는 매우 작지만, 바로 그 키를 통해 배 전체가 "사공의 뜻대로" 쉽게 움직이게 된다는 데 있다.

"이와 같이 혀도 작은 지체로되 큰 것을 자랑하도다." 말의 입에 물린 재갈과 배의 키처럼, 우리의 "혀" 역시 우리 삶의 모든 부분을 제어할 능력을 지닌다. 이 "혀"는 우리의 "몸" 전체를 주관하는 주된 제어 장치로서 우리 행실의거의 모든 측면을 통제하는 것이다. 주석가 J. A. 모티어는 이렇게 기록한다.

> 만일 우리의 혀가 잘 통제되어 있어서 자기 연민의 말이나 탐욕의 이미지, 분노와 원망이 담긴 생각을 표현하기를 거부한다면, 이런 것들은 미처 생명을 누릴기회를 얻기도 전에 소멸되는 셈이다. 마스터 스위치인 혀를 통해 그런 감정들이그에 상응하는 우리 삶의 측면들의 "스위치를 켤" 능력을 빼앗기는 것이다. 이처럼 혀를 통제하는 것은 영적인 성숙을 나타내는 증거 이상의 의미를 지닌다. 오히려 그것은 영적 성숙의 방편이다. (*The Message of James* [Downers Grove, Ill.: InterVarsity, 1985], 121)

여기서 야고보는 "혀가 … 큰 것을 자랑하도다"라고 말하면서 그 구체적인 예를 들지는 않는다. 하지만 그는 인간의 본성, 곧 뽐내고 자기중심적인 태도를 취하며 (많은 대중 심리학자들의 주장과는 반대로) 높은 자아상을 선호하는 성향을 염두에 두고 있는 것이 분명하다. 이같이 "혀가 … 자랑할" 때마다 어떤 식으로든 파괴의 물결이 일어나게 된다. 이때 우리의 혀는 다른 이들의 삶을 허물고 교회와 가정, 부부관계와 인간관계를 무너뜨리며 심지어 살인과 전쟁을 초래할 것이다.

우리 삶이 우리의 혀에 의해 올바른 방식으로 제어될 수 있도록, 우리는 스스로를 자랑하고 뽐내려는 본능적인 성향과 유혹에 늘 저항해야 한다. 우리는 오직 은혜롭고 친절한 말, 다른 이를 무너뜨리기보다는 세워 주는 말, 다른 이에게 감화를 끼치고 위로하며 격려하는 말, 그들을 축복하는 말을 해야 하는 것이다. 우리의 말은 겸손과 감사, 화평과 거룩함, 지혜가 담긴 것이 되어야 마땅하다. 그리고 이런 말은 성령님이 그 안에 거하실 뿐 아니라 그분의 다스리심에 전적으로 복종하는 사람의 마음속에서만 흘러나올 수 있다.

혀의 부패한 성향

"보라, 얼마나 작은 불이 얼마나 많은 나무를 태우는가! 혀는 곧 불이요 불의의 세계라. 혀는 우리 지체 중에서 온몸을 더럽히고 삶의 수레바퀴를 불사르나니 그 사르는 것이 지옥 불에서 나느니라."(3:5b~6)

그다음으로 야고보는 모든 것을 더럽히고 파멸시키는 혀의 가공할 잠재력에 초점을 맞춘다. 물론 혀의 통제력은 중립적인 성격을 지닌 것으로써 선 또는 악 양측으로 작용할 수 있지만, 여기서는 전적으로 그 부정적인 측면을 강조하고 있다. 이 구절에서 야고보는 어떤 구체적인 문제의 영역들을 말하지 않는다. 하지만 우리의 혀는 생각 가능한 모든 사안에 관해 논할 수 있으므로 그 모든 사안을 부패시킬 힘을 지닌다. 우리의 혀는 그 입을 통해 논의되는 온갖 주제를 손상하고 변질시킬 수 있다.

'에이돈'(*eidon*)이라는 동사의 문자적인 의미는 단순히 '~을 보다'이지만, 이 구절에 쓰인 그 동사의 명령법 중간태(idou)는 거의 하나의 명령에 해당하는 의미를 지닌다. 그러므로 이 형태는 자주 "보라"로 번역되며, 이는 극적인 내러티브들의 경우에 특히 그러하다. 그 목적은 이제 곧 말할 내용이나 벌어지게 될 일에 관심을 쏟게끔 이끌려는 데 있다(예. 마 1:20, 23; 25:6; 요 4:35; 계 1:7, 18; 22:7, 12). 이 단어의 개념은 '주의를 기울이라'는 것이다.

야고보는 여기서 미움에 찬 말이나 거짓되고 이단적인 말, 혹은 단순히 부주의한 말이 지닌 큰 파괴력에 주의를 집중시킨다. 오늘날 산림청의 광고에 쓰이는 표현처럼, 야고보는 우리로 하여금 잘 알려진 문구에 관심을 쏟게 한다. 이는 곧 "작은 불이 … 많은 나무를 태운다"는 것이다! 아주 작은 성냥불이나 번쩍이는 불꽃조차도 기하급수적으로 번져서 엄청난 면적의 숲을 태우고 수많은 동물을 죽게 하며 종종 우리의 생명과 재산을 앗아가는 큰 화재가 될 수 있다.

"불"은 그것이 태울 연료가 있는 한 거의 무제한으로 스스로를 확산시키는 놀랍고도 독특한 능력을 지닌다. 이에 반해 대다수의 물질이 그렇듯이, 물은 자신을 스스로 복제해 나갈 수 없다. 우리가 어딘가에 또는 어떤 사물 위에 물을 부을 때, 그 물은 결코 자신을 확장해 큰 홍수가 되는 법이 없다. 그러나 "불"은 자신을 그 확산의 재료로 삼는다. 만약 그곳에 연소 상태를 유지하기에 충분한 산소와 가연성 물질이 있다면, 불은 끝없이 타오르게 될 것이다.

1871년 10월 8일 저녁 여덟 시 반쯤 오리어리 부인의 헛간에 있는 등불이 엎어지면서 시카고 대화재가 일어나게 되었다(아마도 그 부인의 소가 등불을 발로 찼던 듯하다). 마침내 그 화재가 진화되기 전까지 만 칠천오백 개의 건물이 전소되고 삼백 명이 사망했으며, 십이만 오천 명이 집을 잃고 노숙자가 되었다. 그리고 1903년에는 한국의 한 마을에서 밥을 하던 냄비가 끓다가 불 위로 넘치는 바람에 그 온 방 안에 숯이 쏟아졌다. 그래서 마침내 광범위한 면적의 땅을 집어삼킨 화재가 시작되었다. 이를 통해 삼천 개가량의 건물이 전소되었다.

이 말의 문제에 관해 잠언의 저자는 이렇게 말한다. "의인의 마음은 대답할 말을 깊이 생각하여도 악인의 입은 악을 쏟느니라"(잠 15:28), "불량한 자는 악을 꾀하나니 그 입술에는 맹렬한 불 같은 것이 있느니라"(16:27), "숯불 위에 숯을 더하는 것과 타는 불에 나무를 더하는 것 같이 다툼을 좋아하는 자는 시비를 일으키느니라"(26:21). 그는 또 이렇게도 말한다. "나무가 다하면 불이 꺼지고 말쟁이[소문을 퍼뜨리는 자, 비방하는 자]가 없어지면 다툼이 쉬느니라"(26:20).

다윗은 이렇게 탄식했다. "내 영혼이 사자들 가운데에서 살며 내가 불사르는 자들 중에 누웠으니 곧 사람의 아들들 중에라. 그들의 이는 창과 화살이요 그들의 혀는 날카로운 칼 같도다"(시 57:4). 또 그는 악한 자들과 스스로를 뽐내는 자들에 대해 이렇게 기록했다. "네 혀가 심한 악을 꾀하여 날카로운 삭도 같이 간사를 행하는도다. 네가 선보다 악을 사랑하며 의를 말함보다 거짓을 사랑하는도다. 간사한 혀여, 너는 남을 해치는 모든 말을 좋아하는도다"(시 52:2~4). 욥은 자칭 그의 위로자였던 빌닷에게 이렇게 질문했다. "너희가 내 마음을 괴롭히며 말로 나를 짓부수기를 어느 때까지 하겠느냐?"(욥 19:2).

몇 년 전 "애틀랜타 저널"의 스포츠부 기자인 모건 블레이크가 다음의 풍자 글을 썼다.

나는 굉음을 내며 날아오는 곡사포보다 더 치명적이다. 나는 누군가를 죽이는 일 없이 승리를 거둔다. 나는 가정들을 허물고 사람들의 마음을 무너뜨리며 그들의 삶을 망쳐 놓는다. 나는 바람의 날개를 타고 여행한다. 어떤 사람의 순수함도 나를 두렵게 할 정도로 강하지 못하며, 어떤 이의 깨끗함도 나를 기죽게 할 정도로 맑지 못하다. 나는 진리를 존중하지 않으며 정의를 상관하지 않고, 무방비 상태에 있는 자들에게 자비를 베풀지 않는다. 내 희생자들은 바닷가의 모래알처럼 무수하며, 그만큼 순수한 이들일 경우가 많다. 나는 어떤 일도 잊지 않으며 거의 용서를 베푸는 법이 없다. 나의 이름은 바로 '소문'이다. (George Sweeting, *Faith That Works* [Chicago: Moody, 1983], 76~77에서 인용)

6절에서 야고보가 말하는 내용은 혀의 위험성에 관한 성경의 가장 강력한 진술임이 분명하다. "혀는 곧 불이요 불의의 세계라. 혀는 우리 지체 중에서 온 몸을 더럽히고 삶의 수레바퀴를 불사르나니 그 사르는 것이 지옥 불에서 나느니라." 여기서 그는 "불"의 비유를 써서 이 엄청난 내용을 선포하며, 이를 통해 혀가 지닌 위험성의 네 가지 주된 요소를 제시하고 있다.

첫째, 우리의 혀는 "불의의 세계"이다. 이 구절에서 '코스모스'(kosmos, "세계")는 이 지구나 우주가 아니라 하나의 체계나 구도 또는 질서를 가리킨다. 이 경우에는 "불의"와 악함, 반역과 무법을 비롯한 온갖 형태의 죄로 이루어진 체계이다. "혀"는 곧 죄악 된 인간 안에 있는 불의하고 불경건한 행실의 원천이다. 인간의 혀는 온갖 종류의 죄악 된 열정과 욕망을 부추기며 내뿜는다. 어떤 주석가는 그 혀를 우리의 몸 안에 있는 악의 소우주로 묘사한 바 있다. 우리의 혀는 육신적인 인간성을 보여주는 사악하고 비열하며 천박한 질서이다. 우리의 신체 중 다른 어떤 부분도 이 혀만큼 재난과 파멸을 가져올 광범위한 잠재력을 지니지 않는다.

둘째, 악한 "혀"는 "우리 지체 중에서 온몸을 더럽힌다." 이 악한 체계는 사방으로 확대되어 우리 "몸"의 나머지 부분들을 오염시킨다. 이 은유를 조금 바꾸자면, 혀의 파괴적인 성격은 마치 불에서 나는 연기가 그것에 노출된 모든 사물 속으로 침투해 가시지 않는 냄새를 남기는 것과 같다. 곧 연기는 불이 그 손길을 뻗치지 못하는 곳에도 파고들어 그곳을 망쳐 놓는 것이다.

대학 시절, 한번은 어떤 백화점에서 불이 난 적이 있다. 나는 그 화재로 인한 할인 판매의 기회를 잘 이용해 스포츠 재킷 하나를 단돈 구 달러에 구입했다. 당시 나는 그 재킷을 며칠간 바깥의 신선한 공기 가운데 걸어 두기만 하면 그 연기 냄새가 다 사라질 것이라고 믿었다. 가진 옷이 많지 않아서 나는 자주 그 옷을 입곤 했다. 그런데 그 재킷은 시간이 지나도 그 독특한 연기 냄새가 없어지지 않았다. 어쩌면 많은 이들은 내가 지독한 애연가라고 생각했을지도 모르겠다. 이와 유사하게, 이 구절에서 "혀"로 상징되는 악한 말은 우리의 온몸을 완전히 소멸시키지는 않지만, 그 부분들에 진한 얼룩과 손상을 남긴다. 추하고 오염된 "혀"는 우리의 전 인격을 더럽히는 것이다.

예수님은 이렇게 말씀하셨다.

사람에게서 나오는 그것이 사람을 더럽게 하느니라. 속에서 곧 사람의 마음에서 나오는 것은 악한 생각 곧 음란과 도둑질과 살인과 간음과 탐욕과 악독과 속임과 음탕과 질투와 비방과 교만과 우매함이니 이 모든 악한 것이 다 속에서 나와서 사람을 더럽게 하느니라. (막 7:20~23; 참조. 유 23)

셋째, 악한 혀는 "[우리] 삶의 수레바퀴를 불사른다." 여기서 그 해악의 원리는 한층 더 확대된다. 물리적인 "불"과 마찬가지로, 악한 말의 파괴적인 영향력 역시 번져 가는 것이다. 그러므로 악한 말은 우리 자신을 더럽힐 뿐 아니라 "[우리] 삶의 경로(the course of our life, 이는 NASB의 표현―역주)" 전반에 걸쳐 우리가 대면하는 모든 일에 영향을 끼치게 된다.

사람들은 대부분 우리가 말하는 방식을 통해 우리를 알게 된다. 오랜 기간에 걸쳐, 그들은 우리의 말을 통해 우리가 실제로 누구이며 어떤 사람인지에 관해 상당히 많은 내용을 파악하기 때문이다. 이 원리는 좋은 일과 나쁜 일 모두에 적용되지만, 여기서 야고보는 우리의 말이 지닌 부정적인 측면만 강조하고 있다. 곧 소문을 퍼뜨리는 것과 비방, 그릇된 고발, 거짓말이나 더러운 표현과 이야기를 비롯해서 우리의 혀로 짓는 여러 죄에 초점을 두는 것이다. 이같이 죄악 된 말은 우리 개인의 삶과 가정, 학교와 교회를 비롯한 공동체들을 무너뜨릴 수 있다.

넷째로 가장 두려운 일은 우리의 죄악 된 혀 위에 "지옥 불"이 붙게 되는 것이다. 이 구절에는 동사 '플로기조'(phlogizō, "불이 붙다")의 현재 능동태가 쓰였으며, 이는 지속적인 상태를 나타낸다(개역개정판에는 이 동사가 "사르는 것"으로 번역되어 있다.―역주). 이 지속성의 개념은 야고보가 '지옥'을 나타내려고 사용한 용어의 선택을 통해 더욱 강화된다. 지금 이 구절에 쓰인 것을 제외하면, 신약에서 '게헨나'(gehenna, "지옥")라는 단어는 공관복음서 외의 어떤 본문에도 나타나지 않는다. (그리고 공관복음에서는 매번 예수님이 그 단어를 사용하셨다.) 문자적으로 이 단어는 '힌놈의 골짜기'를 의미한다. 이곳은 예루살렘의 남서쪽에 있는 깊은 골짜기로서 쓰레기와 오물, 죽은 동물들과 처형당한 범죄자들의 사체가 이곳에 버려짐과 동시에 그 더미들을 태우는 불길이 계속 타오르곤 했다. 원래 이 장소는 가나안 족속이나 심지어 일부 이스라엘의 우상 숭배자들이 이교의 신인 몰록에게 그들의 자녀를 번제물로 바쳤던 곳이었다. 유다의 경건한 왕 요시야가 이 극악한 관습을 영구적으로 중단시켰을 때(왕하 23:10), 이 장소는 불결하며 어떤 고상한 용도에 쓰기에도 걸맞지 않은 곳으로 간주 되었다. 그런 이유로 이곳은 쓰레기 매립지로 사용되었다. 이곳에는 예루살렘과 그 주변 지역들의 모든 쓰레기가 매립되고 불태워졌다. 이 장소에는 늘 불길이 타오르며 구더기들이 들끓고 있었으므로, 주님은 '게헨나'라는 단어를 가져다 영원하고 끝없는 "지옥"의 고통을 나타내는 데 사용하셨던 것이다. 예수님은 이렇게 말씀하셨다. "꺼지지 않는 불 … 거기에서는 구더기도 죽지 않고 불도 꺼지지 아니하느니라"(막 9:43, 44; 참조. 사 66:24; 마 5:22). "지옥"은 사탄이 거하는 장소이며 그와 그 수하의 귀신들을 위해 예비된 곳이다(마 25:41). 여기서 "지옥"은 사탄과 귀신들을 가리키는 동의어로 쓰였다.

이 본문에서 사람의 혀에 "지옥 불이 붙는다"(개역개정판에는 "그 사르는 것이 지옥 불에서 나느니라"로 번역되어 있다.—역주)라고 말하는 것은 그 혀가 사탄의 도구로 쓰일 수 있음을 보여준다. 곧 우리의 혀가 사람을 오염시키고 더럽히며 파멸하게 만들려는 지옥의 목적을 이루기 위해 사용되는 것이다. 사람의 혀는 믿기 어려울 만큼 위험한 파괴력을 지닌다. 시편의 기자는 또 다른 죽음과 파멸의 비유를 써서 자신의 혀를 잘못 놀리는 자들에 관해 이렇게 말한다. "그의 입은 우유 기름보다 미끄러우나 그의 마음은 전쟁이요 그의 말은 기름보다 유하나 실상은 뽑힌 칼이로다"(시 55:21), "그들의 입으로는 악을 토하며 그들의 입술에는 칼이 있어"(59:7). 그는 또 이렇게 탄식한다. "그들이 칼 같이 자기 혀를 연마하며 화살 같이 독한 말로 겨누고"(64:3). 심지어 성숙한 신자들까지도 자신의 내면에 육신적인 인간성이 아직 남아 있고 그 혀는 여전히 거대한 파괴력을 지닌다는 것을 알고 있다. 그렇기에 이에 대해 끊임없는 경계와 다스림이 필요함을 시인하는 것이다.

혀가 지닌 원시적인 투쟁의 특성

"여러 종류의 짐승과 새와 벌레와 바다의 생물은 다 사람이 길들일 수 있고 길들여 왔거니와 혀는 능히 길들일 사람이 없나니 쉬지 아니하는 악이요 죽이는

독이 가득한 것이라."(3:7-8)

이 두 구절에서 야고보의 요점은 사람의 혀는 태생적으로 통제가 불가능하며 길들일 수도 없다는 데 있다. 지금 인간의 혀는 거칠고 무절제하며, 무책임하고 제어하기 힘들 뿐 아니라 야만적인 성격을 지닌다. 인간의 혀는 그것을 통제하고 지도하려는 모든 노력에 맞서 투쟁하며, 이런 혀의 특성은 '원시적인 악' 또는 '내재적인 악'으로 지칭될 수 있다.

이 본문에서 언급되는 "여러 종류의 동물" 가운데는 걷거나 나는 동물("짐승과 새")뿐 아니라 땅을 기거나 바다에서 헤엄치는 동물("벌레와 바다의 생물")도 포함된다. 이 각각의 범주에 속한 동물들은 모두 "사람이 길들일 수 있고 길들여 온" 것들이다. 가장 거칠고 영리한 동물이나 가장 빠르고 힘 있는 동물, 가장 교묘하고 섬세한 동물들까지도 그것들을 길들이는 사람의 손길에 복종한다. 오래전 아담의 타락 이후에도, 노아는 아무런 사고 없이 모든 종류의 동물들을 한 쌍씩 방주로 이끌고 들어갈 수 있었다. 당시 노아와 그의 가족들이 수천 마리의 동물들을 돌보았던 것은 지극히 벅찬 과업이었지만, 그 동물들 가운데 어느 하나가 어떤 식으로든 그 사람들 또는 다른 동물들을 공격하거나 해를 입혔다는 기록은 찾아볼 수 없다. 지금까지 여러 세기 동안 서커스에서 사람들의 주된 관심을 끈 것은 곧 야생 동물들의 공연 시간이었다. 그 시간에는 사자와 호랑이를 비롯한 힘세고 위험한 동물들이 "사람"인 조련사의 지시에 따라 묘기를 부리곤 했다. 이런 점에서 그 동물들은 그 주인인 사람들의 중생하지 못하고 성화 되지 않은 혀보다는 덜 원시적인 동시에 더 문명화되었으며 통제 가능한 존재들이라고 할 수 있다.

하지만 어떤 사람도 자기 힘으로 그 "혀를 능히 길들이지는" 못한다. 심지어 신자들의 경우에도, 그 "혀"가 이를테면 성화 된 틀(치아와 잇몸을 가리킨다.―역주) 속을 쉽게 빠져나가 사람들에게 큰 해를 입히곤 한다. 그 혀의 작용은 실로 미묘하게 이루어지기에 때로는 가시적인 해악을 입히기 전까지 그 일을 미처 헤아리지 못할 수 있다. 다윗은 그 위험성을 잘 알았기에 이렇게 기도했다. "여호와여, 내 입에 파수꾼을 세우시고 내 입술의 문을 지키소서"(시 141:3). 그리고 경건한 바울까지도 이렇게 고백했다. "내 속 곧 내 육신에 선한 것이 거하지 아니하는 줄을 아노니 원함은 내게 있으나 선을 행하는 것은 없노라"(롬 7:18). 곧 그는 자신의 혀를 비롯해 구속받지 못한 자기 육신의 다른 부분들을 제어할 수 있는 자신의 능력을 신뢰할 수 없었던 것이다. 바울은 갈라디아 교회의 신자들에게 다음의 진리를 일깨웠다. "육체의 소욕은 성령을 거스르고 성령은 육체를 거스르나니 이 둘이 서로 대적함으로 너희가 원하는 것을 하지 못하게 하려 함이니라"(갈 5:17).

이 장의 앞부분에서 지적했듯이, 아담이 타락한 후에 범한 첫 죄는 단순한 비방이 아니라 하나님을 향한 비난이었다. 그는 자신이 범한 불순종의 책임을 자기에게 하와를 아내로 주신 주님께 간접적으로 돌렸다. 곧 자신을 유혹해서 금지된 과일을 먹게 한 것은 바로 그 하와라는 것이었다(창 3:12). 이와 대조적으로, 그리스도 안에서 새로운 피조물이 되어 교회를 이룬 이들이 맨 처음 행한 일은 정결하게 된 자신들의 혀로써 하나님을 찬양하는 것이었다. 이때 그들은 "하나님의 큰 일을 말했던" 것이다(행 2:11).

여기서 "쉬지 아니하는"은 헬라어 '아카타스타토스'(akatastatos)를 번역한 단어이며, 1장 8절에서는 이 헬라어 단어가 "정함이 없는"으로 번역되고 있다. 그리고 이 본문의 맥락에서, 이 단어가 나타내는 의미는 '쉬지 않는'의 수준을 훨씬 넘어선다. 곧 거친 야생 동물이 포박의 손길에 맞서 맹렬히 반항하는 모습을 암시한다. 이 "악"은 속박당하는 일을 못 견디며 어떻게든 빠져나갈 길을 찾아서 그 "죽이는 독"을 퍼뜨리려 한다. 이런 혀의 독이 뱀의 독성보다 치명적인 이유는 혀가 우리를 도덕적으로나 사회적으로, 또는 경제적으로나 영적으로 파멸시킬 수 있기 때문이다.

다윗은 군인 중의 군인이며 강한 적들과 맞서 싸운 자로서 군사적인 명성이 높은 인물이었다. 그런데 그는 가장 위험한 대적은 바로 말로써 공격해 오는 이들임을 깨달았다. 그리하여 그는 이렇게 기도했다.

하나님이여, 내가 근심하는 소리를 들으시고 원수의 두려움에서 나의 생명을 보존하소서. 주는 악을 꾀하는 자들의 음모에서 나를 숨겨 주시고 악을 행하는 자

들의 소동에서 나를 감추어 주소서. 그들이 칼 같이 자기 혀를 연마하며 화살같
이 독한 말로 겨누고 숨은 곳에서 온전한 자를 쏘며 갑자기 쏘고 두려워하지 아
니하는도다. 그들은 악한 목적으로 서로 격려하며 남몰래 올무 놓기를 함께 의논
하고 하는 말이 누가 우리를 보리요 하며 그들은 죄악을 꾸미며 이르기를 우리
가 묘책을 찾았다 하나니 각 사람의 속뜻과 마음이 깊도다. 그러나 하나님이 그
들을 쏘시리니 그들이 갑자기 화살에 상하리로다. 이러므로 그들이 엎드러지리
니 그들의 혀가 그들을 해함이라 그들을 보는 자가 다 머리를 흔들리로다. 모든
사람이 두려워하여 하나님의 일을 선포하며 그의 행하심을 깊이 생각하리로다.
의인은 여호와로 말미암아 즐거워하며 그에게 피하리니 마음이 정직한 자는 다
자랑하리로다. (시 64:1~10)

    라반의 아들들이 지어낸 악한 거짓말 때문에 야곱과 그의 가족이 그 땅을
떠나게 되었으며, 라반 자신의 집과 가정생활 역시 황폐해졌다(창 31장). 에돔
사람 도엑이 사악한 혀로 사울 왕에게 다윗과 제사장 아히멜렉에 관해 거짓말
을 함으로써 여든다섯 명의 제사장들과 함께 놉에 있는 제사장들의 성읍 전
체가 잔인한 학살을 당했다(삼상 22:9~19). 그리고 암몬 족속의 간사한 신하들
역시 다윗에 관해 거짓말을 했다. 곧 다윗이 위장된 동기에서 그들의 왕인 나
하스와 그 아들이자 후계자인 하눈에게 존경을 표하는 것이라고 주장했던 것
이다. 하눈은 그들의 말을 믿고 그 자신의 병사들과 아람 용병들로 구성된 거
대한 규모의 군대를 소집했다. 그리고 이들 가운데 칠백 대의 병거와 사만 명
의 마병과 그 지휘관이 불필요하게 다윗의 군대에 의해 학살당했다. 이는 모
두 한 가지 거짓말 때문에 생겨난 일이었다(삼하 10장)! 나봇이 아합 왕에게 자
신의 포도원을 팔기를 거절했을 때, 왕비 이세벨은 음모를 꾸미며 두 명의 거짓
증인으로 하여금 나봇을 신성 모독자로 고발하게 했다. 그 결과로 나봇은 돌
에 맞아 죽었다(왕상 21:1~13). 또한 에스더서에 기록되어 있듯이, 사탄은 하만
의 거짓말을 이용해서 메데 바사 제국에 유배되어 있던 유대인들을 멸절하려
했다. 하지만 사탄의 그 시도는 에스더와 그녀의 친척인 모르드개에 의해 좌
절되었다. 그리고 우리 주님 역시 유대인들의 거짓말 때문에 죽음을 겪으셨으

며(마 26:57~60), 최초의 기독교 순교자인 스데반 역시 돌에 맞아 죽임을 당했다. 이는 그가 모세와 하나님을 모독했다는 거짓 고발을 당했기 때문이었다(행 6:8~7:60).

우리의 삶을 훼손하는 배신의 특성

"이것으로 우리가 주 아버지를 찬송하고 또 이것으로 하나님의 형상대로 지음을 받은 사람을 저주하나니 한 입에서 찬송과 저주가 나오는도다. 내 형제들아, 이것이 마땅하지 아니하니라. 샘이 한 구멍으로 어찌 단 물과 쓴 물을 내겠느냐? 내 형제들아 어찌 무화과나무가 감람 열매를, 포도나무가 무화과를 맺겠느냐? 이와 같이 짠 물이 단 물을 내지 못하느니라."(3:9~12)

끝으로, 인간의 혀는 '우리의 삶을 훼손하는 배신'으로 불릴 만한 특징을 지닌다. '배신'(perfidy)은 '의도적인 신뢰의 위반' 또는 '배반'을 나타내며, 제어되지 않는 혀는 자주 그런 죄악에 빠지곤 한다. 사람의 혀는 동물처럼 거칠게 날뛰는 데 그치지 않고 간교한 계획을 꾸미며 다른 이들을 교묘하게 속이는 모습을 보인다. 우리의 혀는 위선적이고 이중적이며, 자신의 유익을 얻기 위해서라면 거짓말도 마다하지 않는 특징을 갖고 있다.

모든 신자는 자신의 혀를 가지고서 우리의 "주 아버지"를 "찬송해야" 한다. 이는 곧 하나님이 그분의 백성들에게 기대하고 바라시는 바이기 때문이다. 야고보서의 독자인 유대인들은 하루에 세 번씩 기도하면서 열여덟 차례에 걸쳐 찬미 또는 감사의 고백을 드렸으며, 각 고백을 마칠 때마다 이렇게 하나님을 송축하곤 했다. "오 하나님이여, 당신은 실로 복되신 분이십니다."

자신의 백성에게서 성전 건축에 필요한 예물과 헌물을 풍성히 모아들인 후 다윗은 "온 회중 앞에서 여호와를 송축했다." 이때 그는 이렇게 찬미했다. "우리 조상 이스라엘의 하나님 여호와여, 주는 영원부터 영원까지 송축을 받으시옵소서"(대상 29:10). 그리고 기도를 마치면서 온 회중을 향해 "너희 하나님 여호와를 송축하라"고 선포했다. 이에 "회중이 그의 조상들의 하나님 여호와를 송축하고 머리를 숙여 여호와와 왕에게 절했던" 것이다(20절).

야고보는 계속 말을 이어간다. 그에 따르면, 우리는 하나님을 찬미하는 이 혀로써 또한 "하나님의 형상대로 지음을 받은 사람을 저주한다"는 것이다. 바로 이것이 혀가 지닌 배신과 반역의 특성이다. 구속받지 못한 사람들도 "하나님의 형상"을 간직하고 있다. 비록 그 형상이 인간의 타락으로 철저히 훼손되었지만 그런데도 그 형상 자체는 결코 소멸할 수 없는 특징을 지닌다. 사람들은 여러 가지로 "하나님"을 닮은 모습을 계속 드러내며, 이는 지성과 자의식, 추론과 도덕적 본성, 감정과 의지 등의 측면에서 그러하다.

그러므로 "한 입에서 찬송과 저주가 나오는" 것은 비극적일 정도로 모순되고 위선적인 일이다. 하지만 모든 신자는 어느 정도 그런 위선의 허물을 안고 있다. 이는 예수님 당시에 자신들이 하나님을 찬미한다면서도 그분의 아들이신 예수님을 십자가에 못 박기를 요구하고 그분을 신성 모독자로 고발했던 사악한 서기관과 바리새인들만의 허물이 아닌 것이다. 베드로는 이렇게 신앙을 고백한 바 있다. "주는 그리스도시요 살아 계신 하나님의 아들이시니이다"(마 16:16). 하지만 주님이 대제사장 앞에서 재판을 받으실 때, 베드로는 이렇게 행동했다. "그가 저주하며 맹세하여 이르되 나는 그 사람을 알지 못하노라 하니 곧 닭이 울더라. 이에 베드로가 예수의 말씀에 닭 울기 전에 네가 세 번 나를 부인하리라 하심이 생각나서 밖에 나가서 심히 통곡하니라"(마 26:74~75). 한 번은 사도 바울까지도 말실수를 범한 적이 있었다. 그는 대제사장을 "회칠한 담"으로 불렀던 것이다(행 23:3). 비록 그는 자신이 대제사장에게 말하고 있다는 것을 몰랐지만(5절) 하나님의 종으로서 합당하지 않은 말을 입에 담은 것이었다.

따라서 야고보는 이렇게 탄식한다. "내 형제들아, 이것이 마땅하지 아니하니라." '오우 크레'(ou chrē, "마땅하지 아니하니라")는 강한 부정을 나타내는 표현으로, 신약에서는 이 구절에만 쓰였다. 여기서 이 표현에 담긴 개념은 곧 '그리스도인의 삶 가운데는 이중적인 말이 차지할 위치가 없다'는 것이다. 그런 태도는 의롭고 거룩한 삶을 훼손하는 것으로써 우리가 결코 받아들일 수 없는 것이다. 하나님은 우리를 변화시키셨으며, 이를 통해 우리에게 구속받은 자답게 새롭고 거룩한 태도로 말할 능력을 주셨다. 그리고 하나님은 우리가 그분의 자녀로서 옳고 거룩한 일만 입에 담기를 기대하신다. 우리는 정직한 태도로 "예" 또는 "아니오"라고 말해야 한다(마 5:37).

야고보는 세 가지 사례를 들면서 이 진리를 설명한다. 첫째로 그는 이렇게 수사적인 질문을 던진다. "샘이 한 구멍으로 … 단 물과 쓴 물을 내겠느냐?" 이 질문의 명백한 답은 '그럴 수 없다'는 것이다. 하나의 샘 또는 우물에서 서로 다른 두 종류의 "물"을 낼 수는 없다.

또 야고보는 이렇게 묻는다. "무화과나무가 감람 열매를, 포도나무가 무화과를 맺겠느냐?" 이는 분명히 주님이 주신 "가시나무에서 포도를, 또는 엉겅퀴에서 무화과를 따겠느냐?"라는 질문(마 7:16)을 암시하는 것으로 그 답은 역시 '아니오'이다. 그런 일은 자연의 본성에 어긋나며 결코 이루어질 수 없다. 그러고 나서 야고보는 "짠 물이 단 물을 내지 못함"을 힘주어 말한다. 이것 역시 불가능한 일임이 분명하며, 이성적인 사람이라면 그 누구도 그 반대의 가능성을 진지하게 생각하지 않을 것이다.

미움에 찬 마음에서 사랑의 말이나 행위가 나오는 일, 불의한 마음에서 의로운 말이나 행위가 나오는 일은 불가능하다. 예수님은 이렇게 설명하신다. "좋은 나무가 나쁜 열매를 맺을 수 없고 못된 나무가 아름다운 열매를 맺을 수 없느니라 … 이러므로 그들의 열매로 그들을 알리라"(마 7:18, 20).

앞에 말했듯이, 야고보서에는 실제 우리의 모습과 마땅히 되어야 할 모습 사이에서 지속적인 긴장이 드러난다. 야고보는 한 부분에서 "너희가 참된 신자라면 이렇게 **될 것이다**"라고 말하며, 다른 부분에서는 "또한 너희가 참된 신자라면 이렇게 **되어야만 한다**"라고 말한다. 우리는 예수 그리스도에 의해 의롭게 **되었으므로** 그분의 뜻을 좇아 그분의 능력에 의존하면서 **마땅히** 의롭게 살고 또 그렇게 **말해야 한다**.

13

이 땅의 지혜와 하늘의 지혜
(약 3:13~18)

"너희 중에 지혜와 총명이 있는 자가 누구냐? 그는 선행으로 말미암아 지혜의
온유함으로 그 행함을 보일지니라. 그러나 너희 마음속에 독한 시기와 다툼이
있으면 자랑하지 말라. 진리를 거슬러 거짓말하지 말라. 이러한 지혜는 위로부
터 내려온 것이 아니요 땅 위의 것이요 정욕의 것이요 귀신의 것이니 시기와 다
툼이 있는 곳에는 혼란과 모든 악한 일이 있음이라. 오직 위로부터 난 지혜는
첫째 성결하고 다음에 화평하고 관용하고 양순하며 긍휼과 선한 열매가 가득하
고 편견과 거짓이 없나니 화평하게 하는 자들은 화평으로 심어 의의 열매를 거
두느니라."(3:13~18)

성경과 고대의 철학자들은 모두 지혜에 주안점을 두었다. 폭넓게 정의하면 지
혜를 얻는 것은 단지 사실적인 지식을 소유하는 일이 아니라 매일의 삶 가운데
바르고 효과적인 방식으로 진리를 적용하는 일에 관한 문제였다. 솔로몬은 이
렇게 기록했다. "지혜를 얻으라. 네가 얻은 모든 것을 가지고 명철을 얻을지니
라"(잠 4:7). 그로부터 약 구백 년 이후인 주전 1세기에 로마의 철학자 키케로는
이렇게 말했다. "지혜는 신들이 허락한 최상의 선물이며 모든 선한 것의 어머
니이다." 이처럼 솔로몬과 키케로는 우리가 지닌 모든 소유물 가운데 지혜를
최상의 자산, 가장 고귀하며 값진 자산으로 여기고 있다. 그런데 히브리인들은
지혜가 그저 지적인 것이 아니라 우리의 행실과 연관된 것임을 분명히 헤아리

고 있었다. 그러므로 가장 어리석은 이는 진리를 알면서도 그것을 자신의 삶 속에 적용하지 못하는 사람이었다. 유대인들에게 지혜는 의롭게 사는 일에 관한 기술이었다.

한편 구약과 신약 성경은 모두 기본적으로 두 종류의 지혜가 있음을 분명히 한다. 사람의 지혜와 하나님의 지혜가 그것이다. 이는 곧 아래로부터 온 지혜와 위로부터 온 지혜이기도 하다. 구약에서 "지혜"와 "지혜로운"이라는 단어들은 약 삼백 번 정도 등장하며, 그중 백 번 정도는 잠언에서 언급되고 있다.

솔로몬 왕은 다른 무엇보다도 지혜를 구했다.

> 기브온에서 밤에 여호와께서 솔로몬의 꿈에 나타나시니라. 하나님이 이르시되 내가 네게 무엇을 줄꼬? 너는 구하라. 솔로몬이 이르되 주의 종 내 아버지 다윗이 성실과 공의와 정직한 마음으로 주와 함께 주 앞에서 행하므로 주께서 그에게 큰 은혜를 베푸셨고 주께서 또 그를 위하여 이 큰 은혜를 항상 주사 오늘과 같이 그의 자리에 앉을 아들을 그에게 주셨나이다 … 듣는 마음을 종에게 주사 주의 백성을 재판하여 선악을 분별하게 하옵소서. 솔로몬이 이것을 구하매 그 말씀이 주의 마음에 든지라. 이에 하나님이 그에게 이르시되 네가 이것을 구하도다. 자기를 위하여 장수하기를 구하지 아니하며 부도 구하지 아니하며 자기 원수의 생명을 멸하기도 구하지 아니하고 오직 송사를 듣고 분별하는 지혜를 구하였으니 내가 네 말대로 하여 네게 지혜롭고 총명한 마음을 주노니 네 앞에도 너와 같은 자가 없었거니와 네 뒤에도 너와 같은 자가 일어남이 없으리라. (왕상 3:5~6, 9~12; 참조. 4:29~31; 5:12; 10:23~24)

물론 하나님이 베푸시는 영적인 지혜는 솔로몬을 포함해서 모든 이들에게 열려 있다. 다만 당시에 그가 주님께 구하여 받은 지혜는 주로 이스라엘 백성의 실제적인 일상생활을 다스리는 특별한 기술에 관한 것이었다. 솔로몬은 그 나라에 닥쳐오는 경제적인 문제와 사회적이며 군사적인 문제들을 해결하기 위해 그 지혜가 필요했다. 그리고 그 자신의 백성이나 주변의 나라들을 상대하는 과정에서 계속 생겨나는 다른 사안들을 처리하며 결정하기 위해서도 그 지혜가 요구되었다.

대다수의 학자는 솔로몬이 전도서를 기록했다고 믿으며(참조. 1:1, 12, 16; 2:4~9), 이 전도서는 욥기, 시편, 잠언, 아가서와 함께 구약의 지혜 문헌으로 분류된다. 그런데 솔로몬이 전도서에서 말하는 것은 분명히 인간적인 관점에서 바라본 지혜이다. 전도서에서는 인간이 자신의 타락하고 죄악 된 시각, 자기중심적인 시각에서 이 세상을 바라볼 때 어떻게 느끼는지를 서술한다. 전도서에서는 하나님이 없는 인간의 지혜가 지닌 어리석음과 무익함, 분별력 없음과 좌절, 그 헛됨을 드러내고 있다.

전도서에서 솔로몬은 이렇게 독백한다. "보라, 내가 크게 되고 지혜를 더 많이 얻었으므로 나보다 먼저 예루살렘에 있던 모든 사람들보다 낫다 하였나니 내 마음이 지혜와 지식을 많이 만나보았음이로다. 내가 다시 지혜를 알고자 하며 미친 것들과 미련한 것들을 알고자 하여 마음을 썼으나 이것도 바람을 잡으려는 것인 줄을 깨달았도다. 지혜가 많으면 번뇌도 많으니 지식을 더하는 자는 근심을 더하느니라"(전 1:16~18). 이를 달리 표현하면, 사람의 지혜는 완전히 파산한 상태에 있다는 것이다.

솔로몬 왕은 온갖 종류의 쾌락에 몰두했다. 그는 재물과 호화로운 생활을 누렸고, 인간의 지식이나 웃음, 포도주와 대제국 건설, 공예품을 수집하는 일이나 음악을 즐기는 일, 성적인 만족과 개인적인 성취, 심지어는 미친 상태와 어리석은 상태까지 탐닉해 보았다(2:1~11). 그리고 그는 인간적인 지혜가 어리석음보다 나음을 시인하면서도 지혜로운 이나 우매한 자가 궁극적으로 같은 운명을 겪게 된다고 결론지었다. 그 운명은 바로 죽음이다(12~16절)! 또 그는 인간적인 지혜의 토대와 그 동기가 인간 자신에게 있음을 분명히 드러냈다. 전도서 2장에서 우리는 "내 마음"이나 "내 육신", "나 [자신]"(myself) 같은 표현들이 가득함을 보게 된다. 그가 살아온 삶의 이 시점에서, 솔로몬이 행하고 추구했던 모든 일의 중심에는 그 자신이 자리 잡고 있었다. 그리고 그는 자아가 결코 만족할 줄 모른다는 것을 발견했다. 따라서 모든 노력의 대가로 주어지는 보상은 늘 절망과 삶에 대한 혐오, 가망이 없는 상태 또는 공허함이었다(2:17~23).

솔로몬은 자신이 추구하고 잠시 누렸던 그 물질적인 복들이 "하나님의 손에서 나오는" 것이었음을 깨달았다. 그리고 그는 이렇게 결론지었다. "내가 하나님의 모든 행사를 살펴보니 해 아래에서 행해지는 일을 사람이 능히 알아낼 수 없도다. 사람이 아무리 애써 알아보려고 할지라도 능히 알지 못하나니 비록 지혜자가 아노라 할지라도 능히 알아내지 못하리로다"(8:17). 솔로몬은 인간의 지혜와 성취, 그 쾌락이 모두 '막다른 길'과 같으며, 참된 성취와 행복의 유일한 근원은 하나님을 알고 그분을 사랑하는 일에 있음을 알았다(12:1~14). 하지만 이 전도서를 기록할 당시 그는 자신의 가장 절실한 필요에 대한 응답이신 하나님께 아직 자신을 드리지 않은 상태였던 것이 분명하다. 만약 우리에게 주어진 것이 인간적인 지혜뿐이라면 다음과 같은 솔로몬의 냉소적인 표현이 옳았을 것이다. "그러므로 나는 아직 살아있는 산 자들보다 죽은 지 오랜 죽은 자들을 더 복되다 하였으며." 그러면서 그는 이렇게 결론지었다. "이 둘보다도 아직 출생하지 아니하여 해 아래에서 행하는 악한 일을 보지 못한 자가 더 복되다 하였노라"(4:2~3). 이는 곧 세상에 태어나지 않은 편이 더 낫다는 말이다.

그러나 주님이 그분의 백성에게 베푸시며 또 기대하시는 지혜는 이와 같지 않다. 주님이 이스라엘 백성을 애굽에서 건져내어 약속의 땅으로 인도하셨을 때, 그분은 이렇게 탄식하셨다. "만일 그들이 지혜가 있어 이것을 깨달았으면 자기들의 종말을 분별하였으리라"(신 32:29). 주님은 그 백성이 영적인 지혜를 얻는 데 관심을 두셨다. 그들이 이를 통해 배교의 길에서 돌이켜서 그분께로 돌아가게 될 것이기 때문이다.

시편 기자는 이렇게 선포했다. "그런즉 군왕들아 너희는 지혜를 얻으며 세상의 재판관들아 너희는 교훈을 받을지어다. 여호와를 경외함으로 섬기고 떨며 즐거워할지어다"(시 2:10~11). 느부갓네살이 유다 사람들을 바벨론 제국에 포로로 끌고 간 후, 하나님은 다니엘과 세 친구에게 "학문을 주시고 모든 서적을 깨닫게 하시고 지혜를 주셨다." 그리고 다니엘은 "모든 환상과 꿈을 깨달아 알았던" 것이다(단 1:17; 참조, 5:14). 하나님께 속한 이 청년 다니엘은 이렇게 선포했다.

영원부터 영원까지 하나님의 이름을 찬송할 것은 지혜와 능력이 그에게 있음이로다. 그는 때와 계절을 바꾸시며 왕들을 폐하시고 왕들을 세우시며 지혜자에게 지혜를 주시고 총명한 자에게 지식을 주시는도다. 그는 깊고 은밀한 일을 나타내시고 어두운 데에 있는 것을 아시며 또 빛이 그와 함께 있도다. 나의 조상들의 하나님이여, 주께서 이제 내게 지혜와 능력을 주시고 우리가 주께 구한 것을 내게 알게 하셨사오니 내가 주께 감사하고 주를 찬양하나이다. (단 2:20~23)

이스라엘 백성의 바벨론 포로기가 끝나갈 무렵, 이교도인 아닥사스다 왕은 하나님이 에스라에게 신적인 지혜를 주셔서 그분의 백성을 예루살렘으로 다시 인도하게 했음을 인정했다. 그러고는 이렇게 말했다. "에스라여, 너는 네 손에 있는 네 하나님의 지혜를 따라 네 하나님의 율법을 아는 자를 법관과 재판관을 삼아 강 건너편 모든 백성을 재판하게 하고 그 중 알지 못하는 자는 너희가 가르치라"(스 7:25).

욥은 이렇게 선포했다. "[하나님은] 마음이 지혜로우시고 힘이 강하시니 그를 거슬러 스스로 완악하게 행하고도 형통할 자가 누구이랴?"(욥 9:4). 이후에 그는 이렇게 수사적인 질문을 던졌다. "지혜는 어디서 얻으며 명철이 있는 곳은 어디인고?" 이어서 이렇게 답했다. "보라, 주를 경외함이 지혜요 악을 떠남이 명철이니라"(28:12, 28). 참된 지혜, 곧 위로부터 온 지혜를 얻는 것은 우리가 얼마나 많이 아느냐 하는 문제가 아니다. 오히려 그것은 우리가 주님을 얼마나 사랑하고 신뢰하며 순종하느냐의 문제에 달려 있다.

시편 기자는 이렇게 경탄했다. "여호와여, 주께서 하신 일이 어찌 그리 많은지요! 주께서 지혜로 그들을 다 지으셨으니"(시 104:24). 그리고 잠언의 저자는 이렇게 고백했다. "여호와께서는 지혜로 땅에 터를 놓으셨으며 명철로 하늘을 견고히 세우셨고 … 지혜를 얻는 것이 금을 얻는 것보다 얼마나 나은고! 명철을 얻는 것이 은을 얻는 것보다 더욱 나으니라"(잠 3:19; 16:16; 참조. 4:5~6). 구약에서 참된 지혜를 얻으라는 가장 강력한 부름은 잠언 8장에서 찾아볼 수 있는 듯하다. 8장의 첫 스물한 구절에서는 지혜의 탁월성에 관해 논하고 있다. 1~3절은 그 호소의 탁월함에 관해 이야기하며, 4~12절에서는 그 지혜 속에 담긴 진리의 탁월함을 제시한다. 또 13~16절은 그 지혜 안에 있는 사랑과 미움의 탁월함에 관해 말하며, 17~21절에서는 지혜를 소유한 이들이 얻게 되는 은사의 탁월함에 관해 서술한다. 그리고 그다음에 이어지는 가장 중요한 단락에서는 지혜의 원천과 기원에 관해 서술하고 있다. 이 단락에서 선포되는 내용은 다음과 같다.

> 여호와께서 그 조화의 시작 곧 태초에 일하시기 전에 나를 가지셨으며 만세 전부터, 태초부터, 땅이 생기기 전부터 내가 세움을 받았나니 … 그가 하늘을 지으시며 궁창을 해면에 두르실 때에 내가 거기 있었고 … 바다의 한계를 정하여 물이 명령을 거스르지 못하게 하시며 또 땅의 기초를 정하실 때에 내가 그 곁에 있어서 창조자가 되어 날마다 그의 기뻐하신 바가 되었으며 항상 그 앞에서 즐거워하였으며. (8:22~23, 27, 29~30)

예레미야는 이렇게 증언했다. "이방 사람들의 왕이시여, 주를 경외하지 아니할 자가 누구리이까? 이는 주께 당연한 일이라. 여러 나라와 여러 왕국들의 지혜로운 자들 가운데 주와 같은 이가 없음이니이다 … 여호와께서 그의 권능으로 땅을 지으셨고 그의 지혜로 세계를 세우셨고 그의 명철로 하늘을 펴셨으며"(렘 10:7, 12). 또 호세아는 이렇게 말씀을 전했다. "우리가 여호와를 알자. 힘써 여호와를 알자. 그의 나타나심은 새벽 빛 같이 어김없나니 비와 같이, 땅을 적시는 늦은 비와 같이 우리에게 임하시리라"(호 6:3).

구약에서 "주님을 경외한다"라는 표현은 "주님을 신뢰한다"는 말과 동일한 의미를 지니며, 이는 구원의 신앙을 나타낸다. (이는 히브리서 11장에서 뚜렷이 드러나는 바와 같다.) 모세는 이렇게 기록하고 있다. "네 하나님 여호와의 명령을 지켜 그의 길을 따라가며 그를 경외할지니라 … 이스라엘아, 네 하나님 여호와께서 네게 요구하시는 것이 무엇이냐? 곧 네 하나님 여호와를 경외하여 그의 모든 도를 행하고 그를 사랑하며 마음을 다하고 뜻을 다하여 네 하나님 여호와를 섬기고"(신 8:6; 10:12; 참조, 14:23; 17:19).

신약 시대에도 유대교로 개종한 이방인들을 가리킬 때 '하나님을 경외하는 자'(God-fearer)라는 용어가 사용되었다. 이는 그들이 하나님에 관해 얻은 지식이나 그분이 주신 계시에 대한 이해의 한도 안에서 주님을 신뢰하는 이들을 지칭했다. 누가는 로마의 백부장 고넬료에 관해 "의인이요 하나님을 경외하는 사람"이자 "유대 온 족속이 칭찬하는" 이였다고 기록하고 있다(행 10:22). 그리고 아테네에 간 바울은 회당에서 "유대인과 하나님을 경외하는 이방인들"(개역 개정판에는 "경건한 사람들"로 번역되어 있다.─역주)을 상대로 변론했다(17:17). 진정으로 하나님을 믿고 따랐던 유대인들과 마찬가지로, 참되게 하나님을 경외했던 이방인들 역시 복음의 진리를 깨달았다. 이 일은 그들이 그 메시지를 듣고 예수 그리스도를 구주와 주님으로 영접했을 때 이루어졌다.

신약 성경에서는 참된 지혜의 근원을 더욱 뚜렷이 밝힌다. 바울의 선포에 따르면, 그리스도는 "하나님의 능력이요 하나님의 지혜"이시다. 그분은 "하나님으로부터 나와서 우리에게 지혜와 의로움과 거룩함과 구원함이 되셨던" 것이다(고전 1:24, 30). 바울은 골로새 교회를 향해 그리스도 안에 "지혜와 지식의 모든 보화가 감추어져 있음"을 상기시켰다(골 2:3). 그리고 로마 교회에 보내는 편지에서 그는 이렇게 기록했다. "깊도다 하나님의 지혜와 지식의 풍성함이여, 그의 판단은 헤아리지 못할 것이며 그의 길은 찾지 못할 것이로다"(롬 11:33; 참조. 욥 5:9; 9:10; 11:7; 시 145:3). 바울은 이렇게 기도하고 있다.

이는 이제 교회로 말미암아 하늘에 있는 통치자들과 권세들에게 하나님의 각종 지혜를 알게 하려 하심이니 … 그의 영광의 풍성함을 따라 그의 성령으로 말미암아 너희 속사람을 능력으로 강건하게 하시오며 믿음으로 말미암아 그리스도께서 너희 마음에 계시게 하시옵고 너희가 사랑 가운데 뿌리가 박히고 터가 굳어져서 능히 모든 성도와 함께 지식에 넘치는 그리스도의 사랑을 알고 그 너비와 길이와 높이와 깊이가 어떠함을 깨달아 하나님의 모든 충만하신 것으로 너희에게 충만하게 하시기를 구하노라. (엡 3:10, 16~19; 참조. 계 7:12)

성령님께 복종하는 것은 어떤 이가 지혜로운 그리스도인임을 보여주는 확실한 표지이다. 사도들은 당시의 신자들에게 집사 선출에 관한 지침을 주면서 이렇게 명령했다. "형제들아, 너희 가운데 성령과 지혜가 충만하여 칭찬받는 사람 일곱을 택하라. 우리가 이 일을 그들에게 맡기고"(행 6:3). 그리고 이 집사 중 하나였던 스데반이 말씀을 전할 때 그의 대적자들은 그가 "지혜와 성령으로 말함을 … 능히 당하지 못했던" 것이다(6:10).

3장 13~18절에서 야고보는 살아있는 신앙의 또 다른 잣대로서 지혜를 제시하고 있다. 각 사람이 어떤 종류의 지혜를 소유했는지는 그가 살아가는 삶의 모습을 통해 드러나게 될 것이다(13절). 인간적인 지혜, 곧 아래로부터 난 지혜를 지닌 이들의 경우, 그들과 예수 그리스도 사이에 구원에 이르는 관계가 없고 그들에게는 그분을 섬기고 순종하거나 경배하려는 갈망이 없음을 드러내게 된다(14~16절). 이에 반해 참된 구원의 신앙을 지닌 이들은 하나님의 지혜, 곧 위로부터 온 지혜를 입증하게 되는 것이다(17~18절).

지혜의 잣대

"너희 중에 지혜와 총명이 있는 자가 누구냐? 그는 선행으로 말미암아 지혜의 온유함으로 그 행함을 보일지니라."(3:13)

어떤 해석자들은 "너희 중에"라는 어구가 1절에서 언급된 교사들 또는 자칭 교사들만 가리킨다고 여긴다. 하지만 중간의 혀에 관한 단락(2~12절)과 마찬가지로, 이 지혜에 관한 단락(13~18절) 역시 야고보가 편지를 보낸 교회들에 속했던 모든 이들, 곧 참된 신자들과 입으로만 신앙을 고백하는 이들 모두에게 적용된다고 보는 편이 더 적절하다. 여기서 야고보는 의롭게 사는 법에 진정으로 숙달된 이가 누구인지를 밝히려 한다. 그러므로 그는 실상 이렇게 질문하는 것이다. "여러분은 어떤 종류의 지혜를 지니고 있습니까? 여러분의 분별력은 어떤 종류에 속한 것입니까? 이런 질문들에 대한 답은 여러분 자신의 내적인 성품을 보여줄 뿐 아니라 여러분의 영혼이 처한 영적인 상태를 드러낼 것입니다."

자신을 바보로 여기는 사람을 만나기는 어렵다. 대다수의 경우, 비록 말로 표현되지는 않아도 자신이 지닌 지혜를 비현실적이리만큼 높은 수준으로 평가하곤 한다. 사람들은 자신이 적어도 바로 옆 사람만큼은 분별력이 있다고 믿으며, 대개는 그들 자신의 견해를 다른 이들의 생각보다 더 낫게 여긴다. 상대주의가 득세하는 이 시대에 이런 관점은 거의 보편적으로 퍼져 있다.

이 구절에서 "지혜"와 "총명"은 같은 뜻으로 쓰인 듯이 보이지만 실제로는 미세한 의미상의 차이가 있다. 먼저 '소포스'(sophos, "지혜")는 보편적인 뜻을 지닌 표현이며, 그리스인들은 사변적인 지식이나 이론, 철학을 지칭할 때 이 용어를 자주 사용했다. 그리고 앞서 말했듯이, 유대인들에게 이 '소포스'는 지식을 개인의 삶에 주의 깊게 적용하는 일을 가리키는 더 깊은 의미를 지닌다. 한편 '에피스테몬'(epistēmōn, "총명")은 신약에서 오직 이 구절에만 등장하며 전문적인 지식의 개념을 함축한다. 이를테면 숙련된 장인이나 어떤 영역의 전문 직업인이 지니는 지식이 그런 경우이다.

"그는 … 보일지니라"는 헬라어 단어의 과거 명령형을 번역한 것이라서 이 동사는 하나의 명령이 된다. 여기서 야고보는 이렇게 말하는 것이다. "여러분이 지혜와 분별력이 있다고 주장한다면, 먼저 여러분의 선한 행실과 귀감이 되는 삶의 방식을 통해 그 사실을 보여주기 바랍니다." 신앙의 경우처럼(2:17) 의롭고 경건한 삶을 통해 입증되지 않는 지혜와 총명은 영적인 가치를 지니지 못한다.

둘째, 야고보는 좀 더 구체적으로 독자들에게 그들의 (선한) "행함"을 통해 그 지혜와 총명을 드러낼 것을 권고한다. 이는 곧 그들이 참여하는 모든 개별적 활동과 노력을 통해 그리하라는 의미이다.

셋째, 신자들은 "온유한" 태도를 보임으로써 그 지혜와 총명을 나타내야 한다. 스스로 지혜롭게 여기는 이들은 이에 관해 대개는 오만한 태도를 취하며, 이는 예상할 법한 일이다. 자신을 실제보다 높게 여기는 자세는 교만에 토대를 두기 때문이다. 뒤의 14절에서 언급될 것처럼 이기적인 야심은 오만한 태도의 통상적인 동반자이다.

'프라우테스'(prautēs, "온유함")와 그에 연관된 형용사 '프라우스'(praus, "온유한")는 '부드러움'과 '인자함'의 개념을 지니며, 정확히 번역하면 "유순함"(meekness)과 "유순한"(meek)으로 표현될 수 있다. 하지만 이 영어 단어들과 달리, 위의 헬라어 단어들은 '연약함'보다는 '통제 아래 있는 힘'의 의미를 함축한다. 형용사 '프라우스'는 고집을 꺾고 주인의 뜻을 잘 따르게 된 야생마를 가리키는 데 자주 쓰였다. 신자들의 경우, "온유함"은 곧 하나님의 주권적인 다스림에 기꺼이 순복하려는 자세를 가리킨다. 민수기 12장 3절에서는 모세의 "온유함이 지면의 모든 사람보다 더하였다"고 서술하고 있다. 그런데 모세는 이와 동시에 결단력 있게 행했고 마음이 격동되었을 때에는 심한 분노를 쏟아내기도 했다.

"온유함"은 하나님이 존귀하게 여기시는 성품상의 특질이며 성령의 열매이다(갈 5:23). 온유한 사람은 분노하거나 사악한 마음을 품지 않고 자신의 유익을 구하거나 스스로를 내세우지 않는다. 그리고 교만하거나 복수심에 찬 태도를 보이지도 않는다. 앞서 야고보는 신자들에게 이렇게 훈계한 바 있다. "그러므로 모든 더러운 것과 넘치는 악을 내버리고 너희 영혼을 능히 구원할 바 마음에 심어진 말씀을 온유함으로(prautēs) 받으라"(1:21). "온유함" 또는 '유순함'은 하나님 나라에 속한 모든 이들을 특징짓는 성품이다. 예수님은 산상 수훈에서 이렇게 말씀하셨다. "온유한 자는 복이 있나니 그들이 땅을 기업으로 받을 것임이요"(마 5:5). 주님은 이 성품을 자신에게 적용하면서 이같이 말씀하셨다. "나는 마음이 온유하고 겸손하니 나의 멍에를 메고 내게 배우라"(마 11:29; 참조. 21:5).

19세기의 로버트 존스턴은 그의 탁월한 야고보서 주석에서 이렇게 말했다.

내가 알기로 이 성품의 특질만큼 세상의 영과 그리스도의 영 사이의 대립이 뚜렷이, 거의 정반대로 나타나는 경우는 없다. 주님은 "온유한 자"들이 "땅을 기업으로 받을" 것이라고 말씀하시며, 이들은 곧 부당한 일을 참고 견디는 동시에 "자기의 유익을 구하지 아니하는" 사랑을 보여주는 사람들이다. 그러나 이 세상 사람들은 강압적인 자세로 자신의 주장을 내세우며 약한 자들을 궁지에 몰아넣는 일을 신봉하기 때문에, 주님이 주신 이 천상의 말씀은 철저한 역설처럼 보일 수밖에 없다. 이 세상에 속한 사람들은 "온유한" 자나 "심령이 가난한" 자로 여겨지기를 바라지 않는다. 이는 그들이 그런 호칭을 '남자답지 못하다'는 비난과 동일한 것으로 받아들이기 때문이다. 오, 형제들이여! 이런 모습이 나타나는 이유는 우리가 남자다움에 대한 하나님의 개념 대신에 사탄의 개념을 받아들였기 때문이다. 그러나 하나님은 우리에게 한 분을 보여주셨다. 그분은 곧 인간됨에 관한 하나님의 이상을 그대로 드러내는 분이었다. 그분은 "욕을 당하시되 맞대어 욕하지 아니하시고 고난을 당하시되 위협하지 아니하시고 오직 공의로 심판하시는 이에게 부탁하셨던" 것이다. 그분은 자신을 나무에 못 박은 자들을 위해 이렇게 기도하셨다. "아버지, 저들을 사하여 주옵소서. 자기들이 하는 것을 알지 못함이니이다." 그러므로 세상이 품은 분노의 영은 어리석음일 수밖에 없다. 그리고 우리가 겪는 온갖 논쟁과 대립, 시련 가운데, 그분이 품으셨던 그 온유한 심령만큼 "예수는 하나님으로부터 나와서 그분의 백성에게 **지혜**가 되셨다"는 진리를 명확히 입증해 주는 증거는 없다.

여기서 우리는 이 서신의 중심 사상으로 부를 만한 것을 다시금 마주하게 된다. 이는 곧 종교[복음]가 어떤 이의 마음과 생각을 진정으로 사로잡고 구원으로 인도하는 곳에서는 그 종교가 본질상 그 사람의 외적인 삶에 강력한 영향을 끼칠 수밖에 없다는 것이다. 그리고 어떤 그리스도인이 참된 지혜와 영적인 지식을 더 많이 소유할수록 그 삶의 모든 영역에서 그 종교[신앙]의 다스림을 받는 모습이 더욱 뚜렷이 나타나게 된다. 어떤 이가 정통 신앙과 기독교적인 체험에 관해 아무리 유창하고 생생하며 조리 있게 설파할지라도 그 자체만으로 그가 지혜로운 자임이 입증되는 것은 아니다. 오히려 진실로 지혜로운 사람은 "자신의 행실을 통해" 그 사실을 나타내게 될 것이다. (*A Commentary on James* [reprint; Edinburgh: Banner of Truth, 1977], 261~62; 259)

거짓 지혜

"그러나 너희 마음속에 독한 시기와 다툼이 있으면 자랑하지 말라. 진리를 거슬러 거짓말하지 말라. 이러한 지혜는 위로부터 내려온 것이 아니요 땅 위의 것이요 정욕의 것이요 귀신의 것이니 시기와 다툼이 있는 곳에는 혼란과 모든 악한

일이 있음이라."(3:14~16)

세상에 속한 지혜, 곧 인간 자신의 이해력과 기준, 목표에 토대를 둔 지혜는 거짓되며 불경건하다. 이 거짓된 지혜는 인간을 으뜸가는 위치에 놓는다. 거짓된 지혜를 품은 이들은 하나님의 주권이나 그분의 뜻, 또는 그분의 진리를 인정하지 않는다. 위의 세 구절에서 야고보는 거짓된 지혜의 동기(14절)와 특성(15절), 그리고 결과(16절)를 간략히 논하고 있다.

거짓된 지혜의 동기

"**그러나 너희 마음속에 독한 시기와 다툼이 있으면 자랑하지 말라. 진리를 거슬러 거짓말하지 말라.**"(3:14)

우리의 동기는 늘 자신의 "마음" 속에서 결정된다. 신앙과 불신앙, 의와 죄가 생겨나는 곳은 바로 그 마음이다. 예수님은 엠마오로 가는 길 위에 있던 제자들에게 이렇게 말씀하셨다. "미련하고 선지자들이 말한 모든 것을 마음에 더디 믿는 자들이여"(눅 24:25). 빌립은 에티오피아의 내시에게 이렇게 권고했다. "네가 마음을 온전히 하여 믿으면 [구원을] 받으리라"(행 8:37, 개역개정판에는 이 구절이 생략되어 있다.―역주). 그리고 바울은 이같이 선포했다. "네가 만일 네 입으로 예수를 주로 시인하며 또 하나님께서 그를 죽은 자 가운데 살리신 것을 네 마음에 믿으면 구원을 받으리라"(롬 10:9). 주님은 다음의 내용을 분명히 말씀하셨다. "마음에서 나오는 것은 악한 생각과 살인과 간음과 음란과 도둑질과 거짓 증언과 비방이니"(마 15:19). 그런 이유로 솔로몬 역시 이렇게 경계했다. "모든 지킬 만한 것 중에 더욱 네 마음을 지키라. 생명의 근원이 이에서 남이니라"(잠 4:23).

인간적인 지혜의 배후에는 여러 죄악 된 동기가 있으며, 여기서 야고보는 그 가운데 두 가지만을 말하고 있다. 그 중 첫 번째는 "독한 시기"이다. '피크로스'(pikros, "독한")는 기본적으로 '날카로운', '예리한'이나 '뾰족한' 또는 '신랄

한'을 의미한다. 야고보는 앞서 쓴 물을 내는 샘을 묘사할 때 이 단어를 문자적으로 사용한 바 있다(11절). 이제 여기서 그는 가장 나쁜 종류의 "시기"를 나타내는 데 은유적으로 그 단어를 쓴다. 이는 곧 거칠고 날카로우며 예리하고 파괴적인 질투이며, 그 대상이 되는 이들의 감정이나 유익에는 전혀 신경을 쓰지 않는 태도이다.

인간적이며 불경건한 지혜에 삶의 기반을 두고 그 동기를 좇아 살아가는 이들은 자기중심적인 성향을 드러낼 수밖에 없다. 그런 이들은 자기 자신의 생각과 갈망, 기준이 모든 것의 척도가 되는 세상 속에서 살아가게 된다. 그들의 경우 자신의 목표에 도움이 되는 사람이나 사물은 다 선하고 친근한 존재로 여기며, 반대로 그 목표를 위협하는 사람이나 사물은 다 악한 대적으로 간주한다. 이처럼 자신의 유익만을 추구하는 세상의 지혜에 함몰되어 살아가는 이들은 무엇이든 자기 목표를 이루는 데 방해가 되는 존재에게 늘 적대적인 태도를 취하게 된다.

이 시기와 밀접히 연관된 것으로서 인간적인 지혜의 배후에 있는 두 번째 동기는 "이기적인 야심"이다(개역개정판에는 "다툼"으로 번역되어 있다.—역주). 이 야심은 흔히 우리가 어떤 이를 향해 품는 독한 시기심의 바탕에 놓인 동기이다. "이기적인 야심"은 헬라어 단어 '에리테이아'(eritheia)를 번역한 것으로 다툼이나 논쟁, 또는 극도의 이기심을 의미한다. 이 '에리테이아'는 원래 '돈을 받고 실을 잣는 일'을 가리키는 단어였다가 뜻이 더 확대되어 '돈을 받고 바느질하는 일'을 의미하게 되었으며, 마침내 개인의 이익을 위해 행하는 모든 형태의 일 또는 과업을 지칭하는 것이 되었다. 그리고 "야심"의 개념은 문맥상 여기서 함축되어 있다.

이 '에리테이아'가 높은 정치적 위치나 영향력과 권세가 있는 지위를 추구하는 사람들에게 긴밀히 연관되는 단어가 된 것은 이해할 만하다. 이 단어는 어떤 대가를 치르더라도 개인의 만족과 자기 성취를 이루려는 이들을 묘사하는 데 쓰였다. 그리고 모든 육신적인 노력의 궁극적인 목표는 여기에 놓이는 것이다. 이런 목표에 몰두하는 이들은 다른 이들을 돌아보지 않으며, 참된 겸손은 더더욱 찾아보기 어렵다. 오늘날 세상에는 이처럼 스스로를 높이는 태도가 만연되어 있으며, 이는 하나님의 자녀들이 이기심을 버리고 겸손하게 베풀며 사랑하고 순종하는 삶을 살도록 부름 받은 것과는 정반대의 모습이다.

세상적인 지혜에 자신의 동기를 둔 사람은 "교만하게" 될 수밖에 없다. 이 구절에서 '카타카우카오마이'(*katakauchaomai*)는 "교만하다"로 번역되는데 (개역개정판에서는 "자랑하다"로 번역되고 있다.—역주), 이는 '자랑하다'를 뜻하는 헬라어 동사의 한층 더 강조된 형태이다. 신약 시대의 이교도 세계에서 이 단어는 대부분 긍정적인 함의를 지녔다. 오늘날과 마찬가지로, 이처럼 자신을 뽐내며 자랑스럽게 여기는 태도는 군사적인 영웅이나 운동선수, 또는 어느 분야에서 성공을 거둔 이가 으레 취할 법한 모습이었다.

그러나 신실한 그리스도인들은 이같이 교만한 태도를 취해서는 **안 된다**. 이런 자세를 취하는 이는 곧 자신에게 하나님이 주시는 지혜가 없음을 드러내는 것이 된다. 이처럼 어떤 이가 부끄러움이 없이 교만한 태도를 유지할 때, 우리는 하나님과 그 사이에 구원의 교제가 없음을 알게 되는 것이다.

자신이 그리스도인임을 고백하면서도 스스로를 뽐내고 자랑하는 이, 자기중심적이고 사랑이 없으며 "교만한" 이는 사기꾼과 같다. 그리고 이와 다른 주장을 펴는 이는 "진리를 거슬러 거짓말하는" 것이 된다. 이는 곧 예수 그리스도의 복음뿐 아니라 신약 성경 전체의 분명한 가르침과도 완전히 충돌하는 것이다. 이 서신의 시작 부분에서, 야고보는 구원을 곧 하나님이 "진리의 말씀으로 우리를 낳으시는" 것으로 표현한 바 있다(1:18). 그리고 이 서신의 끝부분에서 그는 이렇게 말한다. "내 형제들아, 너희 중에 [누가] 미혹되어 **진리**를 떠나거든"(5:19, 강조점은 나의 것). 여기서 그는 분명히 진리를 '복음'의 동의어로 간주하고 있다. 그리고 참된 지혜는 바로 여기에서 시작된다.

어떤 이가 자아의 지배 아래 있는 것만큼 그가 타락하고 구속받지 못한 사람임을 분명히 보여주는 특성은 없다. 그러므로 야고보에 따르면, 어떤 이가 스스로 자신이 하나님께 속했으며 그분의 지혜를 소유하고 있다고 주장할지라도 실제로는 그의 삶이 이기적인 야심과 독한 시기심의 통제와 영향 아래 있다면, 그는 그저 "진리를 거슬러" 거짓말하는 사람일 뿐이다. 그가 자신에 관해 무엇을 주장하든 간에, 그는 결코 구원을 받을 수 없다. 그는 곧 살아있는 "거짓말"그 자체이기 때문이다.

거짓된 지혜의 특성

"이러한 지혜는 위로부터 내려온 것이 아니요 땅 위의 것이요 정욕의 것이요 귀신의 것이니"(3:15)

여기서 야고보는 거짓되고 불경건한 "지혜"의 가장 두드러진 기본적인 특징 세 가지를 간략히 제시하고 있다. 이런 지혜는 곧 계시와 성령의 사역을 통해 "위로부터 내려온 것이 아닌" 지혜이다. 신자의 주된 대적 셋은 세상과 육신과 마귀이며, 이 셋은 야고보가 여기서 말하는 거짓된 지혜의 세 가지 특징에 상응한다. 그 지혜는 (세상에 속한) "땅 위의 것"이자 (육신에 속한) "본성적인 것"(이는 NASB의 표현이다. —역주)이며, (마귀에게 속한) "귀신의 것"이다.

첫째로 그런 "지혜"는 "땅 위의 것"이니, 그 지혜가 시공간에 속한 현재의 물질적인 세계 속에 제한되어 있다는 점에서 그러하다. 그 정의상, 이 지혜는 인간이 스스로 이론을 세우거나 발견하고 성취할 수 있는 일들에만 국한되어 나타난다. 이 지혜 가운데는 하나님이나 그분께 속한 일들이 들어설 자리가 없다. 그 속에는 영적인 진리와 깨달음이 차지하는 자리가 없다. 그 지혜는 하나의 폐쇄적인 체계이며, 이를테면 사탄의 자극 아래서 인간이 스스로 만들어내고 선택하는 일들로 이루어진 '꽉 막힌 상자'이다.

앞서 야고보가 말했듯이, 이 지혜의 동기는 스스로를 높이고 자랑하려는 마음과 이기적인 야심, 교만과 자기 중심성, 자신의 유익을 구하는 태도 등에서 찾아볼 수 있다. 이런 지혜가 만들어내는 것은 "너만의 일을 해라", "네가 원하는 대로 해라", "최고가 되기를 꿈꿔라" 등의 문구들을 표어로 삼는 사회이다. 오늘날 이 지혜는 철학과 교육, 정치와 경제, 사회학과 심리학을 비롯한 인간 삶의 모든 영역과 측면에 스며들어 있다.

둘째로 거짓된 지혜는 "본성적"이고 감각적이며 육신적인 성격을 지닌다. 이 지혜는 타락하고 구속받지 못한 인간, 아담의 타락으로 인해 철저히 부패하고 하나님으로부터 분리된 인간에게서만 찾아볼 수 있다. 이 지혜는 "육에 속한 사람"에게서 생겨나며, 그런 사람들은 "하나님의 성령의 일들을 받지 아니한다." 이는 "그것들이 그에게는 어리석게 보임이요, 또 그는 그것들을 알 수도 없나니 그러한 일은 영적으로 분별되기" 때문이다(고전 2:14). 이 지혜에 의존하는 이들은 "육에 속한 자며 성령이 없는 자들"이다(유 19절). 그들의 모든 느낌과 갈망, 욕구와 기준, 충동들은 이 세상과 사람에 관한 인간적인 관점에 근거하며, 이 관점에서는 자연히 인간이 만물의 척도가 된다. 이 같은 지혜는 우리의 육신적인 자아를 부추기는 동시에 어리석은 성격을 지닌다(고전 1:20).

셋째로 거짓된 지혜는 "귀신의 것"이다. 이 지혜는 인간적이고 육신적이며 이 땅에 속한 것인 동시에, 그 근본적인 원천은 사탄 자신에게 있다. 그는 지금 타락한 천사들인 "귀신들"을 통해 역사하고 있으며, 그 천사들은 과거의 세대에 그와 함께 하나님을 거슬러 반기를 들었던 존재들이다. 사탄은 늘 인간들을 유혹하면서 지혜를 주겠다고 약속하곤 한다. 하나님의 말씀을 의심하고 자신의 말을 따를 것을 역설하는 것이다. 사탄이 에덴동산에서 하와를 유혹했던 일의 본질도 바로 여기에 있었다. 당시 사탄은 주님이 아담에게 주신 명령을 반박하면서 하와에게 이렇게 말했다. "너희가 그것을 먹는 날에는 너희 눈이 밝아져 하나님과 같이 되어 선악을 알 줄 하나님이 아심이니라"(창 3:5). 달리 말해, 그 마귀의 우두머리는 만약 하나님이 금하신 일을 행할 경우 하와는 죽지 않고 오히려 그분과 같은 존재가 될 것이라고 유혹했다. 인간이 인간 자신에게 신이 될 수 있다는 거짓말은 바로 여기에서 생겨났다. 이 세상의 철학자들은 종교 전반과 특히 성경적인 기독교를 과학 이전의 시대에 속한 미신적인 유물로 간주하곤 한다. 곧 그들은 그런 신앙을 인간 자신의 노력으로 아직 파악하지 못한 일들을 설명하기 위해 필요했던 상상의 산물처럼 여기는 것이다.

바울은 고린도 교회에 존재했던 거짓 교사들에 대해 염려하면서 그곳의 신자들에게 이렇게 경고했다.

> 뱀이 그 간계로 하와를 미혹한 것 같이 너희 마음이 그리스도를 향하는 진실함과 깨끗함에서 떠나 부패할까 두려워하노라. 만일 누가 가서 우리가 전파하지 아

니한 다른 예수를 전파하거나 혹은 너희가 받지 아니한 다른 영을 받게 하거나 혹은 너희가 받지 아니한 다른 복음을 받게 할 때에는 너희가 잘 용납하는구나 … 그런 사람들은 거짓 사도요 속이는 일꾼이니 자기를 그리스도의 사도로 가장하는 자들이니라. 이것은 이상한 일이 아니니라. 사탄도 자기를 광명의 천사로 가장하나니 그러므로 사탄의 일꾼들도 자기를 의의 일꾼으로 가장하는 것이 또한 대단한 일이 아니니라. 그들의 마지막은 그 행위대로 되리라. (고후 11:3~4, 13~15)

사도는 디모데에게 이렇게 경고했다. "성령이 밝히 말씀하시기를 후일에 어떤 사람들이 믿음에서 떠나 미혹하는 영과 귀신의 가르침을 따르리라 하셨으니"(딤전 4:1). 아래로부터 난 지혜는 귀신들에게 속한 "어리석음"일 뿐이다. 이 지혜는 사람들의 타락한 본성과 자신의 유익을 교만하게 추구하는 죄악 된 성향에 호소하며, 그들을 속여서 하나님의 진리 대신에 사탄의 거짓말을 믿게끔 만든다. 사람들은 그 지혜가 그들 자신에게서 나왔다고 믿지만 실제로는 마귀에게 속한 것이다.

오직 성령의 능력과 의로운 이들의 존재만이 이 세상이 완전히 사탄적이며 동물적인 곳으로 변질되는 것을 막아줄 수 있다. 그러나 휴거 때에 이 두 가지 모두 이 세상에서 사라지고 나면, 사탄과 그의 졸개들은 지옥의 권세가 문자적으로 '풀려나게' 만들 것이다(마 24:15~31; 살전 4:13~5:11; 살후 2:1~5을 보라). 바울은 이렇게 설명한다.

너희는 지금 그로 하여금 그의 때에 나타나게 하려 하여 막는 것이 있는 것을 아나니 불법의 비밀이 이미 활동하였으나 지금은 그것을 막는 자가 있어 그 중에서 옮겨질 때까지 하리라. 그 때에 불법한 자가 나타나리니 주 예수께서 그 입의 기운으로 그를 죽이시고 강림하여 나타나심으로 폐하시리라. 악한 자의 나타남은 사탄의 활동을 따라 모든 능력과 표적과 거짓 기적과 불의의 모든 속임으로 멸망하는 자들에게 있으리니 이는 그들이 진리의 사랑을 받지 아니하여 구원함을 받지 못함이라. 이러므로 하나님이 미혹의 역사를 그들에게 보내사 거짓 것을 믿게 하심은 진리를 믿지 않고 불의를 좋아하는 모든 자들로 하여금 심판을 받게 하려 하심이라. (살후 2:6~12)

그때에는 이 땅에 남아 있는 불신자들 위에 마귀의 거대한 속임수가 임하게 될 것이다. 하지만 이것은 하나의 새로운 현상이 아니라 아담의 타락 이후로 구속받지 못한 자들을 계속 사로잡아 온 "귀신의" 속임수가 완전히 퍼져 나가는 형태로 나타나게 될 것이다. 그리고 이때에 시작된 사악한 오염은 대환난기의 끝에 주님이 심판주로 다시 오셔서 그분의 천년 왕국을 개시하기까지 수그러들지 않은 채로 지속될 것이다. 그 심판의 때가 이르기까지, "악한 사람들과 속이는 자들은 더욱 악하여져서 속이기도 하고 속기도 할" 것이다(딤후 3:13).

베드로는 자신의 두 번째 서신에서 신자들에게 다음의 내용을 보증한다. "주께서 경건한 자는 시험에서 건지실 줄 아시고 불의한 자는 형벌 아래에 두어 심판 날까지 지키시며"(벧후 2:9). 그런 다음에 베드로는 야고보가 지금 이 본문에서 말하는 많은 용어를 써서 "불의한 자"들의 모습을 자세히 서술하고 있다. 이들은 곧 세상의 지혜를 전파하고 그 지혜를 좇아 살아가는 자들이다.

특별히 육체를 따라 더러운 정욕 가운데 행하며 주관하는 이를 멸시하는 자들에게는 형벌 줄 아시느니라. 이들은 당돌하고 자긍하며 떨지 않고 영광 있는 자들을 비방하거니와 더 큰 힘과 능력을 가진 천사들도 주 앞에서 그들을 거슬러 비방하는 고발을 하지 아니하느니라. 그러나 이 사람들은 본래 잡혀 죽기 위하여 난 이성 없는 짐승 같아서 그 알지 못하는 것을 비방하고 그들의 멸망 가운데 멸망을 당하며 불의의 값으로 불의를 당하며 낮에 즐기고 노는 것을 기쁘게 여기는 자들이니 점과 흠이라. 너희와 함께 연회할 때에 그들의 속임수로 즐기고 놀며 음심이 가득한 눈을 가지고 범죄하기를 그치지 아니하고 굳세지 못한 영혼들을 유혹하며 탐욕에 연단된 마음을 가진 자들이니 저주의 자식이라. 그들이 바른 길을 떠나 미혹되어 브올의 아들 발람의 길을 따르는도다. 그는 불의의 삯을 사랑하다가 자기의 불법으로 말미암아 책망을 받되 말하지 못하는 나귀가 사람의 소리로 말하여 이 선지자의 미친 행동을 저지하였느니라. 이 사람들은 물 없

는 샘이요 광풍에 밀려가는 안개니 그들을 위하여 캄캄한 어둠이 예비되어 있나
니 그들이 허탄한 자랑의 말을 토하며 그릇되게 행하는 사람들에게서 겨우 피한
자들을 음란으로써 육체의 정욕 중에서 유혹하는도다. 그들에게 자유를 준다 하
여도 자신들은 멸망의 종들이니 누구든지 진 자는 이긴 자의 종이 됨이라. (벧후
2:10~19)

입으로는 그리스도에 대한 믿음을 고백하고 외적인 교회의 일원이 되었으
면서도 정작 그분을 구주로 신뢰하지 않은 이들은 더욱 큰 심판을 받게 될 것
이다. 베드로는 이렇게 말을 이어간다. "만일 그들이 우리 주 되신 구주 예수
그리스도를 앎으로 세상의 더러움을 피한 후에 다시 그 중에 얽매이고 지면 그
나중 형편이 처음보다 더 심하리니"(벧후 2:20). 그런 사람들은 복음에 담긴 신
적인 지혜와 영원한 생명의 길을 접한 뒤에도 끝내 그들 자신의 인간적이고 현
세적이며 마귀적인 지혜와 영원한 사망의 길로 되돌아가 버린 이들이다(참조.
마 7:21~23).

거짓된 지혜의 결과

"시기와 다툼이 있는 곳에는 혼란과 모든 악한 일이 있음이라."(3:16)

야고보는 거짓된 지혜의 배후에 있는 두 가지 동기, 곧 "시기"와 "이기적인
야심"(개역개정판에는 "다툼"으로 번역되어 있다.—역주)을 되풀이하면서, 이런 것들
이 "있는 곳에는 혼란과 모든 악한 일이 있다"고 말한다. 이 "혼란"과 "모든 악
한 일"은 수많은 유형의 나쁜 결과들을 포괄하는 광범위한 용어이며 그런 결
과들을 자세히 열거할 필요는 없어 보인다. 다만 그 결과들 가운데는 분노와
원망, 적개심이나 소송과 이혼, 인종적이며 민족적이고 사회적이며 경제적인
분열을 비롯해서 온갖 개인적이고 사회적인 수준의 무질서가 포함되는 것이
분명하다. 또한 그 가운데는 사랑과 친밀감, 신뢰와 교제, 아름다운 조화가 없
는 상태도 포함된다.

'아카타스타시아'(*akatastasia*, "혼란")의 기본적인 의미는 '불안정성'이다. 그러므로 이 단어는 혼돈과 소란, 또는 어지럽고 어수선한 상태를 가리키는 데 쓰였으며, 때로는 심지어 반역이나 무정부 상태를 지칭하기도 했다. 예수님은 자신의 재림과 이 세대의 종말에 관해 장차 제자들이 들을 거짓 소문을 경계하면서 이렇게 말씀하셨다. "난리와 소요(*akatastasia*)의 소문을 들을 때에 두려워하지 말라. 이 일이 먼저 있어야 하되 끝은 곧 되지 아니하리라"(눅 21:9).

야고보는 이미 "혼란"은 하나님께 속한 백성의 특성이 아님을 밝힌 바 있다. 오히려 그것은 "두 마음을 품어 모든 일에 정함이 없는(*akatastasia*)"자의 특성이며(약 1:8), 구속받지 못한 혀, 곧 "쉬지 아니하는(*akatastasia*) 악이요 죽이는 독이 가득한" 혀의 특성이다(3:8). 이에 반해 성경적인 지혜는 조화와 일치, 화평과 사랑을 가져오니 "하나님은 무질서의 하나님이 아니요 오직 화평의 하나님이시기" 때문이다(고전 14:33). 이 세상의 모든 충돌과 범죄, 싸움과 전쟁은 인간의 지혜가 낳은 참상을 보여주는 증거들이다.

"모든 악한 일"은 인간의 지혜가 가져오는 나쁜 결과들을 나타내는 가장 폭넓은 범주의 표현이다. 좀 더 나은 의미로는, '파울로스'(*phaulos*, "악한")가 '무가치한'을 의미한다. 그리고 가장 나쁜 의미에서는 '비열하고 경멸스러운'을 뜻한다. 저명한 학자인 R. C. 트렌치(Trench)는 이 단어에 관해 이렇게 말하고 있다. "[이 단어는] … 능동적이거나 수동적인 악의의 측면이 아니라 그 무익함의 측면에서 악함을 논하고 있다. 곧 그런 일들 가운데는 그 어떤 참된 유익도 생겨날 수 없다는 것이다"(*Synonyms of the New Testament* [Grand Rapids: Eerdmans, 1983], 317). 신약에서 이 단어는 구원받은 자들로서 하나님께 순종하는 이들의 행위와 그렇지 못한 자들로서 불순종하는 이들의 행위를 서로 대조하는 몇몇 본문에서 사용되고 있다(참조. 요 5:29; 롬 9:11 KJV; 고후 5:10 KJV).

'프라그마'(*pragma*, "일")는 '일', '행위', '사건', '사태', '문제' 등으로 다양하게 번역되며, 영어의 '실용적인'(pragmatic)은 바로 이 단어에서 유래했다. 이 본문에서 이 단어가 나타내는 개념은 곧 인간의 지혜로부터는 궁극적으로 **어떤 선한 일도 생길 수 없다는 것이다.**

어떤 이가 그 입으로는 예수 그리스도에 대한 구원의 신앙을 고백하고 자신에게 하나님이 주시는 지혜가 있음을 주장한다고 하자. 그럴지라도 그의 마음이 교만하고 자기중심적이며 스스로를 뽐내는 모습으로 세속적이고 정욕적이며 자신만을 위한 삶을 살아간다면, 자신이 구원을 받았다는 그의 주장은 거짓이 된다. 그는 곧 진리를 거슬러 거짓말을 하는 것이다(14절).

참된 지혜

"오직 위로부터 난 지혜는 첫째 성결하고 다음에 화평하고 관용하고 양순하며 궁휼과 선한 열매가 가득하고 편견과 거짓이 없나니 화평하게 하는 자들은 화평으로 심어 의의 열매를 거두느니라."(3:17~18)

"위로부터 난 지혜"는 물론 하나님께 속한 신적인 지혜를 가리키며, 하나님은 그분의 아들 예수 그리스도를 신뢰하는 이들에게 은혜로 이 지혜를 내려주신다. 구약에서는 지혜를 곧 하나님을 향한 사랑과 동일시한다(잠 9:10). 그리고 신약에서는 구원의 신앙과 경건한 지혜를 서로 연관 짓고 있다. 산상수훈에서 예수님은 이렇게 말씀하신다. "누구든지 나의 이 말을 듣고 행하는 자는 그 집을 반석 위에 지은 지혜로운 사람 같으리니"(마 7:24). 여기서 "나의 이 말"은 구원의 문제, 곧 영생으로 인도하는 좁은 문과 협착한 길을 택하는 일(14절), 그리고 주님과 인격적인 교제를 나누는 일(23절)에 연관된다. 다시 오실 주님을 맞이할 준비가 된 이들은 구원받은 사람들뿐이다. 그리고 성경에서는 바로 이 사람들을 두고 참된 지혜와 분별력을 지닌 이들로 말하는 것이다. 예수님은 이렇게 말씀하셨다. "이러므로 너희도 준비하고 있으라. 생각하지 않은 때에 인자가 오리라. 충성되고 지혜 있는 종이 되어 주인에게 그 집 사람들을 맡아 때를 따라 양식을 나눠 줄 자가 누구냐? 주인이 올 때에 그 종이 이렇게 하는 것을 보면 그 종이 복이 있으리로다"(마 24:44~46). 예수님은 열 처녀의 비유에서도 이와 유사한 경고의 말씀을 주셨다(25:1~13). 우리가 예수 그리스도와 함께 구원의 교제를 나누는 일이 없이는 "위로부터 난 지혜"를 소유할 수 없다. 이는 그분 자신이 "하나님의 능력이요 하나님의 지혜"이시며(고전 1:24; 참조, 1:30;

골 2:3) 죄인들을 이끌어 하나님과의 영원한 친교 속으로 들어가게 하시는 분이기 때문이다.

3장 17~18절에서 야고보는 "위로부터 난 지혜", 곧 하나님께 속한 신적인 지혜에 초점을 맞추며, 이는 바로 앞의 구절들에 있는 내용과 신선하고도 반가운 대조를 이룬다. 여기서 야고보는 앞서 거짓된 지혜를 논했을 때와 기본적으로 동일한 방식을 좇아 경건한 "지혜"의 동기(17a)와 특성(17b), 결과(18절)를 제시하고 있다.

참된 지혜의 동기

"첫째 성결하고"(3:17a)

이 구절에서 '하그노스'(hagnos, "성결하고")는 '오염이나 더러움에서 벗어난 상태'의 개념을 지닌다. 고대 그리스인들은 어떤 이가 신들에게 나아가 예배하기에 합당하도록 그를 깨끗하게 만드는 정결 예식을 가리킬 때 이 단어를 사용했다. 에피다우루스에 있는 아에스쿨라피우스 신전에는 다음의 문구가 새겨져 있다. "이 신성한 신전에 들어가고자 하는 자는 정결해야만(hagnos) 한다." 이처럼 이교도들조차도 신들 앞에 나아갈 때는 깨끗한 마음을 품어야 한다는 점을 깨닫고 있었다. 히브리서의 저자는 이러한 정결함이나 "거룩함 … 이 없이는 아무도 주를 보지 못하리라"는 점을 우리에게 일깨워준다(히 12:14). 이런 특성은 곧 영적인 온전함과 도덕적인 신실함을 나타내는 것이다.

헬라어 '하그노스'는 '하기오스'(hagios)와 동일한 어원에서 나온 단어이며, 후자는 보통 "거룩한"으로 번역된다. 그러므로 "성결한" 지혜는 곧 거룩한 지혜라고 말하는 것도 무리가 아니다. 이 지혜는 "위로부터 난" 지혜, 곧 하나님께로부터 온 지혜이므로 이와 다른 성격을 지닐 수 없다. 예수님이 말씀하신 여섯 번째 복의 내용은 다음과 같다. "마음이 청결한 자는 복이 있나니 그들이 하나님을 볼 것임이요"(마 5:8). 또 다윗은 정결한 마음을 구하면서 이렇게 기도했다. "우슬초로 나를 정결하게 하소서. 내가 정하리이다. 나의 죄를 씻어 주소서. 내가 눈보다 희리이다 … 하나님이여, 내 속에 정한 마음을 창조하시고 내 안에 정직한 영을 새롭게 하소서"(시 51:7, 10). 요한은 우리에게 다음의 내용을 확증하고 있다. "주[예수 그리스도]를 향하여 이 소망을 가진 자마다 그의 깨끗하심과 같이 자기를 깨끗하게 하느니라"(요일 3:3). 심지어 참된 신자가 죄에 빠질 경우에도, 그는 바울과 함께 이렇게 고백할 수 있다.

> 내가 행하는 것을 내가 알지 못하노니 곧 내가 원하는 것은 행하지 아니하고 도리어 미워하는 것을 행함이라. 만일 내가 원하지 아니하는 그것을 행하면 내가 이로써 율법이 선한 것을 시인하노니 이제는 그것을 행하는 자가 내가 아니요 내 속에 거하는 죄니라. 내 속 곧 내 육신에 선한 것이 거하지 아니하는 줄을 아노니 원함은 내게 있으나 선을 행하는 것은 없노라. 내가 원하는 바 선은 행하지 아니하고 도리어 원하지 아니하는 바 악을 행하는도다. 만일 내가 원하지 아니하는 그것을 하면 이를 행하는 자는 내가 아니요 내 속에 거하는 죄니라. 그러므로 내가 한 법을 깨달았노니 곧 선을 행하기 원하는 나에게 악이 함께 있는 것이로다. 내 속사람으로는 하나님의 법을 즐거워하되. (롬 7:15~22)

사도 요한은 우리에게 이렇게 일깨운다. "사랑하는 자들아, 우리가 지금은 하나님의 자녀라. 장래에 어떻게 될지는 아직 나타나지 아니하였으나 그가 나타나시면 우리가 그와 같을 줄을 아는 것은 그의 참모습 그대로 볼 것이기 때문이니 주를 향하여 이 소망을 가진 자마다 그의 깨끗하심과 같이 자기를 깨끗하게 하느니라"(요일 3:2~3).

참된 지혜의 특성

"다음에 화평하고 관용하고 양순하며 궁휼과 선한 열매가 가득하고 편견과 거짓이 없나니"(3:17b).

이 본문에는 시간을 나타내는 연계 부사 '에페이타'(*epeita*, "다음에")가 쓰였는데, 이는 "성결함"을 경건한 지혜의 특성보다는 그 동기로 받아들이는 해석의 기반이 된다. 이어서 야고보는 경건한 지혜의 일곱 가지 특성을 열거하고 있다.

첫째, 이 지혜는 "화평"의 특성을 지닌다. 여기서도 야고보의 말에 팔복의 성격이 드러나며, 이 경우에는 일곱 번째 복에 해당한다. "화평하게 하는 자는 복이 있나니 그들이 하나님의 아들이라 일컬음을 받을 것임이요"(마 5:9). 참으로 지혜로운 이들은 이기적인 태도로 다툼을 지속시키지 않고 오히려 겸손한 자세를 취함으로써 화평한 결과를 이끌어낸다(참조. 빌 2:1~4).

둘째, 경건한 지혜는 "관용"의 성격을 지닌다. 영어에는 이 '에피에이케스'(epieikēs, "관용하고")에 잘 상응하는 단어가 없지만, 이는 대략 '공정한', '적절한', '적합한', '온당한', '바람직한', '삼가는', '정중한', '사려 깊은' 등의 개념을 나타낸다. "관용하는" 이는 겸손한 모습을 보이며, 불명예와 모욕, 그릇된 대우와 핍박을 끈기 있게 감당한다. 이는 "온유한 자는 복이 있나니 그들이 땅을 기업으로 받을 것"을 알기 때문이다(마 5:5). 그들은 또한 다음의 말씀을 기억한다. "의를 위하여 박해를 받은 자는 복이 있나니 천국이 그들의 것임이라. 나로 말미암아 너희를 욕하고 박해하고 거짓으로 너희를 거슬러 모든 악한 말을 할 때에는 너희에게 복이 있나니 기뻐하고 즐거워하라. 하늘에서 너희의 상이 큼이라. 너희 전에 있던 선지자들도 이같이 박해하였느니라"(마 5:10~12). 그리고 진정으로 "관용하는" 이들은 다음의 말씀을 마음에 새긴다. "주의 종은 마땅히 다투지 아니하고 모든 사람에 대하여 온유하며 가르치기를 잘하며 참으며 거역하는 자를 온유함으로 훈계할지니 혹 하나님이 그들에게 회개함을 주사 진리를 알게 하실까 하며"(딤후 2:24~25).

셋째로 경건한 지혜는 "양순"의 성격을 지닌다. 이는 곧 불만이나 이의를 제기하는 일이 없이 복종하는 태도를 가리킨다. 이런 지혜를 지닌 사람은 다른 이의 말을 들을 줄 알고, 순응적이며 완고하지 않다. 이 단어는 군대의 규율에 기꺼이 복종하는 사람, 곧 그에게 요구되는 일을 잘 받아들이고 이행하는 사람이나 법적이며 도덕적인 규범들을 충실히 준수하는 사람을 나타내는 데 사용되었다. 이런 특성은 예수님이 산상수훈에서 말씀하신 팔복 중 첫 번째 복을 드러내는 것이다. "심령이 가난한 자는 복이 있나니 천국이 그들의 것임이요"(마 5:3).

넷째, 경건한 지혜에는 "긍휼이 … 가득하다." 이것 역시 팔복 중 하나에 뚜렷이 상응하는 구절이다. "긍휼히 여기는 자는 복이 있나니 그들이 긍휼히 여김을 받을 것임이요"(마 5:7). 이처럼 "긍휼이 … 가득한" 신자들은 자신에게 잘못을 범한 이들을 용서할 뿐 아니라 필요한 모든 방식으로 그들에게 도움의 손길을 내밀며, 이를 통해 자신이 지닌 구원의 신앙과 변화된 삶을 입증하게 된다. 선한 사마리아인이 그랬듯이(눅 10:30~37), 그런 신자들은 고통받는 이들이나 어떤 종류의 지지 또는 도움이 필요한 이들을 대면할 때마다 관심과 긍휼을 드러내게 된다. 또 그들은 자신의 동료 신자들, 곧 그리스도 안에서 자신의 형제자매인 이들에게 특별한 관심을 보인다. 요한은 이렇게 권고하고 있다.

그가 우리를 위하여 목숨을 버리셨으니 우리가 이로써 사랑을 알고 우리도 형제들을 위하여 목숨을 버리는 것이 마땅하니라. 누가 이 세상의 재물을 가지고 형제의 궁핍함을 보고도 도와 줄 마음을 닫으면 하나님의 사랑이 어찌 그 속에 거하겠느냐? 자녀들아, 우리가 말과 혀로만 사랑하지 말고 행함과 진실함으로 하자 … 사랑하는 자들아, 우리가 서로 사랑하자. 사랑은 하나님께 속한 것이니 사랑하는 자마다 하나님으로부터 나서 하나님을 알고 사랑하지 아니하는 자는 하나님을 알지 못하나니 이는 하나님은 사랑이심이라 … 사랑하는 자들아, 하나님이 이같이 우리를 사랑하셨은즉 우리도 서로 사랑하는 것이 마땅하도다. (요일 3:16~18; 4:7~8, 11)

다섯째, 경건한 지혜에는 "선한 열매가 가득하다." 이는 모든 종류의 "선한" 행위 또는 행실을 가리킨다. 이런 지혜를 지닌 이는 진정한 선행을 통해 자신의 참된 신앙을 입증하게 된다(약 2:14~20). 그런 신자들의 모습은 "선한" 일을 행하며 성령의 열매를 맺는 것을 통해 알려지게 된다(갈 5:22~23). 이 모든 일 가운데, 그는 자신이 "의에 주리고 목마른" 이임을 드러내게 된다(마 5:6).

여섯째, 경건한 지혜는 "편견이 … 없는" 성격을 지닌다. 신약에서 '아디아

크리토스'(adiakritos, "편견이 … 없는")가 쓰인 것은 이 구절뿐이며, 문자적으로 이는 '나뉘거나 분리되지 않은 상태'를 의미한다. 따라서 '불확실성이나 주저하는 모습, 비일관성 또는 변덕스럽거나 의심스러운 요소가 없는 태도'를 가리키는 것이다. 때로 이 단어는 '차별이 없는 자세', 곧 모든 사람을 치우침 없이 공평하게 대하는 이의 모습을 나타내는 데 쓰였다. 이것은 야고보가 이미 강조한 바 있는 중요한 영적 자질이다(2:1~9).

그리고 마지막으로, 경건한 지혜는 "위선적이지 않은" 성격을 지닌다(개역개정판에는 "거짓이 없나니"로 번역되어 있다.—역주). "위선"은 예수님이 가장 많이 책망하신 죄 중 하나이며 산상수훈에서만도 네 차례에 걸쳐 그 문제를 지적하신다(마 6:2, 5, 16; 7:5). 주님은 서기관과 바리새인들을 비롯한 유대교의 지도자들이 중대한 위선과 거짓에 빠진 것을 계속 꾸짖으셨다. 또 그분은 제자들에게 이렇게 주의를 주셨다. "바리새인들의 누룩 곧 외식을 주의하라"(눅 12:1). 그리고 한 무리의 바리새인들이 음모를 꾸며 그분으로 하여금 로마 황제에게 세금 바치는 것을 비판하게 만들려고 한 일이 있었다. 하지만 이때 예수님은 그들의 악함을 아시고 이렇게 말씀하셨다. "외식하는 자들아, 어찌하여 나를 시험하느냐?"(마 22:18). 얼마 후, 예수님은 다른 무리의 바리새인들에게 이렇게 선포하셨다. "화 있을 진저, 외식하는 서기관과 바리새인들이여! 회칠한 무덤 같으니 겉으로는 아름답게 보이나 그 안에는 죽은 사람의 뼈와 모든 더러운 것이 가득하도다. 이와 같이 너희도 겉으로는 사람에게 옳게 보이되 안으로는 외식과 불법이 가득하도다"(마 23:27~28). 그리고 예수님은 지혜로운 종과 악한 종의 비유를 끝맺으면서 다음의 엄중한 말씀을 주셨다. "생각하지 않은 날 알지 못하는 시각에 그 [악한] 종의 주인이 이르러 엄히 때리고 외식하는 자가 받는 벌에 처하리니 거기서 슬피 울며 이를 갈리라"(마 24:50~51). 베드로는 위선을 악의와 속임수, 비방과 같은 범주로 분류한다(참조, 벧전 2:1).

위의 모든 특성은 성경에서 가르치는 신적인 지혜에 속한 미덕이다. 신자들은 성령님이 그들 안에서 일하실 때 이런 미덕들을 열매로 맺게 된다(갈 5:22~23).

참된 지혜의 결과

"그리고 화평하게 하는 자들은 화평 가운데 의의 열매를 맺는 씨앗을 심느니라"(3:18, 개역개정판에는 "화평하게 하는 자들은 화평으로 심어 의의 열매를 거두느니라"로 번역되어 있다.—역주)

이 문장의 헬라어 원문을 영어로 번역하기는 쉽지 않다. 문자적으로 해석하면 다음과 같은 내용이 된다. "그리고 화평하게 하는 자들은 화평 가운데 의의 열매를 심느니라." NASB는 번역문에 "~를 맺는 씨앗"이라는 어구를 덧붙이고 있다. 이는 곧 우리가 땅에 "심는" 것은 "열매" 자체가 아니라 그 열매를 맺게 하는 "씨앗"이기 때문이다. 여기서 "씨앗"은 경건한 지혜를 나타내며, 우리가 그 결과로 맺게 되는 것은 "의의 열매"이다.

야고보는 수확한 열매 중 일부를 다시 씨앗으로 심는다는 개념을 염두에 두었을 수도 있다. 이를테면 그 열매를 화평 가운데 땅에 다시 심고, 그리하여 더 많은 열매가 맺히게끔 하는 것이다. 이를 통해 우리에게 친숙한 성장과 추수의 반복이 이루어진다.

이 중 어떤 경우든지 그 기본 개념은 분명하다. 곧 '경건한 지혜와 진정한 의, 그리고 화평 사이에는 불변하는 인과 관계가 있다'는 것이다. 경건한 지혜는 지속적인 의의 순환을 낳는다. 그리하여 이 의는 하나님과 신실한 그의 백성 간에, 또 그 백성들 서로 간에 있는 화평하고 조화로운 관계 가운데 계속 땅에 심기며 열매를 맺게 되는 것이다. 이사야는 이렇게 선포하고 있다. "공의의 열매는 화평이요 공의의 결과는 영원한 평안과 안전이라"(사 32:17).

야고보가 계속 강조하듯이, 자신이 그리스도인임을 고백하는 사람은 그의 행실과 일상생활을 통해 그 점을 입증해야만 한다. 그가 진정한 신자라면 주님이 주시는 지혜를 소유할 것이며, 이 지혜는 의롭고 이타적이며 화평한 삶을 통해 모습을 드러내게 될 것이다. 그는 성경을 통해 하나님이 우리에게 계시하신 지혜를 누리며, 그의 안에 내주하시는 성령께서 그 지혜의 해석자와 교사가 되신다. 그러므로 바울은 에베소 교회를 위해 이렇게 기도했다. "우리 주 예수 그리스도의 하나님, 영광의 아버지께서 지혜와 계시의 영을 너희에게 주사 하나님을 알게 하시고"(엡 1:17). 이후에 그 신자들에게 이렇게 권면한다. "그런즉 너희가 어떻게 행할지를 자세히 주의하여 지혜 없는 자 같이 하지 말고 오직 지혜 있는 자 같이 하여"(5:15). 그리고 다른 서신에서는 이렇게 확증한다. "심는 자에게 씨와 먹을 양식을 주시는 이가 너희 심을 것을 주사 풍성하게 하시고 너희 의의 열매를 더하게 하시리니"(고후 9:10). 이 의는 "예수 그리스도로 말미암아" 우리에게 임하며, 이를 통해 우리는 "하나님께 영광과 찬송을" 돌리게 된다(빌 1:11).

14

세상과 친구가 되는 일의 위험성
(약 4:1~6)

"너희 중에 싸움이 어디로부터, 다툼이 어디로부터 나느냐? 너희 지체 중에서 싸우는 정욕으로부터 나는 것이 아니냐? 너희는 욕심을 내어도 얻지 못하여 살인하며 시기하여도 능히 취하지 못하므로 다투고 싸우는도다. 너희가 얻지 못함은 구하지 아니하기 때문이요 구하여도 받지 못함은 정욕으로 쓰려고 잘못 구하기 때문이라. 간음한 여인들아, 세상과 벗된 것이 하나님과 원수 됨을 알지 못하느냐? 그런즉 누구든지 세상과 벗이 되고자 하는 자는 스스로 하나님과 원수 되는 것이니라. 너희는 하나님이 우리 속에 거하게 하신 성령이 시기하기까지 사모한다 하신 말씀을 헛된 줄로 생각하느냐? 그러나 더욱 큰 은혜를 주시나니 그러므로 일렀으되 하나님이 교만한 자를 물리치시고 겸손한 자에게 은혜를 주신다 하였느니라." (4:1~6)

어떤 이가 참된 구원의 신앙을 지녔음을 알려 주는 또 다른 핵심 표지는 그가 세상을 향해 취하는 태도에서 드러난다. 야고보는 앞서 1장에서 이 주제를 소개하면서 이렇게 말한 바 있다. "하나님 아버지 앞에서 정결하고 더러움이 없는 경건은 곧 고아와 과부를 그 환난 중에 돌보고 또 자기를 지켜 세속에 물들지 아니하는 그것이니라"(1:27).

이 본문의 중심이 되는 진리는 다음 구절에 있다. "세상과 벗 된 것은 하나님과 원수 됨이다"(참조. 4:4). 진정한 영적 생활과 신실한 기독교적 삶 가운데는 이 세상과 그 안의 수많은 더러운 일들로부터 분리되는 것 역시 포함된다. 이는 야고보가 바로 앞부분에서 말한 바와 같다. "오직 위로부터 난 지혜는 첫째 성결하고 다음에 화평하고 관용하고 양순하며 긍휼과 선한 열매가 가득하고 편견과 거짓이 없나니 화평하게 하는 자들은 화평으로 심어 의의 열매를 거두느니라"(3:17~18). 다른 한편, 이 세상과 지속적이며 습관적인 방식으로 짝이 되는 것은 인간적인 지혜에 근거를 둔 일이며 불신앙의 증거이다. 이처럼 불경건한 우정은 불가피하게 인격적인 충돌을 낳으며, 이 충돌은 다른 이들과의 관계(4:1a), 자기 자신과의 관계(1b~3절), 그리고 가장 중요한 것으로서 하나님과의 관계(4~6절)에서 일어난다.

다른 이들과의 충돌

"너희 중에 싸움이 어디로부터, 다툼이 어디로부터 나느냐?"(4:1a)

이 문장의 헬라어 원문에는 동사가 없으며, 이를 더 문자적으로 해석하면 다음과 같다. "너희 중에 있는 싸움과 다툼은 어디로부터냐?" 여기서 '폴레모스'(polemos, "싸움")는 영어에 있는 '논쟁술'(polemics)의 어원이 되는 단어로서 일반적이고 오래 지속되며 심각한 논쟁 또는 싸움을 나타낸다. 이 단어는 종종 "전쟁"으로 번역된다(예. 마 24:6; 히 11:34; 계 11:7; 16:14). 그리고 "다툼"은 헬라어 '마케'(mache)를 번역한 단어로서 구체적인 싸움 또는 전투를 가리킨다. 여기서는 이 두 표현 모두 서로 충돌하는 인격적 관계를 나타내는 데 은유적으로 쓰였다. 그리고 이런 대립이 극도에 달할 경우에는 살인을 범하는 결과로까지 이어질 수 있다(2절).

"너희 중에"라는 어구는 이 갈등의 관계가 곧 야고보의 편지를 받은 교회들에 속한 신자들 사이에 있었던 것임을 보여준다. 4절의 내용을 논할 때 말하겠지만, 이 신자 중 일부는 분명히 구원받은 이들이 아니었다. 그러므로 이들은 하나님을 대적하는 자들이었으며, 서로 간에도 대립하는 동시에 그 교회들 안에 있던 참된 신자들과도 원수가 되었던 것이다.

한 번은 나와 친한 목회자가 이런 이야기를 들려준 적이 있다. 자신이 섬기는 교회의 위원회에서 논쟁과 다툼이 지속되고 있는데, 그 근본 원인은 그 회원 중 절반은 구원받은 이들이지만 나머지 절반은 그렇지 않다는 데 있다는 것이다. 이런 상황에서는 불가피하게 충돌이 일어난다.

바울은 이 점을 이해하고 이렇게 기록했다.

> 너희는 믿지 않는 자와 멍에를 함께 메지 말라. 의와 불법이 어찌 함께 하며 빛과 어둠이 어찌 사귀며 그리스도와 벨리알이 어찌 조화되며 믿는 자와 믿지 않는 자가 어찌 상관하며 하나님의 성전과 우상이 어찌 일치가 되리요? 우리는 살아 계신 하나님의 성전이라. 이와 같이 하나님께서 이르시되 내가 그들 가운데 거하며 두루 행하여 나는 그들의 하나님이 되고 그들은 나의 백성이 되리라. 그러므로 너희는 그들 중에서 나와서 따로 있고 부정한 것을 만지지 말라. 내가 너희를 영접하여 너희에게 아버지가 되고 너희는 내게 자녀가 되리라. 전능하신 주의 말씀이니라 하셨느니라. (고후 6:14~18)

때로는 이 둘을 따로 분리하기가 쉽지 않다. 이는 곡식과 가라지를 따로 구분하실 수 있는 분은 주님뿐이기 때문이다(마 13:24~30, 36~43).

그러나 교회 안에서 충돌이 벌어지는 것은 하나님의 뜻이나 그분의 계획에 속한 일이 아니다. 예수님은 제자들에게 이렇게 말씀하셨다. "새 계명을 너희에게 주노니 서로 사랑하라. 내가 너희를 사랑한 것 같이 너희도 서로 사랑하라. 너희가 서로 사랑하면 이로써 모든 사람이 너희가 내 제자인 줄 알리라"(요 13:34~35). 이후에 예수님은 대제사장적인 기도에서 성부 하나님께 이렇게 간구하셨다. "아버지께서 내 안에, 내가 아버지 안에 있는 것 같이 그들도 다 하나가 되어 우리 안에 있게 하사 세상으로 아버지께서 나를 보내신 것을 믿게 하옵소서"(17:21). 그리고 오순절 이후에는 "믿는 무리가 한마음과 한 뜻이 되어 모든 물건을 서로 통용하고 자기 재물을 조금이라도 자기 것이라 하는 이가 하나도 없었다"(행 4:32). 바울은 서로 당을 짓던 고린도 교회의 교인들을 향해 이렇게 권고했다. "내가 우리 주 예수 그리스도의 이름으로 너희를 권하노니 모두가 같은 말을 하고 너희 가운데 분쟁이 없이 같은 마음과 같은 뜻으로 온전히 합하라"(고전 1:10). 그리고 바울은 빌립보의 신자들에게 이같이 당부했다. "오직 너희는 그리스도의 복음에 합당하게 생활하라. 이는 내가 너희에게 가보나 떠나 있으나 너희가 한마음으로 서서 한뜻으로 복음의 신앙을 위하여 협력하는 것을 … 듣고자 함이라"(빌 1:27; 참조, 2:1~4).

이후의 교회들과 마찬가지로, 초대 교회에서 다툼은 자주 생겨나는 문제였다. 바울은 고린도 교회의 신자들에게 바로 위에서 말한 것처럼 권고한 후 이렇게 그들을 꾸짖었다. "형제들아, 내가 신령한 자들을 대함과 같이 너희에게 말할 수 없어서 육신에 속한 자 곧 그리스도 안에서 어린 아이들을 대함과 같이 하노라. 내가 너희를 젖으로 먹이고 밥으로 아니하였노니 이는 너희가 감당하지 못하였음이거니와 지금도 못하리라. 너희는 아직도 육신에 속한 자로다. 너희 가운데 시기와 분쟁이 있으니 어찌 육신에 속하여 사람을 따라 행함이 아니리요?"(고전 3:1~3). 바울은 이후에 그 신자들에게 보낸 편지에서 이렇게 말했다. "내가 갈 때에 너희를 내가 원하는 것과 같이 보지 못하고 또 내가 너희에게 너희가 원하지 않는 것과 같이 보일까 두려워하며 또 다툼과 시기와 분냄과 당 짓는 것과 비방과 수군거림과 거만함과 혼란이 있을까 두려워하노라"(고후 12:20).

바울은 디도가 돌보던 신자들에게 그들이 이전에 하나님을 떠나 있을 때 살았던 삶을 기억하게 할 것을 권고했다.

> 너는 그들로 하여금 통치자들과 권세 잡은 자들에게 복종하며 순종하며 모든 선한 일 행하기를 준비하게 하며 아무도 비방하지 말며 다투지 말며 관용하며 범사에 온유함을 모든 사람에게 나타낼 것을 기억하게 하라. 우리도 전에는 어리석은 자요 순종하지 아니한 자요 속은 자요 여러 가지 정욕과 행락에 종노릇 한 자요 악독과 투기를 일삼은 자요 가증스러운 자요 피차 미워한 자였으나. (딛 3:1~3)

슬프게도, 이처럼 회심하지 않은 이들 사이에 일반적으로 일어나는 충돌이 교회 안에서도 벌어지곤 한다.

자기 자신과의 충돌

"너희 지체 중에서 싸우는 정욕으로부터 나는 것이 아니냐? 너희는 욕심을 내어 도 얻지 못하여 살인하며 시기하여도 능히 취하지 못하므로 다투고 싸우는도 다. 너희가 얻지 못함은 구하지 아니하기 때문이요 구하여도 받지 못함은 정욕 으로 쓰려고 잘못 구하기 때문이라."(4:1b~3)

세상과 벗 된 상태는 다른 사람들과의 충돌을 불러올 뿐 아니라 세속적인 사람 자신의 내면에서도 충돌을 낳는다. 사람들 사이에서 벌어지는 외적인 충돌의 원천은 늘 각 사람의 마음속에 일어나는 내적인 충돌에 있기 마련이다.

오늘날의 사회에서 이런 내적인 충돌의 증거들은 무수히 찾아볼 수 있다. 지 금은 온갖 종류의 심리학자와 정신분석가, 상담자와 치료사들이 넘쳐나며, 정 서 장애와 심리 장애를 치료하기 위한 수많은 클리닉이 존재한다. 그리고 약물 중독이나 가정 폭력과 학대, 알코올 중독과 자살의 문제들이 점점 더 증가하는 것이다. 이런 일들은 인격적인 장애가 위험한 지점에 이르렀음을 보여주는 풍 부한 증거가 된다. 그리고 사람들의 인내심 없는 태도와 좌절감, 분노와 적개 심이 점점 증가하는 일은 길거리에서 자행되는 범죄들뿐 아니라 현대 고속도 로의 모습 가운데도 생생히 드러난다. 요즈음의 운전자들은 다른 운전자가 범 하는 실수 앞에서 외설적인 몸짓 또는 위협적인 행동을 취하거나 때로는 심지 어 총을 쏨으로써 자신의 불쾌감을 표출하곤 하는 것이다.

야고보는 이 본문에서 내적인 충돌의 세 가지 원인을 지적하고 있다. 통제되 지 않은 욕구(4:1b)와 충족되지 않은 욕구(4:2a), 이기적인 욕구(4:2b~3) 등이다.

통제되지 않은 욕구

"너희 지체 중에서 싸우는 정욕으로부터 나는 것이 아니냐?"(4:1b)

첫째, 야고보는 우리가 겪는 내적인 충돌의 원천이 "정욕"에 있음을 분명히 밝힌다. 이 "정욕"은 헬라어 '헤도논'(hēdonōn)을 번역한 단어이며 영어의 '쾌락주의자'(hedonist)와 '쾌락주의'(hedonism)가 바로 이 단어에서 유래했다. 이 '헤도논'은 감각적이고 본능적이며 육신적인 욕구를 만족시키는 일을 함의하며, 신약에서 이 단어는 늘 부정적이며 불경건한 의미로 사용되었다. '쾌락주의'는 통제되지 않은 개인의 욕구로서, 감각적인 만족과 즐거움을 약속하는 모든 변덕스러운 열정을 충족시키려는 태도를 가리킨다. 이런 "정욕[들]"을 채우고자 하는 욕구는 물론 이기심에서 유래하며, 이는 하나님과 그분의 말씀에 어긋나는 성격을 지닌다. 불신자이자 불경건한 향락주의자들은 "자기를 사랑하며 돈을 사랑하며 자랑하며 교만하며 비방하며 부모를 거역하며 감사하지 아니하며 거룩하지 아니하며 무정하며 원통함을 풀지 아니하며 모함하며 절제하지 못하며 사나우며 선한 것을 좋아하지 아니하며 배신하며 조급하며 자만하며 **쾌락을 사랑하기를 하나님 사랑하는 것보다 더하는**" 이들이다(딤후 3:2~4, 강조점은 나의 것; 참조. 유 16~18절).

중생하지 못한 이들은 자신의 욕망에 사로잡혀 그 열정이 이끄는 대로 휘둘리는 이들이다(참조. 살전 4:3~5). 그러므로 복음의 씨앗이 가시떨기 같은 그들의 마음 밭에 떨어질 때, 그들은 "이생의 염려와 재물과 향락에 기운이 막혀 온전히 결실하지 못하게" 된다(눅 8:14). 베드로는 교회 안의 불경건하고 구원받지 못한 자들에 관해 말하면서 그들의 모습을 이렇게 자세하고도 준엄하게 묘사하고 있다.

[주께서] 특별히 육체를 따라 더러운 정욕 가운데 행하며 주관하는 이를 멸시하는 자들에게는 형벌할 줄 아시느니라. 이들은 당돌하고 자긍하며 떨지 않고 영광 있는 자들을 비방하거니와 더 큰 힘과 능력을 가진 천사들도 주 앞에서 그들을 거슬러 비방하는 고발을 하지 아니하느니라. 그러나 이 사람들은 본래 잡혀 죽기 위하여 난 이성 없는 짐승 같아서 그 알지 못하는 것을 비방하고 그들의 멸망 가운데 멸망을 당하며 불의의 값으로 불의를 당하며 낮에 즐기고 노는 것을 기쁘게 여기는 자들이니 점과 흠이라. 너희와 함께 연회할 때에 그들의 속임수로 즐

기고 놀며 음심이 가득한 눈을 가지고 범죄하기를 그치지 아니하고 굳세지 못한 영혼들을 유혹하며 탐욕에 연단된 마음을 가진 자들이니 저주의 자식이라 … 이 사람들은 물 없는 샘이요 광풍에 밀려가는 안개니 그들을 위하여 캄캄한 어둠이 예비되어 있나니 그들이 허탄한 자랑의 말을 토하며 그릇되게 행하는 사람들에 게서 겨우 피한 자들을 음란으로써 육체의 정욕 중에서 유혹하는 도다. 그들에게 자유를 준다 하여도 자신들은 멸망의 종들이니 누구든지 진 자는 이긴 자의 종 이 됨이라. 만일 그들이 우리 주 되신 구주 예수 그리스도를 앎으로 세상의 더러 움을 피한 후에 다시 그 중에 얽매이고 지면 그 나중 형편이 처음보다 더 심하리 니 의의 도를 안 후에 받은 거룩한 명령을 저버리는 것보다 알지 못하는 것이 도 리어 그들에게 나으니라. (벧후 2:10~14, 17~21)

사람들이 육신적인 "정욕"에 굴복하고 앞에서 열거한 것과 같은 죄들에 사 로잡힐 때, 그들은 베드로가 말했듯이 개인의 "자유"를 누린다는 착각에 빠져 그렇게 행하곤 한다. 하지만 실제로는 그들 자신이 "멸망의 종들"임을 드러내 고 있을 뿐이라는 사실을 미처 깨닫지 못하는 것이다. 그들은 욕망에 대한 통 제력을 잃고 그 충동에 이끌려가며, 끝내는 그 욕망 자체가 그들의 삶을 통제 하게 된다. 그런 사람들은 하나님께 등을 돌리고 "불의로 진리를 막으며", "하 나님을 영화롭게도 아니하며 감사하지도 아니하고 오히려 그 생각이 허망하 여진" 이들이다. 그러므로 하나님도 그들을 "마음의 정욕대로 더러움에 내버 려 두시며 … 부끄러운 욕심에 내버려 두시고 … 그 상실한 마음대로 내버려 두사 합당하지 못한 일을 하게" 하시는 것이다(롬 1:18, 21, 24, 26, 28).

공중 보건국장(the Surgeon General, 미국의 공공 보건을 관장하는 고위 공직자— 역주)을 비롯한 여러 사람이 무절제한 성관계의 위험성을 끊임없이 경고하지 만, 간음이나 음행을 저지르는 사람들과 동성애자들은 이런 위험성을 자주 무 시하곤 한다. 이는 그들이 자신의 죄에 중독되어 있고 이성적인 결정을 내리는 대신에 그들의 감정과 신체적인 정욕에 휘둘리기 때문이다. 곧 이제는 그런 정 욕이 그들을 지배하는 주인이 된 것이다. 이같이 무법한 그들의 행실은 그들 안에 "부패한 마음"이 있음을 보여준다(롬 1:28, 개역개정판에는 "상실한 마음"으로 번역되어 있다.─역주).

야고보는 이 불경건한 "정욕"이 실제로 "너희 지체" 가운데 "싸움"을 벌이고 있다고 말한다. 여기서 이 "지체"는 교회의 지체들이 아니라 인간의 몸이 지닌 물리적이며 정신적인 요소들을 지칭한다. 그 몸 가운데는 인간의 타락한 '육신' 또는 인간성이 담겨 있다(참조. 롬 1:24; 6:12~13; 7:18, 23). 이것은 불신자의 '육신'이 그 자신의 영혼과 양심을 상대로 벌이는 "싸움"이다. 비록 아담의 타락으로 인류의 마음이 부패하게 되었지만 그들의 양심에는 하나님과 그분의 진리에 관한 인식이 남아 있어서 죄를 지을 때 불편함을 느끼게 된다(롬 1:18~19). 그들이 하나님과 그분이 정하신 의의 표준을 거부함에도 불구하고 자기 마음속에 있는 죄책감을 쉽게 떨치지 못하는 것이다. 이는 인간의 마음속에 기록하신 그분의 법이 그들의 양심을 일깨워 스스로를 고발하게 만들기 때문이다(롬 2:14~15).

아담의 타락으로 인류가 부패하게 되었고 이는 인간 존재의 모든 부분에 영향을 끼쳤다. 하지만 인간은 하나님의 형상으로 지음 받아서 그 안에는 어느 정도의 존엄성과 품위가 여전히 남아 있다. 그리고 이런 특성은 구원받지 않은 이들에게도 나타날 수 있다. 많은 불신자는 친절하고 관대하며 평화를 사랑하고 이타적인 모습을 보인다. 또 그들은 탁월한 재능을 지니고 아름다운 음악과 예술 작품을 창작하며 위대한 과학적 발견을 해낸다. 그리고 놀라운 기계나 기술을 발명한다. 그러나 하나님을 떠난 상태에서 그들이 지닌 품위 있는 모습은 그들 자신의 육신적 열정이나 충동들과 서로 충돌하게 된다. 그리고 그릇된 "정욕"이나 만족을 추구하는 열망, 이기적인 성취를 이루려는 갈망은 불가피하게 "[그들 자신의] 지체" 가운데 하나의 "싸움"을 낳게 된다. 이는 곧 그 욕구의 충족을 방해하는 모든 것에 대한 싸움이다.

충족되지 않은 욕구

"너희는 욕심을 내어도 얻지 못하여 살인하며 시기하여도 능히 취하지 못하므로 다투고 싸우는도다."(4:2a)

그릇된 정욕을 추구하려는 갈망이 채워지지 않고 좌절될 때는 **외적인** 다툼 또한 낳게 된다.

동사 '에피투메오'(*epithumeō*, "욕심을 내다")는 어떤 종류의 갈망 또는 바람을 품는 일을 모두 가리킬 수 있다. 다만 그 문맥을 살펴보면 여기서 언급되는 갈망은 무절제하고 그릇되며 죄악 된 종류의 것임이 분명하다. 야고보는 이 구절에서 구체적인 욕망의 대상을 말하지 않는데 그의 요점과 관련해 그것이 무엇인지가 그리 중요하지 않기 때문이다. **어떤** 강력하고 죄악 된 "욕심"이 만족되지 않을 때, 세속적인 이들은 분노와 좌절에 차서 다른 이들을 비난하기 쉽고 때로는 "살인"을 저지르기까지 한다. 예수님 당시의 바리새인들도 개인적인 만족을 추구하면서 '거룩하고 덕망 있는 자'라는 평판을 얻으려고 애썼지만, 구주께서 그들의 위선을 드러내자 그분을 살해하고 말았던 것이다.

이 구절의 "살인하며"는 헬라어 동사 '포뉴오'(*phoneuō*)를 번역한 단어로서, 이 단어의 의미에는 살인적인 증오와 극도로 파괴적인 행동, 심지어 자살까지 포함될 수 있다. 어떤 탐욕스러운 사람이 그 갈망하던 목표를 달성하지 못할 때, 그 결과는 종종 다른 이들에게 재앙을 가져옴과 동시에 그 자신에게 언제나 파괴적인 것이 된다. 이는 그 목표가 명성과 특권이든, 성적인 만족이든, 돈과 권력이든, 약물 또는 알코올을 통한 도피이든, 성공과 소유이든, 다른 이의 애정이든, 또는 다른 그 무엇이든 간에 마찬가지다. 소돔의 주민들은 자신들의 변태적인 정욕에 깊이 사로잡힌 나머지 롯의 집에 있던 천사들이 그들을 쳐서 눈이 멀게 했을 때에도 여전히 손으로 더듬으면서 그 입구를 찾았다. 이는 그 안으로 들어가 자신들의 그칠 줄 모르는 욕망을 만족시키려 했던 헛된 시도였다(창 19:11).

압살롬은 이스라엘의 통치자가 되려는 깊은 욕망에 사로잡혔고, 그 일을 이루기 위해서는 아버지인 다윗을 죽이는 일까지도 서슴없이 저지르려 했다. 한편 다윗과 압살롬 모두에게 참모 역할을 했던 아히도벨은 밧세바의 할아버지였는데(참조. 삼하 11:3; 23:34), 다윗은 그 밧세바를 상대로 간음을 범했었다. 이후 다윗은 그녀의 남편인 우리아를 전쟁터에서 죽게 만든 뒤에 밧세바와 혼인했다. 그리고 아히도벨은 다윗의 이런 불의한 행동에 격분해서 그에게 반기를

든 압살롬의 세력에 동참하게 되었다. 하지만 압살롬이 자신의 조언을 무시하자 아히도벨은 깊은 좌절과 분노에 빠져 스스로 목을 매어 죽고 말았다(참조. 삼하 15~17장).

이 구절에서 "시기하여도"로 번역된 헬라어 '젤로오'(zeloō)는 '에피투메오'의 유의어이다. '젤로오'는 '에피투메오'보다 더욱 강렬하고 지배적인 욕망을 의미하며, 영어의 "열성적인"(zealous)과 "열심당"(zealot)은 바로 이 단어에서 유래했다. 이 단어의 명사형은 야고보서 3장 14, 16절에서 "시기"로 번역되고 있다. 사람들이 이같이 강렬한 욕망을 품고서도 탐내는 것을 "취하지 못할" 때, 그들은 "다투고 싸우게" 된다. 부부 싸움과 가정불화, 직장 내의 갈등과 국가 간의 충돌은 모두 개인의 정욕과 시기가 충족되지 않은 결과로 나타나는 일들이다.

이 구절의 헬라어 원문은 문자적으로 이렇게 해석된다. "너희는 욕심을 내어도 얻지 못한다. 너희는 살인한다. 너희는 시기하여도 능히 취하지 못한다. 너희는 다투고 싸운다." 그러나 NASB의 번역자들은 이 구절의 중간 중간에 "~하여/~하므로"(so)를 삽입했으며, 이를 통해 욕심과 살인, 시기와 다투고 싸우는 일 사이의 인과 관계를 바르게 나타내고 있다.

이에 관해 요한은 다음의 내용을 분명히 말한다. "이 세상이나 세상에 있는 것들을 사랑하지 말라. 누구든지 세상을 사랑하면 아버지의 사랑이 그 안에 있지 아니하니 이는 세상에 있는 모든 것이 육신의 정욕과 안목의 정욕과 이생의 자랑이니 다 아버지께로부터 온 것이 아니요 세상으로부터 온 것이라"(요일 2:15~16). 야고보가 4장 2절에서 말하는 욕심과 시기 가운데는 "이생의 자랑"이 반영되어 있다. 이는 곧 개인의 만족을 위한 세속적인 열망이 지닌 특징이다.

이기적인 욕구

"너희가 얻지 못함은 구하지 아니하기 때문이요 구하여도 받지 못함은 정욕으로 쓰려고 잘못 구하기 때문이라."(4:2b~3)

우리가 예상할 수 있듯이, 세속적이고 불경건한 욕망은 통제되지 않고 충족되지 않을 뿐 아니라 이기적이기도 하다. 야고보가 이 두 문장에서 여섯 번에 걸쳐 "너희"와 "너희의"라는 표현을 쓴다는 사실(NASB의 경우에 그러하다.—역주)은 그가 이 편지를 보낸 그 교회들 가운데 이같이 세속적인 이들이 일부, 어쩌면 많이 존재하고 있었을 것임을 보여준다. 이 구절에서 야고보는 그런 이들의 모습을 묘사하면서 직접적으로 훈계하고 있다.

야고보는 이기심에 관한 자신의 요점으로 나아가기 전에 먼저 세속적인 신자들이 "얻지 못함은 구하지 아니하기 때문"임을 지적한다. 이런 신자들은 흔히 하나님께 어떤 도움을 청해야겠다는 생각조차 하지 않는다. 그들이 스스로를 만족스러운 존재로 여기며 자신의 삶을 스스로 충분히 돌볼 수 있다고 생각하기 때문이다. 그들은 인간적인 방편에 의거해서 그들 자신의 지혜와 힘, 부지런함을 통해 자신의 모든 필요와 바람을 채울 수 있다고 믿는다. 그러므로 그들은 다음의 말씀이 진리임을 믿지 않는 것이다. "온갖 좋은 은사와 온전한 선물이 다 위로부터 빛들의 아버지께로부터 내려오나니 그는 변함도 없으시고 회전하는 그림자도 없으시니라"(1:17). 그렇기에 그들의 머릿속에는 그분께 무언가를 "구해야" 하겠다는 생각이 전혀 떠오르지 않는다.

물론 많은 불신자도 하나님께 온갖 종류의 일들을 **구한다**. 하지만 야고보가 이어서 설명하듯이, 그들은 "구하여도 받지 못하는데" 이는 그들이 "정욕으로 쓰려고 잘못 구하기" 때문이다. 그들이 무언가를 구하는 목적은 하나님의 은혜와 선하심이 높임을 받기를 위해서나 그분이 영광과 존귀를 받게 하려는 데 있지 않다. 오히려 그들의 목적은 하나님의 완전하고 신적인 의지가 이루어지기를 위함이 아니라 그들 자신의 죄악 되고 이기적인 의지가 성취되기를 꾀하는 데 있는 것이다.

여기 쓰인 '아이테오'(aiteō, "구하다")는 먼저 1장 5~6절에서 쓰인 것과 같은 동사로서 간청, 호소, 탄원의 개념을 가리킨다. 하지만 그 앞선 본문의 경우, 야고보는 분명히 참된 신자들에 관해 또 그들을 향해 말하고 있다. 1장 5~6절에서 그는 그들에게 이렇게 권고한다. "너희 중에 누구든지 지혜가 부족하거든 모든 사람에게 후히 주시고 꾸짖지 아니하시는 하나님께 구하라. 그리하면 주시리라. 오직 믿음으로 구하고 조금도 의심하지 말라. 의심하는 자는 마치 바람에 밀려 요동하는 바다 물결 같으니.” 이에 반해 4장 2~3절의 경우, 이같이 구하거나 구하지 않는 자들은 곧 하나님께 속하지 않으며 그분과 아무 관계가 없는 자들이다.

 “잘못된 동기에서”(개역개정판에는 “잘못”으로 번역되어 있다.—역주)는 헬라어 단어 ‘카코스’(kakōs)를 번역한 어구이다. 이 ‘카코스’의 기본 의미는 ‘나쁜’, ‘악한’, ‘사악한’ 등이며 때로는 그런 식으로 번역된다. 이 단어를 “동기”와 연관 짓는 것은 적절한 일이지만, 이 둘 사이에는 다만 암시적인 연관성만 존재한다.

 여기서 잘못된 동기는 곧 하나님이 주신 은사들을 자신의 “정욕”을 위해 소비하려는 욕망을 가리킨다. 이 구절에 사용된 동사 ‘다파나오’(dapanaō, “쓰다”)는 무언가를 완전히 다 써 버리거나 허비하는 일을 의미한다. 예수님은 탕자의 비유에서 그 둘째 아들이 물려받은 재산을 헛되이 낭비해 버린 일을 말할 때 이 단어를 사용하셨다(눅 15:13). 지금 이 구절에서 언급되는 “정욕”은 앞서 1절에서 언급되었던 것과 동일하다. 곧 이는 내적인 싸움을 일으키는 욕망이며, 하나님이 존귀히 여기지 않으시는 종류의 갈망이다. 하지만 세속적인 사람들은 그런 “정욕”과 순간적인 즐거움을 위해 살아가며, 그들 자신의 육신적인 욕망과 의도를 성취하고 만족시키기 위해 헛된 노력을 기울인다.

하나님과의 충돌

“간음한 여인들아, 세상과 벗된 것이 하나님과 원수 됨을 알지 못하느냐? 그런즉 누구든지 세상과 벗이 되고자 하는 자는 스스로 하나님과 원수 되는 것이니라. 너희는 하나님이 우리 속에 거하게 하신 성령이 시기하기까지 사모한다 하신 말씀을 헛된 줄로 생각하느냐? 그러나 더욱 큰 은혜를 주시나니 그러므로 일렀으되 하나님이 교만한 자를 물리치시고 겸손한 자에게 은혜를 주신다 하였느니라.” (4:4~6)

이 본문에서 야고보는 하나님과 충돌하는 이들의 세 가지 특징을 제시한다. 하나님을 향한 적대감과 성경을 무시하는 태도, 그리고 교만한 마음 등이다.

하나님을 향한 적대감

"간음한 여인들아, 세상과 벗된 것이 하나님과 원수 됨을 알지 못하느냐? 그런
즉 누구든지 세상과 벗이 되고자 하는 자는 스스로 하나님과 원수 되는 것이니
라." (4:4)

간음은 배우자 외의 누군가와 성적으로 친밀한 관계를 맺음으로써 혼인의
언약을 깨뜨리는 죄이다. 이 구절에서 야고보는 "간음한 여인들"이라는 표현
을 은유적으로 사용하고 있으며, 유대인 독자들은 그 비유의 의미를 명확히 이
해했을 것이다(참조. 마 12:39; 16:4; 막 8:38). 여기서 야고보는 성적인 부정이 아
닌 영적인 성질의 것에 관해 이야기하며, 이는 이 단어가 구약에서 부정한 하
나님의 백성이 된 이스라엘에 관해 자주 쓰였던 방식과 동일하다. 당시 주님은
예레미야를 통해 이렇게 말씀하셨다. "내게 배역한 이스라엘이 간음을 행하였
으므로 내가 그를 내쫓고 그에게 이혼서까지 주었으되 그의 반역한 자매 유다
가 두려워하지 아니하고 자기도 가서 행음함을 내가 보았노라"(렘 3:8; 참조. 대
하 21:11, 13; 시 73:27). 이와 유사하게, 에스겔 역시 유다 백성을 "그 남편 대신
에 다른 남자들과 내통하여 간음하는 아내"로 묘사하고 있다(겔 16:32). 주님은
이스라엘 백성에게 객관적인 교훈을 주기 위해 호세아에게 이렇게 명령하셨
다. "너는 가서 음란한 여자를 맞이하여 음란한 자식들을 낳으라. 이 나라[즉
이스라엘]가 여호와를 떠나 크게 음란함이니라"(호 1:2).
　성경은 그 어디에서도 이방인들에 관해 '간음하는 자' 또는 '간음하는 여인'
등의 비유적인 표현을 쓰지 않는다. 하나님과 언약 관계를 맺고 그분께 부정을
저지를 수 있는 것은 오직 이스라엘 백성뿐이기 때문이다. 이는 마치 남편과
아내가 혼인의 언약 관계를 맺는 것과 마찬가지다. 이방인들이 영적으로 '음행
하는 자'가 될 수는 있지만 '간음하는 자'가 될 수는 없다. 이는 부정한 아내인
이스라엘 백성만을 위해 마련된, 경멸이 섞인 호칭이기 때문이다. 이스라엘 백

성들이 이교의 신과 우상들에게 마음을 쏟든지 그저 이 세상을 으뜸가는 사랑의 대상으로 삼든지 간에, 그런 일은 모두 주님께 부정을 저지르고 영적인 '간음'을 범하는 것이었다. 곧 이 '간음'은 배교를 가리키는 비유적인 이름이었다.

예수님은 그분을 믿지 않던 당시의 이스라엘 백성들을 "악하고 음란한 세대"로 지칭하셨다(마 12:39; 참조. 16:4; 막 8:38). 당시 대다수의 유대인은 주님과 그분이 계시하신 말씀을 버리고 그들 자신이 만들어낸 신들과 전통들을 향해 돌아섰으며, 그렇기에 예수님을 메시아로 영접하지 않았다. 그들 중 종교적인 유대인들의 경우에도 마찬가지였다. 그들은 자신들의 전통에 의지해 성경을 해석했으며, 그러는 가운데 성경의 가르침을 벗어나 방황하고 종종 그 가르침과 상충하는 입장을 취하기도 했다. 그리하여 그들은 하나님의 진리를 깨닫지 못했을 뿐 아니라 하나님의 아들이신 그분까지 배척하게 되었다(마 15:1~9; 막 7:1~13; 골 2:8; 참조. 요 5:39~40). 그들은 자신들이 유대교의 하나님과 그 전통을 충실히 따른다고 열렬히 주장했지만, 실상은 '간음하는 자'들이자 배교자들이었다.

자신을 그리스도인으로 내세우며 교회에 출석하지만 구원받은 자답게 하나님과 교제하거나 하나님 또는 그분의 말씀을 사랑하는 마음이 없는 이들의 경우에도 이와 똑같이 말할 수 있다. 이런 자들은 초대 교회 당시에도 존재했고, 야고보는 이들을 "간음한 여인들"로 불렀다. 이 일에 중간 지대는 없다. 아래에서도 논하겠지만 우리는 영적으로 두 신을 섬길 수 없으며, 이는 법적으로 두 명의 배우자를 가질 수 없는 것과 마찬가지다.

"벗된 것"은 헬라어 명사 '필리아'(philia)를 번역한 단어이며, 신약에서 이 단어는 오직 이 구절에만 쓰였다. 이 단어의 동사형인 '필레오'(phileō)는 종종 "사랑하다"로 번역되며(예. 마 6:5; 10:37; 고전 16:22), 성자를 향한 성부의 사랑(요 5:20)이나 구원의 신앙을 지닌 이들을 향한 성부와 성자의 사랑(요 11:3; 16:27; 계 3:19)을 나타내는 데에도 쓰였다. 신약에서는 '아가파오'(agapaō)와 '필레오'가 '사랑'을 나타내는 동사로서 자주 유의어로 쓰이지만, '아가파오'가 더 자주 사용되고 강한 의미를 지닌 단어로써 좀 더 의지적인 특성이 있는 반면에 '필레오'는 좀 더 정서적인 특성의 단어로 보인다. 여기서 야고보는 '필리아'를 사용해서 세상의 악한 체계를 향한 깊고 강렬한 애정을 묘사하고 있다.

이와 연관된 명사 '필로스'(*philos*, '벗')는 친밀한 인격적 관계를 가리키는 데 쓰였다. 아마도 이 단어의 가장 뚜렷한 정의는 요한복음 15장 13~19절에 있는 예수님의 가르침에 담겨 있는 듯하다. 이 본문에서는 최상의 의지적인 사랑('아가페', *agapē*)과 최상의 정서적이며 감정적인 사랑('필로스')이 모두 그 사랑 받는 이들을 위해 궁극적인 희생을 기꺼이 치르려는 모습으로 나타난다. "사람이 친구(*philos*)를 위하여 자기 목숨을 버리면 이보다 더 큰 사랑(*agapē*)이 없나니"(13절). 여기서 "친구"는 곧 어떤 이가 그들을 향해 '필로스'적인 사랑을 품은 경우이다. 그런 다음에 예수님은 그분을 향한 우리의 사랑이 그분의 말씀에 대한 순종 여부에 의해 판정된다는 점을 설명하신다. "너희는 내가 명하는 대로 행하면 곧 나의 친구(*philos*)라"(14절). 그 최상의 수준에서, 이 두 사랑에는 모두 자기희생과 순종의 유대 관계가 포함된다. 또한 그 가운데는 인격적인 친밀함 역시 담겨 있다.

> 이제부터는 너희를 종이라 하지 아니하리니 종은 주인이 하는 것을 알지 못함이라. 너희를 친구(*philos*)라 하였노니 내가 내 아버지께 들은 것을 다 너희에게 알게 하였음이라. 너희가 나를 택한 것이 아니요 내가 너희를 택하여 세웠나니 이는 너희로 가서 열매를 맺게 하고 또 너희 열매가 항상 있게 하여 내 이름으로 아버지께 무엇을 구하든지 다 받게 하려 함이라. (요 15:15~16)

예수님의 참된 벗들은 그분을 주와 구주로 영접하는 이들이며, 그분의 대의와 관심사, 목표를 함께 공유하는 이들이다. 또한 예수님을 진실로 사랑하는 이들은 "서로 사랑하게" 될 것이다(17절). 그리고 끝으로, 예수님은 그분을 진정으로 사랑하는 이들이 세상을 사랑하지 **않으며** 세상의 사랑을 받지도 않을 것임을 설명하신다. 그 세상이 하나님과 적대적인 원수 관계에 있기 때문이다. 예수님은 다음의 말씀에서 그 사실을 확증하셨다. "세상이 너희를 미워하면 너희보다 먼저 나를 미워한 줄을 알라. 너희가 세상에 속하였으면 세상이 자기의 것을 사랑할 것이나 너희는 세상에 속한 자가 아니요 도리어 내가 너희를 세상에서 택하였기 때문에 세상이 너희를 미워하느니라"(18~19절; 참조. 17:14). 그러므로 사도 요한은 신자들에게 이렇게 명령했다.

> 이 세상이나 세상에 있는 것들을 사랑하지 말라. 누구든지 세상을 사랑하면 아버지의 사랑이 그 안에 있지 아니하니 이는 세상에 있는 모든 것이 육신의 정욕과 안목의 정욕과 이생의 자랑이니 다 아버지께로부터 온 것이 아니요 세상으로부터 온 것이라. 이 세상도, 그 정욕도 지나가되 오직 하나님의 뜻을 행하는 자는 영원히 거하느니라. (요일 2:15~17)

이에 반해, 그리스도께 속하지 않은 이들은 "세상"에 속한다. 그런 이들은 이 세상의 욕구와 충동, 매력적인 일 또는 사람들과 관계 맺기를 갈망하며, 이런 일들에 대해 확고하고 습관적인 애착을 소유하고 있다. 이런 이유로, 여기서 야고보는 잠시 이 "세상"의 일들에 매혹되어 일시적으로 죄에 빠진 신자들에 관해 말하는 것이 아니다. 지금 그는 그리스도인들이 때때로 겪는 영적인 연약함이 아니라 불신자들이 드러내는 지속적이고 자발적이며 적극적이고 불경건한 충동에 관해 논하고 있다. 이와 달리, 신자들의 경우에는 결코 '하나님의 원수'로 불릴 수 없다.

'코스모스'(*kosmos*, "세상")는 이 물리적인 지구 또는 우주를 가리키는 것이 아니다. 오히려 이 단어는 지금 이 세대의 인간 중심적이며 사탄 지향적인 체제가 지닌 영적인 실상을 가리킨다. 지금 이 세대는 하나님과 그분의 백성들에 대해 적대적인 특징을 지닌다. 이 '코스모스'는 타락한 인류의 자기중심적이며 무신론적인 가치 체계와 관습들을 지칭한다. 이 "세상"의 목표는 자신들의 영광과 성취, 자기 몰입과 만족을 비롯한 모든 형태의 이기적인 유익을 추구하는 데 있으며, 이런 모습들은 곧 "하나님과 원수 되는" 일과 같다.

계속해서 야고보는 말을 이어간다. "그런즉 누구든지 세상과 벗이 되고자 하는 자는 스스로 하나님과 원수 되는 것이니라." 여기서 '불로마이'(*boulomai*, "되고자 하다")는 그저 어떤 소원이나 갈망이 성취되기를 바라는 것 이상의 의미를 지닌다. 곧 이 단어는 '어떤 것을 제쳐 두고 다른 것을 선택한다'라는 더 강력한 개념을 전달하는 것이다. 이와 유사하게 '카티스테미'(*kathistēmi*, "되다")라는 단어 역시 '지명하다', '만들다', 또는 '~로 삼다'를 의미하는 것으로서 적극적인 의도를 나타낸다. 그가 그 점을 의식하든 아니든 간에 "세상과 벗이 되고자 하는" 자는 "스스로 하나님과 원수 되기로" 선택한 것이 된다. 그의 마음속에서는 이미 "세상"을 향한 갈망이 "하나님"에 관한 어떤 긍정적인 개념을 대체한 상태인 것이다. 그는 편견 없는 관찰자로서나 먼 거리에서 존경하는 자로서 하나님과 중립적인 관계 속에 머무는 것이 아니다. 오히려 그는 가장 분명한 의미에서 그분의 "원수"인 것이다. 그리고 하나님의 원수인 이들은 영적인 어둠 속에 머물게 된다. 이들은 날마다 영적인 죽음을 향해 점점 더 가까이 가며, 이 우주의 주권적인 왕이신 그분을 자신의 대적으로 삼게 된다.

누구든지 하나님께 속하지 않은 이는 "세상"에 속한다. 그리고 "세상"에 속한 이들은 "하나님"께 속하지 않고 또 그럴 수도 없다. 이 "세상"과 벗이 된 이들은 이 세상의 영에 의해 지배되며 하나님의 영이신 성령님과 아무 관계가 없다. 이와 반대로, 바울은 신자들이 "세상의 영을 받지 아니하고 오직 하나님으로부터 온 영을 받았음"을 밝히고 있다(고전 2:12).

세상과 벗 된 상태와 하나님과 벗 된 상태는 서로 배타적인 성격을 지닌다. 그러므로 바울은 이렇게 수사적인 질문을 던진다. "너희는 믿지 않는 자와 멍에를 함께 메지 말라. 의와 불법이 어찌 함께 하며 빛과 어둠이 어찌 사귀겠느냐?"(고후 6:14). 그는 이렇게 말을 이어간다.

> 그리스도와 벨리알이 어찌 조화되며 믿는 자와 믿지 않는 자가 어찌 상관하며 하나님의 성전과 우상이 어찌 일치가 되리요? 우리는 살아 계신 하나님의 성전이라. 이와 같이 하나님께서 이르시되 내가 그들 가운데 거하며 두루 행하여 나는 그들의 하나님이 되고 그들은 나의 백성이 되리라. 그러므로 너희는 그들 중에서 나와서 따로 있고 부정한 것을 만지지 말라. 내가 너희를 영접하여. (고후 6:15~17)

그리스도인들은 이 세상을 사랑하는 자들, 사탄의 추종자들과는 철저히 다른 본성을 지닌다. 그러므로 그들은 불신자들이 특징적으로 좇는 길을 따르거나 그들이 충성하는 대상에 함께 충성을 바치려 해서는 안 된다.

신자들은 이 세상과 구별될 뿐 아니라 그 세상에 대해 죽은 자들이 되어야 한다. 바울이 그랬듯이, 그들은 이렇게 고백할 수 있어야 한다. "내게는 우리 주 예수 그리스도의 십자가 외에 결코 자랑할 것이 없으니 그리스도로 말미암아 세상이 나를 대하여 십자가에 못 박히고 내가 또한 세상을 대하여 그러하니라"(갈 6:14). "이 세상을 사랑하여" 바울과 교회를 저버렸던 데마와 달리(딤후 4:10), 우리는 "경건하지 않은 것과 이 세상 정욕을 다 버리고 신중함과 의로움과 경건함으로 이 세상에 살아야" 한다(딛 2:12).

신자들이 이 세상의 것들을 추구하는 일은 그들이 새롭게 얻은 본성에 어긋나는 일이다. 그들이 이런 것들을 내려놓고 첫사랑을 회복하기까지는 결코 편안하거나 만족스러운 상태를 누릴 수 없다. 신자들이 일시적으로 세속적인 상태에 빠질 수 **있기** 때문에 바울은 그들을 향해 이렇게 권면하고 있다. "너희는 이 세대를 본받지 말고 오직 마음을 새롭게 함으로 변화를 받아 하나님의 선하시고 기뻐하시고 온전하신 뜻이 무엇인지 분별하도록 하라"(롬 12:2; 참조. 벧전 1:14~16). 또 그는 이렇게 훈계한다. "위의 것을 생각하고 땅의 것을 생각하지 말라"(골 3:2). 그리스도인들은 "다시 사람의 정욕을 따르지 않고 하나님의 뜻을 따라 육체의 남은 때를 살아야" 할 사람들이다. 이는 그들이 "음란과 정욕과 술 취함과 방탕과 향락과 무법한 우상 숭배를 하여 이방인의 뜻을 따라 행한 것은 지나간 때로 족하기" 때문이다(벧전 4:2~3).

다른 한편으로 불신자들이 외적으로 그리스도와 그분의 교회에 참여하면서도 그분께 진정으로 속하지 않을 경우, 결국 그들은 불편한 상태에 놓이게 된다. 예수님의 설명에 따르면, 그들은 마치 "가시떨기에 뿌려진" 것과 같다. 그들은 곧 "말씀을 들으나 세상의 염려와 재물의 유혹에 말씀이 막혀 결실하지 못하는" 자들이다(마 13:22). 야고보가 분명히 밝히듯이 이런 자들은 선행의 열매를 맺을 수 없는데, 이런 열매들은 어떤 이가 구원의 신앙을 지녔음을 입증하는 필수적인 증거가 된다(약 2:17~20). 이후에 야고보는 이렇게 질문한다. "샘이 한 구멍으로 어찌 단 물과 쓴 물을 내겠느냐? 내 형제들아, 어찌 무화과나무가 감람 열매를, 포도나무가 무화과를 맺겠느냐? 이와 같이 짠 물이 단 물을 내지 못하느니라"(3:11~12).

구약에서는 "하나님과 원수 됨"에 관해 많은 내용을 말한다. 다윗은 이렇게 증언하고 있다. "그의 원수들의 머리 곧 죄를 짓고 다니는 자의 정수리는 하나님이 쳐서 깨뜨리시리로다"(시 68:21). 그리고 솔로몬은 이렇게 선포했다. "광야에 사는 자는 그 앞에 굽히며 그의 원수들은 티끌을 핥을 것이며"(시 72:9). 또 이사야는 이같이 선포한 바 있다. "여호와께서 용사 같이 나가시며 전사 같이 분발하여 외쳐 크게 부르시며 그 대적을 크게 치시리로다"(사 42:13). 그리고 나훔은 이렇게 말했다. "여호와는 질투하시며 보복하시는 하나님이시니라. 여호와는 보복하시며 진노하시되 자기를 거스르는 자에게 여호와는 보복하시며 자기를 대적하는 자에게 진노를 품으시며"(나 1:2; 참조. 8절).

신약 역시 "하나님과 원수 됨"에 관해 많은 내용을 말한다. 누가는 다음의 내용을 기록하고 있다.

> [바울과 바나바, 마가 요한이] 온 섬 가운데로 지나서 바보에 이르러 바예수라 하는 유대인 거짓 선지자인 마술사를 만나니 그가 총독 서기오 바울과 함께 있으니 서기오 바울은 지혜 있는 사람이라 바나바와 사울을 불러 하나님의 말씀을 듣고자 하더라. 이 마술사 엘루마는 (이 이름을 번역하면 마술사라) 그들을 대적하여 총독으로 믿지 못하게 힘쓰니 바울이라고 하는 사울이 성령이 충만하여 그를 주목하고 이르되 모든 거짓과 악행이 가득한 자요 마귀의 자식이요 모든 의의 원수여 주의 바른 길을 굽게 하기를 그치지 아니하겠느냐 [하였다]. (행 13:6~10)

엘루마는 마술사로서 죽은 이들을 불러낸다는 명목으로 악한 영들과 접선했던 영매였다. 그는 사탄의 영향 아래 서기오 바울의 믿음을 약화시키려 했으며, 이로 인해 바울에게 심한 책망과 정죄를 당했다. 불신자들의 경우, "살아계신 하나님의 손에 빠져 들어가는 것은 무서운" 일이다(히 10:31).

바울은 신자들이 구원받고 하나님 앞에서 의롭다 함을 입은 결과로 누리게 된 복과 유익들을 열거하면서 로마의 신자들에게 이같이 말했다. "우리가 원

수 되었을 때에 그의 아들의 죽으심으로 말미암아 하나님과 화목하게 되었은
즉 화목하게 된 자로서는 더욱 그의 살아나심으로 말미암아 구원을 받을 것이
니라"(롬 5:10). 로마서의 뒷부분에서 바울은 계속 이렇게 설명하고 있다.

> 육신의 생각은 사망이요 영의 생각은 생명과 평안이니라. 육신의 생각은 하나님
> 과 원수가 되나니 이는 하나님의 법에 굴복하지 아니할 뿐 아니라 할 수도 없음
> 이라. 육신에 있는 자들은 하나님을 기쁘시게 할 수 없느니라. 만일 너희 속에 하
> 나님의 영이 거하시면 너희가 육신에 있지 아니하고 영에 있나니 누구든지 그리
> 스도의 영이 없으면 그리스도의 사람이 아니라. (8:6~9)

"하나님과 원수 된" 자들은 육신에 속한 이들이며 그 정의상 성령이 없는 이
들이다(유 19절).

바울은 신자들이 미래에 부활하게 될 때, 곧 주 예수 그리스도께서 그분께
속한 백성들을 온전히 그분 자신에게로 불러 모으실 때를 내다보면서 이렇게
기록했다. "그러나 각각 자기 차례대로 되리니 먼저는 첫 열매인 그리스도요
다음에는 그가 강림하실 때에 그리스도에게 속한 자요 그 후에는 마지막이니
그가 모든 통치와 모든 권세와 능력을 멸하시고 나라를 아버지 하나님께 바칠
때라. 그가 모든 원수를 그 발 아래에 둘 때까지 반드시 왕 노릇 하시리니"(고전
15:23~25; 참조. 히 1:13; 10:13; 나 1:2). 그때에 예수님은 천 년 동안 통치하실 것
이며, 그 기간이 다하면 최후의 심판이 임하여 남아 있는 그분의 모든 대적, 곧
인간과 마귀 모두가 불과 유황의 못에 영원히 던져지게 될 것이다(계 20:8~10).

대다수의 불신자는 자신을 하나님의 원수로 여기지 않는 것이 분명하다. 많
은 이들은 하나님을 공개적으로 적대시하지 않으므로 사실상 그분께 호의적
인 태도를 취하고 있는 것으로 믿는다. 심지어 그들은 하나님의 존재와 선하
심, 그분의 참되심과 능력을 인정하기까지 한다. 하지만 이같이 어떤 주권적인
신에 대해 즐겁고 감상적인 생각들을 품는 것과 우리가 참되신 하나님과 더불
어 구원의 교제를 나누는 것은 큰 차이가 있다.

많은 불신자는 스스로 진실하게 하나님을 찾고 있지만, 아직 그분을 만나

지 못했을 뿐이라고 주장한다. 하지만 바울은 다윗의 말을 인용하면서 그 주장이 거짓임을 밝히고 있다. "하나님을 찾는 자도 없고"(롬 3:11; 참조. 시 14:2). 그런 사람들은 자신들이 하나님께로부터 얻어낼 수 있는 것들, 곧 그분의 사랑과 돌보심, 안전과 소망을 비롯한 유익들을 열심히 찾을지 모른다. 하지만 그들은 하나님 그분을 원하고 구하지 않는다. 그들은 자신들이 만들어낸 신, 곧 그들의 요구를 들어주고 그들의 죄를 용납하며 어떤 식으로든 그들을 천국에 들여보낼 그런 신을 원한다. 그러나 그들은 하나님의 용서와 그분의 의로우심, 그분의 주되심을 원하지 않으며, 따라서 그분 자신을 진정으로 찾고 구하지 않는 것이다.

자신들이 하나님을 알며 그리스도께 속했다고 주장하는 많은 불신자는 외적으로 도덕적이고 친절하며 배려심이 많은 모습을 보이곤 한다. 자신이 어려서부터 모든 계명을 지켜왔다고 예수님께 말씀드렸던 그 부자 청년처럼(눅 18:21), 이들은 자신들이 기본적으로 선량하며 인정받을 만한 삶을 살아왔다고 생각한다. 그리고 이 때문에, 이들은 자신들에게 구원이 필요하다거나 그리스도의 온전한 의가 요구된다고 느끼지 않는 것이다. 그러나 하나님은 오직 그분의 아들이신 그리스도를 신뢰하는 이들에게 그 의를 입혀주신다.

스스로를 그리스도인으로 위장하는 어떤 불신자들은 복음에 관해 상당한 지식을 지니고 있으며 말로는 그 내용을 잘 믿는 척한다. 그러나 앞서 인용했듯이, 그런 사람들에 관해 베드로는 이렇게 말하고 있다. "의의 도를 안 후에 받은 거룩한 명령을 저버리는 것보다 알지 못하는 것이 도리어 그들에게 나으니라"(벧후 2:21).

불신자들도 기독교의 예배나 교회의 다른 활동들에 규칙적으로 참여할 수 있다. 그들은 심지어 자신들의 죄를 좋지 않게 여기고 그들 자신의 불완전함을 인식하며, 벨릭스 총독이 그랬듯이 하나님 앞에서 그들 자신의 현재 위치에 관해 염려를 품을 수도 있다. 하지만 그들은 자신들의 죄를 떨쳐 버리거나 그리스도를 주와 구주로 고백하기를 전혀 바라지 않는다(행 24:25). 그들의 외적인 모습과 그 입으로 표현하는 내용이 어떠하든 간에, 구속받지 못하고 거듭나지 못한 모든 이들은 "그리스도의 십자가의 원수"이다(빌 3:18). 이들은 예수 그리스도와 그분의 복음을 거스르는 자들이며 그 교회를 대적하는 자들로서, "그들의 마침은 멸망이요 그들의 신은 배요 그 영광은 그들의 부끄러움에 있고 땅의 일을 생각하는 자들"이다(빌 3:19).

모든 그리스도인은 구원받기 전에는 "악한 행실로 멀리 떠나 마음으로 원수가 되었던" 이들이었다(골 1:21). 그러나 그들이 구원받을 때 하나님의 원수였던 그들의 상태가 변화되어 하나님의 벗이 된 것이다. 성경은 어디에서도 신자들을 '하나님의 원수'로 지칭하지 않는다. 이 서신의 앞부분에서, 야고보는 하나님을 향한 신앙을 그분과의 우정과 동일시하면서 이렇게 말한 바 있다. "이에 성경에 이른 바 아브라함이 하나님을 믿으니 이것을 의로 여기셨다는 말씀이 이루어졌고 그는 하나님의 벗이라 칭함을 받았나니"(약 2:23; 참조. 창 15:6; 대하 20:7; 사 41:8).

예수님은 이렇게 말씀하셨다. "한 사람이 두 주인을 섬기지 못할 것이니 혹이를 미워하고 저를 사랑하거나 혹 이를 중히 여기고 저를 경히 여김이라. 너희가 하나님과 재물을 겸하여 섬기지 못하느니라"(마 6:24; 참조. 암 3:3). 우리는 물론 하나님과 **어떤** 다른 주인을 함께 섬길 수 없다. 그러므로 "하나님과 원수된" 자들은 신자일 수 없으며, 심지어 신실하지 못한 신자일 수도 없다. 이는 그런 신자들의 경우, 그들의 불신실함에도 불구하고 결국에는 영원히 하나님의 벗이 될 것이기 때문이다. 신자인 우리는 자주 넘어진다. 곧 우리가 행하지 않아야 함을 아는 일들은 행하고 정작 행해야 함을 아는 일들은 행하지 않는다. 하지만 바울과 마찬가지로 우리는 자신이 범하는 죄들을 미워하며 우리의 삶이 순전하고 거룩하기를 갈망한다(참조. 롬 7:15~25). 그리스도인들도 이 세상과 그 방식에 이끌리고 세속적인 생각에 몰두하며 그런 일들을 행하게 될 수 있다. 하지만 그들은 결코 그런 삶의 자리에서 만족을 얻거나 행복을 누릴 수 없다.

성경을 무시하는 태도

"너희는 하나님이 우리 속에 거하게 하신 성령이 시기하기까지 사모한다 하신

말씀을 헛된 줄로 생각하느냐?"(4:5) (NASB에는 "너희는 성경에서 '그분이 우리 속에 거하게 하신 성령을 시기하기까지 사모한다' 하신 말씀을 헛된 것으로 생각하느냐?"로 번역되어 있다.—역주)

이 구절은 이해하기가 쉽지 않고 복음주의 학자들 가운데도 그 정확한 의미에 관해 의견이 일치하지 않는다. NASB에서는 중간의 인용문을 "그분이 … 시기하기까지 사모한다"로 번역하지만, 여기서 "그분"은 헬라어 원문에 있는 것이 아니라 번역자들이 삽입한 단어이다. "성령"(Spirit)을 대문자로 표기한 것 역시 인위적인 방식인데, 원래의 헬라어 사본들에서는 단어들이 대문자로 표기되어 있지 않기 때문이다. 이뿐 아니라 구약이나 신약 성경에는 "그분이 우리 속에 거하게 하신 성령을 시기하기까지 사모한다"에 상응하는 구절이 없다. 여기서 야고보가 성경의 어떤 내용을 지칭하든 간에 그 구체적인 본문이 아니라 전반적인 가르침에 관해 말하고 있음이 분명하다. 여기서 만약 야고보가 불신자들에게 말을 건네는 것이라면(실제로 그리하는 듯이 보인다), 그는 "그분이 우리 속에 거하게 하신 성령"의 사역이 그들에게는 적용되지 않는다고 말하는 셈이 된다. 이는 그들의 마음속에는 성령님이 내주하지 않기 때문이다.

이 점에서 독단적인 태도를 취하기는 어렵지만, 문맥을 살펴보면 흠정역(KJV)의 번역이 더 나아 보인다. "우리 속에 거하는 영이 시기하기를 욕망하나니"(The spirit that dwelleth in us lusteth to envy). 그러므로 야고보는 이렇게 말하는 셈이다. '여러분은 여러분 자신이 성경의 진실성을 보여주는 산 증거임을 알지 못합니까? 성경은 자연적인 상태의 인간이 시기의 영을 지닌다는 점을 분명히 가르치고 있습니다.' 이런 해석은 더 넓은 범위의 본문에서 야고보가 강조하는 내용과도 뚜렷이 일치한다.

그리고 이 해석은 구약의 가르침과도 온전히 일치한다. 창세기의 맨 처음 부분에서, 우리는 하나님이 가인에게 이렇게 말씀하시는 것을 읽게 된다. "죄가 문에 엎드려 있느니라. 죄가 너를 원하나 너는 죄를 다스릴지니라"(창 4:7). 그리고 몇 장 뒤에는 다음의 말씀들을 접하게 된다. "여호와께서 사람의 죄악이 세상에 가득함과 그의 마음으로 생각하는 모든 계획이 항상 악할 뿐임을 보시고"(창 6:5), "내가 다시는 사람으로 말미암아 땅을 저주하지 아니하리니 이는 사람의 마음이 계획하는 바가 어려서부터 악함이라"(8:21). 또 "[이삭의] 양과 소가 떼를 이루고 종이 심히 많으므로 블레셋 사람이 그를 시기하였다"(26:14). 그리고 "라헬이 자기가 야곱에게서 아들을 낳지 못함을 보고 그의 언니를 시기하여 야곱에게 이르되 내게 자식을 낳게 하라. 그렇지 아니하면 내가 죽겠노라" 하였다(30:1). 잠언의 저자는 이렇게 선포한다. "악인의 마음은 남의 재앙을 원하나니 그 이웃도 그 앞에서 은혜를 입지 못하느니라"(21:10). 그리고 예레미야를 통해 주님은 우리에게 이같이 확증하신다. "만물보다 거짓되고 심히 부패한 것은 마음이라 누가 능히 이를 알리요마는"(렘 17:9).

이 구절을 어떻게 해석하든 간에, 여기서 야고보는 다음의 내용을 말하는 것으로 보인다. '불신자들은 영적으로 하나님과 끊임없이 충돌하는 상태에 있으며, 그들은 그분의 원수일 뿐 아니라 그분의 말씀을 신뢰하거나 순종하지 않음으로써 그 적개심을 드러낸다.' 그들은 자신들이 주권자이신 하나님에 대해 본성적인 적대감을 품고 있다는 점, 자신들이 그분에게서 분리되어 있다는 점을 인정하기를 거부한다. 하지만 그런 이들이 어떤 주장을 펴건 간에 성경을 하나님이 친히 주신 말씀으로 높이고 받들면서도 예수 그리스도를 구주로 신뢰하지 않는 일은 불가능하다. 주님은 그런 이들에 관해 이렇게 말씀하셨다. "너희가 성경에서 영생을 얻는 줄 생각하고 성경을 연구하거니와 이 성경이 곧 내게 대하여 증언하는 것이니라. 그러나 너희가 영생을 얻기 위하여 내게 오기를 원하지 아니하는 도다"(요 5:39~40).

교만한 마음

"그러나 더욱 큰 은혜를 주시나니 그러므로 일렀으되 하나님이 교만한 자를 물리치시고 겸손한 자에게 은혜를 주신다 하였느니라."(4:6)

인간이 본성적으로 불신앙에 기울며 세속적인 마음을 지녔음에도 불구하고 하나님은 "더욱 큰 은혜를 주신다." 하지만 그분은 교만하고 불경건한 대적들에게는 은혜를 베풀지 않으신다.

이 구절에서 야고보는 구약을 인용하고 있는 것이 분명하다. 구체적으로, 그는 칠십인 역(히브리어 구약 성경의 헬라어 역본)의 잠언 3장 34절을 가져다 쓰고 있으며, 이는 베드로전서 5장 5절에서 베드로가 이렇게 말한 바와 동일하다. "하나님은 교만한 자를 대적하시되 겸손한 자들에게는 은혜를 주시느니라." 달리 말해, 어떤 이가 세상적인 정욕이나 갈망, 야심과 교만, 애착에 사로잡혀 있는 경우에는 이 "더욱 큰 은혜"를 누릴 수 없다.

'안티토소마이'(antitossomai, "물리치다")는 온 군대가 전투 준비를 마친 상태를 묘사하는 군사 용어로 쓰였다. 이를테면, 하나님은 "교만한 자들"을 상대로 완전한 전투태세를 취하고 계시는 것이다. 이는 곧 교만은 근본적인 죄로써 그로부터 다른 모든 죄가 생겨나는 원천이기 때문이다. 이런 교만이 항상 다른 이들의 눈에 띄는 형태로 나타나는 것은 아니지만 하나님의 목전에서는 숨길 수 없이 있는 그대로 드러나게 된다.

"교만"은 헬라어의 복합 명사인 '휘페르에파노스'(huperēphanos)를 번역한 단어이며, 이 명사는 '휘페르'(huper, '~ 위에')와 '파이노마이'(phainomai, '나타나다', '모습을 드러내다')로 이루어져 있다. 이 단어는 어떤 이가 오만한 태도로 다른 이들을 업신여기면서 자신을 더 우월한 것처럼 여긴다는 개념을 전달한다. 로마서 1장 30절과 디모데후서 3장 2절에서 이 단어는 "교만한"으로 번역되고 있으며, 이 두 구절 모두에서 스스로를 뽐내는 일에 직접적으로 연관된다.

윌리엄 바클레이는 '휘페르에파노스'에 관해 이렇게 기록하고 있다.

문자적으로 이 단어는 '다른 이들보다 높은 곳에 자신의 모습을 드러내는 이'를 의미한다. 당시의 헬라인들조차도 이 교만한 태도를 혐오했다. 테오프라스투스는 이것을 "다른 모든 이들을 경멸하는 자세"로 불렀으며, 기독교 저술가였던 테오필락투스는 이 태도를 "모든 악의 요새이자 정점"으로 지칭했다. 이 교만한 태도가 정말 심각한 점은 그것이 마음에 속한 문제라는 데 있다. 이는 분명히 오만불손한 자세이지만, 그런 마음에 빠진 이라도 겉으로는 풀이 죽은 채로 겸손하게 행하는 것처럼 보일 수 있다. 하지만 그런 가운데도 그의 마음속에는 주위의 모든 사람을 향한 폭넓은 경멸이 자리 잡고 있다. 교만한 자는 다음의 세 가지 이유에서 하나님을 배척한다. (i) **교만한 자는 그 자신의 필요를 알지 못한다.** 그는 자기 힘만으로도 충분하다고 여기면서 오만한 태도를 취한다. (ii) **교만한 자는 자신의 독립성에 집착한다.** 그는 아무에게도 의지하지 않으며 심지어 하나님께도 의존하지 않으려 한다. (iii) **교만한 자는 자신의 죄를 깨닫지 못한다.** 이같이 교만한 자는 도움을 얻지 못하니, 이는 자신에게 도움이 필요하다는 것을 알지 못하기 때문이다. 따라서 그는 그런 도움을 구하지 않는다. 교만한 자는 하나님 대신에 자기 자신만을 사랑한다. (*The Letters of James and Peter* [Philadelphia: Westminster, 1960], 124; 강조점은 원래의 것)

잠언의 기자는 이렇게 말한다. "여호와께서 미워하시는 것 곧 그의 마음에 싫어하시는 것이 예닐곱 가지이니 곧 교만한 눈과 거짓된 혀와 무죄한 자의 피를 흘리는 손과 … 이니라"(잠 6:16~17). 하나님은 교만한 자들을 "미워하시며" 그런 자들을 살인자들과 동등하게 여기신다(16:5; 참조. 18절).

여기서 야고보는 "교만하고" 반항적인 죄인, 그저 자기중심적인 태도가 아니라 자아를 숭배하는 자세를 보이면서 스스로를 자신이 섬기는 신으로 내세우는 죄인의 모습을 제시하고 있다. 그런 자들은 참되신 하나님의 원수이며, 그분이 베푸시는 "은혜"와 아무 상관이 없다. 그러므로 세속적인 자들과 하나님 사이의 충돌은 마침내 그분이 베푸시는 용서의 상실을 불러오게 된다. "교만한 자"들에게는 하나님이 아무 유익을 베푸실 수 없으니, 이는 그런 자들이 그분의 "은혜"가 미치지 않는 위치에 스스로를 두기 때문이다.

그러나 하나님은 "겸손한 자에게 은혜를 주신다." 이는 그분이 늘 행하여 오신 일이다. 선지자 이사야를 통해 하나님은 고대의 이스라엘 백성에게 이같이 보증하셨다. "마음이 가난하고 심령에 통회하며 내 말을 듣고 떠는 자 그 사람은 내가 돌보려니와"(사 66:2). 산상수훈의 팔복 중에서 첫 번째이자 다른 것의 토대가 되는 복은 다음과 같다. "심령이 가난한 자[즉 겸손한 자]는 복이 있나니 천국이 그들의 것임이요"(마 5:3). 교만이 모든 죄의 근원이듯, 겸손은 모든 의의 원천이 된다. 우리가 더이상 세상의 것들을 사모하고 추구하지 않으며 자신의 유익에 관한 관심을 버리고 하나님의 영광만을 구할 때, 비로소 하나님의 영이 우리의 마음속에서 그분의 주권적이며 은혜로운 뜻을 좇아 일하실 수 있다. 이때 우리는 하나님의 원수였던 상태를 벗어나서 그분의 벗이 된다.

예수님은 야고보가 이 구절에서 제시하는 이 진리를 강조하면서 이렇게 말씀하셨다. "누구든지 자기를 높이는 자는 낮아지고 누구든지 자기를 낮추는 자는 높아지리라"(마 23:12). 그리고 바리새인과 세리의 이야기에서, 주님은 세리가 "가슴을 치며 … 하나님이여 불쌍히 여기소서 나는 죄인이로소이다 하였던" 것을 칭찬하셨다(눅 18:13). 그러고는 이렇게 말씀하셨다. "내가 너희에게 이르노니 이에 저 바리새인이 아니고 이 사람이 의롭다 하심을 받고 그의 집으로 내려갔느니라." 주님은 다음의 진리를 다시 말씀하셨다. "무릇 자기를 높이는 자는 낮아지고 자기를 낮추는 자는 높아지리라"(14절).

참된 그리스도인들은 세상에 있는 악한 체계의 일부분이 아니고(요 17:14, 16) 택하심을 입어 그 체계 바깥으로 불러냄을 받은 이들이다(요 15:19). 그들은 이 세상의 흐름에 순응하지 않고(롬 12:2) 도덕적이며 영적인 어둠 가운데 빛을 드러내려고(마 5:14) 그 속에 들어가도록 예수님의 보내심을 받는다(요 17:18). 그들은 세상에 대해 십자가에 못 박힌 이들이며(갈 6:14) 그 세상을 이기고(요일 5:4~5) 세상에 물들지 않은 채로 남아 있는 이들이다(약 1:27). 그러므로 자신이 그리스도인이라 하면서도 세상의 벗으로 남아 있는 것은 자기 기만적인 어리석음의 극치인 것이다.

15

_____

하나님께 가까이 나아가기
(약 4:7~10)

"그런즉 너희는 하나님께 복종할지어다. 마귀를 대적하라. 그리하면 너희를 피하리라. 하나님을 가까이하라. 그리하면 너희를 가까이하시리라. 죄인들아, 손을 깨끗이 하라. 두 마음을 품은 자들아, 마음을 성결하게 하라. 슬퍼하며 애통하며 울지어다. 너희 웃음을 애통으로, 너희 즐거움을 근심으로 바꿀지어다. 주 앞에서 낮추라. 그리하면 주께서 너희를 높이시리라." (4:7~10)

헬라어 원문을 살피면 이 네 구절에는 열 가지 명령이 담겨 있으며, 모두 과거 명령법 동사의 형태로 제시되고 있다. 이 명령들은 한데 모여 성경 전체에서 가장 뚜렷한 구원을 향한 초청 중 하나를 이룬다. 안타깝게도, 많은 주석가가 이 본문의 부름을 그리스도인들을 향한 것으로 간주해왔다. 곧 세속적인 삶에 빠진 신자들을 향해 다시금 하나님을 신실하게 섬기는 자리로 돌이킬 것을 촉구하고 있다는 것이다. 이에 따라 주석가들은 구원을 향한 이 위대한 초청을 종종 간과하곤 한다.

이 서신 전체에 걸쳐 야고보의 목표는 신앙을 고백하는 그리스도인들이 자신의 신앙을 시험하여 그 신앙이 참된지 아닌지를 알게 하려는 데 있다. 그는 이 일에서 아무도 속지 않기를 바란다. 주님이 그리하셨듯이, 야고보는 곡식 가운데 가라지들을 가려내기를 원하는 것이다(마 13:24~30을 보라). 그의 기본 목표는 이 서신의 마지막 부분에 언급되어 있다. "내 형제들아, 너희 중에 미혹되어 진리를 떠난 자를 누가 돌아서게 하면 너희가 알 것은 죄인을 미혹된 길에서 돌아서게 하는 자가 그의 영혼을 사망에서 구원할 것이며 허다한 죄를 덮을 것임이라"(5:19~20). 우리가 어떤 이를 예수 그리스도 안에 있는 구원으로 인도하면 그의 영혼을 사망에서 건져내게 된다.

야고보는 3장 13절부터 불신자들의 세속적인 지혜에 관해 경고한다. 그에 따르면 이런 지혜는 "위로부터 내려온 것이 아니요 땅 위의 것이요 정욕의 것이요 귀신의 것"이다(15절). 이 지혜는 "시기와 다툼과 … 혼란과 모든 악한 일"을 낳으며(16절), 이런 지혜를 지닌 자는 곧 "하나님과 원수 된" 자이다(4:4). 지금 이 본문에서 야고보는 이런 불신자들을 향해 구원의 신앙을 따르도록 초청하고 있다. 이 서신서 전체에서 그러하듯이, 야고보는 이 본문에서도 신자들을 향해 이전에 영위했던 세속적인 삶의 흔적들을 벗어버릴 것을 권고한다. 이는 그런 흔적들이 계속 그들의 영적인 삶을 손상하고 있기 때문이다. 하지만 이 본문의 주된 강조점은 자신이 구원받았다고 주장하지만 실제로는 그렇지 않은 이들에게 있음이 분명하다. 이 본문에서 야고보가 불신자들을 상대로 책망하고 있음을 밝혀 주는 해석의 열쇠는 바로 "죄인들"이라는 표현에 있다. 이는 오직 비그리스도인들을 가리킬 때만 사용되는 단어이기 때문이다(다음의 8절에 관한 논의를 보라; 참조. 5:20). 하나님은 사람들이 구원을 받도록 "창세 전에 그리스도 안에서" 그들을 주권적으로 선택하셨으며, "그 기쁘신 뜻대로 [그들을] 예정하사 예수 그리스도로 말미암아 자기의 아들들이 되게" 하셨다(엡 1:4~5). 그리고 그분은 "미리 아신 자들"로 하여금 "그 아들의 형상을 본받게 하기 위하여 미리 정하셨던" 것이다(롬 8:29). 그런데 이와 마찬가지로 주님은 온 세상의 모든 이들에게 회개할 것을 명하시며(행 17:30), "아무도 멸망하지 아니하고 다 회개하기에 이르기를 원하신다"(벧후 3:9). 그리고 그분은 "모든 사람이 구원을 받으며 진리를 아는 데에 이르기를 원하시는" 것이다(딤전 2:4). 이처럼 성경 전체에 걸쳐, 하나님은 죄악 된 사람들을 향해 회개하고 그분께 돌이켜 구원을 받을 것을 계속 촉구하고 계신다.

주님은 모세를 통해 이렇게 선포하셨다.

내가 오늘 하늘과 땅을 불러 너희에게 증거를 삼노라. 내가 생명과 사망과 복과 저주를 네 앞에 두었은즉 너와 네 자손이 살기 위하여 생명을 택하고 네 하나님 여호와를 사랑하고 그의 말씀을 청종하며 또 그를 의지하라. 그는 네 생명이시요 네 장수이시니 여호와께서 네 조상 아브라함과 이삭과 야곱에게 주리라고 맹세하신 땅에 네가 거주하리라. (신 30:19~20)

그리고 이사야를 통해 주님은 이렇게 권고하셨다. "너희는 여호와를 만날 만한 때에 찾으라. 가까이 계실 때에 그를 부르라. 악인은 그의 길을, 불의한 자는 그의 생각을 버리고 여호와께로 돌아오라. 그리하면 그가 긍휼히 여기시리라. 우리 하나님께로 돌아오라. 그가 너그럽게 용서하시리라"(사 55:6~7).

예수님은 이렇게 약속하셨다. "수고하고 무거운 짐 진 자들아, 다 내게로 오라. 내가 너희를 쉬게 하리라. 나는 마음이 온유하고 겸손하니 나의 멍에를 메고 내게 배우라. 그리하면 너희 마음이 쉼을 얻으리니"(마 11:28~29). 그리고 그분은 또 이렇게 말씀하셨다. "누구든지 나를 따라오려거든 자기를 부인하고 자기 십자가를 지고 나를 따를 것이니라. 누구든지 제 목숨을 구원하고자 하면 잃을 것이요 누구든지 나를 위하여 제 목숨을 잃으면 찾으리라"(16:24~25).

예수님은 사도들에게 "온 천하에 다니며 만민에게 복음을 전파할" 것을 명령하셨다(막 16:15). 그리고 "그의 이름으로 죄 사함을 받게 하는 회개가 … 모든 족속에게 전파되어야" 한다는 것도 말씀하신 바 있다(눅 24:47).

바울과 실라는 빌립보 감옥의 간수에게 다음의 내용을 보증했다. "주 예수를 믿으라. 그리하면 너와 네 집이 구원을 받으리라"(행 16:31). 또 바울은 로마 교회에 보내는 편지에서 이렇게 말했다. "네가 만일 네 입으로 예수를 주로 시인하며 또 하나님께서 그를 죽은 자 가운데 살리신 것을 네 마음에 믿으면 구원을 받으리라. 사람이 마음으로 믿어 의에 이르고 입으로 시인하여 구원에 이르느니라"(롬 10:9~10). 그리고 성경의 끝부분에서, 주님은 구원받지 못한 이들을 향해 이렇게 마지막 초청을 하셨다. "성령과 신부가 말씀하시기를 오라 하시는도다. 듣는 자도 오라 할 것이요 목마른 자도 올 것이요 또 원하는 자는 값 없이 생명수를 받으라"(계 22:17).

야고보가 앞서 말한 "더욱 큰 은혜"(4:6)는 하나님이 베푸시는 구원의 은혜로서, 우리를 의롭다 하시며 성화시키고 영화롭게 만드시는 은혜이다. 이는 신적이고 주권적이며 인자한 그분의 호의이며, 하나님은 그분의 아들이신 예수 그리스도를 구주와 주님으로 신뢰하는 무가치한 죄인들에게 이 호의를 값없이 베푸신다. 우리를 구속하시는 하나님의 은혜는 죄의 권세나 세상과 육신, 사탄의 권세보다 더 크고 강하다. 어떤 이가 아무리 죄악 된 사람이든지, 그가 이 세상을 아무리 깊이 사랑하고 따르든지, 그가 이 세상의 것들을 향한 욕망과 정욕에 아무리 강하게 사로잡혀 있든지 간에, 하나님의 은혜에는 그런 자를 구원하고 속량하며 정결케 하고 거룩하게 만들기에 충분한 능력이 있다.

이에 관해 J. A. 모티어는 이렇게 말했다.

이 구절에는 얼마나 깊은 위로가 담겨 있는지 모른다! 이 절에서는 하나님이 지치지 않고 우리의 편에 서신다는 것을 알려 준다. 그분은 우리의 필요를 채우는 데 실패하는 법이 없으며, 우리에게 베풀 **더욱 큰 은혜**를 늘 손에 쥐고 계신다. 하나님께는 결코 부족함이 없으시며, 그분은 늘 우리에게 베풀어 주실 더 많은 것들을 소유하고 계신다. 우리가 자아를 앞세울 때 온갖 것들을 상실할 수 있겠지만 우리가 얻은 구원만큼은 빼앗길 수가 없다. 이는 곧 하나님께는 늘 **더욱 큰 은혜**가 있기 때문이다. 우리가 그분께 어떤 일을 행하든지 간에, 그분은 절대로 꺾이지 않으신다. 어쩌면 우리는 선택의 은혜를 저버리고 화목의 은혜를 거스르며 내주하시는 성령의 은혜를 간과할 수도 있다. 하지만 **하나님은 언제나 더욱 큰 은혜를 베푸시는 것이다**. 심지어 우리가 하나님을 바라보면서 "이제껏 제가 받은 것은 매우 부족합니다"라고 말할지라도, 그분은 이렇게 응답하실 것이다. "그래, 너는 더 많은 것을 받게 될 것이다." 하나님이 소유하신 자원은 무궁하며 그분의 인내심에는 끝이 없다. 그분은 몸소 행하기를 멈추지 않으시며 그분의 관대함에는 어떤 한계가 없는 것이다. **하나님은 더욱 큰 은혜를 베푸신다**. (The Message of James [Downers Grove, Ill.: InterVarsity, 1985], 150; 강조점은 원래의 것)

야고보가 이 본문에서 말하는 열 가지 명령은 구원론적인 순서로 제시되지 않고 있다. 이는 곧 우리의 구원이 이 순서대로 한 단계씩 이행함으로써 이루어지는 것이 아니라는 의미이다. 하나님의 은혜로운 구원은 거대한 신비이며 하나의 공식으로 격하될 수 없다. 여기서 야고보는 하나님이 그분의 주권적이며 은혜로운 초청에 대한 반응으로 우리에게 요구하시는 요소들이 무엇인지 열거하고 있을 뿐이다. 주님이 베푸시는 신적인 은혜에 대해서는 우리 편에서의 인간적인 응답이 요구된다.

여기서 야고보는 신적인 부르심에 대한 응답으로 불신자들에게 다음을 요구하고 있다. 복종과 대적, 친교와 깨끗케 함, 성결하게 함, 슬퍼함과 애통, 눈물과 근심, 겸손 등이다.

복종

"그런즉 너희는 하나님께 복종할지어다."(4:7a)

첫 번째 것은 '휘포타소'(hupotassō, "복종하다")에서 유래한 단어이다. 이 헬라어 동사는 주로 군사 용어로 쓰인 단어로서, 문자적으로는 '~의 아래에 놓이다'를 의미했다. 여기서 이 단어가 수동태로 쓰인 것은 그 복종이 자발적이어야 함을 가리킨다.

신약 성경에서 이 동사는 자주 쓰인다. 누가는 예수님이 어린 시절에 부모님께 순종했던 일을 보여주는 데 이 동사를 사용했다(눅 2:51). 바울은 세상의 통치자들에 대한 그리스도인들의 책임(롬 13:1), 남편에 대한 아내의 책임(엡 5:21~24), 그리고 주인에 대한 종의 책임을 가리키는 데(딛 2:9; 참조. 벧전 2:18) 이 단어를 사용하고 있다.

"하나님께" 복종하는 일, 곧 주님이신 그분의 주권적인 권위를 기꺼이 받들며 그분의 뜻이 어디에 있든지 그대로 따라가는 일이 없이는 아무도 구원을 받을 수 없다. 그분께 복종하는 일은 곧 그리스도와 "하나님의 복음"(롬 1:1)에 담긴 충만한 진리에 관한 그분의 말씀에 순종하는 일이며, 이와 동시에 주님이자 하나님이신 예수님께 순복하는 일이다(롬 10:9~10). 예수님은 이렇게 말씀하셨다. "자기 목숨을 얻는 자는 잃을 것이요 나를 위하여 자기 목숨을 잃는 자는 얻으리라"(마 10:39). 또 그분은 이렇게 말씀하셨다. "누구든지 자기 십자가를 지고 나를 따르지 않는 자도 능히 내 제자가 되지 못하리라"(눅 14:27). 오늘날 일부 복음주의 진영에서 가르치는 것과는 반대로, 그리스도를 주님으로 모시고 복종하지 않으면서 그분의 구주되심을 신뢰하기만 하는 것은 있을 수 없는 일이다. 신자들은 이전에 사탄의 주권 아래 있었지만, 이제는 구원의 신앙 안에서 예수 그리스도의 주되심 아래 기꺼이 복종하게 된다. 그리고 이전에는 하나님의 원수이며 죄의 종이었지만 이제는 자신의 주님이며 주인이신 그분을 섬기는 충성된 백성들이 되는 것이다.

대적

"마귀를 대적하라. 그리하면 너희를 피하리라."(4:7b)

그 정의상, 우리의 새 주님이신 하나님께 복종하는 일은 곧 우리의 옛 주인이었던 "마귀를 대적하는" 일이다. 이 구절에서 "대적하다"는 헬라어 '안티스테미'(*anthistēmi*)를 번역한 단어이며 문자적으로 '맞서다', '대립하다'를 의미한다. 이 일에서 어떤 중간 지대나 중립적인 위치는 존재하지 않는다. 야고보가 앞서 밝혔듯이, "[사탄의 지배 영역인] 세상과 벗된 것은 하나님과 원수 됨"이다. 따라서 "누구든지 세상과 벗이 되고자 하는 자는 스스로 하나님과 원수 맺는" 것이 된다(4:4; 참조. 요일 2:15~17). 주님의 편에 설 때, 우리는 이전에 매력적으로 다가와서 우리의 마음을 부패시키고 노예로 만들었던 모든 죄악 되고 세속적인 일들에 맞서 싸우게 된다. 바울은 에베소 교회의 신자들에게 다음의 내용을 일깨우고 있다.

그는 허물과 죄로 죽었던 너희를 살리셨도다. 그 때에 너희는 그 가운데 행하여 이 세상 풍조를 따르고 공중의 권세 잡은 자를 따랐으니 곧 지금 불순종의 아들들 가운데 역사하는 영이라. 전에는 우리도 다 그 가운데 우리 육체의 욕심을 따라 지내며 육체와 마음의 원하는 것을 하여 다른 이들과 같이 본질상 진노의 자녀이었더니. (엡 2:1~3; 참조. 히 2:14~15)

'디아볼로스'(*diabolos*, "마귀")는 '비방하는 자' 또는 '고발하는 자'를 의미한다. 이는 성경에서 사탄을 가리키는 가장 일반적인 호칭 중 하나이다. 누구든지 그리스도께 속하지 않은 자는 마귀의 자녀이며(요 8:44) "죄를 짓는 자는 마귀에게 속하였다"(요일 3:8). 그러나 그리스도께 속한 이는 그분의 소유로서 하나님의 자녀인 것이다. 구원을 받을 때 우리가 따르는 주인과 충성을 바치는 대상이 바뀌며, 우리가 속한 가족 역시 바뀐다. 이때 신자들은 "마귀"를 섬기던 삶을 벗어나서 하나님을 섬기게 되며, 죄와 사탄의 종 되었던 데에서 의와 하나님의 종 된 신분으로 돌이키게 된다(롬 6:16~22).

"마귀"는 광야의 시험 이후 예수님이 계신 곳을 떠났듯이(마 4:11) 또한 자신을 대적하는 자들을 "피해" 도망치게 된다. 이 구절에서는 마귀가 강력한 존재이지만 우리가 그를 꺾고 이길 수 있음을 약속하고 있다. 심지어 그의 권세 아래 속한 자들(요일 5:19)까지도 승리할 수 있다. 주 예수님은 시험을 받을 때와 그분의 십자가에서(요 12:31~33) 마귀를 누르고 승리하셨으며, 그리하여 마귀는 몹시 무력한 존재가 되었다. 이제 마귀는 어떤 죄인의 의지를 거스르면서 그를 속박할 수가 없다. 그리고 마귀는 어떤 신자의 의지적인 동의가 없이는 그 신자가 죄를 짓도록 이끌어갈 수도 없다. 우리가 복음의 진리를 그 앞에 제시하며 대적할 때 마귀는 도망치며, 한 죄인이 복음을 믿고 회개함으로써 어둠에서 빛으로 건짐을 받을 때 그는 그 죄인을 놓아주게 된다. 우리가 구원받은 후에도 마귀는 우리의 육신에 작용하는 이 세상의 체계를 통해 계속 우리를 공격하지만, "성령의 검"을 들고 하나님의 전신 갑주를 입은 신자들은 그를 물리칠 수 있다(엡 6:10~17).

친교

"하나님을 가까이 하라. 그리하면 너희를 가까이 하시리라."(4:8a)

세 번째 명령은 곧 살아계시고 영원하며 전능하신 "하나님"께 "가까이" 나아가서 그분과 친밀한 교제를 나누라는 것이다. 우리가 받는 구원은 주님이며 구주이신 하나님께 복종하는 일뿐만 아니라 그분과 진정한 교제를 나누려는 갈망도 포함한다. 이는 구원을 찾고 구하는 것은 곧 하나님을 찾고 구하는 것과 같기 때문이다(참조. 시 42:1; 마 7:7~11).

구약의 제사장들이 수행했던 주된 역할 중 하나는 "여호와께 가까이 나아가며 그 몸을 성결하게 하는" 일이었다(출 19:22; 참조. 레 10:3; 겔 43:9; 44:13). 우리의 위대한 대제사장이며 우리를 하나님께로 인도하시는 예수 그리스도는 성부께 이렇게 기도하셨다. "영생은 곧 유일하신 참 하나님과 그가 보내신 자 예수 그리스도를 아는 것이니이다"(요 17:3). 이후에 주님은 그분을 믿는 이들이 누구인지를 정의하고 확증하면서 또한 이렇게 기도하셨다. "아버지께서 내 안에, 내가 아버지 안에 있는 것 같이 그들도 다 하나가 되어 우리 안에 있게 하사 세상으로 아버지께서 나를 보내신 것을 믿게 하옵소서"(21절). 그리고 사도 바울은 "그리스도와 그 부활의 권능과 그 고난에 참여함[교제]을 알고자 하여 그의 죽으심을 본받으려" 했다(빌 3:10).

구약에서 '하나님을 가까이하는 것'은 겸손히 자신의 죄를 회개하면서 진실한 마음으로 그분께 나아가는 이들의 모습을 가리키는 일반적인 표현이었다. 선지자 이사야를 통해, 주님은 위선적이며 가식적인 태도로 그분께 나아오는 이들에 관해 이렇게 말씀하셨다. "이 백성이 입으로는 나를 가까이하며 입술로는 나를 공경하나 그들의 마음은 내게서 멀리 떠났나니 그들이 나를 경외함은 사람의 계명으로 가르침을 받았을 뿐이라"(사 29:13). 그리고 시편 기자는 이렇게 선포했다. "하나님께 가까이함이 내게 복이라. 내가 주 여호와를 나의 피난처로 삼아 주의 모든 행적을 전파하리이다"(시 73:28).

다윗은 다음의 내용을 우리에게 보증한다. "여호와께서는 자기에게 간구하는 모든 자 곧 진실하게 간구하는 모든 자에게 가까이 하시는도다"(시 145:18). 그는 아들 솔로몬에게 이렇게 조언했다. "너는 네 아버지의 하나님을 알고 온전한 마음과 기쁜 뜻으로 섬길지어다. 여호와께서는 모든 마음을 감찰하사 모든 의도를 아시나니 네가 만일 그를 찾으면 만날 것이요"(대상 28:9; 참조. 대하

15:1~2; 슥 1:3). 주님은 예레미야를 통해 이렇게 약속하셨다. "너희가 온 마음으로 나를 구하면 나를 찾을 것이요 나를 만나리라"(렘 29:13).

하나님을 알고 경배하며 그분과 교제하기를 구하는 이들은 성령의 감화를 입고 주 예수께 나아오며(요 6:44, 65) 그로 인해 만족을 얻게 될 것이다. 앞에 말했듯이, 하나님은 그들이 이런 소원을 품기 오래전부터 그 일을 이미 의도하고 계셨다(롬 8:29; 엡 1:4~5). 그들이 탕자처럼 겸손한 마음으로 자신의 죄를 뉘우치고 통회하면서 하늘 아버지께로 나아올 때, 그분은 그 누가복음의 비유에서 아버지가 아들에게 행했던 일을 그들에게 베풀어 주실 것이다. "제일 좋은 옷을 내어다가 입히고 손에 가락지를 끼우고 발에 신을 신기라. 그리고 살진 송아지를 끌어다가 잡으라. 우리가 먹고 즐기자. 이 내 아들은 죽었다가 다시 살아났으며 내가 잃었다가 다시 얻었노라"(눅 15:22~24).

예수님은 수가 성의 사마리아 여인에게 이렇게 말씀하셨다. "아버지께 참되게 예배하는 자들은 영과 진리로 예배할 때가 오나니 곧 이 때라. 아버지께서는 자기에게 이렇게 예배하는 자들을 찾으시느니라. 하나님은 영이시니 예배하는 자가 영과 진리로 예배할지니라"(요 4:23~24; 참조. 빌 3:3). 히브리서의 저자는 신자들에게 이렇게 권면하고 있다. "우리는 긍휼하심을 받고 때를 따라 돕는 은혜를 얻기 위하여 은혜의 보좌 앞에 담대히 나아갈 것이니라 … 우리가 마음에 뿌림을 받아 악한 양심으로부터 벗어나고 몸은 맑은 물로 씻음을 받았으니 참 마음과 온전한 믿음으로 하나님께 나아가자"(히 4:16; 10:22).

바울은 아테네의 마르스 언덕에서 이교도 철학자들에게 말씀을 전하면서 이렇게 말했다.

> 내가 두루 다니며 너희가 위하는 것들을 보다가 알지 못하는 신에게라고 새긴 단도 보았으니 그런즉 너희가 알지 못하고 위하는 그것을 내가 너희에게 알게 하리라. 우주와 그 가운데 있는 만물을 지으신 하나님께서는 천지의 주재시니 손으로 지은 전에 계시지 아니하시고 또 무엇이 부족한 것처럼 사람의 손으로 섬김을 받으시는 것이 아니니 이는 만민에게 생명과 호흡과 만물을 친히 주시는 이심이라. 인류의 모든 족속을 한 혈통으로 만드사 온 땅에 살게 하시고 그들의

연대를 정하시며 거주의 경계를 한정하셨으니 이는 사람으로 혹 하나님을 더듬어 찾아 발견하게 하려 하심이로되 그는 우리 각 사람에게서 멀리 계시지 아니하도다. 우리가 그를 힘입어 살며 기동하며 존재하느니라. 너희 시인 중 어떤 사람들의 말과 같이 우리가 그의 소생이라 하니. (행 17:23~28)

속량을 입은 이들은 하나님과 교제하기를 갈망하게 된다(시 27:8; 63:1~2; 84:2; 143:6; 마 22:37).

깨끗케 함

"죄인들아 손을 깨끗이 하라."(4:8b)

이 구원을 향한 초청에 담긴 네 번째 명령은 "죄인들아 손을 깨끗이 하라"이다. 이 개념의 기원은 유대의 제사장들이 성막이나 성전에서 주님 앞에 제사를 드리기 전에 행해야 했던 예식 규례에 있다. 하나님은 모세에게 이렇게 명령하셨다.

> 너는 물두멍을 놋으로 만들고 그 받침도 놋으로 만들어 씻게 하되 그것을 회막과 제단 사이에 두고 그 속에 물을 담으라. 아론과 그의 아들들이 그 두멍에서 수족을 씻되 그들이 회막에 들어갈 때에 물로 씻어 죽기를 면할 것이요 제단에 가까이 가서 그 직분을 행하여 여호와 앞에 화제를 사를 때에도 그리 할지니라. 이와 같이 그들이 그 수족을 씻어 죽기를 면할지니 이는 그와 그의 자손이 대대로 영원히 지킬 규례니라. (출 30:18~21; 참조. 레 16:4)

이사야는 이와 동일한 비유법을 사용해서 하나님께 경배를 드리면서도 자신의 죄를 뉘우치지 않은 자들의 문제를 지적한 바 있다. 이 선지자를 통해, 주님은 그의 백성들에게 이렇게 경고하셨다. "너희가 손을 펼 때에 내가 내 눈을 너희에게서 가리고 너희가 많이 기도할지라도 내가 듣지 아니하리니 이는 너희의 손에 피가 가득함이라. 너희는 스스로 씻으며 스스로 깨끗하게 하여 내 목전에서 너희 악한 행실을 버리며 행악을 그치고"(사 1:15~16; 참조. 59:2). 다윗은 기쁨과 감사로 이렇게 고백했다. "여호와께서 내 의를 따라 상 주시며 내 손의 깨끗함을 따라 내게 갚으셨으니"(시 18:20).

바울 역시 손의 상태를 사용해서 우리 삶의 외적인 행실을 나타내었다. 그는 이렇게 말했다. "각처에서 남자들이 분노와 다툼이 없이 거룩한 손을 들어 기도하기를 원하노라"(딤전 2:8). 여기서 "거룩한 손"은 영적으로나 도덕적으로 순전한 삶을 상징하며, 그런 삶이 없이는 하나님께 나아갈 수 없다. 거룩하신 하나님과 타락한 인간들 사이를 분리하는 것은 바로 그들의 죄이다. 그러므로 요한은 이렇게 선포하고 있다. "그 안에 거하는 자마다 범죄하지 아니하나니 범죄하는 자마다 그를 보지도 못하였고 그를 알지도 못하였느니라"(요일 3:6). 그런데 우리가 죄와 유혹, 마귀를 대적할 수 있지만, 우리 자신을 영적으로 깨끗하게 만드는 일은 우리 자신의 힘으로 되는 것이 아니다. 이는 우리가 신자일지라도 마찬가지다. 그렇기 때문에 인자하신 우리 주님은 요한을 통해 이렇게 약속하시는 것이다. "만일 우리가 우리 죄를 자백하면 그는 미쁘시고 의로우사 우리 죄를 사하시며 우리를 모든 불의에서 깨끗하게 하실 것이요"(요일 1:9). 그러므로 "손을 깨끗이 하라"는 것은 곧 우리를 정화하시는 하나님의 신적인 손길에 복종하라는 명령이다(참조. 약 4:7a).

여기서 이 명령이 구체적으로 "죄인들"을 향해 주어지는 것은 야고보가 불신자들을 상대로 훈계하고 있음을 보여주는 추가적인 증거가 된다. 곧 그는 그 불신자들을 향해 회개하고 하나님과의 구원의 교제 속으로 나아올 것을 촉구하는 것이다. 신약 성경 전체에 걸쳐, '하마르톨로스'(hamartōlos, "죄인들")라는 표현은 오직 불신자들에 대해서만 사용되고 있다(다음에 열거된 본문들을 보라). 그러므로 이 본문 전체(4:7~10)의 내용이 신자들에 관한 것이라고 여기는 해석자들은 8절에 언급된 '하마르톨로스'의 복수형이 신약에서 신자들을 상대로 사용된 유일하고 예외적인 경우라고 주장해야 한다. 하지만 이처럼 중요하고 일반적으로 쓰이는 단어에 대한 그런 주장이 정당화되려면 본문의 문맥에서 설득력 있는 증거가 제시되어야 한다. 그러나 지금 이 본문에서는 그런 종류의 증거가 나타나지 않고 있다.

야고보서의 수신자인 유대인들은 자신들이 지닌 고대의 성경을 살피면서 이 구절의 "죄인들"이 불신자들을 가리킨다는 점을 이해했을 것이다. "소돔 사람들"은 비뚤어지고 불경건한 자들로서 "여호와 앞에 악하며 큰 죄인이었다"(창 13:13). 그리고 시편은 다음의 구절로 시작한다. "복 있는 사람은 악인들의 꾀를 따르지 아니하며 죄인들의 길에 서지 아니하며 오만한 자들의 자리에 앉지 아니하고"(1:1). 이 시편의 5절에서는 "죄인들"이 구원받지 못한 자들을 가리킨다는 점을 더욱 분명히 한다. "악인들은 심판을 견디지 못하며 죄인들이 의인들의 모임에 들지 못하리로다." 다윗은 "죄인들이 주께 돌아오도록" 하기 위해 죄를 범한 자들에게 하나님의 길을 가르치겠다고 말한다(시 51:13). 이사야는 다음의 내용을 선포하고 있다. "패역한 자와 죄인은 함께 패망하고 여호와를 버린 자도 멸망할 것이라"(사 1:28). 그는 또한 이렇게 선언한다. "여호와의 날 곧 잔혹히 분냄과 맹렬히 노하는 날이 이르러 땅을 황폐하게 하며 그 중에서 죄인들을 멸하리니"(사 13:9; 참조. 암 9:10).

신약 시대에도 '하마르톨로스'는 완고하게 죄를 고집하며 회개하지 않는 이들, 심히 부도덕한 이들을 가리키는 데 사용되었으며, 이는 복음서들에서 분명히 나타나는 바와 같다. 예수님은 그분의 말씀을 듣는 이들에게 이렇게 훈계하셨다. "너희는 가서 내가 긍휼을 원하고 제사를 원하지 아니하노라 하신 뜻이 무엇인지 배우라. 나는 의인을 부르러 온 것이 아니요 죄인을 부르러 왔노라"(마 9:13). 또 다른 정황에서 그분은 이렇게 말씀하셨다. "내가 의인을 부르러 온 것이 아니요 죄인을 불러 회개시키러 왔노라"(눅 5:32; 참조. 마 9:13; 막 2:17). 베다니의 마리아가 아직 구원받지 않았을 때, 누가는 그녀를 "죄인"으로 지칭했다(눅 7:37; 참조. 요 12:3, 개역개정판에는 "죄를 지은 한 여자"로 번역되어 있다.—역주). 그리고 세리는 통회하는 마음으로 성전 앞에 나아가서, "멀리 서서 감히 눈을 들어 하늘을 쳐다보지도 못하고 다만 가슴을 치며 … 하나님이여 불쌍히 여기소서 나는 죄인이로소이다 하였던" 것이다(눅 18:13). 바울은 신자들에게 다음의 진리를 일깨우고 있다. "우리가 아직 죄인 되었을 때에 그리스도께서 우리를 위하여 죽으심으로 하나님께서 우리에 대한 자기의 사랑을 확증하셨느니라"(롬 5:8). 또 그는 이렇게 선포한다. "한 사람이 순종하지 아니함으로 많은 사람이 죄인 된 것같이 한 사람이 순종하심으로 많은 사람이 의인이 되리라"(5:19). 디모데전서에서 사도는 죄인들을 "불법한 자와 복종하지 아니하는 자와 경건하지 아니한 자와 … 거룩하지 아니한 자와 망령된 자들"과 함께 나란히 말하고 있다(딤전 1:9). 그리고 몇 구절 아래에서 그는 죄인들이 구원받지 못한 자들임을 더욱 명확히 말한다. "미쁘다, 모든 사람이 받을 만한 이 말이여. 그리스도 예수께서 죄인을 구원하시려고 세상에 임하셨다 하였도다"(15절).

그러므로 구약이나 신약의 나머지 부분과 마찬가지로, 여기서 야고보가 '불신자들, 구원받지 못한 이들'의 의미로 "죄인들"이라는 표현을 쓰고 있음은 의심의 여지가 없다.

성결하게 함

"두 마음을 품은 자들아, 마음을 성결하게 하라"(4:8c)

이 히브리적인 대구법에서 "마음을 성결하게 하라"는 "손을 깨끗이 하라"에, "두 마음을 품은 자들아"는 "죄인들아"에 각기 상응한다. 그리고 이 두 번째 어구들은 이 대구법에 좀 더 구체적인 성격을 덧붙여 주고 있다. 다윗과 마찬가지로, 야고보는 우리의 손으로 짓는 외적인 죄들을 우리 마음의 내적인 죄들에 결부시킨다. 다윗은 이렇게 질문한다. "여호와의 산에 오를 자가 누구며 그의 거룩한 곳에 설 자가 누구인가? 곧 손이 깨끗하며 마음이 청결하며 뜻을 허탄한 데에 두지 아니하며 거짓 맹세하지 아니하는 자로다"(시 24:3~4; 참조. 51:10). 불신자들은 외적인 죄에서 벗어날 뿐 아니라, 더욱 중요한 일로서 그들의 마음으로 범하는 내적인 죄들로부터 돌이켜야 한다. 이는 그들의 마음이야말로 모든 외적인 죄들의 원천이기 때문이다. 예수님은 이렇게 말씀하셨다. "[사람의] 마음에서 나오는 것은 악한 생각과 살인과 간음과 음란과 도둑질과 거짓 증언과 비방이니"(마 15:19).

예레미야는 이렇게 선포했다. "예루살렘아, 네 마음의 악을 씻어 버리라. 그리하면 구원을 얻으리라. 네 악한 생각이 네 속에 얼마나 오래 머물겠느냐?"(렘 4:14). 에스겔은 동료 이스라엘 백성들에게 이렇게 호소했다. "너희는 너희가 범한 모든 죄악을 버리고 마음과 영을 새롭게 할지어다"(겔 18:31). 그들이 이같이 행할 때, 주님은 다음의 일을 나타내실 것을 약속하셨다.

[내가] 맑은 물을 너희에게 뿌려서 너희로 정결하게 하되 곧 너희 모든 더러운 것에서와 모든 우상 숭배에서 너희를 정결하게 할 것이며 또 새 영을 너희 속에 두고 새 마음을 너희에게 주되 너희 육신에서 굳은 마음을 제거하고 부드러운 마음을 줄 것이며 또 내 신을 너희 속에 두어 너희로 내 율례를 행하게 하리니 너희가 내 규례를 지켜 행할지라. (36:25~27)

18세기의 복음 전도자였던 조지 윗필드는 이렇게 말했다. "모든 사람은 그 본성적인 의지의 상태에서 하나님을 미워한다. 그러나 그들이 복음적인 회개로써 주님께로 돌이킬 때 그들의 의지가 변화되며, 굳어지고 마비되어 있던 그들의 양심이 소생하고 부드럽게 된다. 또 그들의 강퍅한 마음이 녹아내리며 그들의 무절제한 감정들이 십자가에 못 박히게 된다. 그러므로 이 회개를 통해 그들의 온 영혼이 변화되고, 이제 그들은 새로운 성향과 갈망, 습관을 소유하게 되는 것이다."

'디프쉬코스'(dipsuchos, "두 마음을 품은")는 문자적으로 '두 영혼을 지닌'을 뜻하며, 신약에서는 야고보만 이 단어를 쓰고 있다(1:8도 보라). 이는 곧 진실성이 없는 사람, 그 주장과 삶의 내용이 서로 다른 사람을 가리킨다. 이런 사람은 신자들의 모임 안에 있는 위선자이며, 야고보는 이런 자들의 허물을 계속 지적하고 있다. 그리고 여기서 우리는 야고보가 불신자들에 관해, 또 그들을 향해 메시지를 전하고 있다는 또 다른 증거를 보게 된다. 주님은 친히 다음의 진리를 밝히셨다. "한 사람이 두 주인을 섬기지 못할 것이니 혹 이를 미워하고 저를 사랑하거나 혹 이를 중히 여기고 저를 경히 여김이라"(마 6:24). 주님은 또 이렇게 선포하셨다. "나와 함께 아니하는 자는 나를 반대하는 자요 나와 함께 모으지 아니하는 자는 헤치는 자니라"(12:30). 그러므로 "두 마음을 품은" 자는 그리스도인일 수 없다.

이사야는 두 마음을 품은 죄인들에게 마음을 성결하게 할 것을 촉구하면서 이렇게 호소했다. "너희는 여호와를 만날 만한 때에 찾으라. 가까이 계실 때에 그를 부르라. 악인은 그의 길을, 불의한 자는 그의 생각을 버리고 여호와께로 돌아오라. 그리하면 그가 긍휼히 여기시리라. 우리 하나님께로 돌아오라. 그가 너그럽게 용서하시리라"(사 55:6~7).

슬퍼함

"슬퍼하며"(4:9a)

그다음에 이어지는 세 가지 명령은 수식어구가 없이 쓰인 세 개의 단일한 동사들로 이루어져 있다. 그 중 첫 번째는 '탈라이포레오'(*talaipōreō*, "슬퍼하며")로서, 이것은 신약에서 오직 여기에만 쓰인 동사이다. 다만 이 단어의 명사형과 형용사형은 신약의 다른 구절들에서도 쓰이고 있다(참조. 롬 3:16; 7:24; 약 5:1; 계 3:17). 이 단어는 자신이 처한 상황 때문에 낙심하며 비참함을 느낀다는 개념을 지니며, 지금 이 경우에는 자신이 죄악 된 인간으로서 길을 잃고 하나님과 분리된 상태에 있다는 것이 그런 좌절의 원인이 된다. 이것은 바로 예수님이 말씀하신 그 세리가 느꼈던 감정이었다. 그 세리는 "감히 눈을 들어 하늘을 쳐다보지도 못하고 다만 가슴을 치며 이르되 하나님이여 불쌍히 여기소서 나는 죄인이로소이다 하였던" 것이다(눅 18:13).

찰스 스펄전은 이렇게 기록했다. "영혼의 고통과 건전한 교리 사이에는 중요한 연관성이 있다. 깊은 괴로움을 느낀 이들에게 주권적인 은혜는 매우 소중한 것이 되니, 이는 그들 자신이 얼마나 심각한 죄인인지를 절실히 깨달았기 때문이다."

여기서 야고보가 말하는 비참함은 자기 삶의 불행한 상황들에 대해 슬퍼하며 하나님이 더 나은 길을 열어 주시기를 바라는 것과는 관계가 없다. 또 이 비참함은 종교적인 금욕주의나 극도의 자기 부인과 희생에 연관되는 것도 아니다. (어떤 이들은 이런 금욕주의와 희생을 통해 각 사람이 겸손해지며 하나님이 보시기에 더욱 가치 있는 존재가 될 것으로 여기곤 한다.) 바울은 각 사람이 스스로 부과하는 그런 종류의 비참함을 분명히 거부하면서 이렇게 경고한다.

> 성령이 밝히 말씀하시기를 후일에 어떤 사람들이 믿음에서 떠나 미혹하는 영과 귀신의 가르침을 따르리라 하셨으니 자기 양심이 화인을 맞아서 외식함으로 거짓말하는 자들이라. 혼인을 금하고 어떤 음식물은 먹지 말라고 할 터이나 음식물은 하나님이 지으신 바니 믿는 자들과 진리를 아는 자들이 감사함으로 받을 것이니라. (딤전 4:1~3)

또 사도는 골로새 교회의 신자들에게 이렇게 설명한다. "이런 것들은 자의적 숭배와 겸손과 몸을 괴롭게 하는 데는 지혜 있는 모양이나 오직 육체 따르는 것을 금하는 데는 조금도 유익이 없느니라"(골 2:23). 오히려 이 비참함은 자신이 죄를 범하고 하나님의 거룩한 법을 어긴 것을 통회하고 뉘우치며 그분의 심판을 두려워하는 일과 관계가 있다.

애통

"애통하며"(4:9b)

자신의 죄를 뉘우치는 신자는 비참함을 느낌과 동시에 그 죄로 인해 "애통하게" 된다. 이 단어에 담긴 것은 깊은 슬픔과 후회의 개념으로, 이는 곧 가족이나 가까운 친구의 죽음 앞에서 슬퍼할 때와 같이 자신의 죄에 대해 철저히 절망하면서 통회하는 상태이다. 이것은 주님이 성육신하셨을 당시에 그분의 백성에게 요구하셨던 일들 중 하나이기도 하다. "애통하는 자는 복이 있나니 그들이 위로를 받을 것임이요"(마 5:4). 이는 비참함과 눈물과 함께 회개의 감정을 규정하는 한 가지 요소가 된다(참조. 고후 7:9~11).

이에 관해 프랜시스 풀러는 이렇게 지혜롭게 말했다.

회개는 우리 자신을 고소하며 정죄하는 일이다. 이는 곧 우리 자신에게 지옥의 징벌을 부과하는 일이며, 우리 자신에 맞서 하나님의 편에 서는 일, 그분이 우리에게 행하시는 모든 징계가 합당함을 인정하는 일이다. 이때 우리는 자신의 죄들에 대해 수치심과 당혹감을 느끼며, 우리의 눈과 마음속에 그 죄들을 늘 담아 두게 된다. 그리하여 그 죄들에 관해 날마다 슬퍼하게 되는 것이다. 이때 우리는 자신의 오른손과 오른편 눈을 떼어내는 듯한 마음으로 그동안 자신의 생명처럼 소중히 여기고 즐겨왔던 죄들과 작별하게 된다. 더이상은 그런 죄들과 짝하지 않고 오히려 미워하며, 본성상 우리가 전혀 선호하지 않는 일들을 대하듯이 그 죄들을 제거하는 것이다. 우리는 본성적으로 스스로를 사랑하고 높이 평가하며, 우리 자신의 결함과 허물을 숨기고 덮으며 변명하곤 한다. 그리고 우리는 자신에게 즐거움을 주는 일들에 몰두하고 정욕에 집착하며, 마침내 파멸에 이르기까지 그런 것들을 추구하곤 하는 것이다. (Spiros Zodhiates, *The Behavior of Belief* [Grand Rapids: Eerdmans, 1973], 2:286에서 인용)

눈물

"울지어다"(4:9c)

"울음"은 앞에서 말한 비참함과 애통의 외적인 표현이다. 이사야 선지자는 신실하지 않은 이스라엘 백성에게 이 일을 촉구하면서 다음의 내용을 일깨운 바 있다. "그 날에 주 만군의 여호와께서 명령하사 통곡하며 애곡하며 머리털을 뜯으며 굵은 베를 띠라 하셨거늘"(사 22:12). 그리고 베드로 역시 주님의 예언대로 자신이 그분을 부인했음을 깨닫고 행한 일이 바로 이것이었다. "닭이 곧 두 번째 울더라. 이에 베드로가 예수께서 자기에게 하신 말씀 곧 닭이 두 번 울기 전에 네가 세 번 나를 부인하리라 하심이 기억되어 그 일을 생각하고 울었더라"(막 14:72). 이는 "하나님의 뜻대로 하는" 경건한 근심, 곧 "후회할 것이 없는 구원에 이르게 하는 회개를 이루는" 근심에서 나오는 울음이다(고후 7:10).

　H. 카운터(Caunter)는 이런 통찰력 있는 시를 썼다.

313

우리의 뺨을 타고 흘러내리는 눈물이 있다.

그 눈물은 말로 표현할 수 있는 것보다 더 많은 것을 말해 준다.

이름이 없는 말을 통해,

우리 내면의 무수한 번민과

온갖 더럽고 치명적인 죄들에 관해 말해 주는 것이다.

그것은 바로 부끄러움의 눈물이다.

(Zodhiates, *The Behavior of Belief*, 2:287)

근심

"너희 웃음을 애통으로, 너희 즐거움을 근심으로 바꿀지어다."(4:9d)

앞서 말한 네 번째와 다섯 번째 명령처럼(4:8b~c), 이 아홉 번째 명령은 히브리 시의 대구 형태로 이루어져 있다. 곧 동일한 기본 진리를 서로 다르지만, 나란히 이어지는 형태의 어구로써 제시하는 것이다. 여기서 야고보는 정당한 종류의 "웃음"이나 "즐거움"을 정죄하는 것이 아니다. 그는 불신자들이 탐닉하는 즐거움, 곧 경박하고 하찮을 뿐 아니라 세속적이고 자기중심적이며 감각적인 종류의 즐거움을 질타하는 것이다. 불신자들은 그런 쾌락이 죄악 된 것임에도 불구하고 그런 일에 몰두하며, 심지어 그 쾌락이 그러한 것이기 때문에 그리 하는 경우도 자주 있다. 이 구절의 명령은 예수님이 주신 다음의 경고에 상응한다. "화 있을진저, 너희 지금 웃는 자여. 너희가 애통하며 울리로다"(눅 6:25). 그리고 이런 불신자들의 모습은 누가복음에서 몇 구절 앞서 이렇게 묘사된 복된 이의 모습과는 상반되는 것이다. "지금 우는 자는 복이 있나니 너희가 웃을 것임이요"(21절, 이 복은 누가복음에만 기록되어 있다). 이 두 절 모두에서, 예수님은 지금 이 야고보서 본문에서 "웃음"으로 번역된 명사의 동사형을 사용하셨다.

예레미야는 자신이 속한 백성의 죄를 고백하면서 이렇게 탄식했다. "우리의 마음에는 기쁨이 그쳤고 우리의 춤은 변하여 슬픔이 되었사오며 우리의 머리에서는 면류관이 떨어졌사오니 오호라 우리의 범죄 때문이니이다"(애

5:15~16). 여기서 야고보는 불신자들을 향해 "육신의 정욕과 안목의 정욕과 이 생의 자랑"에 대해 탄식하며 슬퍼할 것을 촉구하고 있다(요일 2:16). 이런 일들은 그들이 지금까지 살아온 삶의 특징이었으며, 바로 이 때문에 그들은 하나님과 원수 된 상태에 놓여 있는 것이다(약 4:4).

겸손

"주 앞에서 낮추라. 그리하면 주께서 너희를 높이시리라."(4:10)

이 주석에서 여러 번 말했듯이, 인간적인 반응의 측면에서 살필 때 겸손은 구원의 출발점이자 핵심이 된다. 예수님이 말씀하신 팔복 가운데 첫 번째 복은 이러했다. "심령이 가난한 자[겸손한 자]는 복이 있나니 천국이 그들의 것임이요"(마 5:3). 그리고 지금 이 본문의 앞부분에서 야고보는 이렇게 선포했다. "하나님이 교만한 자를 물리치시고 겸손한 자에게 은혜를 주신다 하였느니라"(4:6).

'타페이노오'(tapeinoō, "낮추다")는 문자적으로 '낮아지게 하다'라는 뜻이다. 여기서 말하는 '자기 낮춤'은 많은 사람이 그렇게 하듯이 다른 이들에게 높임을 받으려고 일부러 자신을 낮추는 행동을 의미하는 것이 아니다. 오히려 자신의 죄 때문에 자신이 전적으로 무가치하며 버림받은 존재임을 진정으로 깨닫는 데서 오는 마음의 자세이다. 자신의 죄를 뉘우치는 죄인은 하나님께 복종하며 그분 앞에 나아갈 때 이사야가 그랬듯이 이렇게 부르짖게 된다. "화로다, 나여! 망하게 되었도다. 나는 입술이 부정한 사람이요 나는 입술이 부정한 백성 중에 거주하면서 만군의 여호와이신 왕을 뵈었음이로다."(사 6:5) 불신자들이 영광스럽고 거룩하신 하나님의 참모습을 바라볼수록, 그들은 죄악 되고 부패한 자신들의 참모습을 더욱 뚜렷이 깨닫게 된다. 예수님이 이적을 행하셔서 베드로의 그물이 가득 차게 하셨을 때, 그는 두려움에 압도되어 이렇게 부르짖었던 것이다. "주여, 나를 떠나소서! 나는 죄인이로소이다"(눅 5:8). 이후에 제자들은 예수님이 폭풍우를 잠잠하게 하신 일을 보고 폭풍우 자체에 대해 느꼈던 것보다 더욱 큰 두려움을 느꼈다. "그들이 … 서로 말하되 그가 누구이기에 바람과 물을 명하매 순종하는가 하더라"(8:25).

하나님은 영적으로 자신을 "낮추는" 이들을 늘 높여 주신다. 주님은 솔로몬에게 이렇게 보증하셨다. "내 이름으로 일컫는 내 백성이 그들의 악한 길에서 떠나 스스로 낮추고 기도하여 내 얼굴을 찾으면 내가 하늘에서 듣고 그들의 죄를 사하고 그들의 땅을 고칠지라"(대하 7:14). 시편 기자는 주님을 찬양하면서 이렇게 고백했다. "주는 겸손한 자의 소원을 들으셨사오니 그들의 마음을 준비하시며 귀를 기울여 들으시고"(시 10:17). 그리고 하나님은 이사야를 통해 이같이 약속하셨다. "내가 높고 거룩한 곳에 있으며 또한 통회하고 마음이 겸손한 자와 함께 있나니 이는 겸손한 자의 영을 소생시키며 통회하는 자의 마음을 소생시키려 함이라"(사 57:15).

예수님은 다음의 진리를 분명히 밝히셨다. "누구든지 자기를 높이는 자는 낮아지고 누구든지 자기를 낮추는 자는 높아지리라"(마 23:12). 그리고 누가복음의 탕자는 통회하는 겸손을 보여주는 완벽한 사례이다. 그 탕자가 먼 타국에서 고생하다가 정신이 들었을 때, 그는 스스로 돌이켜 이렇게 뉘우쳤다. "내가 일어나 아버지께 가서 이르기를 아버지 내가 하늘과 아버지께 죄를 지었사오니 지금부터는 아버지의 아들이라 일컬음을 감당하지 못하겠나이다 나를 품꾼의 하나로 보소서 하리라"(눅 15:18~19). 그가 집으로 돌아가서 이같이 진실한 뉘우침의 뜻을 나타냈을 때, 그 아버지는 "종들에게 이르되 제일 좋은 옷을 내어다가 입히고 손에 가락지를 끼우고 발에 신을 신기라 그리고 살진 송아지를 끌어다가 잡으라. 우리가 먹고 즐기자 이 내 아들은 죽었다가 다시 살아났으며 내가 잃었다가 다시 얻었노라 하였던" 것이다(눅 15:22~24).

이런 아버지의 모습은 회개와 겸손으로 "주 앞에" 나아오는 이들에게 하나님이 "더욱 큰 은혜"(약 4:6)를 베푸시는 방식을 잘 보여준다. 그분은 그런 이들을 한량없이 "높여" 주실 것이다.

바울은 에베소 교회에 보낸 편지에서 이같이 신자들을 높이시는 하나님의 은혜를 말하고 있다.

찬송하리로다. 하나님 곧 우리 주 예수 그리스도의 아버지께서 그리스도 안에서 하늘에 속한 모든 신령한 복을 우리에게 주시되 곧 창세전에 그리스도 안에서 우리를 택하사 우리로 사랑 안에서 그 앞에 거룩하고 흠이 없게 하시려고 그 기쁘신 뜻대로 우리를 예정하사 예수 그리스도로 말미암아 자기의 아들들이 되게 하셨으니 이는 그가 사랑하시는 자 안에서 우리에게 거저 주시는 바 그의 은혜의 영광을 찬송하게 하려는 것이라. 우리는 그리스도 안에서 그의 은혜의 풍성함을 따라 그의 피로 말미암아 속량 곧 죄 사함을 받았느니라. (엡 1:3~7)

이뿐 아니라 인자하신 하늘 아버지께서는 우리를 "[그리스도와] 함께 일으키사 그리스도 예수 안에서 함께 하늘에 앉히셨다"(2:6).

16

다른 이들을 비방하며 모독하는 죄
(약 4:11~12)

"형제들아, 서로 비방하지 말라. 형제를 비방하는 자나 형제를 판단하는 자는
곧 율법을 비방하고 율법을 판단하는 것이라. 네가 만일 율법을 판단하면 율법
의 준행자가 아니요 재판관이로다. 입법자와 재판관은 오직 한 분이시니 능히
구원하기도 하시며 멸하기도 하시느니라. 너는 누구이기에 이웃을 판단하느
냐?"(4:11~12)

중세의 수도사들이 일곱 가지 치명적인 죄의 목록을 작성했을 때, 그중에는 교
만과 탐심, 정욕과 시기, 탐식과 분노, 게으름이 포함되었다. 그런데 눈에 띄는
것은 그 목록 가운데 다른 사람들을 비방하는 죄가 빠져 있다는 점이다. 오늘
날의 관점에서 심각한 죄들의 목록을 만들 경우에도 누군가를 비방하는 죄가
높은 순위에 오를 가능성은 그리 크지 않다. 지금 그 죄는 매우 광범위하게 퍼
져 있으며, 따라서 사람들은 그것이 죄임을 거의 자각하지 못하고 있다.

이처럼 사람들이 그 일을 대수롭지 않게 여기지만 누군가를 비방하는 것은
특히 파괴적인 결과를 가져오는 죄이다. 노아 웹스터는 자신이 편찬한 영어 사
전의 1828년 판에서 '비방'(slander)을 이렇게 정의했다. "악한 뜻을 품고 전한
거짓 이야기 또는 보고. 다른 이의 평판을 훼손함으로써 동료 시민들이 그를
낮추어 보게 하고 비난과 징벌의 대상이 되게 하는데, 또는 그의 생계를 어렵
게 만들려는데 그 목적이 있다." 비방은 사람의 존엄성을 공격하고 그의 인격

을 손상하며 그의 평판을 망가뜨리게 된다. 그런데 평판은 사람의 가장 귀중한 자산이다(잠 22:1; 전 7:1). 그러므로 인간 사회는 이런 비방의 심각성을 인식하고, 자신의 이름에 피해를 본 사람들이 상대방을 명예 훼손으로 고소할 수 있도록 법을 마련하고 있다.

이처럼 누군가를 비방하는 것은 대단히 파괴적인 죄일 뿐 아니라 어디서나 흔히 찾아볼 수 있는 죄이기도 하다. 다른 죄들은 일련의 구체적인 환경들이 요구되지만, 비방에 필요한 것은 그저 미움과 악의에 찬 우리의 혀뿐이기 때문이다(참조. 시 41:7~8; 109:3). 이처럼 비방은 행하기가 아주 쉽기 때문에 광범위하게 퍼져 있어서 거의 피하기 어렵다. 햄릿은 오필리아에게 이렇게 경고하고 있다. "설령 그대가 얼음처럼 정숙하며 눈처럼 맑을지라도 결코 사람들의 중상[비방]을 피하지는 못할 것이오"(셰익스피어, 『햄릿』 3막 1장).

성경 역시 비방에 관해 많은 내용을 말하고 있다. 구약에서는 다른 어떤 죄보다도 하나님이나 사람을 비방하는 죄를 더 자주 책망한다. 레위기 19장 16절에서 하나님은 그분의 백성에게 이렇게 명령하신다. "너는 네 백성 중에 돌아다니며 사람을 비방하지 말라." 경건한 이의 표지는 "그의 혀로 남을 허물하지 아니하는" 데 있으며(시 15:3), 이와 반대로 사악한 자의 표지는 다른 사람들을 비방하는데 있다(시 50:19~20; 렘 6:28; 9:4; 롬 1:30). 이처럼 누군가를 비방하는 일이 중대한 죄이기에 다윗은 이렇게 서약했다. "자기의 이웃을 은근히 헐뜯는 자를 내가 멸할 것이요"(시 101:5). 그리고 이 때문에 그는 이렇게 기도했다. "악담하는 자는 세상에서 굳게 서지 못하게 하소서"(시 140:11). 솔로몬은 지혜롭게도 남을 비방하는 자들과 사귀지 말라는 조언을 남겼다(잠 20:19).

신약에서도 비방을 정죄하고 있다. 주 예수 그리스도는 그런 비방의 근원이 악한 마음에 있음을 지적하시며(마 15:19), 그 죄악이 자신을 더럽게 만든다고 가르치신다(마 15:20). 바울은 자신이 고린도의 신자들을 방문할 때 그들 가운데 서로 비방하는 모습을 발견하게 될 것을 두려워했다(고후 12:20). 또 바울은 에베소의 신자들(엡 4:31)과 골로새의 신자들(골 3:8)에게 비방의 죄를 피할 것을 명했다. 그리고 베드로 역시 자신의 편지를 읽는 독자들에게 다른 이들을 비방하지 말 것을 권고했던 것이다(벧전 2:1).

성경은 비방이 가져오는 파괴적인 결과들을 열거한다. 잠언 16장 28절과 17장 9절에서는 비방이 우정을 무너뜨린다는 점을 지적하고 있다. 잠언 18장 8절과 26장 22절에서는 비방을 당한 이들이 깊은 상처를 입게 됨을 지적하며, 잠언 11장 9절과 이사야 32장 7절에서는 비방이 궁극적으로 사람들을 망하게 할 수 있다는 점을 경고한다. 남을 비방하는 자들은 다툼을 일으키고(잠 26:20), 불화를 퍼뜨리며(6:19), 스스로 어리석게 된다(10:18).

성경에서는 비방의 많은 실례를 제시한다. 라반의 아들들은 야곱을 비방하면서 이렇게 주장했다. "야곱이 우리 아버지의 소유를 다 빼앗고 우리 아버지의 소유로 말미암아 이 모든 재물을 모았다"(창 31:1). 사울 왕의 종 시바는 다윗 앞에서 요나단의 아들 므비보셋을 비방하면서, 그가 다윗의 왕위를 찬탈하려는 음모를 꾸몄다고 거짓으로 고발했다(삼하 16:3). 하지만 므비보셋은 이런 자신의 혐의를 강하게 부인했다(삼하 19:25~27). 또 사악한 왕비 이세벨의 부추김에 따라 두 무가치한 자들이 의인 나봇을 비방했으며, 이로 인해 나봇은 죽임을 당했다(왕상 21:13). 그리고 바벨론의 포로 생활에서 돌아온 유대인들을 대적했던 자들은 페르시아의 지배자들에게 편지를 보내 그들을 비방했으며(스 4:6~16), 이로 인해 예루살렘 재건의 사역이 중단되었다(스 4:17~24). 아라비아의 왕 가스무 역시 포로 생활에서 돌아온 유대인들과 느헤미야를 비방하면서 그들이 반역을 꾸미며 느헤미야를 그들의 왕으로 삼으려 한다고 주장했다(느 6:5~7). 하만은 유대인들의 대적으로서 그들을 학살하려는 음모를 꾸몄으며, 이를 위해 페르시아의 왕 아하수에로 앞에서 그들을 비방했다(에 3:8). 그리고 다윗(삼상 24:9; 시 31:13)과 세례 요한(마 11:18), 우리 주님(마 11:19; 26:59; 요 8:41, 48)과 사도 바울(롬 3:8) 역시 비방의 표적이 되었다.

비방의 죄가 불러일으키는 극심한 피해를 가장 생생히 보여주는 사례 중 하나는 다윗이 암몬 족속과 그들의 동맹인 아람 족속을 상대로 벌인 전쟁에서 찾아볼 수 있다. 이 이야기는 사무엘하 10장에 기록되어 있다.

그 후에 암몬 자손의 왕이 죽고 그의 아들 하눈이 대신하여 왕이 되니 다윗이 이르되 내가 나하스의 아들 하눈에게 은총을 베풀되 그의 아버지가 내게 은총을

베푼 것같이 하리라 하고 다윗이 그의 신하들을 보내 그의 아버지를 조상하라
하니라. (1~2a)

다윗은 그 암몬 족속의 왕에게 친절을 베풀고자 했으며, 이는 그 왕의 아버
지가 이전에 다윗 자신에게 은혜를 베푼 적이 있기 때문이었다. (이는 아마도 다
윗이 사울 왕을 피하여 인근의 모압 땅에 머물렀을 때 있었던 일일 것이다. 삼상 22:3~4을
참조하라.) 그리하여 다윗은 하눈을 위로하기 위해 사절단을 보냈다. 그러나 하
눈의 조언자들은 다윗을 모함하여 하눈의 마음을 완고하게 만드는 바람에 다
음과 같은 일이 일어났다.

다윗의 신하들이 암몬 자손의 땅에 이르매 암몬 자손의 관리들이 그들의 주 하
눈에게 말하되 왕은 다윗이 조객을 당신에게 보낸 것이 왕의 아버지를 공경함인
줄로 여기시나이까 다윗이 그의 신하들을 당신에게 보내 이 성을 엿보고 탐지하
여 함락시키고자 함이 아니니이까 하니 이에 하눈이 다윗의 신하들을 잡아 그들
의 수염 절반을 깎고 그들의 의복의 중동볼기까지 자르고 돌려보내매 사람들이
이 일을 다윗에게 알리니라. 그 사람들이 크게 부끄러워하므로 왕이 그들을 맞으
러 보내 이르기를 너희는 수염이 자라기까지 여리고에서 머물다가 돌아오라 하
니라. (2b~5)

암몬 족속은 이같이 다윗의 사절단을 공개적으로 욕보인 일이 불가피하게
이스라엘과의 전쟁으로 이어질 것을 깨닫고 용병들을 고용했다(6절). 다윗은
이런 암몬 족속의 움직임을 접하고 요압이 이끄는 군대를 보내어 그들에게 맞
서게 했다(7절). 그리고 뒤이어 벌어진 전쟁은 암몬 족속과 그 동맹군의 재난과
도 같은 패배로 끝났던 것이다.

암몬 자손은 나와서 성문 어귀에 진을 쳤고 소바와 르홉 아람 사람과 돕과 마아
가 사람들은 따로 들에 있더라. 요압이 자기와 맞서 앞뒤에 친 적진을 보고 이스
라엘의 선발한 자 중에서 또 엄선하여 아람 사람과 싸우려고 진 치고 그 백성의

남은 자를 그 아우 아비새의 수하에 맡겨 암몬 자손과 싸우려고 진 치게 하고 이르되 만일 아람 사람이 나보다 강하면 네가 나를 돕고 만일 암몬 자손이 너보다 강하면 내가 가서 너를 도우리라 너는 담대하라 우리가 우리 백성과 우리 하나님의 성읍들을 위하여 담대히 하자 여호와께서 선히 여기시는 대로 행하시기를 원하노라 하고 요압과 그와 함께 한 백성이 아람 사람을 대항하여 싸우려고 나아가니 그들이 그 앞에서 도망하고 암몬 자손은 아람 사람이 도망함을 보고 그들도 아비새 앞에서 도망하여 성읍으로 들어간지라. 요압이 암몬 자손을 떠나 예루살렘으로 돌아 가니라. 아람 사람이 자기가 이스라엘 앞에서 패하였음을 보고 다 모이매 하닷에셀이 사람을 보내 강 건너쪽에 있는 아람 사람을 불러내매 그들이 헬람에 이르니 하닷에셀의 군사령관 소박이 그들을 거느린지라. 어떤 사람이 다윗에게 알리매 그가 온 이스라엘을 모으고 요단을 건너 헬람에 이르매 아람 사람들이 다윗을 향하여 진을 치고 더불어 싸우더니 아람 사람이 이스라엘 앞에서 도망한지라. 다윗이 아람 병거 칠백 대와 마병 사만 명을 죽이고 또 그 군사령관 소박을 치매 거기서 죽으니라. 하닷에셀에게 속한 왕들이 자기가 이스라엘 앞에서 패함을 보고 이스라엘과 화친하고 섬기니 그러므로 아람 사람들이 두려워하여 다시는 암몬 자손을 돕지 아니하니라. 그 해가 돌아와 왕들이 출전할 때가 되매 다윗이 요압과 그에게 있는 그의 부하들과 온 이스라엘 군대를 보내니 그들이 암몬 자손을 멸하고 랍바를 에워쌌고. (10:8~11:1)

여러 나라가 연관된 이 전쟁은 패배한 쪽만도 사만 명 이상이 목숨을 잃는 결과로 끝났다(그 전사자 가운데는 아람 군대의 사령관도 포함되어 있었다). 그리고 암몬의 수도까지 함락을 당했다(삼하 12:26~29). 이제 이 모든 일은 암몬의 고관들이 다윗의 동기에 관해 거짓으로 비방함으로써 생겨난 결과였다(삼하 10:3).

이 비방은 에덴동산에서 시작되었으며, 그 일을 행한 것은 사탄이었다. (그의 또 다른 일반적인 호칭은 '마귀'로서, 이는 곧 '비방하는 자'를 의미한다. 계 12:10을 참조하라.) 사탄이 하와를 유혹하는 데 성공했던 핵심 요인은 바로 그가 하나님의 성품과 동기를 왜곡하면서 그분을 비방한 데에 있었다.

그런데 뱀은 여호와 하나님이 지으신 들짐승 중에 가장 간교하니라. 뱀이 여자에게 물어 이르되, 하나님이 참으로 너희에게 동산 모든 나무의 열매를 먹지 말라 하시더냐? 여자가 뱀에게 말하되, 동산 나무의 열매를 우리가 먹을 수 있으나 동산 중앙에 있는 나무의 열매는 하나님의 말씀에 너희는 먹지도 말고 만지지도 말라 너희가 죽을까 하노라 하셨느니라. 뱀이 여자에게 이르되 너희가 결코 죽지 아니하리라. 너희가 그것을 먹는 날에는 너희 눈이 밝아져 하나님과 같이 되어 선악을 알 줄 하나님이 아심이니라. 여자가 그 나무를 본즉 먹음직도 하고 보암직도 하고 지혜롭게 할 만큼 탐스럽기도 한 나무인지라. 여자가 그 열매를 따먹고 자기와 함께 있는 남편에게도 주매 그도 먹은지라. (창 3:1~6)

1절에서 사탄은 먼저 하나님의 진실성을 비방했다. ("하나님이 참으로 … 하시더냐?") 그리고 5절에서 그는 하나님의 동기를 비방하고 있다. ("너희가 그것을 먹는 날에는 너희 눈이 밝아져 하나님과 같이 될 … 줄 하나님이 아심이니라.") 이런 그의 말에는 마치 하나님 자신의 이기적인 목적 때문에 무언가 아담과 하와에게 유익한 것을 베풀지 않으신다는 암시가 담겨 있다. 이처럼 인류 역사에서 첫 번째로 이루어진 비방의 행위는 곧바로 최초의 죄를 낳았다. 비방은 매우 심각한 죄이며, 하나님은 이 죄를 미워하실 뿐 아니라(잠 6:16~19) 마땅히 심판하실 것이다(시 52:1~5).

야고보서 4장 11~12절의 본문을 살피기 전에 먼저 다루어야 할 일반적인 오해가 있다. 오늘날 교회 안의 많은 이들이 잘못 믿는 것과는 달리, 성경에서 비방을 금하기는 하지만 자신의 죄를 뉘우치지 않고 고집하는 이들을 책망하는 일까지 그 범위에 포함되는 것은 아니다. 이와 반대로, 성경은 그런 자들의 죄를 공개적으로 드러내고 꾸짖을 것을 명령하고 있다. 마태복음 18장 15~17절에서 예수님은 죄를 짓는 그리스도인들을 다루는 방식과 절차를 이렇게 제시하신다.

네 형제가 죄를 범하거든 가서 너와 그 사람과만 상대하여 권고하라. 만일 들으면 네가 네 형제를 얻은 것이요 만일 듣지 않거든 한두 사람을 데리고 가서 두세 증인의 입으로 말마다 확증하게 하라. 만일 그들의 말도 듣지 않거든 교회에 말하고 교회의 말도 듣지 않거든 이방인과 세리와 같이 여기라.

어떤 이들이 사적인 권고를 듣고도 자신의 죄를 뉘우치지 않으면 교회 앞에서 그들을 공개적으로 꾸짖어야 한다. 디도서 3장 10절에서 바울은 주님의 이 명령을 반복하면서 디도에게 이렇게 명령하고 있다. "이단에 속한 사람을 한두 번 훈계한 후에 멀리하라." 그리고 바울 자신도 이 같은 사람을 공개적으로 책망한 바 있다(고전 5:1~5). 그러므로 야고보의 "서로 비방하지 말라"는 말은 의로운 의도에서 죄를 지적하는 일을 금하는 것이 아니다. 다만 악한 뜻을 품고서 거짓말로 모함하는 일을 금지할 뿐이다. 여기에 쓰인 '카타랄레오'(katalaleō, "비방하다")는 오직 이 구절과 베드로전서 2장 12절, 3장 16절에만 나타나는 동사이다. 그 연관된 명사들인 '카타랄리아'(katalalia, "비방"; 고후 12:20; 벧전 2:1), '카타랄루스'(katalalous, "비방하는 자"; 롬 1:30)와 함께, 이 단어는 다른 이들을 향해 생각 없고 어리석으며 부주의한 말들, 비판적이고 경멸적이며 그릇된 말을 늘어놓는 일을 가리킨다.

이 주석에서 계속 말했듯이, 야고보는 살아있고 참된 구원의 신앙을 검증하는 잣대를 제시하기 위해 그 서신을 기록했다. 그는 참된 신자의 표지가 겸손에 있음을 보인 뒤에(약 4:10) 사람들이 겸손의 법을 깨뜨리고 교만한 태도를 드러내는 한 가지 실질적인 방식이 무엇인지를 말한다. 다른 이들을 비방하는 일이 바로 그것이다. 습관적으로 남을 비방하며 정죄하는 삶을 살아가는 이들은 자신이 악하고 부정하며 거듭나지 못한 마음의 소유자임을 드러낸다(요일 2:9~10; 4:20). 그들의 입은 그들의 부패한 마음이 바깥으로 표현되는 통로가 된다. 다른 한편, 거룩한 말은 어떤 이가 신자임을 보여주는 표지이다(엡 4:25, 29; 골 4:6). 그러므로 비방의 문제는 어떤 이가 진정으로 구원받았는지를 보여주는 잣대이며 신자들에게는 영적인 성숙의 척도가 된다.

야고보는 우리 신자들이 자신의 말을 절제하며 비방하는 일을 삼가도록 돕기 위해, 다음의 네 가지 사고 영역을 점검해 볼 것을 권고하고 있다. 다른 이들에 대한 견해와 율법에 대한 견해, 하나님에 대한 견해와 우리 자신에 대한 견해 등이다.

다른 이들에 대한 우리의 견해

"형제들아, 서로 비방하지 말라. 형제를 비방하는 자나 형제를 판단하는 자는"(4:11a)

이 구절에서는 "형제"라는 표현이 세 차례 반복되는데, 이는 우리가 다른 그리스도인들과 가족 관계를 맺고 있음을 되새겨준다. 비방은 가족 안에서 기대되고 용납되는 것과 정반대되는 행동이다. 한 가족의 일원들은 서로 사랑하고 지지하며 보호해주는 것이 마땅하기 때문이다. 그리스도인들은 교회의 바깥에 있는 자들에게서 비방을 당할 것을 각오해야 하지만(벧전 2:12; 3:16), 교회 안에서 서로를 비방하는 일은 용납될 수 없다. 바울은 갈라디아 교회의 신자들에게 이렇게 경고했다. "만일 서로 물고 먹으면 피차 멸망할까 조심하라"(갈 5:15).

마태복음 18장 6절에는 다음과 같은 주님의 엄중한 경고가 기록되어 있는데, 이는 다른 신자들을 비방하는 것이 심각한 죄임을 보여준다. "누구든지 나를 믿는 이 작은 자 중 하나를 실족하게 하면 차라리 연자 맷돌이 그 목에 달려서 깊은 바다에 빠뜨려지는 것이 나으니라." 예수님의 말씀에 따르면, 다른 신자들에게 죄를 짓기보다는 차라리 두려운 죽음을 맞는 편이 낫다는 것이다. 그리스도인들은 다른 형제에게 죄짓는 일을 피하고자 적극적인 노력을 기울여야 한다(8~9절). 성부께서 그분의 자녀들이 대접받는 방식에 관심을 쏟고 계심을 알기 때문이다(10절).

비방의 죄와 밀접히 결부되는 것은 비판적인 태도를 취하는 죄이다. 그러므로 야고보는 독자들에게 "서로 비방하지 말" 것을 경고한 뒤에 "형제를 판단하는" 이들에게 그 일을 멈출 것을 권고하며 명령하고 있다. 여기서 '크리노'(*krinō*, "판단하다")는 무언가를 분별하며 평가하는 일이 아니라 비난하며 정죄하는 일을 가리킨다. 이런 야고보의 경고는 주님이 주신 다음의 말씀을 반영한다.

비판을 받지 아니하려거든 비판하지 말라. 너희가 비판하는 그 비판으로 너희가 비판을 받을 것이요 너희가 헤아리는 그 헤아림으로 너희가 헤아림을 받을 것이니라. 어찌하여 형제의 눈 속에 있는 티는 보고 네 눈 속에 있는 들보는 깨닫지 못하느냐? 보라, 네 눈 속에 들보가 있는데 어찌하여 형제에게 말하기를 나로 네 눈 속에 있는 티를 빼게 하라 하겠느냐? 외식하는 자여, 먼저 네 눈 속에서 들보를 빼어라. 그 후에야 밝히 보고 형제의 눈 속에서 티를 빼리라. (마 7:1~5)

만일 우리가 동료 신자들을 하나님이 창세 전에 선택하신 이들이자 그리스도께서 그들을 위해 죽으신 자들, 하나님께 친히 사랑받고 영광을 누리는 이들이며 우리와 함께 하늘에서 영생을 누리게 될 이들로 바라본다고 하자. 이때에는 우리 역시 그들을 사랑하고 존귀하게 여기며 보호하려고 애쓰게 될 것이다. 그러므로 비방의 죄를 피하는 첫 단계는 우리 자신의 입을 봉하는 데 있지 않고 우리 주위의 다른 이들에 대해 올바른 관점을 유지하는 데 있다.

율법에 대한 우리의 견해

"곧 율법을 비방하고 율법을 판단하는 것이라. 네가 만일 율법을 판단하면 율법의 준행자가 아니요 재판관이로다."(4:11b)

이 영역은 야고보가 전개하는 사고의 흐름에서 논리적으로 그다음 단계가 된다. 다른 이들을 사랑하는 것은 율법의 정수이며(롬 13:8; 약 2:8), 누군가를 비방할 때 우리는 그를 사랑하는 데 실패하게 된다. 그러므로 비방은 곧 율법을 위반하는 일이 되는 것이다. 율법은 규범으로 성문화된 사랑이며, 다른 이들을 사랑하는 방법에 대한 구체적인 표현이다.

십계명을 살펴보면 그 계명들은 언어로써 표현된 사랑의 열 가지 특징임이 드러난다. 그 중 첫 번째 계명은 "너는 나 외에는 다른 신들을 네게 두지 말라"(출 20:3)이다. 이 계명에서 사랑은 변덕스러운 것이 아니라 한결같고 헌신적이며 충성스러운 것임을 보여준다. 두 번째 계명은 "너를 위하여 새긴 우상을 만들지 말고 또 위로 하늘에 있는 것이나 아래로 땅에 있는 것이나 땅 아래 물속에 있는 것의 어떤 형상도 만들지 말라"(4절)이며, 이는 한 걸음 더 나아가 사랑의 신실성을 묘사한다. 사랑은 그 태도의 측면에서 충성될 뿐 아니라 그 실천의 측면에서 신실한 특징을 지니는 것이다. 세 번째 계명은 "너는 네 하나님 여호와의 이름을 망령되게 부르지 말라. 여호와는 그의 이름을 망령되게 부르는 자를 죄 없다 하지 아니하리라"(7절)로서, 이는 사랑하는 자가 그 대상을 존경하게 됨을 드러낸다. 네 번째 계명은 "안식일을 기억하여 거룩하게 지키라"(8절)이며, 여기서는 사랑하는 자와 그 대상 사이의 친밀감 또는 헌신을 묘사하고 있다. 다섯 번째 계명은 "네 부모를 공경하라. 그리하면 네 하나님 여호와가 네게 준 땅에서 네 생명이 길리라"(12절)이다. 이 계명은 사랑이 권위에 복종하는 특징을 지님을 보여주며, 여기서 그 권위는 부모의 권위로 대표되고 있다. 신자들은 물론 하나님의 권위에 복종해야 한다. 그리고 바울이 말했듯이, 그들은 "그리스도를 경외함으로 피차 복종해야" 한다(엡 5:21). 여섯 번째 계명은 "살인하지 말라"(출 20:13)인데, 이는 사랑하는 자가 다른 이들을 가치 있게 여김을 드러낸다. 신약에서 예수님은 이 계명의 참뜻이 실제로 살인하는 일을 금하는 것뿐 아니라 살인으로 이어질 수 있는 분노 자체를 막는 데 있음을 보여주셨다(마 5:21~22). 일곱 번째 계명은 "간음하지 말라"(출 20:14)이며, 이 계명은 사랑하는 자가 순결할 뿐 아니라 그 대상 역시 순결하기를 바란다는 점을 보여준다. 사랑하는 이는 결코 다른 사람을 더럽히지 않는다. 여덟 번째 계명은 "도둑질하지 말라"(15절)인데, 이는 사랑의 이기적이지 않은 본성을 나타낸다. 사랑은 곧 무언가를 빼앗기보다 베풀기를 원한다. 아홉 번째 계명은 "네 이웃에 대하여 거짓 증거하지 말라"(16절)이며, 이는 사랑의 진실성을 드러낸다. 사랑하는 이는 그 대상에 대해 거짓말을 하지 않고 늘 진실이 알려지기를 구하기 때문이다. 끝으로 열 번째 계명은 이러하다. "네 이웃의 집을 탐내지 말라. 네 이웃의 아내나 그의 남종이나 그의 여종이나 그의 소나 그의 나귀나 무릇 네 이웃의 소유를 탐내지 말라"(17절). 이 구절은 사랑하는 이가 이기적이지 않은 만족감을 품는다는 점을 보여준다. 그는 자신이 가진 것에 만족하며 다른 이들 역시 최선의 유익을 누리기를 바라는 것이다.

이처럼 율법에서 사랑의 원리들을 표현하고 있으므로 예수님은 율법의 가장 큰 계명이 무엇인가 하는 질문을 받았을 때 이렇게 대답하셨다. "네 마음을 다하고 목숨을 다하고 뜻을 다하여 주 너의 하나님을 사랑하라 하셨으니 이것이 크고 첫째 되는 계명이요 둘째도 그와 같으니 네 이웃을 네 자신 같이 사랑하라 하셨으니 이 두 계명이 온 율법과 선지자의 강령이니라"(마 22:37~40). 하나님이 율법을 주신 것은 그분 자신과 동료 인간들을 향한 우리의 사랑을 규정 짓기 위함이었다. 그러므로 야고보가 비방을 정죄하는 이유는 단지 그것이 개인적인 애정을 위반하거나 인간의 기본 도리인 친절을 거스르기 때문일 뿐 아니라 하나님의 거룩한 율법을 위반하는 일이기 때문이다.

이처럼 비방은 사랑의 율법을 위반하는 일이므로 비방하는 자는 "율법"을 거슬러 말하며 "율법"을 정죄하는 것이다. 이로써 그는 자신이 신적인 표준을 철저히 무시하고 있음을 드러낸다. 그리고 야고보의 경고에 따르면, 자신이 하나님의 법 위에 있다고 여기는 자는 "율법의 준행자가 아니요 [그] 재판관이" 된다. 이에 담긴 상상하기 힘든 함의는 곧 하나님의 율법을 무시하는 자는 사실상 자신이 그 법보다 우월하다고 주장하는 것이라는 데 있다. 그는 자신이 그 율법에 매이지 않으며 그 권위 아래 복종할 의무도 없다고 생각하는 것이다. 죄인들은 이같이 두려울 정도로 방자한 태도를 취하면서 자신이 하나님의 율법에 주의를 기울이고 마음을 쏟거나 그 계명에 순복하고 따를 필요가 없다고 여긴다. 그러나 이 모든 일은 하나님을 향한 신성 모독이다.

우리가 비방의 유혹을 누르고 승리하기 위해서는 하나님의 율법이 지닌 권위 아래서 자신의 합당한 자리에 머물러야만 한다.

하나님에 대한 우리의 견해

"입법자와 재판관은 오직 한 분이시니 능히 구원하기도 하시며 멸하기도 하시느니라"(4:12a)

남을 비방하는 자는 자신을 율법 위에 있는 존재로 여김으로써 그 자신을 유일하고 참된 "입법자와 재판관"이신 하나님보다 더 높은 자로 간주하려고 한다. 이런 어리석은 행동 때문에 그 죄인은 사탄과 동등한 수준에 놓이게 되는데, 사탄은 곧 하나님의 왕권을 찬탈하려고 시도했다가 실패한 자이다. 이사야 14장 13~14절에서 사탄은 다섯 번에 걸쳐 "내가 … 하리라"(I will)라고 선언하며, 이를 통해 으뜸가는 자리에 오르려는 자신의 열망을 표현하고 있다. "내가 하늘에 오르리라. 내가 하나님의 뭇 별 위에 내 자리를 높이리라. 내가 북극 집회의 산 위에 앉으리라. 내가 가장 높은 구름에 올라가리라. 내가 지극히 높은 이와 같아지리라"(이는 NASB에 근거한 번역이다.—역주).

이제껏 인간이 저지른 모든 죄의 핵심에는 하나님의 자리를 찬탈하려는 욕망이 자리 잡고 있었다. 죄인들은 하나님을 폐위시키고 최고의 "입법자와 재판관"이신 그분의 지위를 빼앗으며 그분의 자리에서 대신 통치하려 한다. 바로 앞에서 말했듯이 죄인은 자신이 하나님의 법보다 위에 있다고 주장하기 때문에 죄는 하나님 그분을 해치려는 공격이 된다.

성경에서는 모든 죄가 궁극적으로 하나님을 거스르는 것이라고 가르친다. 이전에 모세의 율법 아래서 죄를 범한 이스라엘 백성은 속건제를 드려야만 했으니, 이는 "그가 여호와 앞에 참으로 잘못을 저질렀기" 때문이다(레 5:19). 예를 들어, 다른 이들에게 사기를 친 자들은 "여호와께 신실하지 못하게" 행한 것으로 간주되었다(레 6:2). 자신이 밧세바와 간음하고 그녀의 남편을 죽게 만드는 끔찍한 죄를 범한 뒤, 다윗은 하나님께 이렇게 부르짖었다. "내가 주께만 범죄하여 주의 목전에 악을 행하였사오니"(시 51:4). 나단 선지자는 다윗이 주님께 죄를 지었음을 확증하면서 이 같은 그분의 말씀을 전했다. "어찌하여 네가 여호와의 말씀을 업신여기고 나 보기에 악을 행하였느냐?"(삼하 12:9). 이처럼 모든 죄는 실질적으로 하나님의 법을 경시하며 비난하는 것일 뿐 아니라 그분의 권위를 찬탈하려는 행동이다. 그러므로 모든 죄는 궁극적으로 하나님을 거스르는 행위이다.

야고보는 죄인들이 하나님의 자리를 찬탈하려 드는 것이 어리석고 모독적인 행동임을 지적하면서 "입법자와 재판관은 오직 한 분"뿐이라고 말한다. 이 구절의 헬라어 원문을 문자적으로 해석하면 '한 분이 입법자와 재판관이시다'

가 된다. 이는 하나님만 이 우주의 주권적인 통치자와 심판자가 되심을 강조하는 문장이다. '노모테테스'(nomothetēs, "입법자")는 신약에서 오직 이 구절에만 등장하는 단어이며 '법을 제정하는 이'를 가리킨다. 그리고 '크리테스'(kritēs, "재판관")는 곧 '법을 적용하는 이'를 지칭하는 단어이다. 이처럼 야고보에 따르면, 오직 하나님만이 법을 제정하시며 그 법을 적용하는 분이 되신다(참조. 사 33:22). 하나님은 우리에게 율법을 주셨고 그 법에 따라 사람들을 심판하실 것이다. 오직 하나님만이 그 율법을 온전히 적용할 수 있으시니, 이는 그분만이 사람들의 마음과 동기를 아시기 때문이다(삼상 16:7; 왕상 8:39; 잠 15:11).

야고보에 따르면, 하나님은 그리스도를 믿고 의지하는 이들을 "능히 구원하는" 동시에 회개하지 않는 죄인들을 "멸하신다." 하나님은 이런 방식으로 자신의 법을 적용하시는 것이다(참조. 신 32:39; 고전 1:18). 천사는 요셉에게 예수님이 "자기 백성을 그들의 죄에서 구원하실" 것임을 예언했다(마 1:21). 그리고 예수님은 자신의 과업이 "잃어버린 자를 찾아 구원하는" 데 있다고 말씀하셨다(눅 19:10). 바울은 복음이 "모든 믿는 자에게 구원을 주시는 하나님의 능력"임을 기록했다(롬 1:16). 또 히브리서의 저자는 주 예수 그리스도에 관해 다음의 내용을 선포했다. "[예수는] 자기를 힘입어 하나님께 나아가는 자들을 온전히 구원하실 수 있으니 이는 그가 항상 살아 계셔서 그들을 위하여 간구하심이라"(히 7:25). 그러나 회개하기를 거부하는 이들은 하나님이 "멸하실" 것이다. 이 구절의 "멸하기도"는 헬라어 '아폴뤼미'(apollumi)에서 온 단어로서 육신적인 멸절이 아니라 지옥의 영원한 파멸을 가리킨다(참조. 마 10:28; 25:46; 살후 1:9).

야고보의 경고에 따르면, 누군가를 비방하는 죄는 결코 사소한 문제가 아니다. 이 일은 우주의 주권적인 입법자이자 심판자이신 분을 상대로 저지르는 뻔뻔하고 무모한 반역 행위이다. 아무도 17세기의 잉글랜드 청교도였던 랄프 베닝(Ralph Venning)만큼 이런 죄의 심각성을 뚜렷이 드러낸 사람은 없다. 그는 자신의 저서인 『죄의 죄악 됨』(The Sinfulness of Sin)에서 이 점을 이렇게 엄중하게 지적하고 있다.

죄의 죄악 됨은 그것이 그 결과의 측면뿐 아니라 그 본질의 측면에서도 하나님을 거역하는 일이라는 점에서 찾아볼 수 있다. 실로 모든 죄는 그 자체로 하나님을 거역하며 대적하는 일이다. 육신적인 자들 또는 죄인들은 '하나님의 원수'라는 이름으로 불린다(롬 5:8과 10; 골 1:21). 그리고 육신적인 마음 또는 죄 자체는 '원수 됨'으로 지칭된다(롬 8:7). 그러므로 성경에서 죄와 그 행위들은 하나님을 향한 적개심을 나타내는 이름과 그분을 대적하는 행동을 통해 표현된다. 곧 하나님을 거스르는 방식으로 행하는 일(레 26:21)과 그분을 거역하는 일(사 1:2), 그분께 맞서 원수처럼 일어나는 일(미 2:8), 하나님과 다투고 쟁론하는 일(사 45:9), 하나님을 멸시하는 일(민 11:20) 등이 그것이다. 죄인들은 하나님을 미워하는 자들(롬 1:30), 하나님을 거스르는 자들(행 7:51)이나 그분을 대적하는 자들(행 5:39과 23:9), 심지어는 그분을 모독하는 자들이 되는 것이다. 간단히 말해, 그들은 하나님이 계시지 않는다고 주장하는 무신론자들이 된다(시 14:1). 죄인들은 하나님의 하나님 되심을 무효로 돌리는 데 힘을 쏟게 되며, 일부 고대인들은 이런 죄의 모습을 두고 '데이키디움'(*Deicidium*), 곧 '하나님을 살해하는 일' 또는 '하나님을 죽이는 일'로 불렀다. (Edinburgh: Banner of Truth, 1993; 29~30)

다른 이들을 비방하는 죄를 자제하려면 우리는 최고의 입법자이며 심판자이신 하나님을 상대로 죄를 범하는 일이 얼마나 중대한지를 헤아려야 한다.

우리 자신에 관한 견해

"너는 누구이기에 이웃을 판단하느냐?"(4:12b)

남을 비방하는 이들은 자기 자신의 중요성을 과장하는 성향을 보이곤 한다. 야고보는 그들을 날카롭게 책망하면서 이렇게 묻는다. "너는 누구이기에 이웃을 판단하느냐?" 오늘날의 방식대로 표현하자면, 그는 이렇게 나무라는 셈이다. "도대체 당신은 무슨 자격으로 자신이 다른 이들을 비난하고 정죄할 수 있다고 여기는 것인가?" 로마서 12장 3절에서 바울은 로마 교회의 신자들에게 이렇게 권고했다. "내게 주신 은혜로 말미암아 너희 각 사람에게 말하노니 마땅히 생각할 그 이상의 생각을 품지 말라." 그리고 로마서 14장 4절에서 바울은 야고보의 것과 유사한 표현을 써서 이같이 말하고 있다. "남의 하인을 비판하는 너는 누구냐? 그가 서 있는 것이나 넘어지는 것이 자기 주인에게 있으매 그가 세움을 받으리니 이는 그를 세우시는 권능이 주께 있음이라."

다른 이들을 비방하거나 판단하는 것은 야고보가 자신의 독자들에게 요구한 겸손과는 정반대되는 태도이다(4:10). 그런 일을 습관적으로 행하는 이들은 그들의 신앙의 진정성이 의심받을 수밖에 없다.

다음의 비극적인 이야기는 남을 비방하는 이들이 불러일으키는 피해를 생생히 보여준다.

노스다코타 주의 어느 작은 마을에 한 가족이 살고 있었다. 그 가정의 젊은 어머니는 둘째 아이를 낳은 후 건강이 썩 좋지 않았지만 그들은 행복한 가족이었다. 매일 저녁이 되면 이웃 사람들은 그 가정의 남편이자 아버지인 이가 집에 돌아와 문 앞에서 기다리던 아내와 두 어린아이를 반갑게 마주하는 모습을 볼 수 있었다. 그럴 때면 그 가족의 마음속에 있던 따스한 온기가 드러나곤 했다. 또 저녁 무렵에 그 집에서 밝은 웃음소리가 들려오곤 했다. 그리고 날씨가 좋은 날에는 아버지와 아이들이 뒷마당의 잔디밭에서 즐겁게 뛰놀았으며, 어머니는 흐뭇한 미소를 띤 채 그 모습을 지켜보곤 했다.

그런데 어느 날 마을 사람들 사이에 어떤 소문이 퍼지기 시작했다. 이는 그 젊은 남편이 부정한 일을 저질렀다는 이야기였다. 이는 전혀 근거 없는 이야기였지만 마침내 그 젊은 아내의 귀에까지 들어가게 되었다. 그리고 그녀는 그 이야기를 도저히 견딜 수가 없었다.

그리하여 그녀는 이성을 잃고 충동적인 일을 저지르고 말았다. 그날 저녁 남편이 집에 돌아올 때는 문 앞에 아무도 나와 있지 않았다. 그리고 집 안에서는 어떤 웃음소리도 들리지 않았으며, 주방에서 요리하는 향긋한 냄새 역시 풍겨오지 않았다. 그저 차가운 침묵만 흐를 뿐이었고, 이에 그의 마음은 알 수 없는 두려움으로 얼어붙게 되었다.

마침내 지하실에 내려갔을 때, 남편은 세 식구가 들보에 연결된 줄에 목을 맨 것을 발견하게 되었다. 그 젊은 아내는 고통과 절망에 빠져 먼저 자신의 두 아이를 죽게 한 뒤에 스스로 목숨을 끊었다.

이후 시간이 흘러 그 사건의 진실이 드러나게 되었다. 곧 마을 사람들이 퍼뜨린 거짓된 이야기 때문에 이처럼 참담한 비극이 벌어지고 말았던 것이다.

17

하나님의 뜻에 응답하기
(약 4:13~17)

"들으라, 너희 중에 말하기를 오늘이나 내일이나 우리가 어떤 도시에 가서 거기서 일 년을 머물며 장사하여 이익을 보리라 하는 자들아. 내일 일을 너희가 알지 못하는도다. 너희 생명이 무엇이냐? 너희는 잠깐 보이다가 없어지는 안개니라. 너희가 도리어 말하기를 주의 뜻이면 우리가 살기도 하고 이것이나 저것을 하리라 할 것이거늘 이제도 너희가 허탄한 자랑을 하니 그러한 자랑은 다 악한 것이라. 그러므로 사람이 선을 행할 줄 알고도 행하지 아니하면 죄니라."(4:13~17)

성경에서는 참된 그리스도인의 여러 표지를 제시한다. 하나님을 향한 사랑이나 자신의 죄를 회개하는 일, 겸손과 하나님의 영광을 위한 헌신, 기도와 다른 이들을 향한 사랑, 세상에서 분리되는 일, 성장과 순종 등이 그것이다. 하지만 하나님의 뜻을 행하려는 열망만큼 진정한 신자의 특성을 분명히 요약해 주는 것은 없다. 시편 40편 8절에서 다윗은 이렇게 기록하고 있다. "나의 하나님이여, 내가 주의 뜻 행하기를 즐기오니 주의 법이 나의 심중에 있나이다." 시편 143편 10절에서 그는 이렇게 덧붙였다. "주는 나의 하나님이시니 나를 가르쳐 주의 뜻을 행하게 하소서." 또 예수님은 이렇게 가르치셨다. "누구든지 하나님의 뜻대로 행하는 자가 내 형제요 자매요 어머니니라"(막 3:35). 그리고 요한복음 7장 17절에서 그분은 이렇게 선포하셨다. "사람이 하나님의 뜻을 행하려

하면 이 교훈이 하나님께로부터 왔는지 내가 스스로 말함인지 알리라." 마태복음 7장 21절에서 그분은 이렇게 엄중히 경고하신다. "나더러 주여 주여 하는 자마다 다 천국에 들어갈 것이 아니요 다만 하늘에 계신 내 아버지의 뜻대로 행하는 자라야 들어가리라." 또 베드로는 그리스도인들에게 "다시 사람의 정욕을 따르지 않고 하나님의 뜻을 따라 육체의 남은 때를 살아갈" 것을 권면하고 있다(벧전 4:2). 그리고 사도 요한은 신자 됨의 성격을 규정하면서 그들을 "하나님의 뜻을 행하고 … 영원히 거하는" 자들로 묘사한다(요일 2:17).

하나님의 뜻대로 행하는 일에 가장 큰 모범을 보여주신 분은 바로 주 예수 그리스도이다. 요한복음 6장 38절에서 그분은 자신의 메시아적인 사명을 이렇게 정의하고 계신다. "내가 하늘에서 내려온 것은 내 뜻을 행하려 함이 아니요 나를 보내신 이의 뜻을 행하려 함이니라"(참조. 요 5:30). 근시안적으로 이 세상의 것들에만 초점을 두는 제자들을 향해 예수님은 이렇게 설명하셨다. "나의 양식은 나를 보내신 이의 뜻을 행하며 그의 일을 온전히 이루는 이것이니라"(요 4:34). 그리고 겟세마네 동산에서 십자가의 두려운 실재를 직면하며 고뇌하실 때에도 주님은 이렇게 기도하셨다. "내 아버지여, 만일 할 만하시거든 이 잔을 내게서 지나가게 하옵소서. 그러나 나의 원대로 마시옵고 아버지의 원대로 하옵소서"(마 26:39; 참조. 42절; 막 14:36; 눅 22:42). 주 예수 그리스도는 우리와 하나님의 관계가 지닌 가장 핵심적인 요소를 가장 완벽하게 보여주셨으며, 그 요소는 바로 그분의 뜻에 순종하는 일이었다.

야고보의 관점에서, 하나님의 뜻을 행하는 것은 우리에게 참된 구원의 신앙이 있음을 확증하는 또 하나의 잣대가 된다. 참된 그리스도인들은 "마음으로 하나님의 뜻을 행하는" 특징을 지니며(엡 6:6), "[당신의] 나라가 임하시오며 [당신의] 뜻이 이루어지기를" 기쁘고 간절한 마음으로 기도한다(마 6:10). 사도 바울이 하나님의 법을 즐거워한 것(롬 7:22)은 이와 동일한 태도를 표현하는 또 다른 방식이었다. 우리에게 잘 알려진 찬송가 "주님, 당신의 뜻대로 하옵소서"("주님의 뜻을 이루소서"로 알려진 곡이다.—역주)의 가사에는 모든 참된 그리스도인들이 갈망하는 내용이 담겨 있다.

주님, 당신의 뜻대로 하옵소서!

당신의 뜻대로 하옵소서.

당신은 토기장이시며

나는 진흙이옵나이다.

당신의 뜻대로

나를 만들고 빚으소서.

나는 당신께 복종하며

잠잠히 기다리고 있겠나이다.

_ 애들레이드 A. 폴라드

다른 한편, 어떤 이가 하나님의 뜻을 늘 무시하거나 무관심한 태도를 보이는 것은 곧 그 사람 안에 교만이 자리 잡고 있음을 보여주는 확실한 표지이다. 이 교만은 또한 다툼과 세속적인 삶의 모습, 그리고 남을 비방하는 일의 밑바탕에 놓여 있는 추한 죄이다(4:1~12). 하나님의 뜻을 무시하는 것은 곧 이렇게 말하는 것과 같다. "나는 내 삶의 주권자이자 지배자이다." 이같이 교만한 태도는 구원의 신앙과 상반되는 것이다. 야고보가 이미 말했듯이, "하나님은 교만한 자를 물리치시고 겸손한 자에게 은혜를 주신다"(4:6). 하나님의 뜻에 순복하기를 거부하는 이들은 아직 그분이 베푸시는 구원의 은혜를 통해 자신의 삶이 변화되지 않았음을 드러내는 셈이다(참조. 딛 2:11~12).

야고보는 이 서신 전체에서 취한 관점에 충실하게, 여기서도 하나님의 뜻에 응답하는 문제에 관해 실제적인 접근을 택한다. 지금 이 본문은 흥미롭게도 장사꾼들이 세우는 계획에 대한 외관상 평범해 보이는 예화를 중심으로 구성되어 있으며, 이를 통해 야고보는 사람들이 하나님의 뜻에 응답하는 방식에 관해 중요한 통찰을 제공한다. 그리고 그는 세 가지의 부정적인 응답과 한 가지의 긍정적인 응답을 제시하고 있다.

하나님의 뜻을 무시하는 어리석음

"들으라, 너희 중에 말하기를 오늘이나 내일이나 우리가 어떤 도시에 가서 거기서 일 년을 머물며 장사하여 이익을 보리라 하는 자들아. 내일 일을 너희가 알지 못하는도다. 너희 생명이 무엇이냐? 너희는 잠깐 보이다가 없어지는 안개니라."(4:13~14)

하나님의 뜻에 대한 첫 번째 부정적인 응답은 그 뜻을 어리석게 무시하는 일이다. 이런 태도를 보이는 이들은 마치 하나님이 계시지 않는 것처럼 여기거나, 그분이 우리 인간들의 행동에 무관심하며 어떤 일이든 너그럽게 받아 주시는 것처럼 믿으면서 살아가곤 한다. 여기서 야고보는 우리에게 익숙한 구약 선지자들의 방식으로 그런 이들에게 말을 건네고 있다(참조. 사 1:18). 그의 "들으라"라는 선포는 자신의 말에 귀 기울일 것을 촉구하는 끈질기며 심지어 성마르기까지 한 초청이다. 이 표현은 또한 야고보가 청중들의 행동에 동의하지 않고 있음을 나타낸다. 여기서 그는 사실상 "잘 들어!" 또는 "들어봐!"라고 선언하는 것이다. 신약에서 이 "들으라"라는 어구는 이 구절과 5장 1절에서만 언급되고 있다.

야고보가 여기서 책망하는 대상은 "오늘이나 내일이나 우리가 어떤 도시에 가서 거기서 일 년을 머물며 장사하여 이익을 보리라 하는 자들"이다. 이 구절의 헬라어 원문을 문자적으로 해석하면 "~라고 말하는 자들"(the ones who are saying)이 되며, 이는 그들이 습관적으로 하나님의 뜻을 무시하는 삶을 살아가는 이들임을 가리킨다. 그리고 이 구절의 바탕에 놓인 헬라어 동사 '레고'(legō)는 추론이나 논리에 근거해 무언가를 언급하는 일을 의미한다. 그러므로 야고보는 습관적으로 마치 하나님이 계시지 않거나 사람들의 일에 신경 쓰지 않는 것처럼 여기면서 숙고하고 계획을 세우는 이들을 책망하는 것이다(참조. 4:11~12).

야고보의 독자들은 이 본문에 선택된 예화를 친숙한 이야기로 여겼을 것이다. 고대 세계의 전역에 흩어진 많은 유대인은 유능한 상인들이었기에 그들

은 여러 번창하는 무역의 중심지들을 돌아다니면서 자신들의 사업을 이어가
곤 했다. 물론 사업을 하는 이들이 지혜롭게 계획과 전략을 세우는 일은 그 자
체로 죄악 된 것이 아니고 오히려 칭찬할 만한 것이다. 이 본문에서 언급된 장
사꾼들이 말한 내용에는 영적인 원리들에 어긋나는 부분이 전혀 없다. 하지만
그들이 지닌 문제는 바로 그들이 행하지 않은 일에 있었다. 곧 그들은 미래에
대한 폭넓은 계획을 세웠지만, 그 과정에서 하나님을 철저히 무시했다. 그분은
그들이 마련한 계획안 속에 포함되지 않았다.

사탄이 다섯 번에 걸쳐 "나는 …할 것이다"(I will)라고 자기중심적으로 선언
함으로써(사 14:13~14, NASB 본문 참조―역주) 타락에 이르게 되었듯이, 이 장사
꾼들의 말에는 그들의 경솔하고 주제넘은 확신을 가리키는 다섯 가지 요소가
담겨 있다. 첫째, 그들은 스스로 자신들이 원하는 시간대를 선택했다. "오늘이
나 내일이나." 둘째, 그들은 사업을 진행할 장소를 스스로 선택했다. "어떤 도
시에 가서." 셋째, 그들은 자신들이 원하는 기간을 직접 선택하여 "거기서 일
년을 머물기로" 결정했다. 넷째, 그들은 자신들이 할 일을 직접 선택했다. "장
사하여"(문자적으로는 '어떤 곳에 가서 거래하여'). 끝으로, 그들은 자신들의 목적 또
는 목표를 스스로 선택했다. "이익을 보리라." 여기서 야고보는 이익을 남기려
는 그들의 동기 자체를 비판하는 것이 아니다. 다만 그들이 그 과정에서 하나
님의 뜻을 구하지 않은 점을 책망하고 있다. 그 예화 속의 장사꾼들은 예기치
않은 상황들을 염두에 두지 않은 채 자신들이 마치 전지전능하며 아무도 방해
할 수 없는 존재이듯이 그런 계획들을 세웠던 것이다.

누가복음 12장 16~21절에서 주 예수 그리스도는 우리가 계획을 세울 때 주
제넘게 하나님을 무시하는 일이 얼마나 어리석은지를 보여주는 한 비유를 들
려 주셨다.

또 비유로 그들에게 말하여 이르시되 한 부자가 그 밭에 소출이 풍성하매 심중
에 생각하여 이르되 내가 곡식 쌓아 둘 곳이 없으니 어찌할까 하고 또 이르되 내
가 이렇게 하리라 내 곳간을 헐고 더 크게 짓고 내 모든 곡식과 물건을 거기 쌓
아 두리라. 또 내가 내 영혼에게 이르되 영혼아 여러 해 쓸 물건을 많이 쌓아 두

었으니 평안히 쉬고 먹고 마시고 즐거워하자 하리라 하되 하나님은 이르시되 어리석은 자여 오늘 밤에 네 영혼을 도로 찾으리니 그러면 네 준비한 것이 누구의 것이 되겠느냐 하셨으니 자기를 위하여 재물을 쌓아 두고 하나님께 대하여 부요하지 못한 자가 이와 같으니라.

14절에서 야고보는 어떤 계획을 세울 때 주제넘게 하나님을 무시하는 이들이 왜 어리석은지 중요한 이유 두 가지를 제시하고 있다. 먼저 첫째로, 야고보는 그런 이들을 향해 이렇게 훈계한다. "내일 일을 너희가 알지 못하는도다." 주님이 주신 비유 속에 등장하는 어리석은 부자처럼, 그들 역시 미래를 알지 못하는 상태에 있었다. 잠언 27장 1절에서도 동일한 원리를 이렇게 표현한다. "너는 내일 일을 자랑하지 말라. 하루 동안에 무슨 일이 일어날는지 네가 알 수 없음이니라." 삶은 전혀 단순하지 않다. 우리의 삶 속에는 온갖 영향력과 사람이나 사건들, 우연한 일과 정황들이 서로 복잡하게 얽혀 있으며, 우리는 그런 일들을 거의 또는 전혀 통제할 수 없다. 그 누구도 어떤 구체적인 미래가 펼쳐질 것을 파악하고 보증하거나 그런 미래를 구상하기가 불가능한 것이다. 하지만 어떤 이들은 어리석게도 자기 삶의 주도권을 스스로 쥐고 있다고 착각하곤 한다. 안타깝게도 그런 이들은 하나님의 뜻이 존재함을 무시할 뿐 아니라 그분의 뜻이 주는 유익까지 간과하게 된다. 그러나 그리스도인들은 이 우주의 주권자이며 전지전능하신 하나님이 자신들의 삶 속에 임하는 모든 사건과 환경들을 주관하시며, 그 모든 일을 인도하여 그들을 향한 그분의 완전한 계획 속에 들어맞게 하신다는 것을 안다(롬 8:28). 그들은 이로부터 위로를 얻는 것이다. 다윗은 이렇게 기록했다. "여호와를 의뢰하고 선을 행하라. 땅에 머무는 동안 그의 성실을 먹을거리로 삼을지어다. 또 여호와를 기뻐하라. 그가 네 마음의 소원을 네게 이루어 주시리로다. 네 길을 여호와께 맡기라. 그를 의지하면 그가 이루시고"(시 37:3~5). 이와 유사하게, 솔로몬 역시 이렇게 말하고 있다. "너는 마음을 다하여 여호와를 신뢰하고 네 명철을 의지하지 말라. 너는 범사에 그를 인정하라. 그리하면 네 길을 지도하시리라"(잠 3:5~6).

이어서 야고보는 어떤 계획을 세울 때 하나님을 무시하는 이들에게 그 일이 어리석은 두 번째 이유를 제시한다. 이는 곧 우리 삶이 실로 짧고 덧없는 것이라는데 근거한 논증이다. 여기서 야고보는 그들에게 다음의 내용을 일깨우고 있다. "너희는 잠깐 보이다가 없어지는 안개니라." 우리의 삶은 그저 불 속의 연기나 찻잔에서 올라오는 증기, 또는 추운 날 잠시 나타나는 입김처럼 일시적이고 덧없는 것에 불과하다. 이 땅의 삶이 이같이 연약하고 유한함을 생각하면 하나님의 뜻을 염두에 두지 않고 계획을 세우며 살아가는 일은 얼마나 어리석은지 모른다.

성경은 인생이 짧다는 것을 계속 강조한다. 욥기는 성경 가운데 제일 먼저 기록된 책으로 여겨지는데, 그 책에서는 우리 삶의 덧없음에 관해 많은 내용을 말하고 있다. 7장 6절에서 욥은 이렇게 탄식한다. "나의 날은 베틀의 북보다 빠르니 희망 없이 보내는구나." 그리고 7장 9절에서는 이렇게 덧붙이고 있다. "구름이 사라져 없어짐 같이 스올[죽은 자들이 거하는 곳]로 내려가는 자는 다시 올라오지 못할 것이오니." 욥의 친구인 수아 사람 빌닷은 이렇게 말한다. "우리는 어제부터 있었을 뿐이라. 우리는 아는 것이 없으며 세상에 있는 날이 그림자와 같으니라"(8:9). 그리고 욥은 자신의 탄식을 이렇게 이어가고 있다. "나의 날이 경주자보다 빨리 사라져 버리니 복을 볼 수 없구나. 그 지나가는 것이 빠른 배 같고 먹이에 날아 내리는 독수리와도 같구나"(9:25~26). 14장 1~2절에는 하나님을 향한 욥의 불평이 기록되어 있는데, 이 내용은 인간 실존의 연약함과 덧없음을 적절히 요약해준다. "여인에게서 태어난 사람은 생애가 짧고 걱정이 가득하며 그는 꽃과 같이 자라나서 시들며 그림자 같이 지나가며 머물지 아니하거늘."

시편 역시 인생의 유한한 성격을 강조하고 있다. 모세는 이렇게 기록했다. "우리의 연수가 칠십이요 강건하면 팔십이라도 그 연수의 자랑은 수고와 슬픔뿐이요 신속히 가니 우리가 날아가나이다"(시 90:10). 그리고 시편의 기자는 이렇게 탄식하고 있다. "내 날이 기울어지는 그림자 같고 내가 풀의 시들어짐 같으니이다"(시 102:11). 인생의 덧없음에 대한 성경의 가르침을 요약해서 다윗은 이렇게 말했다. "인생은 그 날이 풀과 같으며 그 영화가 들의 꽃과 같도다. 그것은 바람이 지나가면 없어지나니 그 있던 자리도 다시 알지 못하거니와"(시

103:15~16; 참조. 사 40:6~8; 벧전 1:24).

어리석게 하나님의 뜻을 무시하는 자들은 이처럼 자신들이 미래를 모른다는 점과 인생의 연약함과 덧없음을 깨닫고 하던 일을 멈추고 스스로를 돌아보아야 할 것이다.

하나님의 뜻을 부인하는 교만

"이제도 너희가 교만한 자랑을 하니 그러한 자랑은 다 악한 것이라."(4:16, 개역개정판에는 "허탄한 자랑"으로 번역되어 있다.—역주)

앞에서 보았듯이, 하나님의 뜻에 대한 잘못된 응답 중 첫 번째 것은 그 뜻을 주제넘게 무시하는 것이다. 곧 하나님과 그분의 뜻이 존재하지 않는 듯이 여기면서 살아가는 것이다. 그런데 또 다른 이들은 하나님이 존재하시며 그분의 뜻을 품고 계심을 인정하면서도 교만한 태도로 그 뜻을 거부하곤 한다. 위의 첫 번째 집단에 속한 이들은 실천적인 무신론자로서 마치 하나님이 계시지 않는 것처럼 간주하며 살아가는 이들이다. 그리고 여기서 논할 두 번째 범주에 속한 이들은 '자칭 유신론자들'(self~theists)이다. 이들은 자기 삶의 불확실성을 하나님 앞에 내어드리기를 거부하고 그들 자신과 자신들이 세운 목표, 그리고 자신들의 의지를 하나님보다 우월하게 여긴다. 그들은 하나님의 뜻이 존재함을 인정하더라도 그 뜻을 그들의 계획만큼 중요시하지 않는다. 일반적으로 신자의 삶에서는 이런 경멸이 잘 나타나지 않지만, 그리스도인들조차 그들 자신의 계획을 더 선호하고 하나님의 뜻을 옆으로 제쳐놓는 잘못을 종종 범하곤 한다.

야고보에 따르면, 하나님의 뜻을 부인하는 이들은 곧 "교만한 자랑을 하는" 자들이다. '카우카오마이'(kauchaomai, "자랑하다")는 '목소리가 크다' 또는 '큰소리로 말하다'라는 뜻이며, 정당하게 기뻐하는 일(예. 롬 5:2~3, 11)이나 어떤 이가 자신의 성취를 내세우는 일(예. 고전 1:19)을 가리킬 때 모두 쓰일 수 있다. 그리고 지금 이 본문의 문맥을 살펴보면 야고보는 후자를 염두에 두는 것으로 보인다. '알라조네이아'(alazoneia, "교만")는 '떠돌아다니다'를 의미하는 헬라어 단어에서 유래한 것으로서 '공허한 위장'을 나타낸다. 이 단어는 때로 이곳 저곳을 돌아다니며 가짜 물품을 팔았던 거짓 상인들을 묘사하는 데 쓰이기도 했다. 이 두 단어를 합치면 '자신이 소유하지 못했으며 얻을 수도 없는 무언가에 관해 허세를 떨면서 자랑하는 이'의 모습을 보게 된다. 야고보에 따르면, 하나님의 뜻을 부인하는 이들의 교만이 바로 그런 특징을 지니는 것이다.

윌리엄 어니스트 헨리(William Ernest Henley)만큼 하나님을 향한 교만한 도전의 태도를 잘 표현한 이는 없을 것이다. 그의 유명한 시 '인빅투스'(*Invictus*)를 읽어보라.

> 나를 뒤덮고 있는 밤은
> 온통 어둡고 깊은 심연이다
> 나는 그 안에서 모든 신에게 감사하노라
> 내게 꺾이지 않는 영혼을 주었음을
>
> 거칠게 나를 움켜쥐는 환경의 횡포 속에서도
> 나는 움츠리거나 울부짖지 않았다
> 나를 난타하는 우연의 몽둥이질 아래서
> 머리가 피로 물들었지만 고개 숙이지 않았다
>
> 분노와 눈물이 어린 이 땅 너머에는
> 무덤의 공포만이 희미하게 비추인다
> 이처럼 세월이 나를 위협할지라도
> 나는 겁내지 않으며 또 그리할 것이다
>
> 내 앞에 놓인 길이 아무리 좁고 험해도
> 내 죄목이 아무리 중해도 그건 중요치 않다
> 나는 내 운명의 주인이며
> 내 영혼의 선장이니까

이 시는 하나님이 계심을 알면서도 교만하게 그분의 뜻에 도전하는 자들의 태도를 뚜렷이 보여주고 있다.

이사야 47장 7~10절에서는 교만하게 하나님의 뜻을 부인하는 자들의 또 다른 사례를 제시한다. 이 본문에는 바벨론 제국이 남긴 오만하고 도전적인 말이 기록되어 있다.

> [바벨론이] 말하기를 "내가 영영히 여주인이 되리라" 하고
> 이 일을 네 마음에 두지도 아니하며
> 그들의 종말도 생각하지 아니하였도다.
> 그러므로 사치하고 평안히 지내며
> 마음에 이르기를
> "나뿐이라. 나 외에 다른 이가 없도다.
> 나는 과부로 지내지 아니하며
> 자녀를 잃어버리는 일도 모르리라" 하는 자여,
> 너는 이제 들을지어다.
> 한 날에 갑자기 자녀를 잃으며 과부가 되는
> 이 두 가지 일이 네게 임할 것이라.
> 네가 무수한 주술과
> 많은 주문을 빌릴지라도
> 이 일이 온전히 네게 임하리라.
> 네가 네 악을 의지하고 스스로 이르기를
> "나를 보는 자가 없다" 하나니
> 네 지혜와 네 지식이 너를 유혹하였음이라.
> 네 마음에 이르기를
> "나뿐이라. 나 외에 다른 이가 없다" 하였으므로.

야고보의 경고에 따르면, 이같이 공허하고 교만하며 어리석은 "자랑"은 다 "악한 것"이다. 성경에서는 '포네로스'(ponēros, "악한 [자]")라는 용어를 곧 사탄

을 나타내는 명칭으로 사용하며(마 13:38; 요 17:15; 엡 6:16; 살후 3:3; 요일 2:13~14; 3:12; 5:18~19), 그는 처음부터 스스로를 뽐내며 죄를 범한 자이다(참조. 사 14:13~14). 그러므로 하나님의 뜻을 교만하게 부인하는 자들은 곧 사탄의 죄를 모방하는 것이며, 그들은 그 악한 자와 더불어 파멸을 맞게 될 것이다.

하나님의 뜻에 불순종하는 죄

"그러므로 사람이 옳은 일을 행할 줄 알고도 행하지 아니하면 죄니라."(4:17, 개역
개정판에는 "선을 행할 줄 알고도"로 번역되어 있다.—역주)

하나님의 뜻에 대한 부정적인 반응 가운데 세 번째 것은 곧 하나님의 존재를 시인하고 그분의 뜻이 다른 무엇보다도 우선함을 인정하면서도 그 뜻에 불순종하는 쪽으로 나아가는 것이다. 여기서 야고보는 그렇게 반응하는 이들을 책망하면서 이렇게 자명한 이치를 말한다. "사람이 옳은 일을 행할 줄 알고도 행하지 아니하면 죄니라." 이 세 번째 집단에 속한 이들은 하나님의 뜻을 알며 그 뜻이 옳음을 인정한다. 이 구절에서 '칼로스'(kalos, "옳은")는 '질적으로 우수한' 또는 '도덕적으로 탁월한', '명예로운'이나 '올곧은' 것을 묘사한다.

가장 넓은 의미로 보면, 하나님의 뜻은 성경의 모든 명령과 원리들 속에 담겨 있다. 구체적으로 말하면, 성경에서는 우리가 구원을 받고(딤전 2:4; 벧후 3:9), 성령으로 충만하게 되며(엡 5:17~18), 거룩해지고(살전 4:3~8), 권위에 복종하는 태도를 취하며(벧전 2:13~15), 고난을 감수하는 것(벧전 3:17)이 그분의 뜻임을 가르친다. 하나님의 뜻의 다섯 가지 측면에 순종하는 이들에게 성경은 이렇게 권고한다. "여호와를 기뻐하라. 그가 네 마음의 소원을 네게 이루어 주시리로다"(시 37:4). 이는 곧 하나님이 우리 안에 그 마음의 소원들을 심으시고 마침내는 이루어 주시리라는 것이다.

하나님의 뜻을 아는 이들에게는 그 뜻에 순종할 책임이 있으며, 그들이 그리하지 못하면 "죄"를 짓는 것이 된다. 그런 이들은 결코 자신이 적극적으로 죄를 범하지 않았다는 사실에서 위로를 얻지 못할 것이다. 하나님을 외면하는 일

자체가 바로 죄이기 때문이다. 하나님의 뜻을 무시하고 불순종하는 것은 '생략'의 죄(sin of omission), 곧 어떤 일이 옳은 줄 알고도 행하지 않은 죄이다(참조. 눅 12:47). 그리고 행해야 할 일을 행하지 않은 죄들은 행하지 말아야 할 일을 행한 죄들(sins of commission)과 거의 분리되지 않는다.

실제로 세 번째 집단에 속한 죄들은 앞의 두 집단이 범하는 죄들보다 더욱 심각한 성격을 띤다. 신실한 청지기 비유의 결론 부분에서 예수님은 이렇게 경고하셨다.

> 주인의 뜻을 알고도 준비하지 아니하고 그 뜻대로 행하지 아니한 종은 많이 맞을 것이요 알지 못하고 맞을 일을 행한 종은 적게 맞으리라. 무릇 많이 받은 자에게는 많이 요구할 것이요 많이 맡은 자에게는 많이 달라 할 것이니라.(눅 12:47~48)

고집 센 선지자 요나의 이야기는 하나님의 뜻을 알면서도 그 뜻대로 행하기를 거부했던 고전적인 사례를 보여준다. 요나는 니느웨로 가서 하나님의 말씀을 전하라는 부르심을 받았지만, 그 일을 꺼렸던 그는 다시스로 도망치려고 시도했다. (당시 다시스는 니느웨와 정반대 방향에 위치한 곳이었다.) 그리고 요나는 하나님의 호된 징계를 받은 후에야 비로소 그분의 뜻에 복종하게 되었다. 이처럼 하나님의 뜻에 불순종하는 모든 이들은 그 일의 결과를 감수하게 될 것이다(참조. 롬 1:21~23).

하나님의 뜻을 인정하는 복

"너희가 도리어 말하기를 주의 뜻이면 우리가 살기도 하고 이것이나 저것을 하리라 할 것이거늘."(4:15)

이 구절에서 야고보는 하나님의 뜻을 향한 긍정적인 응답을 제시한다. 이는 위에서 말한 부정적이며 죄악 된 반응들과 대조되는 성격을 지닌다. 위의 세 응답에서는 실천적인 무신론이나 자칭 유신론자의 태도, 또는 노골적인 불순종의 자세를 보이지만, 야고보는 독자들에게 이렇게 고백할 것을 권고한다. "주의 뜻이면 우리가 살기도 하고 이것이나 저것을 하리라." 이 네 번째 대안은 하나님의 뜻을 향한 긍정적인 응답이며, 이는 그분의 뜻을 인정하고 순종하는 것이다. 전반적으로 이런 응답은 참된 신자 됨을 나타내는 표지이다. "말하기를"로 번역된 헬라어 동사가 현재 부정법으로 쓰인 것은 우리가 하나님의 뜻에 순복하는 일이 습관적이며 지속적인 방식으로 이루어져야 함을 보여준다. 신자들은 자기 삶의 모든 측면에서, 그리고 어떤 결정을 내릴 때마다 이렇게 반응해야 한다. "주님의 뜻이면 … 하리라." 간단히 말해, 하나님의 뜻이 우리가 세우는 모든 계획의 중심에 놓여야 한다는 것이다(참조. 행 18:21; 롬 1:10; 15:32; 고전 4:19; 16:7; 빌 2:19, 24; 히 6:3).

하나님의 뜻을 인정할 때, 우리는 삶의 모든 측면에 대한 그분의 주권을 인정하게 된다. 우리가 "살아" 있는 것은 오직 하나님이 원하시기 때문이다. 그분은 인간의 생명과 죽음을 주관하신다(신 32:39; 욥 12:9~10; 시 39:4~5; 104:29; 히 9:27; 계 1:18). 또한 하나님은 우리가 행하는 모든 일을 다스리시고 우리 삶의 모든 정황을 이끌어 가신다.

그리스도인들에게 하나님의 뜻을 행하는 일은 곧 예배의 행위이다(롬 12:1~2). 우리는 마음으로 그분의 뜻을 행해야 하며(엡 6:6), 그것이 곧 우리의 생활방식이 되어야 한다(골 1:9~10; 4:12). 그리고 우리가 하나님의 뜻을 행하려면 그분이 그럴 능력을 우리에게 주셔야 함을 인정해야 한다(히 13:20~21). 요한복음 13장 17절에서 주 예수 그리스도는 하나님의 뜻을 행하는 이들에게 주어질 상급을 이같이 선포하셨다. "너희가 이것을 알고 행하면 복이 있으리라."

이처럼 하나님의 뜻에 응답하는 일은 우리가 주 예수 그리스도를 향한 살아 있고 참된 신앙을 지니고 있는지를 살피는 또 하나의 잣대이다. 그분의 뜻을 행하려는 강한 열망은 우리의 삶이 변화되었음을 보여주는 확실한 표지이다.

18

사악한 부자에 대한 심판
(약 5:1~6)

"들으라, 부한 자들아. 너희에게 임할 고생으로 말미암아 울고 통곡하라. 너희 재물은 썩었고 너희 옷은 좀먹었으며 너희 금과 은은 녹이 슬었으니 이 녹이 너 희에게 증거가 되며 불같이 너희 살을 먹으리라. 너희가 말세에 재물을 쌓았도 다. 보라. 너희 밭에서 추수한 품꾼에게 주지 아니한 삯이 소리 지르며 그 추수 한 자의 우는 소리가 만군의 주의 귀에 들렸느니라. 너희가 땅에서 사치하고 방 종하여 살륙의 날에 너희 마음을 살찌게 하였도다. 너희는 의인을 정죄하고 죽 였으나 그는 너희에게 대항하지 아니하였느니라."(5:1~6)

누가복음 16장 13절에서 주 예수 그리스도는 중요한 영적인 원리를 말씀하셨 다. "집 하인이 두 주인을 섬길 수 없나니 혹 이를 미워하고 저를 사랑하거나 혹 이를 중히 여기고 저를 경히 여길 것임이니라. 너희는 하나님과 재물을 겸 하여 섬길 수 없느니라." 그리고 이 때문에 예수님은 이렇게 권고하셨다. "너희 를 위하여 보물을 땅에 쌓아 두지 말라. 거기는 좀과 동록이 해하며 도둑이 구 멍을 뚫고 도둑질하느니라. 오직 너희를 위하여 보물을 하늘에 쌓아 두라. 거 기는 좀이나 동록이 해하지 못하며 도둑이 구멍을 뚫지도 못하고 도둑질도 못 하느니라. 네 보물 있는 그곳에는 네 마음도 있느니라"(마 6:19~21).

어떤 이가 돈과 물질적인 소유를 바라보는 시각만큼 그의 마음 상태를 뚜렷 이 드러내는 것은 없다. 많은 이들은 그리스도에 대한 신앙을 외적으로 고백하면서도 그들 자신의 호화롭고 사치스럽고 물질적인 삶의 방식을 통해 자신에게 참된 구원의 신앙이 있다는 그들의 주장이 틀렸음을 드러내곤 한다. 이런 삶의 방식은 그들이 섬기는 것이 하나님이 아닌 재물임을 분명히 보여주기 때문이다(마 6:24).

5장에서 야고보는 자주 그리했듯이 우리 주님의 가르침에 기반을 두면서 참된 신앙을 분별하는 또 다른 잣대를 제시하고 있다. 이는 곧 각 사람이 재물을 바라보는 시각에 근거를 둔 잣대이다. 5장의 첫 여섯 구절은 하나의 강력한 책망을 이루며, 이는 서신 전체에서 가장 강력한 책망이다. 여기서 야고보는 통렬하고 가차 없는 비난을 통해, 하나님을 섬긴다고 말하면서도 실상은 돈을 숭배하고 있는 이들을 정죄하고 있다. 그는 그들을 향해 재물에 대한 그들의 관점에 비추어 그들 자신의 진정한 마음 상태를 점검해 볼 것을 촉구한다.

성경에서는 재물을 소유하는 일 그 자체가 죄악 된 것이라고 가르치지 않는다. 실제로 모든 사람은 누구나 어느 정도의 재물과 물질적인 자산을 소유하고 있기 마련이다. 모세는 약속의 땅에 들어갈 준비를 한 이스라엘 백성을 이렇게 일깨웠다. "네 하나님 여호와[가] … 네게 재물 얻을 능력을 주시느니라"(신 8:18). 그리고 잠언 10장 22절에서도 이 진리를 확증하고 있다. "여호와께서 주시는 복은 사람을 부하게 하고 근심을 겸하여 주지 아니하시느니라." 다만 **문제**가 되는 것은 자신의 재물을 그릇된 방식으로 사용하는 일이다. 바울은 디모데전서 6장 10절에서 이렇게 기록하고 있다. "돈을 사랑함이 일만 악의 뿌리가 되나니." 다만 그 역시 이후에는 이같이 말한다. "오직 [하나님이] 우리에게 모든 것을 후히 주사 누리게 하시느니라"(17절). 그러므로 야고보는 바울과 마찬가지로 돈을 사랑하는 일에 관해 경고하고 있다. 이는 사람들이 돈을 사랑할 때, 하나님이 베풀어 주신 재물을 그들 자신의 이기적이며 죄악 된 목적을 위해 오용하게 되기 때문이다.

야고보가 사악한 부자들을 날카롭게 책망한 일은 구약 선지자들의 전통과도 일치한다. 이사야는 자신의 재물을 잘못 사용하거나 가난한 이들을 학대한 부자들을 계속 질타했다. 이사야서 3장에서 그는 이렇게 경고한다. "여호와께서 자기 백성의 장로들과 고관들을 심문하러 오시리니 포도원을 삼킨 자는 너희이며 가난한 자에게서 탈취한 물건이 너희의 집에 있도다. 어찌하여 너희가 내 백성을 짓밟으며 가난한 자의 얼굴에 맷돌질하느냐? 주 만군의 여호와 내가 말하였느니라 하시도다"(14~15절; 참조. 5:8~10). 이사야 10장 1~4절에서 그 선지자는 이스라엘의 사악한 부자들을 향한 심판의 선포를 이렇게 이어간다.

> 불의한 법령을 만들며
> 불의한 말을 기록하며
> 가난한 자를 불공평하게 판결하여
> 가난한 내 백성의 권리를 박탈하며
> 과부에게 토색하고
> 고아의 것을 약탈하는 자는 화 있을진저.
> 벌하시는 날과 멀리서 오는 환난 때에
> 너희가 어떻게 하려느냐?
> 누구에게로 도망하여 도움을 구하겠으며
> 너희의 영화를 어느 곳에 두려느냐?
> 포로 된 자 아래에 구푸리며
> 죽임을 당한 자 아래에 엎드러질 따름이니라.
> 그럴지라도 여호와의 진노가 돌아서지 아니하며
> 그의 손이 여전히 펴져 있으리라.

선지자 아모스는 당대의 사악한 부자들을 살찐 소의 모습으로 생생히 묘사했다. 당시 이들 앞에 놓인 것은 파괴적인 도살과 같은 하나님의 심판이었다.

> 사마리아의 산에 있는 바산의 암소들아, 이 말을 들으라.
> 너희는 힘없는 자를 학대하며 가난한 자를 압제하며
> 가장에게 이르기를 술을 가져다가 우리로 마시게 하라 하는도다.
> 주 여호와께서 자기의 거룩함을 두고 맹세하시되,
> 때가 너희에게 이를지라.

사람이 갈고리로 너희를 끌어가며
낚시로 너희의 남은 자들도 그리하리라.
너희가 성 무너진 데를 통하여
각기 앞으로 바로 나가서
하르몬에 던져지리라. 여호와의 말씀이니라. (암 4:1~3)

아모스 8장 4~10절에서 이 선지자는 사악한 부자들을 향한 파멸의 예언을
이렇게 이어가고 있다.

가난한 자를 삼키며 땅의 힘없는 자를 망하게 하려는 자들아,
이 말을 들으라. 너희가 이르기를
"월삭이 언제 지나서
우리가 곡식을 팔며
안식일이 언제 지나서 우리가 밀을 내게 할꼬?
에바를 작게 하고 세겔을 크게 하여
거짓 저울로 속이며
은으로 힘없는 자를 사며
신 한 켤레로 가난한 자를 사며
찌꺼기 밀을 팔자" 하는도다.
여호와께서 야곱의 영광을 두고 맹세하시되
"내가 그들의 모든 행위를 절대로 잊지 아니하리라" 하셨나니,
이로 말미암아 땅이 떨지 않겠으며
그 가운데 모든 주민이 애통하지 않겠느냐?
온 땅이 강의 넘침 같이 솟아오르며
애굽 강 같이 뛰놀다가 낮아지리라.
주 여호와의 말씀이니라.
"그 날에 내가 해를 대낮에 지게 하여
백주에 땅을 캄캄하게 하며

너희 절기를 애통으로,

너희 모든 노래를 애곡으로 변하게 하며

모든 사람에게 굵은 베로 허리를 동이게 하며

모든 머리를 대머리가 되게 하며

독자의 죽음으로 말미암아 애통하듯 하게 하며

결국은 곤고한 날과 같게 하리라."

그리고 욥(욥 24:2~4)과 예레미야(렘 5:27~29), 미가(미 2:1~5)와 말라기(말 3:5) 역시 사악한 부자들을 정죄했다.

지금 이 본문에 언급되는 야고보의 책망이 너무나 강력해서 어떤 이들은 여기서 그가 교회 바깥에 있는 자들을 염두에 두고 그렇게 질타한 것이라고 주장했다. 하지만 여기서 그가 독자들을 이인칭("너희"—역주)으로 지칭하기 때문에, 우리는 그가 각 교회에서 자신의 편지가 낭독될 때 그 내용을 듣게 될 이들을 상대로 지적하고 있음을 알 수 있다. 그러므로 야고보는 어떤 식으로든 교회에 관여하고 있는 이들을 그 책망의 표적으로 삼았던 것이다. 그는 여느 교회들과 마찬가지로 그 교회들 가운데도 일부 신자들이 자칭 그리스도인이라 주장하지만 실제로는 그렇지 않은 상태에 있음을 헤아릴 정도의 분별력을 갖추고 있었다. 그런 이들이 겉으로는 그리스도에 대한 신앙을 고백하면서도 실제로는 이 땅의 보물에 마음의 초점을 두는 것은 그 고백이 거짓임을 드러내는 일이었다(마 6:21; 참조. 13:22; 19:21~22). 슬프게도, 오늘날 교회 안의 많은 이들이 그저 예수님에 관해 이야기하고 그분을 향해 표면적인 충성을 고백한다는 이유로 그리스도인으로 받아들여지고 있다. 하지만 그들의 생활방식을 살펴보면 그들이 실제로는 그분의 계명에 순종하는 삶을 살고 있지 않다는 점이 드러난다. 돈과 소유를 향한 그들의 탐심은 그들이 진정으로 섬기는 대상이 무엇인지를 보여준다(마 6:24; 참조. 약 4:4; 요일 2:15~17).

야고보의 경고는 주로 그리스도를 섬긴다고 고백하면서도 실제로는 부를 추구했던 교회 안의 거짓된 부자들을 향한 것이었지만, 그 경고는 또한 우리 그리스도인들에게도 꼭 필요하다. 신자들 역시 불신자들이 특징적으로 범하는 그 죄들에 빠져드는 것을 경계해야 하기 때문이다. 야고보는 돈을 사랑하는 것이 죄악임을 모든 이들 앞에 드러내고, 이를 통해 아무도 그 죄에 빠지지 않게끔 일깨우려고 한다.

야고보는 책망을 시작하면서 임박한 심판을 힘 있게 선포한다. 사악한 부자들에게 반드시 임할 파멸에 비추어 그는 이렇게 경고하고 있다. "들으라, 부한 자들아. 너희에게 임할 고생으로 말미암아 울고 통곡하라." 이 주석서의 바로 앞장에서 말했듯이, "들으라"는 어구는 독자들의 주의를 촉구하는 끈질긴 초청이다. 요즈음의 언어로 표현하자면, 이 어구는 "잘 들어!" 또는 "들어봐!", "주목!" 등을 의미한다. 그리고 이 어구는 또한 새로운 집단을 소개하는 역할을 한다. 앞선 4장 13절에서 이 어구는 마치 하나님이 계시지 않는 것처럼 여기며 삶을 계획하는 어리석고 주제넘은 자들에게 말을 건네는 데 쓰인 바 있다.

여기서 야고보는 사악한 부자들에게 "울고 통곡할" 것을 명령하고 있다. "울고"(weep)는 헬라어 '클라이오'(klaiō)를 번역한 단어로서, 이 단어는 '큰 소리로 흐느끼다' 또는 '애통하다'를 의미한다. 이는 누군가가 죽었을 때 애곡하는 일을 묘사하는 데 쓰였다(예. 막 5:38~39; 눅 7:13; 8:52; 요 11:31, 33; 20:11; 행 9:39). 그리고 이 단어는 때로 깊은 부끄러움과 죄의식에 수반되는 외적인 반응을 묘사하는 데에도 쓰였다(예. 마 26:75; 눅 7:38). 4장 9절에서 야고보는 회개에 수반되는 슬픔을 말하기 위해 이 단어를 쓰고 있다. 그런데 회개의 애통함이 없이는 용서의 은혜도 주어지지 않으므로, 이 본문에서 그는 "통곡하라"라는 표현을 덧붙이고 있다. 이 헬라어 '올로루조'(ololuzō, "통곡하라")는 신약에서 오직 이 구절에만 언급되는 단어이다. 이것은 의성어로서 단순히 애곡하는 일을 넘어서 비명을 지르거나 울부짖는 일을 가리킨다. 이 두 단어를 한데 모으면 "울고 통곡하라"는 표현은 격렬하고 절망적인 슬픔, 통제할 수 없는 슬픔이 강하게 터져 나오는 모습을 그린다. 구약의 선지자들은 죄의 결과들 앞에서 이같이 울부짖는 모습을 종종 묘사하곤 했다(예. 사 13:6; 15:3; 16:7; 23:1; 렘 48:20; 겔 21:12; 암 8:3; 슥 11:2; 참조. 마 5:4).

그리고 야고보는 그 부자들이 이같이 슬퍼하며 통곡해야 할 이유를 제시한다. "너희에게 임할 고생으로 말미암아." '탈라이포리아'(talaipōria, "고생")는 신약에서 이 구절과 로마서 3장 16절에만 쓰인 단어로서, 극심한 고난이나 시련, 환난 또는 고통을 묘사한다. 이는 곧 장차 사악한 부자들이 주님의 심판대 앞에 서게 될 때, 극심한 시련이 그들에게 닥쳐오리라는 것이다. 누가복음 6장 24~25절에서 예수님은 사악한 부자들에게 이렇게 경고하셨다. "화 있을진저, 너희 부요한 자여. 너희는 너희의 위로를 이미 받았도다. 화 있을진저, 너희 지금 배부른 자여. 너희는 주리리로다. 화 있을진저, 너희 지금 웃는 자여. 너희가 애통하며 울리로다."

누가복음의 후반부에서 예수님은 사악한 부자들에게 닥칠 무서운 심판을 생생히 보여주는 충격적인 이야기를 들려주셨다.

> 한 부자가 있어 자색 옷과 고운 베옷을 입고 날마다 호화롭게 즐기더라. 그런데 나사로라 이름 하는 한 거지가 헌데 투성이로 그의 대문 앞에 버려진 채 그 부자의 상에서 떨어지는 것으로 배불리려 하매 심지어 개들이 와서 그 헌데를 핥더라. 이에 그 거지가 죽어 천사들에게 받들려 아브라함의 품에 들어가고 부자도 죽어 장사되매 그가 음부에서 고통 중에 눈을 들어 멀리 아브라함과 그의 품에 있는 나사로를 보고 불러 이르되 "아버지 아브라함이여, 나를 긍휼히 여기사 나사로를 보내어 그 손가락 끝에 물을 찍어 내 혀를 서늘하게 하소서. 내가 이 불꽃 가운데 괴로워하나이다." 아브라함이 이르되 "얘, 너는 살았을 때에 좋은 것을 받았고 나사로는 고난을 받았으니 이것을 기억하라. 이제 그는 여기서 위로를 받고 너는 괴로움을 받느니라."(눅 16:19~25; 참조. 습 1:18)

지금 이 본문에서 야고보는 사악한 부자들에게 선포된 그 엄중한 심판을 촉발하게 된 그들의 네 가지 죄를 지적하고 있다. 그들이 정죄를 받는 이유는 자신들의 재물을 쓸모없게 쌓아 둠과 동시에 부당한 방식으로 그 재물을 얻었으며, 그 재물을 제멋대로 허비함과 더불어 무자비한 방식으로 쟁취했기 때문이었다.

그들은 재물을 쓸모없게 쌓아 두었다

"너희 재물은 썩었고 너희 옷은 좀먹었으며 너희 금과 은은 녹이 슬었으니 이 녹이 너희에게 증거가 되며 불같이 너희 살을 먹으리라. 너희가 말세에 재물을 쌓았도다."(5:2~3)

안타깝게도 물질을 쌓아 두는 것은 우리 시대에 가장 널리 퍼져 있는 죄 중 하나이다. 하나님이 신자들에게 물질적인 재산을 내려 주시는 이유는 그들이 그분의 영광을 위해 그 재산을 사용하게끔 하려는 데 있다. 물론 그리스도인들은 자기 가족을 마땅히 돌보아야 한다(딤전 5:8). 하지만 이에 그치지 않고 또한 하나님 나라가 진전되는 일을 위해 자신의 재산을 드려야 한다(참조. 대상 29:3; 막 12:42~44; 눅 6:38; 고전 16:2~3; 고후 8:2; 9:6~7). 구체적으로, 신자들은 길을 잃은 자들을 구원하는 일(눅 16:9)과 어려움에 처한 이들을 돕는 일(갈 2:10; 요일 3:16~18), 사역자들을 후원하는 일(고전 9:4~14; 갈 6:6)을 위해 자신의 재산을 소비해야 한다. 그리스도의 이름을 부르는 이들은 하나님의 뜻을 염두에 두지 않고 자신의 재물을 쓸모없게 쌓아 두어서는 안 된다(참조. 욥 27:13~17; 시 39:6; 전 5:10~11, 13).

야고보는 재물을 쌓아 두는 일을 정죄하면서 당시에 (집과 토지를 제외하고) 부의 척도가 되었던 주된 자산 세 가지를 말하고 있다. 이 중에서 '플루토스'(*ploutos*, "재물")는 일반적인 재물을 지칭할 수 있다(참조. 마 13:22; 딤전 6:17). 하지만 야고보가 이 자산을 묘사하면서 "썩었고"라는 표현을 쓴 점을 보면 이 단어는 더 좁은 의미에서 식료품을 가리키는 것으로 보인다. (이 본문에서 "썩었고"로 번역된) 동사 '세포'(*sēpō*)는 신약에서 오직 이 구절에만 사용된 단어이다. 성경 외적인 헬라어 문헌의 경우, 이 단어는 썩은 나무나 과일, 부패한 시체 등을 묘사하는 데 쓰였다. 여기서 야고보는 사악한 부자들이 결국 썩고 말 음식들(고기와 곡식, 과일 등)을 쓸모없게 쌓아 두는 것을 비판하고 있다. 주님의 비유에 등장하는 어리석은 부자처럼(눅 12:16~21), 그들은 이같이 음식을 모아 둠으로써 여러 해 동안 "평안히 쉬고 먹고 마시며 즐거워할" 수 있게 되리라고 믿었다(눅 12:19). 하지만 그 음식들은 결국에 가서 썩어 버릴 것들이었으며, 이 경우에 아무도 그로부터 유익을 얻을 수 없는 상황에 놓이는 것이다.

성경이 기록된 당시에 또 다른 부의 척도가 되었던 것은 바로 "옷"이었다 (참조. 창 45:22; 수 7:21; 삿 14:12; 왕하 5:5, 22; 행 20:33; 딤전 2:9; 벧전 3:3). '히마티아'(himitia, "옷")는 예복이나 망토, 외투와 같은 겉옷을 가리키는 단어였다. 이런 "옷"은 풍성하게 수가 놓이고 보석으로 장식된 경우가 많았으며(삿 5:30; 시 45:14; 겔 16:10, 13, 18; 26:16; 27:16, 24), 종종 집안의 가보로 전수되곤 했다. 하지만 그런 의복들을 쌓아 두는 것은 음식을 비축하는 경우와 마찬가지로 어리석고 쓸모없는 일이었으니, 그 "옷"은 "좀[이] 먹을" 위험성이 있었기 때문이다(욥 13:28; 사 50:9; 51:8; 마 6:19~20). "그러므로 야고보는 이 모든 일[쌓아 두는 것]을 쓸모없는 것으로 여겼다. 과연 좀 벌레들에게 먹이를 주는 일에 무슨 의미가 있겠는가?"(J. A. Motyer, *The Message of James* [Downers Grove, Ill.: InterVarsity, 1985], 165).

끝으로 야고보의 시대에 어떤 이가 지닌 부의 정도는 그가 소유한 보화들, 주로 "금과 은"을 통해 측정될 수 있었다. 언뜻 생각하기에 이런 물품은 영구히 손상되지 않을 것처럼 보이지만, 야고보는 이런 보화들까지도 "녹이 슬" 수 있음을 지적하고 있다. 여기서 "녹이 슬다"로 번역된 동사('카티오오', katioō)는 합성어로서, 원래의 동사에 부가된 전치사는 이 동사의 의미를 한층 더 강화하는 역할을 한다. 그러므로 이 동사는 '철저하고 완벽하게 녹이 슬거나 부식하다'를 의미한다. 이때 야고보는 "금"과 "은"이 문자적으로 "녹이 슨" 상태에 있음을 의미했을 수도 있다. 지금 남아 있는 증거들에 따르면, 그 당시의 주화들은 순전히 금과 은으로만 된 것이 아니라 어떤 불순물들도 섞여 있었기 때문이다. 그러므로 그 주화들은 특정한 환경에서 녹이 슬 수도 있었다. 그리고 여기서 야고보는 비유적인 표현법을 쓴 것일 수도 있다. 이 경우, 하나님이 심판하시는 날에 그들의 "금"과 "은"은 마치 녹이 슨 금속처럼 쓸모없게 될 것임을 선포하는 것이다. 각 사람이 지닌 재물에는 그를 하나님의 심판에서 건져 줄 능력이 전혀 없다는 것은 성경에서 자주 언급되는 주제이다(예. 잠 11:4; 사 2:20~21; 겔 7:19; 습 1:18; 마 16:26).

이렇듯 자신의 소유물을 무작정 비축해 두는 것은 어리석은 행위이며, 이는 그것이 음식이든, 옷이나 돈이든 간에 마찬가지다. 이 세상의 그런 재화들은 일시적이며 덧없는 것들이기 때문이다. 그러므로 솔로몬은 이렇게 훈계한다. "부자 되기에 애쓰지 말고 네 사사로운 지혜를 버릴지어다. 네가 어찌 허무한 것에 주목하겠느냐? 정녕히 재물은 스스로 날개를 내어 하늘을 나는 독수리처럼 날아가리라"(잠 23:4~5). 이같이 무익한 일을 추구하는 데 마음을 쏟는 이들은 하나님을 경배하지 않고 또 그리할 수도 없게 된다.

야고보는 이처럼 재물을 쌓아 두는 일이 죄악 되고 무익한 것임을 드러낸 뒤에 그 일을 행하는 자들에게 선포되는 심판의 내용을 서술한다. 그는 이 같은 축적의 무익함을 보여주는 "녹"을 의인화하면서 그것이 사악한 부자들에 대한 고발의 "증인"이 될 것이라고 선언하고 있다(개역개정판에는 "증거"로 번역되어 있다.—역주). 심판의 날에 그 부자들이 축적한 재물, 그 썩고 좀먹고 부식된 재물은 그들의 마음이 거듭나지 못한 상태에 있음을 생생히 증언할 것이다. 그때에 그들의 탐욕스럽고 이기적이며 무자비하고 세속적인 삶의 방식은 그들 자신의 정죄를 가져오게 될 것이다.

여기서 야고보는 "녹"을 하나의 증인으로 묘사할 뿐 아니라 그 "녹"이 심판의 실행자이기도 하다는 점을 말한다. 곧 그 "녹"은 "불같이" 사악한 부자들의 "살을 먹게" 될 것이다. 이때 "불"은 신속하고 피할 수 없으며 치명적이고 최종적인 심판을 상징한다. 이는 곧 지옥의 생생한 이미지이다. "불"이 사악한 부자들의 "살을 먹는다"는 것은 지옥이 물리적인 고통의 장소임을 드러낸다. 성경의 모든 가르침 가운데 가장 두려운 내용 중 하나는 바로 지옥이 의식적인 징벌의 장소(눅 16:23~24)인 동시에 신체적인 징벌의 장소(마 5:29; 10:28; 13:42, 50; 계 14:9~10; 19:20; 20:15)이며, 영원한 징벌의 장소(마 3:12; 25:41; 막 9:43~48; 살후 1:9; 계 14:11)라는 진리이다. 이 구절에서 "살"로 번역된 헬라어 단어는 복수형으로 쓰였는데, 이는 여기서 야고보가 사악한 부자들을 집단적으로 언급하는 것이 아니라 개별적으로 지칭하고 있음을 보여준다. 곧 그는 그 부자들 개개인을 향해 날카롭게 경고하고 있다.

이런 부자들의 죄를 더 무겁게 만드는 것은 그들이 "말세에 재물을 쌓았다"

는 점에 있었다. 여기서 "말세"는 그리스도의 초림부터 재림까지의 기간을 포괄한다(행 2:16~17; 히 1:1~2; 9:26; 벧전 1:20; 4:7; 요일 2:18; 유 18절). 야고보는 그 부자들이 하나님의 시간표, 구속 역사의 흐름 또는 영원한 실재를 염두에 두지 않고 재물을 축적한 일을 예리하게 책망했다. 심판의 날이 다가오고 있는데 부를 모으고 쌓다니, 이 얼마나 어리석은 일인가! 이같이 행하는 자들은 "진노의 날 곧 하나님의 의로우신 심판이 나타나는 그 날에 임할 진노를 [자신에게] 쌓는" 것이 된다. 그리고 "하나님은 각 사람에게 그 행한 대로 보응하시는" 것이다(롬 2:5~6). 우리는 재물을 하나님이 주신 복으로 여기고 누리며, 그분의 뜻을 받들어 어려운 이들의 필요를 돕고 복음의 진보를 섬기는 일에 사용해야 한다. 그리고 이렇게 행하지 않는 자들은 하나님의 심판 아래 놓이게 되는 것이다.

그들은 부당한 방식으로 재물을 얻었다

"보라, 너희 밭에서 추수한 품꾼에게 주지 아니한 삯이 소리 지르며 그 추수한 자의 우는 소리가 만군의 주의 귀에 들렸느니라."(5:4)

사악한 부자들이 범한 죄는 그저 자신들의 재물을 악하게 쌓아 둔 데에만 그치지 않았다. 그들은 또한 죄악 된 방식으로 그 재물을 획득하기도 했다. 그들은 성경의 명령을 좇아 가난한 이들에게 후히 베풀기는커녕(신 15:9~11; 마 6:2~4; 갈 2:10) 그 가난한 이들을 착취했다. 구체적으로 그 부자들은 "[그들의] 밭에서 추수한 품꾼들"에게 그들의 "삯"을 주지 않았으며, 이는 실로 충격적인 관행이었다. 여기서 야고보는 "보라"는 표현을 써서 독자들의 주의를 집중시키면서 자신의 말을 시작하고 있다. 이 구절에서 "주지 아니한"으로 번역된 헬라어 동사가 완료 시제로 쓰인 것은 사악한 부자들이 그 "품꾼들"에게 줄 삯 가운데 적어도 일부를 아예 주지 않았음을 시사한다. 그들은 그저 품삯 지불을 잠시 뒤로 미룬 것이 아니었다는 뜻이다.

품꾼들의 존재는 이스라엘 농업 경제의 필수적인 일부분이었으며(참조. 마 20:1~16), 구약에서는 그들이 받을 품삯의 지불을 뒤로 미루는 일을 엄격히 금지하고 있다. 레위기 19장 13절에서는 이스라엘 백성들에게 이렇게 명령했다. "너는 네 이웃을 억압하지 말며 착취하지 말며 품꾼의 삯을 아침까지 밤새도록 네게 두지 말라." 그리고 신명기 24장 14~15절에서도 그 명령을 반복하고 있다. "곤궁하고 빈한한 품꾼은 너희 형제든지 네 땅 성문 안에 우거하는 객이든지 그를 학대하지 말며 그 품삯을 당일에 주고 해 진 후까지 미루지 말라." 이 본문의 15절에서는 품꾼에게 삯 주는 것을 미루는 일이 심각한 문제인 이유를 설명하고("이는 그가 가난하므로 그 품삯을 간절히 바람이라"), 이같이 부당한 행동의 결과에 관해 경고한다("그가 너를 여호와께 호소하지 않게 하라. 그렇지 않으면 그것이 네게 죄가 될 것임이라"). 가난한 품꾼들에게는 꾸준하고 안정된 수입의 원천이 없었기에 그들은 매일 받는 삯에 의존해 자신의 가족들을 먹이고 입혀야만 했다. 이처럼 품꾼에게 삯 주는 일을 미루는 것이 심각한 문제였으므로, 예레미야는 이렇게 행하는 자들에 대해 저주를 선포했다. "자기의 이웃을 고용하고 그의 품삯을 주지 아니하는 자에게 화 있을진저"(렘 22:13; 참조. 말 3:5).

야고보는 앞서 심판의 증인이자 실행자가 될 "녹"에 관해 그리했듯이 여기서도 부당하게 지불되지 않은 "삯"을 의인화해서 표현하고 있다(성경에서 무생물을 의인화한 다른 예들로는 창 4:10; 18:20; 19:13; 욥 31:38; 시 65:13; 98:8; 사 55:12; 합 2:11을 보라). 야고보의 경고에 따르면, 사악한 부자들이 지불하지 않은 그 품삯이 그들을 향해 "소리 지르고" 있었다. 이 구절에 쓰인 '크라조'(krazō, "소리 지르다")는 '외치다'(마 15:22~23; 행 19:32, 34; 24:21), 또는 '비명을 지르다'(눅 9:39)를 의미한다. 마가복음 9장 26절에서 이 단어는 그 희생자에게서 쫓겨나는 귀신의 비명을 묘사하는 데 쓰였으며, 마태복음 21장 9절에서는 예수님이 승리자의 모습으로 예루살렘에 입성하실 때 즐겁게 외치던 백성들의 함성을, 그리고 마태복음 27장 23절에서는 예수님이 처형되기를 구하던 피에 굶주린 군중들의 증오에 찬 부르짖음을 가리키는 데 쓰였다.

그런 다음에 야고보는 "그 추수한 자의 우는 소리가 '사바오스'(sabaoth, 개역개정판에는 "만군"으로 번역되어 있다.—역주)의 주의 귀에 들렸느니라"라는 준엄한 경고를 덧붙인다. 곧 자신의 삯을 빼앗기고 사기당한 품꾼들의 고통스러운 부르짖음이 하나님의 귀에 들어갔다는 것이다. 그리고 그 소리는 마침내 그분이 의로운 심판을 하시기까지 계속 그곳에 남아 있게 될 것이다. 이 구절에서 영어로 번역되지 않은 헬라어 '사바오스'(*sabaoth*)는 히브리어의 '차바'(*tsaba*)에서 유래한 단어로서, '무리' 또는 '군대'를 의미한다. 여기서 "'사바오스'의 주"라는 어구는 하나님이 하늘 군대의 사령관이심을 묘사하고 있다(참조. 삼상 17:45). 하나님은 사기를 당한 가난한 이들의 부르짖음을 듣고 천사들로 이루어진 자신의 군대를 보내어 심판을 시행하게 하실 것이다(참조. 마 13:41~42; 16:27; 25:31; 막 8:38; 살후 1:7~8).

이처럼 가난한 이들에게서 강탈한 재물을 부당하게 쌓아놓는 자들에게는 무서운 심판이 기다리고 있다. 그 희생자들은 의로운 재판장이신 하나님께 정의를 호소할 것이며, 그분은 그들을 결코 실망시키지 않으실 것이다.

그들은 제멋대로 재물을 허비했다

"너희가 땅에서 사치하고 방종하여 살륙의 날에 너희 마음을 살찌게 하였도다."(5:5)

사악한 부자들은 강탈과 비축을 통해 자신들의 재물을 쌓았을 뿐 아니라 이기적이고 방탕한 태도로 그 재물을 소비함으로써 한층 더 죄를 지었다. 여기서 야고보는 세 개의 동사를 사용해서 그들의 방종을 묘사하고 있다. 먼저 '트루파오'(*truphaō*, "사치하고")는 신약에서 오직 이 구절에만 언급되는 단어이다. 이 단어에 연관된 명사 '트루페'(*truphē*)는 기본적으로 '부드러움'의 의미를 지닌다. 곧 야고보는 사악한 부자들이 다른 이들의 삶을 희생하면서 편안하고 호화롭게 사치를 즐긴 일을 정죄했던 것이다. 어려운 이들에게 나누어 주려고 부자들의 재산을 훔쳤던 의적 로빈 후드와는 달리, 1세기 당시의 그들은 자신들의 호주머니를 배 불리기 위해 다른 이들의 몫을 강탈했다.

이 구절의 "방종하여"는 헬라어 동사 '스파탈라오'(*spatalaō*)를 번역한 단어이며, 신약에서 이 동사는 디모데전서 5장 6절과 이 구절에만 쓰였다. 이 단어는 어떤 이가 쾌락의 추구에 전념하는 일이나 방탕한 삶에 뛰어드는 일을 함축한다. 즐거움과 사치를 추구하는 이들은 종종 자신의 채워지지 않는 욕망을 만족시키려고 헛되이 애쓰다가 악덕의 길로 치닫곤 한다. 자기 부인이 없는 삶은 곧 모든 영역에서 통제 불능의 상태에 빠지게 된다. 바울은 그런 이들에 관해 살아있지만 실상은 죽은 자들과 같다고 말한 바 있다(딤전 5:6). 이는 그들이 주님의 비유에 등장하는 어리석은 아들처럼 방탕하게 살면서 모든 것을 낭비하기 때문이다(눅 15:13). 돈이 있는 사람들은 종종 다른 이들의 필요나 하나님의 일을 외면하면서 오직 자신의 이기적이고 죄악 된 욕망을 충족시키려는 목적으로 살아가곤 한다. 그리고 그들은 그리스도를 믿는 신앙을 떠나서 살아가는 동안에 마침내 영원한 파멸과 상실에 직면하게 된다.

끝으로 야고보는 사악한 부자들이 "[자신들의] 마음을 살찌게" 한 것을 비난한다. 이 구절에서 '트레포'(trephō, "살찌게 하[다]")는 '영양분을 공급하다', '먹이다', 또는 '살찌우다'를 의미한다. (구약의 헬라어 역본인) 칠십인역의 경우, 예레미야 46장 21절에서 살진 소들을 언급할 때 이 단어를 사용했다. 여기서 야고보는 포악하고 방탕한 강도들이 그 희생자들에게서 약탈한 재물을 가지고 자신들의 배를 채우는 모습을 인상적으로 그려내고 있다. 사치를 향한 갈망은 악덕으로 이어졌으며, 이에 따라 불의한 부자들은 그들의 "마음[속]"에 있는 온갖 욕망을 이기적으로 충족시키는 일에 힘을 쏟게 되었던 것이다.

아이러니하게도, 이같이 방탕한 삶의 무익함을 보여주는 한 사례는 인류 역사상 가장 부유하고 현명한 사람 중 하나였던 인물에게서 찾아볼 수 있다. 전도서 2장 4~10절에서는 솔로몬이 광적으로 쾌락을 추구하면서 거의 시도해 보지 않은 일이 없음을 말해 준다.

[내가] 나의 사업을 크게 하였노라. 내가 나를 위하여 집들을 짓고 포도원을 일구며 여러 동산과 과원을 만들고 그 가운데에 각종 과목을 심었으며 나를 위하여 수목을 기르는 삼림에 물을 주기 위하여 못들을 팠으며 남녀 노비들을 사기도 하였고 나를 위하여 집에서 종들을 낳기도 하였으며 나보다 먼저 예루살렘에 있던 모든 자들보다도 내가 소와 양 떼의 소유를 더 많이 가졌으며 은 금과 왕들이 소유한 보배와 여러 지방의 보배를 나를 위하여 쌓고 또 노래하는 남녀들과

인생들이 기뻐하는 처첩들을 많이 두었노라. 내가 이같이 창성하여 나보다 먼저 예루살렘에 있던 모든 자들보다 더 창성하니 내 지혜도 내게 여전하도다. 무엇이 든지 내 눈이 원하는 것을 내가 금하지 아니하며 무엇이든지 내 마음이 즐거워 하는 것을 내가 막지 아니하였으니 이는 나의 모든 수고를 내 마음이 기뻐하였음이라. 이것이 나의 모든 수고로 말미암아 얻은 몫이로다.

그러나 솔로몬이 이 같은 자신의 추구에 대해 내린 평가는 이처럼 자신이 원하는 바를 얻기 위해 애쓰는 삶의 무익함을 보여준다. "그 후에 내가 생각해 본즉 내 손으로 한 모든 일과 내가 수고한 모든 것이 다 헛되어 바람을 잡는 것 이며 해 아래에서 무익한 것이로다"(11절).

한편 사치스럽고 방탕한 삶은 그저 무익한 것보다 더욱 심각한 결과로 이어 질 수 있다. 여기서 야고보는 사악한 부자들이 '자신들의 마음을 살찌웠다'라 는 은유에 걸맞은 방식으로 그들에게 "살륙의 날"이 임할 것을 경고한다. (이 '살륙의 날'은 두려운 심판의 이미지다.) 야고보는 이처럼 생생한 표현법을 써서 그 방탕한 부자들을 '하나님의 심판이 이루어질 도살장으로 나아가는 살진 소들' 로 묘사한다. 그들이 그리스도를 믿는 구원의 신앙으로 나아오지 않는 한, 이 같은 심판의 실재가 그들을 기다리는 것이다.

성경은 자주 '도살당하는 동물들'의 이미지를 사용해서 하나님이 행하시는 심판의 두려운 실재를 묘사하곤 한다. 이사야를 통해 하나님은 이렇게 에돔의 파멸을 선포하셨다.

여호와의 칼이 하늘에서 족하게 마셨은즉
보라 이것이 에돔 위에 내리며
진멸하시기로 한 백성 위에 내려 그를 심판할 것이라.
여호와의 칼이 피 곧 어린 양과 염소의 피에 만족하고
기름 곧 숫양의 콩팥 기름으로 윤택하니
이는 여호와를 위한 희생이 보스라에 있고
큰 살륙이 에돔 땅에 있음이라.

들소와 송아지와 수소가 함께 도살장에 내려가니

그들의 땅이 피에 취하며 흙이 기름으로 윤택하리라.

이것은 여호와께서 보복하시는 날이요

시온의 송사를 위하여 신원하시는 해라. (사 34:5~8)

예레미야 역시 이와 유사한 표현법을 써서 바벨론에 임할 심판을 묘사하고 있다. "먼 곳에 있는 너희는 와서 그를 치고 그의 곳간을 열고 그것을 곡식더미처럼 쌓아 올려라. 그를 진멸하고 남기지 말라. 그의 황소를 다 죽이라. 그를 도살하려 내려 보내라. 그들에게 화 있도다. 그들의 날, 그 벌 받는 때가 이르렀음이로다"(렘 50:26~27; 참조, 51:40; 겔 39:17~19).

이기적이며 방탕한 부자들, 회개할 줄 모르는 그들은 하늘의 뜻에 대해 무지했으며, 지옥의 경고에 대해서도 귀가 닫힌 상태에 있었다. 그리고 그들은 살육과 심판의 날이 임박했다는 사실 역시 제대로 의식하지 못했다. 그들은 눈이 먼 채로 실족하여 파멸에 이르게끔 되어 있었다. 그러므로 야고보는 그들이 회개하고 돌이키지 않는 한, 마침내 영원한 정죄를 당하게 될 것이라고 경고했다.

그들은 무자비한 방식으로 재물을 쟁취했다

"너희는 의인을 정죄하고 죽였으나 그는 너희에게 대항하지 아니하였느니라."(5:6)

이것은 야고보가 책망한 그 부자들이 점점 더 깊은 타락에 빠져든 일의 마지막 단계이다. 그들은 가난한 품꾼들에게서 강탈한 재물을 불의하게 축적했으며, 자신들의 방탕한 욕망을 채우기 위해 그 돈을 허비했다. 그리고 이제는 더 나아가서 "의인을 정죄하고 죽였던" 것이다. 그들은 호화로운 생활방식을 유지하기 위해서라면 문자적으로 사람을 죽이기까지 할 이들이었다. 이 구절의 "정죄하고"는 헬라어 '카타디카조'(*katadikazō*)를 번역한 것인데, 이 단어는 '판결을 내리다' 또는 '정죄하다'를 의미한다. 그리고 "죽였으나"로 번역된 헬라어 동사('포뉴오', phoneuō)는 이 단어가 쓰인 다른 모든 신약의 구절들에서 "살인하다"(murder)로 번역되고 있다(마 5:21; 19:18; 23:31, 35; 막 10:19; 눅 18:20; 롬 13:9; 약 2:11; 4:2). 그러므로 그 함의는 사악한 부자들이 법정을 이용해 착취당한 가난한 이들 중 일부를 법적으로 죽음에 이르게 만들었다는 것이다.

하나님이 인간의 법정을 세우신 목적은 공평하고 치우침이 없이 정의를 시행하게 하려는 데 있었다(신 17:8~13). 재판관들은 탐욕에 빠지거나(출 18:21~22) 치우친 태도를 보이거나(레 19:15) 거짓 증언을 용납하거나(신 19:16~20) 뇌물을 받아서는 안 되었다(미 3:11; 7:3). 하지만 심지어 이스라엘 안에서도 심각한 부패가 자행되고 있었다. 선지자 아모스는 당대의 법정에서 일어나고 있던 정의의 왜곡을 이렇게 질타한 바 있다. "너희의 허물이 많고 죄악이 무거움을 내가 아노라. 너희는 의인을 학대하며 뇌물을 받고 성문에서 가난한 자를 억울하게 하는 자로다"(암 5:12). 또 그는 이렇게 촉구했다. "너희는 악을 미워하고 선을 사랑하며 성문에서 정의를 세울지어다. 만군의 하나님 여호와께서 혹시 요셉의 남은 자를 불쌍히 여기시리라"(15절). 그리고 야고보의 시대에도 사악한 부자들은 사법 체계를 악용하여 가난한 이들을 괴롭히려 했다(참조. 약 2:6).

이 구절에서 "의인"이라는 표현은 도덕적으로 올곧은 이를 가리킨다(예. 창 6:9; 삼하 4:11; 마 1:19; 10:41; 행 10:22). 그리고 "의인"이라는 별명이 보여주듯이, 야고보 역시 그러한 인물이었다. 여기서 야고보는 그 부자들의 압제에 희생된 이들이 어떤 범죄나 허물을 범한 일이 없음을 분명히 드러내고 있다. 이 구절에서 그 부자들에게 "대항하지 아니한" 이들은 곧 그들이 법정으로 끌고 간, 죄 없이 학대당한 가난한 이들을 가리키는 것으로 보는 편이 최선이다. 여기서 이 희생자들은 그 부자들에게 사기를 당한 신자들일 수도 있다. 그들은 주 예수 그리스도의 본을 좇아 거짓으로 고발당했을 때 하나님의 돌보시는 손길에 그들 자신을 의탁했던 것이다(벧전 2:23). 그 신자들은 자신들을 압제하는 자들에게 저항하지 않음으로써 마태복음 5장 39~42절에서 주님이 가르치신 다음의 진리를 삶 속에서 실제로 구현하게 되었다.

나는 너희에게 이르노니 악한 자를 대적하지 말라. 누구든지 네 오른편 뺨을 치거든 왼편도 돌려 대며, 또 너를 고발하여 속옷을 가지고자 하는 자에게 겉옷까지도 가지게 하며, 또 누구든지 너로 억지로 오 리를 가게 하거든 그 사람과 십 리를 동행하고, 네게 구하는 자에게 주며 네게 꾸고자 하는 자에게 거절하지 말라.

우리가 지닌 재물은 하나의 축복이자 하나님이 주신 선물로서 선한 일을 행할 기회를 가져다줄 수 있다. 다만 그 일은 오직 "믿음에 부요한"(약 2:5) 동시에 "하나님께 대하여 부요한"(눅 12:21) 이들의 경우에 한해 실제로 그러한 것이다. 우리의 재물이 정죄가 아닌 복의 원천이 되기 위해서는 그 재물을 쓸모없게 쌓아 두거나 부당한 방식으로 얻어서는 안 된다. 그리고 그 재물을 제멋대로 허비하거나 무자비하게 쟁취해서도 안 된다.

바울이 디모데에게 당부한 다음의 내용은 하나님께서 부자들이 자신의 재물을 어떤 식으로 사용하기를 바라시는지 보여준다. 이런 이상적인 모습은 야고보가 정죄한 그릇된 부자들의 모습과 적절한 대조를 이루고 있다.

네가 이 세대에서 부한 자들을 명하여 마음을 높이지 말고 정함이 없는 재물에 소망을 두지 말고 오직 우리에게 모든 것을 후히 주사 누리게 하시는 하나님께 두며 선을 행하고 선한 사업을 많이 하고 나누어 주기를 좋아하며 너그러운 자가 되게 하라. 이것이 장래에 자기를 위하여 좋은 터를 쌓아 참된 생명을 취하는 것이니라. (딤전 6:17~19)

19

시련을 끈기 있게 대처하는 방법
(약 5:7~11)

> "그러므로 형제들아, 주께서 강림하시기까지 길이 참으라. 보라, 농부가 땅에
> 서 나는 귀한 열매를 바라고 길이 참아 이른 비와 늦은 비를 기다리나니 너희도
> 길이 참고 마음을 굳건하게 하라. 주의 강림이 가까우니라. 형제들아, 서로 원
> 망하지 말라. 그리하여야 심판을 면하리라. 보라, 심판주가 문 밖에 서 계시니
> 라. 형제들아, 주의 이름으로 말한 선지자들을 고난과 오래 참음의 본으로 삼으
> 라. 보라, 인내하는 자를 우리가 복되다 하나니 너희가 욥의 인내를 들었고 주
> 께서 주신 결말을 보았거니와 주는 가장 자비하시고 긍휼히 여기시는 이시니
> 라."(5:7~11)

앞서 살핀 5장의 첫 여섯 구절에서 야고보는 가난하고 의로운 이들을 학대한
사악한 부자들을 날카롭게 책망했다. 이제 7~11절에서 그는 핍박하는 자들에
게서 핍박당하는 이들에게로 관심의 초점을 돌리고 있다. 곧 야고보는 믿음이
없이 다른 이들을 학대한 부자들을 정죄했다가 그들에게 학대를 당한 가난한
신자들을 위로하는 쪽으로 옮겨가는 것이다. 그는 또한 고통받는 가난한 이들
을 향해 핍박받는 중에 그들이 어떤 태도를 보여야 할지를 가르치고 있다. 그
러므로 이 단락의 주제는 시련을 인내하는 방법을 제시하는 것이다.

시련은 우리 삶의 필수적인 일부분이다. 인류가 보편적으로 시련을 경험한
다는 사실은 우리가 타락하고 저주받은 세상 속에 살고 있음을 보여준다. 구속

역사의 초기에 기록된 욥기에서는 이렇게 선언한 바 있다. "사람은 고생을 위하여 났으니 불꽃이 위로 날아가는 것 같으니라"(욥 5:7). 요한복음 16장 33절에서 예수님은 이렇게 말씀하셨다. "세상에서는 너희가 환난을 당하느니라." 그리고 바울은 갈라디아 지역에서 새롭게 그리스도인이 된 이들에게 이렇게 훈계했다. "우리가 하나님의 나라에 들어가려면 많은 환난을 겪어야 할 것이라"(행 14:22). 바울은 또한 로마 교회의 신자들에게 보내는 편지에서 이 세상에서는 그들이 분명히 고난을 겪게 될 것임을 말했으며(롬 8:18), 디모데에게는 "복음과 함께 고난을 받을" 것을 권면했다(딤후 1:8). 이는 곧 "무릇 그리스도 예수 안에서 경건하게 살고자 하는 자는 박해를 받을" 것이기 때문이었다(딤후 3:12). 그리고 베드로는 신자들에게 이렇게 조언하고 있다. "사랑하는 자들아, 너희를 연단하려고 오는 불 시험을 이상한 일 당하는 것 같이 이상히 여기지 말고 오히려 너희가 그리스도의 고난에 참여하는 것으로 즐거워하라"(벧전 4:12~13).

신자들은 인생의 일반적인 시련을 겪게 될 뿐 아니라 불신자들은 겪지 않는 또 다른 고난을 마주하게 된다. 그것은 바로 그리스도를 위하여 받는 핍박이다. 교회가 복음을 거부하는 세상에 의해 배척을 당하게 된다는 것은 신약에서 반복적으로 등장하는 주제이다. 예수님은 산상수훈에서 이렇게 말씀하셨다.

> 의를 위하여 박해를 받은 자는 복이 있나니 천국이 그들의 것임이라. 나로 말미암아 너희를 욕하고 박해하고 거짓으로 너희를 거슬러 모든 악한 말을 할 때에는 너희에게 복이 있나니 기뻐하고 즐거워하라. 하늘에서 너희의 상이 큼이라. 너희 전에 있던 선지자들도 이같이 박해하였느니라. (마 5:10~12)

요한복음 15장 20절에서 예수님은 제자들에게 이렇게 말씀하셨다. "사람들이 나를 박해하였은즉 너희도 박해할 것이니라." 사도행전 8장 1~2절과 11장 19절에서는 다소 사람 바울이 예루살렘 교회에 대한 파괴적인 박해를 주도한 일을 말하고 있다. 그러나 바울은 다메섹으로 가던 길에 회심한 뒤에 데살로니가의 그리스도인들을 향해 "[그들이] 견디고 있는 모든 박해와 환난 중에서

[그들의] 인내와 믿음[을 나타낸 것]"을 칭찬했던 것이다(살후 1:4).

5장의 앞부분에서 야고보는 독자 중 일부가 사악한 부자들에게 당하고 있던 핍박의 내용을 묘사했다(5:1~6; 참조. 2:6). 그는 그 독자들이 그 핍박에 대해 보복하지 않고(5:6), 온유하고 부드러운 자세를 유지한 일을 칭찬했다. 이같이 행함으로써, 그들은 그리스도께서 보여주신 것과 동일한 태도를 나타낸 것이다. 당시 그분은 "욕을 당하시되 맞대어 욕하지 아니하시고 고난을 당하시되 위협하지 아니하시고 오직 공의로 심판하시는 이에게 부탁하신" 바 있다(벧전 2:23).

한편 야고보는 현명하게도 신자들이 핍박에 그릇된 방식으로 반응할 수 있다는 점을 파악하고 있었다. 심지어 사도 바울까지도 대제사장의 지시로 부당한 매를 맞았을 때 격분하여 이렇게 소리쳤다. "회칠한 담이여, 하나님이 너를 치시리로다!"(행 23:3). 이같이 절제되지 못한 비난이 핍박에 대한 잘못된 반응이었다는 점은 바울 자신도 인정한다(행 23:4~5). 이처럼 시련과 핍박에 직면하는 이들은 자신이 처한 상황이나 다른 사람들에 대해, 심지어는 하나님에 대해 인내심을 잃을 위험이 있다.

여기서 야고보는 이런 위험성을 인식하고 독자들에게 핍박 가운데도 "길이 참을" 것을 권면하고 있다. 이 본문의 "길이 참는"은 헬라어 '마크로투메오'(makrothumeō)를 번역한 것으로, 이 단어는 '긴'을 뜻하는 '마크로스'(makros)와 '분노'를 뜻하는 '투모스'(thumos)의 합성어이다. 현대식으로 표현하자면, 이는 "오래 참는"(long-tempered)으로 번역될 수 있다(참조. 출 34:6; 시 86:15; 잠 15:18; 16:32; 롬 2:4). 이것은 야고보서 1장 3~4절에서 "인내"로 번역된 것과는 다른 단어이다. 앞서 "인내"로 번역된 '휘포모네'(hupomonē)는 힘겨운 환경을 끈기 있게 견뎌내는 것을 가리킨다. 이에 반해 '마크로투메오'는 까다로운 사람들을 잘 참고 견디는 일을 묘사하는 것이다(참조. 마 18:26, 29; 살전 5:14). 이 둘 다 꼭 필요하다. 곧 사람들을 인내하며 견디는 일은 힘겨운 환경에 대해 그리하는 일만큼 중요한 것이다. 그들이 어떤 시련을 겪게 되든지 간에, 하나님은 모든 신자가 '인내'라는 의로운 표준에 순응하기를 기대하신다. 그러므로 야고보의 관점에서, 핍박 아래서 인내하는 일은 어떤 이가 참된 구원의 신앙을 지녔는지를 판가름하는 또 하나의 잣대가 된다. 또한 그는 참된 그리스도인들을 향해, 그들이 아무리 혹독하거나 가차 없는 고난을 당하더라도 인내심을 유지할 것을 권고하고 있다.

야고보는 신자들에게 시련을 끈기 있게 인내할 힘을 주는 여섯 가지 실제적인 관점을 제시한다. 주님이 오실 것을 고대하는 일과 그분의 심판이 있음을 헤아리는 일, 그분의 종들을 따르는 일과 그분이 주시는 복을 이해하는 일, 그분의 목적을 깨닫는 일과 그분의 성품을 숙고하는 일 등이다.

주님이 오실 것을 고대하는 일

"그러므로 형제들아, 주께서 강림하시기까지 길이 참으라. 보라, 농부가 땅에서 나는 귀한 열매를 바라고 길이 참아 이른 비와 늦은 비를 기다리나니 너희도 길이 참고 마음을 굳건하게 하라. 주의 강림이 가까우니라."(5:7~8)

이 단락에서 야고보는 세 차례에 걸쳐(7, 8, 9절) 신자들의 큰 소망인 주 예수 그리스도의 재림에 관해 말하고 있다. 모든 일의 상태가 늘 지금과 같지는 않으리라는 깨달음, 그리고 신자들이 "하나님이 계획하시고 지으실 터가 있는 성"을 향해 나아가고 있다는(히 11:10) 깨달음은 핍박을 겪는 이들에게 큰 소망을 준다. 그렇기 때문에 한 교회가 심한 핍박을 겪을수록 예수 그리스도의 재림을 더 간절히 고대하게 된다. 그리고 이와 반대로, 풍족하고 방탕하며 세속적인 교회들은 주님의 재림에 별 관심을 두지 않게 된다.

'파루시아'(*parousia*, "강림")는 신약의 중요한 종말론적 용어이다. 이 단어는 신약의 서신서들에서 예수 그리스도의 재림을 나타내는 데 가장 일반적으로 사용되고 있다(참조. 고전 15:23; 살전 2:19; 3:13; 4:15; 5:23; 살후 2:1, 8; 벧후 1:16; 3:4; 요일 2:28; 참조. 마 24:3, 27, 37, 39). '파루시아'는 단순한 '오심' 이상의 것을 언급한다. 그 속에 '임재'의 개념이 포함되어 있기 때문이다. 아마도 이 단어의 가장 좋은 번역어는 "임함"(arrival)일 것이다. 교회가 품은 큰 소망은 예수 그리스도께서 임하셔서 자신의 임재를 통해 그분의 백성인 우리에게 복 주실 때를 내다보는 것이다. 이 영광스러운 진리는 성경 전체에서 오백 구절 이상에 걸쳐 제시되고 있다.

주님은 자신의 재림에 관해 많은 것을 말씀하셨고 특히 그분의 감람산 강론에서 그렇게 하셨다(마 24~25장; 막 13장; 눅 21장). 주님은 그분의 재림이 있기 전에 먼저 뚜렷한 징조들이 나타날 것이라고 가르치셨다(마 24:5~26). 그분은 자신의 임재를 역사의 정점이 되는 극적인 사건으로, 곧 하늘에서 번쩍이는 번개의 불빛처럼 모든 사람의 눈앞에 뚜렷이 드러나는 사건으로 묘사하셨다(마 24:27~30). 그리고 이때에는 거대한 분리가 이루어져서 한편에는 천사들이 선택된 백성들을 한데 모아 예수님의 임재를 누리게 하며(마 24:31), 다른 한편에는 불신자들을 모아 그분의 임재로부터 추방되게 할 것이다(마 24:39~41).

모든 그리스도인은 그리스도의 재림에 관한 확실한 소망을 품고 살아가야 한다. 베드로는 이렇게 기록했다. "만물의 마지막이 가까이 왔으니 그러므로 너희는 정신을 차리고 근신하여 기도하라"(벧전 4:7). 바울은 자신의 죽음이 임박했을 때 확신을 품고 이렇게 고백할 수 있었다. "이제 후로는 나를 위하여 의의 면류관이 예비되었으므로 주 곧 의로우신 재판장이 그 날에 내게 주실 것이며 내게만 아니라 주의 나타나심을 사모하는 모든 자에게도니라"(딤후 4:8). 그리스도의 재림에 대한 분명한 소망은 시련과 핍박을 겪는 이들에게 특히 위안을 준다. 바울은 로마 교회의 신자들에게 보내는 편지에 이렇게 기록했다. "생각하건대 현재의 고난은 장차 우리에게 나타날 영광과 비교할 수 없도다"(롬 8:18). 그리고 그는 고린도 교회의 신자들에게 다음의 내용을 일깨웠다. "우리가 잠시 받는 환난의 경한 것이 지극히 크고 영원한 영광의 중한 것을 우리에게 이루게 함이니"(고후 4:17). 또 베드로는 고난받는 신자들에게 주님의 재림을 기억할 것을 권면하면서 이렇게 격려했다.

> 너희가 이제 여러 가지 시험으로 말미암아 잠깐 근심하게 되지 않을 수 없으나 오히려 크게 기뻐하는도다. 너희 믿음의 확실함은 불로 연단하여도 없어질 금보다 더 귀하여 예수 그리스도께서 나타나실 때에 칭찬과 영광과 존귀를 얻게 할 것이니라. (벧전 1:6~7)

또한 신자들은 그리스도의 재림에 마음의 초점을 맞출 때 경건한 삶의 동기를 얻게 된다. 요한일서 3장 3절에서 요한은 이렇게 기록하고 있다. "주를 향하여 이 소망[그분의 재림-2절]을 가진 자마다 그의 깨끗하심과 같이 자기를 깨끗하게 하느니라." 마지막 때에 있을 일들에 관한 연구는 사변적인 종말론의 체계들을 낳는 것이 아니라 우리 신자들의 거룩한 삶으로 이어져야 한다. 베드로는 지금 이 세계가 멸망할 것에 관해 논한 뒤에 독자들에게 이렇게 권고한다. "그러므로 사랑하는 자들아, 너희가 이것을 바라보나니 주 앞에서 점도 없고 흠도 없이 평강 가운데 나타나기를 힘쓰라"(벧후 3:14; 참조. 빌 3:16~21; 살전 1:9~10; 딛 2:11~13).

야고보는 신자들이 주님의 재림을 끈기 있게 기다려야 한다는 자신의 요점을 추가로 강조하려고 단순하고 명확한 사례를 들며 독자들에게 친숙한 장면을 묘사한다. 그는 이렇게 지적한다. "농부가 땅에서 나는 귀한 열매를 바라고 길이 참아 이른 비와 늦은 비를 기다리나니." 여기서 "농부"는 소작농 또는 작은 규모의 땅을 소유한 이였을 것이다. 그 농부는 자신의 토지에 씨앗을 심은 후 "땅에서 나는 귀한 열매", 곧 작물이 열리기를 "바라고" 기다려야 했다. 이것은 그의 통제 너머에 있는 조건들에 의존하는 일이었다. 곧 그 작물이 자라기 위해서는 하나님이 그분의 섭리로써 그 일에 필요한 모든 요소를 공급해 주셔야만 했다. 이 작물들은 그 농부에게 "귀한" 가치를 지닌 것이었으니, 그 자신의 생존이 그 작물들에 의존하기 때문이다. 그가 할 수 있는 일은 오직 작물들이 열리기를 간절히 기다리면서 "길이 참는"(이는 '마크로투메오'를 번역한 것으로 앞에 나온 것과 동일한 단어이다) 것뿐이었다.

이 구절에서 야고보가 "이른 비와 늦은 비"를 언급하는 것은 농부들이 얼마나 오랫동안 끈기 있게 기다려야만 했는지를 보여준다. 팔레스타인 지역에서 "이른" 비는 씨앗을 심는 가을에(10월과 11월), "늦은" 비는 추수의 시기 직전에(3월과 4월) 내렸다.

야고보는 이 비유를 자신의 독자들에게 적용하면서 그들에게 "너희도 길이 참을" 것을 권면하고 있다. 곧 농부가 농사철 내내 작물이 열리기를 끈기 있게 기다리듯이, 신자들 역시 주 예수 그리스도의 재림을 인내심 있게 기다려야 한

James ──

다는 것이다. 사도 바울은 갈라디아 교회의 신자들을 향해 이와 비슷한 권고를 제시한다. "우리가 선을 행하되 낙심하지 말지니 포기하지 아니하면 때가 이르매 거두리라"(갈 6:9). 어쩌면 야고보서의 수신자들은 계시록 6장 9~11절에서 언급된 이들과 마찬가지로 그리스도의 재림을 기다리는 데 점점 더 참을성을 잃고 있었을지 모른다. 또 그 수신자들은 재림의 실제를 부인하며 조롱하는 이들에게 괴롭힘을 당하고 있었을 수도 있다(참조. 벤후 3:3~4).

더 나아가 야고보는 독자들에게 "마음을 굳건하게 할" 것을 권고하고 있다. 이 구절의 "굳건하게 하다"는 헬라어 '스테리조'(*stērizō*)를 번역한 단어이며, 이는 '고정하다', '확립하다', 또는 '확증하다'를 의미한다. 누가복음 9장 51절에서 이 단어는 예루살렘을 향해 나아가시려는 예수님의 확고한 결단을 묘사하는 데 쓰였다. 당시 주님은 자신이 그곳에 도착하면 죽음을 맞게 될 것을 알고도 그리하셨다. 곧 이 단어는 굳은 각오와 단호한 용기, 혹독한 시련이 닥쳐오더라도 끝까지 버티려는 헌신의 태도를 가리키는 표현이다. 그리고 '스테리조'는 '일어서게 하다', 또는 '지탱하다'를 의미하는 어근에서 유래한다. 그러므로 여기서 야고보는 핍박의 무거운 짐 아래서 무너지려는 이들에게 구주가 다시 오실 것을 믿는 소망으로 스스로를 지탱해 나갈 것을 촉구하고 있다.

성경의 다른 본문들에서는 어떤 이를 영적으로 강건하게 하는 일을 성령님의 은혜로운 사역으로 간주한다(예. 엡 3:14~19; 살전 3:12~13; 살후 2:16~17; 벧전 5:10). 그런데 여기서는 그 일을 신자들 자신의 책임으로 제시하고 있다. 이것은 하나님의 돌보심과 인간의 책임 사이에 있는 심오한 긴장을 보여주는 또 다른 사례이며, 이런 긴장은 교리적인 진리들 가운데 깊이 새겨져 있다. 그리스도인들은 '하나님이 모든 일을 알아서 하시도록 두라'는 태도를 취하면 안 되고, 자신들의 삶을 율법주의적인 자기 노력의 연속으로 여겨서도 안 된다. 오히려 그들은 마치 모든 일이 그들 자신에게 달려 있다는 듯이 최선을 다하며 살되, 동시에 모든 일이 하나님께 의존하고 있음을 인정해야 한다(참조. 빌 2:12~13).

야고보는 두 마음을 품은 이들이나 변덕스러운 이들을 용납하지 않는다. 1장 6절에서 그는 "의심하는 자는 마치 바람에 밀려 요동하는 바다 물결 같음"

을 말한 뒤에 이렇게 경고하고 있다. "이런 사람은 무엇이든지 주께 얻기를 생각하지 말라. 두 마음을 품어 모든 일에 정함이 없는 자로다"(7~8절). 2장 4절에서 이 영감 받은 저자는 "서로 차별하고" 속이며 "악한 생각으로 판단하는" 자들을 꾸짖었다. 그리고 3장 8~12절에서는 하나님을 찬미하는 동시에 동료 인간들을 저주하는 이들의 모순을 지적한다. 야고보는 또한 겉으로는 자신들이 하나님을 사랑한다고 말하면서도 실제로는 세상을 사랑하고 있던 이들을 책망했다(4:4). 그러고는 그들을 향해 이같이 권고했다. "두 마음을 품은 자들아, 마음을 성결하게 하라"(8절). 그러므로 이제 야고보가 독자들을 향해 주 예수 그리스도의 재림에 관해 견고한 확신을 품고 마음을 굳건하게 하도록 권고하는 것은 자연스러운 일이다.

이 권고의 명백한 개념은 신자들이 자기가 겪는 고난이 일시적임을 깨달아야 한다는 것이었다. 곧 그들의 고난은 예수님이 다시 오실 때 끝나게 된다는 것이다. 물론 예수님은 이 서신의 수신자들이 살아있는 동안에 재림하지 않을 수 있었다. 그리고 그분은 그 이후로 이 세상에 태어나서 살다 간 수많은 신자의 생애 동안에도 다시 오시지 않았다. 그동안 그분이 언제 다시 오실지를 알았던 이는 아무도 없다. 하지만 이 모든 신자는 예수님이 언제라도 재림하실 수 있음을 기대하고 내다보면서 살아갔다. 이런 사실은 주님의 재림이 임박한 것임을 증언한다. 곧 그리스도를 위한 하나님의 계획 가운데 이제 다음에 임할 일은 바로 그분이 다시 오셔서 신자들을 세상과 그 온갖 문제들로부터 건져주시는 것이라고 주장한다. 이 메시지는 모든 세대의 교회에게 위로와 소망을 주는 것이 되어왔다(참조. 살전 4:13~18).

야고보는 독자들에게 "주의 강림이 가까이 왔다"는 소망을 일깨우면서 재림의 임박함을 강조한다. 이 구절에서 "가까우니라"로 번역된 동사('엥기조', *eggizō*)는 '다가오다', '접근하다', 또는 '가까이 오다'를 의미한다. 이제 하나님이 예고하신 시간표 가운데 남아 있는 다음 사건은 바로 그리스도의 재림이며, 이 일은 언제라도 이루어질 수 있다. 예수님이 자신의 재림을 늦추시는 이유는 하나님이 "창세전에 그리스도 안에서 … 택하신" 이들을 여전히 구속하고 계시기 때문이다(엡 1:4). 그러나 인간적인 관점에서 살필 때, 그리스도의 재림은 그분이 하늘로 오르신 이후로 늘 임박했던 일이다(행 1:9~11). 그리고 교회는 늘 그 임박한 재림에 소망을 두어왔다. 사도 바울은 로마 교회에 보내는 편지에서 이렇게 기록했다. "밤이 깊고 낮이 가까웠으니"(롬 13:12). 그리고 히브리서의 저자는 독자들에게 이렇게 권면했다. "모이기를 폐하는 어떤 사람들의 습관과 같이 하지 말고 오직 권하여 그 날이 가까움을 볼수록 더욱 그리하자"(히 10:25). 또 베드로는 이렇게 기록했다. "만물의 마지막이 가까이 왔으니"(벧전 4:7). 그리고 사도 요한은 이렇게 말하고 있다. "아이들아, 지금은 마지막 때라. 적그리스도가 오리라는 말을 너희가 들은 것과 같이 지금도 많은 적그리스도가 일어났으니 그러므로 우리가 마지막 때인 줄 아노라"(요일 2:18). 또한 성경에 기록된 예수님의 마지막 말씀은 다음과 같다. "내가 진실로 속히 오리라"(계 22:20). 그리고 "복스러운 소망과 우리의 크신 하나님 구주 예수 그리스도의 영광이 나타나심을 기다리는" 것은 모든 그리스도인에게 주어진 특권이자 책임이다(딛 2:13; 참조. 요 14:1~3; 고전 1:7; 빌 3:20~21; 살전 1:9~10; 4:16~18). 그러므로 재림의 임박함(모든 시대의 신자들은 그리스도께서 언제라도 다시 오실 수 있다는 소망을 품고 살아왔다)을 배제하는 종말론적인 견해는 그것이 무엇이든 간에 이 모든 성경의 본문들과 충돌한다. 이 성경의 본문들은 고난받는 신자들에게 주님의 재림을 내다보게 함으로써 새로운 소망을 공급해준다.

주님의 심판이 있음을 헤아리는 일

"형제들아, 서로 원망하지 말라. 그리하여야 심판을 면하리라. 보라, 심판주가 문 밖에 서 계시니라."(5:9)

여기서 야고보는 주 예수 그리스도를 재판정에 막 들어서려는 심판자의 모습으로 묘사하고 있다. 이 진리는 그가 앞서 말한 요점과 동전의 양면과 같은 관계에 있다. 재림의 소망은 시련 가운데 있는 신자들에게 위로를 준다. 하지만 그리스도께서 "살아있는 자와 죽은 자를 심판하러" 다시 오신다는 사실(딤후 4:1; 벧전 4:5; 참조. 행 10:42)은 시련 가운데 "원망하고픈" 유혹을 받는 이들에게 준엄한 경고가 되는 것이다.

신자들이 어려운 환경 가운데 살아가는 동안에 인내심을 잃고 좌절하면서 "서로 원망하게" 될 수 있다. 그리고 그 원망은 특히 신자들 자신보다 덜한 어려움을 겪는 것처럼 보이는 이들이나, 그들의 삶에 어려움을 더해 주는 것으로 여겨지는 이들을 상대로 나타날 수 있다. 이 구절에 쓰인 '스테나조'(*stenazō*, "원망하다")는 또한 '마음속으로 신음하다', 또는 '한숨짓다'를 의미한다. 이는 겉으로 표현되지 않는 내면적인 태도를 묘사하는 단어이다(참조. 막 7:34; 롬 8:23). 여기서는 다른 사람들과의 관계 속에서 그 모습을 드러내는 원망과 불평의 상태를 표현하고 있다.

그런 다음에 야고보는 이같이 원망하고 불평하는 일을 피해야 할 단순하면서도 강력한 동기를 자신의 독자들에게 제시한다. "그리하여야 심판을 면하리라."(바울 역시 주님이 재림하실 일에 근거해서 불평하지 말 것을 빌립보 교회의 신자들에게 권고하고 있다. 빌 2:14~16을 참조하라.) 주님을 알지 못하는 이들은 마침내 최후의 심판을 직면하게 될 것이며 그 결과로 영원한 정죄를 선고받게 될 것이다. 그리고 심지어 신자들까지도 그 판단의 대상이 된다. 사도 바울은 이렇게 기록하고 있다. "이는 우리가 다 반드시 그리스도의 심판대 앞에 나타나게 되어 각각 선악 간에 그 몸으로 행한 것을 따라 받으려 함이라"(고후 5:10; 참조. 롬 14:10; 딤후 4:7~8). 그는 이렇게 말한다.

> [이때에는] 각 사람의 공적이 나타날 터인데 그 날이 공적을 밝히리니 이는 불로 나타내고 그 불이 각 사람의 공적이 어떠한 것을 시험할 것임이라. 만일 누구든지 그 위에 세운 공적이 그대로 있으면 상을 받고 누구든지 그 공적이 불타면 해를 받으리니 그러나 자신은 구원을 받되 불 가운데 받은 것 같으리라. (고전 3:13~15)

바로 그때에 "주께서 … 어둠에 감추인 것들을 드러내고 마음의 뜻을 나타내실" 것이며, 그때에 "각 사람에게 하나님으로부터 칭찬이 있게" 될 것이다 (고전 4:5). 예수님은 이렇게 훈계하셨다. "보라, 내가 속히 오리니 내가 줄 상이 내게 있어 각 사람에게 그가 행한 대로 갚아 주리라"(계 22:12). 그러므로 주 예수 그리스도의 '파루시아'는 소망의 시기인 동시에 우리의 행위에 대한 심판의 시기이며, 그 심판의 목적은 각 사람의 행위에 따라 영원한 상급을 내려 주시는 데 있다. 이 심판은 신자들의 죄에 대한 것이 아니니, 그 일에 대한 심판은 이미 주님의 십자가에서 이루어졌기 때문이다(롬 8:1, 31~34). 따라서 우리는 죄에 대한 심판을 두려워할 필요가 없지만, 주님을 사랑하는 신자들은 각자의 상급을 잃지 않고(요이 8절) "잘하였도다"라고 칭찬하시는 그분의 음성을 듣기 원할 것이다(마 25:21, 23). 그리고 주님은 금이나 은, 보석과 같이 살아온 그들의 삶에 대해 상을 베풀어 주실 것이다.

야고보는 그리스도께서 우리의 행위를 심판하기 위해 다시 오실 일이 임박했음을 추가로 강조하면서 이렇게 경고한다. "보라, 심판주가 문 밖에 서 계시니라." 신적인 재판장이신 그리스도는 여기서 문을 열어젖히고 심판의 법정으로 뛰어 들어오실 준비가 된 모습으로 묘사되고 있다. 주님은 그분의 '파루시아' 때에 이같이 극적으로 입장하실 것이며, 위에서 말했듯이 이 '파루시아'는 그분의 인격적이며 역사적인 시간표에서 바로 다음에 이루어질 사건이다. 우리는 고난 중에 있을 때 그리스도께서 재림하시면 이 시기가 끝날 것이란 소망을 품고 격려를 얻는 동시에 우리 신자들의 행위에 대한 심판이 장차 있을 것임을 인식하면서 끈기 있게 인내해야 한다.

주님의 종들을 따르는 일

"형제들아, 주의 이름으로 말한 선지자들을 고난과 오래 참음의 본으로 삼으라."(5:10)

여기서 야고보는 신자들에게 부당한 고난을 견딜 것을 더욱 격려하기 위해 "고난과 오래 참음의 본"을 보인 "선지자"들의 예를 들고 있다. 이 구절의 "고난"은 헬라어 '카코파테이아'(kakopatheia)를 번역한 단어이며, 이 단어는 '카코스'(kakos, '악')와 '파토스'(pathos, '겪다')의 합성어이다. 그리고 "오래 참음"은 헬라어 '마크로투미아'(makrothumia)를 번역한 단어이며, 이는 곧 사람들을 상대로 인내하는 일을 가리킨다(앞선 7절의 논의를 참조하라). "선지자들"(세례 요한을 비롯한 구약의 선지자들)은 "주의 이름으로 말했기" 때문에 사람들에게 악한 대우를 받으면서도 그 일을 끈기 있게 인내했던 이들의 적절한 "본보기"가 된다. 이같이 주님의 이름으로 말씀을 선포하는 것은 그들의 역할이었으며(참조. 렘 20:9), 이는 자주 반복되는 구약의 어구인 "주님이 말씀하시기를"을 통해 드러난다. "주의 이름"은 그분의 모든 존재와 행하심, 또 그분의 의지를 대변하는 표현이다. 그리고 "선지자"들은 바로 그분의 대변인들이었다.

하나님의 대변인인 그들이 배척을 당한 것은 이스라엘의 역사에서 익숙하고도 비극적인 주제였다. 예수님은 바리새인들을 "선지자를 죽인 자의 자손"으로 부르면서 꾸짖으셨다(마 23:31). 그리고 이 장의 뒷부분에서 예수님은 (이스라엘 백성 전체를 상징하는 곳인) 예루살렘을 두고 "선지자들을 죽이고 네게 파송된 자들을 돌로 치는" 도시로 지칭하셨다(37절). 또 스데반은 산헤드린 공회 앞에서 재판을 받을 때 심문하는 자들을 향해 이렇게 책망했다. "너희 조상들이 선지자들 중의 누구를 박해하지 아니하였느냐? 의인이 오시리라 예고한 자들을 그들이 죽였고 이제 너희는 그 의인을 잡아 준 자요 살인한 자가 되었느니라"(행 7:52; 참조. 느 9:26; 단 9:6).

이스라엘의 선지자들이 핍박을 견딘 이야기는 배척과 학대의 긴 역사와도 같다. 모세는 이스라엘 백성들을 이끌고 애굽에서 나온 뒤에 그 목이 곧고 반역적인 백성들의 원망을 견뎌야만 했다(출 17:4). 다윗은 마치 사냥꾼에게 쫓기는 자고새처럼 산속에서 사울 왕의 추격을 피해 계속 도망 다녀야만 했다(삼상 18:5~26:25). 또 엘리야는 악한 왕 아합(왕상 18:17; 21:20)과 사악한 왕비 이세벨(왕상 19:1~2)의 적개심에 시달렸다. 그리고 예레미야는 자신의 사역 내내 사람들의 심한 반대를 겪었으며(참조. 렘 18:18; 20:1~2; 26:8; 32:2; 37:13~16; 38:1~6; 43:1~4; 44:15~19), 이로 인해 깊은 슬픔을 느낀 나머지 '눈물의 선지자'로 알려지게 되었다. 에스겔은 자신의 사역 동안에 아내의 죽음을 겪었다(겔 24:15~18). 다니엘은 자신의 유년기에 고국을 떠나야만 했으며, 이후에는 하나님을 향한 신앙을 지켰다는 이유로 사자 굴에 던져지게 되었다(단 6:1이하). 또 호세아는 고통스러운 결혼 생활을 견뎠으며(호 1:2), 아모스는 사람들의 거짓 말과 조롱에 직면했다(암 7:10~13). 그리고 세례 요한은 하나님의 진리를 증언했던 일 때문에 감옥에 갇히고 마침내 처형을 당했다(마 14:10). 히브리서 11장에서는 수많은 선지자를 칭찬하는데, 이들은 위에 말한 인물들처럼 잘 알려지지는 않았지만, 그들 못지않게 신실했던 이들이었다. 우리 신자들은 이 신실한 선지자들이 시련 속에서도 끈기 있게 인내한 것을 바라보면서 격려를 얻어 우리 앞에 놓인 믿음의 경주를 부지런하고 신실한 자세로 감당해야 할 것이다(히 12:1). 우리가 겪는 핍박이 아무리 혹독할지라도 그러하다.

주님이 주시는 복을 이해하는 일

"보라, 인내하는 자를 우리가 복되다 하나니." (5:11a)

"우리[이는 신자들 전반을 지칭한다]가 … 하나니"라는 어구는 시련을 끈기 있게 견딜 네 번째 동기를 소개한다. 그 동기는 곧 이같이 "인내하는 자들"에게 하나님이 "복"을 주신다는 일반적인 지식이다. 이 구절의 "인내하는"은 헬라어 동사 '휘포메노'(*hupomenō*)의 한 형태를 번역한 단어이며, 이 동사는 1장 3~4절에서 "인내"로 번역된 명사와 연관성을 지닌다. 앞서 7절에 관한 논의에서 지적했듯이, 이 단어는 어려운 상황을 끈기 있게 견디는 일을 가리킨다. 그리고 이같이 인내하며 견디는 이들은 하나님이 베푸시는 은총의 대상이 되는 것이다. 바울은 이 점을 이해하고 고린도후서 12장 7~10절에서 그 내용을 이렇게 풍성하게 표현했다.

여러 계시를 받은 것이 지극히 크므로 너무 자만하지 않게 하시려고 내 육체에 가시 곧 사탄의 사자를 주셨으니 이는 나를 쳐서 너무 자만하지 않게 하려 하심이라. 이것이 내게서 떠나가게 하기 위하여 내가 세 번 주께 간구하였더니 나에게 이르시기를 내 은혜가 네게 족하도다. 이는 내 능력이 약한 데서 온전하여짐이라 하신지라. 그러므로 도리어 크게 기뻐함으로 나의 여러 약한 것들에 대하여 자랑하리니 이는 그리스도의 능력이 내게 머물게 하려 함이라. 그러므로 내가 그리스도를 위하여 약한 것들과 능욕과 궁핍과 박해와 곤고를 기뻐하노니 이는 내가 약한 그 때에 강함이라.

이처럼 바울은 이 땅의 삶에서도 겸손히 하나님께 의존하면서 그분의 특별한 은혜를 누리고 영적인 힘을 얻을 수 있었다. 그런데 이 모든 복은 바로 그가 사탄의 부당한 공격을 받은 일을 통해 이루어졌다.

하나님이 주시는 복은 위대한 일을 행하는 이들에게 임하는 것이 아니라 어려움을 끈기 있게 견디는 이들에게 찾아온다. 내세의 삶에서 가장 큰 복을 누리게 될 이들은 바로 지금 이 세상에서 가장 큰 고난을 견뎌낸 이들이다(참조. 마 20:20~23). 그러므로 지금 고난 중에 있는 그리스도인들은 현세의 복과 미래의 영광을 누리게 될 것을 소망하면서 그 시련을 끈기 있게 인내할 힘을 얻어야 할 것이다.

주님의 목적을 깨닫는 일

"너희가 욥의 인내를 들었고 주께서 주신 결말을 보았거니와,"(5:11b)

시련을 끈기 있게 견디는 일에 관해 야고보가 제시하는 다섯 번째 동기는 유대인 독자들이 잘 알고 있었던 한 이야기로부터 유래한다. 시련 중에도 인내했던 욥에 관한 놀라운 이야기는 유대 역사에서 가장 잘 알려진 이야기 중 하나였다. 당시 "욥"은 상상할 수도, 말로 설명할 수도 없는 고난을 견뎌냈다. 사탄의 격렬한 공격으로 자신의 자녀와 재물, 욥 본인의 건강과 평판을 잃은 일들이 그 가운데 포함되었으며, 그중에서도 가장 고통스러운 것은 하나님이 자신과 함께하신다는 임재 의식을 잃어버린 일이었다. 욥이 자신의 비참함을 말로 표현하고(3:1~11), 스스로를 '위로자'로 내세우는 친구들의 그릇된 조언에 대해 탄식했던 일(16:2이하), 그리고 마음의 혼란 가운데 하나님께 부르짖었던 일은 사실이다(7:11~16). 하지만 욥은 "이 모든 일에 … 범죄하지 아니하였으며, 하나님을 향하여 원망하지도 아니하였던" 것이다(욥 1:22; 참조. 2:10). 욥은 "그가 나를 죽이실지라도 나는 그분께 소망을 두리라"고 힘 있게 고백하는데(13:15, 개역개정판에는 "그가 나를 죽이시리니 내가 희망이 없노라"로 번역되어 있다.—역주), 이는 그가 자신의 시련을 인내로써 감당했음을 보여준다(참조. 1:21; 19:25~27).

"주께서 [욥에게] 주신 결말", 또는 그분의 목적은 고난을 끈기 있게 감내하는 모든 이들에게 소망을 준다. 당시 욥이 겪은 고난 가운데는 하나님이 품으신 적어도 네 가지의 중요한 목적이 있었다. 욥의 신앙을 시험하고 그 신앙이 참됨을 드러내는 일과 그 신앙을 무너뜨리려는 사탄의 시도를 좌절시키는 일, 욥이 견고한 신앙을 품고 하나님을 더욱 뚜렷이 바라보도록 돕는 일과 그를 더 복된 존재로 만들어 주시는 일 등이다. 그리고 하나님의 이 모든 목적이 이루어질 수 있었던 이유는 바로 욥이 그 모든 시련 속에서도 하나님을 향해 끝까지 충성된 자세를 유지했기 때문이다. 욥기의 내용은 하나님이 그분의 충성스럽고 신실한 종인 욥에게 베푸신 복들을 이렇게 열거하는 것으로 끝이 난다.

> 욥이 그의 친구들을 위하여 기도할 때 여호와께서 욥의 곤경을 돌이키시고 여호와께서 욥에게 이전 모든 소유보다 갑절이나 주신지라. 이에 그의 모든 형제와 자매와 이전에 알던 이들이 다 와서 그의 집에서 그와 함께 음식을 먹고 여호와께서 그에게 내리신 모든 재앙에 관하여 그를 위하여 슬퍼하며 위로하고 각각 케쉬타 하나씩과 금 고리 하나씩을 주었더라. 여호와께서 욥의 말년에 욥에게 처음보다 더 복을 주시니 그가 양 만 사천과 낙타 육천과 소 천 겨리와 암나귀 천을 두었고 또 아들 일곱과 딸 셋을 두었으며 그가 첫째 딸은 여미마라 이름하였고 둘째 딸은 긋시아라 이름하였고 셋째 딸은 게렌합북이라 이름하였으니 모든 땅에서 욥의 딸들처럼 아리따운 여자가 없었더라. 그들의 아버지가 그들에게 그들의 오라비들처럼 기업을 주었더라. 그 후에 욥이 백사십 년을 살며 아들과 손자 사 대를 보았고 욥이 늙어 나이가 차서 죽었더라. (욥 42:10~17)

욥의 본보기는 시련을 겪는 이들이 그 어려움을 끈기 있게 견뎌낼 수 있도록 격려해준다. 그들은 주님의 목적이 그들을 더 견고하고 온전하게 만드시며 마침내는 풍성한 복을 주시려는 데 있음을 깨달아야 한다. 이 일에 관해 사도 바울은 이렇게 선언하고 있다. "하나님을 사랑하는 자 곧 그의 뜻대로 부르심을 입은 자들에게는 모든 것이 합력하여 선을 이루느니라"(롬 8:28).

주님의 성품을 숙고하는 일

"주는 가장 자비하시고 긍휼히 여기시는 이시니라"(5:11c).

적절하게도, 여기서 야고보는 시련을 끈기 있게 견디라는 자신의 권면을 마무리하면서 하나님이 어떤 분이신지를 다시 일깨우고 있다. 혹독한 고난 중에 있는 이들은 욥이 그랬듯이 과연 하나님이 그들 자신의 상황에 관심을 두고 계시는지를 의문시하게 되는 일이 자주 있다. 하지만 그 모든 어려움 속에서도, 신자들은 "주는 가장 자비하시고 긍휼히 여기시는 이"시라는 이 반박할 수 없는 진리에서 위로를 얻을 수 있다. 이것은 구약에서 분명히 증언하는 진리이다(예. 출 33:18~19; 34:6; 민 14:18; 대하 30:9; 느 9:17; 시 86:15; 103:8; 111:4; 112:4; 116:5; 145:8; 사 30:18; 애 3:22~23; 욜 2:13; 욘 4:2을 보라).

"가장 자비하시고"는 헬라어 '폴루스플라그크노스'(polusplagchnos)를 번역한 표현이다. 이 단어는 신약에서 오직 이 구절에만 쓰였으며, 야고보가 직접 만들어낸 용어로 보인다. 이 헬라어 단어는 문자적으로 '창자가 많은'(many~boweled)을 의미하는데, 이는 사람의 창자 또는 복부를 감정의 자리로 여겼던 히브리어의 관용 어구를 반영하는 표현이다. 그러므로 하나님이 '많은 창자를 지니고 계신다'는 말은 곧 그분의 깊은 자비를 확언하는 것이 된다.

성경은 하나님이 "긍휼히 여기시는" 분임을 분명히 가르친다(참조. 시 86:15; 겔 39:25; 눅 1:78; 롬 9:16; 11:30, 32; 12:1; 15:9; 고후 1:3; 엡 2:4; 히 2:17; 벧전 1:3; 2:10). 이처럼 하나님이 풍성한 긍휼을 지니고 계시므로, 베드로는 신자들에게 이렇게 권면하고 있다. "너희 염려를 다 주께 맡기라 이는 그가 너희를 돌보심이라"(벧전 5:7; 참조. 시 55:22; 빌 4:6). 신자들이 고난을 겪을 때, 그들의 하늘 아버지이신 하나님은 자비와 긍휼로써 응답하신다(시 103:13).

우리 그리스도인들의 삶 속에 어떤 시련이나 고난, 핍박이 찾아올 때, 우리는 위에서 살핀 이 일들을 준행함으로써 그 어려움을 끈기 있게 견뎌낼 수 있다. 이는 곧 주님이 오실 것을 고대하는 일과 그분의 심판이 있음을 헤아리는 일, 그분의 신실한 종들을 본받는 일과 그분이 주시는 복을 이해하는 일, 그분의 목적을 깨닫는 일과 더불어 자비와 긍휼이 풍성하신 주님의 성품을 숙고하는 일이다. 이같이 행할 때, 우리는 시편의 기자가 그랬듯이 다음의 고백을 힘 있게 드릴 수 있게 될 것이다. "그의 노염은 잠깐이요 그의 은총은 평생이로다. 저녁에는 울음이 깃들일지라도 아침에는 기쁨이 오리로다"(시 30:5).

20

맹세를 그치라
(약 5:12)

"내 형제들아, 무엇보다도 맹세하지 말지니 하늘로나 땅으로나 아무 다른 것으로도 맹세하지 말고 오직 너희가 그렇다고 생각하는 것은 그렇다 하고 아니라고 생각하는 것은 아니라 하여 정죄 받음을 면하라."(5:12)

타락한 인류는 기본적으로 뿌리 깊은 거짓말쟁이들이다. 부모와 자녀들이 서로 거짓말을 하며, 남편과 아내들도 서로 그리한다. 고용된 이들은 고용주들에게 거짓말을 하며, 고용주들 역시 자신이 고용한 이들에게 거짓말을 할 뿐더러 종종 대중들을 향해서도 그리한다. 정치인들은 선거에서 이기기 위해 거짓말을 하고, 공직에 취임한 후에도 계속 거짓말을 이어간다. 또 국민들 역시 정부를 향해 거짓말을 하며, 이는 특히 자신의 소득세를 신고하는 문제에서 그러하다. 교육자들도 거짓말을 하며, 과학자와 언론인들 역시 그리한다. 이처럼 우리 사회 전체가 거짓말의 틀 위에 세워져 있으므로, 만일 모든 이들이 단 하루만 진실을 말하도록 강요될 경우 과연 우리 사회 구조가 제대로 유지될 수 있을지가 의문시될 정도이다.

성경의 가르침에 친숙한 이들은 우리가 이처럼 거짓으로 가득 찬 세상에 살고 있다는 사실에 그리 놀라지 않을 것이다. 성경은 거듭나지 않은 인류를 마귀의 자녀로 지칭하고 있고, 마귀는 곧 "거짓의 아비"이다(요 8:44). 이처럼 모든 이들이 기본적으로 부정직하기 때문에 사람들은 타인에게 진실을 말하며 약속을 지키도록 강요하려고 맹세를 요구하곤 했다. (그러나 이것은 헛된 시도일 경우가 많았다.) 어린아이들의 단순한 맹세나 종교의 분파 또는 다른 조직들에서 자주 요구하는 복잡한 서약, 그리고 법적인 계약에서 평화 협정에 이르기까지 모든 다짐은 이런 인류의 기본적인 부정직함 때문에 우리에게 필요한 것이 되었다.

당시 유대인들은 이와 동일한 부정직함을 드러내었다. 그들은 구약의 율법을 좇아 주님의 이름으로 맹세할 뿐 아니라(그리고 때로는 그 서약의 내용을 어겼다), 주님의 이름 외의 온갖 사물에 의지해 교묘하게 거짓되고 속임수가 담긴 서약을 하는 관습을 발전시켰다(이는 오직 주님의 이름만이 구속력을 지닌다고 여겼기 때문이다). 그들은 자신의 약속이 진실인 것처럼 가장하기 위해 주님 외의 다른 온갖 존재들에 의지해 맹세했다. 하지만 그들은 그런 자신의 맹세를 지킬 의도가 없었다. 그래서 예수님은 이 관습을 정죄하셨다(마 5:33~36; 23:16~22).

성경이 기록된 시대에 어떤 일에 관해 맹세하는 관습은 일상생활의 중요한 일부분이었다. 이 맹세의 문제는 당시의 교회 안에서 하나의 논쟁거리였으며, 특히 이 서신의 수신자들로서 주로 유대인들로 이루어진 회중들 가운데 그러했다. 당시 맹세의 관행은 유대 문화의 필수적인 일부분이었고, 유대인 신자들은 그 관습을 교회 안으로 가지고 들어왔다. 하지만 그리스도인들에게 이 같은 맹세는 불필요한 것이었다. 그들의 말 자체가 정직해야 했고(엡 4:25; 골 3:9) 그들의 삶이 진실성과 신뢰성을 드러내야만 했기 때문이다. 곧 신자들은 자신의 말을 충실하게 지켜야 했고, 그럼으로써 단순한 '예' 또는 '아니오'만으로도 충분한 대답이 될 수 있어야 했다.

야고보는 신자들로 하여금 진실을 말하는 문제에서 구별된 태도를 보이도록 격려하기 위해 이 구절에서 '맹세를 그칠' 것을 명령하고 있다. 이제 여기서는 그의 이 명령이 지닌 네 가지 특징을 살펴보려 한다. 곧 구별과 제한, 지침과 동기 부여 등이다.

구별

"내 형제들아, 무엇보다도"(5:12a)

"무엇보다도"라는 어구는 여기서 이어지는 권고와 이 서신에 담긴 다른 권고들 사이에 구별이 있음을 보여주고, 이 권고가 으뜸가는 위치에 있음을 가리킨다. 이 구절에 쓰인 헬라어 불변화사 '데'(*de*, NASB에는 "but"으로 번역되어 있다.—역주)는 이 본문의 주제가 시련을 끈기 있게 직면할 것을 논한 앞 본문(5:7~11)의 주제와는 다른 쪽으로 이동하고 있음을 보여준다. 이 본문이 앞선 단락과 대조되는 것은 아니므로, 여기서는 이 '데'를 "이제" 또는 "그리고"로 번역하는 편이 최선이다. 이 단어가 새로운 주제를 소개하는 역할을 하기 때문이다. 이 새로운 주제는 앞선 문맥과 전혀 동떨어진 것이 아니며, 이 점은 9절과 같이 12절에서도 장차 임할 심판에 관해 말하고 있는 것을 통해 알 수 있다.

12절에 담긴 이 명령은 이 서신의 결말 부분에 있는 여러 명령 가운데 첫 번째 것이다. 저자인 야고보는 서신을 마무리하면서 자신의 생각을 마지막으로 정돈하는 동시에 결론적으로 몇 가지 중요한 문제들을 말하고 있다. 이런 모습은 신약의 서신들에서 흔히 나타나는 형태이다(참조. 살전 5:11~27). 그 내용이 오직 한 절로 제시되기 때문에 어떤 이들은 맹세에 관한 야고보의 금지령을 사소한 사안으로 치부하고 싶을지도 모르겠다. 그러나 "무엇보다도"라는 어구는 이 구절의 내용이 중요하고 포괄적인 명령으로서 다른 명령들과 구별되는 것임을 보여준다.

야고보가 서신의 끝부분에 신자들의 말에 관해 논하는 것은 놀라운 일이 아니다. 그는 이 서신의 각 장에서도 그 내용을 말하고 있기 때문이다. 1장 26절에서 그는 이렇게 기록하고 있다. "누구든지 스스로 경건하다 생각하며 자기 혀를 재갈 물리지 아니하고 자기 마음을 속이면 이 사람의 경건은 헛것이라." 자신의 말을 제어하지 못하는 이들은 그들 자신의 마음이 거듭나지 못했음을 보여주고, 이는 그들이 외적으로는 그럴듯한 종교적 활동들을 수행할지라도 그러하다. 또 2장 12절에서 야고보는 이렇게 권고한다. "너희는 자유의 율법대로 심판받을 자처럼 말도 하고 행하기도 하라." 예수 그리스도를 통해 죄와 사망의 법에서 해방된 이들(롬 8:2)은 자신의 말을 통해 그 자유를 드러내게 될 것이다. 그리고 3장 2~11절의 긴 본문에서 야고보는 말을 제어하는 일의 어려움을 지적한 뒤에 신자들에게 그럼에도 불구하고 그렇게 행할 것을 권고하고 있다. 끝으로 4장 11절에서 그는 동료 신자들을 비방하는 일을 금하고, 그 일을 곧 하나님의 거룩한 법을 거슬러 말하는 것과 동일시한다.

야고보는 신자들이 말하는 방식에 깊은 관심을 품고 있었다. 이는 각 사람의 말이 그 자신의 마음속에 무엇이 들어 있는지를 드러내기 때문이다. 따라서 각 사람의 말은 곧 그가 살아있는 신앙의 소유자인지를 보여주는 잣대가 된다(참조. 마 12:34~37; 눅 6:43~45). 12절에서 언급되는 거짓 맹세 금지령에는 성령으로 변화된 이의 마음이 정직한 말을 통해 드러나게 된다는 진리가 반영되어 있다. 사람들이 말하는 방식은 곧 그들의 진정한 영적 상태를 보여주는 가장 명확한 기준점이다. 우리는 다른 무엇보다도 자신의 말을 통해 더 자주 죄를 범한다. 이는 우리가 생각하는 모든 일을 다 실행에 옮길 수는 없지만, 말의 경우에는 그런 제약이 없기 때문이다. 그러므로 예수님이 이같이 선포하신 것도 놀라운 일이 아니다. "이는 마음에 가득한 것을 입으로 말함이라"(마 12:34). 각 사람의 마음은 하나의 저장고이며, 그들은 자신의 말을 통해 그 안에 무엇이 들어 있는지를 드러내게 된다.

야고보는 자신의 독자들을 "형제들"로 부름으로써 그들을 낮추어 보지 않고 오히려 긍휼의 태도를 품고 있음을 보여준다. 여기서 야고보는 자신을 그들과 동일시하며 자신 역시 말을 경계하고 진실을 말하는 일에 힘쓸 필요가 있음을 드러낸다. 이처럼 야고보 자신에게도 정직하게 말하는 문제는 지극히 중요한 사안이었던 것이다.

제한

"맹세하지 말지니 하늘로나 땅으로나 아무 다른 것으로도 맹세하지 말고"(5:12b)

우리의 말에 연관된 이슈로 야고보가 관심을 쏟는 사안은 바로 맹세의 문제이다. 이 구절의 맥락에서, "맹세하는 것"(to swear)은 (영어에서 자주 그러한 것과는 달리) 부정하고 더러운 말이나 이중적인 표현, 지저분한 농담 또는 욕설을 하는 것을 의미하지 않는다. (이처럼 불건전하고 유익하지 않은 말은 사도 바울이 에베소서 4장 29절에서 금하고 있는 것들이다[참조. 엡 5:4].) 여기서는 어떤 일에 관해 서약하는 것을 가리킨다. 야고보가 사역하던 시대의 유대인들은 복잡한 맹세의 체계를 발전시켰으며, 당시의 유대인 그리스도인들은 그 영향력을 안고 교회 안에 들어왔다. 이 구절에서 야고보는 그 체계의 오용에 관해 말하고 있다.

유대인들의 맹세 체계는 구약 성경에 뿌리를 두고 있다. 성문화된 계약서가 존재하지 않았던 그 시대에 서약은 사람들 사이의 구속력 있는 협약을 성립시키는 역할을 했다. 어떤 이가 무언가에 관해 서약하는 일은 곧 자신의 말이 참임을 확증하고 하나님께서 그 일의 증인이 되어 주시기를 요청하며, 만일 자신이 그 말을 어길 경우에는 하나님이 벌을 내리시기를 기원하는 것이었다. 이처럼 본인의 약속이 참됨을 하나님이 친히 보증하시고, 만일 자신이 그 약속을 이행하지 않으면 심판해 주시기를 비는 일은 매우 중대한 문제였다.

성경은 우리가 어떤 일에 관해 맹세하는 것 자체를 금하지는 않는다. 거짓말쟁이들로 가득 찬 이 세상에서 때로는 그런 맹세가 필요하다는 점을 인정하기 때문이다. 법정에서 증언할 때나 목회자로 안수받을 때, 또는 결혼할 때 이같이 서약하는 일은 분명히 그릇된 것이 아니다. 서약하는 일이 그릇된 것은 다만 다른 이들을 속이려는 의도에서 그 일을 악용하거나 성급하고 경솔한 태도로 행하는 경우이다. 성경은 경건한 이들이 맹세한 사례들을 제시하고, 맹세를 요구하는 하나님의 명령들을 열거하며, 또 하나님이 친히 맹세하신 경우들을 기록하고 있다.

성경에서 어떤 이가 맹세한 첫 경우는 창세기 21장에 기록되어 있다. 블레셋의 통치자 아비멜렉과 그의 군대 장관 비골과 함께 당면한 사안을 논하는 과정에서 아브라함은 이렇게 행했다.

아비멜렉의 종들이 아브라함의 우물을 빼앗은 일에 관하여 아브라함이 아비멜렉을 책망하매 아비멜렉이 이르되 누가 그리하였는지 내가 알지 못하노라. 너도 내게 알리지 아니하였고 나도 듣지 못하였더니 오늘에야 들었노라. 아브라함이 양과 소를 가져다가 아비멜렉에게 주고 두 사람이 서로 언약을 세우니라. 아브라함이 일곱 암양 새끼를 따로 놓으니 아비멜렉이 아브라함에게 이르되 이 일곱 암양 새끼를 따로 놓음은 어찜이냐. 아브라함이 이르되 너는 내 손에서 이 암양 새끼 일곱을 받아 내가 이 우물 판 증거를 삼으라 하고 두 사람이 거기서 서로 맹세하였으므로 그 곳을 브엘세바라 이름하였더라. (25~31절)

아브라함은 문제의 그 우물을 자신이 팠다는 주장을 확증하기 위해 맹세를 했던 것이다. 이후에 이삭도 블레셋 족속을 상대로 이와 유사한 서약을 한 바 있다(창 26:26~31). 그리고 창세기 24장 2~4절에서도 아브라함은 자신의 종에게 이렇게 서약할 것을 요구했다.

아브라함이 자기 집 모든 소유를 맡은 늙은 종에게 이르되 청하건대 내 허벅지 밑에 네 손을 넣으라. 내가 너에게 하늘의 하나님, 땅의 하나님이신 여호와를 가리켜 맹세하게 하노니 너는 내가 거주하는 이 지방 가나안 족속의 딸 중에서 내 아들을 위하여 아내를 택하지 말고 내 고향 내 족속에게로 가서 내 아들 이삭을 위하여 아내를 택하라.

그리고 여호수아 2장 12~20절에는 이스라엘의 두 정탐꾼이 라합을 상대로 한 서약이 기록되어 있다.

[라합이 이르되] 그러므로 이제 청하노니 내가 너희를 선대하였은즉 너희도 내 아버지의 집을 선대하도록 여호와로 내게 맹세하고 내게 증표를 내라. 그리고 나의 부모와 나의 남녀 형제와 그들에게 속한 모든 사람을 살려 주어 우리 목숨을 죽음에서 건져내라. 그 사람들이 그에게 이르되 네가 우리의 이 일을 누설하지 아니하면 우리의 목숨으로 너희를 대신할 것이요 여호와께서 우리에게 이 땅을 주실 때에는 인자하고 진실하게 너를 대우하리라. 라합이 그들을 창문에서 줄로

달아내리니 그의 집이 성벽 위에 있으므로 그가 성벽 위에 거주하였음이라. 라합이 그들에게 이르되 두렵건대 뒤쫓는 사람들이 너희와 마주칠까 하노니 너희는 산으로 가서 거기서 사흘 동안 숨어 있다가 뒤쫓는 자들이 돌아간 후에 너희의 길을 갈지니라. 그 사람들이 그에게 이르되 네가 우리에게 서약하게 한 이 맹세에 대하여 우리가 허물이 없게 하리니 우리가 이 땅에 들어올 때에 우리를 달아내린 창문에 이 붉은 줄을 매고 네 부모와 형제와 네 아버지의 가족을 다 네 집에 모으라. 누구든지 네 집 문을 나가서 거리로 가면 그의 피가 그의 머리로 돌아갈 것이요 우리는 허물이 없으리라. 그러나 누구든지 너와 함께 집에 있는 자에게 손을 대면 그의 피는 우리의 머리로 돌아오려니와 네가 우리의 이 일을 누설하면 네가 우리에게 서약하게 한 맹세에 대하여 우리에게 허물이 없으리라 하니.

다윗은 요나단을 상대로 맹세했으며(삼상 20:12~17; 삼하 21:7), 사울(삼상 24:21~22)과 시므이(삼하 19:23)를 상대로도 서약을 맺었다. 그리고 그는 하나님을 향해서도 서약을 드렸다(삼하 3:35). 또 이스라엘 백성은 여호수아의 다스림 아래서 서약을 맺었으며(수 6:26), 유다의 백성 역시 아사 왕의 통치기에 그렇게 행했다(대하 15:14). 그리고 포로 생활에서 돌아온 유대인들 역시 그렇게 행했다(스 10:5; 느 10:28~30). 사도 바울은 하나님께 서약을 드렸으며(행 18:18), 또 고린도 교회의 신자들에게 보내는 편지에 이렇게 말함으로써 자신의 말이 참됨을 맹세했다. "주 예수의 아버지 영원히 찬송할 하나님이 내가 거짓말 아니 하는 것을 아시느니라"(고후 11:31; 참조. 1:23; 롬 9:1). 그리고 심지어 천사조차 자신의 일을 맹세하고 있다(계 10:5~6).

구약에는 하나님이 그분의 백성들에게 어떤 일을 맹세하도록 요구하신 경우들이 기록되어 있다. 어떤 이가 다른 이의 소유인 동물을 맡아 관리하다가 잃어버렸을 때, 그는 자신이 그 동물을 훔치지 않았음을 맹세하도록 요구되었다.

사람이 나귀나 소나 양이나 다른 짐승을 이웃에게 맡겨 지키게 하였다가 죽거나 상하거나 끌려가도 본 사람이 없으면 두 사람 사이에 맡은 자가 이웃의 것에 손을 대지 아니하였다고 여호와께 맹세할 것이요 그 임자는 그대로 믿을 것이며 그 사람은 배상하지 아니하려니와. (출 22:10~11)

민수기 5장 19~22절에는 결혼 생활에서 부정을 저질렀다고 의심되는 여인에게 요구되었던 맹세에 관해 이렇게 말하고 있다.

여인에게 맹세하게 하여 그에게 이르기를 네가 네 남편을 두고 탈선하여 다른 남자와 동침하여 더럽힌 일이 없으면 저주가 되게 하는 이 쓴 물의 해독을 면하리라. 그러나 네가 네 남편을 두고 탈선하여 몸을 더럽혀서 네 남편 아닌 사람과 동침하였으면 (제사장이 그 여인에게 저주의 맹세를 하게 하고 그 여인에게 말할지니라) 여호와께서 네 넓적다리가 마르고 네 배가 부어서 네가 네 백성 중에 저줏거리, 맹셋거리가 되게 하실지라. 이 저주가 되게 하는 이 물이 네 창자에 들어가서 네 배를 붓게 하고 네 넓적다리를 마르게 하리라 할 것이요 여인은 아멘 아멘 할지니라.

민수기 6장 2절 이하에는 나실인의 서약이 기록되어 있는데, 이는 어떤 이들을 하나님 앞에서 구별된 자들로 만드는 서약이었다.

하나님은 각 사람이 자신의 맹세를 지키기를 기대하신다. 우리의 맹세는 하나님의 거룩한 이름에 의존하는 것이므로(신 6:13) 그 일을 결코 가볍게 여겨서는 안 된다. 민수기 30장 2절에서는 이렇게 말하고 있다. "사람이 여호와께 서원하였거나 결심하고 서약하였으면 깨뜨리지 말고 그가 입으로 말한 대로 다 이행할 것이니라"(참조. 시 15:1~4). 그리고 여인들 역시 자신의 서약을 지켜야 했다(참조. 민 30:3이하). 그 백성이 자신의 서약을 이행하지 못하는 것은 곧 하나님의 이름을 헛되게 만드는 일로 간주되었다(출 20:7; 레 19:12).

맹세하는 일의 엄숙한 중요성은 성급하고 미련한 태도로 그랬을 때 빚어지는 결과에 의해 강조된다. 구약에는 경솔한 태도로 어리석게 서약한 이들의 몇 가지 사례가 기록되어 있다. 여호수아와 이스라엘 백성의 지도자들은 히위 족속에게 속아서(수 9:3~14) 그들의 생명을 살려주겠다는 서약을 맺었다(9:15). 하지만 이후에 그들은 그 족속이 이스라엘 백성이 멸절해야 했던(신 20:17) 가나안의 주민 중 한 부류라는 사실을 알게 되었다(9:16). 또, 사울 왕이 경솔하게 맹세하지만 않았더라면(삼상 14:24), 당시 이스라엘 백성들은 블레셋 족속에게 더 큰 승리를 거둘 수 있었을 것이다(30절). 그리고 헤롯 왕의 어리석은 맹세는 세례 요한의 목숨을 앗아갔다(마 14:7~9). 그러나 성경에서 성급한 서약의 가장 악명 높은 사례는 바로 입다의 경우임이 분명하다.

> 그가 여호와께 서원하여 이르되 주께서 과연 암몬 자손을 내 손에 넘겨주시면 내가 암몬 자손에게서 평안히 돌아올 때에 누구든지 내 집 문에서 나와서 나를 영접하는 그는 여호와께 돌릴 것이니 내가 그를 번제물로 드리겠나이다 하니라. 이에 입다가 암몬 자손에게 이르러 그들과 싸우더니 여호와께서 그들을 그의 손에 넘겨주시매 아로엘에서부터 민닛에 이르기까지 이십 성읍을 치고 또 아벨 그라밈까지 매우 크게 무찌르니 이에 암몬 자손이 이스라엘 자손 앞에 항복하였더라. 입다가 미스바에 있는 자기 집에 이를 때에 보라, 그의 딸이 소고를 잡고 춤추며 나와서 영접하니 이는 그의 무남독녀라. 입다가 이를 보고 자기 옷을 찢으며 이르되 어찌할꼬 내 딸이여 너는 나를 참담하게 하는 자요 너는 나를 괴롭게 하는 자 중의 하나로다 내가 여호와를 향하여 입을 열었으니 능히 돌이키지 못하리로다 하니 딸이 그에게 이르되 나의 아버지여 아버지께서 여호와를 향하여 입을 여셨으니 아버지의 입에서 낸 말씀대로 내게 행하소서 이는 여호와께서 아버지를 위하여 아버지의 대적 암몬 자손에게 원수를 갚으셨음이니이다 하니라.
> (삿 11:30~36)

입다의 어리석은 서약은 그 외동딸의 생명을 앗아갔던 것이다.

합당한 정황에서 지혜롭게 서약하는 일이 잘못된 것이 아니라는 추가적인 근거는 하나님께서도 친히 맹세하셨다는 사실에서 찾아볼 수 있다. 하나님이 그렇게 행하신 이유는 그분의 진실성에 무언가 문제가 있어서가 아니었다. 다만 그분은 은혜로 자신을 낮추시고 우리 인간들이 따를 수 있게 순전함의 본을 보여주신 것이다. 히브리서 6장 13~17절에는 이렇게 기록되어 있다.

하나님이 아브라함에게 약속하실 때에 가리켜 맹세할 자가 자기보다 더 큰 이가 없으므로 자기를 가리켜 맹세하여 이르시되 내가 반드시 너에게 복 주고 복 주며 너를 번성하게 하고 번성하게 하리라 하셨더니 그가 이같이 오래 참아 약속을 받았느니라. 사람들은 자기보다 더 큰 자를 가리켜 맹세하나니 맹세는 그들이 다투는 모든 일의 최후 확정이니라. 하나님은 약속을 기업으로 받는 자들에게 그 뜻이 변하지 아니함을 충분히 나타내시려고 그 일을 맹세로 보증하셨나니.

구약에서는 "내가 나의 삶을 두고 맹세하노니"(as I live)라는 어구가 자주 반복되는데, 이는 하나님께서 자신의 이름으로 친히 맹세하신 일을 보여주는 추가적인 근거가 된다(민 14:21, 28; 신 32:40; 사 49:18; 렘 22:24; 46:18; 겔 5:11; 14:16, 18, 20; 16:48; 17:16, 19; 18:3; 20:3, 31, 33; 33:11, 27; 34:8; 35:6, 11; 습 2:9; 롬 14:11). 그리고 하나님은 아브라함에게 이렇게 선포하셨다.

여호와께서 이르시기를 내가 나를 가리켜 맹세하노니 네가 이같이 행하여 네 아들 네 독자도 아끼지 아니하였은즉 내가 네게 큰 복을 주고 네 씨가 크게 번성하여 하늘의 별과 같고 바닷가의 모래와 같게 하리니 네 씨가 그 대적의 성문을 차지하리라. 또 네 씨로 말미암아 천하 만민이 복을 받으리니 이는 네가 나의 말을 준행하였음이니라 하셨다 하니라. (창 22:16~18)

누가복음 1장 73절에서도 "[하나님이] 우리 조상 아브라함에게 하신 맹세"를 말한다. 그리고 사도행전 2장 30절에서는 하나님이 다윗에게 주신 맹세에 관해 논하고 있다(참조. 삼하 7:11~15; 대상 17:11~14; 시 89:3~4; 132:11~12). 또 출애굽기 6장 8절에는 이스라엘 땅을 아브라함과 이삭, 야곱과 그들의 후손에게 주시겠다는 하나님의 맹세가 기록되어 있으며(참조. 출 13:5, 11), 신명기 28장 9절에는 이스라엘 백성을 구별하여 그분께 속한 거룩한 백성으로 삼으시겠다는 하나님의 맹세가 담겨 있다. 그리고 대제사장이 예수님께 맹세를 요구했을 때, 그분은 사실상 자신의 이름으로 맹세하심으로써 그 요구에 응답하셨다(마 26:63~64). 이 같은 성경적 증거들의 빛에서 살필 때, 우리는 "맹세하지 말라"

는 야고보의 명령을 곧 맹세 자체를 전부 금지하는 것으로 여길 수 없다. 당시에도 진지한 정황에서는 맹세가 허용되었으며, 이때에는 오직 하나님의 이름으로 그 일을 행해야 했던 것이다.

그러므로 야고보는 주님의 이름으로 맹세하는 일을 금한 것이 아니라 다만 "하늘로나 땅으로나 아무 다른 것으로" 그렇게 행하는 일을 금지했다. 이런 야고보의 금지령은 마태복음 5장 33~37절에 기록된 주님의 맹세에 관한 가르침에서 유래했다.

> 또 옛 사람에게 말한 바 헛 맹세를 하지 말고 네 맹세한 것을 주께 지키라 하였다는 것을 너희가 들었으나 나는 너희에게 이르노니 도무지 맹세하지 말지니 하늘로도 하지 말라. 이는 하나님의 보좌임이요 땅으로도 하지 말라. 이는 하나님의 발등상임이요 예루살렘으로도 하지 말라. 이는 큰 임금의 성임이요 네 머리로도 하지 말라. 이는 네가 한 터럭도 희고 검게 할 수 없음이라. 오직 너희 말은 옳다 옳다, 아니라 아니라 하라. 이에서 지나는 것은 악으로부터 나느니라.

이 본문에서 "옛 사람에게 말한 바"라는 어구는 구약의 가르침이 아니라 랍비들의 전통을 지칭한다. "헛 맹세를 하지 말고 네 맹세한 것을 주께 지키라"는 선언은 언뜻 보기에 맹세의 신성함에 관한 구약의 가르침과 일치하는 듯하다. 하지만 여기에는 숨겨진 '탈출구'가 있었다. 곧 랍비들의 전통에서는 오직 주님께 드린 서약만이 구속력을 지닌다고 가르쳤던 것이다. 그들의 생각으로는, 하나님이 어떤 맹세에 관여하시게 되는 것은 오직 사람들이 그분의 이름에 의지해 그 서약을 맺는 경우뿐이었다. 그들의 가르침에 따르면, 다른 모든 맹세의 경우에는 그 약속을 어기더라도 거짓 증거의 죄가 되지 않았다. (그리고 이런 맹세들의 의도는 바로 여기에 있었다.) 이는 오늘날 우리 문화권의 사람들이 "나는 내 손가락을 꼬았어요."(I had my fingers crossed, 이는 자신의 말이 거짓임을 나타내는 표현이다.—역주)라고 말함으로써 자신의 서약을 무효화 하는 것과 마찬가지다. 당시 많은 유대인은 타인을 속이려는 목적으로 하늘이나 예루살렘, 성전 또는 그 제단이나 휘장, 또는 자신의 머리를 걸고서 맹세하곤 했다. 곧 주님의 이름 외의 모든 것들이 이런 맹세의 대상에 포함되었던 것이다. 이같이 교묘한 맹세의 의도는 자신의 거짓된 속마음을 숨기려는 데 있었다. 마태복음 23장 16~22절에서 예수님은 이 위선적인 관습에 관해 유대의 종교 지도자들을 이렇게 책망하셨다.

> 화 있을 진저, 눈 먼 인도자여. 너희가 말하되 누구든지 성전으로 맹세하면 아무 일 없거니와 성전의 금으로 맹세하면 지킬지라 하는도다. 어리석은 맹인들이여, 어느 것이 크냐, 그 금이냐 그 금을 거룩하게 하는 성전이냐? 너희가 또 이르되 누구든지 제단으로 맹세하면 아무 일 없거니와 그 위에 있는 예물로 맹세하면 지킬지라 하는도다. 맹인들이여, 어느 것이 크냐, 그 예물이냐 그 예물을 거룩하게 하는 제단이냐? 그러므로 제단으로 맹세하는 자는 제단과 그 위에 있는 모든 것으로 맹세함이요 또 성전으로 맹세하는 자는 성전과 그 안에 계신 이로 맹세함이요 또 하늘로 맹세하는 자는 하나님의 보좌와 그 위에 앉으신 이로 맹세함이니라.

여기서 예수님이 선포하신 바에 따르면, 하나님이 다스리시는 영역 안에 속한 무언가를 두고 맹세하는 일은 곧 그분을 그 서약 안으로 끌어들이는 것이 된다. 그러므로 그 위선적인 거짓말쟁이들이 어떤 생각이나 의도를 품었든지 간에, 하나님은 그들의 맹세를 구속력이 있는 것으로 간주하신다는 것이다. 그리고 그 서약을 지키지 않으면 그들을 심판하신다는 것이 주님의 말씀이었다.

지침

"오직 너희가 그렇다고 생각하는 것은 그렇다 하고 아니라고 생각하는 것은 아니라 하여"(5:12c)

야고보는 예수님의 말씀을 반복하면서(참조. 마 5:37) 단순하고 솔직하며 정직하게 말할 것을 신자들에게 촉구한다. 그리스도인들은 있는 그대로의 사실을

"예"와 "아니오"로 표현해야 한다. 정직한 이들은 자신의 말이 진실임을 타인에게 확증하기 위해 복잡한 서약을 할 필요가 없다. 그런 이들은 또한 사람들을 속이려고 거짓 맹세를 하지도 않을 것이다. 예수님이 "이에서 지나는 것은 악으로부터 나느니라"라고 선포하신 이유는 바로 여기에 있다(마 5:37). 위에서 말했듯이, 예수님과 야고보 모두 어떤 특수한 정황에서 맹세하는 일 자체를 금하지는 않았다는 점을 기억해야 한다. 다만 일반적으로, 정직함을 표지로 삼는 신자들에게 그 일은 불필요한 것이 되어야 한다는 것이다.

이처럼 예수님은 그분께 속한 교회 안에서 이루어지는 모든 대화들을 신성한 수준까지 끌어올리셨다. 신자들은 마땅히 자신의 말을 지키는 이들로 인정받아야 한다. 곧 실로 정직한 사람들이기에 그들의 단순한 "예"와 "아니오"만으로도 충분한 대답이 될 수 있어야 한다. 바울은 이같이 권면한다. "그런즉 거짓을 버리고 각각 그 이웃과 더불어 참된 것을 말하라"(엡 4:25). 이처럼 모든 상황에서 진실을 말할 때, 신자들은 거짓으로 가득 찬 어두운 세상 속에서 환히 빛나게 될 것이다.

동기 부여

"정죄 받음을 면하라."(5:12d)

여기서 야고보는 신자들이 거짓 맹세를 피하도록 동기를 부여하려고 그들이 자신의 서약을 어길 때 찾아오는 결과를 지적한다. 그의 경고에 따르면, 그렇게 행하는 자들은 "정죄를 받게" 된다는 것이다. 모세의 율법에서는 이렇게 말하고 있다. "너는 네 하나님 여호와의 이름을 망령되게 부르지 말라. 여호와는 그의 이름을 망령되게 부르는 자를 죄 없다 하지 아니하리라"(출 20:7). 이같이 하나님의 이름을 망령되게 부르는 일 중 하나는 거짓 맹세이다. 앞선 논의에서 지적했듯이, 예수님이 바리새인들에게 "화"(저주, 심판)를 선포하신 것은 바로 그들의 거짓된 맹세 때문이었다(마 23:16).

여기서 야고보가 말하는 "정죄"(NASB에는 "심판"[judgment]으로 번역되어 있다.—역주)는 하나님이 신자들을 징계하시는 일을 가리키는 것이 아니다. 이 구절에 쓰인 헬라어 '크리시스'(*krisis*, "정죄")는 신약에서 신자들에 대한 징계를 가리키는 데 사용된 적이 없다. (신자들에 대한 징계의 의미로는 '파이듀오'[*paideuō*]라는 단어가 쓰였다. 고전 11:32과 히 12:6~7을 참조하라.) 2장 13절에서 야고보는 자신의 자비 없는 태도를 통해 자신의 마음이 거듭나지 않았음을 드러내는 이들에게 하나님이 긍휼을 베풀지 않고 지옥의 형벌을 선고하신다는 것을 말하면서 이 '크리시스'라는 단어를 쓰고 있다. 그리고 복음서들에서는 스물다섯 번 이상에 걸쳐 '형벌을 선고하는 일'을 가리킬 때 이 단어를 사용한다(예. 요 5:22, 24, 27, 29, 30을 보라). 사도행전 8장 33절에서는 그리스도께서 빌라도에게 받으신 재판을 묘사할 때 이 단어를 사용하고 있다. 또 바울은 죄인들을 향한 하나님의 심판을 언급하면서 두 차례에 걸쳐 이 단어를 사용했으며(살후 1:5; 딤전 5:24), 히브리서의 저자 역시 마찬가지다(히 9:27; 10:27). 그리고 베드로는 심판의 날에 죄인들이 정죄를 받을 일을 가리키는데 이 단어를 썼으며(벧후 2:9; 참조. 2:4, 11; 3:7), 유다(유 6, 15절)와 사도 요한(요일 4:17) 역시 그러하다.

야고보는 결코 신자들이 자신의 말로 허물을 범하지 않는다고 가르치는 것이 아니다. 그리스도인들 역시 때때로 거짓에 빠질 수 있는데, 다만 그들의 경우에는 거짓말을 하는 일이 자기 삶의 일관된 방식이 되지 않을 뿐이다.

여기서 야고보의 요점은 그런 신자들의 경우를 다루는 데 있지 않다. 그보다도 그가 12절에서 준엄하게 경고하는 바는, 거짓 맹세를 통해 하나님의 거룩한 이름을 지속해서 모독하는 자들은 영원한 정죄를 직면하게 되리라는 것이다. 그러므로 이 문제는 어떤 이가 살아있는 신앙을 지녔는지를 판가름하는 또 하나의 잣대가 된다. 자신의 삶을 통해 거짓된 모습을 일관되게 보여주는 이들은 곧 그들 자신의 마음이 거듭나지 않았음을 입증하는 것이 되기 때문이다. 그리고 성경의 가르침에 따르면, 거짓말하는 자들은 거짓의 아비인 마귀에게 속한 영적인 자녀(요 8:44)로서 지옥의 형벌을 선고받게 될 것이다(계 21:8, 27; 22:15).

21

의로운 기도의 능력

(약 5:13~18)

"너희 중에 고난당하는 자가 있느냐 그는 기도할 것이요 즐거워하는 자가 있느냐 그는 찬송할지니라. 너희 중에 병든 자가 있느냐 그는 교회의 장로들을 청할 것이요 그들은 주의 이름으로 기름을 바르며 그를 위하여 기도할지니라. 믿음의 기도는 병든 자를 구원하리니 주께서 그를 일으키시리라. 혹시 죄를 범하였을지라도 사하심을 받으리라. 그러므로 너희 죄를 서로 고백하며 병이 낫기를 위하여 서로 기도하라. 의인의 간구는 역사하는 힘이 큼이니라. 엘리야는 우리와 성정이 같은 사람이로되 그가 비가 오지 않기를 간절히 기도한즉 삼 년 육 개월 동안 땅에 비가 오지 아니하고 다시 기도하니 하늘이 비를 주고 땅이 열매를 맺었느니라." (5:13~18)

이 본문은 여러 세기 동안 해석자들의 전쟁터가 되어 왔다. 이는 다양한 집단들이 이 본문을 그들의 특수한 신념을 옹호하기 위한 증거 구절로 삼아 왔기 때문이다. 로마 가톨릭은 이 본문에서 병자 성사(the sacrament of extreme unction, 병으로 고통받는 신자에게 은혜를 베풀기 위한 성사—역주)에 대한 성경적 지지를 찾으려고 했다. 그리고 온갖 유형의 신유 사역자들은 이 본문을 갖고 질병에 시달리는 모든 그리스도인에게 기도를 통한 치유가 보장되어 있음을 가르치려고 했다. 또 다른 이들은 이 본문에서 병자들에게 기름을 붓는 일의 선례를 찾아보려고 했다.

이 본문은 해석상의 어려운 질문을 여럿 제기한다. 13절에서 야고보가 염두에 둔 것은 어떤 종류의 고난인가? 14절에서 그가 염두에 둔 것은 어떤 유형의 병든 자들일까? 장로들의 기도가 다른 신자들의 기도와 구별되는 이유는 무엇인가(14~15절)? 14절에서 언급된 '기름을 바르는 일'은 어떤 행위를 가리키는가? "믿음의 기도"(15절)는 늘 병자들을 회복시키는 능력을 지니는가? 질병과 죄 사이에는 어떤 관계가 있는가(15절)? 16절에서 살피는 것은 어떤 종류의 치유인가? 여기서 야고보가 치유에 관해 논의하다가 비에 관한 예화(17~18절)를 말하는 이유는 무엇인가?

이런 질문들에 대답하면서 이 본문을 바르게 해석하는 일의 열쇠는 바로 전체의 문맥 가운데 그 내용을 이해하는 것이다. 성경은 각기 따로 해석될 수 있는 구절들을 불규칙하게 모아 놓은 책이 아니다. 어떤 본문을 바르게 이해하려면 그 본문의 바로 앞뒤에 있는 문단들의 빛에 비춰 그 내용을 해석할 뿐 아니라 그 본문이 속한 장(章)과 단락, 그리고 그 책 전체의 빛에 비춰봐야 한다. 문맥은 어떤 성경 본문 속에 담겨 있는 사유의 흐름을 드러내는 역할을 한다. 그러므로 문맥을 무시하면 곧 본문의 올바른 해석을 희생시키게 된다. 이 점에서 '문맥 없는 본문은 텍스트 이전의 상태에 있는 것이다'(a text without a context is a pretext)는 적절한 표현이다. 따라서 우리가 이 난해한 본문을 해석하려고 시도하기 전에 먼저 이 본문이 어떤 문맥 속에 자리잡고 있는지를 검토하는 것이 꼭 필요하다.

야고보는 사도행전 8장 1~4절에 언급된 박해를 피해 팔레스타인 지역을 떠나야 했던 유대인 신자들을 위해 이 서신을 기록했다. 1장 1절에서 그는 그 신자들을 "흩어져 있는 열두 지파"로 지칭한다. 그 신자들은 유대인인 동시에 그리스도인으로서 그들이 처한 이교 문화권에서 사람들의 적대감에 직면하고 있었다. 야고보는 이 점을 알았기에 시련을 끈기 있게 견디라는 권면으로 편지의 서두를 열고 있다(1:2이하). 그리고 5장에서 그는 다시 그 주제로 돌아간다. 5장의 첫 여섯 절에서 야고보는 당시 그 가난한 독자들이 사악한 부자들에게 겪고 있던 핍박의 내용을 서술한다. 이때 그 가난한 이들은 그 핍박으로 심지어 목숨을 잃기까지 했다(6절). 그리고 7~11절에서 그는 신자들을 향해 시련과 핍박을 끈기 있게 견딜 것을 요청한다(이 주석서의 19장을 참조하라). 야고보는 환난의 무게 아래 짓눌리던 그들을 향해 굳센 마음을 품고 끈기 있게 버틸 것을 권면했던 것이다.

이 서신 전체와 특히 5장의 맥락을 살필 때, 5장 13절에서 야고보가 고난에 관해 논하는 것은 놀라운 일이 아니다. 그는 5장 1~11절에서 언급된 핍박을 겪고 있는 이들을 향해 기도할 것을 촉구하고 있다. 우리가 영적인 인내의 원천에 다가갈 수 있게 만드는 것은 바로 기도이기 때문이다. 만약 야고보가 이같이 핍박 가운데 고투하는 신자들에게 편지를 보내면서 기도에 관해 말하지 않았다면, 그야말로 놀라운 일이었을 것이다. 우리가 당하는 고난과 시련을 끈기 있게 인내하기 위해서는 기도를 향한 열심과 헌신이 절실히 요구된다.

그러므로 13~18절의 주제는 바로 기도이며, 이 기도는 이 본문의 각 절마다 언급되고 있다. 여기서 야고보는 기도에 관해 권고하면서 온 교회의 기도 생활을 그 대상으로 삼고 있다. 13절에서 그는 신자 개개인을 향해 기도를 요청하며, 14~15절에서는 장로들을 향해, 그리고 16절에서는 회중 전체를 향해 자신의 권면을 제시한다. 이 단락에서는 또한 고난받는 양 떼를 위해 동정적인 태도로 목회적 돌봄을 수행하는 야고보의 모습을 보여준다. 여기서 그는 영적 전쟁의 희생자인 신자들, 핍박 아래 있으며 연약하고 낙심한 상태에 있는 그들에게 주로 초점을 맞추고 있다.

주위의 문맥이나 그 자체의 내용을 통해 분명히 드러나듯이, 이 단락의 주제는 신체적인 질병이나 치유를 다루는 데 있지 않다. 오히려 이 단락의 관심사는 영적인 연약함이나 피로나 탈진, 또는 영적인 침체를 기도로써 치유하는 일에 있다. 그리고 이런 증상들에 수반되는 죄와 고통의 문제를 다루는 것 역시 그 관심사에 포함된다. 이제 야고보가 이 부분에서 신체적인 치유에 관해 말했다면, 이는 본문의 흐름에 잘 들어맞지 않을 것이다. 이 본문의 앞뒤 문맥에는 독자들이 그런 논의를 예상할 만한 내용이 없기 때문이다. 그러나 이와 반대로, 이 단락에서 핍박의 희생자들을 기도로 돕는 방법을 다루고 있다면, 이는 야고보가 전개하는 생각의 흐름에 잘 들어맞는다. 구체적으로, 이 본문에서 그는 기도와 위로, 기도와 회복, 기도와 교제, 기도와 능력 사이의 관계를 논하고 있다.

기도와 위로

"너희 중에 고난당하는 자가 있느냐 그는 기도할 것이요 즐거워하는 자가 있느냐 그는 찬송할지니라."(5:13)

여기서 야고보는 먼저 "고난당하는" 신자들, 영적으로 지친 그들을 목회적 돌봄의 대상으로 삼고 있다. "고난당하는"은 헬라어 '카코파테오'(kakopatheō)를 번역한 것으로, 이 단어는 10절에서 "고난"으로 번역된 명사의 동사형이다. 이 책의 19장에서 10절에 관해 논하면서 말했듯이, 이 단어는 사람들의 신체적인 질병이 아니라 악한 대접을 견디는 일을 가리킨다. (이에 관해서는 신약에서 이 단어가 쓰인 다른 유일한 용례들인 딤후 2:9; 4:5을 참조하라.) 그러므로 여기서 야고보는 신체적인 질병에 시달리는 이들이 아니라 부당한 핍박과 학대, 악한 대접을 겪는 신자들을 상대로 이야기하는 것이다.

야고보는 이 같은 고난에 대한 치료책으로 "기도할" 것을 그들에게 권고하고 있다. 위에서 말했듯이, 우리가 환난을 견디기 위해서는 기도가 꼭 필요하다. 하나님은 우리가 누리는 위로의 궁극적인 원천이 되시기에 사도 바울은 이렇게 서술했다. "[하나님은] 자비의 아버지시요 모든 위로의 하나님이시며 우리의 모든 환난 중에서 우리를 위로하시는 … 이시로다"(고후 1:3~4). 이와 유사하게, 베드로는 이렇게 기록했다. "너희 염려를 다 주께 맡기라. 이는 그가 너희를 돌보심이라"(벧전 5:7). 그리고 하나님께 불순종했던 선지자 요나는 큰 물고기의 배 속에서 이렇게 기도한 바 있다. "내 영혼이 내 속에서 피곤할 때에 내가 여호와를 생각하였더니 내 기도가 주께 이르렀사오며 주의 성전에 미쳤나이다"(욘 2:7). 이제 이 야고보서의 본문에서 "그는 기도할 것이요"로 번역된 동사가 현재 시제로 쓰인 것은 곧 그 사람이 하나님께 지속적으로 기도하며 간구해야 함을 시사한다. 그러므로 이 구절은 "그로 하여금 기도를 이어가게 하라"로 번역될 수 있을 것이다. 신자들의 삶이 힘겹고 그들의 믿음이 약해질 때,

또 그들이 핍박에 지치며 환난에 짓눌릴 때, 그들은 하나님이 베푸시는 위로를 구하면서 그분 앞에 지속적으로 간구해야만 한다. 이는 기본적인 영적 진리이지만 우리는 이 진리를 종종 잊곤 한다. 널리 사랑받는 찬송가 "죄 짐 맡은 우리 구주"에서는 이렇게 노래하고 있다.

> 오, 우리는 얼마나 자주 평안을 빼앗기며
> 불필요한 고통을 감내하곤 하는지!
> 이는 우리가 하나님 앞에 기도로써
> 모든 일을 가지고 나아가지 않기 때문이라네.
>
> 지금 그대에게 시련과 유혹이 있는가?
> 그대의 삶 어딘가에 문젯거리가 있는가?
> 이때에는 낙심하지 말고 주님께
> 기도로 그 일을 가지고 나아가야 한다네.
>
> 지금 그대는 연약하며 근심하고 있는가?
> 무거운 염려의 짐에 눌려 있는가?
> 귀하신 구주께서 우리의 피난처가 되시니
> 기도로 주님께 나아가세.

그리고 고난 속에서도 "즐거워하는" 태도를 유지할 수 있는 이들은 마땅히 "찬송해야" 한다. 이 구절에 쓰인 "즐거워하다"는 헬라어 '유투메오'(*euthumeō*)를 번역한 단어로서, 어떤 이가 영적으로 평안한 상태에 있거나 즐거워하는 모습을 묘사한다. (따라서 이 단어는 '신체적으로 편안한 상태'를 지칭하는 것이 아니다.) 그러므로 고난받는 이들과 행복한 이들, 영적으로 상처 입고 깨어진 상태에 있는 이들과 온전한 상태에서 기뻐하는 이들 모두 기도해야 한다. 전자의 경우에는 하나님께 위로를 간구하며, 후자의 경우에는 자신에게 베풀어 주신 위로에 대해 그분을 "찬송해야" 하는 것이다. 이 구절에 쓰인 '살로'(*psallō*)는 곧

"시편"(psalm)으로 번역되는 명사의 출처가 되는 동사이다(참조. 행 13:33; 고전 14:26; 엡 5:19). 기도와 찬송은 서로 밀접히 연관되어 있고, 사실 찬송은 기도의 한 형태이다(빌 4:6; 골 4:2). 핍박을 겪는 이들이 영적으로 강건해지기 위해서는 이 둘 다 꼭 필요하다.

기도와 회복

"너희 중에 병든 자가 있느냐 그는 교회의 장로들을 청할 것이요 그들은 주의 이름으로 기름을 바르며 그를 위하여 기도할지니라. 믿음의 기도는 병든 자를 구원하리니 주께서 그를 일으키시리라. 혹시 죄를 범하였을지라도 사하심을 받으리라."(5:14~15)

이 두 절은 이 본문 가운데 가장 큰 오해와 논쟁의 대상이 되어 온 부분이다. 언뜻 보기에 이 구절에서는 병든 신자들이 장로들의 기도를 통해 신체적으로 고침 받기를 기대할 수 있다고 가르치는 것으로 여겨진다. 하지만 이 같은 해석은 이 구절의 맥락과 조화를 이루지 않는다. 그리고 앞서 지적했듯이, 이 본문에서 야고보가 말하는 고난은 신체적인 질병이 아니라 사람들의 악한 대접을 가리킨다.

이 구절을 제외하면, 신약에서 '아스테네오'(astheneō)가 열여덟 번에 걸쳐 "병든"으로 번역되고 있는 것은 사실이다(예. 마 10:8; 25:36, 39; 막 6:56; 눅 4:40; 요 4:46; 행 9:37을 보라). 하지만 이 단어는 또한 열네 차례에 걸쳐 정서적이거나 영적인 연약함을 지칭하는 데 사용되고 있다(행 20:35; 롬 4:19; 8:3; 14:1~2; 고전 8:11~12; 고후 11:21, 29; 12:10; 13:3~4, 9). 그리고 신약의 서신들에서 '아스테네오'가 쓰인 경우들 가운데 그 단어가 신체적인 질병을 나타내는 사례가 세 구절(빌 2:26~27; 딤후 4:20)뿐이라는 점은 의미심장하다. 우리는 바울이 고린도후서 12장 10절에서 '아스테네오'를 사용한 방식에 특히 주목할 필요가 있다. 이 구절에서 이 단어는 삶의 고난 때문에 생겨난 연약함을 묘사하는 데 쓰이고 있기 때문이다. 여기서 이 단어는 지금 우리가 논하는 야고보서 본문에서 쓰인 것과 비슷한 맥락에 활용되고 있다.

이 같은 주된 용법을 반영하여 지금 이 야고보서 본문에서 '아스테네오'를 "연약한"으로 번역하면 이 구절을 이전과 다른 빛에서 볼 수 있게 된다. 여기서 야고보는 고난받는 신자들에 관해 논했던 앞의 요점에서 한 걸음 더 나아가, 구체적으로 그 고난 때문에 연약하게 된 이들에게 말을 건네고 있다. 이 연약한 이들은 곧 영적인 싸움에서 패배한 자들, 자신들의 고난을 감내할 힘을 잃어버린 자들이다. 이들은 몰락한 영적인 전사들이며, 지치고 탈진한 이들, 낙심과 침체에 빠진 그리스도인들이다. 이들은 자신의 기도로 하나님의 능력에 의지하려고 애써 보았지만 결국 의욕을 잃었으며, 심지어 죄악 된 태도에 빠지기까지 한 자들이다. 이같이 낙심한 상태에 빠진 나머지 그들 자신에게는 효과적으로 기도할 힘이 없다. 이런 환경에서 영적으로 연약한 이들은 영적으로 강건한 이들의 도움을 필요로 하게 된다(참조. 살전 5:14).

야고보에 따르면, 그런 도움을 제공할 이들은 바로 "교회의 장로들"이다. 그들은 영적으로 강건하고 성숙한 이들이며, 영적으로 승리한 상태에 있는 이들이기 때문이다. 그러므로 영적으로 연약하고 침체한 상태에 있는 신자들은 그 장로들에게 나아가서 그들의 능력에 의지해야 한다. 곧 그들은 그 장로들이 자신의 집에 찾아와서 다시금 자신을 일으켜 주기를 "청해야"(이는 '~의 곁으로 부르다'를 의미하는 '프로스칼레오'[proskaleō]에서 유래한 단어이다) 하는 것이다. 사도 바울도 갈라디아서 6장 1절에서 이와 동일한 생각을 표현하고 있다. "형제들아, 사람이 만일 무슨 범죄한 일이 드러나거든 신령한 너희는 온유한 심령으로 그러한 자를 바로잡으라." 지치고 상처 입은 양 떼들, 낙담한 상태에 있는 그들은 자신들을 돌보는 목자들에게 나아가야 한다. 이때 그 목자들은 그들을 위해 기도하고, 하나님께서 그들에게 새로운 영적인 힘을 베풀어 주시기를 간구하게 될 것이다.

이 같은 기도는 교회의 목회자와 장로들이 수행해야 할 중요한 사역이다. (그리고 대체로 무시되어 온 사역이기도 하다.) 사도들은 이런 기도의 우선성을 인정하면서 이렇게 선언한 바 있다. "우리는 오로지 기도하는 일과 말씀 사역에 힘쓰리라"(행 6:4). 하지만 오늘날의 교회에서, 자신의 문제와 씨름하는 연약한 신자들은 종종 이른바 전문 상담자들에게로 인계되곤 한다. 그리고 그런 상담자들은 기도의 능력을 거의 지니지 못한 경우가 많다. 그러나 영적인 싸움에서 패배한 신자들에게 필요한 것은 이같이 인간적인 지혜에서 나온 견해들이 아니다. 오히려 자신들을 돌보는 지도자들의 기도를 통해 하나님의 능력을 덧입고 다시금 굳건해지는 일이 필요하다.

이 본문에서 장로들이 "주의 이름으로 기름을 바르는" 일은 어떤 상징적인 예식을 지칭하는 것이 아니다. 신약에서 '알레이포'(aleiphō, 이는 이 본문에서 "바르다"로 번역된 동사의 원형이다)는 어떤 기름 부음의 예식을 가리키는 데 사용되지 않는다. 저명한 헬라어 학자 A. T. 로버트슨은 이렇게 말한다. "여기서 '알레이포'가 … 의학 논문들에서 흔히 그렇게 쓰이듯이 '문지르다'(rub)를 가리키기보다는 예식적인 의미의 '붓다'(anoint)를 뜻한다는 주장은 전혀 확실하지 않다"(*Word Pictures in the New Testament* [reprint, 1933; Grand Rapids: Baker, n.d.], 6:65). 그리고 리처드 C. 트렌치도 그의 말에 동의하면서 이렇게 말하고 있다. "['알레이포'는] 현세적이고 세속적인 의미의 단어이며, ['크리오'(*chriō*)는] 신성하고 종교적인 의미의 단어이다"(*Synonyms of the New Testament* [Grand Rapids: Eerdmans, 1983], 136~37). 신약 성경에서 '알레이포'는 어떤 이의 머리에 기름을 바르는 일(마 6:17; 참조. 눅 7:46)이나 여인들이 예수님의 몸에 기름을 바르려 했던 일(막 16:1), 마리아가 주님의 발에 기름을 부은 일(요 11:2; 12:3), 그리고 병든 자들에게 기름을 발라 고친 일(막 6:13)을 묘사하는 데 쓰였다. 그러므로 이 어구는 "주님의 이름으로 그에게 기름을 발라 문지르며"로 번역하는 편이 제일 좋을 것이다. 문자적으로 해석하면 "그에게 기름을 바른 후에"(after having oiled him)가 된다.

당시 교회의 장로들은 사악한 자들의 핍박으로 신체적인 상처를 입은 신자들의 몸에 실제로 기름을 발랐을 수도 있다(참조. 눅 10:34). 당시의 의술은 분명히 원시적인 상태에 있었고 신뢰할 만한 의사가 거의 없었다. 그러므로 그 장로들이 매 맞은 이들의 상처에 기름을 바르거나, 가혹한 대우 아래서 장시간 노동했던 이들의 욱신거리는 팔다리에 기름을 발라 주는 일은 매우 자비롭고 인자한 행위였을 것이다.

그리고 은유적으로 살피면, 교회의 장로들이 영적으로 연약하고 낙심한 신자들에게 "기름을 바르는" 일은 곧 그들에게 이 같은 지체들을 격려하고 힘을 주며 일깨우는 동시에 생기를 되찾게 할 책임이 있음을 보여준다(참조. 눅 7:46). 이사야는 이스라엘 백성에 관해 말하면서 이렇게 기록한 바 있다. "발바닥에서 머리까지 성한 곳이 없이 상한 것과 터진 것과 새로 맞은 흔적뿐이거늘 그것을 짜며 싸매며 기름으로 부드럽게 함을 받지 못하였도다"(사 1:6). 당시 이 백성에게는 경건한 지도자들이 없어서 자신의 영적인 상처를 치료받지 못했던 것이다. 다윗은 하나님이 은혜와 긍휼을 베푸셔서 자신을 영적으로 회복시켜 주신 일을 우리에게 친숙한 시편의 한 구절에서 이같이 표현했다. "주께서 … 기름을 내 머리에 부으셨으니"(시 23:5).

교회의 장로들이 수행하는 중보 기도와 회복의 사역은 "주의 이름으로" 이루어져야 한다. 곧 진실로 성경적인 성격을 지닌 격려는 하나님의 어떠하심과 조화를 이루어야만 하는 것이다(주님의 이름은 바로 그분의 정체성을 대변한다). 우리가 그리스도의 이름으로 무언가를 행하는 것은 곧 그분 자신이 그 상황 속에서 행하셨을 그 일을 수행하는 것이며, 우리가 그분의 이름으로 기도하는 것은 곧 그분 자신이 원하셨을 그 일을 구하는 것이다. 그리고 그리스도의 이름으로 사역하는 것은 곧 그분을 대신하여 다른 이들을 섬기는 일인 것이다(참조. 요 14:13~14).

이같이 장로들이 수행하는 위로와 중보 기도 사역의 복된 결과는 곧 그들이 드리는 "믿음의 기도가 병든 자를 회복시키게" 된다는 데 있다(개역개정판에는 "구원하게"로 번역되어 있다.—역주). 이 구절에서도 헬라어 '캄노'(kamnō)를 "병든"으로 번역하는 것은 다소 오해의 소지가 있으므로 최상의 번역이 아니다. 이 헬라어 단어가 쓰인 신약의 다른 유일한 용례(히 12:3)에서는 이 단어가 분명히 신체적인 질병을 가리키지 않는다. 앞서 지적했듯이, 여기서 야고보는 영적으로 연약하며 낙심한 상태에 있는 신자들이 다시금 회복되는 일에 관해 말하고 있다. 그리고 '소조'(sozō, "회복시키다") 역시 반드시 신체적인 치유를 지칭하는 것은 아니다. 신약에서 이 단어는 "구원하다"로 번역되는 경우가 가장 많다. 이 구절에 담긴 개념은 곧 장로들의 기도가 영적으로 연약하고 낙심한 상태에 있는 신자들을 그 연약함에서 건져내고 그들의 상태를 다시금 온전히 "회복시키게" 되리라는 것이다. 물론 이 장로들의 기도는 하나님의 능력을 전달하는 하나의 통로일 뿐이다. 연약한 이들을 "일으키는" 분은 바로 "주님"이시기 때문이다. 여기 쓰인 '에게이로'(egeirō, "일으키다")는 또한 '각성시키다'나 '일깨우다'를 의미할 수 있다. 그러므로 경건한 이들의 의로운 기도를 통해 하나님은 그분께 속한 낙심한 양 떼의 열심을 다시 회복시키시는 것이다.

그리고 이 구절에서 야고보는 영적으로 연약한 신자 중 하나가 "죄를 범하였을지라도 사하심을 받을" 것이라고 말한다. 이는 이 본문이 신체적인 치유에 관한 것이 아님을 보여주는 또 다른 증거가 된다. 성경은 그 어디에서도 '모든 질병은 각 사람이 범한 죄들의 직접적인 결과로서 임한다'고 가르치지 않는다. 그러나 영적인 낙심의 경우에는 그것이 죄의 원인이자 결과가 될 때가 자주 있다. 그리고 이런 경우에는 그 치료책이 바로 하나님께 그런 죄들을 고백하고 그분의 용서를 받는 데 있다. 다윗은 이렇게 기록하고 있다. "내가 이르기를 내 허물을 여호와께 자복하리라 하고 주께 내 죄를 아뢰고 내 죄악을 숨기지 아니하였더니 곧 주께서 내 죄악을 사하셨나이다"(시 32:5). 다윗의 아들인 솔로몬 역시 우리에게 위로를 주는 그 진리를 이렇게 말하고 있다. "자기의 죄를 숨기는 자는 형통하지 못하나 죄를 자복하고 버리는 자는 불쌍히 여김을 받으리라"(잠 28:13). 그리고 요한일서 1장 9절에는 우리에게 친숙한 다음의 말씀이 있다. "만일 우리가 우리 죄를 자백하면 그는 미쁘시고 의로우사 우리 죄를 사하시며 우리를 모든 불의에서 깨끗하게 하실 것이요." 만약 어떤 신자가 자신의 죄 때문에 영적인 연약함과 낙심에 빠졌거나 혹은 그 연약함과 낙심 때문에 죄를 범했을 경우, 그가 용서를 구하면서 하나님께 간절히 부르짖을 때 "[그 죄의] 사하심을 받게" 될 것이다. 이때 장로들은 그 신자가 자신의 죄를 분별하고 고백하도록 돕고 격려하며, 죄 사함을 구하는 그의 기도에 함께 동참할 수 있다. 이 같은 일은 그들이 행하는 회복 사역의 필수적인 부분이다.

기도와 교제

"그러므로 너희 죄를 서로 고백하며 병이 낫기를 위하여 서로 기도하라"(5:16a)

여기에 쓰인 "그러므로"는 사고의 흐름에 변화가 있음을 나타낸다. 이제 야고보는 영적인 싸움에서 패배한 신자들의 죄를 다루던 일에서 눈을 돌려 각 교회의 온 회중을 향해 말을 건네고 있다. 여기서 야고보는 신자들에게 "죄를 서로 고백할" 것을 권고하며, 그 죄들 때문에 그들 자신이 마침내 영적인 패배의 수렁에 빠지기까지 그 일을 미루지 말 것을 촉구한다. 영감받은 저자인 그는 죄 문제가 가장 위험한 것은 바로 혼자 고립된 신자의 경우임을 잘 알고 있었다. 죄를 범한 이들은 사적이고 은밀한 상태로 그 죄를 간직하려고 하지만, 하나님은 그들의 죄가 온전히 드러나며 다른 신자들과의 애정 어린 교제 가운데 해결되기를 원하신다. 그러므로 야고보는 신자들이 정직한 태도로 서로의 죄를 고백하면서 "기도할" 것을 요청했다.

이처럼 다른 그리스도인들과 열린 마음으로 함께 나누며 기도하는 관계를 유지할 때, 신자들은 그들 자신의 영적인 삶에서 깊은 수렁에 빠지는 일을 피할 수 있다. 그리고 그런 관계들은 죄를 고백하고 버리도록 서로에게 경건한 압력을 행사하며, 이를 통해 우리는 그 죄들이 우리를 압도하여 완전한 영적인 패배로 이끌기 전에 그 손아귀를 벗어날 수 있게 된다.

야고보가 신자들 상호 간의 기도를 권고하는 목적은 이 기도를 통해 그들의 "병이 낫게끔" 하려는 데 있다. 이 구절에 쓰인 '이아오마이'(*iaomai*, "병이 낫기를")는 반드시 신체적인 치유만을 지칭하는 단어가 아니다. 마태복음 13장 15절에서 이 단어는 하나님이 이스라엘 백성의 죄 용서하기를 거절하신 일을 상징적으로 묘사하고 있다(참조. 요 12:40; 행 28:27). 또한, 히브리서의 저자는 영적인 회복을 말할 때 이 단어를 은유적으로 사용했으며(히 12:12~13), 베드로는 이 단어를 써서 그리스도께서 십자가에서 신자들을 위해 획득하신 죄로부터의 치유를 묘사한다(벧전 2:24). 여기서 야고보는 회개하는 죄인을 영적으로 다시금 온전하게 만드시는 하나님의 용서를 지칭하는 데 이 단어를 사용하고 있다.

기도와 능력

"의인의 효과적인 기도는 많은 일을 성취할 수 있느니라(개역개정판에는 "의인의 간구는 역사하는 힘이 큼이니라"로 번역되어 있다.—역주). 엘리야는 우리와 성정이 같은 사람이로되 그가 비가 오지 않기를 간절히 기도한즉 삼 년 육 개월 동안 땅에 비가 오지 아니하고 다시 기도하니 하늘이 비를 주고 땅이 열매를 맺었느니라."(5:16b~18)

이 본문에서 야고보는 영적으로 연약한 이들을 위해 기도하도록 장로들과 그리스도인들을 격려하려고 그런 기도에는 "효과"가 있음을 일깨운다. 여기서 "효과적인"은 헬라어 '에네르게오'(*energeō*)를 번역한 것이며, 영어의 '에너지'(energy)는 바로 이 단어에서 유래했다. 야고보에 따르면, "의인의 기도"(참조. 4:3; 시 66:18; 잠 15:8; 28:9)는 "많은 일을 성취할 수 있다"(문자적으로는 '매우 강력하다'를 의미한다). 연약한 이들에게서는 연약한 기도가 나오지만 강건한 이들에게서는 굳센 기도가 나온다. 의로운 이의 열정적인 기도는 강한 힘을 발휘하며, 이를 통해 하나님의 능력이 나타나서 자신의 연약함 가운데 씨름하는 신자들이 다시금 영적인 건강을 회복하게 된다.

이제 야고보는 의로운 기도의 능력을 추가적으로 입증하며 자신이 논의하는 내용의 핵심을 보여주는 한 가지 사례를 제시하려고 구약의 가장 유명한 인물 중 하나인 엘리야에게로 초점을 돌린다. 그에 따르면 엘리야는 선지자이며 하나님의 사람이었지만, 이와 동시에 "우리와 성정이 같은 사람"이었다. 성경에서는 엘리야가 굶주렸으며(왕상 17:11), 두려워했고(왕상 19:3), 깊은 침체에 빠지기도 했다(왕상 19:3, 9~14)고 기록한다. 그러나 그가 "간절히 기도했을" 때(문자적으로는 "그가 기도로써 기도했을 때"), 놀라운 일이 일어났다. 곧 "삼 년 육 개월 동안 땅에 비가 오지 아니하고 다시 기도하니 하늘이 비를 주고 땅이 열매를 맺었던" 것이다. 이처럼 엘리야의 기도를 통해 삼 년 반에 걸친 그 파괴적인 가뭄이 시작되고 또 끝이 났다(참조. 눅 4:25). 열왕기상 17장에도 그 가뭄에 관한 일이 기록되어 있지만, 그 가뭄이 지속한 기간을 제시하고 그 일을 엘리야의 기도에 연관 짓는 것은 이 본문뿐이다.

만일 야고보가 이번 장에서 다루는 본문 전체에서 신체적인 질병과 치유를 염두에 두었다면, 여기서 엘리야와 가뭄의 이야기를 그 사례로 든 것은 이상한 일일 것이다. 이 경우, 그가 치유에 관해 인용할 수 있었을 성경의 다른 명확한 사례들이 많이 있다. 그러나 마른 땅 위에 단비가 쏟아지는 모습은 곤란 중에 씨름하는 신자들의 갈급하고 메마른 영혼 위에 하나님이 영적인 복을 풍성히 부어 주시는 일을 드러내는 완벽한 이미지가 된다. 그리고 하나님은 경건한 이들의 의로운 기도에 대한 응답으로 이 두 가지 일을 모두 행하시는 것이다.

야고보는 이처럼 장로들에게 고난받는 신자들을 위한 중보 기도를 요청한다. 그리고 나는 지금까지 이 중대한 요청을 나의 사역에 의미 있게 적용해 왔고, 그 일은 내가 섬기는 교회에 반복해서 큰 은혜를 가져다주었다. 우리 교회의 장로들은 매 주일 아침과 저녁에 예배 시간 전후로 회중들과 함께 시간을 보내고 있고, 이 일은 그 외에도 필요할 때라면 언제든지 이루어진다. 이때 장로들은 연약하고 상처 입은 신자들을 만나서 기도로써 그 지체들의 힘을 북돋아 주는 것이다.

이런 사역 가운데 가장 기억에 남는 경험 중 하나는 한 학생이 나를 찾아왔을 때의 일이었다. 그는 독실한 기독교 가정에서 자라나서 사역자가 되기 위해 공부 중인 학생이었다. 그는 매우 탁월한 학생이었으며, 사람들을 인도하고 주님을 효과적으로 섬기는 데 필요한 모든 자질을 갖추고 있었다. 하지만 그는 어떤 반복되는 시험들에 맞서는 데 종종 실패하곤 했으며, 이에 따라 다른 이들의 배척과 부당한 비판을 받아 온 상태였다. 그는 자신의 문제를 놓고 분투했지만 패배하고 있었다. 그 학생은 자신이 성경을 읽을 의욕을 잃었으며 기도할 용기도 사라졌다고 내게 고백했다. 그래서 결국 그 학생은 기도를 부탁하기 위해 나를 찾아왔던 것이다. 내 기도를 통해 그 자신이 갈망하면서도 하나님께 구할 용기가 없었던 그 능력과 승리를 얻게 되기를 바랐기 때문이었다.

나는 그에게 의자 두 개를 앞에 놓고 나란히 무릎을 꿇고 기도하자고 말했다. 그런데 이때 그가 행한 일을 나는 결코 잊지 못할 것이다. 내가 무릎을 꿇고 팔과 머리를 내 앞에 놓인 의자 위에 얹었을 때, 그도 무릎을 꿇었지만 자신의 팔과 머리를 앞에 놓인 의자 대신에 옆에 있는 내 등에 기대었다. 이처럼 그는 자신의 온몸을 나에게 의지하는 자세를 취했다. 이것은 내가 그에게 힘이 되어 주기를 바라며 나에게 온전히 의지한다는 마음을 표현하는 겸손한 동작이었다. 우리는 하나님께 그의 문제를 고백하면서 눈물로써 간절히 기도했으며, 그분이 그 기도를 들어 주심에 따라 큰 기쁨이 우리의 마음속에 임했다. 그리고 그 학생이 이야기해 준 바에 따르면, 이후 며칠이 지나는 동안에 그는 하나님의 은혜로 자신의 마음이 힘을 얻는 것을 체험하게 되었다. 그리하여 그는 자신의 학업을 훌륭히 마쳤고 이후에는 계속 주님을 섬기게 되었다.

22

———————— 한 영혼을 죽음에서 구원하는 일

(약 5:19~20)

"내 형제들아, 너희 중에 미혹되어 진리를 떠난 자를 누가 돌아서게 하면 너희
가 알 것은 죄인을 미혹된 길에서 돌아서게 하는 자가 그의 영혼을 사망에서 구
원할 것이며 허다한 죄를 덮을 것임이라."(5:19~20)

이 두 절은 야고보서의 적절한 결론을 이룬다. 이 두 절에서는 이 서신을 기록
한 야고보의 주된 목적을 제시하고 있으며, 그 목적은 다음과 같다. 바로 '신
자들의 모임 가운데 거짓되고 죽은 신앙을 지닌 자들의 문제를 드러내고 도전
을 제기하는 일'이다. 이미 말했듯이, 이 서신은 복음 전도에 강조점을 두고 있
다. 그런데 여기서 이 전도는 주로 교회 안에 있는, 외적으로 신앙을 고백하는
신자들을 향해 이루어지는 것이다. 요한이 자신의 첫 번째 서신에서 그랬듯이,
야고보는 외적으로 신앙을 고백하는 신자들을 향해 그들 자신의 신앙을 점검
하고 그 신앙의 참됨을 확인할 것을 촉구하기 위해 이 서신을 기록했다. 그는
아무도 자신의 구원 문제에 관해 현혹되지 않게끔 하는 일에 깊은 관심을 품고
있었다.

이런 관심의 시초에 계신 분은 바로 주 예수 그리스도이다. 그분은 마태복음
7장 21~23절에서 이렇게 경고하신다.

나더러 주여 주여 하는 자마다 다 천국에 들어갈 것이 아니요 다만 하늘에 계신

내 아버지의 뜻대로 행하는 자라야 들어가리라. 그 날에 많은 사람이 나더러 이르되 주여 주여 우리가 주의 이름으로 선지자 노릇 하며 주의 이름으로 귀신을 쫓아내며 주의 이름으로 많은 권능을 행하지 아니하였나이까 하리니 그 때에 내가 그들에게 밝히 말하되 내가 너희를 도무지 알지 못하니 불법을 행하는 자들아 내게서 떠나가라 하리라.

이 서신에서 야고보는 이 같은 예수님의 말씀을 염두에 두면서 독자들에게 참되고 순전한 구원의 신앙을 품을 것을 촉구하고 있다. 교회의 역사 전체에 걸쳐 늘 알곡 가운데 가라지들이 자리 잡아 왔다는 것은 놀랍고도 비극적인 사실이다. 이 가라지 같은 이들은 곧 돌밭이나 길가, 가시떨기가 있는 땅과 같아서 영적으로 아무 열매를 맺지 못하는 자들이며, 그들의 말로는 하나님께 가까이 나아가면서도 정작 그들의 마음은 그분에게서 멀리 떠나 있는 자들이다(사 29:13). 곧 "그들의 입은 주께 가까우나 그들의 마음은 먼" 것이다(렘 12:2). 이들은 하나님의 말씀을 듣지만 그대로 행하지 않는 자들이다(약 1:22). 야고보는 사람들이 스스로 미혹되는 것을 피하도록 돕기 위해, 각 사람이 자신의 신앙을 평가할 수 있도록 일련의 잣대들을 제시하고 있다. 먼저 참된 구원의 신앙은 시련과 유혹, 하나님의 말씀, 그리고 거룩한 삶을 위한 하나님의 표준에 대한 그 자신의 올바른 응답을 통해 드러난다(1장). 그리고 그 신앙은 여러 사회적 계층에 속한 사람들에 대한 그 사람의 반응이나 의로운 행실들을 통해 나타나게 된다(2장). 또 그 신앙은 올바른 말과 지혜, 그리고 세상의 벗이 되지 않는 것을 통해(3장), 겸손히 하나님의 뜻에 순복하는 태도를 통해 드러나게 된다(4장). 그리고 그 신앙은 재물에 대한 올바른 관점과 진실성을 통해 나타나게 되는 것이다(5장). 이런 잣대들은 각 사람이 자신의 신앙을 분별하고 평가할 수 있게 하는 하나의 기준점을 이룬다.

이 서신의 핵심부에는 이 같은 신앙의 시험을 통과하지 못한 이들을 향한 복음에의 초청이 담겨 있다. 4장 7~10절에서 야고보는 거짓된 신앙을 지닌 이들을 향해 이렇게 권면한다.

그런즉 너희는 하나님께 복종할지어다. 마귀를 대적하라. 그리하면 너희를 피하리라. 하나님을 가까이하라. 그리하면 너희를 가까이하시리라. 죄인들아, 손을 깨끗이 하라. 두 마음을 품은 자들아, 마음을 성결하게 하라. 슬퍼하며 애통하며 울지어다. 너희 웃음을 애통으로, 너희 즐거움을 근심으로 바꿀지어다. 주 앞에서 낮추라. 그리하면 주께서 너희를 높이시리라.

위의 구절들에는 진정한 구원으로 나아올 것을 촉구하는 뚜렷한 복음 전도의 메시지가 담겨 있다(이 책의 15장을 참조하라).

이제 야고보는 서신을 끝맺으면서 마지막으로 한 번 더 구원의 문제에 관해 호소하고 있다. 그러나 4장 7~10절에 담긴 메시지와는 달리 여기서는 아직 구원받지 못한 이들에게 구원의 길로 나아올 것을 촉구하는 것이 아니다. 오히려 그는 신자들에게 아직 구원받지 못한 자들을 복음의 길로 이끌 것을 요청하고 있다. 야고보는 이 서신 전체에 걸쳐 교회에 속해 있으면서도 죽은 신앙, 구원에 이르지 못한 신앙을 지닌 이들이 있으리라는 점을 자신의 전제로 삼는다. 여기서 그는 참된 구원의 신앙을 지닌 이들을 향해 그런 이들을 구원의 길로 인도할 것을 촉구한다. 이것은 곧 교회 내의 복음 전도를 향한 초청과 마찬가지다.

이 마지막 단락에서 야고보는 그리스도인들이 진정한 구원의 신앙이 결핍된 이들을 파악하고 도울 수 있도록 이끌기 위해 다음 네 가지 요점을 제시하고 있다. 증거와 위협, 수단과 목표 등이다.

증거

"내 형제들아, 너희 중에 미혹되어 진리를 떠난 자를 … 죄인을 미혹된 길에서 돌아서게 하는 자가"(5:19a; 5:20b)

이 서신 전체에 걸쳐 야고보는 "내 형제들"(또는 "형제들")이라는 어구를 포괄적인 의미로 사용하고 있다(참조. 1:2, 16, 19; 2:1, 5, 14; 3:1, 10, 12; 4:11; 5:7, 9, 10, 12).

그의 용법은 자신과 민족적인 전통을 공유하는 유대인들뿐 아니라 교회 안에 속한 모든 이들까지 그 안에 포함될 정도로 폭이 넓다. 여기서 "내 형제들"이라는 어구는 순전한 신자들을 지칭하며, 이는 2장 1절에서와 마찬가지다(이 두 구절 모두에서 이 어구는 문장의 맨 앞에 나온다). 그리고 2장 1절에서와 마찬가지로, 이 어구는 본문에서 전개되는 생각의 흐름에 뚜렷한 단절이 있음을 나타내고 있다. 곧 이 부분에서는 앞선 단락(5:13~18)과의 연결 고리가 제시되지 않는 것이다. 오히려 야고보는 새롭고도 결론적인 마지막 생각으로 관심을 돌리고 있다. 이 결론 부분의 두 구절에서 그는 장로들의 돌봄이 필요한 연약하고 지친 신자들, 곧 핍박받는 그들과는 구별되는 별개의 집단에 관해 말하고 있다. 자신의 문제와 씨름하는 신자들을 회복시키는 사역에 관해 논했던 야고보는 이제 교회 안의 구원받지 못한 이들을 하나님과 화목하게 하는 사역을 거기에 덧붙인다.

"너희 중에"라는 어구 역시 세 번째 범주의 집단을 소개하는 역할을 한다. 13절에서 이 어구는 고난 중에 처하여 기도할 필요가 있는 그리스도인들을 가리키는 데 쓰였으며, 14절에서는 장로들의 돌봄이 필요한 연약하고 낙심한 그리스도인들을 지칭하는 데 사용되었다. 그리고 이제는 다른 지체들에 의해 참된 구원의 길로 인도될 필요가 있는 외적인 신자들을 가리키는 데 쓰이고 있다. 슬프게도 이런 외적인 신자들은 모든 교회에서 찾아볼 수 있으며, 이는 예수님이 마태복음 13장 20~23, 24~30, 37~43, 47~50절에서 말씀하신 바와 같다. 그리고 "너희 중에"라는 표현은 그런 이들이 신자들로 구성된 교회 안에 있으며, 외적으로는 구원을 고백하고 있음을 가리킨다. 모든 목회자는 외적으로는 그리스도를 믿는다고 고백하면서도 실제로는 그분께 등을 돌린 채 명백하고 노골적인 죄에 빠져있는 이들, 또는 끝내 사이비 종파에 가입하고 마는 이들이 가져다주는 마음의 고통을 안다. 심지어 예수님께도 가룟 유다가 있었으며, 바울에게는 데마가 있었다(딤후 4:10을 참조하라.─역주). 이 같은 사람들이 야고보의 목록에서 맨 나중에 등장하는 이유는 그들이 지닌 필요가 가장 중대하기 때문이며, 아래에서 살필 것처럼 그들이 모든 위험 가운데 가장 심각한 위험에 처해 있기 때문이다.

"너희 중에 미혹되어 진리를 떠난 자"라는 어구의 헬라어 문법 구조는 이 일이 실제로 일어날 법한 것임을 보여준다. 이 구절의 "미혹되어 … 떠난"은 헬라어 '플라나오.'(planaō)를 번역한 것이며, 이 단어는 '방황하다', '길을 잃다', '신앙을 버리다'를 의미한다. 성경에서 이 단어는 물리적인 방황을 나타내는 데 쓰였으며, 이는 칠십인역(예. 창 37:15; 출 14:3; 23:4; 신 22:1; 27:18; 욥 38:41을 보라)과 신약(예. 마 18:12~13; 히 11:38을 보라) 모두에서 그러하다. 하지만 이 단어는 영적인 진리에서 떠나 길을 잃는 일을 가리키는 데에도 자주 쓰였다. 이 역시 칠십인역(예. 신 11:28; 30:17; 잠 14:22; 사 9:15[영어 성경에서는 9:16]; 겔 14:11을 보라)과 신약(예. 눅 21:8; 히 3:10; 벧후 2:15를 보라) 모두에서 그러했다. 성경에서 이 단어는 자주 구원받지 못한 이들의 상태를 묘사하고 있다. 마태복음 22장 29절에서 예수님은 그분을 함정에 빠뜨리려 했던 사두개인들을 향해 이렇게 말씀하셨다. "너희가 성경도, 하나님의 능력도 알지 못하는 고로 오해하였도다[이는 '플라나오.'에서 유래한 단어이다]." 그리고 디도서 3장 3절에서 바울은 이렇게 말했다. "우리도 전에는 어리석은 자요 순종하지 아니한 자요 속은 자요[이는 '플라나오.'에서 유래한 단어이다] 여러 가지 정욕과 행락에 종노릇 한 자요 악독과 투기를 일삼은 자요 가증스러운 자요 피차 미워한 자였으나." 그리고 우리가 구원받기 전의 모습에 관해 베드로는 이렇게 기록하고 있다. "너희가 전에는 양과 같이 길을 잃었더니[이는 '플라나오.'에서 유래한 단어이다] 이제는 너희 영혼의 목자와 감독 되신 이에게 돌아왔느니라"(벧전 2:25).

이 본문의 "진리"는 하나님의 말씀을 가리키며, 그중에서도 특히 구원의 복음을 가리킨다(참조. 1:18; 3:14). 어떤 이가 구원의 "진리"를 거부하는 것, 그리고 "성도에게 단번에 주신 믿음의 도"(유 3절)에서 교리적으로 벗어나는 것은 곧 그의 신앙이 참된 것이 아님을 보여주는 분명한 표지이다. 사도 요한은 이렇게 기록하고 있다. "거짓말하는 자가 누구냐? 예수께서 그리스도이심을 부인하는 자가 아니냐? 아버지와 아들을 부인하는 그가 적그리스도[속이는 자, 거짓 교사]니."(요일 2:22) 자신의 첫 번째 서신에서 요한은 계속해서 이렇게 덧붙인다. "예수[께서 육체로 오신 것~2절][을] 시인하지 아니하는 영마다 하나님께 속한 것이 아니니 이것이 곧 적그리스도의 영이니라"(4:3). 다른 한편, 예수님의 가르침에 따르면 어떤 이가 그분의 참 제자임을 보여주는 표지는 그 사람이 하나님의 말씀 안에 거하는 데 있다(요 8:31).

거짓 신자가 구원에 관한 하나님의 진리를 떠나 방황할 때는 "미혹된 길"[삶의 방식, 생활 패턴]에 들어서게 된다. 여기 쓰인 '플라네'(planē, "미혹")는 동사 '플라나오'의 명사형이며, 이 동사는 19절에서 "미혹되어 … 떠난"으로 번역된 바 있다. 이처럼 거짓 신앙은 그릇된 신학을 낳을 뿐 아니라 또한 거짓된 삶의 방식을 가져온다. 하나님의 말씀을 거부하는 이들은 곧 그 말씀에서 가르치는 경건한 삶의 원리들을 배척하며, 이에 따라 우리를 순종으로 이끄는 유일한 능력을 외면하게 되는 것이다. 진리와 미덕이 서로 동행하듯이, 오류와 악한 행실 역시 서로를 수반하게 된다. 그런 신자들이 외적으로 어떤 신앙을 고백하든 간에, 하나님의 계시로 주어진 성경의 가르침을 뚜렷이 거스르는 방식으로 살아가는 자들은 결코 그분께 속한 백성이 아니다. 예수님은 이렇게 날카롭게 지적하셨다. "너희는 나를 불러 주여 주여 하면서도 어찌하여 내가 말하는 것을 행하지 아니하느냐?"(눅 6:46). 만일 이 같은 사람들이 자신의 죄를 뉘우치고 돌이키지 않는다면 언젠가 예수님께로부터 다음의 충격적인 말씀을 듣게 될 것이다. "내가 너희를 도무지 알지 못하니 불법을 행하는 자들아 내게서 떠나가라"(마 7:23).

야고보는 건전한 교리와 경건한 삶을 떠나 방황하는 이들을 "죄인"으로 규정했다(4:8의 주석에서 이 단어의 용법에 관한 논의를 보라). 성경에서는 거듭나지 않은 이들, 곧 신자가 아닌 이들을 지칭하는 데 이 단어를 사용하고 있다(참조 잠 11:31; 13:6, 22; 마 9:13; 눅 7:37, 39; 15:7, 10; 18:13; 롬 5:8; 딤전 1:9, 15; 벧전 4:18). 이 "죄인"이라는 표현은 종종 마음이 굳어진 불신자들이나 공개적으로 반항적인 태도를 보이면서 하나님의 법을 무시하는 이들, 그 악한 성품이 모든 사람 앞에서 드러난 이들이나 누구나 그들의 사악함을 알고 있는 이들을 묘사하는 데 쓰인다. 창세기 13장 13절에서는 소돔의 주민들을 "여호와 앞에 악하며 큰 죄인인" 이들로 묘사하고 있다. 그리고 시편의 첫 구절에서는 이렇게 선포한다. "복 있는 사람은 악인들의 꾀를 따르지 아니하며 죄인들의 길에 서지 아니하며 오만한 자들의 자리에 앉지 아니하고"(시 1:1). 또 이 시편의 5절에서는 이렇게 덧붙이고 있다. "악인들은 심판을 견디지 못하며 죄인들이 의인들의 모임에 들지 못하리로다." 시편 51편 13절에서는 죄인들을 '하나님께로 돌이켜야 할 자들'로 간주하며, 잠언 11장 31절에서는 의인들과 사악한 죄인들을 서로 대조하고 있다.

신약 성경에서 "죄인"이라는 표현은 늘 하나님 나라의 바깥에 있는 이들을 지칭하는 데 사용되고 있다. 마태복음 9장 13절에서 예수님은 이렇게 선포하셨다. "나는 의인을 부르러 온 것이 아니요 죄인을 부르러 왔노라." 죄인들이 회개할 때 하늘에는 기쁨이 있다(눅 15:7, 10). 세리는 "하나님이여, 불쌍히 여기소서. 나는 죄인이로소이다" 라고 부르짖었을 때 "의롭다 하심을 받고 그의 집으로 내려가게" 되었다(눅 18:13~14). 그리고 "우리가 아직 죄인 되었을 때에 그리스도께서 우리를 위하여 죽으셨다"(롬 5:8)고 한다. 바울은 이렇게 선포하고 있다. "미쁘다, 모든 사람이 받을 만한 이 말이여. 그리스도 예수께서 죄인을 구원하시려고 세상에 임하셨다 하였도다"(딤전 1:15).

그러므로 "죄인"은 곧 하나님과 그리스도를 떠나 있는 이, 따라서 구원받을 필요가 있는 어떤 이를 말한다. 이는 그런 자들의 특징을 나타내는 용어이다. 사도 요한은 이렇게 기록하고 있다. "죄를 짓는 자는 마귀에게 속하나니 … 하나님께로부터 난 자마다 죄를 짓지 아니하나니"(요일 3:8, 9). 그리스도인들도 죄를 지을 수 있지만, 그 죄가 그들의 삶 속에서 끊임없는 지속적인 행습이 될 수는 없다. 곧 죄가 그들의 삶을 특징짓는 성격이 될 수 없다는 것이다. 이에 반해 "죄인"들은 지속적이며 상습적인 방식으로 죄를 범하는 자들이다. 요한의 선포에 따르면, 그런 자들은 하나님의 자녀가 아니라 마귀의 자녀들이다.

모든 교회에는 하나님의 진리에서 벗어나 믿음을 잃은 자들이 있다. 요한일서 2장 19절에서 요한은 그런 이들에 관해 이렇게 기록한다. "그들이 우리에게서 나갔으나 우리에게 속하지 아니하였나니 만일 우리에게 속하였더라면 우리와 함께 거하였으려니와 그들이 나간 것은 다 우리에게 속하지 아니함을 나타내려 함이니라." 참된 신자들은 그 거짓된 교리와 죄악 된 삶을 통해 자신들이 진정한 신앙에서 떠났음을 보여주는 이들을 다시금 바른길로 이끌기 위해 노력해야 한다. 우리는 신앙의 길을 따른다고 하면서도 실제로는 그 길을 저버리는 이들을 향해 끊임없이 경고해야 하며, 이는 히브리서의 여러 가르침에 잘 드러나는 바와 같다(2:3~4; 3:7~15; 4:1, 6~7; 5:12~6:9; 10:26~29).

위협

"그의 영혼을 사망에서 구원할 것이며 허다한 죄를 덮을 것임이라"(5:20c)

신자들은 회개하지 않는 죄인들 앞에 얼마나 끔찍한 운명이 기다리고 있는지를 깨닫고 진리를 떠나 방황하는 이들을 구원으로 초청하는 일에 열심을 내야 한다. 지금 위태로운 지경에 처해 있는 것은 영원히 지속하는 각 사람의 "영혼"이며, 이는 곧 그들이 지닌 가장 귀중한 소유물이다(참조. 막 8:36~37). 이 구절에 쓰인 헬라어 '프쉬케'(*psuchē*, "영혼")는 사람의 온 인격을 지칭하며(칠십인역은 창 2:7에서 이 단어를 쓰고 있다), 특히 죽을 수밖에 없는 우리의 몸 안에 존재하는 내적이며 불멸하는 인격을 가리킨다.

이 구절에서 불신자들의 "영혼" 앞에 놓인 것은 곧 "사망"의 위협이다. 이는 영원한 지옥이자 '둘째 사망'이며, 회개하지 않는 죄인들이 처하게 될 최후의 상태이다(참조. 마 13:40, 42, 50; 25:41, 46; 막 9:43~49; 살후 1:8~9; 계 20:11~15; 21:8). 에스겔서 18장 4절에서 하나님은 이렇게 선포하셨다. "범죄하는 그 영혼은 죽으리라." 그리고 예수님은 그분을 믿지 않는 유대인들에게 이같이 경고하셨다. "내가 가리니 너희가 나를 찾다가 너희 죄 가운데 죽겠고 내가 가는 곳에는 너희가 오지 못하리라"(요 8:21; 참조. 8:24). 야고보서 1장에서 말하듯이, 죄의 궁극적인 결말은 "사망을 낳는" 데 있다(1:15). 자주 인용되는 사도 바울의 표현대로 말하자면, "죄의 삯은 사망인" 것이다(롬 6:23). 성경에서 가장 두려운 언급이 담긴 본문 중 하나인 다음 구절에서 사도 요한은 이렇게 기록하고 있다. "그러나 두려워하는 자들과 믿지 아니하는 자들과 흉악한 자들과 살인자들과 음행하는 자들과 점술가들과 우상 숭배자들과 거짓말하는 모든 자는 불과 유황으로 타는 못에 던져지리니 이것이 둘째 사망[첫째 사망은 물리적인 죽음이다]이라"(계 21:8; 참조. 20:11~15; 사 66:24; 단 12:2; 살후 1:8~9). 예수님이 하늘보다 지옥에 관해 더 많이 말씀하셨다는 것은 종종 간과되는 진리이다. (마태복음만 봐도 예수님은 5:22, 29~30; 7:19; 8:12; 10:28; 13:40~42; 18:8~9; 22:13; 23:33; 25:41, 46 에서 지옥에 관해 말씀하신다.)

거짓 신앙을 지닌 이들, 하나님의 길 대신에 그들 자신의 길을 선택한 이들은 정죄 받는 것을 피하기 위해 다음과 같은 잠언 14장 12절의 경고에 귀를 기울여야만 한다. "어떤 길은 사람이 보기에 바르나 필경은 사망의 길이니라." 죄인들 앞에 놓인 깊고 중대한 위협은 곧 영적인 사망이며, 이는 하나님께로부터 영원히 분리되어 지옥에 머물게 되는 것을 가리킨다.

회개하지 않는 죄인들은 자신의 "허다한 죄"에 짓눌린 채로 영원한 죽음을 맞게 된다. 어떤 이가 지은 단 하나의 죄만으로도 지옥의 형벌을 받게 되기에 충분하므로, 여기서 야고보가 "허다한"이란 표현을 쓴 것은 곧 죄인들의 가망 없는 상태를 더욱 강조하는 역할을 한다. 죄인들은 자신의 온 생애에 걸쳐 자신이 범한 죄의 무게를 가중하며, 그 죄의 짐은 마침내 그들을 지옥으로 끌어 내리게 된다. 시편 5편 10절에서 다윗은 불경건하고 사악한 자들에 관해 이렇게 기록하고 있다. "하나님이여, 그들을 정죄하사 자기 꾀에 빠지게 하시고 그 많은 허물로 말미암아 그들을 쫓아내소서. 그들이 주를 배역함이니이다"(참조. 사 59:12; 렘 5:5~6). 바울은 이같이 말한다. "[그들의] 고집과 회개하지 아니한 마음을 따라 진노의 날 곧 하나님의 의로우신 심판이 나타나는 그 날에 임할 진노를 [그들 자신에게] 쌓는 도다"(롬 2:5). 그리고 자신을 짓누르는 죄의 무게에서 자유로운 불신자는 아무도 없다.

> 의인은 없나니 하나도 없으며 깨닫는 자도 없고 하나님을 찾는 자도 없고 다 치우쳐 함께 무익하게 되고 선을 행하는 자는 없나니 하나도 없도다. 그들의 목구멍은 열린 무덤이요 그 혀로는 속임을 일삼으며 그 입술에는 독사의 독이 있고 그 입에는 저주와 악독이 가득하고 그 발은 피 흘리는 데 빠른지라. 파멸과 고생이 그 길에 있어 평강의 길을 알지 못하였고 그들의 눈 앞에 하나님을 두려워함이 없느니라. (롬 3:10~18)

그런데 교회 안에 있는 회개하지 않은 죄인들은 그리스도에 대한 믿음을 고백한 적이 없는 최악의 죄인들보다 더욱 중한 죄책을 짊어지게 될 것이다.

> 우리가 진리를 아는 지식을 받은 후 짐짓 죄를 범한즉 다시 속죄하는 제사가 없고 오직 무서운 마음으로 심판을 기다리는 것과 대적하는 자를 태울 맹렬한 불만 있으리라. 모세의 법을 폐한 자도 두세 증인으로 말미암아 불쌍히 여김을 받지 못하고 죽었거든 하물며 하나님의 아들을 짓밟고 자기를 거룩하게 한 언약의 피를 부정한 것으로 여기고 은혜의 성령을 욕되게 하는 자가 당연히 받을 형벌은 얼마나 더 무겁겠느냐? 너희는 생각하라 (히 10:26~29).

수단

"누가 … 너희 … 하는 자"(5:19b; 5:20b, NASB 역본에서는 "one … him … he"에 해당한다.—역주)

위의 구절에서 야고보가 사용한 세 개의 대명사들은 하나님이 길을 잃은 죄인들을 회복시키는 일에 어떤 이들을 그 도구로 쓰시는지를 보여준다. 이 일은 단지 목회자와 장로들만의 직무가 아니라 모든 신자에게 주어진 과업이다. 고린도후서 5장 18절에서 사도 바울은 이 진리를 이런 식으로 표현하고 있다. "모든 것이 하나님께로부터 났으며 그가 그리스도로 말미암아 우리를 자기와 화목하게 하시고 또 우리에게 화목하게 하는 직분을 주셨으니." 여기서 하나님이 그분 자신과 화목하게 하신 "우리"는 곧 화목하게 하는 직분을 받은 "우리"와 동일하다. 방황하는 죄인들을 하나님께로 인도하는 일은 모든 신자에게 주어진 과업인 것이다. 신자들은 그리스도를 알면서도 거부하는 이들이 더욱 엄중한 심판 아래 놓이게 될 것임을 깨닫고(참조. 눅 12:47~48), 교회 안의 길 잃은 자들에게 복음을 전하는 일에 더욱 힘을 쏟아야 한다.

누가복음 19장 10절에서 주 예수 그리스도는 자신의 메시아적인 사명을 이같이 밝히셨다. "인자가 온 것은 잃어버린 자를 찾아 구원하려 함이니라." 그리고 그분께 속한 교회는 마땅히 그분을 본받아야 한다(마 28:19~20). 길을 잃고 파멸의 위기 가운데 있는 죄인들이 구원을 받을 때 하늘에서는 기뻐한다(눅 15:7, 10). 신자들은 그 영원한 기쁨을 가져오는 화목의 사역에 참여할 수 있는 큰 특권을 지니고 있다.

목표

"누가 돌아서게 하면 … 죄인을 미혹된 길에서 돌아서게 하는 자가 그의 영혼을 사망에서 구원할 것이며 허다한 죄를 덮을 것임이라."(5:19b; 5:20c)

우리가 교회 안의 거짓 신자들에게 다가가려고 노력하는 일의 목표는 단순하다. 그 목표는 곧 그로 하여금 거짓에서 진리로 "돌아서게" 만들려는 데 있다. 이 구절의 '에피스트레포'(epistrephō, "돌아서게")는 신약에서 죄인이 하나님께로 회심하는 일을 말할 때 자주 쓰인다(예. 눅 1:16, 17; 행 9:35; 14:15; 26:18, 20; 고후 3:16; 벧전 2:25). 마태복음 18장 3절에서는 다음과 같은 예수님의 말씀을 기록하면서 이 '에피스트레포'와 연관성을 지닌 헬라어 동사를 사용한다. "진실로 너희에게 이르노니 너희가 돌이켜 어린아이들과 같이 되지 아니하면 결단코 천국에 들어가지 못하리라." 사도행전 3장 19절에서 베드로는 청중들에게 이렇게 권면했다. "너희가 회개하고 돌이켜 너희 죄 없이 함을 받으라." 그리고 바울은 "[그들이] 우상을 버리고 하나님께로 돌아와서 살아계시고 참되신 하나님을 섬기는" 일에 관해 데살로니가 교회의 신자들을 칭찬했다(살전 1:9). 이 본문에서 야고보는 사람들로 하여금 거짓 믿음과 악한 행실에서 돌이켜 참된 구원의 신앙으로 나아가도록 이끄는 일을 묘사하는 데 '에피스트레포'라는 단어를 사용하고 있다.

"구원할"은 헬라어 '소조'(sōzō)를 번역한 것이며, 이 단어는 신약에서 '구원'을 가리키는 데 가장 널리 쓰이는 표현이다(예. 마 1:21; 18:11; 19:25; 눅 8:12; 9:56; 19:10; 요 3:17; 5:34; 10:9; 행 2:21, 40, 47; 11:14; 16:31; 롬 5:9~10; 10:9, 13; 고전 1:18, 21; 고후 2:15; 엡 2:5, 8; 딤전 1:15; 2:4; 딛 3:5). 야고보서에서 이 단어는 다섯 번에

걸쳐 쓰였는데, 그중 네 번은 '구원'을 언급하고 있다(참조, 1:21; 2:14; 4:12; 한편 5:15에서는 자신의 문제와 씨름하는 연약한 그리스도인들을 회복시키는 일을 가리킨다). 어떤 이가 회개하며 하나님께로 돌이킬 때는 구원을 얻게 된다. 그리고 이때 하나님은 그 회개하는 죄인이 지었던 "허다한 죄를 덮어" 주시는 것이다. 다윗 은 시편 32편 1절에서 이렇게 찬미했다. "허물의 사함을 받고 자신의 죄가 가 려진 자는 복이 있도다." 또 시편 85편의 저자는 죄를 용서하시는 하나님을 향 해 이렇게 찬양을 드렸다. "[주께서] 주의 백성의 죄악을 사하시고 그들의 모 든 죄를 덮으셨나이다"(2절). 이 진리를 잘 알려진 찬송가 "우리의 죄보다 더욱 큰 은혜"(Grace Greater Than Our Sin, 우리말 찬송가에는 "놀랍다 주님의 큰 은혜"라는 제목으로 수록되어 있다.—역주)의 가사로써 표현하자면 다음과 같다.

인자하신 우리 주님의 놀라운 은혜,
우리의 죄와 죄책을 뛰어넘는 그 은혜!
저기 갈보리 언덕 위에서 그 은혜가 부어졌네.
어린 양이 피를 흘리신 바로 그곳에서.

은혜, 은혜, 하나님의 은혜.
우리의 죄를 용서하며 내면을 정결케 하시는 그 은혜.
은혜, 은혜, 하나님의 은혜.
우리의 모든 죄보다 더욱 큰 은혜라네!

이 찬송가의 저자가 바르게 지적했듯이, 우리에게 죄 사함을 가져다줄 수 있 는 것은 그리스도의 죽으심뿐이다(엡 1:7; 2:8~9). 하나님은 신자들의 죄를 깊은 바닷속에 던져 넣으셨으며(미 7:19), 동이 서에서 먼 것 같이 그 죄를 우리에게 서 멀리 떨어뜨려 놓으셨다(시 103:12).

하나님은 방황하는 영혼들을 그분 자신과 화목하게 하는 사역을 모든 신자 에게 부여하셨다. 외적으로 신앙을 고백하는 어떤 신자의 믿음이 거짓으로 드 러날 때, 참된 그리스도인들은 그 사람이 영원한 사망의 두려운 위협 아래 처해 있음을 알고 그가 자신의 죄에서 돌이켜 하나님을 향한 진정한 구원의 신앙으로 나아가도록 이끄는 것을 그들의 목표로 삼아야 한다.

이렇게 함으로써 그들은 참된 지혜를 보여주게 될 것이다. 이는 곧 "지혜로운 자는 사람의 영혼을 얻기" 때문이다(잠 11:30).

참고 문헌

Barclay,William. *The Letters to Timothy,Titus,and Philemon*. Philadelphia:
Westminster, 1976.

_____. *The Letters of James and Peter*. Philadelphia: Westminster, 1960.

Brooks, Thomas. *Precious Remedies Against Satan's Devices*. Reprint;
Edinburgh: Banner of Truth, 1984. 『토머스 브룩스의 참된 회심』(마르투스)

Carmichael, Amy. *Gold Cord*. Reprint; Fort Washington, Pa.: Christian
Literature Crusade, 1996.

Hiebert,D. Edmond. *The Epistle of James*. Chicago: Moody, 1979.

_____. *An Introduction to the Non-Pauline Epistles*. Chicago: Moody, 1962.

Johnstone,Robert. *A Commentary on James*. Reprint; Edinburgh: Banner of
Truth, 1977.

Manton,Thomas. *The Complete Works of Thomas Manton*.Vol.17.Reprint;
London: James Nisbet, 1874.

Motyer,J.A. *The Message of James*. Downers Grove, Ill.: InterVarsity, 1985. 『야고
보서 강해』(한국ivp)

Robertson, A. T. *Word Pictures in the New Testament*. Reprint; Grand Rapids:
Baker, n.d.

Ropes, James H. *The Epistle of James*. The International Critical Commentary.
Edinburgh: T.& T.Clark, 1978.

Spring,Gardiner. *The Distinguishing Traits of Christian Character.* Reprint; Phillipsburg,N.J.: Presbyterian and Reformed, n.d.

Sweeting,George. *Faith That Works.* Chicago: Moody, 1983.

Tasker, R.V. G. *The General Epistle of James.* The Tyndale New Testament Commentaries. Grand Rapids: Eerdmans, 1975.

Thomas, I. D. E. *A Puritan Golden Treasury.* Edinburgh: Banner of Truth, 1977.

Trench, Rich ard C. *Synonyms of the New Testament.* Grand Rapids: Eerdmans, 1983.

Venning, Ralph. *The Sinfulness of Sin.* Reprint ; Edinburgh: Banner of Truth, 1993.

Vine,W. E. *An Expository Dictionary of New Testament Words.* New York: Revell, 1940.

Wiersbe,Warren. *The Bible Exposition Commentary.* Vol. 2.Wheaton, Ill.: Victor, 1989.

Zodhiates, Spiros. *The Behavior of Belief.* Grand Rapids: Eerdmans, 1973.

에클레시아 *ekklēsia*, 155, 156

엠퓨토스 *emphutos*, 116

에네르게오 *energeō*, 407

에페이타 *epeita*, 264

에피에이케스 *epieikēs*, 265

에피스켑토마이 *episkeptomai*, 136

에피스테몬 *epistēmōn*, 250

에피스트레포 *epistrephō*, 420

에피투메오 *epithumeō*, 278

에피투미아 *epithumia*, 79, 82

에리테이아 *eritheia*, 254

유세베이아 *eusebeia*, 134

유투메오 *euthumeō*, 400

엑셀코 *exelkō*, 78

게헨나 *gehenna*, 235

기노마이 *ginomai*, 121

기노스코 *ginōskō*, 45

하기오스 *hagios*, 263

하그노스 *hagnos*, 263

하마르티아 *hamartia*, 172

하마르톨로스 *hamartōlos*, 307, 308

하플로스 *haplōs*, 60

헤도논 *hēdonōn*, 275

헤게오마이 *hēgeomai*, 38

히미티아 *himitia*, 355

홀로클레로스 *holoklēros*, 54

호탄 *hotan*, 43

휘페르 *huper*, 294

휘페르에파노스 *huperēphanos*, 294

휘포 *hupo*, 74, 80

휘포메노 *hupomenō*, 377

휘포모네 *hupomonē*, 45, 367

휘포타소 *hupotassō*, 301

이아오마이 *iaomai*, 406

이두 *idou*, 231

카키아 *kakia*, 114, 157

카코파테이아 *kakopatheia*, 375

카코파테오 *kakopatheō*, 399

카코스 *kakos*, 375

카코스 *kakōs*, 281

칼로스 *kalos*, 344

카타디카조 *katadikazō*, 362

카타두나스테우오 *katadunasteuō*, 166

카타카우카오마이 *katakauchaomai*, 255

카타랄레오 *katalaleō*, 324

카타랄리아 *katalalia*, 324

카타랄루스 *katalalous*, 324

카타노에오 *katanoeō*, 128

카타로스 *katharos*, 135

카티스테미 *kathistēmi*, 286

카티오오 *katioō*, 355

카우카오마이 *kauchaomai*, 64, 341

클라이오 *klaiō*, 352

코스모스 *kosmos*, 141, 233, 285

크라조 *krazō*, 358

James

27:19	137	20:12-17	388	8:39	330
28:9	391	22:3-4	321	10:23-24	243
30:17	414	22:9-19	238	17:11	407
30:19-20	299	24:9	320	18:17	376
32:29	245	24:21-22	388	18:21	63
32:39	330, 346			19:1-2	376
32:40	391	**사무엘하**		19:3	407
		3:18	26	19:9-14	407
여호수아		3:35	388	21:1-13	238
1:8	125, 133	4:11	363	21:13	320
2:9-12	211	7:11-15	391	21:20	376
2:12-20	387	10	238, 320		
6:26	388	10:3	322	**열왕기하**	
7:21	355	11:3	278	5:5	355
9:3-14	389	12:9	329	5:22	355
9:15	389	12:26-29	322	23:10	235
9:16	390	15-17	279		
24:29	26	16:3	320	**역대상**	
		19:23	388	17:11-14	391
사사기		19:25-27	320	21:1	77
5:30	355	21:7	388	28:9	304
11:30-36	390	23:34	278	29:3	354
14:12	355	24:1	77	29:10	239
				29:20	240
사무엘상		**열왕기상**			
13:14	217	3:5-6	243	**역대하**	
14:24	390	3:9-12	243	6:36	226
14:30	390	4:29-31	243	7:14	316
16:7	330	5:12	243	15:1-2	305
17:45	359	8:11	148	15:14	388

26:1-2	19	52:4	216	103:8	380
27:8	306	55:21	235	103:12	421
30:5	381	55:22	380	103:13	380
31:13	320	57:4	232	104:24	246
32:1	421	59:7	235	109:3	319
32:5	405	63:1-2	306	111:4	380
34:13	216	63:3-7	36	112:4	380
35:28	217	64:1-10	238	113:7	161
37:3-5	339	64:3	235	116:5	380
37:4	344	65:13	358	116:6	49
37:7-11	55	66:18	407	119:1	101
37:28	49	68:5	137	119:9-11	85
39:1	216, 228	68:10	155, 161	119:10	101
39:4-5	346	68:21	288	119:11	106
39:6	354	72:4	155, 162	119:14	101
40:1-2	46	72:9	288	119:59	20
40:8	334	72:12	155, 162	119:111	105
41:1	155, 161	73:25	71	119:155	103
41:2	49	73:27	282	131:1-2	53
41:7-8	319	73:28	304	132:11-12	391
42:1	71, 100,	81:10	61	139:23-24	19
	304	84:2	306	140:11	319
45:14	355	85:2	421	141:3	236
50:19-20	319	86:15	367, 380	143:6	306
51:4	329	89:3-4	391	143:10	334
51:7	264	90:10	340	145:8	380
51:10	264, 309	97:10	49	145:18	304
51:13	308	98:8	358		
52:1-5	323	101:5	319	**잠언**	
52:2-4	232	102:11	340	2:2-5	59

6:3	76	47:7-10	343	22:24	391
6:5	216, 315	49:18	391	24:7	95
8:22	30	50:9	355	26:8	376
9:15	414	51:8	355	29:11-13	60
10:1-3	162	55:6-7	299, 311	29:13	305
10:1-4	349	55:12	358	31:31-34	93
11:12-13	26	57:15	316	32:2	376
13:6	352	59:2	307	37:13-16	376
13:9	308	59:3	216	38:1-6	376
14:13-14	329, 338,	59:12	418	43:1-4	376
	344	66:2	295	44:15-19	376
15:3	352	66:24	235, 417	46:18	391
16:7	352			46:21	360
20:3	26	**예레미야**		48:11	55
22:12	313	3:8	282	48:20	352
23:1	352	4:14	310	50:19	26
25:4	155	5:5-6	418	50:26-27	362
29:13	304, 411	5:27-29	351	51:40	362
30:18	380	6:28	319		
32:7	320	7:5-7	137	**예레미야애가**	
32:17	268	9:4	319	3:22-23	380
33:22	330	10:7	247	3:40	20
34:5-8	362	10:12	247	5:15-16	315
40:6-7	66	12:2	411		
40:6-8	67, 98,	13:23	92	**에스겔**	
	341	17:9	80, 293	3:17-18	110
41:8	210, 291	18:18	376	3:17-19	221
41:10	36	20:1-2	376	5:11	391
42:13	288	20:9	376	7:19	355
45:9	331	22:13	358	14:11	414

학개

1:5	20
1:7	20

스가랴

1:3	305
11:2	352

말라기

2:9	144
3:5	351, 358
3:6	87

마태복음

1:1-2	150
1:3	150
1:5	150, 210
1:5-7	150
1:10	150
1:19	363
1:20	231
1:21	330, 420
1:23	231
1:25	22
3:7-9	180
3:8	20
3:12	356
4:1	73, 77
4:11	303
4:15	14

4:23	2
5:3	66, 161, 266, 295, 315
5:3-12	21
5:4	312, 352
5:5	66, 115, 251, 265
5:6	266
5:7	177, 266
5:8	263
5:9	265
5:10-11	40
5:10-12	265, 366
5:11	60
5:13-16	21
5:14	296
5:16	180
5:17-20	22, 131
5:18-19	173
5:19	172
5:21	363
5:21-22	327
5:21-48	22
5:22	235, 418
5:29	356
5:29-30	418
5:33-36	383
5:33-37	392
5:37	241, 393,

	394
5:39-42	363
5:43-48	139
5:48	174
6:1-18	22
6:2	267
6:2-4	357
6:5	267, 283
6:10	335
6:13	44, 77
6:14	147
6:16	267
6:17	403
6:19-20	355
6:19-21	347
6:19-34	22
6:21	351
6:24	63, 291, 310, 348, 351
7:1-5	326
7:1-12	22
7:5	267
7:7-11	60, 88, 304
7:13	22
7:14	262
7:15-20	22
7:16	241
7:16-17	126

7:16-18	187	11:29-30	152	13:50	356, 417
7:16-20	182	11:30	133	13:55	23
7:18	241	12:30	310	14:7-9	390
7:19	200, 418	12:34	135, 385	14:10	377
7:19-20	208	12:34-35	126	15:1-9	283
7:20	241	12:36-37	216	15:6-8	136
7:21	180, 335	12:37	135	15:18-19	80
7:21-23	124	12:39	282, 283	15:19	215, 253,
7:21-23	19, 124,	12:46-47	23		309, 319
	195, 260	12:47-50	14	15:20	319
7:21-27	22	13:8	116	15:22-23	358
7:23	358, 415	13:11	101	16:1-12	167
7:23-24	262	13:15	406	16:4	282, 283
8:12	418	13:16	101	16:16	240
8:29-31	198	13:18-23	103	16:24-25	299
9:13	308, 415,	13:20-23	413	16:26	355
	416	13:22	287, 351,	16:27	359
9:35	219		354	18:3	420
10:8	401	13:23	116, 182	18:6	325
10:28	330, 356,	13:24-30	272, 297,	18:8-10	325
	418		413	18:8-9	418
10:32	209	13:36-43	272	18:11	420
10:37	283	13:37-43	413	18:12-13	414
10:39	302	13:38	344	18:15-17	146
10:41	363	13:40	417	18:26	367
11:18	320	13:40-42	418	18:29	367
11:19	320	13:41-42	359	19:11	101
11:22-23	61	13:42	356, 417	19:16-17	165
11:28-29	299	13:44-46	59, 184	19:18	363
11:29	251	13:47-50	413	19:21	163

19:21-22	351	23:27-28	267	25:45	193
19:23-24	165	23:31	363, 376	25:46	330, 417,
19:25	420	23:33	418		418
19:28	26, 99	23:35	363	26:38	30
19:28-30	165	23:37	376	26:41	44, 81
20:1-16	357	24-25	369	26:57-60	239
20:13-16	151	24:3	368	26:59	320
20:20-23	378	24:5-26	369	26:63-64	391
21:5	251	24:6	271	26:74-75	240
21:9	358	24:13	49	26:75	352
21:12-13	113	24:15-31	258	27:23	358
21:21-22	62	24:27	368	28:19-20	220, 420
22:9-10	152	24:27-30	369		
22:13	418	24:31	369	**마가복음**	
22:16	148	24:37	368	2:17	308
22:18	267	24:39	368	3:21	23
22:23-32	167	24:39-41	369	3:31-35	23
22:29	414	24:44-46	262	3:35	334
22:37	85, 306	24:50-51	267	4:24	101
22:37-39	169	25:6	231	5:7	198
22:37-40	328	25:21	171, 375	5:38-39	352
22:38	35	25:23	171, 375	6:3	23
22:39	35, 196	25:31	359	6:4	23
23:2	219	25:31-41	193	6:13	403
23:4	185	25:35-36	136	6:56	401
23:5-7	219	25:36	401	7:20-23	234
23:12	296, 316	25:39	401	7:34	374
23:16	394	25:40	171	8:34	212
23:16-22	383, 393	25:41	235, 356,	8:36-37	417
23:23	173		417, 418	8:38	282, 283,

	359	
9:26	358	
9:43	235	
9:43-48	356	
9:43-49	417	
9:44	235	
10:19	363	
12:37	152	
12:42-44	152, 354	
13	369	
13:28	45	
14:38	61	
14:72	313	
16:1	403	
16:15	299	

누가복음

1:16	420	
1:17	420	
1:68	136	
1:73	391	
1:78	136, 380	
2:7	23	
2:51	301	
3:31-32	150	
3:34	150	
4:15-21	219	
4:25	407	
4:31	219	
4:40	401	
4:41	198	
5:8	315	
5:32	308	
6:21	314	
6:22	40	
6:24-25	353	
6:25	314	
6:38	354	
6:43-45	385	
6:46	126, 415	
6:46-49	126, 195	
7:13	352	
7:16	136	
7:35	206	
7:37	308, 415	
7:38	352	
7:39	415	
7:46	403, 404	
8:12	420	
8:13	30	
8:14	275	
8:15	30	
8:19-21	23	
8:25	316	
8:52	352	
9:39	358	
9:51	371	
9:56	420	
10:30	43	
10:30-35	192	
10:30-37	169, 266	
10:34	403	
11:13	88	
12:1	267	
12:16-21	338, 354	
12:19	355	
12:21	364	
12:47	345	
12:47-48	345, 419	
14:26	32, 35	
14:27	302	
15:7	415, 416, 420	
15:10	415, 416, 420	
15:13	281, 360	
15:18-19	316	
15:22-24	305, 316	
16:13	347	
16:19-25	353	
16:23-24	356	
18:13	308, 311, 415	
18:13-14	296, 416	
18:20	363	
18:21	290	
19:8	189	
19:8-9	163	
19:10	330, 419, 420	

21	369	5:27	395	8:4	90, 303,
21:8	414	5:28-29	188		382, 395
21:9	261	5:29	261, 395	8:47	104
22:28-30	40	5:30	335, 395	8:48	320
22:31-32	37, 48	5:34	420	8:56	209
23:6	157	5:37-40	103	10:9	420
23:11	156	5:39-40	283, 293	10:10	96
24:12	129	6:5-6	33	10:26-27	104
24:25	253	6:39	48	10:28	96
24:47	299	6:44	93, 305	10:28-29	48
		6:45	103	11:2	403
요한복음		6:65	305	11:3	283
1:12-13	92	7:2-5	23	11:31	352
1:46	151	7:5	12	11:33	30, 352
2:11	23	7:7	141	12:3	308, 403
2:12	23	7:17	334	12:6	163
2:14-16	113	7:24	144	12:25	212
2:23-25	180	7:41	151	12:27	30
3:17	420	7:52	151	12:31-33	303
3:19-20	90, 92	8:21	417	12:40	406
3:2-3	181	8:23	141	13:13-17	195
3:2-8	94	8:24	181, 417	13:17	346
3:3-8	96	8:30	181	13:21	30
4:23-24	305	8:31	49, 101,	13:34	169
4:34	335		118, 415	13:34-35	139, 272
4:35	231	8:31-32	181	14:1-3	166, 373
4:46	401	8:34-36	130	14:13-14	60, 404
5:20	283	8:37	104	14:15	70
5:22	395	8:41	320	14:16	48
5:24	395	8:43	104	14:17	91

14:21	181	19:38-40	154	6:10	249
14:21-24	102	20:5	29	7:51	331
14:23	126, 181	20:11	129, 352	7:52	376
14:24	126	21:25	141	8:1	112
14:30	141			8:1-2	366
15:5-6	182	**사도행전**		8:1-4	397
15:7	102	1:13	24	8:9	200
15:8	182	1:9-11	373	8:12	200
15:9-10	70	2:5-11	27	8:13	200
15:13-19	284	2:7	151	8:18-22	200
15:14	126, 210	2:11	237	8:26-38	154
15:16	93, 181	2:16-17	357	8:33	395
15:19	296	2:21	420	8:37	253
15:20	31, 40, 57,	2:30	391	9:19-22	223
	366	2:40	420	9:35	420
16:20-21	41	2:44-45	153, 192	9:37	401
16:27	283	2:47	420	9:39	352
16:33	30, 57,	3:13	26	10:22	248, 363
	366	3:19	420	10:30	156
17:3	304	4:1-3	167	10:34	149
17:6	102	4:32	272	10:35	144
17:12	46, 48	4:32-35	192	10:42	373
17:14	285, 296	4:34-37	154	11:14	420
17:15	344	5:17-18	167	11:19	112, 366
17:16	296	5:39	331	11:29-30	155
17:17	102	6:1	14	12:2	12
17:18	296	6:1-4	154	12:17	12, 24
17:21	272, 304	6:3	249	13:5	219
18:7-9	46	6:4	402	13:6-10	288
18:9	46	6:8-7:60	239	13:7	154

13:12	154	19:41	156	1:18-19	277
13:14-15	219	20:26-27	221, 225	1:19-21	45
13:33	401	20:26-28	110	1:21	276
14:1	219	20:28	136	1:21-23	345
14:15	420	20:33	355	1:24	276, 277
14:22	366	20:35	401	1:26	277
15	24	21:17-18	25	1:28	276
15:14	13, 136	23:1	140	1:30	294, 319,
15:14-15	99	23:3	240, 367		324, 331
15:19	13	23:3-5	149	2:4	367
15:23	13	23:4-5	367	2:5	418
15:24	13	23:5	240	2:5-6	357
15:25	13	23:9	331	2:6-10	188
16:14	154	23:26	13	2:6-11	176
16:24-25	40	24:16	140	2:9-11	144
16:31	299, 420	24:21	358	2:11	148
17:1-4	155	24:25	290	2:13-16	188
17:11	116	26:5	134	2:14-15	277
17:17	248	26:7	26	3:4	206
17:23-28	306	26:18	420	3:8	320
17:30	298	26:20	20, 420	3:10-12	89
18:1-3	155	27:37	229	3:10-18	418
18:7-8	155	27:41	44	3:11	290
18:18	388	28:27	406	3:13-14	216
18:21	346			3:13-18	90
19:15	198	**로마서**		3:16	311, 353
19:18-19	189	1:1	26, 301	3:23	226
19:32	156, 358	1:10	346	3:24	205
19:34	358	1:16	116, 330	3:28	205
19:39	156	1:18	276	4:1-25	204

4:2-5	209	7:18-25	80		301
4:3	57	7:22	335	10:12	164
4:11	57, 203	7:23	277	10:13	420
4:16	57	7:24	311	10:14	97
4:19	401	8:1	375	10:17	97
5:1	174, 205	8:2	385	11:30	380
5:2-3	341	8:3	401	11:32	380
5:3-4	34	8:4	123, 132	11:33	59, 164,
5:6	174	8:7	331		248
5:8	158, 309,	8:9	91	12:1	380
	331, 415,	8:6-9	289	12:1-2	346
	416	8:14-15	131	12:2	85, 287,
5:9	205	8:16-18	66		296
5:9-10	420	8:18	43, 366,	12:3	331
5:10	289, 331		369	13:1	301
5:10-11	174	8:18-25	34	13:1-5	149
5:11	341	8:19-22	99	13:8	326
5:13	420	8:23	374	13:8-10	168, 169
5:19	309	8:28	38, 339,	13:9	363
6:4	93		380	13:11	117
6:12-13	277	8:28-30	167	13:12	373
6:16-18	131	8:29	298, 305	14:1-2	401
6:16-22	303	8:29-30	96	14:4	332
6:23	85, 417	8:31-34	375	14:9	209
7:14-25	140	9:1	388	14:10	374
7:15-19	123	9:11	261	14:11	391
7:15-22	264	9:16	380	14:12	225
7:15-25	291	9:29	13	15:5-7	158
7:18	236, 277	10:9	253, 420	15:9	380
7:18-19	140	10:9-10	209, 299,	15:26	164

7:26	77	12:11	39	1:16	13, 43,	
9:26	141, 357	12:12-13	406		412	
9:27	346, 395	12:14	50, 91,	1:17	280	
10:13	289		182, 263	1:18	255, 414	
10:22	305	12:15	21	1:19	13, 43,	
10:25	373	12:16	55		215, 224,	
10:26-29	417	13:2	171		412	
10:27	395	13:8	87	1:19-27	147	
10:31	288	13:17	110, 221,	1:21	13, 157,	
11	36, 47,		225		187, 251,	
	204, 247,	13:20-21	346		421	
	377			1:22	183, 411	
11:1-39	21	**야고보서**		1:22-23	187	
11:6	62	1:1	13, 185,	1:26	110, 215,	
11:10	368		185, 397		220, 384	
11:13	209	1:2	27, 412	1:27	13, 187,	
11:17	56	1:2-12	147		270, 296	
11:17-19	57	1:2ff.	15, 397	2	11	
11:19	56, 207	1:3	187	2:1	43, 412	
11:24-26	34	1:3-4	367	2:1-9	187, 267	
11:33-34	36	1:5-6	280	2:2	13	
11:34	271	1:6	371	2:4	372	
11:37-39	47	1:7- 8	372	2:5	13, 43,	
11:38	414	1:8	237, 261,		412	
12:1	47, 114,		310	2:6	363, 367	
	377	1:12	187	2:6-7	15, 158	
12:2	36	1:13	44	2:8	326	
12:2-4	39	1:13-18	147	2:9	150	
12:3	404	1:14-15	215	2:11	363	
12:6-7	395	1:15	417	2:12	13, 215,	

2:18	301		395	2:5	21
2:20	40	2:10-14	276	2:5-6	21, 70
2:21-23	227	2:10-19	260	2:6	21
2:23	363, 367	2:11	395	2:9	21
2:24	406	2:14	79	2:9-10	324
2:25	136, 420	2:15	414	2:10-11	138
3:3	355	2:17-21	276	2:13-14	344
3:16	324, 325	2:18	79	2:15	21
3:17	344	2:20	199, 260	2:15-16	141, 279
4:2	335	2:21	290	2:15-17	285, 302
4:2-3	287	3:3-4	371	2:16	315
4:5	373	3:4	368	2:17	335
4:7	357, 369,	3:7	395	2:18	357, 373
	373	3:9	298, 344	2:19	50, 416
4:12-13	366	3:10	99	2:22	414
4:18	415	3:10-13	99	2:24	102
5:4	69	3:14	370	2:28	368
5:5	294			2:29	21
5:7	380, 399	**요한1서**		3:1-3	66
5:10	54, 371	1:5	87	3:2	150
		1:6-10	21	3:2-3	264
베드로후서		1:8	226	3:3	264, 370
1:1	26	1:9	228, 307,	3:6	21, 307
1:3-11	196		405	3:7-10	182
1:4	81, 96	1:10	54, 226	3:8	303
1:10	123	2:1	48	3:8-9	416
1:16	368	2:3	21, 126	3:9	21
2:1-3	222	2:3-4	124	3:10	102, 123
2:4	395	2:4	21, 126	3:10-11	138
2:9	44, 259,	2:4-11	196	3:12	344

3:14	21, 138	**요한3서**		12:10	322	
3:16	138	11	102	14:4	99	
3:16-18	266, 354			14:9-10	356	
3:16-19	145	**유다서**		14:11	356	
3:17	190	1	26, 49	16:14	271	
3:24	21	3	414	19:20	356	
4:3	414	6	395	20:8-10	289	
4:7	21, 169	8	223	20:11-15	225, 417	
4:7-8	170, 266	10	223	20:15	356	
4:7-12	138	15	395	21:1	99	
4:8	70	16	223	21:8	395, 417	
4:10	96	16-18	275	21:12	26	
4:10-12	146	18	357	21:27	395	
4:11	21, 170,	19	257, 289	22:7	231	
	266	23	234	22:12	231, 375	
4:16	70	24	49	22:15	395	
4:17	395			22:17	299	
4:19	96	**요한계시록**		22:19	172	
4:20	324	1:1	26	22:20	373	
4:20-21	146	1:7	230			
5:1-3	70	1:18	230, 346			
5:2-3	21	2:10	69			
5:3	70	3:16	63			
5:4-5	86	3:17	311			
5:16	86	3:19	283			
5:18-19	344	6:9-11	371			
5:19	303	7:5-8	26			
		7:12	248			
요한2서		10:5-6	388			
8	375	11:7	271			

MNTC 맥아더 신약주석 시리즈(전 33권)

신약 성경의 경이로운 세계와
성경 연구의 새로운 차원을 열어드립니다!

이 시리즈의 특장점

본 시리즈는 오늘날 가장 신뢰받는 성경학자 존 맥아더의 50여 년 목회 경험과 지혜, 성경 연구의 산물이다. 불필요하게 기술적이지 않으면서 모든 핵심 구절과 구문의 분석, 신학적인 통찰 그리고 적용을 제공한다. 신학자와 목회자, 신학생, 교사와 리더들에게 하나님의 말씀을 분명하게 드러내어 영원히 목마르지 아니하는 하나님의 진리로 인도할 것이다.

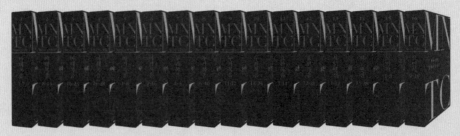

The Macarthur

New Testament

Commentary

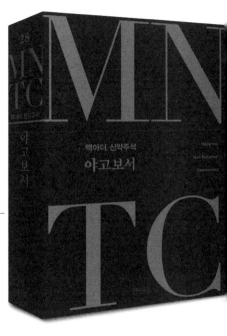

MNTC 맥아더 신약주석 시리즈(전 33권) 목록

본 시리즈는 아바서원에서 계속 출간 예정입니다.

아바서원

MNTC 맥아더 신약주석 _야고보서

초판 1쇄 인쇄 2020년 11월 20일
초판 1쇄 발행 2020년 11월 27일

지은이 존 맥아더
펴낸이 홍병룡

펴낸곳 협동조합 아바서원
등록 제 274251-0007344
주소 서울시 영등포구 도림로139길 8-1 3층
전화 02-388-7944 **팩스** 02-389-7944
이메일 abbabooks@hanmail.net